내면 여정을 위한 그로프 심리학 전서

심혼탐구자의 길

Stanislav Grof, M.D., Ph.D. 저

김명권 · 김진하 · 문미희 · 서숙진 · 신성순 · 이난복 · 이선화 · 황성옥 공역

The Way of the Psychonaut
Encyclopedia for Inner Journeys

학지사

This work was supported by the Ministry of Education of the Republic of Korea
and the National Research Foundation of Korea (NRF−2020S1A3A2A02103411)

브리기트에게

당신은 내 인생의 사랑이며 나의 분신,
나에게 빛, 샥티, 영감, 열정 그리고 내적, 외적 여정의 이상적인 동반자,
— 당신이란 존재
그리고 당신이 몰두하는 것에 대한 깊은 감사와 찬탄을 담아.

❝ 심혼탐구자라는 말은 잘 선택한 것이다.
왜냐하면 내면의 공간은 외부의 우주만큼이나 똑같이 끝이 없고 신비하기 때문이다.
우주 항해사가 외부의 우주에 남아 있을 수 없는 것과 마찬가지로
내면세계에서 사람들은 매일의 현실로 돌아와야만 한다.
또한 이 두 여정이 위험을 최소한으로 하고 진정으로 도움이 되기 위해서는
만반의 준비가 요구된다. ❞

– 『어느 심혼탐구자의 회상Memories of a Psychonaut』 (2003), 알베르트 호프만 –

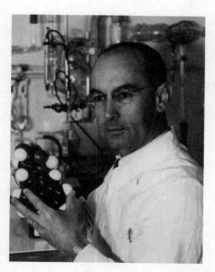

알베르트 호프만의 LSD-25 발견 75주년을 축하하며

헌사

　500년 전에 시작되어 현재 우리의 문명과 현대 기술로 이어진 과학혁명은 지난 100년 동안 엄청난 발전을 이루었다. 오늘날 우리는 우주탐사, 디지털 기술, 가상현실, 인공지능, 빛의 속도로 연결되는 통신을 당연하게 여긴다. 그러나 이 모든 진보에도 불구하고 근본적인 실재의 본질은 우리를 피한다. 과학에서 열려 있는 질문들에 대해 인터넷에서 검색해 보면 실재의 본질에 관한 가장 중요한 두 가지 질문이 답이 없다는 것을 알게 될 것이다. "우주는 무엇으로 만들어졌는가?" "의식의 생물학적 기초는 무엇인가?" 이 질문들이 관련 있다는 것은 명백하다. 존재를 알기 위해서는 존재를 자각해야 한다!

　내가 생각할 수 있는 어떤 사람보다도 그로프Grof는 지난 60년 동안 내적 실재와 우리가 소위 외적 실재라고 부르는 경험과의 관계에 대한 우리의 이해를 개척하였다. 이 책은 우리 존재의 개인적 영역에서부터 자아초월적 영역까지 이르는 그의 여정을 체계적으로 탐구한다. 존재와 경험의 신비를 파헤치고 싶은 사람이 있다면 이 기념비적인 작품을 무시하는 무모한 짓을 해서는 안 될 것이다.

　삶과 죽음의 의미는 무엇일까? 출생 트라우마가 우리 삶의 경험에 어떤 영향을 미치는가? 우리의 깨어 있는 '꿈' 너머의 다른 경험의 영역은 존재하는가? 왜 우리는 개인적, 집단적 고통을 완화하기 위해 그것들을 알아야 하는가? 인류는 어떻게 자기형벌적인 트라우마로부터 스스로를 치유할 수 있을까? 죽음에 대한 두려움을 어떻게 극복해야 할까? 마음과 육체와 우주의 경험을 넘어서는 우리의 진정한 본성은 무엇일까?

그로프는 우리 중에 거인이다. 그리고 우리는 그의 어깨 위에 설 수 있는 행운을 얻었다. 그를 의식의 아인슈타인이라고 부르는 것은 절제된 표현일 것이다. 나는 그가 과감하게 앞장서 준 것에 대해 개인적으로 깊은 신세를 지고 있다. 우리가 일상의 현실이라고 부르는 집단 최면 상태에서 깨어나도록 도와준 그를 미래 세대는 영원히 인정할 것이다. 나는 그로프의 훌륭한 최고의 작품을 읽기 위해 밤을 새웠다.

디팩 초프라 의학박사Deepak Chopra, M.D.

역자 서문

    이 책을 번역하게 된 계기는 『홀로트로픽 숨치료』 번역을 위해 그로프Grof 박사와 연결되면서부터이다. 2015년부터 독일 등지에서 트숨(홀로트로픽 숨치료)[1]을 수련받고 국내에서 트숨 워크숍을 촉진하게 되면서 트숨의 교과서라고 할 수 있는 『홀로트로픽 숨치료』를 번역하기로 마음먹었다. 번역 도중에 그로프 박사는 자신의 평생의 사상과 이론들을 총망라한 책을 곧 출간할 것이니 나에게 번역할 수 있을지 문의하셨다. 두어 달 고민하였으나 트숨의 위력과 그로프 박사의 의식과 심혼에 관한 새로운 지도map에 깊이 빠져 있던 나는 결국 번역 일을 수락하고 말았다. 국내에서 트숨 워크숍을 실시하고, 한국인 중심의 트숨 트레이너 국제과정을 조직하고 진행하는 중에 공역자인 동료들과 틈틈이 번역하고 수정하였다.

    그로프 박사는 심리치료사나 정신의학자로서 매우 독특한 인물이다. 일상적 의식 상태를 대상으로 치료하는 것이 너무나 당연하게 여겨지는 이 시대에, 그는 반대로 '비일상적 의식 상태' 혹은 '홀로트로픽 의식 상태'에서야말로 가장 빠르고 진정한 치료적 작업이 전개될 수 있다고 확신하기 때문이다. 이것은 그의 수십 년간의 임상적 경험과 수많은 관련 연구의 결론이다. 그로프 박사는 자신이 직접 실시했던 심현제[2] 기록 5천 건

---

1) 트숨은 '트랜스퍼스널(transpersonal) 숨치료'의 준말로 '홀로트로픽 숨치료' 및 '그로프 숨치료'와 같은 개념이다.

2) 국내에 심현제와 관련된 유명한 책으로는 수년 전에 세계적인 지성 올더스 헉슬리의 심현제에 관

과 1천 건의 숨치료라는 방대하고 생생한 임상적 기록을 토대로 인간의 심혼psyche에 관한 폭넓은 이론을 정립하였다. 켄 윌버가 문헌연구와 자신의 명상 체험을 바탕으로 인간 의식에 관한 통합이론을 세웠다면, 그로프 박사는 철저하게 임상적인 경험에서 나온 살아 있는 자료를 토대로 심혼에 관한 지도를 제작하였다. 이 심혼 지도는 실제 치료 장면에서 관찰된 사실들에 기반을 둔 만큼 대단히 신빙성이 높은 모델이다.

트숨의 원리는 고대로부터 인류가 치유와 의례에서 늘 사용해 왔던 가장 오래된 지혜에 근거를 두고 있다. 사실 현재 우리는 인류사의 그 어느 때보다도 그러한 오래된 지혜를 멀리하고, 심지어 터부시하고 있는 특수한 시대에 살고 있다. 당연히 고대의 지혜가 다 옳은 것은 아니지만, 현대 정신세계의 특징인 이성우월, 인지우월 그리고 과학만능이라는 오만한 틀로 인하여, 현대의 인류는 인간이 본래 가지고 있는 자연스러운 치유적 지혜마저 도외시하는 우를 범하고 말았다. 트숨에서는 홀로트로픽 의식 상태에서 인간이 자신의 치유적 잠재력과 치유 지성을 최대한 발동시켜 스스로 자신만의 독특한 통로로 치유될 수 있음을 안다. 사실 현대 과학이 아무리 발달하였다고 해도 자연과 인간, 특히 인간의 심혼과 의식에 관한 앎에 있어서는 언제나 초심자일 뿐이지 않는가.

지난 몇 년간 나 자신을 비롯한 많은 트숨 경험자의 경험을 통하여 홀로트로픽 의식 상태의 치유적 잠재력과 그 경이로운 효과를 목격하고 있으며, 그들의 삶이 부분적으로가 아니라 전체적으로 변하여 가고 있는 것을 경험자들과 함께 즐겁고 의미심장하게 바라보고 있다. 내가 어떻게 이런 특별한 행운을 누릴 수 있게 되었는지를 생각하면 삶의 신비에 놀라울 따름이다. 아마도 앞으로 오랜 시간이 흐르면서, 인류는 심혼에 관한 깊은 이해와 정신적인 고통의 완화에 기여한 그로프 박사의 업적, 그의 진실을 향한 열정과 무모한 용기에 무한히 감사하게 될 것이다.

이 책에서 그로프 박사는 이전의 다른 책에서는 미처 언급하지 못한 많은 부분을 채워 주고 있다. 특히 납득하기 어려운 인간의 복잡미묘한 정신병리에 대하여 그의 심혼 지도

한 체험과 이에 대한 그의 사색이 들어 있는 『지각의 문, 천국과 지옥』(김영사), 그리고 2021년에는 미국인이 존경하는 작가인 마이클 폴란의 『마음을 바꾸는 방법』이 번역되었다. 이 책은 아마존 과학 부문에서 베스트셀러가 되기도 하였다.

모델을 통해 적절한 해설들을 마주할 수 있으며, 더욱더 불가해한 심혼의 초월적 영역에 대한 납득할 수 있는 이해의 틀을 만날 수 있어, 그의 인간과 자연에 대한 이해를 함께하는 여정이 즐겁다.

현대의 트라우마 치료와 숨치료의 기본적인 신조에는 차이가 있다. 전자는 아쉽게도 안정화에 너무 치중한 나머지 인간 본연의 치유적 자발성과 역동성을 상당 부분 상실한 형태가 되었다. 반면, 트라우마를 입었던 시점에서는 트라우마를 의식적으로 경험할 경황이 전혀 없었으나, 숨치료 시점에서는 재경험된 트라우마 사건과 정서를 성인의 시각으로 의식적으로 경험하고 스스로 교정하며 자신에게 최대한 유리하게 통합할 수 있기 때문에, 재트라우마로 인한 폐해를 최소화할 수 있다는 입장이다. 숨치료 장면에서 경험자는 비언어적으로 경험하지만, 체크아웃과 셰어링(나눔) 시간에는 언어적 접근으로 숨치료의 경험을 통합하게 된다. 그리고 내담자는 대체로 며칠 동안만 강렬한 경험을 하는 만큼, 이 경험을 현실과 일상에 성공적으로 용해시키고 통합하며 자신의 구체적인 삶과 연결시키기 위해서는 반드시 언어적 접근의 심리상담을 필요로 한다. 따라서 트숨 촉진자는 먼저 언어적 심리상담에 전문화되어 있어야 하며, 나아가 개인적 무의식을 다루는 훈련 또한 충분해야만 한다.

현재 그로프 박사의 숨치료 촉진자 교육은 최근에 완전히 바뀌어, 여러 문제가 있었던 이전의 교육단체와는 완전히 결별하고, 그 이름을 Grof® Legacy Training으로 명명하고, 촉진자도 그로프 박사가 직접 임명한 국제 교사 중심체제로 전환하였다. 나와 아내 황성옥은 수년간 우리의 슈퍼바이저인 잉고 야르제츠Ingo Jahrsetz 박사의 적극적인 추천으로 '국제교사'로 임명되었다. 작년에 유럽자아초월협회EUROTAS의 'Professional' 자격 취득에 이어 GLT 국제교사 서클에 들어갈 수 있어 외국의 노련한 유명 촉진자들과 활발한 교류를 할 수 있게 되었다.

모든 강렬하지만 거친 도구는 그만큼 잠재적 위험성도 함께 지니고 있으며, 당연히 트숨도 그러하다. 나는 트숨이 우리나라에 논란의 여지없이 온전하게 정착하기를 2016년 수련 초기부터 고민해 왔다. 말할 것도 없이 미래의 숨치료 촉진자들은 충분한 수련과 슈퍼비전을 받아야 하고, 현장에서 자신의 개인적인 취향과 바람을 앞세우지 않고 원래의 방식과 규범을 따를 것이며, '모른다'는 겸손한 마음으로 내담자를 바라보며, 무엇이 진정으로 내담자를 돕는 길인지 늘 숙고하고, 또한 현재 자신의 개입이 역전이나 어떤 무지 혹은 무모함에 의한 것은 아닌지 늘 깨어서 성찰하며 임하길 바라 마지않는다.

학지사에서는 최근 몇 년 동안 본인이 주도하여 공동 번역한 『켄 윌버의 통합영성』, 『자아초월심리학 핸드북』, 『홀로트로픽 숨치료』 그리고 『심혼탐구자의 길』까지 기꺼이 출판해 주셨다. 2022년 학지사 창사 30주년을 축하하며, 수많은 귀한 책을 출판해 주신 김진환 사장님과 이 책의 김영진 편집자님, 임직원 여러분께 머리 숙여 감사드린다. 아울러 함께 번역해 주신 트숨 동료 선생님들께도 깊은 우정과 감사의 마음을 드린다.

2022년

역자 대표 김명권

추천사 I

오늘날 우리는 인류와 지구 공동체가 생태적, 영적, 심리적, 사회적, 정치적인 면에서 아주 중요한 갈림길에 이르렀다는 것을 느끼고 있다. 위기와 급진적인 변혁의 분위기가 우리 시대에 만연하다. 이는 융이 말년에 언급했던 '신들의 변화'를 위한 순간일 수도 있다. 우리 문명을 지배해 온 근본 원리와 상징들이 깊이 있게 변화되고 있다.

이 과정에서 인류는 오래된 정체성과 세계관의 극적인 해체를 경험하고 있는 것으로 보이는데, 이는 상징적인 죽음과 변용의 일종으로 문자 그대로의 죽음과 파괴를 피하기 위해서 필요할지도 모른다. 세계를 창조하는 세계관은 우리 개인과 집단적 심혼[1]에 의해 형성되기 때문에 우리의 집단적 미래는 깊이 있는 변용과 각성을 겪어 내고자 하는 개인과 공동체의 의지에 달려 있다. 이러한 변용과 각성은 호모 사피엔스가 근본적으로 분리되었다고 스스로 상상해 온 더 큰 공동체로 우리 문명이 재진입하는 것을 도울 수 있다.

깊은 심리적 변용의 과정과 비일상적 의식 상태에 대해 스타니슬라프 그로프Stanislav Grof처럼 방대하고 심오하면서도 실용적인 지식을 가지고 있는 사람은 아마 없을 것이다. 그로프는 60여 년 동안 수천 명의 사람과 함께 내면의 깊이를 탐구하는 작업을 용감

---

1) 그로프의 체험적 심리치료(트숨이나 심현제 치료)에서는 인간의 그 끝을 알 수 없을 정도의 깊고 넓은 의식세계를 탐사하게 되므로, 그가 사용하는 'psyche'에 대한 번역어는 다의적으로 해석될 수 있는 '정신'보다는 의식의 깊이를 더 강조하는 뉘앙스를 가진 '심혼(心魂)'으로 번역한다. 앞의 '트숨'은 트랜스퍼스널 숨치료의 준말로 '홀로트로픽 숨치료'와 동일한 과정의 치료법이다.

하게 하면서, 치유와 영적 각성을 체험하고 마음과 영혼을 해방시키며 지각의 문을 여는 일을 해 왔다. 이 책은 대부분의 심리학 및 심리치료가 인식, 탐구, 이해하는 것에 어려움을 겪어 온 영역에 대해서 그로프가 일생 동안 해 온 비범한 경험과 축적된 지식을 요약한 것이다.

그로프는 60년간의 임상 경험과 수천 건의 회기 보고서를 바탕으로 심혼 영역의 지도를 확장시켰으며, 정서 및 정신신체 장애emotional and psychosomatic disorders의 원인에 대한 새롭고 깊은 이해를 이끌어 냈다. 또한 응축경험COEX 체계,[2] 기본 주산기 모형Basic Perinatal Matrices: BPMs[3]과 무의식의 자아초월적 영역에 대한 내용들을 소개함으로써 지그문트 프로이트Sigmund Freud, 융C. G. Jung, 오토 랭크Otto Rank,[4] 빌헬름 라이히Wilhelm Reich,[5] 칼 아브라함Karl Abraham, 산도르 페렌치Sandor Ferenczi, 멜라니 클라인Melanie Klein 등의 사상들을 서로 연결시켰으며, 인간 심혼에 대해 포괄적으로 이해할 수 있도록 통합시켰다.

한편, 그로프가 심혼의 다른 단계에 대해 분석하고 정서장애의 원인에 대한 그 단계의 역할에 대해 세심하게 분석함으로써, 어린 시절의 경험과 트라우마를 담고 있는 무의식적 기억이 성장하고 있는 심혼을 형성하는 방식에 대한 프로이트의 기본적인 직관이 얼마나 정확한지 아는 것이 가능해졌다. 그러나 그로프는 연구를 통해 프로이트의 해석이 출생 후의 일대기와 개인의 무의식에 한정된 피상적인 심혼 모델에 의해 절충되었다는 것도 보여 주었다. 또한 신체적 상해, 질병, 생물학적 출생과 광범위한 자아초월적 영향(조상 전래적, 집단적, 인종적, 숙명적, 계통발생론적, 원형적)으로 인해 생기는 심리외상적 충격을 인식함으로써, 그로프는 많은 병적 증상과 증후군에 대해 훨씬 더 타당하고 임상적으로 근거 있는 설명을 제공할 수 있었다.

설득력이 떨어지고 문제가 있는 프로이트의 여러 설명은—공포증, 자살 행동, 죽음본

---

2) 인간의 뇌가 경험을 체계화하는 방식의 모델로서, 강력한 정서를 갖고 있는 경험을 중심으로 주위에 관련된 경험들이 집단을 이루면서 체계화된다고 본다.
3) 출산 전 또는 출산 중의 인식 상태를 묘사하는 이론적 모델이다.
4) 오스트리아의 정신분석가. 출생 자체가 심리적 외상일 수 있음을 언급하였다.
5) 오스트리아의 정신분석가. 성개혁 운동의 대표자로 여겨진다.

능, 이빨 달린 질vagina dentata,[6] 거세 콤플렉스, 다양한 성적 장애, 신비주의, 그리고 '대양적 경험'에 대한—그의 환원주의적인 개념적 제약으로부터 벗어나면서 수정되고 더 큰 맥락에서 이해될 수 있었다. 이와 같이 인간 심혼과 요소들의 복잡한 모형에 관한 이해를 급진적으로 확장시킨 것은 그 자체로 이론적으로 더 자유롭고 명확하게 만든 것이다. 또한 능숙한 경험적 치료와 자기탐구를 위해 사용될 수 있는 치료적 기제의 범위를 파악함으로써 자기탐구와 심리치료를 위한 새로운 관점을 열어 주었다.

그로프는 정신의학 및 학문적 세계를 향한 수많은 논문과 책을 써 왔는데, 이 책에서는 내면적 자기탐구와 일상적 의식을 더 깊이 있게 하는 일에 깊이 헌신하고 있는 독자들에게 직접적으로 말하고 있다—그들은 바로 책의 제목인 "심혼탐구자psychonauts". 이들은 그러한 탐구 및 심화가 자신의 치유와 의식의 확장을 일으킬 뿐만 아니라, 우리 모두가 속해 있는 인류 및 지구 공동체의 치유와 변용에도 기여할 수 있다는 것을 인식하는 사람들이다.

효과적인 초기 구조가 문화에 널리 퍼지지 않는다면, 혼이 담긴 더 큰 우주로 들어가도록 허락하는 무의식적 힘과 더 깊은 원형적 의미와 목적을 마주할 기회, 그리고 이미 집단적 심혼에 침투하고 있는 강력한 변용의 에너지에 대한 신뢰를, 대중적인 주요 자아구조가 그것들을 처리할 준비가 되었는지의 여부와 상관없이, 극소수의 사람들만이 갖게 될 것이라는 것이 많은 사람에게 명백해졌다.

그로프는 오랫동안 전문가로서의 삶을 살면서 기본적으로 고대 및 토착적 지혜 전통의 위대한 입문initiatory 행위[7]들을 현대적 맥락으로 끌어들이는 일을 해 왔으며, 결정적으로는 그러한 것들을 수십 년에 걸친 수많은 임상 경험을 바탕으로 엄격하고 정밀하게 정신의학 및 정신분석적인 맥락 안에서 통합해 왔다. 게다가 여러 다른 분야를 개척하며 이끌어 가는 권위자들과 가깝게 협력하면서, 이 연구 및 경험을 각 분야에서 일어나는 넓은 범위의 혁명적인 발전과 연결시켜 왔다—양자-상대 물리학, 시스템 이론, 종교학,

---

6) 성교를 하는 동안 질이 남근을 깨물고 상처 입힐 수 있는 이빨을 가지고 있다는 전설 또는 환상을 가리키는 라틴어이다(정신분석용어사전).

7) 샤먼이나 영적인 치유자가 되기 위해 깊은 무아경 상태로 들어가기 위한 의례 행위이다.

인류학, 신화학, 죽음학, 원형 점성학, 비전 전통, 여러 분야의 새로운 패러다임 사상. 그 결과가 바로 개인적 변용에 관한 귀중한 자료집으로서 앞으로 오랫동안 우리를 도와줄 위대한 스승이자 치유자의 작품이다.

그로프가 처음부터 지침서나 지도를 가지고 있는 것은 아니었다. 그는 매일, 매년, 수십 년 동안 지하세계의 깊은 곳과 천상세계의 높은 곳에 갔으며, 수많은 다른 사람도 그렇게 할 수 있도록 버텨 주었다. 이는 용기 있는 일이었고, 훌륭했으며, 불교적인 맥락에서는 자비와 방편을 갖춘 것이었다. 그리고 결국 의식의 진화에 더해 역사, 우주론, 과학철학, 생태학, 정치, 평화 운동, 페미니즘, 섹슈얼리티, 출생 체험 등과 같이 심리학 너머의 많은 분야와 연결되었다.

이 모든 것은 그로프가 개인을 대상으로 하는 심리치료의 사적인 현장에서 조용히 영웅적으로 작업한 것에서 시작되었는데, 그는 종종 고통받고 깊은 혼란을 겪기도 했다. 그는 자기탐구의 여정을 통해 만들어진 영적 중심성, 인내 및 지혜를 이 일을 하는 데 사용했다. 마침내 그로프의 저작은 인간 심혼뿐만 아니라 세계혼anima mundi 그 자체의 신성한 깊이, 그리고 세계혼과 모든 존재의 신성함을 확인시켜 주었다. 그는 큰 상실과 트라우마가 강력한 치유와 영적 각성으로 펼쳐질 수 있으며, 죽음이 새로운 삶을 가져올 수 있음을 신뢰했다. 또한 그는 이러한 신뢰를 수천 명의 다른 사람에게 전했고, 이제는 그 사람들이 전 세계에 걸쳐 이 중대한 일을 계속하고 있다.

리처드 타나스 철학박사Richard Tarnas, Ph.D.

2018년 7월

추천사 II

『인간 무의식의 영역: LSD 연구의 관측 결과』는 그로프Grof가 1975년에 펴낸 첫 번째 책이다. 1972년, 나는 플로리다주 새러소타에 있는 뉴 칼리지(현재의 플로리다 주립 시스템의 우등 대학)의 학생상담소 상담사로부터 그 책의 출판 직전의 원고 사본을 받았다. 나는 대학 1학년 18세 때 학생상담소 상담사를 찾아가 LSD와 메스칼린 경험을 통합할 수 있는 도움을 구했었다. 그 당시, 심현제와 관련된 미국의 모든 범죄 행위와 관련 연구에 대한 허가 철회에도 불구하고 1970년 일부 사람들은 여전히 심현제를 지적인 앎과 정서적, 영적 발달 간의 균형을 맞추기 위해 개인의 성장을 촉진하는 합법적인 도구로서 인식했다. 뉴 칼리지에서 나는 학생상담소 상담사에게 솔직하게 말할 수 있었고, 그는 나의 인생을 완전히 바꿀 수 있는 책 한 권을 건네주었다.

『인간 무의식의 영역』은 나의 심현제[1] 연구에 대한 첫 입문서였다. 이 책을 발견하기 전까지는, 나는 정치적인 이유로 심현제에 관한 과학이 중단되기 전 수십 년 동안 전 세계에서 이에 관한 연구가 얼마나 많이 행해졌었는지 몰랐다. 그로프의 책이 내게 영감을

---

1) 이 책에서 가장 많이 나오는 단어 중 하나인 'psychedelic'은 현재 국내에서는 매우 부정적인 의미를 가진 '환각제(幻覺劑)'로 번역되고 있다. 그러나 이에 해당하는 용어는 'hallucinogen'이 있고, 'psychedelic'은 이 분야에서는 심리치료의 강력한 도구로 활용될 수도 있기 때문에 다르게 번역되어야 한다고 본다. 따라서 이 책에서는 이 용어의 원래의 의미를 살려서 심혼(心魂, psyche)의 드러남[del, 현현(顯現) 또는 현재(顯在)], 즉 '심현제(心顯劑)'라는 용어를 새롭게 만들어 사용한다. 이런 결정에 대해서는 여러 전문가와 상의하는 과정을 거쳤다.

준 것은 그의 말에서 "망원경이 천문학에 대해, 현미경이 생물학에 관한 것과 같이 심현제는 마음에 관한 연구와 같다."는 것을 증명한 방법이다. 무의식에 관한 그로프의 지도 제작은 그를 프로이트와 융 그리고 다른 획기적이고 역사적인 선구자들과 같은 위치에 서게 한 이 분야 학문의 걸작이었다.

그로프는 보통 종교의 영역에 속하는 것으로 여겨지는 인간 경험의 영역을 합리적이고 깊이 있게 탐구하기 위해 과학의 렌즈를 사용했다. 과학, 의학, 문화, 종교, 신화, 예술 및 상징에 대한 그로프의 폭넓은 지식은, 그가 수천 명의 LSD 체험과 홀로트로픽 숨치료를 보조하고 관찰한 데서 얻은 직접적인 경험을 바탕으로, 인간 무의식에 대한 새로운 지도를 바꿀 수 있게 했다. 어떤 교의도 없으나 과학적 방법에 대한 맹렬한 충성을 가지고, 그로프는 인간 경험의 근본적인 측면인 합일의 신비적 경험, 즉 우리 자신보다 훨씬 더 위대한 무언가와 친밀하게 연결되어 있다는 느낌을 밝혀내었다.

대량 학살과 전 세계적으로 파괴적인 핵전쟁의 위협으로 간접적 충격을 받은 정치적 성향의 18세의 베트남전 징병에 저항했던 나에게 그로프의 합일의 신비적 경험이라는 현실과 타당성에 대한 신선한 이해는 새로운 희망을 안겨 주었다. 만약 수백만 또는 수십억 명의 사람들이 그러한 경험을 할 수 있다면—그 본질은 우리가 공유하는 인간애와 모든 생명, 자연 및 사물과의 합일에 대한 인식—종교, 인종, 국적, 문화, 성별 및 계급 등에서의 우리 간 차이는 두려워하기보다는 축하받을 수 있으며, 다른 사람들에 대한 공감과 연민은 증가할 수 있다고 나는 믿기 시작한 것이다.

하지만 그로프의 첫 번째 책과 그의 전 생애의 작업이 나를 가장 크게 동기부여 시킨 이유는, 그가 심리치료라는 치유의 중요성에 집중했기 때문이다. 그로프가 만든 모든 이론과 심혼에 관한 지도에 대한 현실 확인은, 사람들이 이 세상에서 더 충실하고 더 사랑하는 삶을 살 수 있도록 이것을 효과적으로 사용할 수 있는지에 달려 있다. 너무나 자주 영적이고 종교적인 관념들이 이 지구가 아닌 다른 것에 집중된다. 그로프의 정신의학적 지향은 그가 인간의 고통을 줄이고 기쁨과 사랑을 증가시키기 위해 그 자신의 지식과 경험을 사용하는 데 있어서 뿌리가 되었다.

그로프의 저작들을 읽으면서 나는 심현제 연구에 가해져 왔던 정치적 억압이 초래한 비극적인 결과를 납득할 수 있었다. 그것은 나를 절망에서 희망으로, 그리고 내 삶의 여정에서의 불확실성을 확실성으로 바꾸도록 재촉하였고, 내 인생을 심현제 연구를 되살리는 데 바치기로 결심하고, 나의 심현제 심리치료 연구를 계속 심화시키고, 나 자신이 심현제 연구자가 되며, 나아가 합법적인 심현제 치료사가 되기로 결심하게 만들었다.

내 삶은 그로프의 작품에 깊이 영향을 받은 많은 사람 중의 하나일 뿐이다. 1986년에 내가 설립한 비영리단체인 심현제 다학제 협회MAPS의, 그렇게 되길 바라지는 않지만, 아마도 그로프의 마지막 저서가 될 것 같은『심혼탐구자의 길』출간은 생명이란 감성을 가득 채우는 일이다. 그로프는 첫 번째 책이 출간된 지 40년이 지난 지금, 자신의 삶을 요약하는 이번 신간을 출간하면서, 새로운 세대에게 자신이 개척하도록 도왔던 탐험과 치유의 여정을 이어 갈 수 있도록 영감을 주고 있다.

그로프의 이 책은 세계적인 위기, 위험과 기회의 시기에 지혜와 지도를 안겨 주는 선물이다. 인류는 재앙과 깨우침의 중간이라는 압박 속에 갇혀 있다.『심혼탐구자의 길』은 깨우침의 승리를 돕는 잠재력을 지닌 무한한 가치를 지닌 도구이다.

릭 도블린 박사Rick Doblin, Ph.D.

2019년 5월

추천사 III

스타니슬라프 그로프의 심현제 치료, 홀로트로픽 숨치료 및 의식의 자아초월적 상태에 관한 연구는 심리학과 정신의학에서 그 어떤 것과도 비교할 수 없을 만큼 탁월한 가치를 지니고 있다. 이 책은 60년간의 비상한 탐구에 관한 독보적인 전서식 요약이다. 이것은 인간 무의식의 다층적 영역에 관한 통합적인 접근에 대해 관심 있는 사람에게는 필독서이다.

– 프리초프 카프라Fritjof Capra, 『춤추는 물리학』, 『생명의 그물망』, 『생명의 체계적 관점』의 저자

스타니슬라프 그로프의 수십 년 동안의 의식과 비일상적 의식 상태의 치유 잠재력에 대한 획기적인 탐구는, 수천 명의 생명을 감동시켰고 전 세계 치유 전문가들에게 영감을 주었다. 주류 의학에서 심현제 연구와 치료의 수용은 상당 부분 그로프의 연구에서 비롯되었으며, 현대 임상시험에서 사용된 치료법은 그가 심현제의 지혜롭고 숙련된 사용으로부터 배운 것에서 직접 끌어낸다. 『심혼탐구자의 길』은 심현제 치료사들에게 계속해서 가르치고 영감을 줄 귀중한 자료이다.

– 마이클 미퇴퍼 의학박사Michael Mithoefer, M. D.,
애니 미퇴퍼Annie Mithoefer, 간호사, MDMA 보조 심리치료 연구자

『심혼탐구자의 길』은 길을 인도하고 한두 개의 새로운 길을 발견한 자에 의한 내면을 향한 인간 여정에 대한 개요이다. 스타니슬라프 그로프는 그의 삶을 의식, 특히 비일상적 상태를 탐구하는 데 보냈으며, 이 책에서 그의 심혼에 관한 지도와 혁명적 발견을 공유했다. 이 책은 우리 모두에게 마음의 본질을 열어 주는 완벽한 지혜를 준다.

– 웨스 니스커Wes Nisker, 명상 교사, 『필수적인 미치광이 마법사』의 저자

만약 여러분이 프로이트, 융, 또는 윌리엄 제임스와 앉아서 이야기를 나누는 것이 어땠을지 궁금했다면, 이제 여러분은 현대사에서 선구적인 심리학 이론가들 중 한 명의 현재 살아 있는 작품들을 읽을 기회를 갖게 되었다. 스타니슬라프 그로프는 우리의 핵심적 본질로부터 가장 멀고, 가장 비범한 경계까지, 우리 자신의 의식 영역을 안내하는 역할을 한다. 학술적이고 급진적이며 역사적이고 독창적인 이 책은 아주 접근하기 쉬운 방식으로 쓰여 있다. 각 페이지는 여러분의 마음을 조금 더 넓힐 수 있는 잠재력을 가지고 있다.

– 커샌드라 비에튼 박사Cassandra Vieten, Ph. D., 영성 과학 연구소 회장,
『깊이 사는 것: 일상생활에서의 변혁의 예술과 과학』,
『임상 실습에서의 영적, 종교적 역량: 정신건강 전문가를 위한 지침』의 저자

스타니슬라프 그로프의 심현제 치료와 홀로트로픽 숨치료에서의 길고 탁월한 경력. 이것은 우리의 마음과 우주의 마음에 대한 이해를 영원히 변화시킨 거장 임상가의 풍요롭고 종합적인 진술이다.

– 크리스 베이치 박사Chris Bache, Ph. D.,
『어두운 밤, 이른 새벽』, 『생명사이클』, 『살아 있는 교실』의 저자

미래의 역사가들은 1960년대 중반 심현제 화합물과 식물들의 출현을 심리학, 정신의학 그리고 심리치료를 획기적으로 변화시킨 일대 사건으로 묘사할 것이다. 또한 그것은 서양문화에 충격을 주었는데, 생활양식, 세계관, 예술, 이론물리학, 과학기술 그리고 컴퓨터 산업 등에 변혁을 가져왔다. 만약 이것이 과장이라고 생각한다면, 스타니슬라프 그로프의 잘 짜여지고 아름답게 쓰인, 이제는 스스로도 인류를 구할 수 있는 시대의 이야기를 읽어 보라.

– 스탠리 크리프너 박사Stanley Krippner, Ph. D., 세이브룩 대학교 앨런 와츠Alan Watts 심리학 교수

스타니슬라프 그로프의 『심혼탐구자의 길』은 시간, 마음, 의식, 문화, 정신, 정치, 사회 그리고 코스모스를 망라하는 사람들을 경악시킬 오디세이이다. 어떻게 한 사람이 일생에 그렇게 많은 것을 경험하고, 그렇게 열정적으로 미스터리를 탐구하며, 같은 길을 가는 탐구자들에게 자기 경험의 보편성을 그렇게 변용적이고 명확한 표현방식으로 드러낼 수 있을까? 그로프는 세계의 보물이며, 새로운 인류의 여정을 인도하고 있다.

– 짐 개리슨 박사Jim Garrison, Ph.D., 유비쿼터 대학교 설립자

나는 스타니슬라프 그로프가 자아초월심리학, 심현제 그리고 과학적 정신의학 분야에서 매우 절충적이며, 연구에서도 상당한 공헌을 한 매우 소중한 친구라고 생각한다.

– 람 다스Ram Dass, 하버드 대학교 심리학과 교수 역임, 세계적인 영적 지도자,
『지금–여기를 살아라』의 저자

스타니슬라프 그로프는 의식 연구의 위대한 선구자 중 한 사람이다. 그의 심도 깊은 탐구와 광범위한 종합은 심혼세계와 그 잠재력에 대한 우리의 관점을 엄청나게 확장시켰다. 당신은 그의 모든 결론에 동의하지는 않겠지만, 그가 이 책에 능숙하게 요약한 저서에 대해 확실히 알고 싶어 할 것이다.

– 로저 월시Roger Walsh, 의사, 박사, 캘리포니아 대학교 교수,
『일곱 가지 행복명상법』의 저자

스타니슬라프 그로프는 이른바 불가능한 일이 일어난다는 압도적인 증거를 만들어 냈고, 그렇기 때문에 세상은 지배적인 패러다임이 주장하는 것과 다르다. 정말 다르다!

– 로버트 맥더멋Robert McDermott, 캘리포니아 통합학문 연구소CIIS 명예 총장

저자 서문

나는 몇 가지 상황을 감안하여 이 책을 쓰기로 결심했다. 첫 번째 상황은 내가 아흔 살이라는 삶의 시기로 돌입하고 있음을 깨달은 것이다. 이 시기에 연구자들은 자신이 발견한 것을 돌아보면서 검토하고 정리하려고 노력하려는 경향이 있다. 나는 홀로트로픽 상태라고 부르는 것에 대한 연구에 60여 년을 바쳤다. 이는 비일상적 의식 상태의 중요하고 큰 하위 집단으로서 치료적, 변용적, 자기발견적이고 진화적인 잠재력을 갖고 있다. 주류 정신의학과 심리학에 의해 아직 발견되거나 인식되지 않았던 새로운 영역으로의 모험이었기 때문에, 탐구를 통해서 축적한 모든 정보를 최종적인 형태로 제시할 수 있으리라고 기대하는 것은 비현실적인 것이었다.

심혼의 새로운 영역을 더 깊이 파고들면서 연구한 내용들을 책으로 옮기는 동안 나의 이해는 계속 변화하고 있었다. 비록 기본적인 사실들은 그대로 남아 있었지만, 발견한 것들 사이에서의 중요성은 바뀌었다. 심현제 연구의 초기에 놀랍게도 우리의 무의식적 심혼 안에 생물학적 출생의 모든 단계에 대한 자세한 기록을 지니고 있다는 것을 발견했다. 이것은 내가 의학 공부를 하는 동안 배운 것과 상반되는 발견이었다. 일단 이것이 정확한 발견이라고 확신하게 되자, 나는 정서 및 정신신체 장애에 대해 새롭게 이해하는 것을 포함하여 인류의 의례적 및 영적 삶, 폭력과 탐욕, 섹슈얼리티, 죽음과 죽어 감, 그리고 예술 작품의 내용 등과 같은 여러 다양한 영역에서 출생 트라우마의 중요성을 크게 강조하게 되었다.

돌이켜 보면, 생물학적 출생이 심리적으로 아주 큰 중요성을 갖고 있다는 것을 받아들이는 것은 지적으로 주요한 위업은 아니었다. 신생아의 뇌는 확실히 생명을 위협할 가능성이 있는 몇 시간의 기억을 담을 수 있을 정도로 충분히 발달된 기관이다. 아직 자궁에 있을 때 태아의 민감성을 보여 주는 연구도 존재하며, 진화계보에서 인간의 유아보다 아래에 위치한 유기체에도 기억을 형성하는 능력은 존재한다. 출생 과정이 명백하게 주요한 심리적 트라우마라는 것을 받아들이게 되자, 주류 임상의와 학자들이 이러한 사실을 보지 못하고 있다는 것이 오히려 더 이해하기 어려웠다.

심현제 연구의 후기에는 나의 관심이 지적으로 받아들이기가 훨씬 힘든 현상들로 옮겨 갔다. 그것은 이들의 존재를 위해 필요한 어떤 물질적인 기질을 찾을 수 없기 때문이었다. 이 현상에는 조상 전래적 및 계통발생적 기억, 전생 경험, 동물과 식물과의 경험적 동일성, 집단무의식의 원형적 영역, 동시성, 우주 의식, '상위의 창조성'이 포함된다. 이것들을 새롭게 이해하게 되면서 출생 과정은 그 지배적인 역할을 잃게 되고 원형적 역동에 주안점을 두게 되었다. 생물학적 출생 단계를 다시 체험하는 것에 대한 경험적 패턴인 기본 주산기 모형BPMs은 그 자체로서 원형적 역동의 구체적인 현현 및 표현이 되었다.

이러한 개념적 변화는 또한 리처드 타나스Richard Tarnas[1]와 그의 동료들에 의해 개발된 원형 점성학에 나의 새로운 개념적 틀을 연결할 수 있도록 해 주었다. 이 두 학문의 연결은 영적 응급 사건들뿐만 아니라 심현제와 홀로트로픽 숨치료 경험에 대한 이해를 더 명확하고 정교하게 만들었는데, 이러한 일은 전에는 불가능했던 것이다. 이 책을 쓰면서 내가 지금 갖고 있는 관점으로 지금까지 연구해 온 모든 현상에 대해 기술하는 것이 중요하다고 생각했다.

이 책을 쓰도록 만든 두 번째 상황은 획기적인 LSD 발견의 75번째 기념일이 빠르게 다가오고 있다는 것이었다. LSD가 세상에 가져다준 것과 그것이 어떻게 의식과 인간의 심혼에 대한 이해를 바꾸어 놓았는지를 되돌아볼 수 있는 좋은 시간이다. 다른 어떤 물질도 그렇게 많은 여러 다른 분야에서 큰 가능성을 가져다준 적이 없다. 그러나 극단적이

---

1) 스위스 출신의 자아초월심리학자. LSD와 원형적 우주론 및 점성학 등의 분야에 대해 집필하였으며, 참여적 인식론에 대해 말하였다.

고 비이성적인 법률 제정이 심현제의 황금기로 여겨졌던 시간을 끝내 버렸고, 알베르트 Albert의 '신동神童'을 '문제아'로 바꾸어 버리고 말았다. 심현제에 대한 합법적 연구가 사실상 불가능했던 수십 년이 지난 후, 지금 우리는 이 흥미로운 물질에 대해서 예상치 못했던 세계적 관심의 부흥을 경험하고 있다. LSD는 역시 신동이었으며 문제가 있는 가정에서 태어났던 것뿐이라는 사실이 시간이 갈수록 더 분명해지고 있다.

수십 년간의 과도기 동안 세대 간 경험과 지식을 전수하는 일이 원활하게 수행되지 못했고, 1950년대 및 1960년대의 초기 개척자들은 노화와 죽음으로 인해 무대에서 급속히 사라지고 있다. 현재 심현제와 영신제entheogens를 이용한 새로운 연구 프로젝트가 많이 시작되고 있으며, 새로운 세대의 젊은 치료사들이 등장하고 있다. 나는 그들이 심현제가 합법적이었던 시대에 연구를 수행할 기회를 가졌던 사람들과 법적 허점을 발견하고 비밀스럽게 연구를 계속한 사람들에 의해 축적된 정보로부터 이익을 얻을 수 있다고 느꼈다. 인류의 이익을 위해 심현제의 합법적 사용이 현대 사회에서 가능해지는 미래인 새로운 엘레우시스New Eleusis[2]에 관한 알베르트 호프만의 꿈을 이루는 길을 우리가 가고 있기를 바란다.

이 책을 쓰는 것에 있어서 가장 직접적인 자극이었던 세 번째 이유는 시프트 네트워크 Shift Network의 최고 임원인 스티븐 디넌Stephen Dinan이 8주간의 텔레비전 강좌인 〈미래의 심리학〉을 개최하도록 초대한 것이다. 이 강좌는 높은 참석률(시청자 6백 명 이상)을 보였는데, 덕분에 스티븐은 우리가 〈심혼탐구자의 길〉이라고 부르기로 결정한 24주 과정의 후속편을 요청했다. 나는 머뭇거렸지만 신중하게 그의 제안을 받아들였다. 8주 과정의 후속편으로 반복되는 내용이 많지 않도록 하면서 추가적인 24개의 모듈을 만드는 것은 어려운 주문이었다. 그러나 그것은 내가 초기에 쓴 글들에서 수정하거나 다듬을 표현이 있는지 살펴볼 수 있는 기회이기도 했다. 또한 과거에 다루지 않았거나 충분히 관심을 기울이지 않았던 몇 가지 영역을 탐구해야 했다. 강좌를 보고 있던 아내 브리기트Brigitte

---

2) 고대 그리스 아테네 근처에서 매년 비밀스러운 종교적 의례가 처려졌던 곳이다. 데메테르(Demeter)와 페르세포네(Persephone)에 바쳐진 이 입회식은 심현제를 이용했던 것으로 여겨지며 가장 유명한 고대 그리스의 종교적 의례였다.

는 강좌 안의 정보들을 책의 형태로도 접할 수 있으면 좋겠다고 강하게 권했다. 또한 그녀는 이 책을 내면 탐구에 관심이 있는 사람들이 여러 다른 책이나 인터넷에서 찾아야 할 필요 없이 모든 관련 정보를 찾을 수 있는 전서처럼 만들도록 제안하였다.

이 책을 쓰기로 결심했을 때, 나는 몇 가지 목표를 염두에 두고 있었다. 나는 심현제 회기를 시행하기 시작하는 새로운 치료사들, 내담자들, 자신의 내적 여정을 시작하는 사람들이 필요로 하거나 유용하게 여길 정보를 간결하고 포괄적인 형태로 제공하고 싶었다. 홀로트로픽 의식 상태에 대한 연구로부터 얻은 것들, 즉 기존의 패러다임을 깨는 내용을 이 책에 포함시키기로 했는데, 이는 의식과 인간의 심혼에 대한 주류의 개념이 오래된 것이기 때문에 급진적인 수정이 시급히 필요하기 때문이었다. 또한 나는 이러한 '이례적 현상'을 주류 심리학적 지식에 통합하는 데 필요할 만한 정신의학 이론과 실천의 변화를 제안해 왔다. 이것은 정서 및 정신신체 장애에 대한 더 깊은 이해와 더 효과적인 치료 방법을 정신과 의사들에게 제공할 것이다.

이 책의 01장에서는 "치유, 자기탐색, 영적, 철학적, 과학적 탐구, 의례적 행위, 예술적 영감을 위한 홀로트로픽 의식 상태를 체계적으로 추구하고 이용하는 것"으로 정의되는 심혼탐구의 역사를 기술하고 있다. 초월적인 경험에 대한 갈망과 심혼탐구에 동기를 부여하는 이 힘은 인간의 심혼에서 가장 강력한 추진력이다. 이에 대한 추구는 인류 역사의 여명인 구석기 시대의 주술사들로 거슬러 올라갈 수 있다. 고대의 상류 문화, 죽음과 재탄생의 고대 신비, 통과의례, 그리고 치유 의례와 원주민 문화의 여러 부족 행사에서 수 세기 동안 계속되었다. 세계의 위대한 종교들은 영적 경험을 유도하는 방법으로 각기 고유의 '신성의 기술technologies of the sacred'을 개발해서 수도원과 신비적인 분야에서 사용하였다.

20세기 초에 아서 헤프터Arthur Heffter가 페요테[3]에서 메스칼린을 분리한 이후, 아프리카 식물 타베르난테 이보가Tabernanthe iboga에서 이보가인ibogaine이 분리되고, 시리아 약초 페가눔 하르말라Peganum harmala에서 하르말린harmaline이 분리되면서 심혼탐구의 지금 시대가

---

3) 주로 멕시코에서 서식하는 선인장의 일종이다.

시작되었다. 메스칼린에 대한 임상 실험은 20세기의 전반 30년 동안 수행되었다. 심혼 탐구의 황금시대는 1943년 알베르트 호프만Albert Hofmann이 LSD-25의 심현제 효과를 발견하면서 시작되었다. 그의 화학적 역작은 마자텍 인디언Mazatec Indians의 '마술버섯magic mushrooms'으로부터 활성 알칼로이드인 실로사이빈[4]과 실로신, 그리고 나팔꽃 씨앗(올롤리우키ololiuqui)으로부터 리세르그산(LAE-32)의 모노아미드를 분리하는 것으로 계속되었다. 이 새로운 정신활성물질들은 실험실과 임상연구에서의 큰 이변을 불러일으켰다. 이와 같은 중대한 의식혁명이 진행되고 있는 것처럼 보일 때 무지한 법률적, 행정적 조치에 의해 연구는 돌연히 중단되었다.

심현제에 관한 합법적 연구가 사실상 가능하지 않았던 40년의 기간이 실제로 심혼탐구에 있어서 중요한 장이 되었는데, 이는 부분적으로 합법적이거나 불법적인 방법으로 많은 양의 영신제, 페네틸아민 유도체, 트립타민을 생산하고 탐구한 연구 및 실험들 덕분이다. 현재 르네상스적인 분위기의 심현제 연구에서 이러한 비공식적 연구들에서 얻어진 정보는 MDMA에 관해서도 이미 그랬던 것처럼 합법적인 통제된 연구에도 영감을 줄지도 모른다. 우리가 심혼탐구의 또 다른 흥미진진한 시대의 여명을 경험하고 있는 것이기를 바란다.

이 책의 02장은 주류 정신의학과 심리학의 일부 기본적인 가정들을 급진적으로 수정해야 할 긴급한 필요성을 나타내는 홀로트로픽 상태에 관한 연구로부터 얻은 관찰과 경험에 초점을 맞추고 있다. 또한 그러한 변화가 필요한 영역을 제시하고 그 성격을 설명한다. 의식은 인간 뇌의 산물이 아니라 존재의 기본적인 모습이라는 압도적인 증거가 있다. 뇌는 의식을 매개하지만 그것을 생성하지는 않는다. 인간의 심혼도 출생 후 전기傳記와 프로이트 학파의 개인무의식에 제한되지 않는다. 그것은 두 개의 아주 중요한 영역을 추가로 포함하고 있는데, 이는 생물학적 출생의 트라우마와 밀접한 관련이 있는 주산기perinatal 단계와 공간 및 시간과 신체 감각 범위의 한계를 초월하는 경험의 근원인 자아초월적transpersonal 단계이다.

---

4) 심현제로 사용되는 대표적인 '마술버섯'이다.

중요한 수정이 필요한 다음 영역은 본래적으로(생물학적 근거가 없는) 심인성인 정서 및 정신신체 장애의 기원과 성격이다. 이 중 많은 것은 유아기와 어린 시절에서 비롯된 것이 아니다. 그것들은 주산기와 자아초월 단계까지 도달하는 더 추가적이고 깊은 뿌리를 가지고 있다. 긍정적인 측면으로는 출생 후postnatal 전기 단계에 대한 치료적 개입이 임상적 상태를 개선할 수 있는 유일한 기회를 보여 주는 것이 아니라는 것이다. 치유와 긍정적인 성격 변용을 위한 강력한 기제는 홀로트로픽 상태에서의 퇴행이 주산기 및 자아초월 단계에 도달할 때 가능해진다.

정신의학에서의 급진적인 관점 변화를 위한 또 다른 제안은 영성에 대한 태도와 관련이 있다. 홀로트로픽 상태로부터의 관찰을 고려하면, 물질주의적 과학에서 그렇게 여기는 것과는 달리 영성은 미신, 원시적인 마법적 사고, 과학적 지식의 부족 또는 정신증의 조짐이 아니다. 그것은 인간 심혼과 우주적 질서의 합당한 차원이다. 홀로트로픽 상태의 연령 퇴행이 주산기 및 자아초월적 단계에 도달하면, 경험은 융이 신성numinosity이라고 부른 새로운 특성을 취하게 된다. 이는 경험되고 있는 비범하고 초자연적인 본성을 직접적으로 인식하는 것이다.

홀로트로픽 상태로부터의 가장 흥미로운 통찰은 치료의 전략에 관한 것이다. 심리치료에는 많은 학파가 있는데, 이론과 치료의 몇몇 근본적인 측면에 관해서는 서로 의견이 다르다. 그 결과, 여러 다른 학파의 대표자들은 다양한 이슈의 관련성에 대해 의견이 다르고, 같은 상황을 다르게 해석한다. 홀로트로픽 상태에 관한 작업은 급진적인 대안을 제시함으로써 이 딜레마를 해결한다. 이러한 상태에 들어가면 자기치유적인 내적 지성이 활성화되는데, 이 지성은 의식의 문턱에 가까우며 강한 정서적 흥분을 갖고 있는 무의식적인 내용으로 그 과정을 자동적으로 인도한다. 그리고 이 과정을 위해서 그 내용을 표면으로 자연스럽게 가져온다.

이 책의 03장에서는 심층심리학의 다양한 학파 설립자들이—심층심리학의 아버지 지그문트 프로이트Sigmund Freud, 유명한 변절자들인 알프레트 아들러Alfred Adler, 오토 랭크Otto Rank, 빌헬름 라이히Wilhelm Reich, 카를 구스타프 융Carl Gustav Jung과 산도르 페렌치Sandor Ferenczi—만든 가장 중요한 심혼 지도 체계에 대한 리뷰를 제시한다. 그것은 이러한 학파들의 가르침을 홀로트로픽 의식 상태의 연구에서 나온 관찰의 렌즈를 이용하여 살펴보고, 이 선구자들의 사상 중 어느 것이 사실로 확인되고 어느 것이 수정, 보완, 폐기되어야 하는지를 결정한다. 이 리뷰는 개척자 각자가 인간 심혼이 나타낼 수 있는 경험의 광대한 스펙트럼에서 제한된 특정 범주에 초점을 맞추었으며 적절한 방법으로 그 특정한 현상학과 역동을 기술했다는 것을 보여 주었다.

　문제는 그들 각자가 다른 사람들이 연구하고 강조하는 스펙트럼의 영역을 보지 못하는 것처럼 보였으며, 그 영역을 자신의 모델과 사고방식 안으로 축소시켰다는 것이었다. 이리하여 프로이트는 출생 후 전기를 전문적으로 다루었고, 한 가지 작고 짧은 예외는 있지만 주산기 영역을 무시했고, 신화와 초자연적 현상을 생물학으로 축소시켰다. 랭크는 출생 트라우마의 가장 중요한 의미를 인정하면서도 원형적 현상을 출생의 파생물로 축소시켰다. 집단무의식의 광대한 영역을 인식하고 정확하게 기술한 융은 생물학적인 출생이 어떠한 심리적 의미를 지니고 있다는 것을 강력히 부인했다. 이러한 역사적 분석은 대체적 현실을 안전하게 항해하기 위해서 전기, 주산기 그리고 자아초월 단계를 포함하고 통합하는 모델로서의 확장된 심혼 지도 체계가 필요하다는 것을 분명히 보여 주었다.

　이 책의 04장은 정서 및 정신신체 장애에 대해 근본적으로 새롭게 이해할 수 있도록 하는데, 이것은 우리가 주산기 및 자아초월적 차원을 추가함으로써 심혼에 대한 이해가 넓어지는 즉시 받아들일 수 있게 된다. 프로이트와 그를 따르는 사람들이 정신장애의 뿌리를 어린 시절 초기의 근원에서 추적하려고 했을 때 올바른 길을 가고 있었지만, 충분히 깊게 보지 않았으며 신경증, 성적 문제, 우울증, 자살, 특히 정신증의 주산기 및 자아초월적 근원을 놓쳤다는 것이 분명해 보인다. 출생의 연속적인 단계(기본 주산기 모형Basic Perinatal Matrices 또는 BPMs)를 재체험하는 것과 관련된 경험적 패턴은 증상들과 증상들이 증후군으로 모이는 방식에 대한 논리적이고 자연스러운 형판型板을 제공한다.

　정신장애의 핵심에 삶과 죽음의 과정인 출생 트라우마가 있다는 사실은 그렇지 않으면 이해할 수 없는 강도와 깊이를 설명해 준다. 잔인한 살인과 폭력적인 자살로 이어지는 억제되지 않는 폭력과 같은 인간 행동의 극단은 그와 비슷한 강도와 타당성을 지닌 원천이 필연적으로 있을 것이다. 정신병리학에 대한 프로이트 학파의 접근은 비록 올바른 방향으로 가기는 했지만 설득력이 없었고 때로는 황당하고 터무니없기까지 했다. 이런 상황에 대응한 주류 정신의학자들은 목욕물을 버리면서 아기도 함께 버리는 우를 범했다. 그들은 사람들의 삶의 초기에서 정신장애의 믿을 만한 원인을 찾는 것을 포기하고 그것을 인과적 고려 없이 단지 증상을 설명하는 것을 포함하는 '신-크레펠린식neo-Kraepelinian 접근법'으로 대체하였다.

또한 심혼 지도 체계에 주산기 영역을 도입하는 것은 정서적 문제에 대한 생물학적 설명을 선호하는 정신의학자들과 심리적 영향을 강조하는 사람들 사이의 갈등을 해소한다. 출생은 불가분의 혼합물 내에서 극한 강도의 정서 및 신체적 감각을 갖게 하는 강력하고 복잡한 과정이다. 출생 후 경험은 이 혼합물의 한 측면이나 다른 측면을 두드러지게 할 수 있지만, 더 깊은 차원에서 그것들은 한 동전의 두 측면을 나타낸다. 정신병리학 안으로 자아초월적 차원이 들어가고 주산기 단계와 함께 상호작용을 한다면, 자신을 매질하는 고행과 같은 영성과 폭력이 연결되는 현상이나 종교적 목표와 살인 및 자살이 결합되는 것을 설명할 수 있다.

정서 및 정신신체 장애의 구조에 관한 장에서는 넓은 범위의 정신장애들을 리뷰한다—프로이트의 고전적인 신경증(공포증, 전환히스테리, 강박신경증), 우울증, 자살 행위, 성기능 장애 및 도착, 정신신체 질병들, 기능적機能的 정신증5) 등. 전기적, 주산기적 그리고 자아초월적 요소들을 연합시킴으로써 이러한 특정 증상들의 많은 측면이 설명될 수 있다는 것을 보여 주는 것을 목표로 한다. 이와 같은 새로운 이해는 앞과 같은 상태들의 치료에 대해 중요한 시사점을 제시한다.

이 책의 05장에서는 홀로트로픽 의식 상태에 관한 것 중에서 가장 중요한 시사성을 갖고 있다고 할 수 있으며, 심혼의 확장된 지도 체계에 관한 것으로 자아초월적 위기 또는 '영적 응급'의 개념에 대해 논한다. 심현제 치료와 홀로트로픽 숨치료에 대한 경험을 바

---

5) 기질(器質)적 정신질환에 대비해서 사용되는 말로 기질적 변화가 없이 정신기능의 장애를 일으킨 이른바 내인성 정신질환[조현증(정신분열증), 조울증]을 가리키며, 심인성 정신질환도 포함하고 있다(간호학 대사전).

탕으로 고인이 된 아내 크리스티나Christina⁶⁾와 나는 자발적으로 일어나는 홀로트로픽 경험에 대해 관심을 갖게 되었는데, 이는 주류 정신의학에서 심각한 정신질환 또는 정신증의 징후로 진단하고 치료하는 것이다.

이러한 상태들이 올바르게 이해되고 적절히 지지되는 경우에 아주 놀라운 치료적, 변용적, 체험적, 심지어는 진화적 잠재력까지 갖고 있다는 것을 우리는 발견하였다. 이 장에서는 이러한 상태들에 대한 현상학, 촉발요인, 감별 진단, 치료법을 설명한다. 또한 샤먼 입문 위기, 쿤달리니Kundalini 활성화, 에이브러햄 매슬로Abraham Maslow의 '절정경험', 존 페리John Perry⁷⁾의 중심적 원형으로의 하강에 의한 갱생 과정, 전생 기억으로 인한 문제, 심령적 개안psychic opening의 위기, 빙의 상태 등과 같은 영적 응급의 다양한 형태에 대해 간략하게 논한다.

이 책의 06장과 07장은 캘리포니아주 빅서에 있는 에살렌 연구소⁸⁾에서 살 때 고인이 된 아내 크리스티나와 내가 개발한 혁신적이고 경험적인 유형의 심리치료인 홀로트로픽 숨치료에 초점을 맞추고 있다. 이 방식은 매우 단순한 방법을 사용하여 강력한 홀로트로픽 의식 상태를 유도한다. 이는 빠른 호흡, 기억 및 감정을 떠올리게 하는 음악, 특정한 세팅 안에서 이루어지는 발산을 촉진하는 보디워크가 결합된 것이다. 참가자들은 두 명씩 짝을 지어 브리더와 시터 역할을 번갈아 가며 한다. 회기가 끝난 후, 참가자들은 그들이 경험한 것을 반영하여 만다라를 그린다. 그런 다음 작은 집단으로 모여서 회기에서 일어난 것들에 대해 공유하고 작업한다.

홀로트로픽 숨치료는 심층심리학의 기본 원리와 샤머니즘, 통과의례, 동양의 위대한 영적 철학 그리고 세계의 신비주의적 전통에서 비롯된 요소들을 결합한 것이다. 이 이론은 현대 심리학적 용어들을 사용하여 만들어졌고, 자아초월심리학과 새로운 패러다

---

6) 스타니슬라프 그로프의 아내로서 그로프와 40년 가까이 함께하면서 자아초월심리학 분야에서 연구하였으며, 2014년에 타계하였다.
7) 언어철학, 심리철학, 형이상학의 분야에 공헌한 철학자. 상황의미론, 성찰성, 지표성, 개인정체성, 자기인식 등에 대한 작업으로 알려져 있다.
8) 인본주의적 대체 교육을 위해 1962년에 세워진 연구소. 인간 의식을 탐색하기 위한 대체적인 방법들을 이용하면서 함께 뉴에이지 운동 및 대체 의학 등의 본산이 되었다.

임 과학에 기반을 두고 있다. 이 장에서는 호흡의 치유력, 음악의 치료적 잠재력, 발산 releasing 및 지지적인 방식으로 진행되는 보디워크의 개입 등에 대해 설명한 후, 회기의 세팅과 준비, 브리더와 시터의 역할, 체험의 현상학, 만다라 그리기, 그리고 체험을 공유하는 집단에서의 작업 등에 대해 기술하고 있다. 회기 후의 치료적 결과와 후속 기간에 대한 논의에 특별히 주의를 기울였다.

나는 이 책이 심혼탐구자들에게 유용한 안내서가 되기를 바라는 마음으로 썼다. 그들이 과거의 여정에서 이미 했던 경험들을 회고하며 유용한 통찰을 얻기를 바란다. 또한 자아발견과 탐색을 하도록 돕는 흥미진진한 모험에 막 나서려는 사람들이 대체 현실로의 안전하고 생산적인 여정을 하기 위해 필요한 기본적인 정보들을 얻을 수 있기를 바란다. 부디 즐거운 여정이 되시길!

스타니슬라프 그로프 의학 및 철학박사

캘리포니아 밀 밸리, 2018년 봄

감사의 글

『심혼탐구자의 길The Way of the Psychonaut』은 프라하 정신의학 연구소, 메릴랜드주 볼티모어의 메릴랜드 정신의학 연구소, 캘리포니아주 빅서의 에살렌 연구소, 전 세계의 홀로트로픽 숨치료 워크숍과 훈련 프로그램에서 60년 이상의 기간 동안 실시한 의식 연구의 결과를 간결하고 포괄적인 방식으로 제시하려는 시도이다. 이 기간 동안 나는 많은 개인, 기관 및 조직들부터 지적, 정서적 및 물질적 지원을 넉넉하게 받아 왔다. 내가 그들 모두의 이름을 언급하는 것은 불가능하기 때문에 가장 중요한 사람들만을 언급할 수밖에 없다. 내가 미처 언급하지 못한 사람들에게는 사과를 하고 싶다.

프라하 정신의학 연구소에서 첫 번째 LSD 회기를 가졌던 1956년 11월 13일에 나의 심혼탐구자로서의 입문이 시작되었는데, 이는 당시 나의 지도의사였던 조지 루비체크George Roubíček의 후원과 의과 학생이었던 동생 폴Paul의 개인적인 감독을 바탕으로 진행된 것이었다. 믿을 수 없을 만큼 삶을 변화시킨 그 경험에서 그들이 해 준 역할에 대해 나는 매우 감사하게 생각한다. 나는 프라하-Krč에 있는 연구소 단지에서 밀로스 보체초브스키Miloš Vojtěchovský의 지도와 협력하에 심현제 연구를 시작하여 2년 동안 실험 연구를 한 이후 임상연구로 옮기게 되었는데, 그곳에서 얻었던 경험을 매우 소중하게 여긴다.

1960년 1월에 나는 프라하 보니츠에 새로 설립된 정신의학 연구소의 설립 멤버가 되었다. 지적인 자유를 중시하는 진보적인 사람이었던 연구소 소장 루보미르 한리체크Lubomír Hanzlíček가 진단과 치료에 있어서 LSD-25와 실로사이빈의 잠재력을 연구하도록 나에게 허락해 준 것은 놀라운 행운이었다. 그의 지지가 없었다면, 나는 매혹적이면서도 논란의 여지가 많은 이 분야에서 기초 연구를 수행할 수 없었을 것이다. 1967년 코네티컷주 뉴헤이븐의 정신의학 연구를 위한 기초 연구 기금으로부터 받은 넉넉한 장학금과 메릴랜드주 볼티모어에 있는 존스홉킨스 대학교 헨리 핍스Henry Phipps 클리닉의 조엘 엘킨스Joel Elkes 교수의 개인적인 초대 덕분에 임상 및 연구를 위한 연구원으로서 미국에 올 수 있었다. 소련의 체코슬로바키아 침공 이후 나는 돌아가지 않기로 결정했다. 새로운 고향에서 나를 향해 열렸던 기회에 영원히 감사한 마음을 가질 것이다.

스프링 그로브의 메릴랜드 정신의학 연구소 소장인 앨버트 쿠를란드Albert Kurland 박사와 마음을 열고 나의 새로운 동료이자 가족이 되어 준 스태프들로부터 받은 따뜻한 환영, 지지, 우정에 대해서 깊이 감사드린다. 우리는 알코올중독자, 마약중독자, 신경증 환자, 말기 암 환자 및 정신건강 전문가와 협력하여 미국에서 마지막으로 심현제 연구 프로젝트를 수행했다. 이와 관련해서 스프링 그로브 스태프들의 이름을 간략히 언급하면서 1973년 동부에서 캘리포니아로 이사할 때 내가 함께 가지고 갔던 모든 멋진 추억에 대해 감사드린다. 스프링 그로브 프로젝트의 여러 단계에 참여한 사람들은 샌디 웅거Sandy Unger, 월터 판케Walter Pahnke, 찰스 새비지Charles Savage, 시드 울프Sid Wolf, 존 러헤드John Rhead, 빌Bill과 엘사 리처즈Ilse Richards, 밥Bob과 카렌 레이히Karen Leihy, 프랑코 디 레오Franco di Leo, 리처드 옌센Richard Yensen, 존 로벨John Lobell, 헬렌 보니Helen Bonny, 로버트 소스킨Robert Soskin, 마크 시프먼Mark Schiffman, 록 러쉬Lock Rush, 토머스 시모네티Thomas Cimonetti, 그리고 낸시 주얼Nancy Jewell이 있다.

자아초월심리학의 요람에 있도록 동료들의 작은 팰로앨토Palo Alto 모임에 초대해 준 작고한 친구 에이브러햄 매슬로Abraham Maslow와 함께 토니 수티치Tony Sutich, 마일스 비히Miles Vich, 소냐 마굴리스Sonja Margulies, 그리고 짐 파디만Jim Fadiman에게 깊은 감사를 전한다. 그로 인해 나는 나의 연구 결과를 새로운 분야에 기여할 수 있었고 이어서 국제자아초월협회International Transpersonal Association: ITA의 창립 회장으로서 세계에 그 메시지를 전달할 수 있는 기회를 가질 수 있었다. 국제자아초월협회ITA에 대해 언급하다 보니 이 협회가 탄생된 곳인 에살렌 연구소에 대해 생각하게 된다. 나의 진심 어린 감사를 에살렌의 소유주이자 공동 창업자인 마이클 머피Michael Murphy에게 전한다. 그는 1973년 내가 안식년을 가질 때 에살렌에 오도록 초대해 주었다. 나는 빅서의 자연미와 에살렌의 지적으로 자극적인 분위기에 매료되어 그곳에 14년 동안 머물렀으며, 그 기간은 내 삶에서 직업적으로 가장 보람 있는 시간이었다.

　에살렌의 공동 설립자인 딕 프라이스Dick Price의 열렬한 지지와 함께 작고한 아내 크리스티나와 나는 에살렌에서 30개월 동안 계속되는 워크숍을 진행하였으며 훌륭한 초청 교수단과 함께할 수 있었다. 조셉 캠벨Joseph Campbell,[1] 잭 콘필드Jack Kornfield,[2] 휴스턴 스미스Huston Smith,[3] 프리초프 카프라Fritjof Capra,[4] 그레고리 베이트슨Gregory Bateson,[5] 루퍼트 셸드레이크Rupert Sheldrake,[6] 칼 프리브람Karl Pribram,[7] 리처드 타나스Richard Tarnas, 안젤레스 아리엔Angeles Arrien, 마이클 하너Michael Harner[8]와 산드라 하너Sandra Harner, 프랜시스 본Frances Vaughan,[9] 로저 월시Roger Walsh,[10] 존 릴리John Lilly,[11] 팀 리어리Tim Leary,[12] 람 다스Ram Dass,[13]

---

1) 미국의 신화학자. 『천의 얼굴을 가진 영웅』과 『신화의 힘』, 『신의 가면』, 『신화와 함께 살기』 등으로 유명하다.
2) 불교의 명상수행법을 서양에 소개한 사람 중 하나로 저명한 심리학자. 국내에 번역된 저서로 『마음의 숲을 거닐다』, 『붓다의 가르침』, 『깨달음 이후의 빨랫감』이 있다.
3) 세계적으로 영향력 있는 종교학자이며, 『세계의 종교』가 유명하다.
4) 오스트리아 태생의 물리학자, 시스템 이론가, 생태철학자. 국내에는 『현대 물리학과 동양사상』이 번역되어 있다.
5) 영국 태생의 문화인류학자. 사이버네틱스에 대한 연구를 시작으로 동물학, 심리학, 인류학, 인종학 등에 이르는 다양한 연구를 했다.
6) 영국 태생의 생물학자로 형태공명론을 주장했으며, 국내에는 『과학자인 나는 왜 영성을 말하는가』, 『과학의 망상』이 번역되어 있다.
7) 오스트리아 태생의 뇌생리학자. 인지적 기능에 대한 홀로노믹 뇌 모델을 주장하고 발전시킨 것으로 유명하며 기억, 정서, 동기 및 의식에 대한 신경학적 연구에 공헌하였다.
8) 미국 태생의 인류학자로 샤머니즘 연구에 공헌하였으며, 『샤먼의 길』을 통해서 코어 샤머니즘(Core Shamansim)을 소개하였다.
9) 임상심리학자 및 자아초월심리학자. 『직관 깨우기』, 『성스러움의 그림자들』, 『에고를 넘어서』 등의 저서를 남겼다.
10) 호주 태생의 철학자, 정신의학자, 인류학자. 심리치료, 동양철학, 종교심리학, 자아초월심리학 등의 분야에서 지속적인 연구로 공헌하였으며, 국내에서는 『7가지 행복 명상법』으로 유명하다.
11) 미국 태생의 정신의학자, 정신분석가, 철학자. 외부 자극을 차단함으로써 의식을 탐색하도록 하는

랄프 메츠너Ralph Metzner,[14] 험프리 오스몬드Humphrey Osmond,[15] 고든 와슨Gordon Wasson,[16] 심령술사, 초심리학자, 티베트 교사, 인도 요기, 미국과 멕시코의 샤먼들, 그리고 또 많은 사람이 있었다. 에살렌의 매혹적이고 편안하고 친밀한 환경에서 우리는 이들과 깊은 우정을 쌓았고, 이들 중 대부분은 국제자아초월협회의 대회에서 열렬하고 충실한 진행자가 되었다. 마이클 머피와 딕 프라이스는 나와 함께 국제자아초월협회의 창립 멤버가 되었다.

훌륭한 지적 영감을 주고 창조적으로 나의 작업을 보완하고 확장시켜서 새로운 영역으로 넓혀 준 몇몇 친구들과 동료들에게 감사한다. 프리초프 카프라의 『현대 물리학과 동양사상The Tao of Physics』에서 보여 준 일원론적 유물론과 데카르트-뉴턴 패러다임에 대한 그의 비판은 나에게 자아초월심리학과 자연과학을 연결시키는 것에 대한 영감을 주었다. 그러한 연결은 17세기의 유물론적인 철학과 구식 패러다임보다는 양자-상대 물리학과 현대 과학의 진보와 관련되어 만들어져야 한다는 것이 명확해졌다. 또한 칼 프리브람의 두뇌 홀로그래픽holographic 모델과 데이비드 봄David Bohm의 전일운동holomovement 이론도 자아초월심리학과 현대 의식 연구 결과에 주된 도움이 되었다.

친애하는 친구이자 특별한 불교 교사인 잭 콘필드는 우리가 연구를 위한 영적 기초를 마련할 수 있도록 도와주었다. 우리는 미국과 유럽에서 '통찰과 개안Insight and Opening'이라는 제목의 아주 인기 있는 수련회를 30번이 넘도록 공동으로 진행했으며, 이를 통해 우리는 위파사나Vipassana 불교, 자아초월심리학, 홀로트로픽 숨치료의 공통점을 탐색할 수 있었다. 루퍼트 셀드레이크는 『생명의 새로운 과학The New Science of Life』에서 자연과학의

고립 탱크를 고안한 것으로 유명하며, 심현제에 관한 연구도 진행하였다.

12) 미국 태생의 정신의학자. LSD를 비롯한 심현제에 관한 연구를 진행하면서 정신 확장에 대한 철학과 트랜스휴머니즘적인 사상을 주장하였다.

13) 미국 태생의 심리학자 및 영적 지도자. 『지금 여기에 있으세요』로 유명하며, 동양의 영성과 요가를 서양에 알리는 데 큰 역할을 하였다.

14) 독일 태생의 심리학자, 자아초월심리학자. 하버드 대학교에서 팀 리어리, 람 다스와 함께 심현제 연구에 참여하였으며, 『녹색 심리학』, 『의식의 지도들』과 같은 저서를 남겼다.

15) 영국 태생의 정신의학자. 심현제(psychedelic)라는 단어를 만들었으며, 심현제의 사용에 대한 연구를 지속하였다.

16) 미국 태생의 민속균류학자. 실로사이빈 버섯을 연구하고 소개하는 일에 공헌하였다.

일원론적 유물론 철학을 아주 강하게 비판했다. 기억에 관한 물질적 기관의 필요를 기억의 매개체로서 기능하는 비물질적 장으로 대체하는 것을 의미하는 형태공명론과 형태발생장에 대한 그의 개념은 자아초월심리학을 이해하는 데 기여하였다.

절친한 친구이자 훌륭한 역사학자, 철학자, 점성가인 릭 타나스의 연구는 내가 발견한 것들을 원형 점성학과 연결시켰다. 이처럼 믿기 어렵고 논란의 여지가 많은 동맹은 놀라운 돌파구를 만들어 냈다. 행성 이동 및 시기와 비일상적 의식 상태의 원형적인 내용의 특별한 상관관계를 40년 동안 릭과 함께 협력하며 탐구한 이후, 나는 원형 점성학을 '의식 연구의 로제타 스톤'[17]이라고 부르게 되었다. 비일상적 의식 상태에 대한 연구의 안내자로서 점성학을 연합하는 것은 장래 정신의학을 위한 가장 유망한 전략이라고 나는 믿는다.

세계 최고의 시스템 이론가인 어빈 라슬로Ervin Laszlo는 아카식 전체장Akashic holofield[18]에 대한 그의 연결 가설과 개념에서 심현제 치료, 홀로트로픽 숨치료 회기, 비일상적 의식 상태('영적 응급') 동안에 일어나는 다양한 이례적 현상, 관찰, 패러다임 도전에 대한 그럴듯한 설명을 제공했다. 여러 과학 분야의 첨단 이론과 발견에 바탕을 둔 라슬로의 현실에 관한 훌륭한 지도는 이러한 딜레마와 역설에 대한 우아한 해결책을 제시한다. 그것은 겉보기에는 터무니없어 보이는 발견들을 믿을 만하고 과학적으로 받아들일 수 있게 만든다.

내가 새로운 분야에서 일을 할 수 있도록 도와준 사람들을 기리면서, 고인이 된 아내 크리스티나에게 감사한다. 그녀가 이런 모험을 하게 된 동기는 영적 응급, 알코올중독, 외상후 증후군, 그리고 성적 학대로 인한 후유증으로부터 겪었던 문제들에 대한 도움을 얻으려는 것이었다. 로저 월시가 그녀의 50번째 생일 축하에서 크리스티나에 대해 말한 것처럼, 그녀는 "자신의 개인적인 문제를 사회 전반에 도움이 되는 일로 전환"하는 것을

---

17) 로제타석(Rosetta Stone)은 중요한 열쇠란 의미로 쓰인다. 1799년 나폴레옹의 이집트 원정군이 나일 강 어귀의 로제타에서 발견한 고대 이집트 왕 프톨레마이오스 5세의 송덕비로 이집트 문자 해독의 열쇠가 되었다.
18) 라슬로의 『과학과 아카식 필드: 모든 것에 관한 통합적 이야기』(2004)는 우주의 물질로서의 정보 분야를 제시한다. 아카샤는 '공간'이라는 산스크리트어와 베딕어를 사용하여, 이 정보 필드를 '아카식 필드' 또는 'A-필드'라고 부른다. 그는 '양자 진공'은 현재의 우주뿐만 아니라 모든 우주가 과거와 현재를 알려 주는 근본적인 에너지와 정보 전달 영역이라고 가정한다.

해냈다. 그녀의 음주 문제는 12단계(Twelve Step) 프로그램과 자아초월심리학 사이에 연결을 만들어 내면서 한 달 간의 에살렌 워크숍과 '신비스러운 탐색', '애착과 중독'이라는 제목의 두 개의 큰 국제 자아초월 콘퍼런스를 여는 것에 영감을 주었다. 1980년에 그녀는 이러한 장애들에 대한 새로운 대체 치료법을 찾는 세계적인 운동으로 성장한 영적 응급 네트워크Spiritual Emergency Network: SEN를 시작했으며, 『에그쉘 랜딩The Eggshell Landing』은 많은 성적 학대 생존자에게 위로와 영감을 주었다.

나는 개인적으로 가까운 친구들과 한 달 간 이어지는 세미나 및 ITA 콘퍼런스, 홀로트로픽 숨치료 훈련에 초청 교수로서 정기적으로 와 준 자아초월 운동의 개척자들, 여러 다양한 행사의 참여자들에게 매우 특별한 감사를 표한다: 마이클과 샌디 하너, 잭 콘필드, 웨스 니스커Wes Nisker, 프랜시스 본, 로저 월시, 릭 타나스, 람 다스, 잭Jack과 리치 코딩턴Ricci Coddington, 랄프 메츠너, 그리고 안젤레스 아리엔. 책, 논문, 강의는 우리가 공유하는 비전의 다양한 측면을 보여 주면서 상호 간에 힘을 실어 주었으며, 자아초월 분야의 발전을 흥미진진한 집단 프로젝트로 만들었다. 우리 그룹의 소중한 멤버인 J. B. 멀린Merlin, 보 레전드Bo Legendre와 함께 벳시 고든Betsy Gordon은 수년에 걸쳐 맛있는 음식과 훌륭한 동료들, 흥미진진한 지적 교류를 모두 갖춘 우리의 파티들을 주최한 것에 대해 찬사를 받을 만한다. 카르멘 샤이휠레-기거Carmen Scheifele-Giger는 나의 소중한 친구였고, 나의 일을 지지해 주었다. 내가 그녀의 죽은 남편이자 환상적 사실주의의 천재였던 한스 뢰디 기거H. R. Giger에 대한 책을 쓸 때 헤아릴 수 없이 많은 도움을 주었다. 또한 그녀는 그루예르의 한스 뢰디 기거 박물관에서 우리의 훈련 프로그램을 주최했고, 미래의 심리학에 관한 나의 책을 번역하여 독일어를 사용하는 청중들도 읽을 수 있도록 해 주었다.

나는 세계 각지에서 온 학생들을 위해 양질의 프로그램과 자아초월심리학 학위를 제공하며, 혁신적이고 개방적 학교인 샌프란시스코의 통합학문 연구를 위한 캘리포니아 연구소CIIS에 깊이 감사한다. 또한 릭 타나스와 내가 인기 있는 "심혼과 우주"를 대학원 세미나에서 가르칠 수 있도록 허락해 준 로버트 맥더멋Robert McDermott과 조셉 섭비온도Joseph Subbiondo 총장에게 감사를 표한다. 홀로트로픽 의식 상태와 원형 점성학의 분야가 주류 제도권에서는 논란거리가 많은데도 이 연구 결과들을 통합해서 가르칠 수 있었다.

나는 바츨라프 하벨Václav Havel 체코 대통령과 그의 아내 다그마르Dagmar로부터 정신적인 지지를 받은 것을 크게 영광스럽게 생각한다. 그들은 자아초월심리학을 창시하고 홀로트로픽 숨치료를 발전시킨 나의 역할을 인정하여 2007년에 매우 권위 있는 Vision 97상을 수여해 주었다. 또한 나의 일에 수 년 동안, 최근까지도 재정적 지원을 제공해 준 친구들에게 감사한다: 존 부차난John Buchanan, 벳시 고든, 보카라 레전드르Bokara Legendre, 올레그 고렐리크Oleg Gorelik, 빌 멜턴Bill Melton, 메이홍 쉬Meihong Xu, 조지 사를로George Sarlo, 프리데리케 메켈-피셔Friederike Meckel-Fischer, 피셔 콘래드Fischer Konrad, 폴 그로프Paul Grof. 나는 이 기회를 이용하여 포틀랜드의 영화 제작자이자 많은 재능을 가진 여성인 수전 로게아스Susan Logeais에게 감사를 전하고 싶다. 그녀는 조금 다른 종류의 지원을 해 주었는데, 심현제 물질의 치유적 잠재력뿐만 아니라 바로 나의 삶과 일에 대한 다큐멘터리에 그녀가 쏟은 시간, 에너지, 사랑이다. 나는 캘리포니아에서 우리의 여행과 생활을 돌보며 큰 도움을 주고 있는 보조원 장 프렌들리Jean Friendly에게도 매우 감사한다.

나는 가족들로부터 받은 성원에 축복을 느낀다. 2016년 4월에 나와 결혼하여 함께 행복하게 살고 있는 브리기트Brigitte는 나의 삶에 빛과 기쁨, 무조건적인 사랑을 가져다주었다. 그녀는 내가 시프트 네트워크를 위해 했던 텔레비전 강좌를 들은 후, 더 많은 청중을 위해서 이 자료를 전서全書 형식으로 만들어야 한다고 나를 설득하였다. 그리고 그녀는 대부분의 실제적인 일을 맡아서 해 줌으로써 내가 글을 쓸 수 있도록 이상적인 환경을 만들어 주었다. 브리기트는 심리학자이자 심리치료사이며, 우리는 30년 이상 알고 지내 왔다. 그녀는 지금까지 홀로트로픽 숨치료를 진행하고 가르쳐 왔으며, 나와 내가 하는 일에 대해 누구보다 잘 알고 있다. 그 덕분에 내가 쓰고 있는 것들에 대해 자유롭게 그녀와 논의할 수 있었고, 아주 유용한 피드백을 얻을 수 있었다.

또한 훌륭한 동생이 있다는 것은 다행이다. 폴은 나보다 네 살 어리며, 정신과 의사이다. 그가 특별히 관심 있는 영역은 나의 영역과는 다르다. 그는 정동장애의 영역에서 전문가로서 학계에서 높이 평가받고 있으며 권위 있는 NARSAD[19] 상을 받기도 했다. 그러

---

19) 두뇌 & 행동 연구재단(Brain & Behavior Research Foundation)은 정신건강 연구를 후원하는 비영리단체이다. 그것은 원래 조현증 및 우울증에 대한 연구를 위한 전국연합(National Alliance for

나 그는 자아초월심리학에도 깊게 관심을 갖고 있으며, 심현제와 명상에도 개인적인 경험을 갖고 있다. 긍정적인 의견이든 엄격하고 건설적인 비판이든 그의 정직한 비판에 의지할 수 있었다.

릭 도블린과 그의 열성적이고 헌신적인 팀이 심현제 다학제 협회Multidisciplinary Association of Psychedelic Studies: MAPS에서 지난 수십 년 동안 해낸 놀라운 일에 대해 깊이 감사한다. 그들은 불가능해 보이는 것을 이루어 냈는데, 무지하고 비이성적인 법률 제정으로 심현제 연구에 드리웠던 그늘을 없애고 주목할 만한 물질들의 연구에 대한 관심을 불러일으켜 현재 세계적인 르네상스가 시작되도록 하였다. 또한 심현제에 관한 나의 책들을 출판해 준 것에 대해 특별히 감사한다. 이 책을 위해 전문 지식과 시간, 사랑을 쏟아 준 사라 조던Sarah Jordan과 브래드 버그Brad Burge에게 특별히 감사한다. 그리고 나는 이 책을 편집하는 일에 자원해 준 렌 버틀러Renn Butler에게 매우 감사한다. 그가 아니었다면 홀로트로픽 숨치료와 심현제 상태에 대해 필요한 경험을 가진 다른 사람을 찾기는 어려웠을 것이다.

안타깝지만 이 책에 중요한 기여를 한 수천 명의 사람들은 익명으로 남아야 할 것 같다. 이들은 유럽, 미국과 캐나다의 내담자들, 워크숍의 참가자들, 홀로트로픽 숨치료 프로그램의 선생님, 촉진자 그리고 연수생이다. 이들은 심혼의 숨겨진 구석까지 여행할 용기를 갖고 있었고, 그러한 경험들을 나와 공유했다. 그들이 맞닥뜨린 것에 대한 구두 보고와 대체 현실의 모험을 표현한 예술 작품은 아주 중요한 정보의 원천이었다. 세계 여러 나라에서 온 이 사람들에 대해 느끼는 은혜와 감사는 말로 표현하기 힘들다. 그들이 없었다면, 이 책은 쓰일 수 없었을 것이다.

스타니슬라프 그로프 의학 및 철학박사

Research on Schizophrenia & Depression), 또는 NARSAD라는 약자로 불렸다. 1987년부터 약 3억 8천만 달러의 보조금을 지급했다.

차례

01

심혼탐구자의 역사:

고대, 원주민 그리고 현대 신성의 기술

  이 책에서 본 주제를 탐색하기 전에 작업 전체에 걸쳐 내가 사용할 몇 가지 용어에 대해 설명하고자 한다. 나는 치유 효과가 뚜렷하여 변화를 일으키며 혁명적이고 발견적인 학습의 잠재력을 가지고 있고, 비일상적 의식 상태를 경험하도록 안내하는 중요한 한 하위 집단에 대한 연구를 60여 년 동안 진행해 왔다. 이 연구들에서 내가 관찰하고 경험한 것을 이 책에서 상세히 설명할 것이다. 현대 정신의학은 이 경험들에 대해 이름도 붙이지 않고 이 모든 상태를 '변성 상태altered states', 즉 병리적 왜곡으로 본다.

홀로트로픽 의식 상태

  초창기에 나는 전문가로서 이 상태들이 대단히 긍정적인 잠재력을 가지고 있다는 것과 정신의학의 오해를 바로잡는 것이 시급하다는 것을 깨달았다. 나는 그 상태에 대해 '홀로트로픽holotropic'이라는 용어를 사용하기로 결정하였다. 그 의미는 온전함wholeness으로 나아가는 것을 의미한다(그리스어 *holos*는 전체를, *trepo/trepein*는 ~을 향해 나아가는 또는 어떤 것에 마음을 빼앗기는 것을 말한다). '홀로트로픽'이라는 단어는 신조어지만 보편적으로 사용되는 **굴광성**heliotropism—항상 해가 있는 방향으로 움직이는 식물의 성질—과 관련이 있다.

  주류 임상가들과 이론가들이 보편적으로 사용하는 '의식의 변성 상태'라는 용어는 자신과 세계를 경험하는 '올바른 방식'이 왜곡된 것이라는 점과 그래서 결함이 있는 상태라는 점이 일방적으로 강조되기 때문에 적절하지 않다('변성alter'은 구어체 영어와 수의과에서 사용하는 용어로 가축의 거세를 의미하는 데 사용되고는 한다). 약간 나은 용어는 '비일상적 의식 상태'인데 이는 홀로트로픽의 유익한 특성을 갖지 않는 넓은 범위의 다른 상태들을 포함하고 있기 때문에 너무 광범위하고 일반적이다. 이것은 전염병으로 인한 사소한 섬망, 알코올중독, 뇌의 혈액순환 장애 그리고 퇴행성 뇌질환을 포함한다. 이들 의식의 변화는 지남력 상실, 지적 기능 장애와 그 후의 기억상실 등과 연관된다. 그것들은 임상적으로는 중요하지만 치료적 잠재력과 발견적 학습의 잠재력은 부족하다.

그에 비해 내가 홀로트로픽이라고 부르는 상태는 매우 이론적이며 실질적인 면에서도 그 의미가 중요하다. 이 상태는 초보 샤먼shaman이 입문의 위기를 거치면서 직접 경험하고, 나중에는 치료적 목적으로 내담자들에게 이러한 경험을 유도하는 상태이다. 고대 문화와 원주민 문화는 통과의례와 치유의식에서 이를 사용하였다. 많은 나라와 여러 세대의 신비주의자들에 의해 묘사된 것뿐만 아니라 죽음과 재탄생에 대한 고대 의례에 입문하는 경험도 역시 홀로트로픽 경험이다.

이 상태를 유도하는 신성한 기법들은 힌두교, 불교, 자이나교, 도교, 이슬람, 유대교 그리고 그리스도교 등 세계의 대 종교들의 맥락에서 사용되었던 방법인데, 명상, 동작 명상, 호흡 훈련, 기도, 금식, 수면 박탈 그리고 심지어 육체적 고통까지도 사용하였다. 홀로트로픽 경험을 유도하는 가장 강력한 수단은 환각을 일으키는 식물과 그것으로부터 추출된 순수하고 효과 있는 알칼로이드 그리고 합성 영신제이다. 그 외에 재탄생 경험, 홀로트로픽 숨치료 등과 같이 정신과적 약물을 사용하지 않고 이 상태를 유도할 수 있는 강력한 형태의 실험적 심리치료들도 있다.

홀로트로픽이라는 명칭은 평균적인 서구인에게는 놀라운 것일 수 있는데, 즉 일상적 의식 상태에서 우리는 인지적이고 경험적인 잠재력의 작은 부분만을 사용할 뿐 우리 존재의 전부를 자각하지 못한다는 것을 암시한다. 영미 철학자이며 작가인 앨런 와츠Alan Watts의 말을 빌린다면, 홀로트로픽 의식 상태는 '우리가 누구인지를 아는 것에 대한 금기'를 깨뜨리고 궁극에는 우리가 '피부에 싸인 자아ego'가 아니라는 것과 우주적 창조 원리 그 자체에 어울리는 존재라는 것을 깨달을 수 있도록 우리를 도울 수 있는 상태이다 (Watts, 1973). 프랑스 고생물학자이며 예수회 수사이고 철학자인 피에르 떼이야르 드 샤르댕Pierre Teilhard de Chardin은 "우리는 영적인 경험을 하는 인간이 아니라 인간의 경험을 하는 영적인 존재이다."(Teilhard de Chardin, 1975)라고 언급하였다.

이 놀라운 생각이 새로운 것은 아니다. 고대 인도의 찬도그야『우파니샤드』[1]에는 다음

---

1)『우파니샤드』는 진리에 대한 한결같은 믿음이 얼마나 소중한가를 알려 주는 인도의 고전이다.

과 같은 문답이 있다. "나는 누구인가Who am I?" "그대가 그것이다Tat tvam asi." 이 간결한 산스크리트 문장은 문자 그대로의 의미이다. "그대가 그것이다Thou art That." 혹은 "당신이 신성이다You are Godhead." 그것은 우리의 가장 깊은 정체성이 "나마루빠namarupa",[2] 이름 혹은 형태(신체/자아)가 아니라, 우리의 가장 내밀한 존재인 아트만Atman[3]으로 가져오는 우주 창조 에너지의 신성한 불꽃, 궁극적으로 우주를 창조한 최고의 우주적 원리인 브라만Brahman[4]과 동일한 것이라는 것을 말한다. 힌두교도들에게 이는 단순한 믿음, 근거 없는 확신이 아니다. 엄격한 영적 실천이나 다양한 형태의 요가를 하면 경험적으로 입증될 수 있는 어떤 것이다.

그리고 힌두교만이 이 발견을 한 것은 아니다. 신성함을 가진 개인의 정체성에 관련된 계시는 모든 위대한 영적 전통의 신비로운 핵심에 놓여 있는 궁극적인 비밀이다. 따라서 이 원리의 이름은 도, 부처, 쉬바, 즉 카슈미르 샤이비즘Kashmir Shaivism,[5] 우주적 그리스도, 플레로마Pleroma,[6] 알라, 다른 많은 것일 수 있다. 여러 종교에서 이를 언급하였다.

우리는 이미 힌두교도들이 브라만과 아트만의 본질적인 동일시를 믿는다는 것과 『우파니샤드』가 '그대가 그것이다Tat tvam asi.'로 우리의 신성한 본질을 드러낸 것을 보았다. 싯다Siddha 요가 전통의 스승인 스와미 묵타난다Swami Muktananda[7]는 "신은 그대 자신이 되

---

2) 팔리어로 '나마(nāma)'는 이름, '루빠(rūpa)'는 형태를 뜻하며 몸과 마음이 하나를 이루는 것, 정신과 물질을 하나의 개체로 생각하는 심리신체(psychesoma) 과정을 의미한다.

3) 4)와 동일

4) 힌두교의 기본 교의 중 브라흐만이 중성적(中性的) 원리라면 아트만은 인격적 원리라 할 수 있다. 힌두교에서 생명은 숨과 같은 의미로 쓰였으며, 아트만의 원래 뜻은 '숨쉰다'는 뜻이다. 한국어에서 생명을 목숨으로 표현하는 것과 유사하다. 숨쉬는 생명인 아트만은 '나'를 말하며, 따라서 한자로는 아(我)로 표기된다. 힌두교에서는 개인에 내재(內在)하는 원리인 아트만을 상정(想定)하고, 우주의 궁극적 근원으로 브라흐만을 설정하여 이 두 원리는 동일한 것, 즉 범아일여(梵我一如)라고 파악한다(위키백과).

5) 쉬바의 철학이다.

6) 신의 권능의 총체이다.

7) 15세에 출가하여 25년간 맨발로 인도 전역을 순례하면서 많은 현자를 만난 이후에 바가반 니티아난다를 만나서 시다 전통에 입문했다. 1956년 수행이 절정에 이르러 깨달음의 상태를 얻게 되고, 1961년 스승 바가반 니티아난다로부터 영적 깨달음의 모든 능력을 전수받았다. 그동안 머물렀던 가네쉬푸리를 떠나 처음으로 해외로 나가 자신의 영적 가르침을 세계에 널리 전하기 시작하여, 1970년대에 미국 뉴욕주 사우스폴스버그에 위치한 케츠킬에 시다 요가 아쉬람을 세우고 가르침을 전파했다. 1982년 세상을 떠나기 전, 후계자인 구루마이 치드빌라사난다에게 시다 전통을 전수했다(위키백과).

어 그대 안에 살고 있다."라고 했다. 불교 경전에서는 "내면을 보라, 그대가 부처다."라고 한다. 불교 수련의 취지는 무엇을 얻거나 지금의 우리가 아닌 무엇이 되는 것이 아니라 우리가 이미 누구인지를 깨닫는 것이다.

기독교 신비주의에서 예수는 사도들에게 "아버지와 너희들 그리고 나는 하나다.", "신의 왕국은 기다린다고 오는 것이 아니다. 여기가 신의 왕국이다. 사람들이 그것을 보지 못할 뿐이다."라고 말한다. 성 그레고리우스 팔라마스St. Gregory Palamas[8] 역시 "천국, 아니, 천국의 왕은 우리 내면에 있다."라고 말하였고, 신비주의자 아브라함 벤 사무엘 아브라피아Avraham ben Shemu'el Abulafia는 "그와 우리는 하나다."라고 선언하였다. 무함마드도 "자신을 아는 사람이라면 그의 주도 알리라."라고 했다. 그리고 페르시아의 시인 수피 만수르 알−할라이Sufi Mansur Al−Hallaj는 자신의 신성을 깨닫고 용기를 내어 "나는 신이며 절대적 진리이다−Ana'l Haqq."라고 공개적으로 천명하였다. 그리고 그는 이 때문에 엄청난 대가를 치러야 했는데, 수감되고 살해되었으며 시신은 불태워졌다.

홀로트로픽 경험은 우리가 진정한 정체성, 우리의 우주적 지위를 발견하도록 도울 수 있는 잠재력을 가진다. 매일의 의식 상태에서 접근할 수 있는 것을 넘어 실재의 본질에 대한 깊은 통찰을 제공한다(Grof, 1998). 그리고 때때로 소박한 성장을 경험하거나 삶에서 주요한 돌파구와 같은 경험의 형태로도 일어난다. '심혼탐구학psychonautics'[9] 이란 체계적 추구와 치유, 자기탐색, 영적, 철학적, 과학적 질문, 의례 활동, 예술적 영감을 위해 홀로트로픽 의식 상태를 이용하는 학문으로 정의할 수 있다. 앤드루 웨일Andrew Weil은『본성적 마음The Natural Mind』에서 홀로트로픽 경험을 "섹스보다 더 강력한 인간 심혼心魂, psyche[10]의 가장 깊은 추동"으로 묘사하였으며, "초월적인 경험을 추구하는 깊은 갈망에 대한 응답이다."(Weil, 1972)라고 설명하였다.

---

8) 1368년 성인으로 시성되었다. 그리스 정교회 수사, 신학자이며, 특정한 자세를 취하고 호흡을 조절하면서 기도문을 되풀이하는 신비주의적 기도의 금욕적 방법인 헤시카즘의 지적인 지도자이다(다음백과).

9) 심혼탐구자(psychonaut)는 심혼과 영혼에 대해 탐구하는 사람들이다.

10) psyche는 흔히 '정신'으로 번역되지만 정신은 너무 광범위하게 사용되므로 여기에서는 마음과 혼을 의미하는 '심혼'으로 번역한다.

구석기 시대의 심혼탐구자

　홀로트로픽 의식 상태를 유도하는 훈련은 인간 역사의 여명기까지 거슬러 추적해 볼 수 있다. 그것은 인류의 가장 오래된 영적 체계이며 치유 예술이다. 이는 샤머니즘shamanism의 가장 중요한 특징적인 모습이다. 샤머니즘은 아주 오래전에 나타났다. 아마 적어도 3~4만년은 되었을 것이다. 그 뿌리는 구석기 시대로 거슬러 올라가 찾아볼 수 있다. 라스코Lascaux,[11] 퐁 드 곰Font de Gaume, 레 트루아 프레르Les Trois Frères, 알타미라Altamira 등과 같은 프랑스 남부와 스페인 북부의 유명한 동굴의 벽들은 아름다운 동물 이미지들로 꾸며져 있다. 대부분의 그 이미지는 들소, 야생소, 야생마, 수사슴, 야생염소, 맘모스, 늑대, 코뿔소, 순록 등 실제로 석기 시대의 풍경 속을 거닐던 동물들이다. 그러나 몇몇 다른 것들은 분명히 호주 원주민의 얼굴과 비슷한 얼굴에 이마에는 평행을 이루는 긴 뿔이 있는('두 마리의 유니콘unicorn'), 라스코 동굴의 '신화 속의 야수'와 같이 마술적이고 의례적인 의미를 지닌 신비로운 창조물들도 있다. 다른 여러 개의 동굴에도 의심할 바 없이 고대 샤먼을 나타낸다고 보이는 인간과 동물의 모습을 조합한 낯선 형상들이 그려져 있거나 조각되어 있다.

　이 이미지들 중 가장 유명한 것은 다양한 수컷의 상징이 결합된 신비스러운 합성 형상인 '레 트루아 프레르의 마법사'이다. 그는 수사슴의 뿔과 부엉이의 눈, 야생마 혹은 늑대의 꼬리, 인간의 수염과 사자의 발을 가지고 있다. 같은 동굴군에 있는 다른 유명한 샤먼 조각상은 아름다운 동물들과 팀을 이루어 행복한 사냥의 땅을 관장하는 '짐승 지배자'이다. 많이 알려진 것은 라스코 벽에 있는 사냥 장면이다. 그 장면은 창에 찔려 상처를 입고 내장이 튀어나온 들소들과 땅에 누워 있는 한 인물을 보여 준다. 그 인물은 남근이 발기되어 있다는 점이 주목받기 전까지, 처음에는 사냥에서 상처를 입었거나 죽은 사람으로 해석되었다. 그러나 그것은 샤먼의 트랜스 상태를 나타내는 매우 보편적인 표시이다.

　르 가비유La Gabillou로 알려진 작은 동굴들은 고고학자들이 '댄서the Dancer'라고 부르는 역동적인 움직임이 있는 샤먼 형상으로 유명하다. 이 동굴들 중 하나에서 탐험가 투크

---

11) 프랑스 도르도뉴 몽티냐크 근처 베제르 계곡의 절벽 위쪽에 있는 동굴로, 1979년에 등재된 유네스코 세계유산이다.

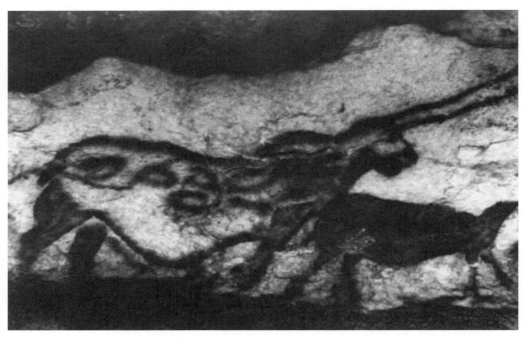

▲ 라스코 동굴의 '신화 속의 야수'는 호주 원주민의 가면과 닮은 긴 평행의 뿔(이중 뿔 유니콘)이 정면에서 튀어나와 있다.

▲ 호주 원주민의 의식. 두 개의 뿔이 있는 마스크를 착용한 원주민이다.

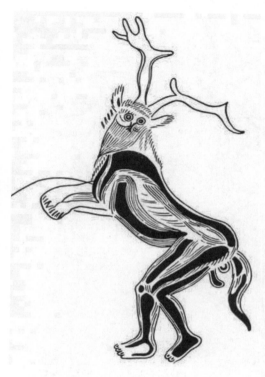

◀ 레 트루아 프레르의 마법사. 다양한 남성 상징들
(수사슴의 뿔, 부엉이의 눈, 야생마 또는 늑대의 꼬리,
인간의 수염, 사자의 발)을 조합한 신비한 합성 그림의
동굴 그림이다.

▼ 가비유Gabillou 동굴의 의인화 그림(동굴 벽면 조각).
아마도 춤추는 샤먼 '댄서'를 그린 것이다.

▼ 좌측의 동굴 그림을 선으로
다시 그린 것이다.

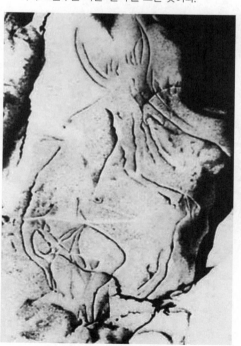

'야수 지배자.' 레 트루아 프레르 동굴의 대형 ▶
벽화에서 나온 세부 사항은 동물에 둘러싸여 있는
신석기 시대의 샤먼과 비슷한 인물이 의인화된
모습을 보여 준다.

기원전 9,000년에서 6,000년 신석기 시대. ▶
버섯으로 싸인 꿀벌 샤먼, 사하라 사막
타실리Tassili에서 동굴 암각화로 덮여 있다.

도두베르Tuc d'Audoubert는 진흙 바닥에 새겨진 두 개의 진흙 들소 모형 주위에 원형으로 배열된 발자국을 발견하였다. 이는 그곳의 서식자들이 많은 원주민 문화에서 관찰되는 트랜스 상태를 유도하기 위해 추고 있는 춤들과 유사한 춤을 추었다는 것을 암시한다. 아주 오래된 동굴 속에서 네안데르탈인들이 곰을 숭배했음을 알 수 있는 여러 흔적을 발견하였고, 이를 통해 샤머니즘의 기원을 추적할 수 있었다. 이는 스위스 엥가딘Engadin과 남부 독일의 작은 동굴에서 발견된 간빙기의 동물 성지聖地의 전형적인 예이다(Campbell, 1984).

햇불에만 의존한 채로 어떤 경우에는 벽 높은 곳에 있는 작은 둔덕에 올라가, 이 동굴들의 접근하기 어려운 깊이까지 이 이미지를 조각하거나 그리는 일은 극히 어려운 일이었을 것이다. 동물의 초상을 그리거나 사냥을 묘사하거나 땅에서의 사냥 마법을 위해 이 이미지들을 사용하는 것이 훨씬 더 쉬웠을 것이다. 이런 도전들을 수행하는 데에는 분명히 특별한 이유가 있었을 것이다. 암석 예술학자 데이비드 루이스-윌리암스David Lewis-Williams는 『동굴 안에서의 마음The Mind in the Cave』에서 이 동굴의 예술가들은 트랜스 상태를 경험하고 있거나 그들의 비전을 그리고 있는 고대 샤먼이라고 하였다. 신화학자 조셉 캠벨Joseph Cambell에 의하면 이미지들로 이어지는 아주 길고 좁은 통로를 가진 이 동굴들은 위대한 어머니 여신을 기리는 의례의 장소이자 그녀의 생식기나 배꼽을 상징한다. 그는 빌렌도르프의 비너스, 돌리 베스토니체의 비너스, 로셀의 비너스와 같은 여성의 생식력을 찬양하는 고대의 비너스 조각상과 그런 종류의 조각상들도 위대한 어머니 여신 숭배와 동일한 관련이 있다고 생각했다.

샤머니즘은 오래되었을 뿐만 아니라 전 세계적으로 보편적인 것이기도 하다. 그 흔적은 북아메리카, 중앙아메리카, 남아메리카, 유럽, 아프리카, 아시아, 오스트레일리아, 미크로네시아, 폴리네시아 등에서 발견된다. 인류 역사를 통해 그렇게 다양한 문화권에서 유용하고 의미 있는 샤먼의 흔적이 발견되었다는 사실은 홀로트로픽 상태가 인류학자들이 '태곳적 마음'이라고 불렀던 상태로 들어가게 하는 방법이라는 것을 말해 준다. 이는 인종, 성역할, 문화 그리고 역사적 시대를 초월하는 인간 심혼의 기본적이고 태곳적 양상을 의미한다. 서구 산업 문명의 파괴적인 영향을 피한 문화들에서 샤먼의 기술과 절차는 오늘날까지 살아 있다.

많은 샤먼의 생활은 자연스럽게 일어나는 '무병巫病, shamanic illness'이라는 심리영적 위기에서 시작한다. 미래의 샤먼들은 악령에게 공격당하고 다양한 시련을 겪어야 하며 죽임을 당하거나 주검을 훼손당하는 지하세계, 즉 죽음의 영역으로 여행하면서 강력한 환영의 상태를 경험한다. 이는 재탄생의 경험과 천상의 영역으로 승천하는 경험으로 이어진다. 샤머니즘은 이제 다른 식으로 홀로트로픽 상태에 연결된다. 이것을 성취하고 경험한 샤먼은 스스로 통제할 수 있는 방식으로 트랜스 상태로 들어갈 수 있다. 그들은 내담자, 치유자 혹은 그 둘 모두가 동시에 홀로트로픽 상태에 있게 하는 방법으로 내담자를 진단하고 치유한다. 샤먼은 그들 부족의 다른 구성원들이 홀로트로픽 상태를 경험하도록 돕기 위해 '저승사자'의 역할을 하기도 한다. 그리고 그들은 저 너머의 복잡한 영토를 가로지르는 데 필요한 지원을 하며 안내한다.

원주민 영성과 통과의례

다양한 나라와 시대에서 원주민 부족은 동굴, 사막, 북극 빙하, 혹은 높은 산에 머물면서 홀로트로픽 경험으로 유도하는 방법인 북, 딸랑이, 다른 여러 타악기를 두드리고, 음악, 찬송, 리드미컬한 춤, 호흡의 변화 그리고 사회적 감각적 고립 등 '신성의 기술 technologies of the sacred'을 발달시키는 데 많은 노력을 기울여 왔다. 원주민들은 이러한 방법으로 종종 극도의 생리적 통제, 즉 단식, 수면 박탈, 탈수, 할례, 요도절개, 강력한 완화제와 설사약의 사용, 심지어는 다량의 피 흘리기와 심한 고통을 겪는 것까지도 경험한다.

원주민 문화는 다양한 목적을 위해 홀로트로픽 상태를 활용한다. 신과 신화적 영역, 자연의 신비한 힘 등 현실의 원형적 영역과의 직접적이고 경험적인 접촉을 위하여 아프리카 칼라하리 사막에 사는 부시맨처럼 개인, 집단 혹은 부족 전체의 치유를 위하여 홀로트로픽 상태를 이용하기도 한다. 그리고 의례, 그림, 조각, 노래를 위한 아이디어 등의 예술적 영감을 얻기 위하여, 또는 잃어버린 사람이나 물건을 찾기 위하여 이용하기도 한다. 먼 지역에 있는 사람에 관한 정보를 얻는 등 직관이나 초감각적 지각을 구축하기 위하여 이용하기도 하고, 사냥에서 사냥감의 움직임을 따라가기 위하여 이용하기도 한다.

네덜란드 인류학자 아르롤드 방주네프Arnold van Gennep는 홀로트로픽 상태를 유도하는 중요한 이유 중 하나로 '통과의례'를 꼽았는데, 원주민 문화의 의례 행사에 참가한 사람들의 의식을 확장하기 위한 것이라고 설명했다(van Gennep, 1960). 이런 종류의 의식들은 모든 알려진 원주민 문화에 존재하였고, 많은 산업화 이전의 사회에서는 지금까지도 여전히 수행되고 있다. 그들의 중요한 목적은 개인, 집단, 더 크게는 전체 문화를 재정립하고 변화시키고 축성하는 것이다. 통과의례는 탄생, 할례, 사춘기, 결혼, 갱년기, 죽음 등과 같은 생물학적이고 사회적인 이행기에 수행된다. 비슷한 의례들이 전사로서 입문할 때, 비밀 결사에 들어가는 것을 허락받을 때, 연례적인 부활 축제 때, 치유의식 중에, 그리고 집단의 지리적 이동이 있을 때 행해졌다.

　통과의례는 심리적으로 무질서한 경험들을 유도하여 높은 수준의 통합을 가져오는 강력한 의식-확장 절차들을 가지고 있다. 따라서 이 심리영적 죽음과 재탄생의 이야기는 낡은 역할이 죽고 새롭게 태어나는 것으로 해석된다. 예를 들어, 사춘기 의례에서 입문자는 소년 혹은 소녀로서 절차를 시작하여 성인 지위가 요구하는 모든 권리와 의무를 지닌 성인이 되어 의례를 마친다. 이 모든 상황에서 개인 혹은 사회 집단은 하나의 존재 양식을 버리고 전적으로 새로운 삶의 조건으로 옮아간다.

　입문식에서 돌아온 사람은 입문과정에 진입했던 사람과 똑같은 사람이 아니다. 깊은 심리영적 변용transformation을 겪음으로써 입문자는 크게 확장된 세계관, 더 나은 자기-이미지와 자기-확신, 다양한 가치 체계를 갖게 되었을 뿐만 아니라 존재의 신비한 영역과도 개인적으로 연결할 수 있게 되었다. 이는 무섭고 혼란스럽고 무질서한 위기를 의도적으로 유도함으로써 입문자가 존재의 가장 깊은 핵심에 도달하도록 한 결과이다. 당분간 입문자는 인류학자들이 말하는 '이도 저도 아닌' 상태, 즉 예전의 정체성은 잃었으나 아직 새로운 정체성을 얻지 못한 혼란스러운 상태에 있을 수도 있다. 그래서 통과의례는 일시적인 분열과 혼란의 시기가 더 크고 온전한 정신과 안녕을 가져오는 상황으로 변하는 경유지가 된다. 폴란드 정신의학자 카지미에시 다브로프스키Kazimierz Dabrowski는 그의 환자들에게서 동시적으로 일어나는 이 과정을 관찰하고 그것에 '긍정적 해체positive disintegration'라는 새로운 용어를 부여하였다(Dabrowski, 1964).

　지금까지 우리가 논의해 왔던 '긍정적 해체'의 두 가지 사례인 샤먼의 입문 위기와 통과의례의 경험은 많은 공통적인 측면을 가지고 있지만, 몇 가지 중요한 사항에서 차이가 있다. 샤먼의 위기는 갑자기 경고도 없이 미래 샤먼의 심혼에 침입한다. 본질적으로 자발적이고 자율적으로 일어난다. 이에 비해 통과의례는 비교적 예측 가능한 일정의 산물이다. 입문자들의 경험은 이전 세대가 발달시키고 완성시킨 특정한 '신성의 기술'의 결과이다.

　샤먼을 존경하면서 통과의례도 수행하는 문화에서 샤먼의 위기는 통과의례보다 훨씬 우월한 입문의 형태로 간주된다. 더 높은 힘의 중재로 여기고, 따라서 신의 선택과 특별한 부르심의 지표로 본다. 그러나 홀로트로픽 의식 상태의 긍정적 가치에 대한 문화적 평가에서 통과의례는 더 발전된 단계를 나타낸다는 또 다른 관점도 있다. 샤먼의 문화는 입문자 위기 시기에 자연적으로 일어나는 홀로트로픽 상태와 인정받은 샤먼에 의해 경험되거나 유도되는 치유적 트랜스 상태 둘 모두를 긍정하고 존중한다. 통과의례는 홀로트로픽 상태를 넓은 범위의 문화로 끌어들여 제도화시키며 의례와 영적인 삶의 필수적인 요소로 만든다.

죽음과 재탄생의 고대 비의

홀로트로픽 상태는 죽음과 재탄생에 대한 고대 비의秘儀, mystery[12]와 고대 세계 전체에 광범위하게 퍼진 신성하고 비밀스러운 절차에서도 결정적인 역할을 했다. 이 비의들은 죽음과 변용을 상징하는 신들, 반신반인들, 전설적인 영웅들에 대한 신화적 이야기에 스며들어 있다. 고대 수메르[13]의 이난나Inanna와 두무지Dumuzi,[14] 이집트의 이시스Isis와 오시리스Osiris,[15] 그리스 여신 아티스Attis,[16] 아도니스Adonis,[17] 디오니소스Dionysus,[18] 페르세포

---

12) 비밀스러운 종교 의식을 말한다.
13) 서아시아 메소포타미아 지역에 존재했던 고대 문명. 현재까지 밝혀진 최초의 인류 문명이며, 인류 역사상 최초로 문자를 사용한 기록이 남아 있는 문명이기도 하다(나무위키).
14) 수메르 신화에서 이난나는 지구의 통치자 엔카의 며느리로 최강의 여신, 두무지는 양치기신이다. 이난나의 죽음에 애도하지 않았던 두무지에 화가 난 이난나는 지상으로 돌아왔을 때 함께 온 악마 갈라(Galla)들이 두무지를 대신 데려가는 것을 허락했으나, 나중에 후회하고 다시 지하세계에서 데려온다.
15) 이집트 신화에서 하늘의 신 누트와 땅의 신 게브의 자손. 이시스는 오시리스의 죽음 후 흩어진 시신을 모아 마법으로 부활시켰다.
16) 식물의 신이다.
17) 그리스 신화에 나오는 미소년이자 아프로디테 여신의 애인. 테이아스와 스미르나 사이에서 태어났으며, 초목의 정령이라고 여겨진다.
18) 제우스의 아들이며 헤라의 미움을 받아 죽었다가 페르세포네를 통해 다시 부활한 술과 황홀경의 신.

네Persephone,[19] 이탈리아의 이란계 로마인 미트라Mithra[20] 등이 그 기반이 되는 신화들이다. 중앙아메리카에서 그에 대응하는 존재들은 아즈텍 신화의 케찰코아틀Quetzalcoatl,[21] 혹은 날개 있는 뱀the Plumed Serpent과 『포폴 부Popol Vuh』[22]라는 문헌에서 알려진 마야 쌍둥이 영웅들[23]이다. 이 비의들은 수메르와 이집트의 사원 입문식, 미트라 비의, 그리스의 코리반트[24] 의례, 바쿠스 축제,[25] 그리고 엘레우시스Eleusis[26] 제전祭典처럼 특히 지중해 지역과 중동에서 민간에 널리 퍼졌다.

　이 중 엘레우시스 제전의 과정에서 입문자가 경험한 강력한 변용의 핵심은 사후에 대한 비전을 유도하는 신성한 미약媚藥 키케온kykeon의 효능이 너무 강력해서 참가자들이 세상과 그 안에 살고 있는 자신들의 위치를 보는 방식에 변화가 일어난다는 것이다. 그들은 죽을 운명의 신체에서 임시로 살고 있는, 죽지 않는 영혼이라는 인식을 통해서 죽음의 공포에서 벗어난다. 아테네 부근의 엘레우시스 성소에서 수행된 비의가 거의 이 천년 동안 5년에 한 번씩 정기적으로 빠지지 않고 거행되었다는 사실은 엘레우시스 제전 과정의 영향과 힘에 대해 증언하고 있다. 그 의식은 기원전 1600년부터 기원후 392년까지 정기적으로 수행된 것으로 관찰되었다. 엘레우시스의 의식적 활동들은 그리스도인 황제 테오도시우스Theodosius가 그 비의와 모든 이교도 숭배들을 무자비하게 금지했을 때 중단되었는데, 기원후 395년 침략한 고트인들Goths이 그 성소를 파괴시킬 때까지도 그들은 고대 세계에 대한 관심을 쉽게 멈추지 않았다.

---

19) 제우스와 데메테르의 딸. 하데스에 의해 지하세계에 납치된 여신이다.
20) 빛의 신 미트라는 그리스의 태양신 헬리오스, 로마의 신 솔 인빅투스와 연관되며 물을 풍족하게 하는 여신 아나히타가 그의 짝으로 등장하는 경우가 많다. 신화에 따르면 미트라는 성스러운 강변, 성스러운 나무 아래에서 횃불과 칼을 지니고 대지의 자녀로 태어났다고 한다(다음백과).
21) 몸에 케찰 새의 깃털이 난 뱀으로 묘사되는 창조의 신이며 농경의 창시자이다.
22) 고대 마야의 문헌. 마야 문화와 신화에 대한 지식을 얻을 수 있는 귀중한 자료이다.
23) 옥수수신 운 우나푸(Hun Hunahpu)와 부쿱 우나푸(Vuqub Hunapu)가 지하세계 구기시합에서 져서 죽고, 그들의 자손 우나푸(Hunahpu)와 스발란케(Xbalanque) 형제가 꾀를 내어 지하세계의 거만한 세력을 물리쳤다.
24) 고대 동양과 그리스·로마 신화에 나오는 태모신의 시중을 드는 거칠고 반악마적인 존재들이다.
25) 고대 그리스 로마의 와인 축제, 디오니소스 축제라고도 한다.
26) 고대 그리스 아테네 근처에서 매년 비밀스러운 종교적 의례가 치러졌던 곳이다. 데메테르(Demeter)와 페르세포네(Persephone)에 바쳐진 이 입회식은 심현제를 이용했던 것으로 여겨지며 가장 유명한 고대 그리스의 종교적 의례였다.

엘레우시스의 거대한 입문 회당인 텔레스테리온Telesterion[27]에서는 3천 명이 넘는 입문자들이 동시에 강력한 심리영적 변용을 경험했다. 유럽 문명사에서 아직 알려지지 않은 다양한 형태의 입문자들 사이에 유명하고 걸출한 고대 인물들이 있었다는 사실을 알게 된다면, 고대 세계에서 알려진 이 비의들의 중요성과 역할을 이해하게 될 것이다. 이 입문자들 목록에는 철학자 플라톤, 아리스토텔레스, 에픽테토스, 군사 지휘자 알키비아데스, 극작가 에우리피데스와 소포클레스 그리고 시인 핀다로스가 포함되어 있다. 다른 유명한 입문자로는 황제 마르쿠스 아우렐리우스도 있는데, 그는 이들 의례가 제공한 종말론적 희망에 매료되었다. 로마의 황제이자 철학자 마르쿠스 툴리우스 키케로Marcus Tullius Cicero는 이 비의들의 일부가 고대문명에 미친 효과와 영향에 관한 귀한 보고서를 썼다. 『법에 대하여De Legibus』에서 키케로[28]는 다음과 같이 말했다.

> 여러분의 아테네가 인류의 삶에 기여한 많은 뛰어나고 참으로 신성한 제도 가운데, 그 어느 것도 이 비의들을 능가하는 것은 없습니다. 그것들을 수단으로 하여 우리는 미개하고 야만스러운 삶의 양식에서 벗어나 교육받고 문명화된 상태로 개선되었기 때문입니다. 그리고 그 의례가 '입문식'이라고 불리듯이, 바로 그 진리 속에서 우리는 그것으로부터 삶을 시작하는 법을 배웠고, 행복하게 살기 위해서뿐만 아니라 더 나은 희망을 가지고 죽을 수 있는 힘까지도 얻었습니다(Cicero, 1977).

고대 세계에서 고대 비의 종교가 가졌던 커다란 관심과 영향력의 또 다른 예는 미트라교이다. 미트라교는 기원후 1세기에 로마제국 전역으로 퍼지기 시작해서 3세기에는 전성기에 도달했고 4세기 말엽에 그리스도교에 굴복했다. 그 숭배의 최고위 존재인 비밀스러운 미트라의 성소인 미트라 신전은 흑해의 해변에서 스코틀랜드의 산, 사하라 사막의 경계까지 퍼져 있었다. 미트라교는 그리스도교의 자매종교들을 대표했고, 그중에서 가장 중요한 경쟁자였다(Ulansey, 1989).

존경할 만한 세 명의 과학자인 민속학자 고든 와슨Gordon Wasson과 LSD-25 발견자 알베르트 호프만Albert Hofmann, 그리스 학자 칼 루크Carl Ruck가 엘레우시스 제전에서 사용했던 신성한 미약 키케온이 LSD와 유사한 맥각의 알칼로이드를 함유하는 혼합물이라는 놀라

---

27) 엘레우시스 제전의 주요 신전이자 성소였다.
28) 로마의 학자 · 작가 · 정치가(BC 106~43). 기원전 63년에 집정관이 되어 국부(國父)의 칭호를 받기도 했으나 후에 안토니우스의 부하에게 암살되었다.

▲ 엘레우시스 제전Eleusinian mysteries을 장식한 거대한 입문 회당 텔레스테리온 유적. 배경에
지하세계로 들어가는 동굴이 있는데, 전설에 따르면 하데스가 페르세포네를 납치하는 데
사용되었다.

▲ 로마시대 엘레우시스 성소 모델. 제전이 일어난 입문 회당인 텔레스테리온의 오른쪽에는
작고 큰 기념비적 입구가 있다.

운 증거를 제시했음에도 불구하고, 이 의례들에 포함된 특수한 의식–확장 절차는 대부
분 알려지지 않은 채로 남아 있다. 그들은 『엘레우시스로 가는 길: 비의의 베일을 벗기기
The Road to Eleusis: Unveiling the Secret of the Mysteries』(Wasson, Hofmann, & Ruck, 1978)에서 그들의
섬세한 연구를 보고하였다. 또한 바쿠스 축제나 다른 형태의 의례에 환각 물질이 포함
되었을 가능성은 매우 높다고 보았다. 고대 그리스인들은 알코올의 증류를 알지 못했고,
발효과정이 멈추는 14%보다 높은 농도의 발효 음료를 만들 수 없었다. 그러나 그 보고
서에 의하면 디오니소스 의례에 사용되었던 와인은 3배에서 20배 정도 희석된 것이었는
데도 단 세 잔만 마시면 "일부 입문자들을 미치기 직전으로 몰고 갔다."는 기록이 있다.

위대한 종교들의 영적 수련

많은 위대한 종교는 홀로트로픽 경험을 유도하기 위해 고대와 원시 시대의 신성한 기술들을 넘어서는 세련된 심리영적 절차를 개발하였다. 예를 들어, 여기에는 도교 전통에서의 영적 수련과 복잡한 탄트라 의례뿐만 아니라 다양한 요가 시스템, 위파사나, 선, 티베트 불교에서의 명상과 동작 명상 등이 포함된다. 또한 우리는 수피와 이슬람 신비주의자들이 신성한 의식에서 정례적으로 사용하는 정교한 접근들을 덧붙일 수 있는데, 코란 낭송, 집중 호흡, 기도 찬송, 그리고 트랜스 상태를 유도하는 신성무神性舞, whirling dance 등이 있다.

유대-그리스도교 전통에서 우리는 에세네파[29]의 호흡 훈련과 몸의 반을 물에 담그는 그들의 세례 의식에 주목한다. 우리는 이 목록에 예수 기도, 즉 헤시카즘hesychasm,[30] 로욜라의 이그나티우스Ignatius of Loyola[31]의 수련, 하시드Hasidic[32]의 춤, 히브리어를 사용하는 카발라Kabbalistic[33] 명상, 신의 이름 낭송하기, 호흡, 음악을 추가할 수 있다. 직접적인 영적 경험을 유도하고 촉진하기 위해 고안된 접근들은 위대한 종교들의 신비한 지류, 수도회 monastic orders,[34] 그리고 펜테코스트파the Pentecostal[35]와 뱀 조련사Snake Handler 혹은 성령의 사람들Holy Ghost People과 같은 비주류 분파의 특징으로 알려져 있다.

---

29) 1세기 무렵에 사해(死海) 주변에 종교적 공동체를 이룬 유대교의 한 파. 바리새파, 사두개파와 더불어 유대인의 세 종파 가운데 하나로, 신비적인 금욕주의를 내세우며 장로의 지도 아래 공동생활을 하였다.

30) 동방 그리스도교에서 끊임없이 기도하고 신을 명상함으로써 거룩한 고요함(그리스어로는 hēsychia)을 추구하는 수도 생활의 한 유형이다.

31) 폴리갑과 함께 사도 요한의 제자로 알려져 있다. 이그나티우스는 트라야누스 황제 때 그리스도를 믿는다는 이유 하나만으로 로마 콜로세움에서 맹수형으로 순교한 인물이다.

32) 탈무드의 계율을 지키며 신비주의를 신봉하는 정통파 유태인이다.

33) 카발라(히브리어: קַבָּלָה 캅발라, Kabbalah)는 유대 신비교의 또는 유대교 신비주의를 말한다. 히브리어 '키벨'에서 온 말로, '전래된 지혜와 믿음[늑전통]'을 가리킨다(위키백과).

34) 중세의 수도회는 세속에서 벗어나 영적인 삶을 살고자 하는 욕구에서 발전하였다. 이 교단의 사람들은 평신도로서 부족했던 순수 경험을 추구하는 종교적 서약을 했다.

35) 성령의 힘을 강조하는 기독교 교파이다.

심현제의 의례적 사용

홀로트로픽 의식 상태를 유도하는 가장 강력한 수단은 심현제 식물과 물질들이다. 그
것을 의례에 사용한 역사는 수천 년을 거슬러 올라간다. 『리그베다Rig Veda』[36]는 백 개가 넘
는 연聯, stanza을 소마Soma[37]라고 불리는 식물과 미약에 할애하고 있다. 소마 만다라Soma
Mandala로 알려진 『리그베다』의 9번째 장(Jamison & Brereton, 2014)은 전체가 정화된 소마인
소마 파바마나Soma Pavamana에 대한 찬가로 구성되어 있다. "우리가 소마를 마시면 우리의
반은 지구에 나머지 반은 하늘에 있게 된다." 혹은 "우리가 소마를 마시면 죽지 않게 된다.
우리는 신이 밝힌 빛을 얻게 될 것이다."와 같은 소마의 힘을 묘사하는 구절들이 있다. 조
로아스터교의 경전 『젠드 아베스다Zend Avesta』에는 신성한 음료 하오마haoma가 알려져 있다.

인도 대마에 대한 최초의 역사적 기록은 기원전 2737년의 중국 황제 센 넝Shen Neng의
저작에서 발견된다. 다른 다양한 마hemp가 인도, 중동, 아프리카, 카리브해 지역에서 여
러 이름(하시시hashish, 차라스charas, 방기bhang, 갱저ganja, 키프kif, 마리화나marijuana)으로 불리는데,
사람들은 마hemp를 오락이나 쾌락을 위해 흡입하거나 섭취하기도 하지만 종교 의식을
위해서도 사용했다. 브라만, 일부 수피 종파, 고대 스키타이족 그리고 자메이카 라스타
파리안Rastafarian과 같은 다양한 집단에서 중요한 성사聖事, sacrament를 위해 사용된 것이 대
표적이다.

일부 논쟁적인 이론에 따르면, 심현제는 유대-그리스도교에서도 중요한 역할을 했
다. 댄 마커Dan Merkur는 『만나의 신비: 성경의 심현제 성사The Mystery of Manna: The Psychedelic
Sacrament of the Bible』에서 만나가 심현제 물질이었다고 하였다(Merkur, 2000). 또한 사해死海
문서Dead Sea Scrolls 학자 존 알레그로John Allegro는 『신성한 버섯과 십자가The Sacred Mushroom

---

36) 브라만교 및 힌두교의 정전(正典)인 투리야의 하나. 인도의 가장 오래된 문헌이며 인도 문화의 근원
   을 이룬다고 할 수 있다. 10권 1028의 시구(詩句)로 되어 있으며, 자연신 숭배의 찬미가를 중심으로
   혼인·장례·인생에 관한 노래, 천지 창조의 철학시(哲學詩), 십왕전쟁(十王戰爭)의 노래 등을 포
   함하고 있다.

37) 베다 힌두교나 조로아스터(배화)교 사제들의 의식 때 사용하는 성스러운 음료. 베다에서 소마란
   이름의 신/식물/음료가 종교적, 신비적 합일, 즉 일종의 '3위1체'를 이루며 개인에게 '신성'을 부여
   해 준다고 믿었다.

and the Cross』에서 그리스도교가 파리 광대버섯Amanita muscaria[38])을 사용하는 샤먼 숭배로 성사를 시작했다고 주장하였다(Allegro, 1970). 존 래쉬 램John Lash Lamb은 파리에서 발견된 12세기 저작『에드윈 살터Eadwine Psalter』에서 버섯에 대한 수많은 설명이 언급되어 있다는 것을 발견하였다(Lash Lamb, 2008).

　　마이크 크로울리Mike Crowley는『불교의 비밀 약들: 심현제 성사와 밀교의 기원Secret Drugs of Buddhism: Psychedelic Sacraments and the Origins of the Vajrayana』에서 의식−확장 약물은 티베트 불교에서 중요한 역할을 했다고 결론지었다. 신성한 경전, 도상학圖像學, 식물학, 약리학에서 크로울리는 소마에서 감로甘露, amrita[39])까지 심현제 물질들이 인도 종교의 발달에 깊은 영향을 주었다는 인상적인 증거를 모았다(Crowley, 2010). 그는 소원 성취 보석이라는 친타마니Cintamani[40])는 실로사이비Psilocybe[41]) 속屬과 관련된 버섯임에 틀림없으며, 이 버섯은 아카시아acacia와 같은 여신 타라Tara[42])와 관련 있고, 아야와스카ayahuasca[43])('인도와스카indohuasca')와 유사한 DMT 함유 음료를 만드는 데 사용되었을 수 있다고 했다.

　　균류학자 고든 와슨Gordon Wasson은『대반열반경Maha-parinibbana Sutta』에서 부처님이 열반에 들기 전 금속세공사 쿤다Cunda가 준비했다는 음식에 관하여 상세히 연구했다. 부처님이 드셨다는 음식의 이름, 수카라 맛다바sukara maddava라는 단어의 의미는 경전에 따라 차이가 있다. 이 단어를 문자 그대로 옮기면 '돼지고기 조각swine bits'(수카라sukara는 돼지를 의미하며, 맛다바maddava는 부드러운 혹은 담백하고 좋은 맛을 의미한다)이다. 상좌부 불교도들은 부처님이 드신 것은 돼지고기라고 믿는 반면, 대승불교도들은 이 이름이 돼지나 멧돼

---

38) 인도 경전『리그베다』에 언급된 환각물질. 전 세계에 분포하지만 한국에는 흔하지 않다. 이 버섯에서 독성분 무스카린이 처음으로 분리되었기 때문에 학명이 amanita muscaria이다(위키백과).

39) 불로불사의 음료이다.

40) 불교설화에 등장하는 영묘한 구슬로, 이를 갖고 있으면 모든 일을 뜻대로 이룰 수 있다. 소유자의 모든 삿된 일과 기운을 없애 줄 뿐 아니라 소유자의 모든 소원을 이루어 주는 보배로운 구슬이다. 범어로는 친타마니(चिन्तामणि, 振多摩尼, Cintamani·Chintamani Stone)라고 표기된다. 친타는 '생각'을 뜻하고, 마니는 '구슬'을 의미하여, 두 단어가 만나 이루어진 친타마니는 '소원을 들어주는 구슬'이란 뜻이다. 如意寶珠도 이와 같은 뜻에 그 기원을 두고 있는 이름이다. 보통은 여의주라고 짧게 불리고, 또한 범어의 영향을 받아 마니(摩尼)주라고 불리기도 한다(나무위키).

41) 대표적인 심현제 버섯 속이다.

42) 전설에 따르면 타라는 관세음보살의 눈물에서 태어났다. 관세음보살의 눈물이 땅에 떨어져 연못을 이루고, 그 연못에서 한 송이의 연꽃이 피어났는데 그 연꽃 속에서 타라가 태어났다.

43) 심현제 식물의 상징이라 할 수 있으며, 주로 남미 아마존에서 서식한다. 원주민들은 이를 영적인 목적으로만 음용하며 신성한 존재로 다루고, '영혼의 덩굴'로 알려져 있다.

지가 좋아하는 일종의 송로松露버섯이나 혹은 다른 종류의 버섯을 말하는 것이라고 믿는다. 와슨의 연구는 대승불교도들의 해석을 지지한다. 그는 연구를 통해 '돼지고기 조각'이라는 용어가 영신제迎神劑, entheogen[44] 버섯을 가리킨다고 결론지었다(Wasson, 1982).

중앙아메리카에서도 다양한 심현제 물질이 오랫동안 의례에 사용되어 왔다. 일부 히스패닉 이전의 문화, 아즈텍, 마야, 톨텍 사이에서 강한 효과의 의식-확장 식물이 알려져 있었다. 이들 중에서 가장 유명한 것은 멕시코 선인장Mexican cactus peyote(오우옥 선인장 Lophophora williamsii), 신성한 버섯 테오나나카틀teonanacatl(실로사이비 멕시카나Psilocybe mexicana), 올롤리우키ololiuqui, 다양한 종류의 나팔꽃(이포모에아 비올라케아Ipomoea violacea와 터비나 코림보사Turbina corymbosa) 씨앗들이다. 이 물질들은 오늘날까지도 미국 원주민 교회뿐만 아니라 후이촐족Huichol, 마자텍족Mazatec, 치치메카족Chichimeca, 코라족Cora과 다른 부족들 사이에서 성사聖事로 이용되고 있다.

포포카테페틀Popocatepetl산의 기슭에서 발굴되어 멕시코시의 국립고고학 박물관에 전시되어 있는 유명한 꽃들의 신 소치필리Xochipilli의 조상은 꽃을 디자인한 조각들로 풍요롭게 꾸며져 있다. 소치필리는 아즈텍의 꽃, 옥수수, 아름다움, 노래, 춤의 신이다. 하버드 대학교의 민족 식물학자 리처드 슐트Richard Schultes는 이 조각품에 장식된 꽃들 중 하나를 제외한 나머지 꽃들, 즉 나팔꽃 올롤리우키Rivea corymbosa, 실로사이비 코에룰레아 아즈테코룸Psilocybe coerulea aztecorum, 재배담배Nicotiana tabacum 및 살리치폴리아Heimia salicifolia 모두를 심현제 식물로 분류하였다. 그는 조각품에서 머리와 몸의 자세와 굽은 발가락은 조상들이 깊은 영적 경험으로 무아지경에 빠진 트랜스 상태의 신을 묘사한 것이라고 결론지었다.

강력한 의식-확장 절차는 고대 마야 문화에서도 중요한 역할을 했다. 마야인의 전통에 따른 장례용 도자기 위의 돌기둥이나 조상弔喪 도자기 그림을 보면 마야인들이 페요테 선인장, 마법의 버섯 그리고 신의 현자賢者(샐비어 디비나토룸Salvia divinatorum)말고도 파나마 왕두꺼비Bufo marinus의 피부와 귀밑샘의 분비물도 사용했다는 것을 보여 준다. 어떤 마야인은 마음-변용 기법으로 노랑가오리 가시, 부싯돌, 흑요석黑曜石으로 만든 뾰족한 칼 등으로 혀와 귓불, 생식기에 피어싱을 하고 다량의 피를 흘리는 방식을 사용하였다(Grof, 1994; Schele & Miller, 1986).

여러 아마존 부족이 수 세기 동안 치유와 입문의례를 위해 사용해 왔던 유명한 남아

---

44) 신성 경험을 영접하거나 촉진한다는 의미로 '영신제'로 번역한다(『지각의 문』, 권정기 역, 김영사, 2017, p. 20 참고).

메리카의 야예yajé나 아야와스카ayahuasca는 만경목jungle liana(바니스테리옵시스 카피Banisteriopsis caapi 넝쿨)에 다른 식물첨가제(사이코트리아 비리디스Psychotria viridis와 다른 것들)를 넣어서 달인 것이다. 브라질에서 아야와스카는 합법이다. 아야와스카는 개별적인 아야와스케로스ayahuasqueros[45)에서 사용되기도 하고, 평화의 증진을 추구하고 인간 존재의 영적 발달을 위해 나아가는 종교운동인 신성한 식물연합União do Vegetal이나 이와 유사한 사명을 가진 혼합주의적 종교운동인 산토 다이메Santo Daime의 집단 회합에서도 사용되어 왔다.

아야와스카 사용의 기원은 거대한 비밀에 둘러싸여 있다. 이 신성한 약은 완벽한 화학적 반응을 일으키는 두 개의 다른 식물을 혼합해서 만들 수 있는 밀림의 술이다. 사이코트리아Psychotria[46)와 일부 다른 첨가제는 의식을 활성화시키는 트립타민tryptamin을 함유하여 아야와스카 제조에 사용된다. 바니스테리오포시스 리아나Banisteriopsis liana는 위장관에서 일어나는 지방분해로부터 모노아민monoamines을 보호하는 모노아민 산화효소MAO 억제제[47)를 만드는 데 쓰인다.

어느 허기진 사람이 나무에서 버섯을 발견하고 맛을 본 뒤 그 버섯의 심현제 특성을 발견했을 것이라고 우리는 쉽게 상상할 수 있다. 금지하는 맛임에도 불구하고 누군가가 페요테 선인장을 먹으려고 했다는 것은 가능성은 있지만 그럴듯하지는 않다. 그러나 수천 그루의 아마존 식물들 중 심현제 약물을 생산하는 데 화학적 효과에 서로 이상적으로 보완이 되는 두 종을 우연히 발견할 가능성은 천문학적으로 더욱 낮아 보인다. 게다가 단단한 나무로 된 덩굴식물liana에서 알칼로이드alkaloid를 추출하려면 많은 시간이 필요하다는 사실은 이 절차의 우연한 발견을 불가능에 가깝게 한다. 원주민들은 그 식물들이 스스로 어떻게 쓰여야 하는지를 자신들에게 얘기해 주었다고 주장한다.

최근 수십 년간 산토 다이메 사람들과 신성한 식물연합 사람들은 산업화된 문명에 영성의 상실과 소외, 우리 행성의 환경오염을 중화시키기 위해 아야와스카를 의례에 사용하라고 소개해 왔다. 아마존 지역과 카리브해 섬은 다양한 심현제 효과가 있는 코담배snuffs로도 유명하다. 아프리카의 원시 부족은 이보가iboga 관목(타베르난테 이보가Tabernanthe iboga)의 나무껍질에서 나온 조제품을 섭취하거나 흡입한다. 그들은 사자 사냥이나 오랜 기간 카누 여행을 할 때 각성제로 소량 사용하기 위해, 더 크게는 남성과 여성을 위한 입문의례를 위해 그것을 제조한다.

---

45) 아야와스카 샤먼을 행하는 사람들이다.

46) 붉은 입술 꽃이다.

47) 일반적으로 파킨슨병 치료제로 쓰인다.

▲ 로포포라 윌리엄미Lophophora Williamsii, 심현제 알칼로이드 메스칼린을 함유하는 멕시코 선인장

▲ 페요테 관장灌腸, 마야 화병, 과테말라, 마야 고전시대 AD 600

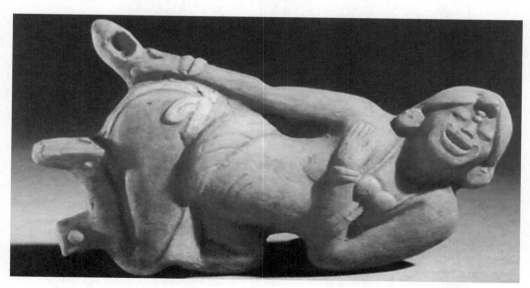

▲ 페요테 관장灌腸, 고대 마야 점토

▲ 멕시코 심현제 버섯 속 아즈테코룸Aztecorum. 마자텍Mazatecs의 '마술'버섯

▲ 버섯 원석. 과테말라. ca. 2,000년

▲ 향정신성psychoactive 버섯을 먹은 자와 죽음의 신 믹틀란테쿠틀리Mictlantecuhtli. 스페인 정복 후 가지고 온 아즈텍 고문헌에 그려진 그림. 멕시코 고문헌 마그리아베치.

◀ 파나마 왕두꺼비.
피부와 귀밑샘으로
심현제 물질을 분비하는 두꺼비

◀ 두꺼비 모양의 마야 꽃병

▲ 심현제 식물Salvia divinatorum 꽃다발을 든 알베르트 호프만Albert Hofmann의
아내 애니타 호프만Anita Hofmann

▲ 일년생 나팔꽃Ipomoea violacea(아침 영광),
심현제 씨앗 올롤리우키ololiuqui

▲ 브루그만시아Brugmansia(천사 트럼펫) 향정신성
물질 아트로핀, 스코폴라민 및 효시아민이
포함된 가지Solanaceae과의 식물

▲ 죽음과 재탄생의 신 케찰코아틀. 화려한 앵무새와 같은 새 케찰Quetzal은 인간의 영적 요소를 나타내며 뱀인 외투는
땅에 묶인 본성을 나타낸다. 아즈텍 문명, 14~16세기

심현제 식물에 대한 과학적 관심

인간이 심현제 식물을 성사나 신성한 약으로 사용하고 합성해 온 지난 천 년에 비해, 과학적 관심을 보인 시기는 상대적으로 짧다. 심현제에 대한 과학적 연구의 시대는 19세기에서 20세기 초에 이르러 아서 헤프터Arthur Heffter가 페요테 선인장의 주된 특질인 메스칼린mescaline[48]을 분리함으로써 시작되었다. 여기에 이 물질들에 대한 30년간의 실험이 뒤따랐고, 쿠르트 베링거Kurt Beringer의 『메스칼린 도취Meskalin Rausch』가 발간되면서 최고조에 달했다(Beringer, 1927). 메스칼린 연구자들이 실험기간 동안 치료 가능성과 신비로운 경험으로 안내하는 능력을 발견하지도 설명하지도 않았다는 것은 놀라운 일이다. 그들은 이 물질의 독성이 정신증을 일으킨다는 결론을 내렸고, 일차적으로 그것이 감각지각이나 예술적 창조성에 특출한 효과를 보인다는 것에 초점을 맞추었다.

타베르난테 이보가Tabernanthe iboga에서 추출된 활성 알칼로이드는 1901년에 다이보우스키Dybowski와 랜드린Landrin에 의해 분리되었고 이보가인ibogaine이라고 불렸다. 1930년대부터 1960년대까지 이보가인은 프랑스에서 타베르난테 마니Tabernanthe manii의 추출물의 형태로 랑바레네Lambarène라는 이름으로 팔렸고 정신적·신체적 각성제로 홍보되었다. 그러다가 1966년 시장에서 철수했다. 또한 활성 알칼로이드는 페가눔 하르말라Peganum harmala와 바니스테리아 카피Banisteria caapi, 즉 하르말린harmaline, 예게인yageine, 텔레파신telepathine에서도 분리되었다. 콜로라도 두꺼비의 분비물의 유효한 특질은 트립타민에서 파생된 디메틸트립타민dimethyltryptamine: DMT과 5-메톡시-DMT로 확인된다. 부포테닌bufotenine; 5-hydroxy-DMT의 심현제적 특성은 불확실한 채로 남게 되었지만, 카리브해 심현제 코담배와 동일한 트립타민의 유효성은 입증되었다.

---

48) 메스칼린(3, 4, 5-trimethoxyphenethylamine)은 천연적으로 발생되는 페닐에틸아민계 환각성 알칼로이드이며, LSD와 실로시빈에 맞먹는 환각 효과로 알려져 있다. 페요테 선인장(Lophophora williamsii), 성게선인장(Echinopsis pachanoi), 페루비안 토치(Echinopsis peruviana) 등의 선인장 식물에서 자연적으로 발생된다. 적은 양이지만 아카시아 나무(acacia berlandieri)를 포함한 콩과의 특정 부류에서도 발견된다. 그러나 아카시아종에 관련된 주장은 도전을 받고 있으며 추가 분석을 통해 해당 주장을 뒷받침하지는 않고 있다(위키백과).

▲ 아서 헤프터는 페요테의 활성 원리인
메스칼린을 분리한 독일 화학자이다.

알베르트 호프만과 심혼탐구자의 황금시대

　심혼탐구자의 황금시대는 알베르트 호프만Albert Hofmann이 맥각 알칼로이드 LSD-25를 합성하고 그것의 심현제 효과를 발견함으로써 시작되었다. 이것은 우연히 발견된 것으로 알려졌지만, 실제로는 좀 더 복잡했고 알베르트 호프만 자신은 그것을 우연히 발견한 행운이라는 의미의 '세렌디피토우스serendipitous'라 부르기로 했다. 이 이름은 스리랑카Sri Lanka의 세 왕자가 함께 여행하면서 우연히 그리고 현명하게도 의외의 것을 발견하게 되었다는 오래된 페르시아 동화에서 따 온 것이다. 동화 속에서 그들은 그들보다 앞서 그 길을 걸어간 낙타가 외눈박이며 절름발이에 이빨 하나가 없고, 낙타 등 한쪽 면에는 임신한 여성과 꿀을, 다른 쪽 면에는 버터와 그 외의 것들을 싣고 갔다는 것을 주변의 작은 실마리들로 밝혀냈다.

　알베르트 호프만은 1938년 처음으로 맥각 알칼로이드의 핵심적인 요소인 일련의 합성된 리세르그산酸, lysergic acid 파생물 중 25번째 물질을 LSD-25라고 이름지었다. 이 산의 이름은 그것이 맥각을 용해(그리스어 *lysis*)함으로써 나온 것이라는 것을 반영한다. 맥각 화합물은 부인과 출혈을 멈추게 하고, 편두통을 완화시키며, 노인 환자의 뇌 혈액순환을 향상시키는 약으로 사용되었다. 그래서 심현제 LSD-25를 '나무에서 먼 곳에 떨어진 사과'라고 부르기도 한다.

▲ LSD-25 분자의 모델과 함께하고 있는 알베르트 호프만

알베르트는 검증을 위해 일반적인 매뉴얼에 따라 샘플을 약리학부로 보냈다. 그러나 실험실에서 회신된 보고서는 크게 좌절을 안겨 주는 것이었다. 보고서에는 LSD-25가 특별한 흥미를 주지 못하는 물질이며 후속 연구가 필요하지 않다고 했다. 그 이후 몇 년 동안 알베르트는 계속해서 리세르그산의 다른 다양한 파생물을 합성하였다. 그러나 그는 어쨌든 자신의 마음속에서 LSD-25를 지울 수 없었다. 그는 실험실의 연구자들이 이 특별한 물질에서 무언가를 간과했을 것이라는 생각을 멈출 수 없었다.

그는 실험실 보고서를 검토하여 LSD-25를 투여한 쥐들 일부가 운동성 동요를 보였다는 사실을 발견하였다. 중앙 신경체계 각성제인 니케서마이드nikethamide와 구조적 유사성을 보이기 때문에 잠재적인 흥분제로 그것을 검증해 볼 수 있겠다는 결론에 이르렀다. 마침내 1943년 이 느낌이 아주 강력해져서 LSD의 다른 샘플을 합성하고 검증해 보기로 결심하였다. 이 새로운 실험이 아무리 정교했더라도, 동물 실험만으로 심현제 효과를 밝혀낼 수는 없었을 것이다. 그리고 이 놀라운 사고는 이후에 큰 도움이 되었다.

알베르트는 이 합성 작업을 하면서 낯선 느낌을 경험하기 시작하였다. 그는 강한 정서적 변화를 경험했고, 여러 가지 색깔을 보았으며, 주변 환경에 대한 지각에 눈에 띄는 변화가 있었다. 처음에는 자신이 정신증 삽화를 보이는 것이 아닌지 두려웠으나, 두 시간 반이 지난 후 정상으로 돌아오자, 자신이 작업하던 물질에 자신도 모르게 취하게 되었을 것이라는 결론에 도달하였다. 사흘이 지난 후, 그는 자기-실험으로 이 생각을 검증해 보기로 결심하였다. 그는 하루 동안 작업을 준비하였고, 1회분으로 계량된 LSD-25를 준비하였다. 자신이 설명했던 바와 같이 본질적으로 보수적인 사람이기 때문에 맥각 알칼로이드에 일반적으로 사용되는 25%밖에 안 되는 250마이크로그램(1그램의 100만 분의 1 혹은 감마gamma)을 섭취하였다.

당연히 자신이 만들어 낸 물질의 거대한 정신활성 능력에 대해 그는 알지 못했었다. 우리가 LSD-25를 치료적으로 사용할 때, 250mcg(마이크로그램)이라는 양은 예비 단계의 몇 시간, 특수한 환경, 그리고 실험 대상자를 6~8시간 동안 관리할 남자 한 명과 여자 한 명의 우호적인 간호사 2명이 있을 때 고려할 수 있는 양이었다. 투약 후 우리는 연구소에서 내담자들과 아침이 될 때까지 밤새 이야기를 나누다가 그들을 집으로 돌려보낸다. 그러나 알베르트는 이것을 무심코 복용하였고, 그는 평소처럼 일하면서 30분마다 눈을 감으며 자신에게 무슨 일이 일어나고 있는지 알아내려고 기대하였다.

45분 안에 그 물질은 효과를 보이기 시작했는데, 이것은 무엇과도 비교할 수 없을 만큼 강력하였다. 그는 하던 작업을 멈추어야 했고, 다른 사람에게 자신을 집으로 데려다 달라고 부탁하였다. 당시는 전시였고, 자동차의 사용은 규제되고 있었다. 바젤Basel의 많은 사람은 자전거를 이용해 길을 우회해 다녔다. 자전거로 바젤 거리를 지나는 알베르트의 모습은 전설이 되었다. 그가 탄 자전거는 결코 멈추지 않을 것처럼 보였다(Hofmann, 2005). 드디어 그들이 집에 도착했을 때, 알베르트의 상태는 매우 심각하였다. 그는 자신의 이웃이 마녀이고 그녀가 자신에게 마법을 걸거나 죽이려고 한다고 의심하였다. 자신이 죽어 가고 있다고 생각하였고 의사를 불러 달라고 부탁하였다. 그러나 의사가 왔을 때, 상황은 바뀌어 있었다. 그는 되살아났고, 마치 새로 태어난 것처럼 좋은 기분이었다.

알베르트는 상사 월터 스톨Walter Stoll 박사에게 이 비일상적 경험에 관한 보고서를 썼다. 마침 정신과 의사이자 스톨 박사의 아들인 베르너Werner가 이 새롭고 매력적인 물질에 대한 실험을 수행하기로 동의한 바로 그 시점이었다. 베르너는 LSD-25를 정상 집단과 정신과 진단 환자 집단에게 투여하였다. 1947년 그는 'LSD-25: 맥각 집단의 환영'이라는 이름을 붙인 이 연구에 대한 보고서를 발간하였다(Stoll, 1947). 이 연구의 출간 이후 이 새로운 반합성의 맥각 파생물은 과학계에서 말 그대로 하루아침에 큰 반향을 일으켰다.

큰 반향을 일으킨 것은 정작 LSD의 심현제 효과가 아니었는데, 이 점은 일반적으로 잘 알려지지 않은 사실이다. 인류학자들과 역사가들은 오랜 기간 동안 많은 고대 문화와 원시 문화가 심현제 식물을 의례나 영적 삶, 치유를 위해 사용했다는 것을 알고 있었다. 그리고 알베르트의 발견이 있기 전에 화학자들은 이미 이들 식물의 일부에서 유효한 특질을 분리해 냈었다. 큰 반향을 일으켰던 것은 LSD-25의 효과가 믿을 수 없을 만큼 강렬하다는 사실이었다. 극소량, 백만 분의 1그램, 마이크로그램, 혹은 감마도 효과가 있다는 것이었다. 비교해 보자면, 만족스러운 회기가 되려면 100g의 메스칼린이 필요하다. 동일한 강도의 경험에 도달하려면 그 양의 약 1000분의 1인 대략 100mcg의 LSD-25가 있으면 된다.

따라서 인간의 신체가 유사한 물질('독소toxin X')을 생산한다는 것과 심각한 정신증, 정신이상이 실제로 그 효과를 중화시키는 적절한 해독제로 다루어질 수 있는 화학적 이상이라는 것도 그럴듯한 생각이다. 이는 조현병에 대한 시험관 해법, 정신의학의 성배로 존재해 왔다. LSD에 대한 연구의 초기 단계에서 심현제는 환각제hallucinogen, 정신이상유발psychotomimetic물질, 심지어는 섬망譫妄유발물질delirogens과 그것들에 의해 '실험적 정신증'으로 유도된 상태를 말하는 것이었다. 이 선입견을 극복하기 위하여 심리치료 중심의 임상의들이 필요하였다. 소위 '정신약리학의 황금시대'는 LSD의 발견과 '독소 X' 사냥으로부터 시작되었다.

상대적으로 짧은 시간에 생화학자, 약리학자, 신경생리학자, 정신의학자 그리고 심리학자들의 공동 노력은 '의식의 약리학'이라고 말할 수 있는 새로운 과학 분과의 기초를 마련하는 데 성공하였다. 현존하는 몇 가지의 심현제 식물에서 얻은 활성물질은 화학적으로 분류되고 순수한 형태의 화학물로 분류된다. 심혼탐구자의 역사에서 특별히 중요하고 흥미로운 장은 멕시코 오악사카Oaxaca주에 사는 원주민 마자텍족의 '마술버섯'의 효과에 대한 신비를 푸는 것이다.

고든과 발렌티나 파블로브나 와슨의 민족균류학 연구

심혼탐구자의 역사에서 이 장의 주역은 고든 와슨Gordon Wasson과 그의 아내인 러시아 소아과 의사 발렌티나 파블로브나Valentina Pavlovna이다. 고든은 심혼탐구자와 관련된 것에는 가장 어울리지 않을 것 같은 사람이다. 그는 뉴욕의 성공한 은행가이며 제이 피 모건 J. P. Morgan 신탁회사의 부회장이었다. 이 놀라운 이야기는 1927년에 시작되었는데, 그와 그의 젊은 아내가 캐츠킬Catskill산에서 뒤늦은 신혼여행을 하고 있을 때였다. 숲에서 산책을 하던 어느 날, 발렌티나 파블로브나는 야생 버섯을 모아서 저녁 준비를 하겠다고 했다.

전형적인 앵글로 색슨족으로서 고든은 곰팡이를 두려워하거나 싫어하는 버섯공포증 mycophobe이 있었다. 이 용어는 슈퍼마켓에서 파는 버섯만 먹을 수 있다고 믿고 그 외 다른 종류의 야생 버섯은 다 '독버섯'이라고 부르는 사람들을 지칭하기 위해 나중에 그가 만든 용어이다. 그는 야생 버섯을 먹는 것에 공포를 느꼈지만 결국 버섯을 좋아하는 버섯 광mycophile(이 용어는 버섯에 열광하는 동유럽 사람을 지칭하기 위해 고든이 사용한 것이다.)인 발렌티나가 승리하여, 그녀는 야생 버섯을 주재료로 하는 맛있는 저녁을 준비하였다.

다음 날 아침, 고든은 자신과 발렌티나가 아직 살아 있고 아무렇지도 않다는 것에 크게 놀랐고, 버섯공포증자에서 버섯광으로 놀랍게 전환되었다. 이 경험은 고든이 평생 동안 이어질 버섯에 대한 깊은 관심을 일깨웠다. 그리고 그는 세계적으로 유명한 아마추어 민족균류학자가 되었다. 그 후 고든과 발렌티나는 버섯이 인간의 역사, 고고학, 종교, 민속학, 신화에서 했던 역할을 연구하는 데 20년을 보냈다. 이 광대한 연구는 애서가의 장서 목록에 들어가기에 아깝지 않은 놀랄 만한 『버섯, 러시아 그리고 역사Mushrooms, Russia and

History』(Wasson & Wasson, 1957)의 출간으로 완결되었다. 이 책에서 와슨 부부는 버섯 숭배가 대부분의 유라시아Eurasia와 아메리카에서 문명화되기 전 인류의 종교 생활에서 중요한 구성요소였다고 결론지었다.

그들은 피노 우그리안족Finno-Ugrian 사람들과 다른 북극 지방의 유라시아 사람들이 샤먼 의례에 사용했던 정신활성 버섯인 아마니타 무스카리아Amanita muscaria에 특별히 매료되었다. 이 관심 덕분에 그들은 뉴스페인New Spain 가톨릭 복음화 운동에 속한 프란치스코회 선교 신부 베르나디노 드 사하군Bernardino de Sahagún의 저작을 발견하게 되었고, 중앙아메리카의 히스패닉-이전의 문화와 현대의 문화에서 '마술버섯'이 의례적으로 사용되었다는 것을 발견하게 되었다. 세 번의 현장 견학 여행 후에 그들은 중앙아메리카에서 테오나나카틀teonanacatl 혹은 신의 육체로 알려진 정신활성 버섯을 만나게 되었다. 그 여행에서 만난 마자텍 치유자 마리아 사비나Maria Sabina는 이 버섯을 치유 의식에 사용하고 있었다.

1955년 7월, 와슨 부부와 그의 친구인 뉴욕의 사진가 알란 리처드슨Allan Richardson은 벨라다velada라고 불리는 마리아 사비나의 버섯 의식에 참가를 허락받은 최초의 서구인이 되었다. 『버섯, 러시아 그리고 역사』에는 와슨 부부와 마리아의 만남과 마법의 버섯에 대한 경험에 관한 첫 기록이 수록되어 있다. 그들은 마리아 사비나의 벨라다 의식에서 경험했던 버섯의 강력한 효과에 깊은 인상을 받았고, 식물 분류를 위해 그 버섯의 샘플을 모아 유럽으로 보냈다.

균류학과 열대 식물 병리학의 전문가로 유명한 프랑스 식물학자 로저 하임Roger Heim이 와슨 부부의 조사를 도왔는데, 그는 테오나나카틀 버섯을 식물학적으로 실로사이비 멕시카나Psilocybe mexicana나 그 동류로 분류하였다. 하임은 이 버섯들의 일부를 자신의 실험실에서 재배하였고, 그와 고든은 화학적 분석을 위해 그 샘플들을 스위스 제약회사 산도즈Sandoz로 보냈다. 이 빛나는 화학의 대 역작 속에서 알베르트 호프만은 실로사이비 버섯의 효과를 가져오는 두 개의 활성물질을 확인하고 합성할 수 있었으며, 그것에 실로사이빈psilocybin과 실로신psilocin이라는 이름을 붙였다. 산도즈는 두 개의 새로운 심현제를 당의정糖衣錠으로 만들어 많은 양을 생산하였고, 이 약은 전 세계의 실험실 연구와 임상연구에 유용하게 쓰였다.

심혼탐구자의 역사에서 알베르트 호프만의 다음 공헌은 고든 와슨이 자포텍Zapotec 원주민에게서 얻은, 원주민들 사이에서 올롤리우키ololiuqui로 알려진 나팔꽃 리베아 코림보사Rivea corymbosa의 씨에서 활성물질을 분리한 것이다. 알베르트는 활성 알칼로이드가 리세르그산(LAE-32)의 모노에틸아미드monoethylamid로 판명되었기 때문에 매우 놀랐다. 이는

▲ 뉴욕 은행가이자 병리학자 고든 와슨은 그의 사무실에 스페인 정복 이전 시대의 버섯을 가지고 있었다.

▲ 1973년, 스타니슬라프 그로프는 코네티컷주 댄버리에 있는 고든의 집을 방문하였다.

▲ 스페인 정복 이전 시대의 버섯 조각. 멕시코 남부, 과테말라, 산살바도르에서 BC 1,000년에서 AD 500년 사이에 유사한 조각들이 발견되었다.

▲ 버섯 모양. 아마도 세계 나무(세계의 축) 주위에 춤추는 유명인을 나타내는 점토 조각상. 콜리마, BC 200～AD 100년, 멕시코

LSD-25와는 다른 유일한 에틸ethyl 그룹이었다. 대단히 불행하게도 식물에서 생산된 리세르그산 파생물이 균류 맥각과 꽃 피는 리베아 코림보사와 같은 진화 사다리상의 식물과는 부합되지 않았고, 알베르트의 동료는 그의 실험실에서 리세르그산으로 올롤리우키 샘플을 오염시켰다고 그를 비난하였다. 그러나 알칼로이드라고 확인한 것은 타당한 것으로 증명되었고, 알베르트는 그것이 히스패닉 이전의 성사聖事 회합에서 사용한 하나의 구성물로 간주해야 한다고 결론지었다.

앞에서 보았듯이 메스칼린, 이보가인, 하르민harmine(바니스테린banisterine)은 19세기 초에 이미 분리되고 화학적으로 확인되었다. 심현제 물질의 모든 의료설비는 트립타민의 정신활성 파생물, DMT(디메틸트립타민dimethyl-tryptamine), DET(디에틸트립타민diethyl-tryptamine), DPT(디프로필트립타민dipropyl-tryptamine)에 의해 더 풍부해졌다. 이는 스테판 자라Stephen Szara와 졸탄 보조르메뉘Zoltan Böszörményi를 수장으로 하는 부다페스트 화학자 그룹이 합성하고 연구한 것이다. DMT와 5-메톡시-DMT는 파나마 왕두꺼비의 귀밑샘이나 피부의 심현제 분비물의 활성물질, 아야와스카(죽음의 덩굴soga de los muertos이란 의미)의 주요 성분으로 인식되었다. 이 놀라운 약은 남아메리카 원주민들 사이에서 수 세기에 걸쳐 기적의 치료제로 명성을 누려 왔다.

1964년 이스라엘 화학자 라파엘 머슐럼Raphael Mechoulam은 대마초(마리화나와 하시시hashish[49])로부터 정신활성물질인 테트라하이드로칸나비놀tetrahydrocannabinol: THC을 분리하고 확인하고 합성하였다(Mechoulam, 1970). 머슐럼의 초기 실험은 1960년대 초 지역 경찰서에서 얻은 하시시로 수행한 것이다. 그의 연구는 이 고유한 식물 요소의 비범한 정신활성적이며 의학적 가능성이 있는 잠재력을 드러나게 했다. 또한 머슐럼은 강력한 진통제로 알려진 두 번째 칸나비놀cannabinol인 칸나비디올canabidiol: CBD을 성공적으로 밝혀내고 분리하였다. 그러나 칸나비디올은 다른 여러 치료적 효과를 가지고 있음에도 불구하고 홀로트로픽 상태를 유도하지는 못하는 것으로 판명되었다.

라파엘 머슐럼은 현재까지 그의 동료들과 광범위하고 유용하며 임상적 효과가 있는 수많은 칸나비놀을 분리하고 확인해 왔다. 또한 그는 인류가 대마초를 사용한 것이 우연이 아니라는 것을 깨달았다. 1992년 그는 인간의 신체가 자연적으로 체내 카나비노이드cannabinoid를 생산한다는 것을 밝혀냈다. 카나비노이드는 인간의 기분, 고통, 기억 등을

---

49) 하시시는 대마 식물의 나뭇진으로 만든 약재이자 대마의 모상체 덩어리를 함유한 효능이 뛰어난 약재이다. 이것은 마리화나 같은 향정신성 의약품이다(위키백과).

조절한다. 그는 자신의 연구로 국내에서 그리고 국제적으로 많은 상을 받았고 대마초의 할아버지라는 이름을 얻었다. 그의 작업은 마리화나의 비범죄화非犯罪化 추세와 함께 점점 더 중요해지고 있다.

1960년대에 이르자 연구자들이 순수한 형태의 광범위한 정신활성 알칼로이드에 접근할 수 있게 되었다. 이제 그들은 실험실에서 자신의 소유물로 연구할 수 있게 되었고, 그들이 유도한 경험의 현상학과 그것의 치료적 가능성을 탐색할 수 있게 되었다. 알베르트 호프만의 갑작스러운 LSD 발견이 정신약리학 혁명의 방아쇠를 당겼고 '독소 X' 찾기가 시작되었다. 1954년 울레이Woolley와 쇼Shaw가 LSD-25와 세로토닌5-hydroxy-tryptamine 사이의 길항작용을 기반으로 조현병의 생화학적 이론을 만들었다(Grof, 1959; Woolley & Shaw, 1954).

아브람 호퍼Abram Hoffer와 험프리 오스몬드Humphrey Osmond는 아드레날린의 비정상적 대사로 인해 정신활성 파생물 아드레노크롬adrenochrome과 아드레노루틴adrenolutine이 발생하기 때문에 조현병이 나타나는 것이라고 했다(Hoffer & Osmond, 1999; Hoffer, Osmond, & Smythies, 1954). 전투적인 베타 속 샴 물고기Betta splendens에 대한 LSD의 영향은 조현병에 관한 그 효과가 세포 내 수준에서 산소의 이동을 방해하는 것으로 설명하는 베타 스플렌던스Betta splendens를 추정하는 가설로 이어진다(Abramson & Evans 1954; Abramson, Weiss, & Baron 1958). 이는 이러한 어류가 있는 탱크에 LSD-25를 첨가하면 시안화물 화합물에 의해 유발된 행동과 유사한 여러 가지 형태의 비정상적 행동들을 끌어낸다는 관찰에 기반을 두고 있다.

알베르트의 놀라운 아이

비록 이들의 조현병에 대한 생화학 이론들이 결국에는 반박되고 폐기되었지만, LSD는 연구자들의 관심의 중심에 남아 있었다. 이전에는 단일한 하나의 물질이 그렇게 광범위하고 다양한 분야에서 그렇게 많은 가능성을 가진 적이 없었다. 정신약리학자들과 신경생리학자들에게 LSD의 발견은 뇌의 작용 기저에 있는 수용체, 연접전달물질, 화학적 길항작용, 복잡한 생화학적 상호작용에 관한 많은 수수께끼를 풀 수 있는 연구의 황금시대가 시작되었음을 의미하였다.

역사가들과 예술비평가들에게 LSD 실험은 예술, 특히 다양한 원주민의 회화와 조상, 소위 '원시' 문화, 정신과 환자, 추상파, 인상파, 입체파, 점묘법, 초현실주의, 환상적 현실주의와 다다이즘50)은 물론 아웃사이더 아트(르아르 브뤼l'art brut)51)의 심리학과 정신병리학에 비범하고 새로운 통찰을 제공하였다.

LSD 연구에 참여하였던 전문 화가에게 심현제 회기는 그들의 예술적 표현에 급진적인 변화를 일으키고는 했다. 그들의 상상은 더 풍부해졌고, 색은 더 생생해졌으며, 그들의 표현양식은 상당히 자유로워졌다. 이들은 또한 자주 무의식의 심혼에 도달했고 영감의 원형적 원천이 일깨워졌다. 때때로 이전에는 전혀 그림을 그리지 않았던 사람이 비범한 예술 작품들을 만들어 낼 수도 있었다(Grof, 2015; Masters & Houston, 1968).

또한 영적 스승과 비교종교학자들은 큰 관심과 호기심 어린 시선으로 LSD 실험을 주목하게 되었다. LSD 회기에서 관찰되는 신비한 경험은 샤머니즘, 통과의례, 죽음과 재탄생의 고대 비의, 동양 종교와 철학, 세계의 신비한 전통에서 일어나는 다양한 현상에 대해 근본적으로 새롭게 이해하게 한다. LSD와 다른 심현제 물질들은 광범위한 영적 경험들을 촉발시켰고 뜨거운 과학적 토론의 주제가 되었다.

이 논쟁은 '순간' 혹은 '화학적 신비주의'의 본질과 가치에 관련된 매혹적인 문제 주위를 맴돌았다. 월터 판케Walter Pahnke가 자신의 성 금요일Good Friday experiment 실험에서 보여 주었듯이, 심현제로 유도된 신비체험은 신비학 문헌에 묘사된 신비체험과 매우 유사했다(Pahnke, 1963). 존스홉킨스 대학교의 연구자들, 롤런드 그리피스Roland Griffiths와 빌 리처드Bill Richards의 섬세한 연구로 확인된 이 발견은 중요한 이론적, 법적 함의를 지닌다(Griffiths, Richards, McCann, & Jesse, 2006).

---

50) 1920년대 유럽과 미국을 중심으로 일어난 비합리적이고 비도덕적인 문예사조이다. 재래의 전통을 부정하고, 비합리주의적 사고를 내세우며, 일종의 허무의식과 이어지는 무의미의 예술을 추구한다(한국민족문화대백과사전).

51) 정식으로 미술 교육을 받지 않은 이들이 기성 예술의 유파나 지향에 관계없이 창작한 작품을 가리킨다. '아웃사이더 아트'라는 용어는 예술 평론가인 로저 카디널이 고안했는데, 프랑스의 화가 장 뒤뷔페가 전통적 문화 바깥에서 만들어지는 예술을 나타내기 위해 만든 단어인 르아르 브뤼의 번역어로서 만들어졌다. 르아르 브뤼는 프랑스어로 살아 있는 미술, 원생미술을 뜻한다.

▲ 라파엘 머슐럼(1930~)은 활성 원리인 테트라하이드로
칸나비놀(THC)과 다른 많은 칸나비놀을 분리한
이스라엘 화학자이며 '대마초의 아버지'이다.

▲ 월터 판케(1931~1971)는 유명한 '성 금요일 실험'을
수행했던, 심현제 치료의 개척자, 정신과 의사,
심리학자이자 목사이다.

▲ 빌 리처드는 심리학자이자 심현제 개척자이다. 1960년대
말과 1970년대 초 메릴랜드 정신의학 연구소의 직원이었
고, 현재 존스홉킨스 대학교의 심현제 연구원이다.

▲ 롤런드 그리피스는 존스홉킨스 대학교 정신약리학자
이자 심현제 연구자이다.

LSD는 또한 정신과 의사, 심리학자, 의과대학생, 간호사가 그들의 환자들이 경험하는 세계와 유사한 세계에서 몇 시간을 보내고, 이 경험의 결과로 환자들을 더 많이 이해하고, 더 많이 소통하고 그들에 대한 치료를 더 성공적으로 하는 것을 가능하게 하는 비일상적이고 비관습적인 교수법으로 많이 권고되기도 한다. 수천 명의 정신건강 전문가가 이 독특한 기회의 혜택을 받았고, 그 실험들은 놀랍고도 경이로운 결과를 가져왔다. 실험을 통하여 참가자들은 정신증 환자의 내적 세계에 깊은 통찰을 주었을 뿐만 아니라 인간 심혼 영역과 의식의 본질에 대한 이해에 혁명을 일으켰다.

실험 결과, 많은 전문가는 심혼을 출생 후 전기傳記, postnatal biography에 제한하며 프로이트의 개인적 무의식에 한정시키는 최근의 심혼 모델이 피상적이고 부적절하다는 것을 깨달았다. 심현제 회기의 실험적 스펙트럼에 적절한 심혼 지도를 만들고자 하는 나의 시도는 두 개의 커다란 영역을 더함으로써 주류 정신과 의사들이 사용했던 심혼 모델의 근본적인 확장을 요구한다. 그 하나는 출생 이전의 영역으로 생물학적 출생의 기억과 관련이 있고, 두 번째는 자아초월심리학 영역으로 융의 역사적이고 원형적인 집단무의식과 어느 정도 겹치지만, 그것을 확장하고 수정한 것이다. 출생 이전 영역과 자아초월 영역은 이 책의 다음 장에서 중요한 역할을 할 것이다.

LSD와 다른 심현제를 이용한 초기 실험들은 정서 및 정신신체 장애의 뿌리가 전통적 정신과 의사들이 생각하는 아동기와 유아기의 외상적 기억으로 한정되는 것이 아니라 더 깊은 심혼에 이르는, 출생 이전과 초월 영역으로까지 뻗어 있다는 것을 보여 주었다. 심현제 심리치료사들은 보고서를 통해 심리치료 과정을 깊이 있게 만들고 가속화할 수 있는 LSD의 강력한 잠재력을 밝혀냈다. 심리치료에 LSD를 촉매로 사용하면 이전에는 닿기 어려웠던 범주인 알코올중독자, 마약중독자, 상습범죄자, 성도착자들에게도 도움이 될 수 있다(Grof, 1980).

LSD 심리치료는 특히 말기 암 환자에게 도움이 된다는 것이 밝혀졌다. LSD는 우울, 일반적 불안, 분노, 불면과 같은 어려운 정서적 증상들을 경감하거나 심지어는 제거하기도 한다. 또한 암 환자와 함께한 연구에서 LSD는 뚜렷한 진통 효과를 보여 준다. 종종 심한 신체적 고통을 완화하고, 이전에는 마약 처방에도 반응이 없었던 환자들의 고통도 완화한다. 일부 사례에서 LSD의 진통 효과는 그 물질의 약리적 효과의 지속기간에만 한정되는 것이 아니라 몇 주간 지속되기도 한다.

죽어 가는 암 환자에게서 드러나는 가장 중요한 LSD의 효과는 죽음의 공포를 유의미하게 감소하거나 제거하는 것이다. 이는 그들이 며칠이나 몇 달 이내에 죽을 것이라는 사실을 알고 있음에도 불구하고 일어난다. 그 결과, 남아 있는 날 동안 그들의 삶의 질은 대단히 높아지고 죽음의 경험은 긍정적으로 바뀐다(Grof, 2006a, 2006b). 비합리적이고 무지한 법제法制로 인해 임상에서의 심현제 사용이 금지되었던 지난 40여 년 이후, 이제 LSD와 실로사이빈psilocybin을 연구하는 새로운 세대의 연구자들이 이 결과들을 확인하고 있다.

심현제 연구의 초기 10년 동안, 가장 흥미롭고 중요한 발전은 환원주의적 실험실 관점에서 심현제의 잠재력에 대한 더 크고 혁명적인 패러다임인 전환적 이해로 변화한 것이다. 심현제를 가지고 작업을 할 수 있는 특권이 있는 치료사들에게 이 물질들은 의식 연구, 인간 심혼의 깊은 곳에 대한 탐색, 그리고 비일상적인 치료적 동인을 위한 독특한 도구라는 것이 분명해졌다. 이 연구의 광범위한 철학적 함의는 현재, 우주론, 양자-상대 물리학, 체계이론과 생물학 등의 다른 학문들에서 혁명적 증거들로 지지받고 있다(Barrow & Tipler, 1986; Goswami, 1995; Laszlo, 2003, 2007, 2016; Sheldrake, 1981).

심현제에 대한 나의 초기 작업은 심현제 투여 이후에 정신증 환자들에게서 나타나는 심리학적, 생화학적, 전기생리학적 검사의 변화와 이들 검사의 결과를 비교하는 실험실 연구였다(Vojtěchovský & Grof, 1960). 연구의 이 단계에서 가장 흥미로운 발견은 연구 대상자의 경험이 개인 간에 그리고 개인 내에서 엄청나게 다양하게 나타난다는 것이었다. 동일한 물질을 동일한 양과 동일한 세트로 동일한 환경에서 투여했는데, 결과는 각 대상자에 따라 근본적으로 다른 경험을 하는 것으로 나타났다. 어떤 집단에서는 대부분 아름답고 추상적인 기하학적 환시幻視로 나타나고, 다른 집단에서는 어린 시절의 기억에 대한 경험이나 흥미로운 심리학적 통찰을 가져왔다. 일부 집단에서는 불쾌한 신체적 감각만이 유일한 증상으로 나타났고, 다른 집단에서는 정서적, 신체적 편안함 혹은 황홀한 무아지경까지 경험하였다. 일부 대상자들은 주변에 대한 편집적인 지각 혹은 조증 환자 경향의 삽화를 보이기도 했다.

그 비슷한 다양성이 동일한 사람들이 모이는 일련의 심현제 회기에서 관찰되었다. 일련의 모임들은 각기 달랐는데, 때로는 매우 의미 있었고 심지어는 정반대의 결과가 나타나기도 했다. 이런 예측불가능한 결과로 인해 우리의 통상적인 약리학 연구가 보통의 약리학적 연구를 하는 것은 아님을 깨닫도록 해 주었다. 즉, 우리는 예측가능한 효과를 가진 물질을 대상으로 작업하지만, 그것은 실로 대단히 흥미로운 대상으로 하는 것이다. 그 강력한 촉매의 도움으로 인간 심혼의 깊은 영역을 탐색하고 있는 것이다. 그 결과, 나는 심현제에 대한 실험실 연구에 흥미를 잃었고, 심현제가 가진 심혼을 탐색하고 심리치료의 협력자로서의 잠재력을 탐구하기 시작하였다.

나는 『인간 무의식의 영역Realms of the Human Unconscious』에서 정신의학과 심리학에서 LSD의 잠재적 의미는 생물학이나 의학에서 현미경의 중요성, 혹은 천문학에서의 망원경에 비교될 수 있다고 말했다. 현미경은 미시세계의 존재를 세상에 드러냈고 망원경은 우주의 깊이를 세상에 드러냈는데, 이 영역들은 이전에는 알려지지 않았던 것들이다. LSD는 관찰만으로는 일반적으로 접근이 불가능했던, 심혼 깊은 곳으로부터의 움직임에 대한 연구를 가능하게 한다(Grof, 1975).

일반적인 사람들이 심현제에 대한 태도를 전환시키게 된 계기는 올더스 헉슬리Aldous Huxley와 험프리 오스몬드Humphrey Osmond의 서신교환에 있다. 그들은 이 새로운 범주의 물질에 대한 적절하면서도 의료적이지 않은 이름을 찾으려고 애썼다. 이 경쟁은 시의 교환으로 이루어졌다. 올더스 헉슬리는 험프리 오스몬드에게 새로운 이름에 대한 자신의 생각을 담은 압운시押韻詩, rhyme를 보냈다. "패너로다임phanerothyme[52] 반 그램으로, 이 하찮은 세계를 숭고하게 만들자." 험프리 오스몬드는 그에 대해 "심현제psychedelic 한 줌이면 지옥으로 떨어지거나, 천상으로 날아오르거나."라고 응대하였다.

이 경쟁에서 오스몬드의 '심현제'라는 용어가 승리하였다. 훨씬 더 친숙하고 훨씬 더 적합한 이름을 가진 병리들을 말하는 용어들, 환각을 유발하는hallucinogenic, 정신이상유발제psychotomimetic, 혹은 섬망유발제delirogenic와 실험적 정신이상experimental psychosis 등은 거의 모두가 심현제로 교체되었다. 심현(그리스어로 *psyche*와 *deloun*에서 비롯되었고, '볼 수 있게 하다'이다)은 문자 그대로 '드러내는' 혹은 '심혼을 나타나게 하는'이다. 1960년대의 대항문화가 이 용어를 사용한 것이 명명 과정에서 결정적인 역할을 했다. 오늘날 우리는 '환각제hallucinogens', '정신이상유발제psychotomimetics'와 같은 용어를 보수적이고 편협한 권위를 가진 신중한 과학자로 보이기를 원하는 연구자의 논문에서만 볼 수 있다.

환원적이고 병리적인 경향에서 의식의 탐색, 더 나아가 인간의 심혼에 도달하는 것으로 초점을 이동함으로써 많은 다른 영역에서 멋진 통찰의 축적이 가능하게 되었다. 그 영역들은 정서 및 정신신체 장애의 구조, 인간의 섹슈얼리티, 고대와 원주민 문화의 의례적이고 영적인 삶, 세계 거대 종교들, 신비주의 전통, 죽음과 임종, 예술과 예술가의 심리, 원형archetypal 점성학, 그리고 다른 문제들 등이다. 우리는 이 책의 다음 장에서 이것들을 탐색할 것이다.

LSD-25와 실로사이빈을 사용한 임상실험에서 촉발된 심현제의 치료적 잠재성에 대

---

52) 그리스어 phaneroein(보여지다)와 thymos(영혼)의 합성어이다.

▲ 험프리 오스몬드(1917~2004)는 영어권 캐나다의 정신과 의사이자 심현제 치료의 선구자이고, '심현제'라는 용어를 처음 사용하였다.

▲ 올더스 헉슬리(1894~1963)는 영국계 미국인 작가, 소설가 및 철학자이다. 그의 두 번째 부인 로라 아헤라 헉슬리Laura Archera Huxley(1911~2007)이다.

▲ 클라우디오 나란조(1932~)는 아랍-무어인, 스페인 및 유대인 출신의 칠레 정신과 의사이자 심현제 치료 개척자이다.

▲ 랄프 메츠너(1935~2019)는 심리학자, 심리치료사, 작가 및 심현제 개척자로서 하버드 대학교에서 리처드 앨퍼트와 티모시 리어리와 함께 초기 심현제 연구를 수행하였다.

한 관심은 일부 치료사들에게 영감을 주어 이전에는 덜 알려졌다가 19세기가 시작될 무렵에 와서야 알려진 정신활성물질들을 좀 더 가까이 볼 수 있도록 하였다. 그러나 처음에는 오직 화학적이고 약리학적인 관점에서만 볼 수 있었다. 칠레계 미국인 클라우디오 나란조Claudio Naranjo는 모국의 우호적인 법적 상황 덕분으로, 이보가인ibogaine과 하르말린harmaline 등의 심현제 식물과 구조적으로 메스칼린과 유사한 두 개의 암페타민 파생물 MDA와 MMDA에서 추출된 순수 알칼로이드로 선구적인 임상연구를 수행하였다.

클라우디오는 『치유여행: 심현제 치료에 대한 새로운 접근The Healing Journey: New Approaches to Psychedelic Therapy』(Naranjo, 1974)에서 이 연구를 설명하였다. 그는 이 물질들의 영적, 심리치료적 잠재력에 특별한 관심을 기울였다. 그리고 그것들을 LSD, 메스칼린, 실로사이빈과 같은 심현제들과 구별하기 위해 '정서-증진제emotion-enhancers', '환상-증진제fantasy-enhancers'라는 용어를 만들었다. 몇 년이 지난 후, 대부분의 연구자는 '내면의 신성을 깨우는'이라는 의미를 지닌 '영신제迎神劑, entheogens'라는 이름을 애용하였다.

비합리적 법제로 인해 지하로 들어간 심혼탐구자

심현제 연구는 팀 리어리Tim Leary, 리처드 앨퍼트Richard Alpert, 랄프 메츠너Ralph Metzner가 참여한 불행한 하버드 사건[53]이 있기 전까지는, 그리고 젊은 세대와 저항문화의 감독자 없는 집단적 자기-실험[54]이 알베르트 호프만의 '놀라운 아이'를 '문제 아이'로 바꾸기 전까지는 처음의 약속과 기대에 만족스러운 그 자신의 길을 가고 있는 것처럼 보였다(Hofmann, 2005). 게다가 자극적인 관심을 추구하는 기자들이 이 연구 진행과 관련된 문

---

53) 아직 실로사이빈이 합법적으로 섭취가 가능할 때 하버드 대학교 심리학과 교수였던 리어리와 앨퍼트는 심현제의 효과 연구를 위하여 학부생들에게 실로사이빈을 섭취하도록 했다. 결국 이것은 대학 당국과 마찰을 일으켜 1963년에 이 둘은 모두 학교에서 해직된다. 앨퍼트는 후에 영성지도자 람 다스(Ram Dass)로 변신하게 된다.

54) 1960년대 당시 대중이 무분별하게 감독자 없이 심현제를 섭취하다가 각종 부작용이 일어난다. 미국 정부는 이것을 핑계 삼아 심현제의 긍정적인 효과마저 무시하고, 섭취는 물론 연구마저 전격 중단시키면서, 심현제 연구와 섭취는 지금까지 극히 제한적인 범위 내에서 그것도 연구 목적과 극소수의 승인받은 환자의 경우에만 섭취를 허용하고 있다.

제들을 부풀렸다.

1960년대 심현제에 대한 무지한 행정적, 정치적 제재는 법을 준수하는 과학자들에게 효과가 있었지만, 길거리에서 심현제가 환각제로 무분별하게 사용되는 것을 막기에는 역부족이었다. 심현제에 대한 엄격한 법적 제재와 기만적이고 허위투성이의 반—마약anti-drug 선전은 오히려 반항적인 젊은 세대의 실험 욕구를 증진시켰다. 그렇게 그들은 양과 질이 보증되지 않는 위험한 상품을 다루는 암시장을 키웠고, 평범한 10대들이 주류 정신의학자들이나 심리학자들보다 심현제, 의식 그리고 인간 심혼에 대해 더 많이 알게 되는 황당한 상황을 만들어 냈다.

1966년 아내가 LSD 치료를 받아 그 경험의 혜택을 입었던 로버트 케네디Robert Kennedy는 이 이슈를 자신이 속한 LSD에 관한 소위원회의 공청회로 가져왔다. 그는 연방식약청FDA과 국립정신보건원NIMH 직원들에게 왜 그렇게 많은 LSD 연구 프로젝트가 폐기되었는지를 물었다. 그는 LSD 연구를 옹호하면서 수백만의 미국인이 심현제 물질을 사용하는 이 시대에 연구 프로젝트의 폐기는 그 물질들에 대한 합법적이고 과학적 연구를 막는 엽기적인 일이라고 지적하였다. 이 상황은 심현제 물질들에 관한 믿을 만한 정보를 가능하다면 많이 찾아내야 하는 중요한 상황으로의 전환점이 되었다.

신중하고 합법적인 심현제 연구를 죽여 버린 40년 동안의 무리한 입법들은 어떤 과학적 증거를 기반으로 하지도 않았고 실제로 존재하는 임상 자료들도 무시했었다. 그 과학적 증거들 중 예를 들면, 1960년에 로스엔젤레스의 심현제 개척자 시드니 코헨Sidney Cohen은 LSD-25와 메스칼린의 25,000회 투여에 기반을 둔「리세르그산 디에틸아미드: 부수적인 효과와 또 다른 문제Lysergic acid diethylamide: Side Effects and Complicetions」라는 제목의 논문을 출간하였다. 그는 플래시백flashbacks, 지연된 반응, 정신 착란, 자살 시도와 같은 심현제와 관련된 문제들은 이 물질들이 책임져야 할 부분 중에서 극히 적은 부분에 불과하다는 것을 보여 주었다(Cohen, 1960). 심현제는 인슐린 혼수상태, 전기충격요법 치료와 같은 주류 정신과 의사들이 일상적으로 사용하는 다른 치료법들에 비해서도 문제가 크지 않았다. 둘 다 1%의 사망률로 의학적으로 용인되는 위험으로 간주되었다. 널리 알려진 노벨상 수상자 에드거 모니츠Edgar Moniz의 전두엽 절제술 역시 뇌의 방대한 영역을 되돌릴 수 없게 황폐화시키는 손상을 입히며, 때로 반구의 많은 부분에 출혈성 낭포가 형성되는 위험이 있지만 그 역시 의학적으로 용인되는 위험 범주에 속한다.

◀ 티모시 리어리(1920~1996)는
   심현제 개척자이자 의식확장 물질에 대한
   대량 실험을 지지하는 스승이였고,
   하버드 대학교 심리학과 교수였다.

◀ 시드니 코헨(1910~1987)은 로스앤젤레스
   정신과 의사, 심현제 개척자 및 심현제 물질의
   안전성에 관한 포괄적인 연구의 저자였다.

심현제를 개인적으로 경험해 보고, 작업에서 사용해 본 우리 중 일부는 심현제가 정신 과학, 심리학, 심리치료를 위해서뿐만 아니라 일반적인 현대 사회를 위해서도 필요한 것 이라는 점을 알았다. 우리는 평범한 사람들뿐만 아니라 임상 집단과 학자 집단마저 널리 스며든 집단 히스테리에 깊은 슬픔을 느꼈다. 이 국가적 히스테리의 한 측면은 특별한 주목을 받을 만하다. 왜냐하면 그것이 반-마약 선전이라는 거짓과 자극적인 관심을 추 구하는 무례한 기자들이 그 안에서 한 역할을 보여 주기 때문이다.

1960년대 후반 뉴욕주 버팔로에 있는 뉴욕 주립 대학교의 연구자들인 마이몬 코헨 Maimon Cohen과 그 동료들은 어머니가 임신 중에 LSD를 섭취했던 아이들의 염색체에 구조 적인 변화가 나타난 것을 목격하였다(Cohen et al., 1968). 염색체의 구조적 변화는 일찍 이 아스피린, 카페인, 4개의 고리를 가지는 항바이러스제와 같은 상용의 약들에 대한 실 험에서도 관찰된 것이었다. 코헨은 이 결과를 해석하는 데 매우 신중하였고, 이 모든 아 이가 건강하게 정상으로 태어났다는 것을 강조하였다.

한 무책임한 언론인이 아주 흐릿한 아기 사진과 함께 기사를 냈는데, 그 헤드라인은 "만약 당신이 한 번이라도 LSD를 섭취한다면 기형아를 갖게 될 수 있다."였다. 이 진술의 불합리성은 명백하다. 왜냐하면 일정한 수의 아이들이 어머니가 무엇을 했든지 안 했든 지 상관없이 이상을 가지고 태어날 수 있기 때문이다. 더구나 인도네시아계 미국인이자 미국국립보건원 세포유전학자 조 힌 티지오Joe Hin Tjio가 발전시킨 방법은 티지오 박사를 포함하는 공동연구에서 우리가 개인적으로 발견했던 것처럼 자체적인 결함이 있었다. 이 연구에서 그는 통제된 혈액 중 고용량의 LSD를 취한 혈액을 구별할 수 없었다. 우리 기관에서 몇 개월간 자원 봉사를 했던 월터 휴스턴 클라크Walter Houston Clark는 수백 회분 의 양을 섭취한 티모시 리어리 혈액을 얻을 수 있었다. 그는 그것을 티지오 박사에게 보 냈다. 그리고 티지오 박사는 팀 리어리의 혈액에서 어떤 특이한 점도 발견할 수 없었다. 나는 『LSD 심리치료LSD Psychotherapy』(Grof, 1980)에 LSD, 염색체, 유전학 문헌들에 대한 광 범위한 리뷰를 부록으로 실었다.

비상한 치료적 잠재력을 가졌으나 비극적으로 타협되고 범죄화된 도구인 심현제와 관 련된 국가적 히스테리는 올바르게 이해되고 사용된다면 산업적 문명화의 파괴성과 자 기 파괴적 경향을 상쇄시킬 수 있는 힘을 가지고 있었다. LSD와 다른 심현제들의 아버지 인 알베르트 호프만의 경이로운 '놀라운 아이'가 '문제 아이'로 바뀌고 그의 새로운 엘레 우시스Eleusis에 대한 비전이 급격히 사라져 가는 것을 목격하며 보였던 그의 반응을 보는 것은 특히 가슴이 아팠다(Hofmann, 2005).

새로운 치료적 관점에 대한 흥분을 경험했던 심현제 연구자들 일부는 이런 상황에 묵묵히 따르며 이제는 마지못해 따분해 보이는 일상적 정신과 현장으로 돌아갔다. 말로 하는 치료의 한계를 자각한 다른 이들은 물질substance[55]을 사용하지 않는 체험적 접근으로 돌아가기로 결심하였다. 심현제의 가치를 확신하는 많은 수의 치료사는 내담자들에게서 이 물질들이 제공하는 혜택을 박탈하지 않겠다고 결심하고 남몰래 그들의 작업을 이어 나가거나(Schroder, 2014; Stolaroff, 1997) 혹은 법적이거나 법에 준하는 수준에서 빠져나 갈 구멍을 찾아 그것에 의지하여 작업을 계속했다. 이런 과정들 덕분으로 심현제 회기를 조력하는 전문가라는 업종이 사라지지는 않았다.

슐긴과 영신제의 시대

모든 법적 어려움에도 불구하고, 심혼탐구자들의 역사에서 주류 연구를 불가능하게 만들었던 40여 년이 사실상 극도로 중요한 장이 되었다. 이에 대한 공로는 캘리포니아 출신의 명석한 유기화학자이며 정신약리학자인 알렉산더 시어도어 사샤 슐긴Alexander Theodore Sasha Shulgin과 저자들에게로 돌려야 한다. 사샤는 3,4-메틸렌디옥시-N-메틸암페타민 3,4-methylenedioxy-N-methylamphetamine(MDMA, XTC, 또는 엑스터시Ecstasy)을 합성하는 새로운 방법을 개발하였다. 그 물질은 1900년대 초 독일의 머크Merck가 개발한 것인데, 당시에는 다른 약제를 합성하기 위하여 혼합한 것으로 보인다. 1976년 그는 캘리포니아 오클랜드 출신의 융 학파 심리학자인 레오 제프Leo Zeff에게 그 물질을 소개하였다.

레오는 수백 명의 심리학자들과 일반 치료사들에게 그 물질을 소개하였다(Stolaroff, 1997). 1970년대 후반, MDMA는 심리치료의 도구로 아주 유명해졌고, 특히 커플과 작업하거나 외상 후 스트레스를 겪고 있는 사람들과 작업하는 데 효과적이었다. 공감, 연민, 정서적 접근, 개방성, 합일성을 유도하는 성향 때문에 MDMA는 종종 공감의 감정을 유발하는 화학 용매인 **공감유도제**empathogen나 **내면접촉제**entactogen(그리스어 *en*은 in이고, 라틴어 *tactus*는 touch이다.)로 불렸다. MDMA는 많은 위기에 놓인 관계와 결혼을 구원했다는

---

55) 여기서는 심현제를 말한다.

명성을 얻었다.

   그러자 사샤 슐긴은 놀랄 만한 걸작을 만들기 시작했는데, 그동안 그는 수많은 정신활성물질을 합성하였다. 1960년을 시작으로 아내 앤Ann과 함께 자신의 창조물을 정기적으로 검사해 줄 친구들의 소집단을 모집하였다. 그들은 슐긴 순위 척도Shulgin Rating Scale라고 알려진 시각적, 청각적, 신체적 효과를 묘사하는 어휘들로 다양한 물질의 효과에 순위를 매기는 체계적인 방식을 발전시켰다. 사샤는 개인적으로도 수백 개의 약을 검사하였다. 다양한 페네틸아민, 즉 MDMA와 메스칼린을 포함하는 그룹, 그리고 2C 심현제 가족(벤젠 고리의 둘 혹은 다섯 개의 자리에 메톡시 그룹을 함유한 페네틸아민)과 트립타민 N[N-다이메틸-트립타민(DMT), 4-메톡시-DMT, 실로사이빈과 실로신]에 대해 주로 아날로그 방식으로 검사를 실시하였다. 경미한 화학적 변용에 따라 효과에서 차이가 나타나는 경우가 수없이 많았다. 그것들은 모두 슐긴의 실험실 노트에 상세히 기록되어 있다.

   1991년과 1997년 사샤와 그의 아내 앤은 몇 년 동안에 걸친 그들의 견줄 데 없는 연구의 결과물을 『PiHKAL』과 『TiHKAL』이라는 난해한 이름으로 출간하였다. 이 책들은 심혼 탐구자에 대한 정보의 보물 상자였고 출간과 동시에 현장의 고전이 되었다. 이 책들의 아리송한 제목은 그 내용에 관한 기술적 정보와 그들의 비상한 질문에 대한 슐긴 부부의 열정의 증거를 결합한 것이다. 'PiHKAL'은 내가 알고 있고 사랑했던 페네틸아민[56]을 나타내고, 'TiHKAL'은 내가 알고 있고 사랑했던 트립타민[57]의 머리글자다(Shulgin & Shulgin, 1991, 1997). 심현제 연구 현장에서의 그의 뛰어난 작업과 심현제 물질에 대한 합리적인 의약 기획력으로 사샤는 그때부터 '심현제의 대부'라는 별명을 얻었다.

   사샤는 그의 작업으로부터 혜택을 입거나 그가 개발한 물질들 덕택으로 삶이 긍정적으로 변한 수천 명의 사람에게서 존경과 사랑을 받았다. 우리 중 그의 집을 방문하여 실험실을 볼 기회를 가졌던 사람들은 그곳이 다수의 정신활성물질이 생산된 장소라는 것을 믿을 수 없었다. 아마 12×12를 넘지 않을 이 장소는 현대 실험실이라기보다는 중세 연금술사의 작업장에 더 가까워 보였다. 공인된 집단에서는 사샤의 프로젝트에 관심이 적었다. 미국 마약단속국DEA의 샌프란시스코 지역 대변인 리처드 메이어Richard Meyer는 "그 책들은 어떻게 불법적인 약을 만드는가에 관한 요리책에 상당히 가깝다는 것이 우리의 의견이다. 수사관이 나에게 자신이 불시 단속을 실시한 모든 은밀한 실험실에서 이들

---

56) Phenethylamines I Have Known and Loved
57) Tryptamines I Have Known and Loved

책의 복사본을 발견했다고 말했다."라고 했다.

비합리적 법제가 모든 정당한 연구들을 죽인 40여 년 동안, 심현제와 영신제의 과학적, 심리학적, 영적인 중요성에 대해 확신하는 사샤와 같은 헌신적인 개인들과 다른 연구자 집단들이 없었다면 그 어떤 흥미롭고 새로운 정신활성물질도 합성되거나 발견되거나 탐구되지 않았을 것이다. 그들은 공식적 허가 없이 이러한 약과 성찬을 비공식적으로 탐색하였으며, 법적 허점과 새로운 물질에 대한 범죄화 속도가 느린 것에 힘입어 연구를 계속해 왔다.

이 열성적인 탐구자들은 거대한 양의 가치 없는 정보들을 축적했는데, 이것은 향후 잘 기획되고 조직된 연구 프로젝트의 토대가 되었다. 최근 30년 동안 경험 많은 치료사이며 심현제 연구의 개척자인 랄프 메츠너는 미국과 유럽에서 이들 그룹의 일부와 접촉하여 그들이 영신제의 트립타민 파생물로 경험했던 것들을 모았다. 그는 『두꺼비와 재규어The Toad and the Jaguar』(Metzner, 2014)에 이 정보들을 실었다. 이 책의 주요 초점은 특히 흥미롭고 사용 가능성이 있는 것으로 보이는 5-메톡시-DMT, 남미의 정신활성 코담배와 파나마 왕두꺼비의 귀밑샘 분비물의 활성 알칼로이드에 맞춰져 있다.

이 책은 경험의 현상학, 치료적 효과, 투여 양식, 선량 효과 관계, 다양한 환경의 영향, 영신제 회기와 다양한 형태의 영적 실천과의 조합, 5-메톡시-DMT와 그것의 사촌인 DMT 그리고 부포테닌bufotenine에 관한 세부적인 정보를 제공한다. 특히 5-메톡시-DMT가 보여 주는 미래의 치료적 매개로서의 가능성은 흥미로워 보이는데, 그것은 치료사의 일정에 무리한 요구를 하지 않고도 동일한 경험을 하기 쉽게 만들기 때문이다. 즉, 일정한 시간 내에 치료적이고 변용적인 효과를 유도할 수 있을 만큼 충분히 강력하다는 것이다. 종종 이 물질로 정신분석의 1회기보다 길지 않은 시간에 유의미한 치유와 변용이 달성될 수 있다.

『두꺼비와 재규어』는 미래에는 고전으로 여겨질 심현제에 관한 문헌으로서 특별히 기여한다. 이 정보가 5-메톡시-DMT에 대한 임상연구에 영감을 주었다는 것은 확실하다. 또 기억해야 할 것은 재향 군인의 외상 후 스트레스 장애 치료에서 이 물질의 효과를 검증한 것과 이 진단 범주와 관련하여 정신적, 경제적 및 정치적 문제들이 심각해졌기 때문에 승인받을 가능성이 높은 연구 기회가 생겼던 것이다. 불법 임상연구를 기반으로 하기는 했지만, 심현제 치료에 대한 정보를 담고 있는 다른 중요한 출처는 스위스에 살고 있는 독일 의사 프리데리케 메켈 피셔Friederike Meckel-Fischer의 『치료와 물질: 21세기의 심혼용해제 심리치료Therapy with Substance: Psycholytic Psychotherapy in the Twenty-First Century』(2015)이다. 그녀는 자신의 환자들에게 헌신하느라 큰 대가를 지불해야 했다. 그녀가 하고 있는 일이 무엇인지 알려지기 시작했을 때 그녀는 지루한 법적 절차에 직면해야 했고, 그 결과로 자신의 의사 면허를 거의 잃을 뻔했었다.

심현제 연구에 대한 전 지구적 관심의 부흥

　최근 우리는 심현제 물질에 대한 과학적 연구에 대한 관심이 전 세계적으로 뚜렷하게 부흥하고 있음을 경험하고 있다. 이는 법적으로 승인된 공식적인 임상 작업이 사실상 불가능했던 40여 년이 지난 후에 일어난 예상치 못한 놀라운 변화이다. 이 사건들의 두드러진 변화에 대한 공로는 릭 도블린Rick Doblin과 심현제 다학제 협회Multidisciplinary Association for Psychedelic Studies: MAPS 내 그의 열정적인 팀 그리고 이 암울한 상황을 바꾸고자 하는 그들의 치열한 노력으로 돌아가야 할 것이다. 현재 하버드, 존스홉킨스, 캘리포니아 대학교 로스엔젤레스(UCLA), 뉴욕 주립 대학교(SUNY), 캘리포니아 대학교 샌프란시스코(UCSF), 애리조나 대학교 투손(AZ) 등 수많은 미국의 대학에서 새로운 심현제 연구가 이루어지고 있다.

◀ 릭 도블린(1953~)은
심현제 다학제 협회(MAPS)의
창립자이자 전무이사이다.

그중 남부 캘리포니아의 마이클Michael과 애니 미퇴퍼Annie Mithoefer가 주도한 외상 후 스트레스 장애PTSD를 경험하고 있는 재향 군인들과 함께한 획기적인 MDMA-보조 심리치료 연구의 긍정적 결과에 대해 특별한 관심이 모아진다(Mithoefer et al., 2014). 공식 보고서에 따르면, 이라크와 아프카니스탄에 주둔했던 미국 군인들 중 PTSD로 자살한 사람이 적군에게 죽은 사람들보다 많았다. 그리고 그들의 자살과 폭력 행동은 제대 후에도 계속되었다. 전통적인 치료 형태에 저항적인 이 위험한 장애와 관련된 위협적인 문제들 때문에 주류 정신과학에 심현제가 들어갈 수 있는 문이 열릴 수 있었을 것이다. 최근 사우스캐롤라이나, 콜로라도, 캐나다, 이스라엘에서 PTSD를 위한 2단계 MDMA-보조 심리치료가 실행되고 있거나 계획 중에 있다. 다양한 칸나비놀cannabinolids, 이보가인ibogaine, 케타민ketamine과 다른 심현제 물질을 포함하는 새로운 프로젝트는 전 세계적으로 시작되었다.

무지하거나 엉뚱한 규정보다는 자신의 판단과 양심을 따르겠다고 결심한 치료사들의 작업에 대한 최근의 이 예기치 못한 정당화는 이전 정부의 특출한 관리에게서 온 공개서한의 형태로 시작되었다. 『뉴요커The New Yorker』에서 의학적 처치에 실로사이빈을 사용하는 것에 대해 소개한 마이클 폴란Michael Pollan[58]의 『심현제 여행 치료The Trip Treatment』 (Pollan, 2015)를 읽은 후, 지미 카터 대통령 시절 백악관 약품 감독관이었던 피터 본Peter Bourne 박사는 이 저널의 편집자에게 주목할 만한 편지를 썼다. 그 편지에서 그는 카터 행정부의 부적절한 약품 정책에 관해 유감을 표명했고, 잘못된 행정적 결정에도 불구하고 심현제에 대한 작업을 계속해 온 연구자들에게 사의謝意를 표했다. 이 서한은 과학적 연구에 대한 정부의 자금 지원이 과학과 관련이 없는 정치적, 문화적 가치에 의해 얼마나 많은 영향을 받았는지에 관한 서글픈 논평으로 쓰였다.

　　소수의 예외를 제외하고, 소위 약품 남용에 관한 연구에 대한 연방의 지원은 정책입안자들
과 자금지원자들의 편견을 강화하는 약품들의 부정적인 효과만 고려하였습니다. 백악관 약

---

58) 현재 미국인들에게 가장 사랑받는 저술가이자 환경운동가이다. 2018년에는 『마음을 바꾸는 방법: 심현제에 관한 새로운 과학이 의식, 죽어 감, 중독, 우울증 그리고 초월에 대해 가르쳐 주는 것(How to Change Your Mind: What the New Science of Psychedelics Teaches Us About Consciousness, Dying, Addiction, Depression, and Transcendence)』을 출간하여 베스트셀러가 되었다. 『나만의 자리(A Place of My Own)』[1997년 『뉴욕타임스(The New York Times)』 선정 올해의 주목할 만한 책], 『욕망하는 식물(Botany of Desire)』, 『제2의 자연(Second Nature)』(QPB 제정 '뉴 비전스상' 수상), 『잡식동물의 딜레마(Omnivore's Dilemma)』 등 출간하는 책마다 독자들을 매료시키고 있다.

품 남용 정책실의 전임 관리자로서 나는 지금 대부분의 심현제를 DEA의 일람표 Schedule 1 목록에 넣은 닉슨–포드Nixon–Ford 정책과 반대로 가고자 했던 의도가 실패했다는 것과 그것들의 사용을 금지했다는 것에 부끄러움을 느낍니다. 의회는 거의 확실히 이 변화를 막았지만, 우리는 과학적 연구를 의학적으로 적용하는 것에 관한 규제를 풀 수 있었습니다. 이제 의사들은 아마 뇌의 기능에 대해 훨씬 더 많이 이해하게 될 것이고, 많은 말기 환자의 불필요한 고통은 경감될 수 있을 것입니다. 우리는 폴란이 언급한 과학의 개척을 진척시키기 위해 헌신하는 영웅적인 과학자들과 임상의들에게 박수를 보내야 할 것입니다.

이 서한은 집단 히스테리에 의해 발생한 비합리적 법제보다는 과학적 증거와 심현제가 유용한 치료 도구라는 확신을 따르기로 결심한 용감한 치료사들에게 어떤 만족을 주었을 것이다. 그러나 그것이 과학적 진보와 심현제 치료의 혜택을 빼앗긴 수천의 환자에게 끼친 손해는 되돌릴 수 없다.

나는 세계보건기구WHO의 향정신성 약물 특별위원회 의장이며 토론토 대학교 정신과 교수인 나의 동생 폴Paul이 MDMA를 등재목록 ISchedule I에 넣는 것에 반대한 것을 아주 자랑스럽게 여긴다. 이것은 남용 가능성이 크거나 치료적 가치가 없는 물질들의 범주를 말한다. 폴은 외상 후 스트레스 장애를 가진 내담자들에게 MDMA를 비공식적으로 사용하고 유의미한 개선을 관찰한 치료사들의 보고서를 언급하였다. MDMA를 재분류하는 것이 아니라 최종 결정을 하기 전에 연구를 좀 더 수행하자고 했던 그의 제안은 WHO 역사에서 위원회가 만장일치의 결정에 이르지 못했던 유일한 상황의 상징이 되었다. 이런 상황에 대한 전례가 없었기 때문에 WHO는 변호사 2명을 불러들여 1시간 반 동안 토론을 벌이며 이 상황을 어떻게 대처해야 할지에 대해 논의하였다. 마침내 그들은 의장이 반대 입장을 첨부하고 발표할 수 있도록 해결책을 강구해 내었다.

꼭두각시에 대한 탐색

심혼탐구자의 역사는 그것의 어두운 측면에 대한 언급 없이는 완성될 수 없다. 모든 내적 여정이 선한 의도로 자발적으로 수행되는 것은 아니다. 심지어 무슨 일이 일어날지에 대한 지식 없이 수행되기도 한다. 무색, 무미이면서 믿을 수 없을 만큼 강력한 물질, LSD는 전 세계 비밀정보국과 정보국, 군 집단의 관심을 끌었다. CIA는 외국 정치인들과 외교관들을 위태롭게 하거나 세뇌시키기 위해 LSD의 잠재력을 탐색하였다. 그 유명한 엠케이-울트라MK-ULTRA 대중 마인드 컨트롤 프로그램[59]에서 CIA 요원은 LSD를 샌프란시스코 암흑가에 소개하였고 고용된 성매매 여성에게 그것을 고객의 음료에 몰래 넣으라고 지시하였다. 그런 후 그들은 일방경one-way screen을 통해 그 물질이 어떻게 고객의 행동을 변화시키는지 관찰하였다. 또한 그들은 다양한 공공장소에서 사람들의 음료에 LSD를 넣고 어떻게 반응하는지 관찰하였다. CIA는 이러한 범죄적 행동에 대해 공산주의 국가인 러시아, 북한, 중국이 체포된 미국인들을 세뇌시키기 위해 심현제를 사용하고 있기 때문에 심현제에 대한 정보가 필요하다고 변명하였다.

많은 나라의 군 집단은 잠재적 화학 무기로서의 LSD에 관심을 가졌다. 진지하게 고려되는 이용 방법들 중 하나는 지방자치단체의 물 공급을 오염시키고 그 결과로 일어나는 혼란을 틈타 피해 입은 도시를 침략하는 것이다. 의심할 여지가 없는 군대와 함께 수행하는 실험에서 자신도 모르게 LSD에 취한 군인들은 카메라가 장착된 총을 지니고 특수한 임무를 부여받는다. 훈련된 관찰자들은 그들의 총이 얼마나 정확하게 목표를 맞추는지를 관찰하고 다른 군대 활동들을 평가한다. 다른 계획으로는 전장에서 에어로졸aerosol[60]에 LSD를 넣어 적군에게 뿌리는 것이 있다.

내가 프라하 정신의학 연구소에서 일할 때, 군대에서의 LSD 사용에 대한 관심이 얼마나 널리 퍼져 있는지 알 수 있는 기회가 있었다. 우리는 화이자Pfizer 제약회사가 생산한 삼환계 항우울제 니아미드Niamid에 대한 임상연구를 수행하였다. 우리는 약을 중단한 후 3주의 기간 동안 이 연구의 환자들이 LSD에 반응하지 않는다는 것을 관찰하였다. 우리는 이것을 흥미로운 관찰이라고 생각하고 그에 대한 소논문을 그다지 유명하지 않은 상급의 학술지, 『활동적 신경증Activitas nervosa superior』이라고 부르는 체코 잡지에 기고하였다

---

59) MK울트라 계획은 미국 중앙정보국(CIA)이 비밀리에 수행하던 불법 생체실험을 가리키는 것이다. 이 생체실험에는 마약류 사용, 전기충격, 최면, 심신상실, 성고문, 언어폭력, 고문 등이 사용되었으며, 1995년 빌 클린턴 미국 대통령이 1950년대 행정부를 대신해 공식 사과를 밝혔다(위키백과).

60) 기체 중에 고체, 액체의 미세 입자가 분산된 계. 연기, 먼지, 안개, 구름 등이 그 예이다. 분산질이 고체인 것을 연기, 액체인 것을 안개라고 부를 때가 있다. 이 구별은 엄밀하게는 할 수 없다. 예를 들면, 담배 연기는 많은 액체를 포함한다. 구름은 고도에 따라 얼음 입자로 구성된 것, 물방울로 구성된 것이 있다. 에어로졸은 각종 광공업, 사회 위생, 기상, 군사 등에 관련하여 중요한 것이다(화학대사전, 2001).

(Grof & Dytrych, 1965). 그 후 몇 주 동안 우리는 세계의 여러 나라에서 재발간하고 싶다는 요청이 쇄도하는 것에 깜짝 놀랐다. 대부분 군대와 관련된 시설에서 온 것들이었다. 우리는 이 정보가 가치 있는 것으로 보일 수 있는 시나리오를 상상할 수 있었다. 즉, 니아미드를 미리 섭취한 군인들은 LSD에 의해 오염된 영토에서 안전하게 움직일 수 있기 때문일 것이다.

실험실의 심혼탐구자

지금까지 주로 심현제 약품을 이용하는 심혼탐구자를 살펴보았다. 우리는 심현제 약품뿐만 아니라 의식을 확장시키기 위해 다양한 실험실 기법을 매개로 하는 여행을 이 심혼탐구자의 목록에 추가해야 한다. 세계적으로 유명한 돌고래 연구가이며 심현제 물질 실험가 존 릴리John Lilly는 감각고립sensory isolation(감각박탈sensory deprivation) 수조를 개발하였다. 감각박탈 수조는 감각 자극의 유의미한 감소를 통해 홀로트로픽 의식 상태를 유발한다(Lilly, 1977).

처음에 존 릴리의 연구는 군대를 위한 중요한 정보를 제공하는 것으로 여겨졌다. 이 연구는 고립된 전초부대에 배치된 군인들이 눈에 띄게 의식의 변화를 경험한다는 점과 고립되어 비행하는 조종사의 비합리적 행동('탈주 현상' 혹은 '빈 조종실 증후군')이 증가한다는 관찰에 토대를 두고 있다. 고립은 심문과 세뇌를 위해 사용되는 기술의 하나로도 알려져 있다. 이 현상에 관한 초기 연구는 미 해군 장교이며, 기후 자료를 모으고 '평화를 맛보고 사실상 그것이 얼마나 좋은지를 알기에 충분할 만큼의 긴 시간을 보내고자' 하는, 자신의 욕망을 채우려고 남극 기지에서 홀로 6개월을 보낸 극 탐험가 리처드 버드 Richard Byrd 제독이 쓴 『홀로Alone』에 영감을 받았다. 그러나 초기부터 그는 설명하기 어려운 정신적, 신체적 장애를 경험하였다(Byrd, 2007).

존 릴리는 메릴랜드 정신의학 연구소에 극단적인 형태의 감각박탈 수조를 설치했는데, 넓고 어둡고 방음장치가 되어 있으며, 체온과 같은 온도의 담수로 채워진 수조(2미터가 넘는 높이)에서 실험 대상자들은 감각 입력을 박탈당했다. 맞춤 제작한 물 샐 틈 없는 마스크를 착용하고 플라스틱 관을 통해 호흡하면서 사람들은 많은 시간 동안 태아처럼

◀ 존 릴리(1915~2001)는 돌고래 지능, 감각박탈 그리고 심현제 물질의 영향을 연구하였다.

떠다니며 명료한 의식에서 홀로트로픽 상태를 경험한다.

릴리 탱크의 작은 버전은 플라스틱으로 줄 지어 있고, 엡솜 염Epsom salt(황산 마그네슘) 용액이 들어 있는 큰 상자 모양으로 표면에 떠다닐 수 있다. 온도조절 장치는 체온에 가깝게 온도를 유지하도록 조절되어 있다. 또한 존 릴리는 개인적 실험을 위한 하얀 고래라고 부르는 날아다니는 접시 모양의 고급스러운 버전도 고안하였다. 그것은 현대 심혼탐구자 사이에서 아주 유명해졌다.

의식을 변화시키는 또 다른 잘 알려진 실험 방법은 엘머Elmer와 앨리스 그린Alyce Green, 바바라 브라운Barbara Brown과 다른 이들이 개발한 바이오피드백biofeedback이다(Brown, 1974; Green & Green, 1978). 실험 대상자는 뇌전도 EEG 기계를 부착하고 이완하고 명상할 것을 요청받는다. 참가자들은 전자 제어 신호에 의해 뇌파의 어떤 특정한 주파수(알파, 세타, 델타)가 우세한지에 따라 특징지어지는 홀로트로픽 의식 상태로 이끌려 간다. 원래의 기계는 다양한 주파수의 청각 신호를 제어하기 위해 사용했던 것이다.

청각 자극을 사용하는 것은 아주 매력적인 방법은 아니다. 심지어 실험을 간섭할 수도 있다. 바바라 브라운은 특수 아크릴 수지인 플렉시 글라스Plexiglass로 만든 주파수에 따라 다른 색의 전자 불빛이 내장된 연꽃lotus blossom을 사용하여 생체자기제어 방법을 좀 더 흥미롭게 만들었다. 이 연꽃은 피험자가 희망했던 주파수의 일정한 양이 생산되면 어둠 속에서 특정한 색깔로 자라기 시작한다. 어린이를 위한 버전에서 자기제어는 전기 기차의 움직임에 따라 뇌파의 특정한 주파수가 만들어지도록 연결되기도 한다. 또한 우리는 여기에서 윌리엄 디먼트William Dement가 연구한 수면 박탈 혹은 꿈 박탈 기법, 스테판 라 버지Stephen La Berge가 개발한 자각몽 기법뿐만 아니라 점멸 조명을 결합한 다양한 고안물, 소리 공학, 몸의 진동, 운동감각 자극 등도 언급할 수 있다(Dement, 1960; La Berge, 1985).

이제 최근 정신질환의 영역에 포함된 심리영적 응급이나 영적 돌발 사태와 같은 현상들을 다루기 위한 방법으로 홀로트로픽 상태에 대해 언급하고자 한다. 홀로트로픽 상태는 지속시간이 다양하며 자발적으로 일어날 수 있다. 정확하게 이해하고 적절히 지원하고 치료한다면, 그것들은 정서 및 정신신체적 치유, 긍정적인 성격 변화 그리고 의식 진보로 이어질 것이다. 우리는 이 책의 특별한 장에서 이러한 중요한 주제에 대해 다룰 것이다.

참고문헌

Abramson, H. A., & Evans, L. T. 1954. LSD-25: II. Psychobiological Effects on the Siamese Fighting Fish. *Science* 120: 990-991.

Abramson, H. A., Weiss, B., & Baron, M. O. 1958. Comparison of Effect of Lysergic Acid Diethylamide with Potassium Cyanide and Other Respiratory Inhibitors on the Siamese Fighting Fish. *Nature* 181: 1136-1137.

Allegro, J. 1970. *The Sacred Mushroom and the Cross: A Study of the Nature and Origin of Christianity within the Fertility Cults of the Ancient Near East.* New York: Doubleday.

Barrow, J. D., & Tipler, F. J. 1986. *The Anthropic Cosmological Principle.* Oxford: Clarendon Press.

Beringer, K. 1927. *Der Maskalinrausch (Mescaline Intoxication).* Berlin: Springer Verlag.

Brown, B. 1974. *New Mind, New Body: Bio Feedback: New Directions for the Mind.* New York: Harper & Row.

Byrd, R. 2007. *Alone in the Antarctic.* Boston, MA: Sterling Point Books.

Campbell, J. 1968. *The Hero with A Thousand Faces.* Princeton, NJ: Princeton University Press.

Campbell, J. 1984. *The Way of the Animal Powers: The Historical Atlas of World Mythology.* San Francisco, CA: Harper.

Cicero, M. T. 1977. *De Legibus Libri Tres.* New York: Georg Olms Publishers.

Cohen, M. et al. 1968. The Effect of LSD-25 on the Chromosomes of Children Exposed in Utero. *Pediat. Res.* 2: 486-492.

Cohen, S. 1960. Lysergic Acid Diethylamide: Side Effects and Complications. *J. Nervous and Mental Diseases* 130: 30-40.

Crowley, M. 2010. *Secret Drugs of Buddhism: Psychedelic Sacraments and the Origins of the*

Vajrayana. United Kingdom: Psychedelic Press.

Dabrowski, K. 1964. *Positive Disintegration*. Boston, MA: Little Brown.

Dement, W. 1960. *Effect of Dream Deprivation*. Washington, DC: American Association for Advancement of Science.

Gennep, A. van 1960. *The Rites of Passage*. Chicago, IL: The University of Chicago Press.

Goswami, A. 1995. *The Self-Aware Universe: How Consciousness Creates the Material World*. Los Angeles, CA: J. P. Tarcher.

Green, E. E., & Green, A. M. 1978. *Beyond Biofeedback*. New York: Delacorte Press.

Griffiths, R. R., Richards, W. A., McCann, U., & Jesse, R. 2006. Psilocybine Can Occasion Mystical-Type Experience Having Substantial and Sustained Personal Meaning and Spiritual Meaning. *Psychopharmacology* 187−3: 268−283.

Grof, S. 1959. Serotonin and Its Significance for Psychiatry (in Czech). *Csl. Psychiat.* 55: 120.

Grof, S. 1972. LSD and the Cosmic Game: Outline of Psychedelic Cosmology and Ontology. *Journal for the Study of Consciousness* 5: 165.

Grof, S. 1975. *Realms of the Human Unconscious*. New York: Viking Press.

Grof, S. 1980. *LSD Psychotherapy*. Pomona, CA: Hunter House. Republished 2005, Santa Cruz, CA: MAPS Publications.

Grof, S. 1985. *Beyond the Brain: Birth, Death, and Transcendence in Psychotherapy*. Albany, NY: State University of New York Press.

Grof, S. (with Bennett, H. Z.) 1992. *The Holotropic Mind*. San Francisco, CA: Harper Publications.

Grof, S. 1994. *Books of the Dead: Manuals for Living and Dying*. London: Thames and Hudson.

Grof, S. 1998. *The Cosmic Game: Explorations of the Frontiers of Human Consciousness*. Albany, NY: State University of New York (SUNY) Press.

Grof, S. 2000. *Psychology of the Future: Lessons from Modern Consciousness Research*. Albany, N.Y: State University of New York (SUNY) Press.

Grof, S. 2006a. *When the Impossible Happens: Adventures in Non-Ordinary Realities*. Louisville, CO: Sounds True.

Grof, S. 2006b. *The Ultimate Journey: Consciousness and the Mystery of Death*. Santa Cruz, CA: MAPS Publications.

Grof, S. 2015. *Modern Consciousness Research and the Understanding of Art*. Santa Cruz, CA: MAPS Publications.

Grof, S., & Dytrych, Z. 1965. Blocking of LSD Reaction by Premedication with Niamid. *Activ. nerv. super.* 7: 306.

Grof, S., & Grof, C. (Eds.) 1989. *Spiritual Emergency: When Personal Transformation Becomes a Crisis*. Los Angeles, CA: J. P. Tarcher.

Grof, C., & Grof, S. 1990. *The Stormy Search for the Self: A Guide to Personal Growth through Transformational Crisis*. Los Angeles, CA: J. P. Tarcher.

Hoffer, A., & Osmond, H. 1999. The Adrenochrome Hypothesis and Psychiatry. *The Journal of Orthomolecular Medicine* Vol. 14.

Hoffer, A., Osmond, H., & Smythies, J. 1954. Schizophrenia: A New Approach. II. Results of A Year's Research. *J. nerv. ment. Dis.* 100: 29.

Hofmann, A. 2005. *LSD: My Problem Child*. Santa Cruz, CA: MAPS Publications.

Jamison, S. W., & Brereton, J. P. 2014. *Rig Veda Translation*. Oxford: Oxford University Press.

La Berge, S. 1985. *Lucid Dreaming*. Los Angeles, CA: J.P. Tarcher.

Lash Lamb, J. 2008. *The Discovery of a Lifetime*. http://www.metahistory.rg/psychonautics/Eadwine/Discovery.php.

Laszlo, E. 1993. *The Creative Cosmos*. Edinburgh: Floris Books.

Laszlo, E. 1995. *The Interconnected Universe: Conceptual Foundations of Transdisciplinary Unified Theory*. Singapore: World Scientific Publishing Company.

Laszlo, E. 2003. *The Connectivity Hypothesis: Foundations of An Integral Science of Quantum, Cosmos, Life, and Consciousness*. Albany, NY: State University of New York (SUNY) Press.

Laszlo, E. 2007. *Science and the Akashic Field: An Integral Theory of Everything*. Rochester, VT: Inner Traditions.

Laszlo, E. 2016. *What is Reality?: The New Map of Cosmos, Consciousness, and Existence*. Bayfield, CO: New Paradigm Publishers.

Lilly, J. 1977. *The Deep Self: Profound Relaxation and the Tank Isolation Technique*. New York: Simon and Schuster.

Masters, R. E. L., & Houston, J. 1968. *Psychedelic Art*. New York: Grove Press.

Mechoulam, R. 1970. Marijuana Chemistry. *Science* 168: 1159–1166.

Meckel-Fischer, F. 2015. *Therapy with Substance: Psycholytic Psychotherapy in the Twenty-First Century*. London: Muswell Hill Press.

Merkur, D. 2000. *The Mystery of Manna: The Psychedelic Sacrament of the Bible*. Rochester, VT: Park Street Press.

Metzner, R. 2014. *The Toad and the Jaguar: A Field Report on Underground Research on a Visionary Medicine: Bufo Alvarius and 5-Methoxy-Dimethyltryptamine*. Verano, CA: Green Earth Foundation and Regent Press.

Mithoefer, M. et al. 2014. Durability of Improvement in Posttraumatic Stress Disorder Symptoms and Absence of Harmful Effects or Drug Dependency After 3,4-Methylene-Dioxy-Meth-Amphetamine-Assisted Psychotherapy: A Prospective Longterm Follow-Up Study. *Journal of Psychopharmacology* 27: 28.

Naranjo, C. 1974. *The Healing Journey: New Approaches to Psychedelic Therapy.* New York: Pantheon Books.

Pahnke, W. N. 1963. "Drugs and Mysticism: An Analysis of the Relationship Between Psychedelic Drugs and the Mystical Consciousness." Ph.D. Dissertation, Harvard University.

Pollan, M. 2015. The Trip Treatment. *The New Yorker,* February 9 issue.

Schele, L., & Miller, M. E. 1986. *The Blood of Kings.* New York: George Brazille.

Schroder, T. 2014. *Acid Test: LSD, Ecstasy, and the Power to Heal.* New York: Blue Rider Press/Penguin Group.

Sheldrake, R. 1981. *New Science of Life: The Hypothesis of Formative Causation.* Los Angeles, CA: J.P. Tarcher.

Shulgin, A., & Shulgin, A. 1991. *PiHKAL: A Chemical Love Story.* Berkeley, CA: Transform Press.

Shulgin, A., & Shulgin, A. 1997. *TiHKAL: A Continuation.* Berkeley, CA: Transform Press.

Stolaroff, M. 1997. *The Secret Chief.* Santa Cruz, CA: MAPS Publications.

Stoll, W. A. 1947. "LSD−25, ein Phantastikum aus der Mutterkorngruppe"(LSD, A Fantasticum from the Ergot Group). Schweiz. Arch. *Neurol. Psychiat.* 60: 279.

Teilhard de Chardin, P. 1975. *The Human Phenomenon.* New York: Harper and Row.

Ulansey, D. 1989. *Origins of the Mithraic Mysteries: Cosmology and Salvation in the Ancient World.* Oxford: Oxford University Press.

Vojtěchovský, M., & Grof, S. 1960. Similarities and Differences Between Experimental Psychoses After LSD and Mescaline (in Czech). *Csl. Psychiat.* 56: 221.

Wasson, G., Hofmann, A., & Ruck, C. A. P. 1978. *The Road to Eleusis: Unveiling the Secret of the Mysteries.* New York: Harcourt, Brace Jovanovich.

Wasson, G., & Wasson, V.P. 1957. *Mushrooms, Russia, and History.* New York: Pantheon Books.

Wasson, R. G. 1982. The Last Meal of the Buddha. *Journal of the American Oriental Society* Vol. 102, No. 4.

Watts, A. 1973. *The Book on the Taboo Against Knowing Who You Are.* London: Sphere Books.

Weil, A. 1972. *The Natural Mind.* Boston: Houghton Mifflin.

Woolley, D. W., & Shaw, E. 1954. A Biochemical and Pharmacological Suggestion about Certain Mental Disorders. *Proceedings of the National Academy of Sciences* 40, 228−231.

02

심리학의 재조명과 재주술:

의식 탐구 반세기의 유산

이 책의 시작 부분에서 살펴본 심혼탐구의 역사에서는 홀로트로픽 의식 상태가 고대 사회 및 원주민 문화에서의 영적, 의례적 및 문화적 생활에서 수행한 중추적 역할에 대해 검토하였다. 또한 산업과학혁명의 시대와 계몽과 이성의 시대가 홀로트로픽 의식 상태의 이미지, 지위, 구축에 끼친 해로운 영향을 검토하였다. 우리는 알베르트 호프만이 LSD-25의 심현제 효과를 발견한 지 70주년이 되는 것을 기념하고 있다. 이 사건은 심혼탐구의 역사에서 중요한 전환점이 되었다.

LSD와 다른 심현제들이 현대 사회에 가져온 의식 혁명에 의해 일어난 초기의 흥분은 불행히도 오래 가지 못했다. 비이성적인 법적, 행정적 제재는 사실상 모든 과학 연구를 종료시키고 심현제 관련 실험을 지하로 몰아넣었다. 인류의 이익을 위해 심현제를 책임감 있게 사용하는 것을 주류적인 삶에 통합하는 데 성공한 사회인 새로운 엘레우시스New Eleusis에 대한 알베르트 호프만의 비전은 슬픈 몽상처럼 보였다.

수십 년 동안 지속된 심혼탐구의 어두운 시대가 지나간 이후, 우리는 이제 심현제를 사용한 자기-실험뿐만 아니라 이에 대한 과학적 연구에 대한 세계적인 관심의 부흥을 경험하고 있다. 이 르네상스를 바라보는 한 가지 방법은 무지한 입법자들의 잘못을 고치고 정신의학의 발전 과정을 바로잡는 것으로 보는 것이다. 그러나 다른 관점에서 볼 때는, 홀로트로픽 상태의 놀라운 잠재력을 인정하고 이용하도록 인류 사회에 다시 통합되는 것을 의미한다. 산업화된 우리 문명은 지금까지 인류 역사상 유일하게 이 가치를 인식하고 활용하지 못한 집단이었다. 이 놀라운 발전은 나에게 이 내적 여정을 위한 책을 쓰도록 영감을 주었고, 그래서 내가 60년 동안 연구하면서 축적해 온 의식과 인간 심혼에 관한 정보가 새로운 세대의 연구자들과 미래의 심혼탐구자들에게 이용될 수 있었다. 나는 이 정보가 홀로트로픽 상태의 긍정적인 잠재력을 극대화하고 위험을 최소화하는 데 필수적이라고 믿는다.

홀로트로픽 상태의 발견: 기억을 찾아 내려가는 여행

　의식 연구에 대한 나의 관심은 의학 공부를 시작한 지 4년째 되던 해에 시작되었는데, 그때 나는 프라하의 의과대학 정신의학 클리닉에서 학생 자원봉사자로 일하면서 여가 시간을 보내기 시작했다. 나는 조지 버나드 쇼나 물랭루주의 발렌틴 르 데소스Valentin le Désossé와 닮았으며 총명하고 카리스마 넘치는 사람인 블라디미르 본드라체크Vladimir Vondráček 교수의 강의에 매료되었다. 본드라체크 교수의 특별한 관심사는 유명한 역사적 인물, 특히 성인, 예언자 그리고 종교의 창시자들과 유사한 성격과 임상 증상을 가진 정신과 환자의 사례를 찾아 발표하는 것이었다.

　20년이 지나고 아내 크리스티나와 함께 '영적 응급'이라는 개념을 발전시켰을 때에야 비로소 나는 본드라체크 교수의 『정신의학의 관점에서 본 환상과 마법The Phantastical and Magical from the Point of View of Psychiatry』(Vondráček, 1968)에 대해 비판하게 되었다. 그러나 그의 또 다른 책은 나의 직업적 발전을 위해 중요해졌다. 그의 고전적 작품인 『영혼의 약물학Pharmacology of the Soul』(Vondráček, 1935)은 후에 심현제로 알려지게 된 정신활성물질들을 체코의 정신과 의사들이 주목하게 했다.

　당시 체코 문학에는 심현제와 관련된 정보의 또 다른 출처가 있었는데, 바로 정신과 의사 겸 약사인 스베토자르 네볼Svetozar Nevole의 에세이들로 『4차원 비전에 관하여: 메스칼린의 실험적인 중독과 특별히 관련된 공감각의 생리병리학적 연구Apropos of Four-Dimensional Vision: Study of Physiopathology of the Spatial Sense with Special Regard to Experimental Intoxication with Mescaline』(Nevole, 1947)와 『감각적 환각과 그 형식적 발생에 관하여Apropos of Sensory Illusions and Their Formal Genesis』(Nevole, 1949)이다. 그래서 LSD를 만나기 전부터 나는 이미 심현제에 대해 알고 있었고 관심을 갖고 있었다. 알베르트 호프만이 LSD의 심현제 효과를 발견하고 베르너 스톨Werner Stoll이 시범 연구에 대해 발표한 뒤, 산도즈 제약회사는 LSD의 무료 샘플을 전 세계의 대학, 정신의학 기관 그리고 개별 연구자와 치료사에게 보냈다.

　정신과 클리닉에서 나의 지도 의사였던 조지 루비체크George Roubíček 박사는 딜리시드Delysid라는 상표가 붙어 있는 상자를 받은 사람 중 한 명이었는데, 여기에는 25마이크로그램 드라제 및 100마이크로그램 앰플로 되어 있는 LSD-25가 들어 있었다. 소포에 첨부된 편지에는 알베르트 호프만이 LSD의 심현제 효과를 발견한 것과 베르너 스톨의

▲ 라스코Lascaux 동굴의 사냥 장면은 창으로 뚫린 채 부상당하여 내장이 제거된 들소와 성기가 발기된 채 누워 있는 인물을 보여 주는데, 아마도 트랜스 상태에 있는 샤먼인 것으로 보인다.

▲ 투크도두베르Tuc d'Audoubert 동굴에서 나온 점토 들소 두 마리가 원을 그리는 발자국들에 둘러싸여 있다.

▲ 빌렌도르프Willendorf의 비너스. 기원전 2만 5천 년 후기 구석기 시대의 석회암 모형이다.

▲ 돌니 베스토니체Dolni Věstonice의 비너스. 기원전 29,000~25,000년 구석기 시대 조각품. 세계에서 가장 오래된 도제 작품 중 하나로 모라비아에서 발견되었다.

▲ 로셀Laussel의 비너스, 2만 5천 년 된 후기 구석기 시대의 얕은 돌을새김 조각품, 도르도뉴 지역의 동굴에서 발견되었다.

로크리 지역에서 나온 페르세포네Persephone와 ▶
하데스Hades를 묘사한 봉헌판. 기원전 480년,
이탈리아 남부 레지오 칼라브리아Reggio Calabria,
마그나 그라시아Magna Graecia 국립박물관

◀ 황소를 죽이는 미트라. 서기 150년,
루브르–랑스 미술관

▲ 버섯산에서의 설교. 『에드윈 살터Eadwine Psalter』, 파리 국립도서관, 12세기

▲ 버섯밭에서 뿔 달린 샤먼−악마에게 유혹당하는 예수. 『에드윈 샬터』, 파리 국립도서관, 12세기

▲ 부처의 열반. 모든 자연이 부처의 죽음을 애도한다.

▲ 소치필리Xochipilli. 꽃의 제왕. 꽃과 사랑과 춤의 신. 매혹적인 무아지경에 빠져 있다. 이 조각상은
심현제 식물(이포모에아 비올라케아, 니코티아나 타바쿰, 리베아 코림보사, 실로사이비 아즈테코룸,
하이미아 솔리시폴리아의 덩굴손)이 돋을새김으로 장식되어 있다. 국립 인류학 박물관. 멕시코시티

피를 흘리게 하는 의식을 행하고 ▶
있는 버드 재규어Bird Jaguar와
그의 아내 발람—익스Balam—Ix
버드 재규어. 버드 재규어가 그의
성기와 아내의 혀에 구멍을 뚫고 있다.
야슈칠란, 치아파스, 멕시코.
마야 고전기 후기, 서기 770년

방패왕 재규어King Shield Jaguar는 ▶
그의 아내 초크Choc가 가시밧줄로
혀를 뚫어 피를 흘리는 의식을
행하는 어두운 곳에서 커다란
횃불을 들고 있다.
야슈칠란, 치아파스, 멕시코.
마야 고전기 후기, 서기 725년

▲ 환영 경험에 대한 마야의 상징인 악마뱀으로부터 떠오른 조상의 환영과 마주친 방패왕 재규어의 아내 초크.
야슈칠란, 치아파스, 멕시코, 마야 고전기 후기, 서기 770년

▲ 거북이 껍질에서 일어나는 죽음과 부활의 장면. 이 삼각대에는 쌍둥이 영웅의 아버지 운 우나푸Hun Hunahpu가 케찰 새 깃털의 머리장식을 하고 있으며 두개골로 장식된 갈라진 거북이 껍질에서 모습을 드러내고 있다. 그의 아들 우나푸와 스발란케Hunahpu and Xbalanque가 그를 따르고 있다. 마야 도자기 고문서. 마야 고전기 후기

▲ 틀라로칸. 아즈텍 비의 신 틀라로크의 낙원. 틀라로크는 양손에서 비를 퍼붓고 있다. 그의 옆에는 제물을 바치고 씨를 뿌리는 두 제사장이 있다. 하버드 대학교 민족 식물학자 리처드 슐트Richard Schultes는 이어지는 씨앗들에 줄지어 있는 버섯을 실로사이비 버섯의 머리 부분이라고 확인했다. 틀라로크의 지상낙원에 들어가는 방법 중 하나는 이러한 '마술버섯'을 섭취하는 것이었다. 테오티와칸, 멕시코, 4~8세기

▲ 스위스–프랑스 국경 부근의 마을 베르그에 있는 호프만 집에서 알베르트 호프만을 방문 중인
스타니슬라프 그로프

▲ 베르그에 있는 알베르트 호프만의 집을 방문 중인 스타니슬라프와 크리스티나 그로프,
그리고 비전적 예술가 마르티나 호프만과 로베르토 베노사

▲ 스위스의 환상적인 사실주의 작가 한스 뢰디 기거Hans Ruedi Giger[1]가 호프만의 100번째 생일을 4개월 앞둔 2005년 9월에 그루예르에 있는 자신의 박물관에서 알베르트 호프만과 스타니슬라프 그로프를 안내하고 있다.

▲ 한스 뢰디 기거와 스타니슬라프 그로프는 알베르트 호프만이 102세의 나이로 죽기 4주 전에 베르그에 있는 그를 방문했다.

---

1) 스위스의 초현실주의 화가. 1980년 아카데미 시상식에서 영화 〈에일리언〉으로 시각효과상을 수상 했다. 그의 독특한 스타일은 미디어, 가구, 타투 등 다양한 장르에 받아들여졌으며, 그의 작품은 스 위스에 있는 한스 뢰디 기거 박물관에 보존되어 있다.

▲ 심현제 및 영신제 물질의 선구적인 연구자이자 『피칼PiHKAL』과 『티칼TiHKAL』의 저자인 앤과 사샤 슐긴

▲ 200개 이상의 정신활성물질을 합성한 심혼약리학자 사샤 슐긴의 캘리포니아주 라파예트에 있는 실험실을 방문 중인 스타니슬라프 그로프

▲ 오악사카의 멕시코 마을 후아틀라 데 지메네즈에 있는
마자텍 전통치료사 마리아 사비나Maria Sabina의 집.
그녀는 여기서 벨라다라고 부르는 마술버섯 의식을
치루었다.

▲ 실로사이비 케룰레센스, 마자텍의 '마술버섯'

▲ 후아틀라 데 지메네즈의 마자텍 시장에서 실로사이비 버섯을 사고 있는 고든 와슨

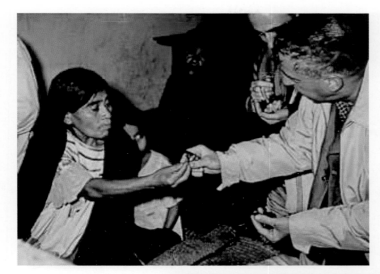

◀ 고든 와슨에게 버섯을 주는
마리아 사비나

신성한 의식 벨라다의 통합적인 ▶
환경에서 버섯 경험을 하고
있는 고든 와슨

◀ 유럽으로 가지고 가기 위해서
버섯을 추출하는 중인 고든과
발렌티나 파블로브나 와슨

▲ '비밀 대장', 융 분석가이자 수많은 동료 치료사에게 LSD와 MDMA를 소개한 선구적인 심현제 치료사인 레오 제프Leo Zeff(오른쪽)와 릭 도블린Rick Doblin

▲ PTSD 환자들의 MDMA 심리치료에 대한 선구적인 연구를 수행한 심현제 치료사 마이클Michael과 애니 미퇴퍼Annie Mithoefer

바츨라프 하벨Vaclav Havel 체코 대통령과 그의 부인 ▲
다그마르Dagmar, 그리고 Vision 97상(10세기 보헤미안
순교자인 프라하의 성 아달버트Adalbert의 주교장主敎杖[2] 사본)을
받은 스타니슬라프 그로프와 그의 아내 크리스티나

망상 바위Delusional Boulder 의식을 거행하면서 ▶
고풍의 예복을 입고 있는 천문학자 지리 그리가르Jiři Grygar

프라하 시시포스Sisyfos 클럽의 세 가지 조롱상: ▶
청동, 은, 금의 망상 바위들

---

2) 고위 성직자들이 휴대하는 지팡이. 소유자의 품위와 관할권을 나타낸다.

▲ 하와이 마우이에 있는 리처드 앨퍼트Richard Alpert(람 다스Ram Dass[3])를 방문하고 있는 브리기트와
스타니슬라프 그로프. 람 다스(1931~2020)는 전 하버드 대학교 심리학과 교수이며,
심현제에 관한 선구자이자 세계적으로 유명한 영적 스승이다.

---

3) 팀 리어리와 함께 하버드 대학교 심리학과 교수로 있으면서 심현제를 무리하게 실험한 결과, 결국
학교에서 해직되었다. 그 후 인도에서 수행한 후 세계적인 영적 스승이 되었으며, 그때부터 람 다스
로 불렸다. 2020년에 하와이에서 작고하였다.

▲ 2017년 9월 프라하에서 열린 국제 자아초월 콘퍼런스에서 어빈 라슬로Ervin Laszlo,
마리아 사기Maria Sági와 함께 있는 브리기트와 스타니슬라프 그로프

▲ 2017년 프라하의 국제 자아초월 콘퍼런스에서 심리학자, 철학자, 죽음학자이자 근사 체험NDE 연구의
선구자인 레이먼드 무디Raymond Moody(1944~)와 함께 있는 스타니슬라프 그로프

▲ 카티아 솔라니Katia Solani가 홀로트로픽 숨치료에서
한 경험을 표현한 세 가지 그림: 영양분을 필요로
하는 아이의 이미지를 배에 싣고 다니는 거북이와
하나가 되었다.

▲ 거북이 등껍질을 장식한 아름다운 풍경의 모습

◀ 회기 이후 밤의 꿈에서 나타난 것
같은 풍경 그림

양수로 된 우주. 고용량 LSD 회기에서 자궁 ▲
내 삶의 행복한 에피소드(기본 주산기 모형 I)를
표현한 그림. 태아기 삶으로의 회귀는 우주와
하나가 되는 경험으로 접근하는 것을 매개한다.
여성의 가슴을 닮은 은하계('은하수')의 모습은
'좋은 가슴'의 기억과 동시적, 경험적으로
연결되어 있음을 암시한다.

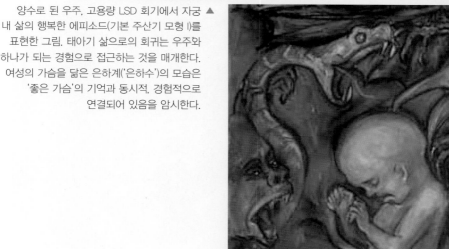

적대적인 자궁. LSD 회기에서 경험한 태아를 ▶
공격하는 자궁의 경험을 표현한 그림.
공격적인 면역적 힘은
원형적 동물의 모습을 취한다.
(로빈 메이너드—돕스Robin Maynard-Dobbs)

▲ 절망. 비전적 예술가 알렉스 그레이Alex Grey는 심현제로부터 영감을 받아서 이 그림을 그렸다. 이 이미지는 분출되지 못하는 참담한 기운, 두개골, 턱, 송곳니, 뼈, 뱀, 거미와 같은 기본 주산기 모형 II의 고전적인 특징을 가지고 있다.

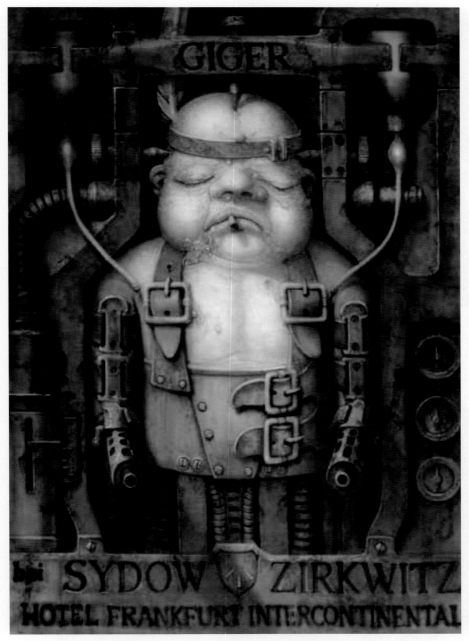

▲ 생물기계인간 II. 스위스의 비전적 예술가이자 환상적인 사실주의자 한스 뢰디 기거의 자화상.
그는 이 그림을 시도우–지크위츠Sydow-Zirkwitz 갤러리의 포스터로 만들었다.
출생의 기억에서 영감을 받아 이마에 강철 고리를 두르고 무거운 금속 우리에 갇힌
자신을 무력한 인디언 전사로 묘사했다.

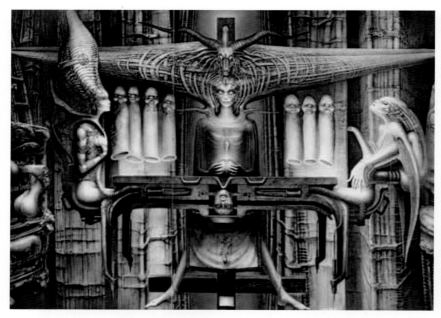

▲ 한스 뢰디 기거의 시리즈에서 나온 주문呪文은 기본 주산기 모형 III의 여러 특징적인 주제를 보여 준다. 바포네Baphonet의 머리를 쓰고 있는 칼리 여신과 그 밑에는 바이스 안에서 찌그러진 인간의 머리, 그 옆에는 해골 같은 머리 치장과 남근 콘돔 모양의 태아가 있다.

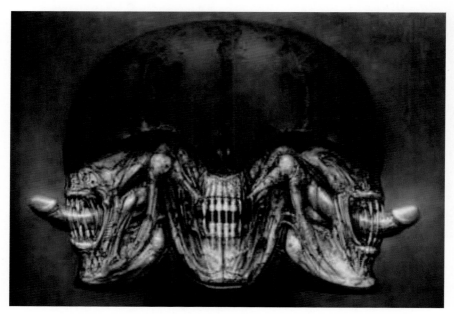

▲ 한스 뢰디 기거의 네크로놈Necronom II. 이 구성은 기본 주산기 모형 III의 특징인 군인의 헬멧, 두개골, 송곳니 그리고 남근을 모두 가지고 있다.

알렉스 그레이의 핵폭발과 십자가 처형.
심현제 회기에서의 기본 주산기 모형 II~IV와 연결
된 죽음과 재탄생의 경험. 십자가에 매달린
그리스도의 비전이 거대한 창공에 나타났다.

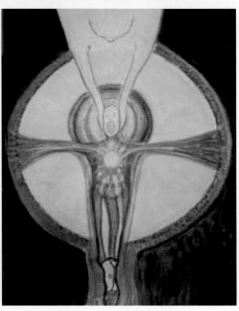

홀로트로픽 숨치료 회기 이후의 그림. ▶
출생의 마지막 단계에서 손에 의해 도움받은
재체험이 십자가에 달린 그리스도와의
체험적 동일시와 연관되었다.

▲ 고용량 LSD 회기에서의 경험을 나타낸 것이며, 기본 주산기 모형 Ⅲ에서 기본 주산기 모형 Ⅳ로 이행되는 동안의 야생적인 축제 장면을 특징으로 한다. 죽음의 상징이 겁나는 모습이 아니라 활기 넘치는 축하와 함께 성적 및 공격적인 에너지가 방출되는 분위기에서 드러난다.

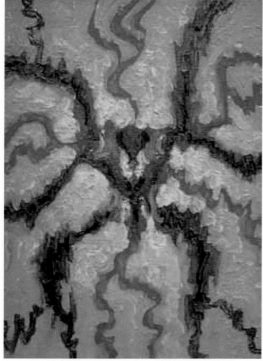

◀ 재탄생하기 전 마지막 몇 초의 경험을 담아낸 심현제 회기의 그림. 중앙에 있는 삼각형은 태아 머리의 소용돌이가 뚫고 나오는 곳이며, 불타는 듯한 빨간색, 노란색, 주황색은 이 상황과 연관된 폭발적인 에너지를 나타낸다.

▲ 어둠 속에서. 홀로트로픽 숨치료 회기에서의
탄생과 출생의 복합적인 경험을 표현한 그림.
이런 종류의 경험은 전형적으로 새로운
자아를 낳는다는 느낌으로 이어지며, 매우
변용적이고 치유적일 수 있다(장 퍼킨스
Jean Perkins).

◀ 해방. 홀로트로픽 숨치료 회기에서의 심리
영적 죽음과 재탄생의 경험을 표현한 그림.
낡은 인격구조가 허물어지고 그 속에서
영적 영역과 연결된 새로운 자아가 나타난다.
사지절단은 초보 샤먼들의 초기 경험에서
자주 나타나는 주제이다(자리나 모스Jaryna
Moss).

◀ LSD 회기에서 그린 그림으로, 심리영적
부활의 경험을 묘사한다. 태모신
Great Mother Goddess의 질에서부터
불이 나오고 우주적 손으로부터 키워
주고 받쳐 준다. 그림의 윗부분은
기본 주산기 모형 IV를 나타내고,
아랫부분은 별로 가득한 하늘을 나타낸다.
양육하는 손은 기본 주산기 모형 I을
나타낸다. 이는 영양과 안전을 주는
자궁을 상징한다.

◀ 심현제 회기에서의 그림으로, 불로
인해 일어나는 심리영적 죽음과
재탄생의 원형적 상징인 피닉스와
의 경험적 동일시를 나타낸다.

▲ 심현제 회기에서 경험한 심리영적 죽음과 재탄생 과정에서의 마지막 단계를 표현한다.
신생아의 몸은 여전히 불타고 있는 탄생의 관 속에 있지만, 그 머리는 태모신의 공작 천국으로 부상한다.

▲ 홀로트로픽 숨치료 회기에서의 심리영적
   죽음과 재탄생. 태양을 향해 힘 있는 백조가
   공중을 날아간다. 백조는 시베리아
   샤머니즘에서 중요한 역할을 하는
   영적인 새이다.

◀ 어머니 쿤달리니, 홀로트로픽 숨치료 회기
   에서의 그림. 여자는 불타는 듯한 의복을
   입고 별로 된 망토를 덮고 있다. 작은 신성한
   아이는 그녀 등의 아기 자루에 받쳐져 있다.
   작가는 다음과 같이 썼다. "나는 어머니와
   아이 둘 다였다. 나는 이 태모를 깊이 사랑했고,
   나의 어머니를 사랑했고, 모든 생명체,
   모든 지각이 있는 존재를 사랑했다"(카티아
   솔라니).

체코의 대표적인 정신과 의사인 ▶
블라디미르 본드라체크 박사(1895~1978).
오랫동안 프라하의 의과대학 정신의학 병동의 책임자였으며,
체코의 정신약리학 및 성과학의 창시자 중 한 명이었고,
정신의학을 대중화하는 일에 기여하였다.

시범 연구 결과가 적혀 있었으며, 그 내용물로 연구를 수행해서 그 효과와 정신의학 및 심리학에서의 잠재적 유용성에 대해 피드백을 줄 수 있는지 물었다.

스톨 박사의 논문은 LSD 경험과 자연적으로 일어나는 정신증의 증상 사이의 흥미로운 유사점을 지적하였다. 그러한 '실험적 정신증'에 대한 연구가 자연적으로 일어나는 정신증 상태, 특히 정신질환 중에서도 가장 수수께끼 같은 조현병의 원인에 대한 흥미로운 통찰력을 제공할 수 있을 것 같았다. 또한 베르너 스톨은 LSD가 갖고 있는 치료제로서의 가능성이 실험되어야 한다고 제안하였다.

산도즈 제약회사로부터 온 편지에는 작은 메모가 있었는데, 이는 나의 개인적 및 직업적 삶을 깊이 있게 바꾼 운명이 되었다. 그것은 이 물질이 정신질환 환자들과 관련되어 일하는 정신건강 전문가들을 위한 혁명적이고 독특한 교육 도구로 사용될 수 있다고 제안하였다. 원상태로 되돌아갈 수 있는 '실험적 정신증'을 경험할 수 있다는 것은 정신과 의사, 심리학자, 정신과 간호사, 사회복지사, 정신의학과 학생에게 내담자들의 내적 세계에 대한 친밀하고 개인적인 지식을 얻을 수 있는 독특한 기회를 제공하는 것으로 보였다. 그렇다면 내담자들을 더 잘 이해하고, 그들과 더 효과적으로 의사소통할 수 있고, 더 성공적으로 치료할 수 있게 될 것이다. 치료법이 인슐린 혼수 요법, 전기 충격 요법, 카르디아졸 경련 요법, 전두엽 절제술 등과 같이 거의 중세 수준이었던 때였기에 새로운

치료전략이 절실히 필요하였다.

나는 그 시점에서 정신분석학이 많은 시간과 돈을 필요로 하지만 결과가 그다지 인상적이지 않다는 것을 깨닫고는 환멸을 느끼고 있었다.[4] 그렇게 특별한 훈련 기회가 있다는 것에 아주 많이 흥분되어서 루비체크 박사에게 내가 LSD 회기에 참가할 수 있는지 물었다. 불행히도 정신과 병원의 직원들은 다양한 이유를 근거로 학생들은 지원자로 받아들이지 않겠다고 결정했었다. 루비체크 박사는 그 새로운 물질에 아주 관심이 많았지만, 실험 대상의 LSD 회기 한 번에 몇 시간을 보내기에는 너무 바빴다. 그는 도움이 필요했고, 내가 다른 사람들의 심현제 회기를 감독하고 그들의 경험을 기록하는 데 반대하지 않았다.

그래서 나는 실험 대상으로서의 자격을 얻기 전에 많은 체코 정신과 의사들, 심리학자들, 저명한 예술가들, 그리고 다른 관심 있는 사람들의 LSD 회기를 지켜볼 수 있었다. 의과대학을 졸업하고 내가 회기에 참가할 자격을 갖게 되었을 때, 그동안 목격한 다른 사람들의 경험에 대한 환상적인 설명을 들어오면서 그 관심이 극에 달아올라 있었다. 1956년 가을, 의과대학을 졸업한 후 드디어 LSD 회기에 참가할 수 있었다.

루비체크 박사의 특별한 관심 분야는 뇌의 전기적 활동에 대한 연구였다. LSD 연구에 참여하기 위한 조건 중 하나는 회기 전, 회기 중, 회기 후에 EEG 기록을 촬영하는 것에 동의하는 것이었다. 게다가 내가 회기에 참가할 때, 그는 특히 뇌파를 '몰아가기driving' 또는 '끌고가기entraining'라고 불리던 것에 매료되어 있었다. 이것은 강하게 깜박이는 점멸 섬광의 다양한 주파수에 노출되었을 때 뇌의 후두골 하부(시각피질)의 뇌파를 어느 정도까지 '끌어갈' 수 있는지, 즉 들어오는 주파수를 받아들이도록 강제될 수 있는지 살펴보는 것이었다. LSD를 경험하는 것에 목말라 있던 나는 기꺼이 EEG를 찍고 내 뇌파를 '몰아가는' 것에 동의하였다.

당시 의대생이었고 정신의학에도 깊은 관심을 갖고 있던 동생 폴은 내 회기를 감독하는 것에 동의하였다. 나는 LSD를 섭취한지 약 45분 후에 효과를 느끼기 시작하였다. 처음에는 약간의 불쾌감, 가벼운 어지러움, 메스꺼움 같은 느낌이 들었다. 그 후 이러한 증상은 사라졌고, 대신 놀랍도록 화려하고 추상적이고 기하학적인 비전이 빠르게 주마등처럼 연속적으로 펼쳐지는 환상적인 형상들이 나타났다. 그들 중 몇몇은 중세 고딕 양식의 성당들의 정교한 스테인드글라스 창문과 닮았고, 다른 것들은 이슬람 사원에서 온 아

---

4) 그로프는 정신의학 수련 당시 매주 수회씩 7년간 정신분석을 받아 왔다.

라베스크 무늬와 닮았다. 이러한 비전의 아름다움을 묘사하기 위해 나는 『천일야화』에 나오는 세에라자드, 그리고 알람브라 궁전의 놀랄 만한 아름다움과 쿠블라 칸Kubla Khan의 전설적인 도원경에 대한 새뮤얼 테일러 콜리지Samuel Taylor Coleridge의 환상적인 묘사에 대해 언급하였다.

그 당시에 이것들이 내가 유일하게 연관지어 볼 수 있는 있는 것들이었다. 오늘날 나는 현대의 컴퓨터가 만들 수 있는 비선형 방정식의 그래픽 표현과 유사한 프랙털fractal 이미지들을 내 심혼이 만들어 낼 수 있었던 것이라고 믿는다. 회기가 계속되면서 나의 경험은 강렬한 심미적 환희의 영역을 지나쳐서 무의식적 심혼과의 만남과 대립으로 바뀌었다. 그러한 심혼의 단계에서 내가 만날 수 있었던 감정, 비전, 그리고 내 삶에 대한 통찰과 존재 자체에 대한 도취적인 몽롱한 상태를 설명할 수 있는 단어는 찾기 힘들다. 그것은 너무나 심오하고 충격적이어서 프로이트 정신분석에 대해 갖고 있던 나의 관심을 순식간에 무색하게 했다. 그 몇 시간 동안 내가 얼마나 많은 것을 배웠는지 믿을 수가 없었다.

숨막히는 미적 향연과 풍부한 심리적 통찰들은 그 자체만으로도 LSD와의 첫 만남을 진정으로 기억할 만한 경험으로 만들기에 충분했을 것이다. 그러나 이 모든 것은 이제 곧 체험할 것에 비해서는 별것 아니었다. 회기가 시작한 지 3시간에서 4시간 사이 정도가 되어서 LSD의 효과가 절정에 달하고 있던 때에 루비체크 박사의 연구 보조원이 와서 EEG 실험을 할 때라고 말했다. 그녀는 나를 작은 방으로 데리고 가서 조심스럽게 두피에 전극을 붙여 놓고 누워서 눈을 감으라고 했다. 그리고 그녀는 내 머리 위에 거대한 섬광점멸등stroboscopic light을 올려놓고 그것을 켰다.

LSD의 효과는 섬광점멸등의 충격을 엄청나게 증폭시켰고, 믿을 수 없는 광휘와 초자연적인 아름다움을 갖고 있는 빛의 비전이 내게 쏟아졌다. 그것은 내가 영적인 문학에서 읽었던 신비로운 경험의 이야기들을 생각하게 만들었는데, 신성한 빛에 대한 비전이 '수백만 개의 태양'이 빛나는 것과 비교되는 내용이다. 히로시마나 나가사키의 원폭의 진원지에서도 이랬을 것이라는 생각이 스쳤다. 오늘날 나는 그것이 우리가 죽는 순간에 나타나는 형언할 수 없이 밝은 광명이라고 『티베트 사자의 서The Tibetan Book of the Dead』[5]에서 소개되는 법신法身 또는 정광명淨光明에 더 가까웠다고 생각한다.

---

5) 티베트 불교 닝마파의 경전. 파드마삼바바가 저술하였으며, 14세기에 발굴되어서 티베트 일대 국가에 전파되었다가 20세기 초 옥스퍼드 대학교 교수였던 에반스 웬츠에 의해 서구 사회에 소개되었다.

나는 신성한 천둥소리와 함께 내 몸에서 의식적인 자아가 꺼내지는 것을 느꼈다. 나는 연구 보조원과 실험실, 정신과 병원, 프라하, 지구에 대한 인식을 잃어버렸다. 나의 의식은 상상도 할 수 없는 속도로 팽창하여 우주적 차원에 이르렀다. 나는 일상적인 정체성과의 연결을 잃었다. 나와 우주 사이에는 더 이상 경계나 차이가 없었다. 나는 예전의 내 인격이 소멸되고 존재하기를 멈췄다고 느꼈다. 그리고 나는 무無가 됨으로써 모든 것이 되었다고 느꼈다.

연구 보조원은 조심스럽게 실험 프로토콜을 따랐다. 그녀는 섬광점멸등의 주파수를 초당 2헤르츠에서 60헤르츠로 점차 이동했다가 다시 뒤로 돌렸고, 잠시 동안 알파 대역, 세타 대역, 마지막으로 델타 대역의 중간에 놓았다. 이런 일이 벌어지는 동안 나는 상상할 수 없는 차원의 우주 드라마의 중심에 나 자신이 있음을 알았다. 그 후 몇 년 동안 읽은 천문학 문헌에서 빅뱅, 블랙홀, 화이트홀, 웜홀을 통과하는 통로, 초신성 폭발과 항성 붕괴 등과 같이 특별했던 10분 동안 내가 경험했던 것과 같아 보이는 현상들의 이름을 발견하였다.

비록 나에게 일어난 일에 대해서 정확히 맞는 단어를 찾을 수는 없었지만, 내 경험이 세상의 위대한 신비주의 경전에 있는 내용들과 매우 가깝다는 것은 의심할 여지가 없었다. 비록 나의 심혼이 LSD의 효과에 영향을 깊이 받았지만, 나는 그 상황의 역설적인 부분을 놓치지 않았다. 소련과 공산정권이 지배하는 나라의 정신과 병원에서 20세기 스위스 화학자의 시험관에서 생산된 물질을 사용하는 진지한 과학 실험 중에 신성神性이 나타나서 나를 안내했다. 어떻게 이런 경험이 사람들로 하여금 피비린내 나는 혁명에 흥미를 잃게 하고, '대중들의 아편'이 되는지 이해할 수 있었다.

이날부터 정신의학의 전통적 사고와 서양 과학의 일원론적 물질주의로부터의 급진적인 이탈이 시작되었다. 나는 핵심까지 다다랐던 이 경험으로부터 올라와서 그 힘에 크게 감명을 받았다. 그 당시의 나는 지금과는 다르게 신비체험의 잠재력이 모든 인간의 타고난 권리라는 것을 믿지 않았기에, 일어났던 모든 것을 LSD와 섬광점멸등의 통합적인 효과의 결과로 봤다. 그러나 나는 비일상적 의식 상태에 대한 일반적인 연구와 심현제에 의해 유도된 특정 연구들이 정신의학에서 상상할 수 있는 가장 흥미로운 분야라는 것을 강하게 느꼈다. 적절한 상황에서의 심현제 경험은 프로이트에게 있어서 꿈이 의미했던 것보다 훨씬 더 강력하게 '무의식 속으로 들어가는 왕도'가 될 수 있다는 것을 깨달았다. 그리고 바로 그 지점에서 내 삶을 비일상적 의식 상태에 대한 연구에 바치기로 결심하였다. 그 이후 평생 동안 이 연구는 내 직업이자 소명이고 열정이었다.

황제의 새로운 옷: 지배적인 패러다임과의 투쟁

내가 의식 연구에 바친 60년은 여러 가지의 발견과 자기발견이 이어지는 특별한 모험이었다. 나는 그중에서 20년을 심현제 물질로 심리치료를 하면서 보냈는데, 먼저는 체코슬로바키아의 프라하 정신의학 연구소의 수석연구원으로 있었고, 그리고 나서 메릴랜드 주 볼티모어의 메릴랜드 정신의학 연구소에 있었으며, 이곳에서 미국에서는 공식적으로 마지막이었던 심현제 연구 프로그램을 진행하였다. 1975년부터 아내 크리스티나와 나는 캘리포니아 빅서의 에살렌 연구소에서 공동으로 개발한 강력한 치료법이자 자기탐색법인 홀로트로픽 숨치료를 이용하였다. 우리는 수년간 홀로트로픽 의식 상태가 의도치 않게 일어난 사건을 겪고 있는 사람들을 도와주었는데, 이를 심리영적 위기psychospiritual crises 또는 '영적 응급spiritual emergencies'이라고 불렀다(Grof & Grof, 1989; Grof & Grof, 1991).

심현제 치료에서는 LSD, 실로사이빈psilocybin, 메스칼린mescaline, 트립타민tryptamine, 또는 암페타민amphetamine 파생물과 같이 의식을 팽창시키는 물질을 투여하여 홀로트로픽 상태를 발생시킨다. 홀로트로픽 숨치료에서 의식은 빠른 호흡, 기억 및 감정을 떠올리게 하는 음악, 에너지를 발산하는 보디워크가 결합함으로써 의식이 변화한다. 영적 응급 상황에서는 홀로트로픽 상태가 의도치 않게 일상생활 중에 발생하며, 그 원인은 대개 알 수 없다. 만약 이러한 사건이 올바르게 이해되고 지원된다면 치유적, 변용적, 체험적 그리고 진화적으로도 놀라운 잠재력을 가질 수 있다.

나는 홀로트로픽 의식 상태와 다소 직접적으로 관련된 많은 학문에 조금씩 관여해 왔다. 나는 오랫동안 인류학자들과 정보를 교환해 왔으며, 페요테,[6] 아야와스카, 실로사이비 버섯, 카바카바kava kava와 같은 심현제를 섭취하거나 섭취하지 않는 세계 각지의 원주민 문화의 신성한 의식에도 참여해 왔다. 그러면서 다양한 북미, 멕시코, 남미, 아프리카, 아이누 샤먼 및 치료사들과도 만날 수 있었다. 또한 위파사나, 선, 밀교Vajrayana Buddhism, 싯다Siddha 요가, 탄트라Tantra, 기독교 베네딕트회Benedictine order 등 다양한 영적 수행의 대표들과도 폭넓은 관계를 가졌다.

---

6) 작고 가시가 없는 선인장의 일종으로 향정신성 알칼로이드 성분을 포함하고 있어서 아메리카 원주민들이 의례용으로 사용해 왔다.

이에 더해 죽음학thanatology의 발전에도 면밀하게 주의를 기울였는데, 이는 근사체험 그리고 죽음과 죽어 감dying의 심리적 및 영적 측면을 연구하는 오래되지 않은 분야이다. 1960년대 후반과 1970년대 초반에는 암으로 죽어 가는 사람들을 대상으로 심현제 치료의 효과를 연구하는 대규모 연구 프로젝트에 참여하였다(Grof, 2006b). 또한 나는 우리 시대의 위대한 영능력자psychics와 초심리학자들parapsychologists, 의식 연구의 선구자들, 그리고 홀로트로픽 의식 상태를 유도하는 강력한 형태의 경험적 치료experiential therapy를 개발하고 실천해 온 치료사들 중 몇몇을 개인적으로 알 수 있는 기회를 누려 왔다. 나의 내담자와 수습생들 중 일부는 UFO와 외계인 납치 현상[7]을 경험한 적이 있기 때문에, 외계인 납치 증후군에 대해 논란이 많으면서도 널리 알려져 있고 광범위한 연구를 수행한 하버드 대학교 정신분석가이자 나의 사랑하는 친구 존 맥John Mack의 작업에도 면밀하게 주의를 기울였다.

홀로트로픽 상태를 접하는 것은 초기에 지적, 감정적으로 모두 매우 어렵고 도전적인 일이었다. 실험실과 클리닉에서 심현제 연구를 하는 초기 몇 년 동안 의학적 및 정신의학적 교육을 받았음에도 대비할 수 없었던 경험과 관찰로 매일 폭격을 받는 듯했다. 사실 의학 교육을 받는 중에 얻은 과학적 세계관의 맥락에서는 불가능하다고 여겨지는 것들을 경험하고 관찰하고 있었다. 그럼에도 불구하고 불가능하다고 생각되는 일들이 항상 일어나고 있었다. 나는 논문과 책을 통해서 이러한 '이례적anomalous 현상'에 대해 말해 왔다(Grof, 2000, 2006a).

매일 내담자들의 회기를 지켜보고 수십 번 이상 직접 회기에 참가하기를 여러 해 동안 한 이후에야 마침내 의대생들과 초보 정신과 의사들이 대학 교수 및 다른 과학적 권위자들에게 갖고 있는 외경심과 존경심의 남은 부분들을 극복할 수 있었다. 혁명적인 데이터들은 거침없이 계속 쏟아졌다. 나는 결국 기계론적 물질주의 철학을 가진 전통 정신의학의 자랑스러운 체계가 인간 심혼에 대한 진정한 이해를 막고 있는 점토 다리를 한 고지식한 거인이며, 정신질환으로 진단된 많은 사람에게 해로운 영향을 끼친다는 확신을 갖게 되었다. 그래서 나는 지배적인 패러다임을 바꾸기 위해서 결연한 노력을 쏟는 것에 내 삶과 일을 바치기로 결심하였다.

---

7) 자신이 외계인에게 납치되어서 신체적 및 심리적 실험을 당했다고 믿으면서 이에 대한 경험을 보고하는 현상으로, 1960년대부터 주로 영어권 국가, 특히 미국에서 보고되는 경우가 많았다.

홀로트로픽 의식 상태와 정신의학

20세기 후반, 심현제 연구가 시작되고 경험적 치료법이 발달하면서 홀로트로픽 의식 상태는 고대 및 토착 문화의 치료사들의 세계로부터 현대 정신의학과 심리치료로 옮겨졌다. 이러한 새로운 접근 방식을 받아들이고 나와 같이 치료 업무나 자기탐색에 이용했던 치료사들은 홀로트로픽 상태의 특별한 치유적 잠재력을 확인할 수 있었다. 그 가치가 의식, 인간 심혼, 그리고 현실의 본질에 대한 혁명적인 새로운 정보를 얻을 수 있는 금광과 같다는 것을 발견하였다. 나는 이러한 패러다임을 깨는 관찰 내용들에 대해서 1970년대 중반과 1990년대 말 사이에 출판된 일련의 책들에서 다루었다.

1990년대 후반, 나는 뉴욕 주립 대학교 출판부의 편집장인 제인 벙커Jane Bunker로부터 전화를 받았는데, 그는 내가 하는 일의 또 다른 측면들을 다루는 나의 책을 여러 권 출판하였다. 그녀는 내 연구의 관찰 내용을 요약하면서 이전의 책들을 소개하는 역할도 하는 한 권의 책을 쓰는 것에 대해 생각해 보는 것이 어떠냐고 물었다. 또한 그녀는 현재의 과학 이론으로는 설명할 수 없는 내 연구의 경험과 관찰 내용에 특별히 초점을 맞출 수 있는지, 이러한 혁명적 발견을 이해하기 위해서는 우리의 생각이 바뀌어야 한다는 것을 제안할 수 있는지를 물었다. 망설임 끝에 그녀는 훨씬 더 도전적인 요청을 덧붙였다. 만약 우리가 이러한 패러다임을 깨는 관찰 내용들을 통합한다면 정신의학과 심리학이 어떻게 될지 간단히 설명해 볼 수 있는지 물었다.

이것은 어려운 주문이었지만, 좋은 기회이기도 했다. 나는 70세가 되어 가고 있었고, 새로운 세대의 촉진자들이 전 세계에서 우리의 홀로트로픽 숨치료를 실시하고 있었다. 우리는 훈련 과정에서 교육하는 내용을 다루는 매뉴얼이 필요했는데, 우리의 교육에 동질성을 부여해 줄 가이드북을 출판할 뜻밖의 기회가 온 것이었다. 나는 제인이 부탁한 책을 쓰기로 결심하고 일부러 "미래의 심리학Psychology of the Future"이라는 자극적인 제목을 붙였다. 이전의 책처럼 "뇌를 넘어서Beyond the Brain", "홀로트로픽 마인드Holotropic Mind", 또는 "자신을 향한 파란만장한 탐색The Stormy Search for the Self"처럼 같은 이름을 붙이면, 잠재적인 독자들로부터 미온적인 관심만을 받을 수도 있다고 생각하였다.

미래에 심리학이 어떤 모습이 될 것인지 제시하는 제목이 더 눈길과 관심을 끄는 것 같았다. 잠재적인 독자들은 내가 무엇을 내놓을지 관심을 가지거나 그런 건방진 제목에 자극될 수 있었다. 그러나 책을 다 쓸 때쯤에는 내 결론이 정확했으며 얼마나 오래 걸리든지 간에 결국 향후의 홀로트로픽 상태에 관한 연구에서 확인될 것이라고 확신하게 되었다.

『미래의 심리학』에서 개괄한 새로운 심리학은 우리가 심혼탐구를 실천하거나 홀로트로픽 의식 상태와 관련된 문제 또는 이슈를 이해하고자 한다면 절대적으로 필요 불가결하다. 이 책의 여러 장에서 이러한 상태에 대한 연구로부터 얻은 관찰 내용과 경험을 다루므로, 우선 이 새로운 심리학의 기본적인 특징들을 대략적으로 설명하겠다. 나는 건강과 질병에서의 인간 심혼에 대한, 의식에 대한, 현실의 본질에 대한 우리 생각의 급진적인 변화에 대해 말할 것이다.

현대 의식 연구와 새로운 패러다임의 출현

나는 정신의학과 심리학에서 필요한 생각의 변화에 대한 논의를 더 큰 역사적 맥락 안에서 이어 가고 싶다. 1962년, 20세기의 가장 영향력 있는 철학자 중 한 명인 토마스 쿤 Thomas Kuhn은 『과학혁명의 구조The Structure of Scientific Revolutions』(Kuhn, 1962)를 출판하였다. 그는 과학사에 대한 15년간의 집중적인 연구를 바탕으로, 다양한 과학 분야에서 일어나는 우주에 대한 지식의 발전이 통상적으로 예상되는 바와는 달리 데이터의 점진적인 축적과 더 정확한 이론의 형성을 통해 일어나는 과정이 아니라는 것을 보여 주었다. 그보다도 그것은 특정한 단계와 특징적인 역동성을 갖고 일어나는 순환적인 과정이며, 심지어 예측될 수도 있다.

이를 가능하게 하는 쿤 이론의 중심 개념은 패러다임 개념이다. 패러다임은 특정한 역사적 시기에 공동체의 구성원들이 공유하는 기본적인 형이상학적 가정, 신념, 가치, 기술의 집합체로 정의될 수 있다. 또한 패러다임은 과학적 연구가 허락되는 영역 및 주제가 어떤 것인지, 그것을 어떻게 수행하고 평가해야 하는지도 결정한다. 지배적인 패러다임이 학계의 사고와 활동을 이끄는 기간 동안 과학자들은 쿤이 '정상normal 과학'이라고 부르는 것을 하고 있는데, 이것은 마치 체스를 두는 것과 비슷하게 기본적으로 정해진 규칙 안에서 문제를 해결하는 것이다.

지배적인 패러다임은 그것의 기본적인 가정들 중 일부가 새로운 관찰 내용에 의해 심각하게 도전을 받을 때까지 과학자들에 대한 지배적인 영향력을 유지한다. 처음에 과학계는 불편한 발견들을 나쁜 과학의 산물로 치부하면서 그것들에 책임이 있는 사람들의 경험 부족, 정신적 착란 또는 부정직함으로 인한 결과인 것으로 여긴다. 관찰 내용이 세월의 시험을 견디고, 다른 과학자들에 의해 독립적으로 확인되거나 뒷받침될 때, 그것은 '비정상 과학'의 시기를 초래한다. 개념적 위기와 혼란이 일어나는 이 중대한 시기에는 이전 패러다임이 설명할 수 없는 현상을 근본적으로 새로운 방식으로 보고 해석하는 것을 제안하는 것이 허용된다.

결국 이러한 대안들 중 하나는 과학 역사에서 다음 시대의 사고를 지배하는 새로운 패러다임이 되기 위해 필요한 요건을 충족시킨다. 이 시기에 과학의 역사는 다시 쓰여지고 새로운 사람들이 과학의 영웅이 되는데, 이들은 현재 새로운 패러다임의 중요한 부분이 된 생각을 수 세기 전에 했던 천재들이다. 기원전 5세기의 그리스 철학자 데모크리토스Democritus와 레우키포스Leucippus는 물질세계의 기본 구성요소로서 불가분의 작은 입자인 원자에 대해 썼다.

프리초프 카프라Fritjof Capra는 『현대 물리학과 동양사상The Tao of Physics』에서 양자-상대 물리학에서의 물질에 대한 이해는 수천 년 전에 고대 인도 현자들에 의해 예상되었던 것임을 보여 주었다(Capra, 1975). 광학 홀로그래피에 의해 드러난 부분과 전체와의 관계는 고대 자이나교 경전의 영혼 개념, 서기 7~8세기 화엄불교에 있었던 상호 침투(중중무진重重無盡)에 대한 가르침, 그리고 17세기 독일 철학자 고트프리트 빌헬름 라이프니츠Gottfried Wilhelm Leibniz의 『단자론Monadology』에 포함된 주요 부분이었다.

패러다임 변화의 가장 유명한 역사적 예로는 니콜라스 코페르니쿠스Nicolas Copernicus, 갈릴레오 갈릴레이Galileo Galilei, 요하네스 케플러Johannes Kepler의 태양중심설(지동설)에 의해 프톨레마이오스Ptolemaic의 지구중심설(천동설)이 대체된 것, 앙투안 라부아지에Antoine Lavoisier와 존 돌턴John Dalton의 원자론에 의해 요한 요아힘 베허Johann Joachim Becher의 플로지스톤phlogiston 이론이 전복된 것, 그리고 20세기 초 30여 년 동안 물리학 개념이 흔들리면서 뉴턴 물리학의 주도권이 약화되고 아인슈타인의 상대성 이론과 양자 물리학이 탄생된 것이 있다.

패러다임의 변화는 대개 주류 학계를 놀랍게 만드는데, 그 구성원들은 선도적인 패러다임을 당시에 접할 수 있는 정보를 최선의 형태로 정리한 것으로 받아들이기보다는 현실에 대해서 정확하고 최종적인 설명을 한 것으로 여기는 경향이 있기 때문이다. 알프레드 코르지브스키Alfred Korzybski와 그레고리 베이트슨Gregory Bateson은 이런 오류를 '지도를 영토로 혼동'하는 것이라고 했다(Bateson, 1972; Korzybski, 1973). 풍자적인 영국식 유머로 유명한 베이트슨은 이런 오류를 일상생활에 빗대어 묘사했다. "과학자가 이런 식으로 생각한다면, 언젠가 식당에 가서 저녁 식사 대신 메뉴판을 먹을지도 모른다." 이러한 실수의 좋은 예는 양자-상대 물리학이 출현하기 불과 수십 년 전인 1900년에 켈빈Kelvin 경이 영국과학진흥협회의 물리학자 모임에서 한 연설이다. 그는 다음과 같이 선언하였다. "지금 물리학에서 새롭게 발견될 만한 것은 아무것도 없다. 남은 것은 갈수록 더 정밀해지는 측정치뿐이다."

지난 60년 동안 여러 현대 의식 연구에서 '이례적 현상'이 다양하게 드러났는데, 이는 인간 심혼의 본성 및 차원과 정서 및 정신신체 질환의 기원, 그리고 효과적인 치료 기제에 대해서 현대 정신의학, 심리학 및 심리치료 분야에서 일반적으로 받아들이는 주장의 일부를 무너뜨리는 경험 및 관찰이다. 이러한 '이례적 현상'은 현장field 인류학, 죽음학, 초심리학, 심현제 연구 등에서 비롯되었다. 이러한 관찰 내용의 많은 부분이 너무 급진적이어서 의식과 물질의 관계뿐만 아니라 현실과 인간 존재의 본질에 대해 물질주의 과학이 갖고 있는 기본적인 형이상학적 가정에도 의문을 제기한다.

▲ 프리초프 카프라(1939~)는 오스트리아계 미국인 물리학자, 시스템 이론가, 심층 생태학자,
『현대 물리학과 동양사상』 및 『생명의 그물』의 저자이다.

미래의 심리학: 현대 의식 연구로부터의 교훈

지난 60년 동안 나는 LSD, 실로사이빈psilocybin, 디프로필트립타민DPT, 메틸렌디옥시암페타민MDA을 이용하여 심현제 치료를 시행했고, 홀로트로픽 숨치료로 회기를 진행했으며, 영적 응급을 겪는 사람들과 함께 일했다. 이러한 회기에서 나는 패러다임을 부수는 현상들을 수없이 관찰하고 경험했는데, 이는 주류 정신의학, 심리학, 심리치료의 가장 핵심적인 가정들을 근본적으로 수정해야 할 시급한 필요성을 시사한다. 나는 의식과 건강 및 질병에서의 인간 심혼에 대해 우리가 이해하고 있는 부분에서 실질적이고 광범위한 변화가 필요한 일곱 가지 분야를 확인하였다.

- 의식의 본질 및 의식과 물질과의 관계
- 인간 심혼의 새로운 지도 체계 제작: 위에서와 같이, 아래에서도
- 정서 및 정신신체 장애의 구조
- 효과적인 치료 기제
- 심리치료 및 자기탐색의 전략
- 인간 생활에서 영성의 역할
- 심리학을 위한 원형 점성학의 중요성

이러한 영역에서 우리의 생각을 바꾸지 않는 한, 심인성의 정서 및 정신신체 장애에 대한 우리의 이해는 피상적이고 불만족스럽고 불완전하게 남을 것이며 그 치료법도 효과적이지 못하고 실망스러울 것이다. 정신의학과 심리학은 영성의 본질과 기원을 진정으로 이해할 수 없을 것이며, 인간 심혼과 인류 역사, 보편적 상황에서 영성이 하는 중요한 역할을 제대로 인식할 수 없을 것이다. 그러므로 이러한 변화는 샤머니즘, 통과의례, 죽음과 재탄생에 관한 고대 신비, 세계의 위대한 종교 등을 포함하는 의례적, 영적, 종교적 역사를 이해하는 데 필수적이다. 우리의 사고방식에 이러한 급진적인 변화가 있지 않으면 잠재적으로 치유적인 가능성을 갖고 있고, 변화를 가능하게 하며, 경험적으로 매우 가치 있는 자발적인 홀로트로픽 경험('영적 응급')은 정신질환으로 오진될 것이며 증상을 억제하는 약물을 사용하여 다루어질 것이다.

홀로트로픽 상태에 대한 연구에서 얻은 많은 경험과 관찰들은 현재 과학 패러다임의 관점에서는 불가능한 사건들, 곧 신비로운 '이례적 현상'으로 남아 있을 것이다. 이례적 현상에 대한 좋은 정의는 "나쁜 이론을 적용할 때 남는 것"이다. 현대 의식 연구에서 쏟아져 나오는 이례적 현상은 급진적인 패러다임의 전환이 시급하다는 것을 나타낸다. 그러한 전환 없이는 정신건강 전문가들도 심현제 물질들의 치료적인 힘을 받아들이는 데 어려움을 겪을 것이다. 왜냐하면 심현제 물질에 의한 치료는 현재 정신증적으로 여겨지는 심오한 경험을 통해서 이루어지기 때문이다. 이는 실험정신증experimental psychoses, 환각제hallucinogens, 정신이상유발물질psychotomimetics, 섬망유발제delirogens와 같은 주류 임상의와 학자들이 심현제를 묘사하기 위해 사용하는 용어들을 보면 알 수 있다. 이러한 견해는 그들이 홀로트로픽 경험의 진정한 본질을 심혼의 깊은 역동의 적절한 표현으로서 인식하지 못하고 있다는 것을 반영한다.

나조차도 홀로트로픽 상태에 대한 연구를 하면서 마주하게 되는 당황스러운 경험 및 관찰 내용과 놀라운 동시성 경험과 같은 관련 현상들에 대해서 강한 저항을 느꼈다. 그러므로 내가 제안하고 있는 변화들이 이에 대해 말하기 시작한 지난 50년 동안 학계에 의해 전면적으로 받아들여지지 않았다는 것은 놀라운 일이 아니다. 나는 개인적으로 많은 회기에 참석했고, 회기에서 직접 경험할 기회가 있었음에도 불구하고 이것들을 지적으로 매우 도전적인 것으로 느꼈다. 필요한 개념 변화의 범위와 급진적인 성격을 고려한다면 이러한 점은 이해할 수 있다. 우리는 임시 가설ad hoc hypotheses과 같은 사소한 일에 대해 말하는 것이 아니라 근본적이고 대대적인 개편에 대해 말하고 있다.

그 결과로 나타난 개념적 대격변의 성격과 범위는 20세기 전반 30년 동안 물리학자들이 뉴턴 물리학에서 아인슈타인의 상대성 이론으로, 그리고 양자 물리학으로 옮겨 갈 수밖에 없었던 혁명에 비견할 만한 것이다. 사실 내가 의식과 인간 심혼에 대한 이해에 관해서 제안하고 있는 개념적 변화는 이미 물리학 분야에서 일어났던 물질에 대한 이해에서의 급진적인 변화를 논리적으로 보완해 줄 것이다. 나는 양자-상대 물리학자인 내 친구 및 지인들이 주류 정신의학자나 심리학자들보다 이러한 새로운 생각에 훨씬 더 개방적이라는 것을 발견하였다. 물리학자들은 의식 연구에서 급속히 전위적으로 변해 가고 있으며, 정신과 의사들은 이에 비해 훨씬 뒤처지고 있다.

과학의 역사에는 지배적인 패러다임에 용기 있게 도전한 사람들의 예가 많다. 보통, 그들의 생각은 처음에는 무지, 잘못된 판단, 나쁜 과학, 사기, 심지어 광기의 산물이라고 치부되었다. 나는 실제로 이 비정상적인 과학의 시기 동안 감정적인 교류가 어떤 성격과 강도로 이루어졌는지에 대해 좋은 개인적인 예를 제시할 수 있다. 2007년 10월 5일 프라하에서 바츨라프 하벨과 그의 아내 다그마르의 재단으로부터 Vision 97상을 받았다. 하벨 체코 대통령의 생일에 매년 선정된 수상자에게 수여되는 이 권위 있는 상은 미국의 신경외과 의사 및 사상가인 칼 프리브람Karl Pribram, 로버트 라이시Robert Reich 전 미국 노동부 장관, 1971년 감옥 실험으로 유명한 스탠포드 대학교 심리학자 필립 G. 짐바르도Phillip G. Zimbardo, MIT 대학교 컴퓨터공학과 교수이자 인공지능 분야의 선구자인 조셉 웨이젠바움Joseph Weizenbaum, 그리고 기호학자 겸 작가 움베르토 에코Umberto Eco가 받았다.

이 상을 받기 7년 전인 2000년에 나는 프라하 시시포스 클럽Prague Sisyphus Club으로부터 '망상 바위Delusional Boulder'라는 조롱상a mock award을 받았다. 이 클럽은 칼 세이건의 미국 CSICOP 그룹과 유사한 모임으로, 과학적 방법에 대한 체코 학자들과 과학의 순수성에 대한 자칭 조정자들의 모임이다. 이 단체는 미국에 있는 단체와 마찬가지로 한 천문학자(지리 그리가르Jiři Grygar 박사)가 이끌고 있었다. 이들이 매년 수여하는 상은 시시포스처럼 수년간 열심히 일해서 이성적인 사고를 하는 사람들에게는 말이 안 되는 전혀 부질없고 황당한 것을 만들어 낸 '바보 같은 사람'에 대한 클럽 회원들의 조롱을 전달하기 위한 것이다. 내가 Vision 97상을 받은 후인 2008년에 격분한 시시포스 클럽의 이사진들은 내 아이디어가 너무 터무니없고 우스꽝스러워서 나를 위해 특별한 범주인 '다이아몬드 아치 망상 바위the Diamond Arch-Delusional Boulder'를 만들기로 결정했다고 선언하였다. 관심 있는 독자들은 이 일에 대한 모든 것을 내 개인 웹사이트stanislavgrof.com의 이력란에서 사진과 함께 읽을 수 있다.

나는 지금 내 인생의 90세에 있는데, 이는 연구자들이 종종 그들이 해온 작업을 검토하면서 도달한 결론을 요약하려고 애쓰는 시기이다. 나 자신의 연구뿐만 아니라 자아초월지향적인 많은 동료의 연구를 포함한 반세기 이상의 홀로트로픽 상태에 대한 연구에서 의식과 인간 심혼에 대해 근본적으로 새롭게 이해하는 것에 대해 지지적인 증거들이 아주 많이 축적되었기 때문에, 논란의 여지가 많은 부분을 약화시키려고 애쓰지 않고 이러한 새로운 시각을 있는 그대로 설명하기로 결심하였다. 새로운 발견이 물질주의 과학의 가장 근본적인 형이상학적 가정에 도전한다는 사실이 그것을 거부하는 충분한 이유가 되어서는 안 된다. 이 새로운 시각이 궁극적으로 반박될지 아니면 학계에서 받아들여질지는 홀로트로픽 의식 상태에 대한 편견 없는 미래의 연구에 의해 결정되어야 한다.

의식의 본성 그리고 물질과의 관계

현재의 과학적 세계관에 따르면, 의식은 물질적 과정의 부수현상이다. 그것은 뇌의 신경생리학적 과정의 복잡성으로부터 나온다고 한다. 이 논지는 어떤 합리적인 의심을 넘어 과학적으로 입증된 것처럼 큰 권위를 가지고 제시된다. 그러나 자세히 살펴보면, 우리는 그것이 사실에 의해 뒷받침되지 않고 실제로 현대 의식 연구의 발견과 상반되는 일원론적 물질주의 과학의 기본적인 형이상학적 가정이라는 것을 알 수 있다. 과학자를 포함한 극소수의 사람들만이 뇌에서 의식이 생성된다는 것에 대한 어떤 증거도 사실 가지고 있지 않다는 것을 깨닫는다.

보다 신중하고 안목 있는 물질주의 철학자들과 과학자들은 강경파의 신념을 전적으로 수용하기를 거부한다. 그들은 적어도 세계에 대한 우리 경험의 일부 측면은 인간 두뇌의 기능으로 설명될 수 없다는 것을 인정한다. 호주의 철학자이자 인지과학자인 데이비드 찰머스David Chalmers가『의식적인 마음: 본질적인 이론을 찾아서The Conscious Mind: In Search of a Fundamental Theory』에서 개략적으로 설명했던 것과 같은 사고방식에 따라 의식의 '힘든 문제'와 '쉬운 문제'를 구별한다(Chalmers, 1996).

'어려운 문제'는 우리가 왜 주관적인 경험을 할 수 있는지, 그리고 감각은 색깔, 맛, 냄새와 같은 특성을 어떻게, 왜 획득하는지를 설명하는 것이다. 즉, 뉴런의 집합과 같은 유형의 것이 어떻게 감정, 감각, 직감, 자유의지와 같은 무형의 것을 만들어 낼 수 있는지에 관한 것이다. 이것은 구별하고, 정보를 통합하고, 심혼적인 상태를 알리고, 주의를 집중하는 능력 등을 처리하는 '쉬운 문제'와 대조된다. 이 문제를 해결하기 위해 필요한 것은 기능을 수행할 수 있는 기제를 지정하는 것뿐이기 때문에 쉬운 문제라고 할 수 있다. 제안된 해결책은 자연현상에 대한 물질주의적 개념과 완전히 일관적일 수 있다.

의식이 뇌 기제에 의해 설명될 수 있다는 것을 받아들이기를 거부한 많은 과학자가 있다. 발작이 시작된 뇌 부위를 잘라 냄으로써 수백 명의 간질 환자를 성공적으로 치료한 유명한 캐나다계 미국인 신경외과 의사인 와일더 펜필드Wilder Penfield는 방대한 양의 실험 데이터를 축적하였다. 국소마취만 이용하여 이런 환자들을 대상으로 뇌수술을 하는 동안, 그는 뇌의 여러 부분의 전기 자극에 대한 반응을 연구하였다. 그는 뇌의 중심부 앞에 놓여 있는 측두엽의 기억 피질과 뇌회의 운동피질 등 뇌의 여러 부위의 기능을 지도화했다. 그는 만년에 쓴 『마음의 신비Mystery of the Mind』에서 마음이 하는 일을 뇌가 혼자서 수행할 수 있다는 충분한 증거는 없다고 결론지었다.

"과학자로서 살아온 시간 동안 나도 다른 과학자들처럼 뇌가 마음을 만든다는 것을 증명하려고 애써 왔다. 그러나 이제는 아마도 지금 갖고 있는 증거에 대해 숙고하고 질문해야 할 때가 온 것 같다. '뇌의 기제가 마음을 만들어 내는가?' 뇌에 대해 밝혀진 것으로 마음을 설명할 수 있는가? 설명할 수 없다면 인간 존재는 한 가지 요소에 기반하고 있다는 가설과 두 가지 요소에 기반하고 있다고 하는 가설 중 어떤 것이 더 합리적인가? 나는 한 가지보다 두 가지 요소에 기반하고 있다고 보는 것이 합리적으로 생각하기에 더 쉽다고 결론을 내린다"(Penfield, 1975).

마취과 전문의이자 뇌 연구가인 스튜어트 해머로프Stuart Hameroff는 의식 문제의 해결책이 뇌세포 내부의 분자 및 초분자 수준에서 발견되는 나노미터 크기의 원통 구조인 '세포골격 미세관'의 양자 과정에 있을 수 있다고 처음에 제안하였다(Hameroff, 1987). 그의 생각은 의식에서 더욱 난해한 측면 중 일부가 양자 특성에서 똑같이 난해한 측면과 닮았다는 그의 관찰에 근거를 두었다.

두뇌에 대한 정교한 연구를 바탕으로 한 이 결론조차도 물질과 의식 사이의 어마어마한 격차를 메우기에는 극도로 부족하다. 해머로프는 TV채널 사이언스에 방영된 "웜홀을 통해"라는 제목의 영상에서 "의식 또는 그 의식을 파생시킨 최초의 의식이 빅뱅에서부터 우주에 줄곧 존재해 왔다고 믿는다."는 놀라운 이야기를 했다(Hameroff, 2012).

물질로부터의 의식의 기원은 우주에서 물질을 중심으로 하는 형이상학적 가정에 근거하여 명백하고 자명한 사실로 단순하게 당연시된다. 사실 과학의 역사 전체에서 그 누구도 어떻게 하면 물질적인 과정에 의해 의식이 생성될 수 있는지에 대해 그럴듯한 설명을 해 주거나, 이 문제에 대해 실행 가능한 접근법을 제안해 준 적조차 없다. 예를 들면, 프랜시스 크릭Francis Crick의 『놀라운 가설: 영혼에 대한 과학적 탐구The Astonishing Hypothesis: The Scientific Search for the Soul』(Crick, 1994)가 있다. 이 책의 표지는 "노벨상을 받은 과학자가 의식에 대해 설명한다."는 흥미진진한 약속을 한다.

크릭의 '놀라운 가설'은 책의 초반부에 간결하게 서술되어 있었다. "당신, 당신의 기쁨과 슬픔, 당신의 기억과 의욕, 당신의 개인적 정체성과 자유의지에 대한 감각은 사실 신경세포와 관련 분자의 광대한 집단적 행동에 지나지 않는다. 당신이란 존재는 그저 뉴런의 무리일 뿐이다." 책의 초반부에서 그는 "의식의 문제를 단순화하기 위해서" 시각적 인식에 초점을 맞춤으로써 논지의 범위를 좁힌다. 그는 시각적 인식이 망막에서부터 시신경구를 지나 후두하 피질에 이르기까지 시각적 체계의 뚜렷한 생리적, 생화학적, 전기적 과정과 연관되어 있음을 보여 주는 인상적인 실험 증거를 제시한다. 그리고 거기서 의식의 문제가 만족스럽게 해결된 것처럼 논의가 끝난다.

실제로는 여기서부터 문제가 시작된다. 뇌의 생화학적, 전기적 과정을 우리가 관찰하고 있는 대상의 딱 맞는 복제품에 대한 총천연색의 의식적인 경험으로 변용시켜서 3차원 공간으로 투영할 수 있는 것은 정확히 무엇일까? 우리가 인식하는 것으로서의 현상과 본질적으로 존재하는 물자체物自體 사이의 관계에 대한 만만찮은 문제는 17세기 독일의 철학자 이마누엘 칸트에 의해 『순수 이성 비판Critique of Pure Reason』(Kant, 1999)에서 분명하게 제시되었다. 과학자들은 그들이 답을 찾을 수 있는 측면인 뇌의 물질적 과정을 연구하는 것에 집중한다. 뇌에서 물리적 과정이 어떻게 의식을 생성하는지에 대한 훨씬 더 신비로운 문제는 이해할 수 없고 해결할 수 없기 때문에 관심을 받지 못한다.

이 문제와 관련해 서양 과학이 취하는 태도는 유명한 수피 이야기와 닮았다. 어두운 밤, 미친 지혜와 풍자를 대표하는 수피 나스루딘Nasruddin[8]이 가로등 아래에서 무릎을 꿇고 기어 다니고 있었다. 이웃이 그를 보고 물었다. "무엇을 하고 있나요? 무엇을 찾고 있나요?" 나스루딘이 잃어버린 열쇠를 찾고 있다고 하니 이웃이 도와주겠다고 했다. 한참을 애써도 아무것도 찾지 못하자 그 이웃은 혼란스러워하며 물었다. "아무것도 안 보여요! 여기서 잃어버린 것이 확실한가요?" 나스루딘은 고개를 젓더니 손가락으로 가로등 불빛이 비추는 구역 바깥의 어두운 곳을 가리키며 "아니요, 여기가 아니고 저기예요!"라고 대답했다. 이웃이 어리둥절하여 물었다. "그런데 왜 우리는 그것을 저기에서 찾지 않고 여기서 찾고 있나요?" 나스루딘은 다음과 같이 말했다. "왜냐하면 이쪽은 밝아서 잘 보이기 때문이지요. 저쪽은 어두워서 우리는 아무것도 볼 수 없어요!"

마찬가지로 물질주의 과학자들은 그들의 개념적 틀 안에서 의식의 기원에 관한 문제를 해결할 수 없기 때문에 이를 체계적으로 피해 왔다. 의식이 뇌의 산물이라는 생각이 물론 완전히 임의적인 것은 아니다. 지지자들은 대개 그들의 입장을 뒷받침하기 위해 신경학, 신경외과, 정신의학에서 나온 방대한 양의 구체적인 임상 및 실험 증거들을 언급한다. 뇌의 해부학, 신경생리학, 생화학과 의식 상태 사이의 밀접한 상관관계에 대한 증거는 의심할 여지가 없고 압도적이다. 문제가 되는 것은 제시된 증거의 속성이 아니라

---

8) 13세기에 현재 튀르키예 지역인 룸 술탄국에 살았다고 알려진 수피 현자로, 여러 민담과 일화들의 주인공으로 전해진다.

이러한 관찰에서 도출된 결론이다. 형식논리학에서 이러한 유형의 오류는 **그릇된 결론**non sequitur이라고 일컬어지는데, 이는 결론이 전제로부터 나올 수 없는 논증이라는 것이다. 실험 데이터는 의식이 뇌의 신경생리학적, 생화학적 과정과 밀접하게 연관되어 있다는 것을 분명히 보여 주지만, 그 과정이 의식의 본질 및 기원과는 거의 연관되어 있지 않다.

텔레비전과 텔레비전 프로그램의 관계를 간단한 비유로 들 수 있다. 이 관계에서의 상황은 훨씬 더 명확한데, 이는 인간이 만든 시스템이며 작동 방법이 잘 알려져 있기 때문이다. 텔레비전 프로그램의 수신, 즉 영상과 음향의 품질은 텔레비전 세트의 적절한 기능과 그 구성요소들의 온전함에 달려 있다. 구성요소에서 고장이 나면 프로그램의 성질에 분명하고 특정한 변화가 일어난다. 어떤 경우에는 형태, 색깔, 음향이 일그러지기도 하고, 또는 채널 사이에 간섭이 생기기도 한다. 의식의 변화를 진단 도구로 이용하는 신경과 의사처럼 텔레비전 기술자는 이례적 현상의 성격을 통해서 세트의 어떤 부분이 오작동하고 있는지를 유추할 수 있다. 문제가 확인되어서 그 부분을 수리하거나 교체하면 오작동은 시정된다.

우리가 텔레비전 기술의 기본 원리를 알고 있기 때문에 텔레비전 세트가 단순히 프로그램을 조정하는 것일 뿐 만드는 것은 아니라는 사실이 명백하다. 텔레비전의 모든 트랜지스터, 중계기, 회로를 면밀히 조사하고 전선을 분석해서 그것이 프로그램을 어떻게 만드는지 알아내려고 하는 사람이 있다면 우리는 비웃을 것이다. 분자, 원자, 아원자 수준에서 이러한 잘못된 노력을 하더라도, 특정 시간에 미키 마우스 만화, 스타트렉 시리즈, 할리우드 고전 작품들이 화면에 나타나는 이유를 전혀 알 수 없을 것이다. 텔레비전의 기능과 프로그램의 품질 사이에 밀접한 상관관계가 있다고 해서 반드시 프로그램의 비밀 전부가 텔레비전 세트 자체에 들어 있다는 것을 의미하지는 않는다. 그러나 이것이 바로 전통적인 물질주의 과학이 뇌와 의식과의 관계에 대한 유사한 자료에서 도출해 낸 일종의 결론이다.

명백한 증거는 정확히 정반대를 암시하는데, 즉 특정한 상황에서 의식은 물질적 기질과는 독립적으로 작동할 수 있고 뇌의 능력을 훨씬 넘어서는 기능을 수행할 수 있다는 것이다. 이것은 자연적으로 발생할 수 있는 유체이탈경험이나 주술적呪術的 트랜스, 심현제 회기, 영적 수행, 최면, 경험적 심리치료, 근사체험과 같은 여러 상황에서 가장 명확하게 드러난다. 이러한 모든 상황에서 의식은 신체로부터 분리되어 감각 능력을 유지하는 동시에, 가깝고 먼 다양한 곳으로 자유롭게 이동할 수 있다.

『티베트 사자의 서』에서는 사망 직후 생기는 육체에서 분리된 의식 형태를 바르도 몸이라고 한다. 바르도는 환생 사이에 있는 중간 상태다. 의식은 육체에서 벗어나 세계의 어떤 장소에도 경험적으로 접근할 수 있다. 『티베트 사자의 서』는 오직 두 가지 예외를 언급한다. 부다가야와 산모의 자궁이다. 부처가 깨달음을 얻은 곳인 부다가야는 깨달음에 도달하면 바르도를 통한 여정이 끝난다는 것을 암시한다. 『티베트 사자의 서』는 세 번째 바르도(시드파 바르도)에서 미래 어머니의 자궁으로 들어갈 때도 같은 일이 일어난다고 한다.

실제적인 유체이탈경험은 특히 흥미로운데, 육체에서 분리된 의식이 환경을 인지한 것이 정확하다는 것이 독립적이고 합의된 검증에 의해 확인되기 때문이다. 근사체험 상황에서는 육체적인 문제 때문에 선천적으로 눈이 먼 사람들에게서도 실제적인 유체이탈경험이 일어날 수 있다(Ring, 1982, 1985; Ring & Cooper, 1999; Ring & Valarino, 1998). 다른 사람들, 동물, 식물, 역사적 사건, 원형적 인물 및 영역과 같이 뇌가 아직 받아들이고 저장한 적 없는 우주의 여러 다른 측면들에 대한 정확한 정보도 많은 종류의 자아초월적 현상을 통해서 전달될 수 있다(Grof, 2000).

2016년 헝가리 출신의 세계 최고 시스템 이론가이자 철학자인 어빈 라슬로[9]가 『현실이란 무엇인가? 우주, 의식, 존재의 새로운 지도What Is Reality? The New Map of Cosmos, Consciousness, and Existence』를 출간하였다. 그는 의식의 본질과 기원의 문제를 다루면서 이 질문에 대한 해답이 역사적으로 발전되어 온 것을 설명하였으며, 기존의 임상적, 실험적 증거를 고려하면서 논리적으로 분석하였다. 그는 의식의 개념이 어떻게 국소적 개념에서 비국소적 개념으로, 그리고 우주적 현상에 대한 개념으로 옮겨 갔는지를 보여 주었다(Laszlo, 2016).

주류 물질주의 세계관에서는 의식은 인간의 뇌 속에서 생성되며 뇌에 국한된다. 이 이론에 따르면, 인간의 경험에서 의식의 존재에 대해 신비로운 것은 없다. 우리가 의식이라고 부르는 경험의 흐름은 뇌의 신경생리학적 과정의 부산물이다. 이 아이디어는 『인간 기계론L'homme machine』으로 유명하며 프랑스의 의사이자 계몽주의 시대의 물질주의 철학자인 쥘리앵 오프루아 드 라메트리Julien Offray de La Mettrie에 의해 가장 노골적인 방식으로 표현되었다. 그는 "의식에는 특별한 것이 없다. 신장이 소변을 배출하듯 뇌는 의식을 배출한다."라고 말했다(Offray de La Mettrie, 1865).

라슬로는 의식에 대한 이러한 이해를 터빈turbine 이론이라고 불렀다. 작동하는 터빈에

---

9) 헝가리 태생의 철학자이자 통합 이론가로서, 퀀텀 의식 이론과 아카식 필드 이론으로 알려져 있다.

의해 전기의 흐름이 생성되듯, 살아 있는 뇌에 의해 의식의 흐름이 생성된다. 터빈이 기능하는 한 그것은 전기라는 전자의 흐름을 생성한다. 뇌가 기능하는 한 그것은 의식이라는 감각의 흐름을 생성한다. 그들이 멈출 때, 그들이 생성하는 흐름은 사라진다. 정지되거나 파괴된 터빈에 전하가 존재하지 않는 것처럼 죽은 뇌에는 의식이 더 이상 존재하지 않는다.

라슬로는 터빈 이론이 가진 몇 가지 심각한 문제를 지적했다. 죽음학 연구는 뇌 활동이 중단될 때 의식이 작동을 멈추지 않는다는 압도적인 증거를 내놓았다. 심박동 곡선과 뇌파도가 평평하게 나오는 임상적 사망 상태에서 근사체험을 한 사람들의 보고가 많이 있다. 이 현상은 수천 건의 임상 관찰에 의해 뒷받침되어 왔으며 의심할 여지없이 입증되었다(Ring, 1982; Sabom, 1982; van Lommel, 2010). 또한 라슬로는 논란의 여지가 있는 다른 흥미로운 증거들을 언급한다. 뇌 기능이 일시적으로 중단된 기간 동안뿐만 아니라 영구적으로 중단되어 완전히 돌이킬 수 없도록 사망했을 때에도 어떤 형태의 의식 경험이 지속되는 것으로 보이는 경우가 있다.

터빈 모델의 문제는 이것을 네트워크로 연결된 컴퓨터, 즉 메모리와 다른 컴퓨터들 및 정보 시스템에 대한 링크를 갖고 있는 컴퓨터와 비교한다면 극복될 수 있다. 여기에서 컴퓨터에 입력된 정보는 특정 코드로 식별되며, 해당 코드로 시스템에서 호출할 수 있다. 호출되면 컴퓨터에 입력된 대로 다른 장치에 정확히 표시된다. 이 정보는 클라우드와 같이 보편적으로 접근할 수 있는 데이터 시스템에 나타난다. 본 시스템은 발신지와 관계없이 모든 정보 항목을 저장하고 통합하여 호출을 가능하게 한다.

우리가 이 책의 후반부에서 보게 될 것처럼, 이러한 유형의 통합적인 기억 기능은 홀로트로픽 상태에서는 의식이 공간과 시간의 거의 모든 것으로부터 정보를 얻도록 확장될 수 있다고 하는 정신과 의사들의 자아초월적인 관찰 내용을 설명할 수 있다. 또한 그것은 생물학적으로 관련이 있거나 강한 감정적 유대를 가지고 있는 사람들의 경험을 설명할 수도 있다. 어머니와 아이들, 쌍둥이들, 연인들과 같은 사람들은 서로의 의식에 연결되어 있는 것 같다. 영매들도 접촉하는 사람의 의식에 연결될 수 있는 것처럼 보인다. 의식에 관한 네트워크로 연결된 컴퓨터 이론은 뇌 안에 있는 의식의 흔적도 뇌 너머에 존재한다는 것을 암시한다. 이 모델에 따르면 의식은 개인적이고 국소적인 현상이 아니라, 자아초월적이고 비국소적인 현상이다.

라슬로는 『창조적 우주: 물질, 생명, 마음에 대한 통합 과학을 향하여The Creative Cosmos: Towards a Unified Science of Matter, Life and Mind』에서 자연적인 기억 장에 대해서 설명했으며, 이

를 사이 필드PSI-field라고 불렀다(Laszlo, 1993). 이후 그의 작품에서 그는 이름을 아카식 필드로 바꾸었다. 우주에서 일어나는 모든 일에 대한 홀로그램 기록을 담고 있는 아양자장subquantum field이라는 이 개념은 홀로트로픽 상태에 대한 연구를 하면서 갖게 된 이해하기 어려운 문제에 다루는 첫 번째 과학적 이론이었다. 이 문제는 어떻게 고대 이집트, 사무라이 시대의 일본, 프랑스 혁명 시대의 파리로 시간 여행을 하거나 다른 사람 및 동물이 된 것처럼 느끼게 되는 경험을 하는 것이 가능한지에 대한 것이다.『과학과 아카식 필드Science and the Akashic Field』라는 제목이 시사하듯이, 라슬로는 여러 과학 분야에 대한 통일된 개념적 틀을 만들어 낼 수 있을 뿐만 아니라, 최고의 자연 과학과 위대한 동양의 영적 철학 및 자아초월심리학을 분명하게 연결하는 다리를 만들 수 있었다(Laszlo, 2007).

업로드된 정보를 저장하고 이를 전체 정보 시스템에 통합하는 우주적인 정보 시스템과 영구적으로 연결된 컴퓨터는 개인적이고 국소적인 현상이 아니라, 자아초월적이고 비국소적인 현상으로 의식을 적절하게 모델링한다. 뇌에 존재하는 의식의 흔적도 뇌 너머에 존재한다. 그러나 라슬로는 의식에 관한 네트워크로 연결된 컴퓨터 이론조차도 홀로트로픽 상태에서 나온 증거의 전모를 설명하지는 못한다고 지적하였다. 어떤 경우에는 뇌 너머에서 지속되는 의식을 구성하는 것들이 일상적인 의식에서 경험되었던 것들의 단순한 흔적이나 복사물이 아닌 것처럼 보인다. 그것들은 살아 있는 의식의 자율적인 부분인 것 같다. 어떤 사람은 죽은 사람과의 경험을 그저 떠올리는 것뿐만 아니라 직접 소통하기도 한다.

이런 현상의 예로는 근사체험 상황에서 사람들이 겪는 '환영하는 모임'이 있다. 정보를 제공하고 질문에 대답할 수 있는 지적인 존재로 보이는 죽은 친척과 친구들을 만나는 것이다(Ring & Valarino, 1998). 융은 그의 영적 안내자 필레몬Philemon과 비슷한 경험을 했는데, 필레몬은 영적 응급 상황에서 융에게 계속 나타났으며 융이 답을 알지 못하는 질문에 대답할 수 있었다. 융은 실제로 필레몬을 그의 심리학의 중요한 부분들의 원천으로 삼았다(Jung, 2009).

그는 필레몬과의 상호작용에 대해 이렇게 설명하였다. "나의 환상에서 필레몬과 다른 인물들은 심혼 안에는 내가 만들어 내는 것이 아니라 스스로를 만들어서 살아가는 부분이 있다는 중요한 통찰을 주었다. 필레몬은 나 자신이 아닌 힘을 상징하였다. 내 환상 안에서 나는 그와 대화를 나누었고, 그는 내가 의식적으로 생각하지 못했던 것들을 말했다."

또한 융은 영혼들이 그의 집을 방문하는 극적인 경험을 했는데, 그때 그는 알렉산드리아의 영지주의Gnostic 철학자 바실리데스Basilides로부터 전해진 글을 받았다. 융의 작품에서 가장 주목할 만한 것 중 하나인 이 글은『죽은 자를 위한 일곱 가지 설법Septem Sermones ad Mortuos』이라는 제목으로 출판되었다. 이는 오늘날『레드 북Red Book』을 요약한 글로 여겨진다(Jung, 2009). 플로렌스를 방문하는 동안, 나는 로베르토 아사지올리가 세상을 떠나기 며칠 전에 그와 하루를 보낼 기회를 가졌다. 그는 자신을 '티베트인'이라고 부르는 영적 안내자로부터 정신통합psychosynthesis으로 알려진 자신의 심리치료 시스템을 위한 중요한 아이디어를 전달받았다고 내게 말했다. 이는 앨리스 베일리Alice Bailey에게 그녀의 책 시리즈에서 설명한 형이상학적 가르침을 전달해 준 존재와 같은 것으로 알려져 있다.

사후에 의식이 여전히 존재한다는 것에 대한 유사실험적 증거는 심령술spiritism과 정신적mental 영매mediumship 또는 트랜스 영매에 관한 문헌에서 찾을 수 있다. 심령적 교령회交靈會에 관한 보고는 19세기와 20세기 초에 아주 많았다. 비록 유명한 유사피아 팔라디노 Eusapia Palladino를 포함한 몇몇 영매가 속임수를 쓰다가 적발되기도 했었지만, 파이퍼Piper 부인, 레너드Leonard 부인, 베럴Verrall 부인 등과 같은 다른 영매들은 모든 테스트를 이겨냈고 신중하고 평판이 좋은 연구자들의 높은 평가를 받았다(Grosso, 1994). 최고의 영매는 고인의 목소리, 말투, 몸짓, 태도, 다른 특징들을 정확하게 재현할 수 있었다.

때때로 영매에 의해 수신된 정보는 참석자들 중 어느 누구한테도, 혹은 살고 있는 어떤 사람에게도 전혀 알려지지 않았던 것들이었다. 초대받지 않고 '잠깐 들른' 존재들이 갑자기 모임에 침범하기도 했는데, 어떤 경우에는 후에 그들의 정체가 확인되기도 했다. 다른 경우에는 관련 메시지들을 '프록시 시팅proxy sittings'으로 받기도 했는데, 이는 멀리 떨어져 있고 미리 통지를 받지 않은 사람이 고인의 가까운 친척이나 친구를 대신하여 정보를 받게 되는 것이다. '교차cross 통신'의 경우, 여러 영매를 통해서 포괄적인 메시지의 조각들이 전달되었다. 이런 교령회에 참석한 사람들 중에는 노벨상을 수상한 과학자들도 있었다. 그렇게 높은 역량을 가진 사람들의 증언이 이렇게 쉽게 묵살되었던 적은 없다.

윌리엄 코츠William Kautz는『제노글러시[10]: 배우지 않은 언어로 말하는 것에 대한 검증 Xenoglossy: Verification of the Speech of An Unlearned Language』에서 외국어를 말하는 것과 관련 있는 90세의 영국 영매 사례에 대한 분석 결과를 발표하였다. 방대한 음성문자의 기록(30년 동안 5천 구절)은 1,600년 동안 죽은 언어였던 후기 이집트어인 것으로 분석되었다. 이는 전혀 배운 적이 없는 사람이 실제 외국어를 말하는 것으로 알려진 제노글로시의 확실한 예이다(Kautz, 2017). 이 경우는 심리학, 이집트학, 언어학 그리고 모든 종류의 상세하고

---

10) 배운 적 없는 외국어를 할 줄 아는 능력이다.

정확한 정보를 얻기 위한 직관적 방법들을 사용했다는 것에 중요한 의미가 있다. 이는 육체적인 죽음을 넘어서 인간 의식이 지속된다는 전형적인 생존 문제에 대한 완전한 증거는 아니지만, 아마도 가장 좋은 증거일 것이다.

에살렌의 한 달 간 워크숍에서 우리는 미국의 심령술사 앤 암스트롱Anne Armstrong의 놀라운 능력을 반복적으로 목격할 기회를 가졌다. 그중 하나는 앤이 독일인 참가자에게 그녀의 죽은 아버지와 관련된 일을 한 것이었다. 이 여자에게 그녀의 아버지에 대한 매우 의미 있고 정확한 정보를 준 후, 앤은 갑자기 자신이 이해하지 못하는 단어를 받고 있다고 말했다. 그것은 아버지가 어린 시절에 그녀에게 독일어로 말했던 애정 어린 말이었다. 앤은 이 단어가 그녀의 의식 속으로 강렬하게 들어오는 것에 놀랐다. 그녀는 독일어를 전혀 하지 못했기 때문에 그것이 무엇을 의미하는지 전혀 알지 못했다.

에너지: 신체적, 감정적 그리고 정신적이라는 이름의 다른 한 달 동안의 워크숍에서 우리는 브라질의 심령가이자 심리학자인 루이즈 가스파레토Luiz Gasparetto와 관련된 특별한 경험을 했다. 루이즈는 고인이 된 유명한 화가들의 영혼과 소통해서 그들의 스타일로 그림을 그릴 수 있는 능력으로 유명하였다. 그는 기독교 심령주의Spiritist 교회 소속이었으며, 19세기 프랑스의 교육자이자 의사인 앨런 카덱Allan Kardec이 쓴 『영의 책The Spirits Book』과 『영매의 책The Mediums' Book』에서 영감을 받았다(Kardec, 2011, 2012).

약한 붉은 빛만 있어서 색을 구분하기 어려울 정도로 어두운 방 안에서 안토니오 비발디의 음악을 들으면서 루이즈는 1시간 만에 앙리 드 툴루즈 로트레크, 파블로 피카소, 아메데오 모딜리아니, 클로드 모네, 렘브란트 반 레인, 그리고 다른 유명한 예술가들의 스타일로 모두 26점의 인상적인 대형 그림을 그렸다. 그는 양손으로 동시에 그리기도 하고 탁자 밑에서 맨발로 거꾸로 그리기도 하면서 대부분을 보지도 않고 그렸다. 두 이야기는 모두 『환각과 우연을 넘어서When the Impossible Happens』에 자세히 묘사되어 있다(Grof, 2006a).

세계적인 베스트셀러 『삶 이후의 삶Life After Life』(Moody, 1975)으로 죽음학에 영감을 주었던 미국의 심리학자 레이먼드 무디Raymond Moody는 사후 의식의 존속 문제에 또 다른 논란의 여지가 있는 증거를 제공하였다. 『재회: 사랑했던 고인과의 환영적인 조우Reunions: Visionary Encounters with Departed Loved Ones』에서 그는 심령술psychomanteum이라는 이름의 방에 대해 설명했는데, 이는 소위 살아 있는 사람과 고인이 된 친구 및 친척 사이의 접촉을 가능하게 해 주는 장소다. 이는 검은 벨벳과 큰 거울이 있는 방이었다. 무디는 환영이 거울에만 나타나는 것이 아니라, 이따금 거울에서 나와서 3차원적인 홀로그램 이미지처럼 방 안을 자유롭게 돌아다녔던 사례들을 보고하였다(Moody, 1993).

◀ 루이즈 가스파레토는 브라질의 심리학자 및 심령가이다.

　육체가 없는 사람들의 영혼과 소통하려는 시도에서 흥미롭고 진정으로 놀라운 발전은 현대 전자 기술을 이용하는 접근법인 차원 간 초월소통Interdimensional Transcommunication이다. 이 연구는 어니스트 셴고우스키Ernest Senkowski, 조지 미크George Meek, 마크 메이시Mark Macy, 스콧 로고Scott Rogo, 레이먼드 베이리스Raymond Bayless와 같은 국제적이고 진지한 연구자들이 엄격하게 통제하는 조건에서 수행해 왔다는 사실만 아니었다면 쉽게 터무니없고 우스꽝스러운 것으로 치부될 수 있었다(Senkowski, 1994). 그들은 메시지 기계, 컴퓨터, 라디오 및 TV 모니터에서 비정상적인 목소리와 이미지로 나타나는 것과 같은 기계적인 방법을 통해서 죽은 사람으로부터 메시지를 수신할 수 있다고 보고하였다. 이 연구는 영성과학연구소Institute of Noetic Sciences: IONS의 선임 과학자들의 관심을 끌었다. 흥미롭게도 토마스 알바 에디슨Thomas Alva Edison은 영적 세계와 소통할 수 있는 기계에 대한 일을 수년 동안 해 온 것으로 알려져 있다. 그러나 그는 그의 노트들 중 어떤 것도 출판할 기회를 갖기 전 1931년에 사망하였다.

　라슬로는 의식의 기원과 본질의 문제에 관한 자료를 사려 깊게 분석함으로써, 컴퓨터 네트워크에 의해 모델링된 터빈 이론이나 정보장information field 이론은 관찰된 사실들을 적절히 설명할 수 없다는 것을 보여 주었다. 그는 다음과 같이 결론을 말한다. "우리가 감각, 느낌, 직감 그리고 의지의 흐름으로 경험하는 의식은 우주에 만연하는 의식의 일부로 포함되어 있는 부분이다. 우주에는 오직 하나의 의식만이 있으며, 우리 안에 나타나는 의식은 그 의식에 포함되어 있는 부분이다." 수십 년에 걸친 임상연구 끝에 융도 비슷한 결론에 도달했다. "심혼은 뇌의 산물이 아니며 두개골 안에 위치하지 않는다. 그것은 하나의 세계unus mundus의, 우주의 생산적이고 창조적인 원리의 일부분이다"(Jung, 1964).

유물론적 과학자들은 의식이 뇌의 신경생리학적 과정의 산물이라는 어떤 설득력 있는 증거도 내놓지 못하고 있다. 그들은 의식이 육체 및 육체적인 감각과 독립적으로 존재하고 기능할 수 있음을 나타내는 많은 관찰 내용을 무시하고 오해하고 조롱함으로써 이러한 신념을 유지할 수 있었다. 이 증거는 초심리학, 현장인류학, LSD 연구, 경험적 심리치료, 죽음학, 그리고 비의도적으로 일어나는 홀로트로픽 의식 상태('영적 응급')에 대한 연구에서 얻을 수 있다. 이러한 학문들은 인간 의식이 주류 과학에 의해 이해되는 것처럼 뇌의 능력 너머에 있는 방식으로 작동하며, 의식이 존재의 일차적이고 더 줄일 수 없는 측면으로, 즉 물질과 동등하거나 상위적인 측면으로도 존재한다는 것을 분명히 보여 주는 인상적인 자료들을 축적해 왔다.

프리초프 카프라Fritjof Capra는 『현대 물리학과 동양사상The Tao of Physics』에서 3백 년간의 집중적인 연구 끝에 서양 과학이 양자-상대 물리학을 통해서 물질세계에 대한 이해에 도달했다고 말했다. 그것은 고대 인도 현자들이 그들의 명상을 통해서 수천 년 전에 예견했던 세계관과 현저한 유사성을 가지고 있었다(Capra, 1975). 몇십 년이 지나자 심현제 치료법, 자아초월심리학, 또 다른 현대 의식 연구들을 통해서도 의식과 인간 심혼에 대한 이러한 이해와 같은 결론에 도달하게 되었다.

인간 심혼의 새로운 지도 체계: 위에서와 같이 아래에서도

1950년대 후반에 실험실에서 하던 심현제 연구를 임상 현장으로 옮겼을 때, 나는 의학 연구와 전통적인 정신의학 교육, 프로이트 정신분석에 의해 주입된 지식을 갖고 있었다. 이것은 나 자신뿐만 아니라 환자들의 LSD 경험을 이해하고 심현제 회기에서 일어나는 상황들을 다루는 것에 있어서 나를 충분히 준비시키지 못했다.

내가 정신과 환자들을 대상으로 중간 용량의 LSD를 사용하며 연속적인 회기를 실시하기 시작했을 때, 환자들의 초기 경험 중 많은 경우는 출생 후 전기와 프로이트의 개인무의식과 같이 나에게 익숙한 영역을 포함하는 것처럼 보였다. 그러나 조만간 그들은 완전히 새로운 경험의 영역으로 옮겨 갔는데, 그 당시에는 내가 알지 못하던 것이었다. 나는 환자들을 겁먹게 만들 정도로 격렬한 감정적, 육체적 경험을 환자들이 하는 것을 목격했으며, 처음에는 나도 놀랐다.

이 내담자들 중 다수는 숨 막힘, 강한 떨림, 압박성 두통, 신체 여러 부위의 통증, 가끔의 구역질 등과 같은 경험들을 했다. 이것은 죽음의 공포, 광기의 공포 그리고 이 악몽 같은 세상에서 다시는 돌아오지 않는 공포와 같은 암울한 세 가지 감정을 동반했다. 뚜렷한 신체적 원인 없이도 종종 맥박이 현저하게 빨라지기도 했고, 멍이나 여러 색깔의 변화가 환자의 얼굴에 저절로 나타나기도 했다.

나는 '나쁜 여행'의 형태를 취하고 있는 LSD 경험을 막을 좋은 방법은 없다는 것을 알고 있었다. 회기가 무서운 내용으로 진행되는 중에 신경안정제를 투여하면 고통스러운 경험을 얼어붙게 하고 그 긍정적인 해결을 막을 수 있기 때문에, 나는 환자들이 이러한 도전적인 경험을 하고 있을 때 그들에게 지원과 격려를 해 주었다. 나는 그들 중 많은 사람이 심리영적인 죽음과 재탄생의 형태를 띤 긍정적인 돌파구를 경험했다는 것을 발견하였다. 이때 나는 LSD의 복용량을 늘리는 것을 실험하면서 나 자신의 LSD 회기를 진행하였다. 환자들은 회기에서 자신의 생물학적 탄생을 재체험했다고 보고하였다. 나는 개인적인 경험에서 이것을 확인할 수 있었다. 우리가 경험하고 있던 것은 탄생하면서 거쳤던 모든 단계에 대한 진실하고 믿을 만한 기억과 감정 및 신체적 감각이라는 것에 대해 나는 의심의 여지가 없었다.

또한 나는 출생의 연속적인 단계와 관련된 네 가지 경험적 패턴을 구분할 수 있었고, 그것을 기본 주산기 모형BPM I~IV이라고 불렀다. 기본 주산기 모형 I은 분만을 시작하기 전의 임신 진행 단계와 관련이 있다. 기본 주산기 모형 II는 자궁이 수축되는 단계를 묘사하지만 자궁 경관이 아직 열리지 않은 상태다. 기본 주산기 모형 III은 자궁 경관이 완전히 확장된 후 산도를 통해 나오는 것을 반영한다. 기본 주산기 모형 IV는 산도에서 나와서 탯줄을 절단하는 출생의 경험을 특징으로 한다. 나는 이 책의 여러 부분에서 이 중요한 개념에 대해 반복적으로 다룰 것이다.

무의식 속에 출생에 대한 기억이 존재한다는 것과 그것이 심리학에 엄청난 영향을 미친다는 것을 발견한 것은 놀라운 일이었고, 이는 내가 심현제 연구를 하면서 만나게 된 첫 번째 중대한 지적 도전이었다. 의과대학에서 나는 태아와 갓난아기가 아직 의식이 없으며, 고통을 경험할 수 없고 미성숙한 뇌는 출생에 대한 기억을 형성할 수 없다고 배웠다. 1980년대까지만 해도 의사들은 유아들이 통증 수용기가 완전히 발달하지 않았다고 추정하였다. 신체적 공격에 대한 유아들의 반응은 단순한 근육의 반응일 뿐이라고 믿었으며, 유아들의 비명소리는 '그저 반사反射'인 것으로 무시되었다. 할례에서 심장 수술에 이르기까지 의학적인 절차들은 마취 없이 일상적으로 진행되었다.

출생 기억의 존재를 받아들이는 것이 나에게 특히 어려웠던 것에는 사실 개인적인 이유가 있다. 의과대학 2학년 때, 나는 최초의 인공 체스 선수 중 하나를 개발한 체코 생리학자 윌리엄 라우프버거William Laufberger 교수의 기억력에 관한 강의를 들었다. 그는 갑상선 호르몬을 투여함으로써 멕시코 도롱뇽(암비스토마 메시카눔) 아홀로틀axolotls을 성숙시키는 데 성공한 것으로도 세계적으로 유명하였다. 토론 기간 동안 나는 라우프버거 교수에게 인간의 기억력이 어느 정도까지 거슬러 올라갈 수 있는지, 그리고 출생을 기억하는 것이 가능한지 물었다. 그는 웃으면서 마치 내가 완전히 바보라는 듯이 나무라는 표정을 지어 보이면서 확신과 권위를 갖고 나를 조롱하며 말했다. "물론 아니지, 신생아의 피질은 수초화髓鞘化되지 않았어!"

결국 나 자신의 회기와 내담자들의 회기에서 수없이 관찰한 것의 영향을 받아서 나는 출생 기억의 존재를 의심할 여지없는 임상적 사실로 받아들일 수 있었고, 이 기억이 어디에 저장될 수 있는지를 찾는 것은 뇌 연구자들에게 맡겼다. 내 연구가 계속되면서 훨씬 더 험난한 도전이 나타났다. 주산기 단계에서 태아의 기억은 종종 전생 경험, 신화적 존재에 대한 비전, 원형적 영역으로의 방문과 같이 영적 경전과 역사책에서 묘사되는 장면들과 함께 나타나거나 또는 번갈아 나타나기도 했다. 이러한 연속선상에서 진행된 회기 중 일부에서는 자아초월적 주제가 지배적으로 나타났고, 태아에 관한 요소들은 빠져 있었다.

나는 초기에 역사적, 신화적 경험을 신생아의 고도로 발달된 두뇌라는 확실한 물질적 기반이 있는 출생 기억의 파생물로 보는 경향이 있었다. 수초화 논쟁은 이 시점에서 터무니없고 무관해 보였다. 이러한 관찰에 대한 나의 태도는 메두사Medusa, 헤카테Hekate, 칼리Kali와 같은 원초적인 무서운 어머니 여신을 출생 트라우마의 영향을 받은 이미지로 해석하는 오토 랭크의 경향과 비슷하였다.

나는 처음에 천국, 낙원, 지옥, 연옥에 대한 믿음이 세계의 위대한 종교들과 고대 및 토착 문화의 신화와 신조에 너무나 보편적이라는 사실에 대한 논리적인 설명을 발견했다고 생각하였다. 선형적인 시간의 개념 없이 방해받지 않는 태아기 존재의 행복한 경험

인간 심혼의 새로운 지도 체계: 위에서와 같이 아래에서도 *171*

(기본 주산기 모형 I)은 낙원과 천국의 개념에 대한 완벽한 형판처럼 보였고, 기본 주산기 모형 I에서 기본 주산기 모형 II로의 이행은 잃어버린 낙원에 대한, 그리고 극도의 정서 및 신체적 고통을 끝없이 겪는 기본 주산기 모형 II는 지옥에 대한 형판 같았다. 더 나은 미래에 대한 희망과 전망과 함께 갖게 되는 극도의 고통(기본 주산기 모형 III)은 연옥에 대한 묘사와 부합했으며, 기본 주산기 모형 IV에서의 신령스러운 밝은 빛의 출현과 심리영적 죽음 및 재탄생은 여러 종교의 경전에서 말하는 신성한 계시의 모든 특징을 갖고 있었다.

주산기 모형의 존재는 이전에 프로이트 정신분석학과 다른 심층심리학이 출생 후 전기와 개인무의식에 한정되어 있는 모델들을 사용하여 부적절하게 이해했던 다양한 분야에 대한 새로운 혁명적 통찰력을 제공하는 것 같았다. 이에 대한 핵심적인 예로는 정서 및 정신신체 장애, 인류의 의례와 영적 역사, 예술의 심리학과 정신병리학, 그리고 전쟁, 유혈혁명, 강제수용소, 집단학살로 이어지는 인류의 억제되지 않는 폭력과 만족할 줄 모르는 탐욕 등이 있다. 우리는 이 책의 후반부에서 이 매력적인 주제들을 탐구할 것이다.

그러나 연구를 계속하면서 내가 **자아초월적** 영역이라고 부르는 인간의 무의식적 심혼의 더 깊은 영역이 독립적으로 존재한다는 것에 대해 확신하게 되었다. 이 영역에서는 다른 사람들, 사람들의 집단, 다른 종의 동물들, 심지어 식물의 의식과도 진정으로 동일시되는 경험이 수반되었다. 다른 종류의 자아초월적 경험들은 조상 전래적, 집단적, 카르마적, 계통발생적 기억뿐만 아니라 다양한 문화의 신화에서 나온 장면들과도 연관이 있었는데, 나와 내담자들은 이러한 것들에 대한 사전 지식이 전혀 없는 상태였다.

내가 이러한 연구를 진행하고 있을 때, 체코슬로바키아는 소비에트 연방의 통제를 받고 있었다. 우리는 서방에서 책을 살 수 없었고 심지어 공공도서관에서 책을 접하는 것조차 검열되고 제한되었다. 정신분석 문헌은 '금지된 도서'의 리스트에 포함되었다. 그 문헌들은 분리된 칸에 보관되었고, 정신분석학에 대한 비판적인 책과 기사를 쓰는 공산당 당원들에게만 제공되었다. 1967년에 미국으로 이민을 가서 융의 작품을 읽게 되었을 때 집단무의식과 그 역사적, 원형적 영역에 대한 개념을 알게 되었고 내가 발견한 많은 것에 대해 독자적으로 확인할 수 있었다. 융의 가장 깊고 설득력 있는 새로운 통찰은 그가 심리영적 응급 동안에 겪었던 비의도적인 홀로트로픽 경험에서 비롯되었으며, 나의 통찰도 고용량의 LSD 회기로부터 비롯되었다.

심현제 경험 및 다른 종류의 홀로트로픽 경험에 대한 내 생각은 가까운 친구이자 동료인 리처드 타나스와 40여 년간 협력하면서 마지막이자 가장 급진적으로 변화하였다. 바로 원형적 내용 및 홀로트로픽 의식 상태의 시기와 행성 이동 사이에 있는 놀라운 상관관계를 발견하게 된 것이다(Grof, 2006a; Tarnas, 1995, 2006). 우리는 이러한 발견에 대해서 샌프란시스코에 있는 캘리포니아 통합학문 연구소California Institute of Integral Studies: CIIS의 공동수업, 미국과 유럽에서의 세미나, 텔레비전 강좌에서 토론해 왔다.

내가 현재 이해하고 있는 바에 따르면 우리가 심현제 물질 또는 강력한 비약물적 수단(홀로트로픽 숨치료 등)에 의해 유도되거나 자발적으로 일어난 홀로트로픽 상태에 있을 때, 우리의 탄생 천궁도를 통과하는 행성의 원형적 장으로 경험적으로 조율한다. 그리고 우리 회기의 내용은 전기적 기억, 주산기 모형 중 하나에 대한 태아 기억, 통과하는 행성과 관련된 원형적 특성을 가진 자아초월적 경험들이 모아진 것으로 구성될 것이다.

이어서 회기에서 나타나는 무의식 내용의 깊이는 행성 통과의 원형적 힘, 경험을 유발한 방법, 사용한 물질의 유형 및 용량(심현제 회기의 경우), 홀로트로픽 상태에서의 지난 경험에 따라 달라진다. 다음 장에서 심현제 심리치료, 홀로트로픽 숨치료, 그리고 영적 응급을 겪는 사람들과의 작업과 같이 내가 했던 홀로트로픽 의식 상태에 관한 작업에서 나타난 심혼의 확장된 지도 체계를 설명하고 논의할 것이다.

프로이트부터 우주의식까지

전통적인 정신과 의사들과 심리학자들은 지그문트 프로이트가 설명한 출생 후 전기와 개인무의식에 국한된 인간 심혼의 모델을 사용한다. 프로이트에 따르면, 신생아는 **백지상태의 마음**tabula rasa[11]이다. 출생 과정 자체를 포함해서 출생 전의 일에 대해 심리학자들은 관심이 없다. 우리가 어떤 사람이 되는지는 이 세상에 나온 이래 우리의 삶을 형성해 온 생물학적 본능과 영향들 사이의 상호작용으로 결정되며, 여기에는 곧 육아의 질, 화장실 훈련 방식, 각종 심리성적 트라우마, 초자아의 발달, 오이디푸스 콤플렉스의 삼각형에 대한 반응, 그리고 이후 삶에서의 갈등과 트라우마 사건 등이 포함된다.

---

11) 인간이 출생 시에 마음이 비어 있는 백지와도 같은 상태로 태어나며, 출생 이후에 자라나면서 외부 세상에 대한 인지 및 경험에 의해 마음의 내용이 형성된다는 인식론적 개념이다.

프로이트 학파가 말하는 개인무의식은 출생 후 역사의 파생물로, 즉 우리가 잊어온 것과 받아들일 수 없는 것으로 여기고 거부하며 억압해 온 것들이 저장된 곳이다. 프로이트가 이드Id라고 부르는 이러한 심혼의 지하세계는 원시적이고 본능적인 힘이 지배하는 영역이다. 정신분석의 많은 측면은 이후 세대에게 심한 비판을 받아 왔고 거부되거나 수정되었지만, 우리가 태어난 후에 심리적 역사가 시작된다는 프로이트의 생각은 시간이 지나면서도 시들지 않고 주류 사상에 통합되었다.

의식적 심혼과 무의식 사이의 관계를 설명하면서 프로이트는 유명한 물에 잠긴 빙산 이미지를 사용하였다. 이 비유에서 수면 위로 드러나는 빙산의 부분처럼 심혼의 전체라고 생각되었던 것은 사실 아주 작은 일부분이었다. 심혼의 훨씬 더 큰 부분은 빙산의 잠긴 부분과 같은 무의식이며 우리도 모르게 생각하는 과정과 행동을 지배하고 있다는 것을 정신분석은 발견하였다.

이후에도 심층심리학에 기여하며 핵가족에서의 대상관계와 대인관계적 역동의 발달을 병인적病因的 요소로 추가하였으나, 여전히 프로이트 정신분석처럼 출생 후의 삶에 대해 배타적으로 강조하는 것을 유지하고 있다(Bateson et al., 1956; Blanck & Blanck, 1974, 1979; Satir, 1983; Sullivan, 1953). 이렇게 추가하고 수정했음에도 불구하고, 이 모델은 심현제 및 비약물적 수단에 의해 유도되거나 비의도적으로 발생하는 홀로트로픽 의식 상태를 다루기에는 극도로 부족한 것으로 드러난다. 이러한 상태에서 일어나는 모든 현상을 설명하기 위해서는 인간 심혼의 차원에 대한 이해를 대폭 수정해야 한다.

내가 심현제 연구를 하던 초기에 이와 같은 도전에 부응하는 것처럼 보이는 심혼에 대한 아주 확장된 지도를 그렸다. 이 지도는 일반적인 전기적 수준 이외에도 두 개의 초월적 영역을 포함하고 있는데, 생물학적 출생의 트라우마와 연관된 **주산기 영역**과 다른 사람, 동물, 식물 및 자연의 다른 부분들과의 경험적 동일시와 같은 현상과 연관된 **자아초월적 영역**이다.

또한 자아초월적 영역은 원형적 존재에 대한 비전을 보고 신화적 지역으로 방문을 하는 경험의 근원인 것에 더해 조상 전래적, 인종적, 계통발생적, 카르마적 기억의 근원이다. 이 영역에서의 궁극적인 경험은 우주심Universal Mind과 초우주적 및 메타우주적 공the Supracosmic and Metacosmic Void과의 동일시이다. 여러 시대에 걸쳐 세계 각지의 종교적, 신비적, 초자연적 문헌에서 주산기적 및 자아초월적 현상이 묘사되어 왔다.

홀로트로픽 의식 상태에 대해 관찰한 것을 고려해 보면 프로이트의 빙산 비유를 확장할 수 있다. 고전적 정신분석에 의해 발견, 설명된 심혼의 부분은 기껏해야 여전히 빙산의 끝부분만을 나타낸다. 현대 의식 연구는 물속에 잠긴 부분처럼 무의식의 방대한 부분을 밝혀냈다. 이는 오토 랭크와 융을 제외하고는 프로이트와 그의 제자들이 주의를 기울이지 않았던 부분이다. 조셉 캠벨은 이 상황을 날카로운 아일랜드 유머로 매우 간결하게 묘사하였다. "프로이트는 고래 위에 앉아 낚시를 하고 있었다."

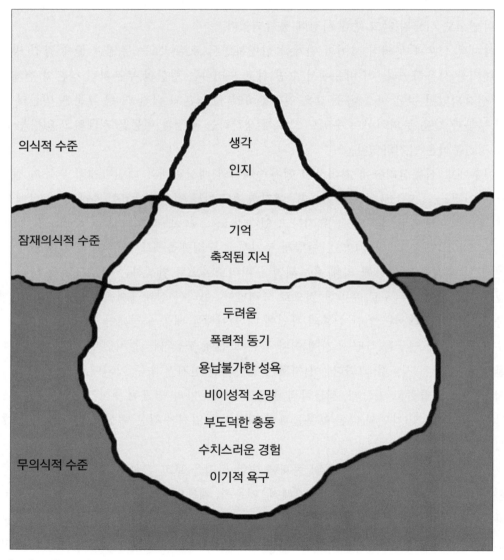

[그림 2-1] 프로이트의 빙산에 대한 비유
우리가 심혼이라고 생각한 것은 그것의 극히 일부분에 불과하며, 수면 위로 보이는 빙산의 일각에 필적한다.
정신분석은 물에 잠긴 빙산의 부분처럼 심혼의 무의식적인 부분의 광대한 영역을 발견했다.

출생 후 전기와 개인무의식

심혼의 전기傳記적 영역은 유아기, 유년기 그리고 이후의 삶에 대한 우리의 기억으로 구성되어 있다. 심혼의 이 부분은 전통적인 정신의학, 심리학, 심리치료로부터 잘 알려져 있기 때문에 많은 논의가 필요하지 않다. 사실 학계에서 사용되는 심혼의 이미지는 오로지 이 영역과 개인무의식에 국한되어 있다. 그러나 새로운 지도에서 심혼의 전기적 수준에 대한 묘사는 전통적인 것과 같지 않다. 홀로트로픽 의식 상태를 이용해서 심혼의 전기적 수준에 대해 작업하는 것은 언어적 심리치료와 몇 가지 중요한 면에서 전적으로 다르다.

첫째, 홀로트로픽 상태에서는 언어치료와 달리 정서적으로 중요한 사건만을 기억하거나 꿈 분석, 신경증적 증상, 말실수, 전이 왜곡을 통해서 간접적으로 재구성하는 것이 아니다. 그 상태에서는 연령 퇴행을 하면서 원초적 감정, 육체적 감각, 심지어 감각적인 지각까지도 경험한다. 이는 유아기나 어린 시절부터의 중요한 트라우마를 재체험하는 동안 실제로 그 당시 나이에 해당하는 신체 이미지와 세상에 대한 순진한 인식, 감각, 감정 등을 가지고 있다는 것을 의미한다.

이러한 역행의 진위는 사람들의 얼굴 주름살이 일시적으로 사라져서 유아적인 표정을 짓고, 그들의 자세와 몸짓, 행동이 어린아이처럼 된다는 사실에서도 명백하다. 그들은 과다하게 침을 흘리고 손가락을 빨거나 심지어 빨기 반사 및 바빈스키Babinski 반사(발바닥의 옆면이 핀에 긁힐 때 발가락이 펼쳐지는 것)를 보일 수도 있다. 남자들이 퇴행하여 소변을 보러 화장실에 갔을 때, 그들의 성기가 어린 소년의 크기만큼 작아진 것처럼 느꼈다는 말도 들었다. 같은 맥락에서 여성들은 퇴행하는 동안 자신의 신체 이미지에서 가슴이 사라진 것처럼 느꼈다고 보고하였다.

둘째, 홀로트로픽 의식 상태를 이용해서 전기적 내용에 대해 작업하는 것과 이에 대해 언어적 심리치료를 하는 것의 차이점은 신체적 외상의 심리외상적 충격을 드러내고 이를 치유할 수 있게 한다는 점이다. 육체적인 고통도 역시 심리적 외상이라는 것이 명백하지만, 심리학과 심리치료의 핸드북에서는 그렇게 인정되고 논의되지 않는다. 신체적 외상에서 비롯된 심리적 외상의 강력한 영향을 인식하는 다른 유일한 접근법은 론 허버드Ron Hubbard의 다이아네틱스Dianetics(사이언톨로지[12])이다. 사이언톨로지스트들은 감사 auditing라고 불리는 탐색 및 치료 과정을 이용하는데, 이 과정에서 감정의 심리적 강도 및 트라우마의 중대성은 피부 저항력을 측정하는 검류계에 의해 객관적으로 평가된다 (Gormsen & Lumbye, 1979; Hubbard, 1950).

허버드는 신체적 외상의 각인에 대해 기억 심상engram이라고 언급하였고, 그것들을 감정적 문제의 주요 원천으로 보았다. 그의 용어에서 일반적인 심리적 외상은 2차적인 것으로 불린다. 심리적 외상은 기억 심상과의 연결을 통해서 감정적 힘을 갖게 된다. 사이언톨로지스트는 신체적 외상이 출생 후 삶에서 갖는 역할뿐만 아니라 출생과 전생에서의 영향도 인정하고 있다. 아쉽게도, 사이언톨로지 교회가 권력과 돈을 비윤리적으로 추구하면서 사이언톨로지의 지식을 남용한 것과 허버드가 갖고 있던 은하 연맹Galactic Federation, 지구에 대한 외계인들의 역할, 사이언톨로지에서 말하는 영적 상태Operating Thetans나 클리어Clears에 대한 엉뚱한 공상들이 그의 중요한 이론적 공헌에 대한 신빙성을 떨어뜨렸다.

앞서 언급했듯이, 1980년대까지만 해도 고통의 심리외상적 충격은 의료계에서 인정되지 않았다. 고통스러운 사건에 대한 기억뿐만 아니라 유아들이 입는 상처에 대해서도 그러했다. 보통 고통을 일으키는 의료적 개입이 유아에게 있을 때에도 마취가 사용되지 않았으며, 오늘날에도 많은 곳에서 포경수술이 마취 없이 행해지고 있다. 옥스퍼드 대학교에서 나온 "영국 과학자들이 신생아가 고통을 경험한다는 것을 증명했다"라는 제목의 2015년 보고서는 상식을 가진 사람들에게 거의 농담처럼 들렸다. 다음 연구 프로젝트는 "과학자들은 개와 고양이가 고통을 경험한다는 것을 증명했다"가 될 것이라고 예상된다. 신체적 상해가 심리적 외상을 일으킨다는 것을 인식하지 못하는 이유는 언어적 심리치료에서 신체적 외상을 기억하고 언급하는 것이 고통이나 다른 신체적 징후를 경험한 것과는 연관되지 않는다는 사실 때문일지도 모른다.

경험적 치료에서 고통의 기억은 그것이 전신마취와 함께 실행되는 외과적 개입에서 비롯된 것일지라도 최대 강도로 되살아난다. 심현제 또는 홀로트로픽 숨치료를 받는 많은 사람은 익사할 뻔했던 경험, 수술 및 사고의 경험, 그리고 어린 시절의 질병에서 겪었던 불편함 등을 재체험한다. 특히 디프테리아, 백일해, 목 졸림 또는 이물질異物質 흡입과

---

12) 미국의 L. 로널드 허버드(Ronald Hubbard)가 1965년 설립한 신흥 종교로 심리치료를 교의(教義)로 한다.

같이 질식과 관련된 사건들의 기억이 중요한 것으로 보인다. 이러한 내용은 짜여 있는 프로그램 없이도 아주 자연스럽게 일어난다. 그것이 표면으로 올라오면서, 우리는 이러한 신체적 외상이 심리적 외상으로서 강한 영향을 끼치며 그것들이 감정적, 정신신체 문제의 심인성心因性 증상 발생에 중요한 역할을 한다는 것을 깨닫게 된다.

신체적 외상들의 내력은 천식, 편두통, 정신신체 통증, 공황 불안 발작, 공포증, 가학피학성 경향, 또는 우울증과 자살 경향 등으로부터 고통을 겪는 사람들에게서 자주 발견된다. 이런 종류의 외상적 기억을 재체험하고 통합하면 지대한 치료적 결과를 얻을 수 있다. 내 경험으로 볼 때, 정신신체 증상과 장애는 항상 신체적 폭행이나 외상과 연관된 상황에서 그 원인을 찾을 수 있다.

이 사실은 신체적 외상에서 비롯된 심리외상적 충격을 인정하지 않는 정신의학 및 심리학의 입장과 극명하게 대조를 이룬다. 또한 심신장애를 심리적인 문제와 갈등이 신체언어로 표현된 것으로 설명하는 것에 대해 진지하게 질문을 던진다. 예를 들어, 어깨의 통증은 너무 많은 책임을 지고 있는 환자의 감정을 상징하는 것으로, 배가 아프고 구역질이 나는 것은 내담자가 '어떤 것을 참을 수 없다'는 뜻으로, 심인성 천식은 '어머니에 대한 울음'을 극적으로 나타내는 것으로 해석되어 왔다.

신체적 고통에 대한 심리외상적 충격과 이 외상에 대한 해결은 홀로트로픽 숨치료 진행자를 위한 우리의 훈련에 참가한 49세의 정신과 간호사 카티아Katia에 대한 이야기에서도 찾을 수 있다. 그녀는 훈련에 등록하기 전에 극심한 만성 요통과 우울증을 앓고 있었다. 그녀는 숨치료 회기 중에 그러한 증상의 근원이 여러 주 동안 깁스를 하면서 움직이지 못했던 어린 시절의 외상적 경험이라는 것을 알게 되었으며, 결국 갑옷armoring을 벗을 수 있었다. 다음은 카티아가 직접 남긴 기록이다.

> 회기의 초반에 강렬한 호흡을 하자 나의 몸이 반듯이 누운 자세로 봉쇄되어 얼어붙는 것처럼 느껴졌다. 나는 필사적으로 배를 돌리려고 했지만 할 수 없었다. 나는 마치 등을 뒤집을 수 없는 무력한 거북이인 것처럼 느껴졌고, 이 어려움에서 벗어날 수 없었다. 자세를 변경하는 것에 목숨이 달려 있는 것처럼 느껴졌기 때문에 나는 울기 시작했다. 나는 이 거북이의 배에 영양을 필요로 하는 아이의 이미지가 있는 것을 알아차렸고, 이러한 경험과 나의 내면아이가 어떤 연관이 있다는 것을 느꼈다. 어떠한 위안도 없이 나는 오랜 시간 동안 계속 울었다.
>
> 한참 후에 뭔가가 변했고 나는 이 거북이의 껍질에 아름다운 풍경의 이미지가 있다는 것을 느꼈다. 그런 후 나의 경험은 다시 바뀌었고, 나는 자세를 바꿀 수 없어서 다른 사람의 도움

을 필요로 하는 작은 아이가 되었다. 얼마간의 시간과 노력을 들인 끝에 마침내 배를 돌리는
데 성공하였는데, 해변을 달리고 수정처럼 맑은 물에서 다이빙하고 헤엄치는 아름다운 풍경
속에 있는 나 자신을 보게 되었다.

내가 안에 있는 그 풍경이 거북이 껍질에 그려져 있는 풍경과 같다는 것을 깨달았다. 나는
자유를 느끼고 꽃향기와 밀려드는 폭포수, 소나무 향기로 가득 찬 공기를 즐겼다. 나는 지구
만큼 나이든 것처럼 느껴졌고, 영원한 강아지Eternal Puppy(피터팬 증후군 원형에 대해 융 학파에
서 장난스럽게 일컫는 말)처럼 젊게 느껴졌다. 나는 작은 연못을 보고 물을 마시러 갔다. 그러
면서 아주 깊게 이완되었고 큰 행복감과 건강한 느낌이 내 몸과 마음을 가득 채웠다.

얼마 후, 나는 이 경험을 어머니에게 나누었는데, 어머니는 내가 한 살이었을 때 고관절 구
조에 이상이 있다는 것을 소아과 의사가 발견해서 두 다리를 벌린 채 깁스를 해야 했다고 말
했다. 나는 40일 동안 움직일 수 없었던 것이다.

둘째, 프라하 정신의학 연구소에서 시행했던 것으로, 중간 정도 용량의 LSD를 연속적
으로 사용했던 심현제 치료 사례이다. LSD 프로그램에 등록했던 밀란Milan은 36세의 건
축가였으며, 전통적인 치료를 받았으나 성공적이지 않았고 이후 심인성 천식으로 진단
을 받았다.

연속적인 LSD 회기를 통해서 그러한 장애의 근원이 되는 여러 층의 기억들이 드러났
다. 그중에서 가장 표면에 있던 것은 밀란이 7세에 거의 익사할 뻔했던 기억이었다. 더
깊은 층에는 두 살 많은 형에게 계속해서 목 졸리고 숨 막히게 되는 4~5세 즈음의 기억
이 있었다.

그보다도 더 깊은 층에는 2세에 심각한 백일해에 걸려서 숨이 막혔던 기억이 있었다.
이러한 전기적 기억들로 이루어진 층들은 그의 어깨가 어머니의 치골 뒤에 걸려서 갇혔
던 출생 시의 사건과 연결되어 있었다. 이 복잡한 시스템의 가장 깊은 층에는 자아초월
적인 것이 있었는데, 그는 이것을 중세 시대에 영국 왕에 대한 반란에 가담한 것에 대한
처벌로 교수대에서 죽었던 전생의 경험이라고 했다.

밀란은 연속적인 LSD 회기에서 앞의 모든 경험을 재체험했다. 이러한 경험을 하면서
불안을 느끼거나 심한 기침을 하고 팔다리를 마구 흔들거나 몸이 강렬히 흔들리기도 했
다. 과정이 진행되는 동안 그의 임상적인 상태는 양극을 오가며 동요했지만, 그가 영국
에서 죽었던 전생 경험을 한 후에 증상들이 크게 완화되기 시작했다.

셋째, 밀란의 이야기는 신체적 외상에서 비롯된 심리외상적 충격을 보여 줄 뿐만 아니

라, 심혼의 전기적/기억적 수준에서의 또 다른 중요한 특징을 보여 준다. 홀로트로픽 상태를 이용한 작업은 정서적으로 관련된 기억들이 각각 고립되어 새겨진 모자이크처럼 무의식 속에 저장되어 있는 것이 아니라 복잡하고 역동적으로 연결된 별자리와 같은 형태로 저장되어 있다는 것을 보여 주었다. 나는 이러한 기억의 무리에 '응축경험 체계coEX systems'라는 이름을 붙였다. 이 개념은 이론적, 실용적으로 중요하기 때문에 특별히 논의할 가치가 있다.

응축경험 체계는 우리 삶의 다른 시기들로부터 비롯되었지만 비슷한 감정이나 신체적인 감각을 공유하고 있으며 격렬한 감정을 갖고 있는 기억들로 구성되어 있다. 각각의 응축경험은 기본 주제를 갖고 있는데, 이 주제는 그 경험의 모든 단계에 스며들어 있으며 공통분모를 나타낸다. 개별적 단계에는 기본 주제가 변용된 모습으로 포함되어 있는데, 이는 그 사람의 삶에서 다른 시기에 일어났던 것들이다. 특정 개인의 무의식은 여러 개의 주요 응축경험 무리를 갖고 있을 수 있다. 그 수와 강도 및 중심 주제의 특성은 사람에 따라 상당히 다르다.

예를 들어, 하나의 특정 시스템에는 자존감을 손상시킨 굴욕적, 모멸적이고 수치스러웠던 경험의 모든 주요 기억이 포함되어 있을 수 있다. 또 다른 응축경험 체계에서는 여러 가지의 충격적이고 무서운 상황에서 경험되었던 불안감이나, 억압적이고 구속적인 상황에서 유발되었던 밀실 공포증과 숨 막히는 느낌이 공통분모가 될 수 있다. 다른 사람을 신뢰하는 능력을 손상시키는 거부감과 정서적 박탈감은 또 다른 흔한 주제다. 깊은 죄책감과 실패감을 불러일으킨 상황, 섹스가 위험하거나 역겹다는 확신을 갖게 만든 사건, 공격성과 폭력성을 맞닥뜨리게 된 사건도 특색 있는 예시로서 앞의 목록에 추가될 수 있다. 특히 중요한 것은 생명, 건강, 신체의 온전함을 위태롭게 하는 상황에 대한 기억을 담고 있는 응축경험 체계이다.

응축경험 체계는 항상 고통스러운 외상 기억을 담고 있다고 생각할지도 모른다. 그러나 기억이 응축경험 체계에 포함될지 여부를 결정하는 것은 그 경험의 불쾌한 내용이 아니라 강렬함과 감정적 관련성이다. 부정적 기억의 집합체들 이외에도 사랑과 충족감을 주는 관계, 가족 간의 화합, 아름다운 자연환경과의 조우, 중요한 성과와 성취에 대한 에피소드처럼 아주 즐겁거나 황홀한 사건들에 대한 기억으로 구성되어 있는 것들도 있다.

그러나 고통스러운 감정과 불쾌한 신체 감각과 관련된 응축경험 체계가 긍정적인 것들보다 더 흔하다. 심각한 정신증을 앓고 있는 환자들을 대상으로 외상 측면들에 대한 작업을 중점으로 두는 심리치료를 하면서 이러한 생각을 갖게 되었다. 고통스러운 경험과 관련된 기억들이 훨씬 더 많은 주목을 받는다는 사실을 볼 수 있었다. 또한 부정적인 응축경험 체계의 스펙트럼은 긍정적인 시스템보다 상당히 풍부하고 다양하다. 조셉 캠벨이 말했듯이 행복은 몇 가지 기본적인 조건의 충족에 달려 있지만 불행은 여러 다른 형태를 가질 수 있다. 그러나 일반적으로는 응축경험 역동이 외상 기억 집단에만 국한되지 않는다는 것을 강조하는 것이 필요하다.

심현제 연구의 초기 단계에서 응축경험 체계의 존재를 처음 발견했을 때, 나는 이것을 무의식의 전기적 단계에 있는 역동 관계를 지배하는 원리로 묘사하였다. 그 당시 나의 심리학에 대한 이해는 스승들, 특히 프로이트 분석가로부터 배웠던 심혼에 대한 아주 편협한 전기적 모델에 기초하고 있었다. 초기에 계속 있었던 치료적 심현제 회기에서 특히 낮은 복용량(15~200mcg)을 사용할 때 종종 전기적 내용들이 지배적이었던 것도 사실이었다.

나의 몇몇 내담자가 '심혼의 고고학chemoarcheology', 또는 '무의식의 양파 벗기기'라고 부르기도 했던 이 단계가 심혼의 여러 층에 대해서 탐구하는 것과 그러한 층들과 증상의 역동 관계를 탐구하는 것에 대해서는 아주 중요한 것으로 드러났다. 회기의 중요한 부분들에서 환자들이 눈을 뜨고 있을 수 있도록 했기 때문에 그들이 겪는 환시 및 비전의 역동에 대한 중요한 통찰력을 얻었다. 이에 대해 발견한 내용들은 『인간 무의식의 영역 Realms of the Human Unconscious』(Grof, 1975)에서 어느 정도 상세하게 묘사하였다. 눈을 뜨고 있는 것이 가장 효과적인 치료 전략은 아니라는 것을 알게 되었지만, 응축경험 체계 자체와 이 체계가 심현제 경험의 현상학에 미치는 영향을 발견하는 것에는 필수적이었다.

이 연구 과정에서 응축경험 체계가 전기적 수준에 국한된 것이 아니라 훨씬 더 깊은 무의식과 연관되어 있다는 것이 분명해졌다. 내가 현재 이해하고 있는 바로는, 각각의 응축경험 배열은 출생 과정의 특정한 측면(기본 주산기 모형)에 겹쳐서 고정되어 있는 것 같다. 생물학적 출생의 경험은 매우 복잡하고 감정과 신체적인 감각이 풍부해서, 우리가 생각할 수 있는 응축경험 체계의 기본 주제를 원형적 형태로 갖고 있다. 그러나 전형적인 응축경험 체계는 훨씬 더 멀리까지 연결되어서 그 가장 깊은 뿌리는 조상 전래적, 집단적 기억 및 카르마 기억과 융의 원형, 다양한 동물과의 의식적 동일시, 계통발생적 기억 등과 같은 여러 형태의 자아초월적 현상을 포함하고 있다.

나는 이제 응축경험 체계를 인간 심혼의 일반적인 조직 원리로 여긴다. 현재 40년 이상의 기간 동안 지속되고 있는 공동 연구에서 리처드 타나스와 나는 일반적인 홀로트로픽 상태의 현상학, 특히 응축경험 체계의 현상학이 원형적 역동의 렌즈를 통해 가장 잘

로제타석은 1799년에 프랑스 군인이 ▶
나일강 삼각주에서 발견한 화강암 석판이다.
이 석판에는 기원전 196년 프톨레마이오스Ptolemy
5세가 멤피스에서 발행한 세 가지 버전의 법령이
새겨져 있었다. 세 가지 버전은
고대 이집트의 상형문자, 데모틱demotic 문자,
고대 그리스어로 쓰여졌다. 이것은 1820년에
장 프랑수아 샹폴리옹Jean François Champollion이
이집트 상형문자의 비밀을 푸는 데 도움을 주었다.

이해될 수 있다는 것을 발견하였다. 나중에 보게 되겠지만, 그것은 내가 의식 연구의 '로제타석Rosetta Stone'이라고 부르는 원형 점성학이 된다. 응축경험 체계의 개념은 융의 '심리적 콤플렉스'(Jung, 1960b)와 한스칼 로이너의 '초월현상의 역동 시스템'(Leuner, 1962)에 대한 개념과 어느 정도 유사하지만, 두 가지로부터 차별화되는 특징이 많다. 응축경험 체계에 대한 논의를 계속하기 전에, 나는 이 세 가지 개념 사이의 유사점과 차이점을 간략하게 요약하고 싶다.

융의 '콤플렉스'라는 개념은 연상 실험에서 나타났다. 그는 실험을 반복하는 동안에 지연된 반응 시간 및 간격이나 기억의 왜곡과 같은 연상 과정의 방해에 기초해서 추론했다. 융은 콤플렉스를 확실한 감정의 분위기(흥분, 공포, 분노 등)를 공유하는 기억과 다른 심리적인 내용의 덩어리라고 표현하였다. 모든 콤플렉스에는 '핵심 요소'와 의미의 매개체, 그리고 개인적 경험에서 비롯된 여러 가지 연상이 있다.

융은 리하르트 바그너Richard Wagner가 사용했던 극작의 성격dramatis personae, 동물, 물체, 상황을 특징짓는 뚜렷한 음악적 주제인 '주도동기leitmotifs'와 콤플렉스의 유사성을 다음과 같이 지적하였다. "주도동기는 콤플렉스의 감정적 분위기이고, 우리의 행동과 기분은 주도동기를 변조시킨 것이다." 각 콤플렉스의 밑바닥에서 융은 보편적인 원칙, 즉 '원형'을 발견하였다. 융은 콤플렉스가 전기적, 원형적 내용으로 구성되어 있다고 보았다. 그

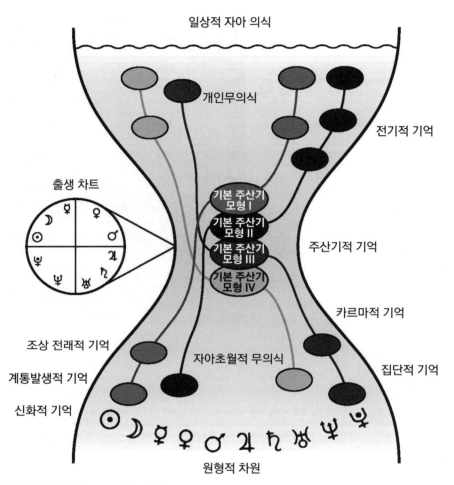

[그림 2-2] 응축경험 체계COEX와 의식 수준

다양한 삶의 시기(위쪽)에서 비롯된 생후 기억의 층과 자아초월적 경험(카르마적, 조상 전래적, 계통발생적 기억과 원형적 모티브)(아래쪽)을 보여 주는 응축경험 체계의 도해. 그 중심에는 기본 주산기 모형(BPM I~IV)이 있다. 응축경험 체계 내의 모든 구성요소는 같은 원형적 주제와 특성을 공유한다는 점에서 연결되어 있다.

는 생물학적 출생이 심리와 어떤 관련성이 있다고 믿지 않았기 때문에 주산기적 요소를 그 안에 포함시키지 않았다.

융은 심층심리학의 중심 역할을 콤플렉스로 보았다. 융이 무의식으로의 왕도로 여긴 것은 프로이트와는 다르게 꿈이 아니라 콤플렉스였다. 사람들에게 콤플렉스는 의도치 않은 공상적 이미지, 태도, 행동으로 드러나며, 그것은 그들에게 특정적이다. 그들은 도처에서 그리고 모든 시대에서 발견될 수 있다. 그들은 '신성하고numinous' 종교적인 영역에서 발견될 수 있다. 융에 의하면, 콤플렉스는 강박적일 뿐만 아니라, 소유적 성질도 갖고 있다. "이제 사람들은 콤플렉스를 가지고 있다는 것을 모두가 알고 있다. 이론적으로는 훨씬 더 중요하지만 잘 알려지지 않은 것은 콤플렉스가 우리를 가질 수 있다는 것이다." 콤플렉스는 마치 방해하는 도깨비처럼 모든 종류의 짜증 나고 우스꽝스러우며 폭로하는 행동들을 일으킨다. 그들은 프로이트가 '일상의 정신병리학'이라고 말했던 실언과 기억 및 판단의 왜곡 현상 뒤에 있다. 콤플렉스에 대한 지적 지식은 쓸모가 없다. 우리가 그것을 방출할 때까지 그것의 해로운 행동은 계속될 것이다. 그것을 방출한다면, 그것은 의식 속으로 떠오르고 소화될 수 있다.

한스칼 로이너Hanscarl Leuner의 초월현상학적 역동 시스템에 대한 개념은 낮은 용량의 심현제를 복용했던 연속적인 작업에서 비롯되었다. 응축경험 체계에 대한 나의 개념은 로이너의 것과는 별개로 구상, 기술되었다. (당시 프라하에서는 외국 서적을 사는 데 필요한 경화hard currency[13]를 구할 수 없었고 서양의 연구자들과도 접촉하지 않았다.)『실험적 정신증Die Experimentelle Psychose』에서 로이너는 초월현상학적 역동 시스템을 "유아기, 아동기, 성인기와 같은 출생 후 삶의 다른 시기들로부터 비롯된 감정이 실려 있는 기억들의 층을 이룬 집합체"라고 묘사하였다. 로이너는 LSD 회기의 현상학을 설명하기 위해 특별히 이 개념을 개발했으며, 다른 영역에는 적용하려고 하지 않았다(Leuner, 1962).

로이너에 의하면, 초월현상학적 역동 시스템은 LSD 회기의 성격과 내용을 결정한다. 의식으로 떠오르는 시스템의 층들은 개인의 생각, 감정, 행동에 영향을 주고, 치료사와 환경에 대해 환자가 착각하도록 변화를 일으킨다. 여기까지는 응축경험 체계와 비슷해 보인다. 그러나 로이너의 모델은 프로이트의 정신분석학에 근거를 두고 있으며, 출생 후 전기에 한정되어 있다. 심혼의 주산기 및 자아초월적 단계는 포함하고 있지 않은 것이다.

로이너는 초월현상학적 역동 시스템의 모든 층이 의식으로 올라오고 감정적 부하가 사라질 때에 개인의 행동과 경험에 영향을 미치는 힘도 사라진다고 말한다. 내가 관찰한 바에 따르면 응축경험 체계의 원형적 장은 보통 주산기 및 자아초월적 단계에 해당하는 심혼의 깊은 곳까지 도달한다. 심혼에 대한 로이너의 모델은 출생 후의 전기적 수준에 한정되어 있었다. 낮은 용량의 LSD(75mcg)를 투여하면서, 그는 무의식의 주산기적 영역을 발견하지 못했고 자아초월적 영역을 유아기 영역으로 축소시켰다("초월적인 것은 일차적 자기애와 같다").

---

13) 달러 같이 국제적으로 널리 통용되는 통화이다.

◀ 한스칼 로이너(1919~1996)는 독일의
정신과 의사 및 심현제의 선구자이며,
유도된 정서적 심상Guided Affective Imagery:
GAI이라고 불리는 심리치료 방법의 창시자이다.

응축경험 체계는 우리 삶의 심리적인 부분에서 중요한 역할을 한다. 그것은 우리가 느끼고 행동하는 방식뿐만 아니라 우리 자신, 다른 사람들, 세계를 인식하는 방식에도 영향을 미칠 수 있다. 그것은 우리의 감정적이고 정신신체적인 증상, 다른 사람들과의 관계에서의 어려움, 비이성적 행동들의 이면에 있는 역동적인 힘이다. 초월현상학적 역동 시스템에 대한 로이너의 개념이 환경과의 상호작용에 대해 시사하지 않는 것에 비해, 나는 응축경험 체계와 외부 세계 사이의 역동적인 상호작용이 존재한다는 것을 발견했다. 우리 삶의 외부 사건들은 특별히 그 사건에 상응하는 응축경험 체계를 활성화시킬 수 있다. 반대로, 활발한 응축경험 체계는 우리 자신과 세계를 인식하는 방식을 결정할 수 있으며, 현재의 삶에서 시스템의 핵심 주제를 재현하는 방식으로 행동하도록 만들 수 있다.

이 기제는 경험적 작업에서 매우 명확하게 관찰할 수 있다. 홀로트로픽 상태에서 경험의 내용, 환경에 대한 인식, 내담자의 행동은 그 회기에서 지배적인 응축경험 체계에 의해, 더 구체적으로는 그 순간 의식에 떠오르는 시스템의 층에 의해 일반적으로 결정된다. 응축경험 체계의 모든 특징은 실제적인 예를 통해 가장 잘 설명될 수 있다. 이를 위해서 37세의 가정 교사인 피터Peter의 예를 들어 보도록 하겠다. 피터는 간헐적으로 입원했었고, 심현제 치료를 받기 전에 프라하에 있는 우리 기관에서 치료를 받았으나 성공적이지 않았다.

경험적 회기를 함께 시작했던 당시에 피터는 일상에서의 기능을 제대로 하기 어려운 상태였다. 그는 특정한 신체적 특징을 갖고 있고 가급적이면 검은 옷을 입고 있는 사람을 찾는 생각에 거의 끊임없이 사로잡혀 있었다. 그는 그 사람과 친구가 되어서 어두운 방에 갇혀서 다양하고 끔찍한 신체적, 정신적 고문을 당하고 싶다는 긴급한 욕망에 대해 그 사람에게 말하고 싶어 했다. 다른 어떤 것에도 집중하지 못한 채, 그는 '딱 맞는 사람'을 찾기 위해서 공원, 화장실, 술집, 기차역에 찾아가고 정처 없이 도시를 돌아다녔다.

그는 자신의 기준에 맞는 여러 사람을 설득하거나 매수해서 그가 요구하는 것을 하겠다고 약속하거나 그렇게 하도록 여러 차례 성공하였다. 가학적인 특성을 가진 사람을 찾는 특별한 재능을 가진 그는 두 번이나 죽을 뻔했고, 여러 번 중상을 입었으며, 한 번은 그의 모든 돈을 뺏겼다. 그가 갈망하는 것을 경험할 수 있었던 그런 상황들에서 그는 극도로 겁을 먹었고 실제로 고문을 매우 싫어했다. 이러한 주요 문제 이외에도 피터는 자살 충동을 느끼는 우울감과 발기 부전, 그리고 잦은 간질 발작으로 고통받았다.

그의 역사를 돌이켜 보면, 나는 그가 제2차 세계대전이 일어났고, 독일에서 비자발적으로 고용되었을 때 주요 문제들이 시작되었다는 것을 알게 되었다. 나치는 점령지에서 독일로 데려온 사람들을 주조 공장이나 탄약 공장과 같은 공습의 위협을 받는 장소에서 일하기 위해 이용했다. 그들은 이러한 방식의 노예 노동을 총체적 감금이라고 불렀다. 그 당시에 두 명의 SS 요원이 계속해서 그에게 총을 겨눈 채 그들의 동성애 행위에 참여하도록 강요하였다. 전쟁이 끝났을 때, 피터는 이러한 경험들이 소극적인 역할로서 경험한 동성애에 대한 강한 선호를 자신에게 심어 주었다는 것을 깨달았다. 이것은 점차적으로 검은 남성 옷에 대한 페티시즘[14]으로 바뀌었고, 결국은 앞에서 설명했던 복잡하고 강박적인 피학적 행동으로 바뀌었다.

15회의 연속적인 심현제 회기를 통해서 그의 문제들의 기저를 이루는 아주 흥미롭고 중요한 응축경험 체계가 드러났다. 가장 피상적인 층에는 피터가 가학적인 파트너들과 최근에 겪은 트라우마적인 경험이 있었다. 그가 고용한 사람들은 그의 바람에 따라 실제로 그를 밧줄로 묶고, 음식과 물이 없는 방에 가뒀으며, 그를 채찍질하고 목 조르며 고문하였다. 이 사람들 중 한 명이 그의 머리를 때리고 줄로 묶고, 그의 돈을 훔친 후에 숲속에 그를 내버려 두었다.

---

14) 몸의 일부, 옷가지, 소지품 따위에서 성적 만족을 얻는 이상 성욕의 하나. 페티시(fetish)는 원래 숭배의 대상이 되는 자연적, 인공적 물건을 가리킨다.

피터가 겪은 가장 극적인 경험은 그가 원하는 것과 같은 방을 숲속 오두막에 갖고 있으며 그를 그곳으로 데려가겠다고 약속했던 한 남자와 관련된 것이다. 그들이 기차를 타고 이 남자가 주말에 머무르는 집으로 가고 있을 때, 피터는 동료가 갖고 있던 이상하게 생긴 육중한 배낭에 부딪혔다. 그 남자가 객실을 떠나 화장실에 갔을 때, 피터는 의자에 올라서서 수상한 가방을 확인하였다. 그 남자는 총, 큰 도살용 칼, 예리한 날의 도끼, 절단에 사용되는 외과용 톱을 포함한 완전한 세트의 살인 무기들을 발견하였다. 공황 상태에 빠진 피터는 달리는 열차에서 뛰어내려 심각한 부상을 입었다. 이러한 사건들의 요소들은 피터의 가장 중요한 응축경험 체계의 피상적인 층을 형성하였다.

같은 시스템의 더 깊은 층에는 히틀러 치하의 독일에 대한 피터의 기억이 들어 있었다. 응축경험 무리 중 이 부분이 드러난 회기에서 그는 동성애자인 SS 요원들과의 경험과 이와 관련된 복잡한 감정들을 상세히 재체험했다. 이에 더해 그는 제2차 세계대전에서 비롯된 다른 충격적인 기억들 몇 가지를 재체험했고, 그 시기의 모든 억압적인 분위기를 다루었다. 그는 거만한 나치 군대의 행진과 집회, 만卍 자가 그려진 현수막, 불길한 거대한 독수리 형상, 집단 수용소의 장면, 그리고 많은 다른 것에 대한 환상을 보았다.

그러고 나서 피터의 어린 시절과 관련된 층들, 특히 그의 부모가 했던 처벌과 관련된 것들이 드러났다. 알코올중독자였던 아버지는 술에 취해 가죽 끈으로 그를 때리고는 했다. 그의 어머니는 오랫동안 음식 없이 어두운 방에 가두는 방식으로 그를 처벌하였다. 피터는 어린 시절 내내 그녀가 항상 검은 드레스를 입고 있었다는 것을 기억해 냈다. 그녀가 다른 옷을 입고 있는 것은 기억에 없었다. 이 시점에서 그는 자신의 강박 관념의 근원 중 하나가 부모에 의해 자신에게 가해진 처벌의 요소들을 합쳐진 고통을 갈망하는 것 같다는 것을 깨달았다.

하지만 이것이 전부는 아니었다. 회기를 계속 이어 가면서 이 과정은 더 깊어졌고, 피터는 그가 태어났을 때 경험했던 생물학적 야만성에서 비롯된 트라우마에 직면하였다. 그 상황은 필사적으로 받고자 했던 가학적인 대우로부터 그가 기대했던 모든 요소를 가지고 있었다. 바로 어두운 폐쇄 공간, 감금과 신체적 움직임의 제한, 그리고 극단적인 신체적, 감정적 고문에 노출되는 것이다. 그가 태어났을 때의 트라우마를 재체험함으로써 그의 어려운 증상들은 마침내 해결되었고 다시 한번 삶에서 올바로 활동할 수 있게 되었다.

홀로트로픽 상태에서 응축경험 체계가 의식으로 떠오를 때, 그것은 지배적인 기능을 수행하면서 경험의 성격과 내용을 결정한다. 자신과 인간과 물리적 환경에 대한 우리의 인식은 의식에 떠오른 응축경험 무리의 기본적인 모티브와 개별적인 층들의 특징에 맞춰서 왜곡되고 허황되게 변한다. 이 기제는 피터의 홀로트로픽 과정의 역동을 묘사함으로써 설명될 수 있다.

피터가 응축경험 체계의 가장 피상적인 부분들을 거쳐 가며 작업하고 있을 때, 그는 내가 과거의 가학적인 파트너로 변하거나 도살자, 살인자, 중세의 처형자, 재판관, 올가미를 갖고 있는 카우보이와 같이 공격성을 상징하는 인물로 변하는 것을 보았다. 그는 내 만년필을 동양의 단도로 인식하고 그것으로 공격받을 것이라고 예상하였다. 그가 탁자 위에 놓여 있는 봉투를 뜯는 데 사용되는 사슴 뿔 손잡이가 달린 칼을 보자, 그는 즉시 내가 폭력적으로 보이는 관리자로 변하는 것으로 보았다. 그는 여러 차례 고문을 요청하였고 배뇨를 참음으로써 '의사를 위해' 고통받기를 원했다. 이 시간 동안 치료실과 창문에서 바라보는 전망은 피터의 가학적인 파트너들과의 모험이 일어났던 다양한 장소로 바뀌는 환상을 보았다.

제2차 세계대전과 관련된 더 오래된 층에 그의 경험의 초점이 맞춰졌을 때, 피터는 내가 히틀러와 다른 나치 지도자들, 포로수용소 사령관, SS 요원, 게슈타포 장교로 변하는 것으로 보았다. 치료실 밖에서 들리는 평범한 소음 대신 그는 행진하는 병사들의 부츠 소리, 브란덴부르크 문 옆 나치 집회와 행진 음악, 나치 독일의 애국가를 들었다. 치료실은 독수리 문양과 만卍 자가 있는 독일 의회의 방, 수용소의 막사, 창문에 무거운 창살이 있는 감옥, 심지어는 사형수 수감 건물로 연속적으로 바뀌었다.

어린 시절의 핵심 경험들이 회기에서 나타나고 있을 때, 피터는 나를 처벌하는 부모의 형상으로 인식하였다. 이때 그는 아버지 및 어머니와의 관계에서 가졌던 여러 시대착오적인 행동 패턴을 나에게 드러내는 경향이 있었다. 치료실은 어린 시절의 그의 집과 같은 배경의 여러 부분으로, 특히 그가 어머니에 의해 반복적으로 감금되어 있는 어두운 방으로 바뀌고 있었다.

앞에서 설명한 기제는 역동적인 상대를 갖고 있다. 홀로트로픽 상태의 사람들의 응축경험 체계를 활성화하고 이러한 체계의 내용이 의식으로 출현하도록 촉진하는 외부 자극의 성향이다. 이는 물리적 환경, 대인관계 환경 또는 치료적 상황의 요소와 같은 특정 외부 영향이 원래의 트라우마 장면과 유사하거나 동일한 구성요소를 포함하는 경우에 발생한다. 이것이 홀로트로픽 체험을 위한 환경의 특별한 중요성을 이해하는 열쇠인 것으로 보인다. 피터의 LSD 회기 중 하나에서 비롯된 연속적인 사건들은 치료 상황에 우연히 도입된 특정 외부 자극에 의한 응축경험 체계의 활성화를 보여 준다.

피터가 LSD 치료 작업을 통해서 발견한 중요한 핵심 경험 중 하나는 그의 어머니가 어두운 방에 가둬서 다른 가족들이 식사를 하는 동안 음식을 먹지 못했던 기억이었다. 이 기억을 재체험하는 것은 치료실의 열린 창문 근처를 달려가던 개가 사납게 짖는 소리에 의해 예상치 못하게 촉발되었다. 이 사건을 분석하면서 외부 자극과 활성화된 기억 사이의 흥미로운 관계를 알 수 있었다. 피터는 어머니가 그를 가뒀던 방에 이웃집 뜰이 보이는 작은 창문이 있었다는 것을 회상하였다. 개집에 묶여 있던 이웃집의 독일셰퍼드는 피터가 방에 갇혀 있을 때 거의 끊임없이 짖고는 했다.

홀로트로픽 상태에서 사람들은 종종 다양한 환경 자극에 대해서 부적절하게 보이거나 아주 과장된 반응을 보인다. 그러한 과민반응은 특정적이고 선택적이며 지배적인 응축경험 체계의 역동 관계를 통해서 일반적으로 이해될 수 있다. 환자들은 부모 또는 다른 관련 인물로 인해 어린 시절에 가졌던 정서적 박탈, 거부, 방임 경험과 관련된 기억 집합의 영향 아래 있을 때 그들이 무관심하고 냉정하고 '전문적' 치료로 여기는 것에 대해서 특별히 민감하다.

환자들이 형제자매들과의 경쟁 문제에 관해 작업하고 있을 때, 그들은 치료사를 독점하려고 시도할 수도 있고, 치료사에게 있어서 유일하거나 혹은 적어도 가장 좋아하는 환자가 되고 싶어 할 수도 있다. 그들은 치료사에게 다른 환자가 있다는 것을 받아들이기 어려워하거나, 치료사가 다른 사람에게 관심을 보내는 것을 보면서 극도로 자극될 수 있다. 회기 중에 혼자 있는 것을 신경 쓰지 않거나 오히려 그렇게 되기를 원하는 환자들도 그들이 버림받는 경험과 어린 시절의 외로움과 관련된 기억과 연결되어 있을 때에는 치료사가 어떤 이유로든 방을 나가는 것을 참지 못한다. 이러한 것들은 외부 상황에 대한 과민성이 근본적인 응축경험 체계를 반영하는 상황의 몇 가지 예일 뿐이다.

지금까지 설명한 응축경험 체계의 공통분모는 체계의 층들이 공유하는 감정이나 신체적 느낌의 성격이다. 대인관계 응축경험 체계라고 할 수 있는 응축경험 체계의 다른 범주도 있다. 이러한 역동 집단에서 공통분모는 권위적 인물, 성적 파트너, 동료 등과 같은 특정 인물들과의 관계에서의 유형이 된다. 이러한 체계에 대해 아는 것은 치료사 또는 시터와 홀로트로픽 의식 상태에 있는 사람 사이에서 생길 수 있는 치료적 과정 및 대인관계 문제의 역동을 이해하는 데 있어서 아주 중요하다. 이것은 심리치료에서 가장 중요한 치료적 기제이기도 하다.

심리치료에는 다음과 같은 근본적인 문제들에 대해서 충격적일 정도로 합의가 되어 있지 않다는 것을 보여 주는 많은 학파가 있다. 인간 심혼의 차원들에는 무엇이 있는가? 가장 중요한 동기가 되는 힘은 무엇인가? 왜 감정과 심신의 증상이 일어나는가? 그들이 의미하는 것은 무엇인가? 왜 특정한 형태를 취하는가? 내담자들과의 작업에서 어떤 기법과 전략이 이용되어야 하는가? 그렇기 때문에 같은 심리적 내용에 대한 심리치료 절차와 해석은 학파마다 매우 다르다.

치료 결과에 대한 연구는 심리치료를 받는 경우와 치료를 받지 않고 대기자 명단에서 기다리는 경우 간에 어느 정도 차이가 있다는 것을 보여 주었지만, 서로 다른 학파들의 결과들 간에서는 유의미한 차이를 발견하지 못했다(Frank & Frank, 1991). 그 차이점은 학파들 사이에 있는 것이 아니라 학파 안에서 발견된다. 각 학파에는 동료들보다 더 나은 치료사로 알려진 사람들이 있다. 이것은 몇 가지 흥미로운 질문을 제기한다. 심리치료에 있어서 효과적인 기제는 무엇인가? 언어적 치료가 언제 도움이 될 수 있으며, 그 이유는 무엇인가? 그리고 그것의 한계는 무엇인가?

그 답이 심혼에 대한 더 나은 이해를 갖고 더 정확하고 더 좋은 타이밍의 해석을 하는 것이 아니라는 것은 분명한데, 이것은 학파마다 서로 다르기 때문이다. 반면에, 효과적이라고 언급되어 온 몇 가지 요인은 치료사와 의뢰인 사이의 인간적 만남의 질, 치료사와 환자의 성격 사이의 양립과 공명, 그리고 인생에서 처음으로 다른 사람에 의해 무조건적으로 받아들여지는 느낌이다. 점성가들은 두 사람의 차트 사이에 있는 조화로운 정렬에 대해 이야기할 것이다.

대인관계(또는 대인관계 응축경험 체계)에서 반복적인 트라우마적 패턴을 깨는 것은 성공적인 치료를 위해 중요한 역할을 할 수 있을 것으로 보인다. 프라하 정신의학 연구소에서 약 50년 전에 행한 흥미로운 연구는 이것을 증명하였다. 이 연구는 다음과 같은 문제에 초점을 맞췄다. 감정적 또는 정신신체 장애를 가진 사람들의 삶을 보면, 그들이 권위를 갖고 있는 인물, 남자, 여자, 성적인 파트너, 동료와 같은 특정한 관계에서 역기능적인 패턴을 똑같이 반복하는 경향이 있다는 것을 볼 수 있다. 이러한 여러 관계 속에서 만나는 파트너들은 성격이 매우 다를 수 있음에도 불구하고, 환자들은 결국 여러 관계에서 같은 종류의 문제를 갖게 되는 경향이 있다. 우리의 연구는 이와 관련된 기제를 이해하기 위한 것이었다.

프라하 정신의학 연구소에서 실시한 연구는 대인관계 발달에 관한 연구라고 불렸다. 우리는 외래환자 부서에서 9명의 남성과 9명의 여성으로 18명의 환자를 선발하였다. 이 환자들 중 어느 누구도 연구가 시작되기 전에 다른 환자들을 알지 못했다. 우리는 개방된 입원실을 비우고 같은 날에 이 환자들을 모두 입원시켰다. 첫날 오후에 그들은 6개의 서클 중 무작위로 선택된 3개 서클에 앉아서 티모시 리어리Timothy Leary의 성격에 대한 대인

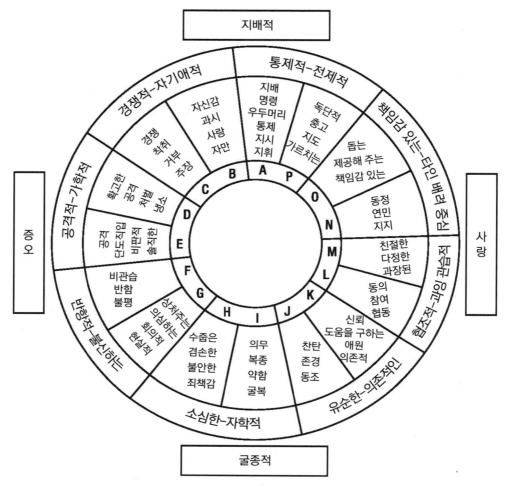

[그림 2-3] 티모시 리어리의 대인관계 진단 질문지의 구성을 보여 주는 도표

관계 진단 테스트를 토대로 설문조사를 받았다. 이것은 리어리가 심현제를 복용하기 훨씬 전에 리어리를 유명하게 만들었던 성격 테스트였다(Leary, 1957).

리어리의 테스트에서 대인관계에 대한 질문은 수직축이 지배적/굴종적이고 수평축이 증오/사랑인 좌표계에 배열될 수 있다. 이를 통해서 네 가지 속성의 다양한 조합을 보여 준다. 이 프로젝트를 위해서 환자들 사이의 관계 성격을 설명하는 설문지 질문들은 미래 시제로 진술되었다. 그래서 그들은 서로에 대해 아무것도 모르는 상태에서 동료 환자들과 어떤 관계를 맺게 될 것인가를 추측해야 했다.

입원 후 이 환자들은 4주 동안 우리 연구소에서 함께 지냈다. 그들은 다양한 스포츠,

예술 활동, 직업 치료, 자연에서의 산책, 게임, 문화 행사 등으로 구성된 풍부한 프로그램에 참여하였다. 매주 말에 그들은 전과 같은 내용이지만 현재 시제로 구성된 대인관계 설문지를 받았고, 이번에는 그들이 동료 환자들과 갖고 있는 실제 관계에 대해서 답했다.

환자들이 그들 관계의 성격을 묘사하는 문장들(예를 들면, 그 사람은 나를 비난한다, 나를 통제하려고 한다, 나를 지지한다, 나에게 다정하다 등)을 선택하면, 두 좌표와 동심원이 있어서 양궁에서의 표적과 같이 생긴 그래프에 입력되었다. 리어리에 따르면, 건강한 관계를 가진 사람의 결과는 상대적으로 균형을 이루는 패턴을 보이게 된다. 그리고 역기능적 관계는 특정 사분면에 치우치는 패턴을 보이게 된다.

이 연구에서 몇 가지 흥미로운 결과가 나왔다. 초기 그래프에서 특정 환자와의 역기능적 관계가 강하게 예상되었던 환자들에게서 이후에 진행된 실제 관계에 대한 묘사가 그러한 처음의 예상과 일치하는 측면이 아주 크다는 것을 볼 수 있었다('자기실현적 예언'). 이 연구의 다음 단계는 과거 시제로 진술된 동일한 내용의 설문지를 이용해서 환자들에게 원가족 구성원들과의 관계에 대해 답하도록 하는 것이었다.

역기능적 반복 패턴은 원가족과의 역동으로 거슬러 올라갈 수 있었다. 권위적 인물(교사, 상사, 군대 장교 등)과의 문제는 가족 내에서 규율과 관련해서 통제하는 부모와, 성적 관계에서의 문제는 부모 중 한 사람이나 결혼의 패턴과, 동료 집단과의 갈등은 형제자매 간의 경쟁과 연결되어 있었다. 결정적인 시기는 5, 6세였는데, 이때 아이들은 인구 중 매우 대표적이지 못한 표본인 원가족 안에서 확립된 대인관계 행동 양식을 더 큰 공동체(교사, 학교 친구, 다양한 지인)에 적용하기 시작한다.

그다음 질문은 다음과 같다. 이 패턴들이 수정될 것인가 아니면 강화될 것인가? 인간관계는 상호 보완적이기 때문에 보통 사람은 예측 가능하고 기대되는 방식으로 반응하는 경향이 있고, 따라서 역기능적인 패턴을 강화하게 된다. 훌륭한 교사, 이상적인 상사, 그리고 결국 치료사의 과제는 이례적이고 예기치 못한 방법으로 대응하고 반복되는 패턴을 깨고 바로잡는 경험을 제공하는 것이다. 치료사의 과제는 특히 도전적이고 아주 중요하다. 내담자가 치료사를 찾아올 때쯤 역기능적 패턴은 이미 여러 번 반복되어 강화된 상태이다. 심리치료는 중립적일 수 없다. 그것은 내담자의 역기능적 패턴을 강화시키거나 바로잡는 경험을 제공한다. 심리치료에서 이것은 장발장Jean Valjean 현상이라고 알려져 있다. 장발장이 나오는 빅토르 위고Victor Hugo의 『레미제라블Les Misérables』의 이야기는 다음과 같다.

죄인 장발장은 빵 한 덩이를 훔친 죄와 이후 탈옥을 시도한 죄로 19년 동안 프랑스 감옥에서 복역하다가 석방된다. 장발장이 마을에 도착했을 때, 전과자라는 이유로 그에게 지낼 만한 곳을 제공하려고 하는 사람은 아무도 없다. 절망한 장발장은 그를 소중한 손님으로서 매우 친절하게 대해 주는 주교에게 간다. 장발장은 주교로부터 은식기를 훔쳐서 도망가지만, 경찰이 장발장을 체포한 뒤 은식기에 적힌 이니셜을 알아채고 주교의 집으로 다시 데려간다. 주교는 은그릇이 선물이었다고 말하며 그를 보호한다. 경찰관은 장발장을 석방하고 주교는 그에게 정직한 사람이 되겠다고 약속하게 한다. 이후 가명을 사용하는 장발장은 기발한 제조 과정을 만들어서 마을이 번영하도록 한다. 그는 정직한 사람이 되어 결국 그 마을의 시장으로 선출된다.

우리가 홀로트로픽 상태를 이용한 작업을 할 때, 내담자의 반복적인 대인관계 패턴이 활성화되고 증폭되어 치료 중에 어려운 상황을 만들 수 있기 때문에 이러한 패턴을 인식하는 것이 중요하다. 그러나 홀로트로픽 상태로의 퇴행은 매우 깊은 수준에서 바로잡는 경험을 할 수 있는 특별한 기회를 제공한다. 강하고 사랑스러운 남성 혹은 여성의 존재, 부모와 달리 잘 어울리는 남성과 여성이 동시에 함께하는 것, 그리고 채워지지 않았던 의존적 욕구의 충족을 깊은 퇴행 중에 경험하는 것은 이전에 고통스러웠던 대인관계 형식이 특별히 치유되고 변화되도록 도울 수 있다.

무의식의 주산기 단계

우리의 깊은 경험적 자기탐구 과정이 어린 시절과 유아기의 기억 수준을 넘어서 출생의 기억에까지 이르게 되면, 우리는 극단적인 강도의 감정과 신체적 감각을 겪기 시작하며, 종종 이전에 우리가 가능하다고 생각했던 어떤 것도 뛰어넘게 된다. 이때 그 경험들은 태어나고 죽는 것의 이상한 혼합물이 된다. 이 경험들은 격렬하고 위협적인 감금과 자신을 해방시키고 살아남기 위해 필사적이고 완강한 싸움을 포함한다.

무의식 영역과 생물학적 출생 사이의 밀접한 연관성 때문에 주산기perinatal라는 이름을 선택했다. 이것은 그리스-라틴 합성어로 접두사 *peri*는 '가까운' 또는 '둘레'를 의미하며, 어근 *natalis*은 출생과 관계되었다는 것을 의미한다. 이 용어는 보통 의학에서 출생 직전, 출생 도중, 출생 직후에 일어나는 다양한 생물학적 과정을 묘사하기 위해 사용된다. 예를 들어, 산부인과 의사들은 주산기 출혈, 감염, 또는 뇌손상에 대해 말한다. 전통의학에서는 아이는 의식적으로 출생을 경험하지 않고 이 사건은 기억에 기록되지 않기 때문에 우리는 주산기 경험에 대해 알 수 없다고 한다. 의식과 관련하여 주산기라는 용어를 사용하는 것은 내가 발견한 것을 반영하는 것이며 완전히 새로운 것이다(Grof, 1975).

우리 심혼의 무의식 영역에서 발견되는 출생과 죽음에 대한 표현과 그것들 사이의 긴밀한 연관성은 주류 심리학자와 정신과 의사들의 깊이 뿌리박힌 신념에 도전하기 때문에 그들을 당황스럽게 할 것이다. 전통적인 의학적 관점에 따르면, 뇌세포에 돌이킬 수 없는 손상을 야기할 정도로 어려움을 겪으며 출생되는 경우에만 정신증적으로 영향을 입는 결과를 갖게 되며, 주로 정신지체나 과잉행동 같은 신경성 유형의 장애들을 갖게 될 수 있다.

생물학적 출생은 기억에 남지 않고 심리적 외상을 만들지 않는다는 것이 정신의학의 공식 입장이다. 출생 기억의 가능성을 부정하는 일반적인 이유는 신생아의 대뇌피질이 이 사건의 경험과 기록을 해결할 만큼 성숙하지 못하기 때문이다. 더 구체적으로 말하자면 피질 뉴런이 아직 완전히 '수초화髓鞘化, myelinized'[15)되지 않았다는 것으로, 수초화된다는 것은 수초라고 불리는 지방 물질의 보호 피복으로 완전히 덮여 있다는 것을 의미한다. 놀랍게도 이 같은 주장은 출생 직후의 시기인 수유 시기에 대한 기억의 존재와 중요성을 부인하는 데는 사용되지 않는다.

수유와 유대감(출생 직후 산모와 아이가 시선을 나누고 신체적 접촉을 하는 것)에 대한 경험의 심리적 중요성은 일반적으로 주류 산부인과 의사, 소아과 의사, 아동 정신과 의사에 의해 인식 및 인정된다(Kennell, & Klaus, 1988; Klaus, Kennell, & Klaus, 1985). 무의식적, 무반응적인 유기체로서의 신생아 대한 이미지는 주산기 동안 태아의 놀랄 만한 민감성을 묘사하는 문헌들이 늘어나는 것과도 첨예하게 대립하고 있다(Moon, Lagercrantz, & Kuhl, 2010; Tomatis, 1991; Verny & Kelly, 1981; Whitwell, 1999).

신생아의 대뇌피질이 완전히 수초화되지 않았다는 사실에 근거해서 출생 기억의 가능성을 부정하는 것은 대뇌피질이 전혀 없는 훨씬 하등한 생물에도 기억능력이 존재한다는 점을 고려할 때, 특히 불합리하다. 2001년에 오스트리아 출신의 미국인 신경과학자인 에릭 캔들Eric Kandel은 갓 태어난 인간 아이와 비교할 수 없을 정도로 원시적인 유기체인 바다 민달팽이 아플리시아의 기억 기제에 대한 연구로 노벨 생리학상을 받았다. 그리고

---

15) 미엘린 수초가 뉴런의 축삭돌기를 감싸는 현상으로, 자극의 전달 속도를 더욱 빠르게 한다.

단세포 유기체에도 원형질의 기억이 어떠한 원시 형태로 존재한다는 것은 잘 알려져 있다. 엄격한 과학적 사고에 단련된 사람들에게서 일어나는 이 놀라운 논리적 모순에 대한 가장 유력한 설명은 생물학적 출생의 무서운 기억에 대한 심리적 억압이다.

출산에 수반되는 감정적, 육체적 스트레스의 정도는 극단적인 형태의 신체적 학대를 제외한다면 정신역동 문헌에서 논의되는 유아기와 아동기와 같은 출생 후 기간의 트라우마에서 겪는 어떤 스트레스보다도 강렬하다. 다양한 형태의 경험적 심리치료는 생물학적 출생이 우리 삶에서 가장 극심한 트라우마이며 심리영적으로 다른 무엇보다도 가장 중요한 사건이라는 것에 대한 설득력 있는 증거를 축적해 왔다. 그것은 세포 수준까지 세세하게 기억으로 남아 있고, 우리의 심리발달에 지대한 영향을 미친다.

생물학적 출생의 다양한 측면은 매우 실감나게 재체험되며 그 과정은 종종 사진으로 찍은 것처럼 상세하게 재현된다. 이는 자신의 출생에 대한 지적인 지식이 없고 기본적인 산과적 정보가 없는 사람들에게도 발생할 수 있다. 이런 모든 세부사항은 잘 보관된 출생 기록이나 믿을 만한 증인이 확보되면 확인할 수 있다. 예를 들어, 우리는 직접적인 경험을 통해 거꾸로 태어났다는 것, 분만 중에 겸자가 사용되었다는 것, 또는 탯줄이 목에 감긴 채 태어났다는 것을 발견할 수 있다. 우리는 태어나면서 겪었던 불안감, 생물학적 분노, 신체적 고통, 질식 등을 느낄 수 있고, 심지어 태어날 때 사용되었던 마취의 종류도 정확하게 인식할 수 있다.

이것은 특정 유형의 분만 기제를 정확하게 재현하는 머리의 회전, 굴곡, 굴절뿐만 아니라 몸, 팔, 다리의 다양한 자세와 움직임을 종종 동반한다. 우리가 출생을 다시 경험할 때 타박상, 부기와 혈관의 다른 변화들은 겸자가 사용되었던 부분이나 탯줄이 목을 조이고 있던 부분에서 예상치 못하게 피부에 나타날 수 있다. 이러한 현상은 출생에서 일어나는 트라우마의 기록이 세포 수준까지 도달한다는 것을 시사한다.

정신의 무의식적 영역에서 출생과 죽음 사이의 밀접한 연관성은 이치에 아주 딱 맞는다. 그것은 출생이 잠재적으로 또는 실제로 생명을 위협하는 사건이라는 사실을 반영한다. 분만은 태아가 자궁 내 존재하는 것을 난폭하게 종식시킨다. 태아는 수생 유기체로서는 '죽고', 공기를 마시는 생리학적, 해부학적으로 다른 형태의 생명체로 태어난다. 그것의 쪼그라들었던 폐는 팽창하며, 신장 및 위장 시스템과 함께 태반 호흡, 소변 배설, 노폐물 제거에 의해 이전에 수행되었던 기능을 이어받는다.

산도를 통과하는 길은 그 자체로 우리를 죽음에 가깝게 만들 수 있을 정도로 어려우며 잠재적으로 위험한 과정이다. 아이의 크기와 골반 입구 크기가 심각하게 차이나거나, 태아가 횡단적으로 자리를 잡았거나, 또는 역산이나 전치태반과 같은 출생 시의 다양한 문제는 이 과정에서의 감정적, 신체적 도전을 더욱 크게 만들 수 있다. 아이와 어머니는 분만 중에 목숨을 잃을 수 있으며, 아이는 질식으로 인해서 심각하게 시퍼런 상태로 태어날 수도 있고 심지어 죽거나 심폐 기능 소생을 필요로 할 수도 있다.

출생의 트라우마를 의식적으로 재체험하고 통합하는 것은 경험적 심리치료와 자기탐구의 과정에서 중요한 역할을 한다. 무의식의 주산기 단계에서 비롯되는 경험은 네 가지의 뚜렷한 경험적 패턴으로 나타나는데, 각각은 특정한 감정들, 신체적 느낌들, 상징적 이미지로 특징지어진다. 이러한 패턴은 태아가 출생이 시작되기 전과 생물학적 분만의 연속적인 3단계의 과정 동안 겪었던 경험과 밀접한 관련이 있다. 이러한 경험들은 심혼에 깊은 무의식적 각인을 남기며, 그것은 이후 삶에서 개인에게 중요한 영향을 끼친다. 나는 깊은 무의식 속에 있는 이 4개의 역동적 패턴을 기본 주산기 모형Basic Perinatal Matrices: BPMs이라고 부른다.

주산기 경험의 스펙트럼은 출산에 관련된 생물학적, 심리학적 과정으로부터 나올 수 있는 것에 한정되지 않는다. 주산기 모형은 응축경험 체계의 필수적인 부분을 형성하는데, 응축경험 체계는 출생 후 기억과 자아초월적 경험도 포함하고 있으며 이들은 주산기 모형과 같은 원형적 특성을 공유하고 있다. 이들은 태아 상태의 기억을 재체험하는 것과 번갈아 나타나거나 다양한 조합으로 동시에 나타날 수 있다. 기본 주산기 모형은 융에 의해 묘사된 집단무의식의 중요한 관문을 나타낸다. 산도를 통과하는 시련에 직면한 아기와 동일시되는 것은 다른 시대와 문화권의 사람들, 다양한 동물, 심지어 신화적 인물들과 관련된 경험들에 대한 접근을 제공하는 것 같다. 태어나기 위해 몸부림치는 태아와 연결됨으로써 비슷한 곤경에 처한 다른 지각 있는 존재들과 친밀하고 신비적이라고 할 만한 방식으로 연결되는 것 같다.

생물학적 출생의 연속적인 단계들에 대한 경험들과 그 경험들과 관련된 다양한 상징적 이미지들 사이의 연관성은 매우 구체적이고 일관적이다. 이들이 함께 등장하는 이유는 통념적 논리로는 이해할 수 없다. 그러나 논리적으로 이해할 수 없다는 것이 이러한 연관성이 임의적이고 무작위적이라는 것을 의미하지는 않는다. 그것들은 '경험적 논리'로서 가장 잘 설명될 수 있는 그것들 나름대로의 깊은 질서를 가지고 있다. 이것이 의미하는 바는 다양한 출생 단계에 특정한 경험과 이에 수반되는 상징적 주제의 연관성은 어떤 형식적인 외부 유사성이 아니라 그들이 같은 정서적 느낌과 신체적 감각을 공유하고 있다는 사실에 근거하고 있다는 것이다.

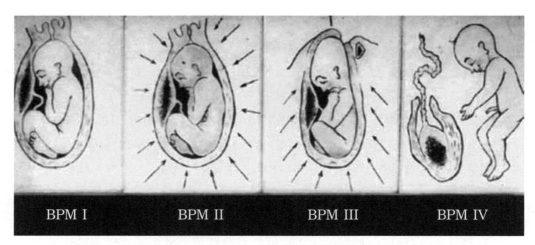

[그림 2-4] 네 가지 기본 주산기 모형(BPM I～IV)의 기저에 있는 생물학적 탄생 단계를 묘사하는 모델

주산기 모형은 풍부하고 복잡하며 원형적 연관성뿐만 아니라 특정한 생물학적, 심리학적 특성들을 가지고 있다. 출생 및 죽음과의 경험적 대립은 자동적으로 영적인 열림과 정신 및 존재의 신비적 차원에 대한 발견으로 귀결되는 것처럼 보인다. 연령 퇴행이 주산기 단계에 도달하면 새로운 경험적 특성이 경험 안으로 들어온다. 이에 대해 융은 루돌프 오토Rudolf Otto에게서 빌려온 신성神聖, numinosity[16]이라는 단어를 사용하였다. 이 중립적인 단어는 종교, 성스러움, 영성, 신비, 마술과 같이 유사한 의미를 갖고 있으며, 다양한 맥락에서 사용되어 왔고 쉽게 오해될 수 있는 단어들을 피하는 것을 가능하게 한다.

주산기 모형과의 접촉은 심현제 물질을 사용한 회기, 홀로트로픽 숨치료, 비의도적인 심리영적 위기('영적 응급'), 또는 출산이나 근사체험과 같은 실제적인 삶의 상황 중에 발생할 수 있다(Ring, 1982). 이러한 경험의 구체적인 상징들은 개별적인 기억 장치가 아닌 집단무의식으로부터 비롯된다. 따라서 그 경험자의 문화적 또는 종교적 배경과는 완전히 독립적으로 세계의 어떤 역사적 시대, 지리적 지역, 영적 전통에 의지할 수 있다.

개인의 주산기 모형은 동일한 원형적 특성을 공유하고 동일한 응축경험 체계에 속하는 특정 범주의 출생 후 경험과 연관성이 있다. 또한 그것들은 대자연 어머니, 태모신, 천국과 천상(기본 주산기 모형 I), 두려운 어머니 여신과 지옥(기본 주산기 모형 II), 마녀들의 안식일과 악마적 의례(기본 주산기 모형 III), 죽음과 부활을 나타내는 다른 문화로부터

---

16) 누미노제(numinose)는 '영적 또는 종교적 감정을 불러일으키며, 신비하거나 경외심을 불러일으킨다'는 뜻의 라틴어(numen)에서 유래한 개념이다(위키피디아).

의 연옥과 신들(기본 주산기 모형 III), 그리고 신성한 계시, 연금술적 **카우다 파보니스**(공작 꼬리), 무지개 모양(기본 주산기 모형 IV)과 연관성을 가지고 있다. 이 책의 후반부에서 우리는 기본 주산기 모형 I~IV의 현상학과 점성학의 원형 해왕성, 토성, 명왕성, 천왕성 사이의 주목할 만한 유사점을 분석할 것이다.

주산기 모형과 같은 응축경험 체계에 포함될 수 있는 또 다른 유형의 경험은 조상 전래적, 민족적, 집단적, 카르마적, 계통발생적 기억들이다. 또한 우리는 기본 주산기 모형과 프로이트 이론의 성감대에서 일어나는 생리적 활동의 특정 측면, 그리고 정서 및 정신신체 장애의 특정 범주 사이에 있는 이론적 및 실질적으로 중요한 연관성에 대해 언급해야 한다. 이러한 모든 상호관계는 〈표 2-1〉의 개요 패러다임에 나타나 있다.

유아기, 아동기 그리고 이후 삶에서 비롯된 강력하고 감정적으로 북받친 경험에 의해 강화되면서 주산기 모형은 세계에 대한 우리의 인식을 형성하고, 일상 행동에 심대한 영향을 주며, 다양한 감정적, 정신신체 장애의 발전에 원인이 될 수 있다. 집단적 규모로 볼 때 주산기 모형은 종교, 예술, 신화, 철학과 더불어 전체주의 체제, 전쟁, 혁명, 대량학살과 같은 다양한 사회정치적 현상에서 중요한 역할을 한다. 다음 절에서는 주산기 역동의 더 넓은 의의를 살펴볼 것이다.

첫 번째 기본 주산기 모형: BPM I(어머니와의 원시적 결합)

이 모형은 분만을 시작하기 전 자궁 내에서 존재하는 것과 관련이 있다. 이 시기의 경험적 세계는 '양막羊膜, amniotic[17] 우주'라고 할 수 있다. 우리가 자궁 속의 태아와 동일시될 때 경계에 대한 인식이 없어지고 안과 밖을 구별하지 못하게 된다. 이러한 것은 주산기 상태의 기억을 다시 체험하는 것과 관련된 경험에서 나타난다. 방해받지 않는 배아의 상태로 존재하는 동안 우리는 성간 공간, 은하, 또는 전체 우주와 같이 경계나 한계가 없는 광대한 지역에 대한 경험을 일반적으로 갖는다. 이와 관련된 경험은 바다에 떠다니면서 물고기, 해파리, 돌고래, 고래와 같은 다양한 수중 동물과 동일시되거나 심지어 바다가 되

---

17) 포유류의 태아를 싼 반투명의 얇은 막. 모래집(한컴사전)

는 것이다. 이것은 태아가 본질적으로 수중 생물이라는 사실을 나타내는 것 같다.

자궁 내에서의 긍정적인 경험은 안전하고 아름답고 좋은 자궁처럼 무조건적으로 영양을 공급해 주는 어머니 자연에 대한 원형적 비전과 연관될 수 있다. 우리는 열매를 맺는 과수원, 잘 익은 옥수수밭, 안데스 산맥의 농경지, 또는 오염되지 않은 폴리네시아의 섬들을 상상할 수 있다. 이러한 맥락에서 자주 나타나는 집단무의식으로부터의 신화적 이미지는 다양한 천상 영역과 파라다이스를 보여 주는데, 심지어는 알지 못하는 다른 문화의 신화에서 묘사된 방식으로도 드러난다. 기본 주산기 모형 I과 연관된 황홀경의 종류는 **아폴론적**Apollonian이거나 **대양적**oceanic이라고 볼 수 있다. 이것은 시간과 공간의 초월성과 평화, 평온, 명료성 그리고 우주적 통일성의 느낌으로 특징지어진다.

자궁 내에서의 불편한 일들, 곧 '나쁜 자궁'에 대한 기억을 재체험하고 있을 때, 어둡고 불길한 위협을 느끼며 종종 우리가 중독되고 있다는 것을 느낀다. 우리는 오염된 물과 유독성 폐기장을 묘사하는 이미지를 볼 수 있을지도 모른다. 이는 임산부의 체내 독성 변화로 인해 주산기의 장애들이 많이 발생한다는 점이 나타나는 것이다. 이런 종류의 사건들은 무서운 악마적 존재들의 원형적인 비전이나 은밀히 퍼지는 만연한 악의 느낌과 연관될 수 있다. 임박한 유산이나 낙태 시도와 같이 주산기의 존재에 대해 보다 격렬하게 개입하는 사건을 다시 체험하고 있는 사람들은 보통 어떤 형태의 보편적 위협이나 세계 종말에 대한 피비린내 나는 종말적 비전을 경험한다. 이것은 다시 생물학적 역사에서 일어난 사건들과 융의 원형들 사이의 밀접한 상호 연관성을 나타낸다.

고용량 심현제 회기에 대한 다음 이야기는 때때로 자아초월적 영역으로 열리는 기본 주산기 모형 I 경험의 전형적인 예로 사용될 수 있다.

> 내가 경험하고 있는 것은 독감에 걸린 것과 비슷하게 느껴지는 극심한 불만감뿐이었다. 이전 회기에서는 극적인 심리적 변화를 일으켰던 고용량의 LSD가 이렇게 작은 반응을 일으킨다는 것을 믿을 수 없었다. 그러한 최소한의 반응을 불러일으킬 수 있다는 것을 믿을 수 없었다. 나는 눈을 감고 무슨 일이 일어나고 있는지 주의 깊게 관찰하기로 했다. 이때 그 경험은 깊어지는 것 같았고 성인으로서 바이러스성 질병을 경험하는 것과 같았던 것이 이제는 자궁 내에서 존재하는 동안의 어떤 이상한 독성 공격을 받는 태아의 현실적인 상황으로 바뀌었다는 것을 깨달았다.
>
> 나는 몸집이 크게 줄었고, 머리는 몸의 나머지 부분과 사지에 비해 상당히 컸다. 나는 액체로 된 환경 안에 떠 있었고 몇몇 해로운 화학물질들이 배꼽 부분을 통해 내 몸 속으로 흘러들

어오고 있었다. 알 수 없는 어떤 감각기들을 사용해서, 나는 이 영향들이 내 유기체에 유해하고 적대적이라는 것을 감지하고 있었다. 이런 일이 일어나고 있는 동안 나는 이러한 유독성 '공격'이 어머니의 몸의 상태 및 활동과 관련이 있다는 것을 알고 있었다. 때때로 나는 흡연, 술, 부적절한 음식 섭취 때문인 것으로 보이는 영향을 구별할 수 있었다. 다른 종류의 불편은 불안, 초조, 분노, 그리고 임신에 대한 상충되는 느낌들과 같은 어머니의 감정에 수반되는 화학적 변화로 야기되는 것 같았다.

그러자 메스꺼움과 소화불량의 느낌이 사라지고, 나는 점점 더 강해지는 황홀한 상태를 경험하고 있었다. 이와 함께 나의 시야가 맑아지고 밝아졌다. 마치 두껍고 더러운 거미줄의 여러 겹이 마법처럼 찢겨져 녹아내리거나, 보이지 않는 우주과학 기술자에 의해 영화 상영이나 텔레비전 방송이 초점에 맞춰진 것 같았다. 경치가 펼쳐지고, 믿을 수 없을 정도로 많은 빛과 에너지가 나를 감싸고 나의 온 존재에 미묘한 진동으로 흘러갔다.

한편으로, 나는 여전히 좋은 자궁의 궁극적인 완벽함과 행복을 경험하는 태아이거나 영양을 공급하고 생명을 주는 유방과 융합된 갓난아기였다. 다른 차원에서 나는 우주 전체가 되었다. 고동치고 진동하는 수많은 은하계가 있는 대우주의 광경을 목격하고 있었으며, 동시에 나는 그것 자체이기도 했다. 이 빛나고 숨 막히는 우주의 풍경은 원자와 분자의 춤에서부터 생명의 기원과 개별 세포의 생화학적 세계에 이르기까지 대우주만큼 기적적인 소우주에 대한 경험으로 얽혀 있었다. 처음으로 나는 우주가 진정 무엇인지를, 즉 헤아릴 수 없는 신비이자 절대 의식의 신성한 놀이라는 것을 경험하고 있었다.

얼마 동안 나는 고통스럽고 병든 태아의 상태와 행복하고 평온하게 자궁 내에서 존재하는 것 사이를 오가고 있었다. 때때로 그 유해한 영향들은 영적 경전이나 동화의 세계에서 나오는 음흉한 악마나 악의에 찬 생물의 형태를 취하기도 했다. 방해받지 않는 태아로 존재하는 동안 나는 우주와의 기본적인 동질감과 하나가 된 느낌을 경험했다. 그것은 도, 안에 있는 저 너머, 『우파니샤드』의 "네가 바로 그것이다"[18]라고 할 수 있다. 나는 개체로서의 감각을 잃었고, 나의 자아는 해체되었으며, 나는 존재의 모든 것이 되었다.

이러한 경험은 때때로 무형이며 내용이 없었고, 때로는 천상, 궁극의 보고, 황금시대 또는 순결한 자연의 원형적 이미지들과 같은 아름다운 비전을 동반했다. 나는 바다에서 놀고 있는 돌고래, 수정처럼 맑은 물에서 헤엄치는 물고기, 산과 초원 위를 떠다니는 나비, 바다 위를 미

---

18) 고대 인도의 『우파니샤드(Upanishads)』는 "나는 누구인가?"라는 질문에 "Tat tvam asi."라고 대답한다. 이 간결한 산스크리트 문장은 말 그대로 "네가 바로 그것이다(Thou art That)". '그것(That)'은 신성(Godhead)을 말한다(이 책 05장 참고).

끄러지듯 날아가는 갈매기가 되었다. 나는 바다, 동물, 식물, 구름이었으며, 때로는 동시에 이 모든 것이었다.

늦은 오후와 저녁 시간에는 구체적인 일이 일어나지 않았다. 나는 이 시간의 대부분을 자연, 우주와 하나가 된 것을 느끼며 천천히 약해지고 있는 황금빛으로 목욕을 하면서 보냈다.

두 번째 기본 주산기 모형: BPM II

(우주적 흡입, 출구 없음 또는 지옥)

생물학적 출생의 시작을 재체험하는 동안, 보통 우리가 거대한 소용돌이에 빨려 들어가거나 어떤 신화적인 야수에 의해 삼켜지고 있다고 느낀다. 또한 전 세계나 우주가 삼켜지는 것을 경험할 수도 있다. 이것은 리바이어던leviathan,[19] 용, 고래, 거대한 뱀, 타란툴라tarantulas,[20] 문어 등과 같은 원형적 괴물들이 집어삼키거나 꼼짝 못하도록 얽어매고 있는 이미지와 연관될 수 있다. 생명에 대한 압도적인 위협의 느낌은 극심한 불안감과 편집증에 가까운 일반적인 불신감을 초래할 수 있다. 두 번째 모형의 시작과 함께 갖게 되는 또 다른 경험적 다양성은 지하세계의 깊은 곳, 죽음의 영역, 또는 지옥으로 내려가는 것에 대한 주제다. 조셉 캠벨Joseph Campbell이 호소력 있게 설명했듯이, 이것은 영웅 여정의 신화에서 보편적인 모티브다(Campbell, 1968, 1972).

생물학적 출생에서의 첫 단계가 완전히 진행된 상태(기본 주산기 모형 II의 기초)에서는 자궁 수축이 주기적으로 태아를 압박하며, 자궁 경부는 아직 열리지 않는다. 수축할 때마다 자궁 동맥이 압박되고, 태아는 산소 부족으로 위협을 받는다. 이 단계를 재체험하는 것은 홀로트로픽 상태와 함께 자기탐구를 하는 중에 우리가 가질 수 있는 최악의 경험들 중 하나이다. 우리는 폐소공포증을 일으키는 끔찍한 악몽에 휘말려 고통스러운 감정적, 신체적 고통에 노출되며 완전한 무력감과 절망감을 갖게 된다. 외로움, 죄책감, 삶의 불합리함, 실존적 절망감의 느낌은 형이상학적 규모까지 이어진다. 이 곤경에 처한

---

19) 구약성서에 나오는 악의 힘을 상징하는 바다짐승이다.

20) 붉은 독거미이다.

사람은 일반적으로 선형적 시간 감각을 상실하며, 이 상황이 결코 끝나지 않을 것이고 빠져나갈 길이 전혀 없다고 확신하게 된다. 이 상태에 대한 경험적 특징 세 가지는 죽는 것, 미쳐 가는 것, 다시는 돌아오지 못하는 것에 대한 두려움이다.

이 단계를 재체험하는 것은 수축하는 자궁의 가차 없는 손아귀에 걸린 태아와 비슷하게 고통스럽고 절망적인 곤경 속에 있는 사람, 동물, 심지어 신화적인 존재와 연관된 자아초월적 체험을 대개 동반한다. 우리는 지하 감옥에 있는 죄수들, 종교 재판의 희생자들, 그리고 강제수용소나 정신병원의 수감자들과의 동일시를 경험할 수 있다. 이러한 고통은 덫에 걸린 동물이 겪는 고통의 형태로 나타날 수도 있고, 심지어 원형적 차원까지 도달할 수 있다.

우리는 지옥에서 죄인이 당하는 고문, 십자가에 못 박힌 예수의 고뇌, 혹은 끝없는 고통을 상징하는 그리스 원형적 인물의 극심한 고통—하데스의 가장 깊은 구덩이에서 돌을 굴려 산을 오르는 시시포스, 코카서스 산의 바위에 묶여 독수리에게 간을 쪼아 먹히는 프로메테우스, 손이 닿지 않는 곳에 있는 달콤한 과일과 신선한 물을 보며 굶주림과 갈증으로 괴로워하는 탄탈로스, 지하세계에서 공기를 가르며 회전하는 불타는 바퀴에 묶인 익시온을 경험할 수 있다.

이 모형의 영향 아래 있는 동안 우리는 선택적으로 눈이 멀게 되어서 우리의 삶과 인간 존재에서 긍정적인 것을 볼 수 없다. 신성한 차원과의 연결은 돌이킬 수 없을 정도로 단절되어 잃어버린 것 같다. 이 모형의 프리즘을 통해서 인생은 무의미한 부조리극처럼 보이거나, 비현실적 인물들과 아무 생각 없는 로봇들의 익살스러운 무대, 또는 잔인한 서커스 사이드쇼[21]인 것처럼 보인다. 이러한 마음 상태에서 실존철학은 실존에 대해서 유일하게 진실되고 태연한 묘사를 하는 것처럼 보인다. 그런 점에서 장 폴 사르트르의 작품이 형편없이 관리되고 마무리되지 않은, 기본 주산기 모형 II가 지배한 메스칼린 회기에 의해 깊은 영향을 받았다는 것은 흥미롭다(Riedlinger, 1982). 사뮈엘 베케트Samuel Beckett가 죽음과 출생 그리고 어머니를 찾는 것에 집착했던 것도 주산기 영향을 강하게 받았다는 것을 드러낸다.

심혼의 이런 끔찍한 측면을 맞닥뜨린 사람이 이것을 직면하기를 주저하는 것은 당연하다. 이 경험에 더 깊이 들어가는 것은 영원한 지옥을 만나는 것과 같다. 그러나 역설적으로 이 견딜 수 없는 상태를 종식시키는 가장 빠른 방법은 한때 산도에서 겪어야 했던

---

21) 서커스 등에서 손님을 끌기 위해 따로 보여 주는 소규모의 공연이다.

고통과 절망의 깊이를 완전히 체험하고 그것에 완전히 항복하며 받아들이는 것이다. 그러면 기본 주산기 모형 II의 절망적인 상황이 기본 주산기 모형 III으로 바뀌어서, 확장된 자궁 경부로 탈출하고 고통을 끝내는 것이 가능한 출생 단계가 막을 내린다. 십자가의 성 요한St. John of the Cross은 무시무시한 어둠과 완전한 절망의 이 충격적인 경험을 영혼의 어두운 밤이라고 불렀고, 융은 밤바다 여행이라고 불렀다. 성녀 테레사St. Teresa는 자서전에서 지옥을 묘사할 때, 작은 구멍 안에서 답답하게 있는 동안 겪었던 참을 수 없는 고통으로 숨 막히는 곳이라고 했다. 기본 주산기 모형 II는 영적 개안의 중요한 단계로서 엄청난 정화와 해방 효과를 가질 수 있다.

고용량 심현제 회기에 대한 다음의 이야기를 통해서 기본 주산기 모형 II에서 가장 특징적인 것들을 볼 수 있다.

> 분위기는 점점 더 불길해졌고 숨겨진 위험이 도사리고 있는 것 같았다. 방 전체가 돌기 시작한 것 같았고, 나는 위협적인 소용돌이의 한가운데로 끌려 들어가는 기분이었다. 나는 에드거 앨런 포가 『소용돌이 속으로의 하강』에서 비슷한 상황에 대해 으스스하게 묘사한 것에 대해 생각했다. 방에 있는 물건들이 회전하면서 내 주위를 날아다니고 있는 것처럼 보이자, 문학에서의 다른 이미지가 마음속에 떠올랐는데, 바로 프랭크 바움의 『오즈의 마법사』에서 도로시를 캔자스의 단조로운 삶에서 멀어지게 하고 이상하고 모험적인 여행으로 보내는 로봇의 이미지였다. 또한 나의 경험은 『이상한 나라의 앨리스』에 있는 토끼굴에 들어가는 것과 관련이 있었고, 그 거울의 저편에서 어떤 세상을 발견하게 될지 몹시 걱정하며 기다리고 있었다. 온 우주가 나에게 조여 오는 것 같았고 종말이 온 듯 집어삼켜지는 것을 멈추기 위해서 할 수 있는 것은 아무것도 없었다.
>
> 무의식의 미로 속으로 점점 더 깊이 빠져들고 있을 때, 나는 극심한 공포로 변해 가는 불안의 맹공격을 느꼈다. 모든 것이 어둡고 억압적이고 무시무시해졌다. 마치 온 세상의 무게가 나를 잠식하면서 엄청난 압력을 가해서 내 두개골을 깨트리고 내 몸을 작고 조밀한 공으로 축소시키겠다고 위협하는 것 같았다. 과거로부터의 기억이 급속히 뇌리에 스며들면서 나의 삶과 존재에 대한 완전한 무가치함과 무의미함을 내게 보여 주었다. 우리는 벌거벗고, 겁에 질리고, 고통 속에서 태어나며, 그렇게 똑같은 방식으로 세상을 떠날 것이다. 실존주의자들이 옳았어! 모든 것은 영속적이지 않고, 인생은 그저 고도(Godot, 사뮈엘 베케트의 『고도를 기다리며』에서 끝내 나타나지 않는 인물)를 기다리고 있는 것일 뿐이야! 헛되고 헛되다. 모든 것은 헛되다!

불편함이 고통으로 바뀌었고 고통은 더욱 극도로 커졌다. 고문은 극악무도한 치과의사의 드릴로 인해서 내 몸의 모든 세포가 열리는 것처럼 느껴질 정도로 격화되었다. 희생자들을 고문하는 지옥 같은 풍경과 악마들의 모습이 갑자기 내가 지옥에 있다는 것을 깨닫게 했다. 나는 단테의 『신곡』에 있는 "들어가는 모든 사람은 희망을 버려라!"라는 대사를 떠올렸다. 이 끔찍한 상황에서 벗어날 길이 없는 것 같았다. 나는 구원의 가망이 전혀 없이 영원히 저주받은 것이었다.

세 번째 주산기 모형: BPM III(죽음-재탄생의 투쟁)

이 풍부하고 다채로운 경험의 많은 측면은 생물학적 분만의 두 번째 임상 단계인 자궁 경부가 열리고 머리가 골반으로 내려간 후 산도를 통한 나아가는 단계와의 연관성으로부터 이해될 수 있다. 이 단계에서는 자궁 수축이 계속되지만, 자궁 경부가 이제 확장되어 산도를 통해서 태아가 점진적으로 나아가는 것이 가능해진다. 이 단계에서는 치명적으로 느껴지는 물리적인 압력, 고통, 그리고 종종 높은 수준의 산소 결핍과 질식을 포함한다. 이처럼 매우 불편하고 생명을 위협하는 상황이기 때문에 극심한 불안의 경험이 자연스럽게 수반된다.

자궁 수축과 이에 뒤따르는 자궁 동맥의 압박에 의해 혈액 순환이 막히는 것뿐만 아니라, 태아에 대한 혈액 공급은 여러 문제에 의해 더욱 위태로워질 수 있다. 탯줄이 머리와 골반 개구부 사이에 걸려서 조이거나 목을 감으며 꼬일 수 있다. 태반은 분만 중에 분리되거나 실제로 출구를 방해할 수 있다(전치태반). 어떤 경우에는 태아가 자신의 배설물(태변)을 포함하여 이 과정의 마지막 단계에서 접하게 되는 다양한 형태의 분비 물질을 흡입할 수 있는데, 이는 질식하는 느낌을 더욱 강하게 한다. 이 단계의 문제는 너무 극단적이어서 겸자, 흡입 컵을 사용하거나 제왕절개를 하는 것과 같이 기구의 개입이 필요할 수 있다.

기본 주산기 모형 III은 매우 풍부하고 복잡한 경험적 패턴이다. 산도에서 겪는 태아의 투쟁에 대한 사실적이고 실제적인 재현 이외에도 역사, 자연, 원형적 영역으로부터 도출된 매우 다양한 자아초월적 이미지를 동반할 수 있다. 그중 가장 중요한 것은 거대한 투쟁의 분위기, 공격적이고 가학피학적인 장면들, 일탈적인 성적 경험, 악마적인 에피소드, 배설물과의 관련, 그리고 불과의 만남이다. 기본 주산기 모형 III의 이러한 측면의 대부분은 해당 출생 단계의 해부학적, 생리학적, 생화학적 특성과 의미 있게 관련될 수 있다.

기본 주산기 모형 III의 **놀라운** 측면은 출산의 마지막 단계에서 작용하는 힘의 거대함, 곧 좁은 골반 개구부에 머리가 끼어 있는 태아를 압박하는 강력한 자궁 수축을 볼 때 상당히 이해할 수 있다. 세 번째 모형의 이 면과 마주할 때, 우리는 압도적인 강도의 에너지가 폭발적인 방출에 이르기까지 몸을 통해 흐르는 것을 경험한다. 이 시점에서 우리는 화산, 뇌우, 지진, 해일, 토네이도와 같은 자연의 맹렬한 요소들과 동일시될 수 있다.

이 경험은 탱크, 로켓, 우주선, 레이저, 전기 발전소, 심지어 열핵 융합로와 원자폭탄과 같이 엄청난 에너지를 포함하는 기술과도 연관될 수 있다. 기본 주산기 모형 III의 거대한 경험은 원형적 차원에 도달할 수 있으며, 빛과 어둠, 천사와 악마, 올림픽 신과 타이탄들, 또는 티베트 밀교에서의 데바Devas와 아수라Asuras 사이에서 벌어지는 것과 같은 우주적이고 거대한 규모의 전투를 보여 줄 수 있다.

이 모형의 공격적이고 가학피학적인 측면은 자궁 수축의 파괴적 맹공격과 질식으로 인해서 생존이 위협받는 유기체의 생물학적 분노를 반영한다. 기본 주산기 모형 III의 이런 측면에 직면하게 되면, 우리는 폭력적인 살인 및 자살, 신체절단 및 자상刺傷, 다양한 종류의 대량 학살, 그리고 피비린내 나는 전쟁과 혁명으로 드러나는 엄청난 규모의 잔혹함을 경험할 수 있다. 이것들은 종종 고문, 처형, 의례적 희생과 자기희생, 피비린내 나는 일대일 전투, 가학피학적인 행동의 형태를 취하기도 한다. 이러한 경험에서 폭력적이고 파괴적이며 자멸적인 충동은 강한 성적 흥분과 연관된다.

죽음-재탄생 과정에서의 성적 측면의 경험적 논리는 직접적으로 명백하지는 않다. 인간의 유기체는 비인간적인 고통, 특히 질식하는 것을 이상한 종류의 성적 흥분으로 바꾸고 결국에는 황홀한 환희로 바꾸는 내재된 생리적 기제를 가지고 있는 것처럼 보인다. 이러한 점은 종교적 문헌에 기술된 순교자와 고행자의 경험에서도 확인될 수 있다. 강제수용소, 전쟁포로에 대한 기록, 국제 사면 위원회 파일 등과 같은 자료들에서도 추가적인 예를 찾을 수 있다. 교수대에서 질식사하는 남성들이 보통 발기와 사정을 한다는 것도 잘 알려져 있다. 중세 설화에 의하면, 마법 의식에 사용되는 정신활성 식물인 맨드레이크(만드라고라Mandragora officinarum)가 죽어 가는 범죄자들의 정액이 뿌려진 교수대 아래에서 자랐다고 한다.

기본 주산기 모형 III의 맥락에서 일어나는 성적 경험은 엄청나게 강렬한 성욕, 기계적이고 무차별적인 성질, 착취적, 외설적 또는 일탈적 성질로 특징지어진다. 이러한 경험에서는 홍등가와 성적 지하세계, 과하게 에로틱한 행동, 가학피학적인 행동에서 나오는 장면이 드러난다. 똑같이 빈번하게 나오는 것은 근친상간이나 성적 학대, 강간에 관한 에피소드들이다. 드물게는 에로틱하게 동기부여가 된 살인, 사지절단, 식인 및 시체성애증necrophilia과 같이 피비린내 나고 혐오스러운 극단적인 범죄적 성행위도 포함될 수 있다.

이러한 심혼의 수준에서 성적 흥분이 극도의 위험, 위협, 불안, 공격성, 다른 유기체에 대한 고통을 가하는 것, 다른 유기체로부터 고통을 겪는 것, 그리고 다양한 형태의 생물학적 물질 등과 같이 매우 문제가 많은 요소와 불가분하게 연관되어 있다는 사실은 가장 흔한 유형의 성적 기능 장애, 이상 성욕, 성적 도착, 변태 성욕(크라프트 에빙의 성적 정신증psychopathia sexualis)이 생기는 것에 대해서 자연적, 기초적인 설명을 제공한다. 가학피학증에서 발견되는 내부 및 외부를 둘 다 지향하는 공격성과 성욕의 밀접한 연관성은 프로이트가 죽기 전에 고심했으나 만족스럽게 해결하지 못한 문제였다. 이 상태에 대한 그럴 듯한 설명을 찾으려면 프로이트의 모델을 넘어서 주산기 영역으로 가야 한다.

기본 주산기 모형 III의 악마적 측면은 치료사와 촉진자뿐만 아니라 피험자에게도 분명한 문제가 될 수 있다. 관련되어 나타난 것들의 이상하고 섬뜩한 성질은 종종 그것을 직면하는 것을 꺼리게 한다. 이러한 맥락에서 관찰되는 가장 일반적인 주제는 마녀의 안식일(발푸르기스의 전야제Walpurgis Night), 사탄의 연회와 악마 숭배 의식, 악한 세력의 유혹에 관한 장면들이다. 이 출산 단계를 마녀의 안식일이나 악마 숭배 의식과 같은 주제와 연결하는 공통분모는 죽음, 일탈적 성욕, 고통, 두려움, 공격성, 배변, 왜곡된 영적 충동의 독특한 경험적 혼합이다. 이러한 것들은 다양한 형태의 퇴행적 치료에서 내담자들에 의해 보고된 악마 숭배 집단의 학대에 관한 경험들과 큰 관련이 있는 것으로 보인다.

죽음-재탄생 과정에서 **배설물과 관련된 측면**은 분만의 마지막 단계에서 태아가 혈액, 질 분비물, 소변, 심지어 대변 등 다양한 형태의 생물학적 물질과 밀접하게 접촉할 수 있다는 점에서 자연적인 생물학적 근거를 갖고 있다. 그러나 이러한 경험의 성격과 내용은 신생아가 태어나면서 실제로 경험했을 수도 있는 것을 훨씬 넘어선다. 기본 주산기 모형 III의 이러한 측면에 대한 경험은 내장 안으로 또는 하수 처리 시설을 통과해서 기어 들어가거나, 배설물 더미에서 뒹굴거나, 피나 소변을 마시거나, 부패하는 혐오스러운 이미지의 일부가 되는 것과 같은 장면들을 포함할 수 있다. 이는 생물학적 존재가 갖고 있는 최악의 측면에 대한 밀접하고 충격적인 만남이다.

기본 주산기 모형 III의 경험이 해결에 가까워지면 폭력적이고 불편한 것이 덜해진다.

지배적인 분위기는 극도의 열정과 취하게 만들 정도의 욕동과 관련이 있다. 새로운 영토에 대한 흥미진진한 정복, 야생동물 사냥, 극한 스포츠, 그리고 놀이공원에서의 모험에 대한 이미지가 나타난다. 이러한 경험은 낙하산 타기, 번지 점프, 자동차 경주, 곡예 다이빙, 위험한 스턴트나 서커스 공연 등처럼 '아드레날린 분출'을 수반하는 활동들과 분명히 관련이 있다.

이때 우리는 죽음과 재탄생을 대표하는 원형적 인물이나 신, 반신반인, 전설적인 영웅들을 만날 수 있다. 예수, 그가 겪은 고통과 굴욕, 십자가의 길, 십자가에 못 박힘에 대한 비전을 볼 수 있고, 심지어 예수가 겪은 고통과의 완전한 동일시를 실제로 경험할 수도 있다. 해당 신화들에 대해 지적으로 알고 있는지 여부와 상관없이 죽은 연인 두무지를 위한 불멸의 영약을 얻기 위해 지하세계로 내려간 수메르 여신 이난나, 이집트 신 오시리스의 부활, 또는 그리스 신 디오니소스, 아티스, 아도니스의 죽음과 부활과 같은 신화적 주제들을 경험할 수 있다. 이 경험들은 하데스에 의한 페르세포네의 납치, 깃털 달린 뱀 케찰코아틀의 희생과 지하세계에서의 여정, 혹은 『포폴 부Popol Vuh』에 기술된 마야 영웅 쌍둥이의 시련을 보여 줄 수 있다.

심리영적 재탄생의 경험 직전에 원소로서의 불을 접하는 것이 일반적이다. 불의 모티브는 보통의 일상적인 형태 또는 속죄의 불에 대한 원형적 형태로 경험될 수 있다. 몸이 불타고 있다는 느낌을 가질 수도 있고, 도시와 숲이 타고 있는 비전을 볼 수도 있으며, 제물로 바쳐진 희생자들과 동일시될 수도 있다. 원형적 형태에서 불타는 것은 우리 안의 타락한 모든 것을 근본적으로 파괴하고 영적인 재탄생을 준비하는 것처럼 보인다. 기본 주산기 모형 III으로부터 IV로의 전환에 대한 고전적인 상징은 전설적 불사조인데, 이 새는 불에 타 죽은 후 잿더미에서 다시 부활하여 날아오르는 새다.

불에 대한 카타르시스적 경험은 생물학적 출생과의 연결성이 다른 상징적 요소들과는 달리 직접적이거나 명백하지 않기 때문에 기본 주산기 모형 III에 있는 다소 곤혹스러운 측면이다. 이러한 경험에 대해서 생물학적으로 대응되는 부분은 출생의 마지막 단계에서 이전에 막혔던 에너지를 폭발적으로 해방하는 것이거나 말초 뉴런의 무차별적인 '발화'로 태아를 과잉 자극하는 것일지도 모른다. 분만의 이 단계에서 불을 이렇게 접하게 되는 것이 산모가 종종 질에 불이 붙었다고 느끼는 것과의 경험적 유사성이 있다는 점은 흥미롭다.

세 번째 모형은 몇 가지 중요한 특성 때문에 앞에서 설명했던 출구가 없는 단계와 구별된다. 이곳의 상황은 도전적이고 어렵지만 절망적으로 보이지 않고 무력감을 느끼지 않는다. 우리는 격렬한 투쟁에 적극적으로 관여하고 있으며, 그 고통은 확실한 방향과 목표, 의미를 가지고 있다는 느낌을 갖고 있다. 종교적인 측면에서 이 상황은 지옥보다는 연옥이라는 개념과 더 연관되어 있다.

게다가 우리는 무력한 희생자의 역할만 하지 않는다. 이때 우리가 할 수 있는 세 가지 다른 역할이 있다. 우리는 현재 일어나고 있는 일에 대한 관찰자가 될 뿐만 아니라, 가해자와 피해자 모두에 동일시될 수 있다. 이것이 너무 그럴듯해서 역할을 구분하고 분리하는 것이 어려울 수도 있다. 또한 출구가 없는 상황이 고통을 수반하는 반면, 죽음과 재탄생의 투쟁에 대한 경험은 극도의 고통과 황홀함 사이의 경계선과 양쪽의 융합을 나타낸다. 이러한 유형의 경험을 첫 번째 주산기 모형과 연관된 우주적 결합에서의 **아폴론적**Apollonian 또는 **대양적인**oceanic 황홀경과 대조적으로 **디오니소스적**Dionysian 또는 **화산적인**volcanic 황홀경이라고 부르는 것이 적절해 보인다.

고용량 LSD 회기에 대한 다음의 이야기를 통해서 기본 주산기 모형 III과 연관된 전형적인 주제들의 많은 부분을 볼 수 있다.

비록 나는 실제로 산도를 명확히 본 적은 없지만, 머리와 온몸에 그 강력한 압력을 느꼈고, 출생 과정에 들어오게 되었다는 것을 온몸의 세포를 통해 알았다. 그 긴장감은 내가 인간적으로 가능하다고 상상하지 못했던 차원에 이르고 있었다. 나는 마치 바이스의 강철 턱에 걸린 것처럼 이마와 관자놀이, 후두부에 끊임없는 압박감을 느꼈다. 내 몸의 긴장감은 잔인할 정도로 기계적인 특성을 갖고 있었다. 내가 무시무시하게 큰 고기 분쇄기나 톱니와 실린더로 가득 찬 거대한 프레스를 지나가는 것을 상상했다. 영화 〈모던 타임즈〉에서 기계 세계에 의해 희생된 찰리 채플린의 모습이 잠시 뇌리를 스쳤다.

엄청난 양의 에너지가 내 온몸을 통해 흐르고 응축되어 폭발적으로 방출되는 것 같았다. 나는 느낌들이 놀라울 정도로 혼합되는 것을 느꼈다. 나는 숨이 막히고 겁에 질리고 무력했지만, 또한 몹시 화가 났고 이상하게도 성적으로 흥분되었다. 내 경험의 또 다른 중요한 측면은 완전한 혼란의 느낌이었다. 내가 마치 생존을 위한 사나운 투쟁에 휘말린 아기가 된 것처럼 느껴졌고, 또한 곧 일어날 일이 나의 출생이라는 것을 깨닫는 동안에 분만하고 있는 어머니로서 나 자신을 경험하고 있기도 했다. 내가 결코 출산할 수 없는 남자라는 것을 지적으로 알고 있었지만, 왠지 그 장벽을 넘고 있다는 것과 불가능한 것이 현실이 되고 있다는 것을 느꼈다.

내가 원시적인 어떤 것, 즉 분만하는 어머니의 고대 여성 원형과 연결되어 있다는 것은 의

심의 여지가 없었다. 나의 신체 이미지는 임신한 커다란 배와 생물학적 감각의 모든 뉘앙스를 지닌 여성 성기를 포함하고 있었다. 나는 이러한 근본적인 과정에 항복할 수 없고, 아이를 낳고 또 태어날 수 없고, 아이를 놓아 주고 내보낼 수 없는 것에 좌절감을 느꼈다. 내 심혼의 지하세계에서 살인적인 공격성의 거대한 저수지가 나타났다. 마치 우주적 외과의사가 절개를 해서 갑자기 악의 종기가 터진 것 같았다. 늑대인간이나 용맹한 전사가 나를 대체하고 있었다. 지킬 박사는 하이드 씨로 변하고 있었다. 이전에 내가 태어나고 있는 아이와 분만하고 있는 어머니 사이에서 구별할 수 없었던 것처럼, 살인자와 희생자가 하나이고 같은 사람인 것으로 드러나는 이미지가 많았다.

나는 무자비한 폭군이었고, 부하들을 상상할 수 없는 잔혹함에 노출시킨 독재자였으며, 격분한 폭도들을 이끌고 폭군을 타도하는 혁명가였다. 나는 냉혹하게 살인하는 폭력배와 법의 이름으로 범죄자를 죽이는 경찰관이 되었다. 어느 순간, 나는 나치 강제수용소의 공포를 경험했다. 눈을 떴을 때 나 자신이 SS 장교로 보였다. 나는 나치인 그와 유태인인 내가 같은 사람이라는 깊은 느낌이 들었다. 내 안에서 히틀러와 스탈린을 느낄 수 있었고, 인류 역사의 잔학 행위에 대해 전적으로 책임을 느꼈다. 인류의 문제는 악랄한 독재자의 존재가 아니라 우리 모두가 자신의 심혼 속에 품고 있는 이 숨겨진 살인자라는 것을 분명히 보았다. 충분히 깊이 본다면 말이다.

그 후 경험의 성격이 바뀌어 신화적인 부분에 이르렀다. 인류 역사의 사악함 대신 이제는 마법적인 분위기와 악마적 요소들의 존재를 느꼈다. 나의 치아들은 어떤 신비한 독으로 가득 찬 긴 송곳니로 변해 있었고, 불길한 흡혈귀처럼 커다란 박쥐 날개를 펼치고 밤에 날아다니는 나 자신을 발견했다. 이것은 곧 마녀의 안식일에 대한 격렬하고 도취적인 장면으로 바뀌었다. 이렇게 이상하고 감각적인 의식에서, 대개 금지되고 억압되었던 모든 충동이 표면으로 드러나서 경험과 행동으로 이어지는 것 같았다. 나는 어둠의 신을 찬양하는 신비한 희생 의식에 참여하고 있다는 것을 알았다.

나의 경험에서 악마적인 성질이 점차 사라졌지만, 여전히 엄청나게 에로틱한 느낌을 받았고 가장 환상적인 잔치와 성적 판타지들이 끝없이 이어지는 장면들에 빠져들었는데, 그 속에서 나는 모든 역할을 맡았다. 이러한 경험들이 지나가는 동안 동시에 산도를 통과하며 분투하는 아이와 그 아이를 낳고 있는 어머니가 되는 것은 계속되었다. 성과 출생이 깊이 연관되어 있으며, 악마적 힘과 산도를 통과하여 나아가는 것에 중요한 연관성이 있다는 것이 내게는 매우 명백해졌다. 나는 여러 다른 역할 속에서 많은 다른 적과 싸웠다. 때때로 나는 이러한 고통에 끝이 있을까 하는 생각도 들었다.

그때 나의 경험 속에 새로운 요소가 생겼다. 온몸이 끈적끈적하고 미끄러운 어떤 생물학적 오물로 덮여 있었다. 나는 그것이 양수인지 소변인지 점액인지 혈액인지 아니면 질 분비물인지 알 수 없었다. 똑같은 것이 입속에도, 심지어 폐 속에도 있는 것 같았다. 나는 숨 막히고 토할 것 같고 얼굴을 찌푸리고 침을 뱉었으며, 그것을 체내에서 뽑아내고 피부에서 떼어 내려고 애쓰고 있었다. 그와 동시에 싸울 필요가 없다는 메시지를 받고 있었다. 그 과정은 나름대로 리듬이 있었고 내가 해야 할 일은 그것에 항복하는 것뿐이었다. 나는 삶에서 싸우고 몸부림쳐야 한다고 느꼈었지만 돌이켜 보면 그럴 필요가 없었다고 느꼈던 많은 상황을 기억했다. 마치 내가 태어나면서부터 실제보다 삶을 훨씬 더 복잡하고 위험한 것으로 보게 프로그램 되었던 것 같았다. 이러한 점에서 이 경험이 내 눈을 뜨게 하고 나의 삶을 전보다 훨씬 수월하고 더 즐겁게 만들 수 있을 것 같았다.

네 번째 주산기 모형: BPM IV(죽음-재탄생의 경험)

이 모형은 분만의 세 번째 임상 단계, 곧 산도에서의 마지막 방출과 탯줄의 절단과 관련이 있다. 이 모형을 경험하면서 우리는 산도를 통해서 나오는 이전의 어려운 과정을 완성하고, 폭발적인 해방을 달성하고, 빛으로 떠오른다. 이것은 종종 이 출생 단계의 다양한 특정 측면에 대한 구체적이고 현실적인 기억들을 동반할 수 있다. 여기에는 마취 경험, 겸자의 압력, 그리고 산과적인 여러 조치나 산후 개입과 관련된 감각이 포함될 수 있다.

생물학적 출산을 재체험하는 것은 원래의 생물학적 사건을 단순히 기계적으로 재현하는 것이 아니라 심리영적 죽음과 재탄생을 하는 것으로도 경험된다. 출산 과정 동안 태아는 완전히 갇혀 있고 극도의 감정을 표현할 방법과 강렬한 신체적 감각에 반응할 방법이 없기 때문에, 이 사건에 대한 기억은 심리적으로 소화나 흡수가 되지 않은 상태로 남아 있다.

출산 후의 삶에서 세상에 대한 우리의 자기-정의definition와 태도는 우리가 태어날 때 경험했던 연약함, 불충분함, 나약함으로 끊임없이 심하게 오염되어 있다. 어떤 의미에서 우리는 해부학적으로는 태어났지만 감정적으로는 이 사실을 따라잡지 못했다. '죽어 감'

과 재탄생을 위한 투쟁 동안의 고뇌는 생물학적 출생 과정의 실제 고통과 중대한 위협을 반영한다. 그러나 재탄생에 앞선 자아의 죽음은 우리가 누구인지, 세상이 어떤지에 대한 우리 자신의 옛 개념의 죽음인데, 이는 출생의 충격적인 각인에 의해 만들어졌고, 무의식 속에 살아 있는 이에 대한 기억으로 유지되는 것이다.

이러한 오래된 프로그램들을 의식으로 떠오르게 함으로써 그것들을 지울 때, 그것들은 정서적인 힘을 잃고 어떤 의미에서는 죽게 된다. 우리가 그러한 프로그램들과 너무 동일시해 왔기 때문에, 자아의 죽음의 순간에 접근하는 것이 우리 존재의 끝처럼 느껴지거나 심지어는 세상의 끝처럼 느껴지기도 한다. 이 과정이 두려운 만큼, 사실 매우 치유되고 변화하고 있다. 역설적이게도 그저 작은 발걸음이 우리를 급진적인 해방의 경험으로부터 분리시켜 주지만, 우리는 여전히 만연한 불안감과 막대한 규모의 임박한 재앙에 대한 느낌을 갖고 있다.

이 과정에서 실제로 죽는 것은 삶의 이 시점까지 진정한 자신이라고 착각해 왔던 거짓 자아다. 우리가 알고 있는 기준점을 모두 잃어버리기 때문에 다른 쪽에 무엇이 있는지 혹은 설사 거기에 무엇이 있기는 한지 전혀 알지 못한다. 이 두려움은 이 경험을 계속하고 완성하기까지 엄청난 저항을 만들어 내는 경향이 있다. 결과적으로, 적절한 안내 없이는 많은 사람이 이러한 문제가 있는 영역에 심리적으로 갇혀 있을 수 있다.

이 중요한 시점에서 마주치는 형이상학적 공포를 극복하고 일이 일어나도록 내버려 두기로 결정할 때, 우리는 물리적인 파괴, 감정적 불행, 지적 및 철학적 패배, 궁극적인 도덕적 실패, 그리고 영적 저주와 같이 상상 가능한 모든 수준에서 완전한 전멸을 경험하게 된다. 이 경험을 하는 동안 삶에서 중요하고 의미 있는 모든 것, 모든 기준점은 무자비하게 파괴되는 것처럼 보인다. '우주적 바닥'을 치는 완전한 전멸의 경험을 한 직후, 신비하고 신성하게 보이는 초자연적인 광채와 절묘한 아름다움을 가진 흰색 또는 황금색의 빛에 압도된다.

완전한 전멸과 모든 것의 종말처럼 보였던 것에서 살아남은 뒤 불과 몇 초 후에 웅장한 무지개와 공작 무늬, 천상의 장면들, 그리고 신성한 빛으로 휩싸인 원형적인 존재들의 비전이 환상적으로 펼쳐지는 행운을 누린다. 보통 이것은 원형적인 태모신과의 강력한 만남으로 원형의 보편적인 형태나 특정 문화에 있는 특유의 형태로 드러난다. 심리영적 죽음과 재탄생의 경험을 한 후에 우리는 구원받고 축복받는 것을 느끼고 황홀한 환희를 경험하며 신성한 본성과 우주적 지위를 되찾은 느낌을 갖게 된다. 우리 자신, 다른 사람, 자연, 일반적인 존재에 대한 긍정적인 감정에 휩싸여 압도된다.

치유시키고 삶을 변화시키는 이런 종류의 경험은 출산으로 인한 심신의 쇠약이 심하지 않거나 심한 마취로 인한 혼란스러움이 심하지 않을 때 일어난다는 것을 강조하는 것이 중요하다. 만약 심신의 쇠약이나 혼란스러움이 심하다면 급진적으로 가볍게 해결되면서 성공적으로 나오는 느낌은 들지 않는다. 대신 산후 시기는 심각한 질병에서 서서히 회복되거나 숙취에서 깨어나는 것처럼 느껴질 수 있다. 태어났을 때의 마취는 출생 후 생활에 심각하게 부정적인 심리적 영향을 미칠 수 있으며, 마약으로 도피하는 것을 통해서 인생의 문제를 해결하려는 경향과 같은 중독에 대한 기질을 만들 수도 있다.

산도에서 성공적으로 나오는 경험을 어렵게 만들 수 있는 또 다른 조건은 산모와 태아의 Rh 불일치성이다. 산모가 Rh 음성이고 아버지가 Rh 양성이면, 태아는 산모의 유기체에 의해 침략자로 취급되어 임신에서부터 면역학적인 공격을 받게 된다. 항체의 강도 또는 역가力價는 임신할 때마다 증가하며, 근본적인 의학적 개입이 없으면 치명적일 수 있다. 태아 상태에서의 면역학적 오염은 내적 탐구 과정에서 심각한 도전을 일으킨다. 일반적인 질병, 심한 메스꺼움, 구토와 같이 아주 불쾌한 기본 주산기 모형 I의 경험을 여러 번의 회기에서 해야 할 수 있다. 이런 경우에는 신생아의 혈액이 항체에 의해 계속 중독되기 때문에 출생을 재체험해도 깨끗하게 해결되지 않는다.

고용량 심현제 회기에서의 죽음-재탄생 경험에 대한 다음의 이야기를 통해서 기본 주산기 모형 IV의 전형적인 특성들을 볼 수 있다.

> 그러나 최악의 상황은 아직 오지 않았다. 마치 발밑에서 어떤 가상의 융단이 당겨진 것처럼 갑자기 현실과의 모든 연결을 잃고 있는 것 같았다. 모든 것이 무너지고 있었고 전 세계가 산산조각 난 것처럼 느껴졌다. 그것은 마치 나의 존재라는 거대한 형이상학적 풍선에 구멍을 내는 것과 같았다. 터무니없는 자기기만이라는 거대한 거품이 터져 나와 내 삶의 거짓을 폭로해 버린 것이었다. 지금까지 믿었던 모든 것, 내가 했거나 추구했던 모든 것, 내 삶에 의미를 부여하는 것 같은 모든 것이 갑자기 완전히 거짓으로 나타났다. 이것들은 모두 내가 견딜 수 없는 실존의 현실을 수습하려고 애쓰며 사용했던 실체가 없는 초라한 목발들이었다. 그것들은 이제 폭파되어 민들레의 연약한 깃털 씨앗처럼 날아가 버렸고, 궁극적 진실의 무서운 심연, 즉 실존적 공허의 무의미한 혼돈을 드러냈다.

> 형언할 수 없는 공포로 가득 차오른 나는 위협적인 포즈를 취한 채 내 위로 우뚝 솟은 거대한 신의 모습을 보았다. 나는 그 신이 파괴적인 면을 드러내는 힌두교의 시바신이라는 것을 왠지 본능적으로 알아차렸다. 그의 거대한 발의 우레와 같은 충격을 느꼈으며, 그것이 나

를 짓누르고 산산조각 내면서 마치 내가 하찮은 배설물 조각인 것처럼 우주의 바닥이라고 느껴지는 곳에다 나를 문지르는 것처럼 느꼈다. 다음 순간에는 내가 칼리라고 알아본 어두운 인도 여신의 무시무시하고 거대한 모습을 마주하고 있었다. 월경혈이나 역겨운 태처럼 보이는 것으로 가득 찬 그녀의 벌어진 질 쪽을 향해서 내 얼굴이 저항할 수 없는 힘에 의해 떠밀리고 있었다. 나에게 요구되는 것은 실존적인 힘과 여신이 나타내는 여성적 원리에 대한 절대적인 항복이라는 것을 감지했다. 나는 복종과 겸손의 자세를 최대한 갖추고 그녀의 질에 키스하고 핥을 수밖에 없었다. 내가 지금까지 품어 왔던 남성적 우월감의 궁극적이고 최종적인 종말이었던 이 순간에 나의 생물학적 출생의 순간에 대한 기억과 연결되었다. 어머니의 출혈하고 있는 질과 나의 입이 밀접하게 접촉된 채 내 머리가 산도에서부터 나오고 있었다.

다음 순간, 나는 초자연적인 광채와 형용할 수 없는 아름다움을 갖고 있는 신성한 빛으로 가득했다. 그 황금빛 광선은 수천 개의 정교한 공작무늬처럼 폭발하고 있었다. 이 찬란한 황금빛으로부터 영원한 사랑과 보호를 상징하는 것처럼 보이는 태모신의 모습이 나타났다. 그녀는 두 팔을 벌려 나를 향해 왔고, 나를 그녀의 본질 속으로 감싸 안았다. 나는 믿을 수 없는 에너지장과 융합되어서 정화되고 치유되고 영양을 공급받는 것을 느꼈다. 신성한 음료와 음식처럼 또는 우유와 꿀의 원형적 본질처럼 보이는 것이 완전하고 풍요롭게 나에게 쏟아지고 있었다.

그러자 여신의 모습은 더욱 찬란한 빛에 흡수되어 점차 사라졌다. 그것은 추상적이었지만, 분명한 개인적 특성을 갖고 있었고 무한한 지성을 발산하고 있었다. 내가 경험하고 있는 것은 인도 철학 서적에서 읽었던 바와 같이 보편적 자아 또는 브라만과의 통합 및 흡수라는 것이 명백해졌다. 이 경험은 약 10분 후에 진정되었지만, 시간의 개념을 초월하여 영원처럼 느껴졌다. 치유시키고 영양을 공급하는 에너지의 흐름과 공작무늬와 같은 황금빛의 비전이 밤새도록 계속되었다. 그 결과로 인해 고조된 행복감은 며칠 동안 남아 있었지만, 그 경험에 대한 기억은 오랫동안 생생하게 남아 있었고 나의 인생철학을 완전히 바꾸어 놓았다.

심혼의 자아초월적 영역

　홀로트로픽 의식 상태에 관한 작업을 할 때, 우리는 방대한 초월적 전기transbiographical 영역을 추가함으로써 주류 정신과 의사들과 심리학자들이 사용하는 인간 심혼의 지도 체계를 확장해야 한다. 이 범주에 속하는 경험들은 모든 고대 및 원주민 문화에 알려져 있었으며 그들의 삶에서 의례적 및 영적 부분에 중요한 역할을 했다. 현대 정신의학자들은 이러한 경험들에 익숙하지만, 그것을 인간 심혼의 진실하고 긴밀한 구성요소로 보기보다는 알 수 없는 병리적 과정의 산물로 보고 있다.

　이러한 경험들이 심혼의 깊은 부분이 정상적으로 드러난 것이라는 충분한 증거를 수집하고 주류 정신의학의 공식적 입장과 결별했을 때, 나는 이러한 경험들을 위해 자아초월transpersonal이라는 용어를 만들었다. 이 용어는 문자 그대로 '개인적인 것을 넘어선다' 또는 '개인적인 것을 초월한다'는 뜻이다. 이 풍부하고 다양한 경험 집단의 공통분모는 우리의 의식이 신체/자아의 일반적인 경계를 넘어 확장되었고 선형적 시간과 3차원 공간의 한계를 초월했다는 인식이다.

　일상적 ('정상적') 의식 상태에서 우리는 몸의 경계 안에 존재하는 자신(신체 이미지)을 경험하며, 외부 세계에 대한 인식은 환경의 물리적 특성뿐만 아니라 감각 기관의 범위에 의해서도 제한된다. 또한 우리의 경험은 3차원 공간과 선형적 시간의 범주에 의해서도 명확하게 정의된다. 평범한 상황에서는 현재 상황과 우리가 당면한 환경만을 생생하게 경험한다. 우리는 과거의 일을 회상하고 미래를 예상하거나 그것에 대한 공상에 잠긴다. 자아초월적 경험에서 위의 한 가지 또는 여러 가지 제한은 초월되는 것으로 보인다.

　자아초월적 경험을 묘사하는 가장 좋은 방법은 그것을 우리 자신과 세계에 대한 일상적인 경험과 비교하는 것이다. 보통의 의식 상태에서 우리는 피부에 의해 나머지 세계로부터 분리된 물질적인 물체로서 우리 자신을 경험한다. 영국계 미국인 작가 겸 철학자 앨런 와츠Alan Watts[22]는 이러한 경험에 대해서 자신을 '피부 캡슐에 싸인 자아'로 여기는 것이라고 설명하였다. 우리는 단단하고 불투명한 벽에 의해 분리된 물체나 수평선 너머

---

22) 서양에 불교, 도교, 힌두교를 소개한 영적 지도자로, 성공회 목사이면서 선불교를 수행하였으며 불교를 심리치료의 하나로 받아들일 수 있다고 주장하기도 했다.

에 있는 배, 혹은 달의 반대편을 볼 수 없다. 만약 우리가 프라하에 있다면 친구들이 샌프란시스코에서 무슨 이야기를 하는지 들을 수 없다. 우리 몸의 표면이 직접 접촉하지 않는 한 양가죽의 부드러움을 느낄 수 없다.

자아초월적 의식 상태에서는 앞의 어떤 한계도 절대적이지 않으며, 그 어떤 한계도 초월할 수 있다. 감각의 공간적 범위에 한계가 없어진다. 과거의 모든 장소와 시간에서 일어난 사건들, 그리고 때로는 아직 일어나지 않은 사건들까지도 모든 감각적 특성과 함께 경험할 수 있다. 자아초월적 경험의 스펙트럼은 매우 풍부하며 여러 가지 다른 수준의 의식의 현상을 포함한다. 〈표 2-1〉을 통해서 내가 보기에 자아초월적 영역에 속하는 다양한 경험의 종류를 나열하고 분류하려고 했다.

〈표 2-1〉 자아초월적 경험의 다양성

---

1. 시공간 내에서의 경험적 연장

1.1 공간적 경계의 초월
이원적 합일의 경험
타인과의 경험적 동일시
집단의식의 경험
동물과의 동일시 경험
식물 및 식물적 과정과의 동일시
생명 및 모든 생물과의 동일시
무기물 물질 및 과정의 경험
외계 존재 및 세계의 경험
공간적 초월과 연관된 초자연적 현상(텔레파시, 비의도적 및 의도적 유체이탈경험, 수평적 투시)

1.2 시간적 경계의 초월
태아 및 배아 경험
조상 전래적 경험
민족적 및 집단적 경험
전생 경험
계통발생적 경험
생명 진화에 대한 경험

우주발생에 대한 경험

시간적 초월과 연관된 초자연적 현상(사이코메트리, 수직적 투시, 전생 리딩)

1.3 미시세계의 경험적 탐색

장기 및 세포 조직의 의식

세포의 의식

DNA 경험

분자적, 원자적, 아원자적 경험

2. 시공간 및 일반적 현실 너머로의 경험적 연장

정묘체의 에너지적 현상(오라, 나디, 차크라, 경락)

동물 영의 경험(파워 동물)

영 안내자 및 초인간적 존재와의 만남

보편적 원형의 경험

축복 가득한 또는 격노한 특정 신들과 연관된 장면들

보편적 상징들에 대한 직관적 이해

창조적 영감과 프로메테우스적 충동

조물주에 대한 경험과 우주적 창조에 대한 통찰 경험

절대의식 경험

초우주적 및 메타우주적 공

3. 사이코이드psychoid 본질에 대한 자아초월적 경험

3.1 동시성(심혼내적intrapsychic 경험과 시공간의 상호작용)

3.2 자발적인 사이코이드 사건들

비범한 신체적 능력

심령spiritistic 현상 및 신체적 영매 역할

반복되는 자발적인 염력 행위psychokinesis(폴터가이스트Poltergeist 현상)

UFO 및 외계인 납치 경험

3.3 의도적 염력 행위

마법 의식

치유와 마법

요가의 싯디

실험실 염력 행위

내가 직접 참여하였던 심현제 회기들과 홀로트로픽 숨치료 회기들에서 〈표 2-1〉에 있는 대부분의 현상을 경험하였고, 다른 사람들의 작업에서도 반복적으로 관찰하였다. 이 책에서 이러한 모든 종류의 경험에 대한 정의 및 설명이나 임상적인 예를 제공하면서 설명할 수는 없을 것이다. 이에 관심 있는 독자들에게 나의 이전 출판물(Grof, 1975, 1985, 2006a)을 참조하기를 권한다.

〈표 2-1〉에서 알 수 있듯이 자아초월적 경험은 크게 세 가지로 나눌 수 있다. 첫 번째는 주로 일반적인 공간적, 시간적 장벽을 초월하는 것이다. '피부 캡슐에 싸인 자아'의 공간적 한계를 넘어선 경험적 확장은 다른 사람과 '이원적 합일'이라고 할 수 있는 상태로 융합되거나, 다른 사람의 정체성을 취하거나, 전체 집단의 의식과 동일시하는 경험으로 이끈다. 우리의 이성적인 마음과 상식으로는 불가능하고 터무니없는 것처럼 보이지만, 우리는 세상의 모든 어머니나 자식, 모든 시대의 전사戰士, 인도의 전체 인구, 또는 감옥과 수용소의 모든 수감자가 되는 경험을 할 수 있다. 우리의 의식은 모든 인류를 아우르는 것처럼 보일 정도로까지 확대될 수 있다. 이런 종류의 경험에 대한 설명은 전 세계의 영적 문헌에서 찾아볼 수 있다.

비슷한 방법으로 우리는 인간 의식의 한계를 초월해서 독수리, 은등silver back 고릴라, 공룡, 아메바, 세쿼이아 나무, 다시마, 식충식물과 같이 다윈의 진화계보에 있는 다양한 동물과 식물의 의식과 동일시될 수 있다. 우리는 심지어 다이아몬드, 화강암, 또는 타고 있는 촛불의 의식과 같은 무기물 물체 및 과정과 관련이 있는 듯한 의식의 형태를 경험할 수도 있다.

극단적으로는 생물권, 지구 전체 또는 물질 우주 전체에 대한 의식을 경험하는 것도 가능하다. 일원론적 물질주의에 동의하는 서구인에게는 믿기 힘들 수 있지만, 이러한 경험들은 우리가 일상적 의식 상태에서 객체로서 경험할 수 있는 모든 것이, 홀로트로픽 의식 상태에서는 그에 상응하는 주체적 표현을 가지고 있다는 것을 시사한다. 동양의 위대한 영적 철학에서 말하는 것처럼 마치 우주의 모든 것이 객체적 측면과 주체적 측면을 지니고 있는 것 같다. 예를 들어, 힌두교인들은 존재하는 모든 것을 브라만의 발현으로 보고 있으며, 도교인들은 우주의 모든 것을 도의 변용에 의해 창조되었다고 여긴다.

이 첫째 유형에 있는 다른 자아초월적 경험은 선형적 시간의 초월에서와 같이 주로 공간적 경계보다는 시간적 경계를 넘는 것이 특징이다. 우리는 이미 유아기와 유년기의 중요한 기억과 생물학적 출생 및 태아기에 대한 기억들을 재체험할 수 있는 가능성에 대해 이야기하였다.

물질적 세계관에 따르면, 기억은 물질적 기질基質을 필요로 한다. 그러나 시간적 퇴행이 역사 속으로 더 멀리 거슬러 올라가면서 이러한 기억들에 대한 믿을 만한 물질적 매개체를 찾는 것이 점점 더 어려워지고 있다. 라슬로Laszlo의 아카식 필드, 셸드레이크 Sheldrake의 형태발생장, 본 포어스터Foerster의 물질적 기질이 없는 기억, 의식 자체의 장과 같이 시간을 초월하는 것 또는 비물질적 기질과 연관되었다고 보는 것이 더 그럴듯해 보인다(von Foerster, 1965; Laszlo, 2016; Sheldrake, 1981).

배아 발달 초기 중 여러 시기에서 비롯된 실감 나는 기억을 경험하는 것과 심지어 세포 의식 단계에서 착상 당시의 정자 및 난자와 동일시되는 것을 경험하는 것도 가능하다. 그러나 창조를 경험적으로 되짚어 가는 과정은 여기서 그치지 않는다. 홀로트로픽 상태에서 우리는 인간이나 동물 조상의 삶에 대한 에피소드들이나 혹은 융이 이야기한 것처럼 민족적이고 집단적인 무의식으로부터 비롯된 것 같은 에피소드들을 경험할 수 있다. 다른 문화 및 역사적 시기에서 일어나는 것 같은 경험들은 개인적으로 기억난다는 느낌, 곧 기시감이나 기체험감에 대한 확실한 느낌(이미 보거나 경험한 것)과 관련이 있는 경우가 상당히 자주 있다. 사람들은 그 후 전생으로부터 기억을 재체험하는 것에 대해 이야기한다.

홀로트로픽 상태에서의 경험은 도움을 받지 않은 일반 감각으로는 보통 접근할 수 없는 미시세계의 구조와 과정으로 우리를 데리고 갈 수 있다. 이것들은 우리의 내부 기관, 조직, 세포의 세계를 묘사한 아이작 아시모프Isaac Asimov의 영화 〈판타스틱 보이지Fantastic Voyage〉를 연상시킬 수도 있고, 심지어 그들과 동일시되는 것을 경험할 수도 있다. 특히 생명, 생식, 유전이라는 삶의 궁극적인 신비에 관한 통찰과 연관되는 DNA에 대한 경험은 특히 흥미롭다. 때때로 이런 종류의 자아초월적 경험은 우리를 분자, 원자, 아원자 입자와 같은 무기적인 세계로 데려가기도 한다.

지금까지 설명된 자아초월적 경험의 내용은 시공간 내에 존재하는 여러 현상으로 이루어져 있다. 그것들은 다른 사람들, 동물들, 식물들, 물질들, 그리고 과거의 사건들과 같이 일상적으로 친숙한 현실의 요소들을 포함한다. 이러한 현상 그 자체에 관한 한, 여기서는 우리가 보통 특이한 것으로 간주할 만한 것이 없다. 그들은 우리가 알고 있는 현실에 속한다. 우리는 그들의 존재를 받아들이고 당연하게 여긴다. 앞에서 설명한 두 가지 유형의 자아초월적 경험에 관해 우리가 놀라게 되는 것은 그 내용이 아니라, 일반적으로는 감각을 통해서 접근할 수 없는 것을 목격하거나 완전히 동일시되는 경험을 할 수 있다는 사실이다.

우리는 이 세상에 임신한 고래가 있다는 것을 알지만, 실제로 그러한 고래가 되는 것에 대한 사실적인 경험을 할 수는 없다. 우리는 한때 프랑스 혁명이 있었다는 것을 흔쾌히 받아들이지만, 실제로 그곳에 있으면서 부상을 입고 파리의 방벽防壁에 누워 있는 생생한 경험을 할 수는 없다. 우리는 세계의 다른 곳에서 많은 일이 일어나고 있다는 것을 알고 있지만, 일반적으로(텔레비전 카메라, 위성, 텔레비전 세트 또는 컴퓨터의 도움 없이는) 다른 곳에서 일어나고 있는 일을 경험하는 것은 불가능하다고 여겨진다. 우리는 하등동물, 식물 그리고 무기적인 자연과 관련된 의식을 발견하면 놀랄지도 모른다.

자아초월적 현상의 두 번째 유형은 더욱 생소하다. 홀로트로픽 상태에서는 서구 산업 문화가 '실재'라고 생각하지 않는 영역과 차원으로 우리의 의식이 확대될 수 있다. 여기에는 환상적인 신화적 현실로 방문하는 것뿐만 아니라 다양한 문화의 원형적 존재, 신, 악마에 대한 수많은 비전을 보거나 이들과 동일시되는 경험이 있다. 이러한 경험은 종종 우리가 사전 지식을 갖고 있지 않은 신화로부터 나온다. 우리는 십자가, 앵크 십자가♀, 만卍 자, 펜타클⊛, 다윗의 별✡ 또는 음양 기호☯ 같은 보편적 상징에 대한 직관적인 이해를 얻을 수도 있다. 무형 및 초인적 실체, 영적 안내자, 외계 생명체, 또는 평행 우주에 사는 사람들처럼 보이는 존재들과 조우하고 소통할 수 있다.

가장 멀리까지 가면, 우리의 개별 의식은 모든 경계를 초월하여 브라만, 붓다, 우주적 그리스도, 케테르, 알라, 도, 위대한 영, 그 밖의 여러 이름으로도 알려진 우주의식 또는 보편적 마음과 동일시되는 경험을 할 수 있다. 모든 경험의 극치는 모든 존재의 궁극적인 요람인 우주적 심연이자 신비롭고 원시적인 공허와 무無 자체인 초우주적 및 메타우주적 공과 동일시되는 것으로 보인다. 그것에 구체적인 내용은 없지만, 모든 것을 미발달된 잠재적인 형태로 담고 있다. 그것은 우주를 창조하는 데 필요한 지성과 엄청난 에너지를 가지고 있다.

자아초월적 경험의 세 번째 유형은 내가 사이코이드psychoid라고 부르는 현상들로 이루어진 것으로, 이는 활력론vitalism의 창시자인 한스 드리슈Hans Driesch가 만들고 융이 사용했던 용어이다. 이 유형에는 심혼내적 경험이 이와 상응하며 의미 있게 연결된 외부 세계의 사건과 연결되는 상황들도 포함한다. 사이코이드 경험은 동시성, 영적 치유, 마법 의식에서부터 UFO와의 만남, 염력 행위, 그리고 요가 문헌에서 싯디siddhis라고 알려진 것처럼 물질에 영향을 끼치는 염력과 관련된 현상에 이르기까지 광범위한 범위를 포괄한다 (Grof, 2006a).

자아초월적 경험은 물질론적 세계관과 뉴턴-데카르트 패러다임의 가장 근본적인 형이상학적 가정을 산산조각 내는 많은 이상한 특징을 가지고 있다. 이러한 매혹적인 현상들을 연구하거나 개인적으로 경험한 연구자들은 그것을 인간 환상의 엉뚱한 놀이나 병든 뇌의 변덕스러운 환각적 산물로 치부하려는 주류 과학의 시도가 순진하고 부적절하다는 것을 깨닫는다. 심혼의 자아초월적 영역에 대한 어떠한 편파적이지 않은 연구도 여기서 접하는 현상들이 정신의학과 심리학뿐만 아니라 서구 과학의 일원론적 물질주의 철학에도 중대한 도전을 제시한다는 것을 확인시켜 줄 수 있다.

　자아초월적 경험은 개인의 깊은 자기탐구 과정에서 발생하지만, 그것을 단순히 통념상 심혼내적 현상이라고 해석할 수는 없다. 한편으로, 그것들은 전기적, 주산기적 경험과 똑같은 경험적 연속체상에 나타나며, 따라서 개인의 심혼 안에서부터 나오고 있다. 반면에, 그것들은 감각의 매개 없이 개인의 평범한 범위를 분명히 훨씬 벗어난 정보의 원천을 직접 이용하는 것 같다.

　심혼의 주산기 단계 어디에선가 이상한 경험적 전환이 일어나는 것 같다. 그 시점까지 깊은 심혼내적 탐사였던 것은 우주의 다양한 측면에 대한 초감각적 경험이 된다. 이러한 특유의 변화를 안쪽에서 바깥쪽으로 경험한 사람들 중 몇몇은 네덜란드 화가 모리츠 에셔Maurits Escher의 그래픽 아트와 비교했고, 또 다른 사람들은 ‘다차원적이고 경험적인 뫼비우스의 띠’에 대해 이야기하기도 했다. 탄트라, 카발라, 또는 헤르메스 전통과 같은 신비 전통 체계의 기본 교리가 된 헤르메스 트리스메기스토스Hermes Trismegistus의 에메랄드 석판(타블라 스마라그디나Tabula smaragdina)은 ‘위에서와 같이 아래에서도’ 또는 ‘밖에서와 같이 안에서도’라는 메시지로 이러한 경험들을 확인시켜 준다. 우리는 각자 어떤 신비한 방식으로 우주 전체를 포함하는 축소판이다.

　이 경험들은 우리가 철저히 다른 두 가지 방법으로 우주에 대한 정보를 얻을 수 있다는 것을 보여 준다. 우주에 대해 배우는 기존의 방식은 수신된 정보의 종합과 감각적 지각 및 분석에 기반을 두고 있다. 홀로트로픽 상태에서 이용할 수 있게 되는 급진적 대안은 세계의 다양한 측면에 대한 직접적인 경험적 동일시를 통해 배우는 것이다.

　오래된 패러다임 사상의 맥락에서 미시세계가 거시세계를 반영할 수 있거나, 부분이 전체를 담을 수 있다는 고대 신비 체계의 주장은 상식에 위배되고 아리스토텔레스 논리의 기본 원리를 위반하는 것처럼 보였기 때문에 완전히 터무니없는 것처럼 보였다. 이는 레이저가 발견된 후 급격히 변화했는데, 부분과 전체 사이의 관계를 이해할 수 있는 놀라운 새로운 길을 열었기 때문이다. 홀로그램적holographic 또는 홀로노믹적holonomic 사고는 처음으로 이 기이한 현상에 대한 과학적 접근을 위한 개념적 틀을 제공하였다(Bohm,

1980; Laszlo, 1993; Pribram, 1971, 1981).

배아로서의 존재, 착상의 순간, 또는 세포, 조직, 장기 의식의 요소들을 경험한 사람들의 이야기에는 관련된 과정의 해부학적, 생리학적, 생화학적 측면에 대해 의학적으로 정확한 통찰이 풍부하다. 마찬가지로 조상 전래적, 민족적 및 집단적 기억과 전생 경험은 종종 건축, 의류, 무기, 예술 형식, 사회 구조, 그리고 특정 문화와 역사적 기간의 종교적 및 의례적 관행, 심지어 실제 역사적 사건에 대한 매우 구체적인 세부사항을 제공한다.

계통발생적 경험이나 실재 생명체와의 동일시를 경험한 사람들은 이러한 경험을 대단히 실감 나고 확실하게 느낄 뿐만 아니라 동물심리학, 동물행동학, 특정한 습관, 또는 특이한 생식주기에 관한 비상한 통찰을 얻는 경우가 많았다. 어떤 경우에는 이러한 경험에서 인간의 특질이 아닌 오래된 근육 신경자극이 일어나거나 특정 종種의 구애 춤을 추는 것과 같은 복잡한 행동까지도 일어났다.

지금까지 설명된 경험들과 관련된 철학적 도전은 물질세계를 반영하는 자아초월적 경험이 종종 산업화된 서구 세계가 실재라고 생각하지 않는 요소들을 포함하고 있는 다른 것들과 같은 연속체상에서 밀접하게 연결되어서 나타난다는 사실에 의해 더욱 강화된다. 이는 다양한 문화의 신과 악마, 천국이나 낙원 같은 신화적 영역, 그리고 전설적 및 동화적 장면들과 연관된 체험을 포함한다. 예를 들어, 시바의 천국, 아즈텍 비의 신 틀라로크의 낙원, 수메르의 지하세계, 또는 불교의 뜨거운 지옥을 경험할 수 있다. 예수와 소통하거나 힌두교 여신 칼리와 충격적인 만남을 갖거나 춤추는 시바와 동일시되는 것도 가능하다. 이 에피소드들은 이전에는 사람들에게 알려지지 않았던 종교적인 상징성과 신화적 모티브에 대한 정확한 새로운 정보를 줄 수 있다. 이런 종류의 경험을 통해 우리가 프로이트의 개인무의식뿐만 아니라 모든 인류의 문화적 유산을 포함하는 집단무의식에도 접근할 수 있다는 융의 생각이 사실임을 확인시켜 준다(Jung, 1959).

현실이 일반적으로는 우리의 인식에 드러나지 않는 차원들의 전체 계층hierarchy(혹은 홀라르키holarchy[23])을 포함한다고 말하는 존재의 대사슬Great Chain of Being[24]에 대한 일반적인 개념은 아주 중요하며 근거가 충분하다. 존재에 대한 이러한 이해를 원시적인 미신이나

---

23) 전체이자 동시에 부분인 홀론(holon)들로 연결되어 있는 체계를 말한다. 이 체계 내에서는 하부가 상부에 의해 통제되는 것이 아니라, 상부와 하부가 서로 영향을 미치며 교환될 수도 있다.

24) 우주에 있는 모든 존재가 서로 연결되어 있다는 우주관으로, 가장 낮은 존재부터 신성에 이르기까지 각각의 단계가 무한하게 이어져 있으며, 상위 단계는 하위 단계를 초월하면서 포함한다(상담학사전).

정신증적 망상으로 치부하는 것은 잘못된 일일 것이지만, 자주 그렇게 되어 왔다. 그렇게 치부하려고 시도하는 사람은 현실에 대해 이렇게 정교하고 포괄적인 비전을 체계적으로 뒷받침하는 경험들이 다양한 인종, 문화, 역사적 시대의 사람들에게 지속적으로 발생해 온 이유에 대해 그럴듯한 설명을 제공해야 할 것이다.

서구 과학의 일원론적 물질주의 입장을 옹호하려는 사람이라면 이러한 경험들이 우리 시대의 고도로 지적이며 교양 있는, 또는 심리적으로 건강한 사람들에게 계속 나타나고 있다는 사실에 대해서도 설명해야 할 것이다(Grof, 1998). 이러한 현상은 심현제의 영향에서뿐만 아니라 여러 형태의 경험적 심리치료 회기, 체계적으로 영적 수련을 하는 사람들의 명상 경험, 근사체험, 그리고 자발적인 심리영적 위기('영적 응급')와 같은 다양한 상황에서 발생한다.

60년 이상의 홀로트로픽 상태에 대한 연구 과정에서 축적된 관찰에서 내린 결론을 몇 페이지로 요약하고 그러한 진술들을 믿을 수 있게 만드는 것은 쉬운 일이 아니다. 수천 명의 사람으로부터 자아초월적 경험에 대한 설명을 들을 기회가 있었고 그중 많은 경험은 내가 직접 하기도 했지만, 그런 경험들이 나에게 전해 준 인지적 충격의 영향을 완전히 흡수하는 데는 몇 년이 걸렸다. 공간적 여건으로 인해, 자아초월적 경험의 본질과 경험으로부터 얻은 통찰을 설명하는 데 도움이 될 만한 사례들을 상세히 제시하기는 어렵다. 그러나 그것으로도 서양 과학이 우리 문화에 깊이 뿌리내려 놓은 프로그램들을 상쇄하는 것이 충분할지는 의문이다. 이와 관련된 개념적 도전은 너무 만만치 않기 때문에 깊은 개인적 경험만큼 이 일에 적합한 것은 없을 것이다.

자아초월적 경험의 존재와 성격은 기계론적 과학의 가장 기본적인 가정 중 일부를 위반한다. 그것들은 모든 물리적 경계의 상대성과 임의적 성격, 우주의 비지역적 연결, 알 수 없는 수단과 채널을 통한 소통, 물질적 기질을 바탕으로 하지 않는 기억, 시간의 비선형성, 무기질을 포함한 모든 살아 있는 유기체와 관련된 의식과 같이 보기에 불합리한 관념들을 시사한다. 많은 자아초월적 경험은 소우주와 대우주, 도움 없이는 인간의 감각으로 보통 도달할 수 없는 영역들, 또는 태양계의 기원, 지구의 형성, 살아 있는 유기체의 출현, 신경계의 발달, **호모사피엔스**의 출현을 앞서는 역사적 시기로부터의 사건들을 포함한다.

자아초월적 경험에 대한 연구는 인간의 본성에 관한 놀랄 만한 역설을 드러낸다. 의식의 일상적 상태('물질지향적인')에서 보면 우리는 3차원 공간과 선형적 시간 내에 존재하며 각각 분리되어 있는 뉴턴 학설의 물체인 것으로 보인다. 홀로트로픽 상태에서 우리는 공간과 시간을 초월하는 무한한 의식의 장으로 기능한다. 인간의 이러한 상호 보완적 성격은 덴마크 물리학자 닐스 보어Niels Bohr의 상보성 원리에 의해 설명된 빛의 파동-입자성과 먼 유사성을 갖고 있는 것 같다. 보어가 상보성의 원리가 결국 다른 과학 분야와 관련이 있을 것이라고 믿었다는 것은 흥미롭다.

비전 체계와 신비 전통에서 이와 유사하게 역설적인 말을 찾을 수 있다. '인간은 대우주를 포함하는 소우주', '위에서와 같이 아래에서도, 밖에서와 같이 안에서도'이다. 이와 비슷하게 터무니없어 보일 수 있지만, 신비주의자들은 분리와 합일, 동일성과 차이에 대해서 다음과 같은 선언을 한다. "우리는 서로 분리되어 있다는 것을 알고 있지만, 모두 하나이다." 그리고 "우리는 우주의 미미한 부분들일 뿐이지만, 우리 각자는 우주 전체이다."

광학 홀로그래피와 신비주의적 세계관

이러한 역설들에 대한 뜻밖의 과학적 설명과 해명은 1960년대에 광학 홀로그래피의 발달에 의해 가능해졌다. 홀로그래픽 원리에 대해 이해하는 것은 자아초월심리학과 심혼탐구학에 매우 중요하기 때문에 이 책에서 따로 한 부분을 차지할 만하다. 이러한 생각들이 전통적으로 훈련된 과학자에게 또는 우리의 상식에 불합리하고 믿을 수 없는 것으로 보이지만, 여러 과학 분야의 새로운 혁명적 발전이라는 맥락에서 보면 비교적 쉽게 받아들여질 수 있으며 이는 대개 새롭게 생겨난 패러다임으로 여겨진다.

홀로그래피의 기초가 되는 수학은 영국에 살고 있는 헝가리 전기 기술자인 데니스 가보르Dennis Gabor가 발전시켰다. 그의 원래 의도는 전자현미경의 해상도를 향상시키는 것이었다. 처음에는 광학 홀로그램을 만드는 것이 불가능했는데, 이는 일관적으로 빛을 내는 광원이 아직 개발되지 않았기 때문이었다. 1961년, 캘리포니아의 말리부에서 레이저를 발명했을 때, 가보르의 홀로그램 원리는 광학 홀로그램을 만드는 데 사용될 수 있었다.

광학 홀로그램은 레이저(복사 형식으로 유도 방출되어 증폭된 빛)를 필요로 한다. 이것은 단색이고 일관적인 빛을 내는 광원이다. 단색광은 모든 광선이 같은 파장(또는 주파수)이라는 뜻이다. 일관된 빛은 레이저가 방출하는 모든 빛이 같은 위상에 있다는 것을 의미한다.

따라서 홀로그램은 레이저 광원, 필름 플레이트, 그리고 홀로그램을 만들 원본 물체가 필요하다. 레이저 빔은 부분적으로 은도금된 유리창(빔 스플리터beam splitter)을 향하고 있어서 빔의 절반은 반사되고 나머지 절반은 이를 통과해서 들어간다(일방향 스크린과 동일한 원리). 이는 빛의 반사된 반이 촬영되고 있는 물체를 향하고 그로부터 필름판으로 향하는 방식으로 이루어진다(작업파the working beam). 유리를 통해 관통하는 다른 반(참조파the reference beam)은 거울에 반사되어 빔 스프레더beam spreader에 의해 필름 플레이트 위에 퍼지며 물체의 이미지를 전달하는 빛을 만난다. 여기서 발생하는 것을 간섭이라고 한다.

간섭을 시각화하는 방법은 연못에 여러 개의 조약돌이 던져지는 것을 상상하는 것이다. 이것이 만들어 내는 동심파(호이겐스Huyghens 파동)는 이동하고 만나면서 서로 상호작용을 한다. 서로 만나는 두 개의 물결은 더 큰 물결을 만들고, 반대 방향의 두 물결은 서로를 상쇄하며, 두 개의 골은 더 깊은 골을 만든다. 빛의 세계에서 광파의 진폭은 빛의 강도를 결정한다. 진폭이 클수록 홀로그램의 점들은 더 밝아진다. 그렇게 간섭이 필름 플레이트에 기록되고 필름이 현상된다. 이것이 홀로그램을 만든다.

전통적인 사진 기법에서는 나무, 집, 사람 등 촬영된 것이 무엇인지를 구별할 수 있다. 홀로그램으로 작업할 때는 그것이 가능하지 않다. 어떤 물체가 찍혀 있건 간에 모든 홀로그램은 똑같이 보인다. 그것들은 큰 규모의 간섭 패턴(무아레 패턴moiré patterns)이다. 그러나 홀로그램이 레이저에 의해 만들어지면, 그것은 파동 전면을 되살리고, 촬영된 물체의 3차원 이미지를 만들어 낸다. 플레이트를 통해서 이미지를 관찰하면 다른 각도에서 볼 수 있지만 한정된 범위에서만 볼 수 있다. 투영projection이라고 부르는 홀로그램의 홀로그램도 만들 수 있다.

투영 홀로그램이 레이저 광선으로 만들어지면, 그 결과로 나타난 이미지는 필름 플레이트 반대편 공중에 자유롭게 떠 있는 것처럼 보인다. 그 주위를 걸어 다니면서 아주 넓은 범위의 각도에서 보는 것도 가능하다(레이저 광선의 흐름을 차단하는 위치는 제외한다). 우리가 다른 각도에서 투영 홀로그램을 볼 때 우리는 시차視差를 경험하는데, 이는 곧 우리의 위치가 변화하는 것에 따른 관찰되는 물체의 외관적인 변위를 경험하는 것이다. 홀로그램에 있는 사람이 안경을 쓴다면, 우리는 원래의 상황에서 보이는 모습을 복제하는 다른 반사를 볼 것이다. 만약 그 사람이 다이아몬드 반지를 가지고 있다면, 우리가 어느 방향에서 보느냐에 따라 색깔이 바뀔 것이다.

자아초월심리학자들에게 광학 홀로그래피는 왜 그렇게 흥미로울까? 우리는 그것을 이용해서 공상적인 상태들을 모형화하고 신비주의자들이 말한 역설적인 진술 몇 가지를 명확하게 할 수 있다. 예를 들어, 홀로그램은 엄청난 저장 용량을 가지고 있다. 기존의 사진 기법에서는 프레임당 한 장의 사진만 저장할 수 있지만(어떤 예술적 효과를 위해 이미지를 겹치는 경우가 아니라면), 하나의 홀로그램에는 많은 수의 이미지를 저장할 수 있다.

이것은 두 가지 다른 방법으로 할 수 있다. 한 가지 방법은 우리가 촬영하고 있는 각각의 물건들과 함께 레이저의 각도를 바꿀 수 있다. 우리가 필름을 현상하고 원래의 노출 각도를 복제하면서 레이저로 계속 비추어서 홀로그램을 만들어 낼 때, 각각의 각도는 그 각도에서 촬영한 물체의 이미지를 같은 행렬에서 '뽑아낼 것'이다. 그것들에 대한 모든 정보는 홀로그램에 있을 것이지만, 그것들을 실제로 보기 위해서는 그것을 만드는 데 사용된 것과 같은 각도에서 홀로그램을 비추어야 할 것이다.

또 다른 방법은 물체들을 순차적으로 노출시킬 때와 동일한 각도를 사용하는 방식으로 홀로그램을 만드는 것이다. 그리고 우리가 그 결과로 생긴 홀로그램을 비추면, 촬영된 모든 물체가 동시에 나타나 같은 장소를 차지하게 될 것이다. 홀로그래피에 관심이 많았던 1970년대에 나는 호놀룰루에 있는 하와이 대학교의 홀로그래피 실험실에서 얼마간 시간을 보냈다. 이 실험실에서 그들은 하와이 아이들Hawaiian children이라고 불리는 홀로그램을 만들었다. 그들은 레이저의 각도를 바꾸지 않으면서 수많은 하와이 아이를 순차적으로 노출시킴으로써 그것을 만들었다. 그래서 마지막 홀로그램은 보통 한 아이가 차지하고 있는 공간을 차지하고 있었지만, 모든 아이에 대한 정보는 그 안에 들어 있었다. 그 모습을 바라보면, 그 속에서 서로 다른 얼굴들이 하나씩 잇따라서, 때로는 한 번에 하나 이상씩 드러나는 것 같았다.

홀로그램의 또 다른 매혹적인 특성은 정보가 각 부분에 나누어지며 각 부분으로부터 얻어질 수 있다는 것이다. 만약 우리가 전통적인 사진을 가지고 있고 그것을 두 조각으로 자른다면, 우리는 정보의 절반을 잃게 될 것이다. 홀로그램은 여러 작은 조각으로 잘리더라도, 각각의 조각들을 레이저로 비추면, 우리는 그것으로부터 전체 물체에 대한 정보를 얻을 수 있다. 해상력은 어느 정도 떨어지겠지만 여전히 전체 이미지를 얻을 것이다.

방금 설명한 기제는 홀로트로픽 상태의 경험을 모방하기 위해 매우 흥미로운 방법으로 사용될 수 있다. 홀로그램 시범 중 하나에서 나는 어두운 방 안에 앉아 있었으며 여러 다른 레이저 각도에서 촬영된 사람들의 홀로그램 영상이 순차적으로 투사되었다. 이 홀로그램을 비추고 있던 사람이 레이저의 각도를 바꿀 때, 나는 심현제 회기나 홀로트로픽 숨치료 회기에서 보게 되는 비전과 매우 흡사하게 어둠 속에서 한 얼굴이 하나씩 잇따라 나타나서 사라지고 다른 얼굴로 대체되는 것을 보았다.

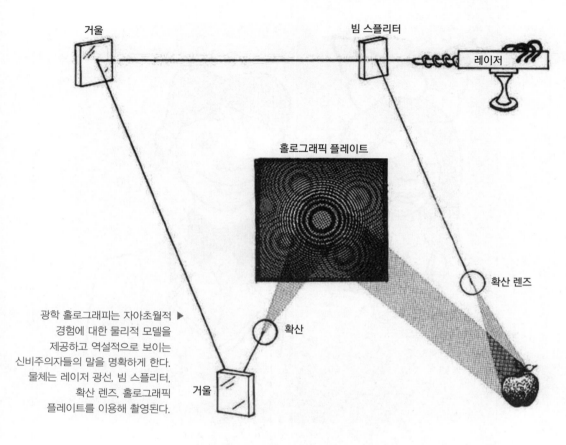

홀로그래픽 플레이트

거울

빔 스플리터

레이저

확산 렌즈

확산

거울

광학 홀로그래피는 자아초월적 ▶
경험에 대한 물리적 모델을
제공하고 역설적으로 보이는
신비주의자들의 말을 명확하게 한다.
물체는 레이저 광선, 빔 스플리터,
확산 렌즈, 홀로그래픽
플레이트를 이용해 촬영된다.

홀로그램은 분산된 정보를 갖고 있다. 레이저의 간섭 패턴에 의해 만들어지는 홀로그램의 ▶
각 파편은 물체의 전체 이미지로부터 정보를 가져올 수 있다. 마찬가지로 홀로트로픽
의식 상태에서 모든 인간 심혼은 우주의식의 전체 장에 접근할 수 있는 잠재력을 가지고
있다. 신비주의자들은 그들의 자아초월적 경험에서 물질적이고 분리된 것으로 보이는
물체들이 통일되어 있고 구분되지 않는 의식의 일부라는 것을 발견했다.

▲ 신혼부부의 홀로그램 투영. 두 개의 분리된 실체로 보이지만, 이러한 환상은 단순히 빛의 간섭 패턴에 의해 만들어진다.

또 다른 시범에서는 하와이 아이들처럼 같은 레이저 각도에서 촬영된 많은 사람의 홀로그램을 비추었다. 나는 보통 한 사람이 차지하는 공간 안에서 모두를 보았다. 이 종합 홀로그램을 보고 있을 때, 나는 같은 공간에서 다른 얼굴들을 보고 있었다. 이것은 홀로트로픽 상태에서 또 다른 흥미로운 경험을 모방하였다. 예를 들어, 내가 심현제 회기를 하는 동안 크리스티나가 나를 위해 앉아 있을 때, 나는 어느 순간 그녀를 모든 여성으로서 보았다. 잠시 동안 그녀는 사랑스러운 어린 소녀인 것 같더니 다음 순간에는 아주 늙고 우락부락한 노파로 변했다. 어느 순간에는 폴리네시아의 미녀처럼 보였고, 그 후 중세 마녀로 변했다. 그녀는 가능한 모든 여성성의 현현이 한 몸이 차지하고 있는 공간에 나타나는 원형적 여성과 같았다.

내가 방문하고 있던 하와이 연구소가 신혼부부에게 결혼 홀로그램을 선물로 만들어 주겠다고 제의하였다. 그 커플은 실제로 홀로그램이 어떻게 만들어지기를 원하는지 선택할 수 있었다. 그들은 신랑과 신부라는 두 사람으로 보여 주는 좀 더 전통적인 홀로그램을 선택할 수 있었다. 그것은 그들이 플레이트 앞에 서서 단 한 번 노출한다는 것을 의미한다. 또 다른 가능성은 일종의 탄트릭tantric 결합과 같이 그들을 보여 주는 홀로그램이었다. 그들은 한 몸을 보겠지만 그 안에 신부와 신랑 둘 다의 모습이 담겨 있을 것이다. 이것은 레이저의 각도를 변경하지 않고 두 번의 순차적 노출에 의해 만들어질 것이다.

신혼부부를 두 개의 분리된 대상으로 보여 주는 홀로그램은 홀로그램의 매우 흥미로운 측면을 설명하는 데 사용될 수 있다. 우리가 이 홀로그램의 여러 가지 투영을 앞에 두고 있다고 상상해 보자. 잘 만들어진 홀로그램은 홀로그램을 본 적이 없는 아이뿐만 아니라 필요한 기술적 정보를 가지고 있지 않은 교육받은 어른도 속일 수 있을 것이다. 그들은 이 상황을 두 사람, 두 개의 분리된 뉴턴적 대상으로 인식할 것이다.

하지만 우리는 홀로그래픽 이미지가 그들 스스로 존재할 수 없다는 것을 알고 있다. 홀로그램을 만들기 위해서는 레이저의 광원, 빛에 굴절을 만드는 어떤 것(이 경우 홀로그래픽 플레이트), 공간을 채우는 미분화된 빛의 장이 있어야 한다. 두 개의 분리된 물체의 외형은 빛의 간섭 패턴에 의해 생성된다. 이것은 빛나는 여러 점이 간섭에서 비롯된 빛의 진폭을 반영하고 있는 빛과 그림자의 놀이인 것이다.

양자-상대 물리학자인 데이비드 봄David Bohm은 이 분야의 역설과 도전과 함께 고심하면서 우주의 홀로그램 모델을 만들었다. 그에 따르면 우리가 일반적인 의식 상태에서 경험하는 물질세계는 복잡한 홀로그램 체계(명백한 또는 드러난 질서the explicate or unfolded order)라고 한다. 그것의 창조적 매트릭스는 우리의 일반적 의식 상태에서 신체적 감각으로 지각되지 않는 또 다른 차원의 현실 속에 있다(내포된 또는 숨겨진 질서the implicate or enfolded order). 결혼식 홀로그램의 예에서 우리는 그것을 두 개의 분리된 독립적 개체로 인식하는 것은 순진하고 잘못된 인식이라고 보았다. 데이비드 봄(알베르트 아인슈타인처럼)은 물질세계에 대한 우리의 인식에 대해서도 같은 말을 할 것이다. 세상을 분리된 뉴턴적 물체들로 보는 것에는 어떤 위대한 지능도 필요하지 않다. 그러나 이것이 궁극적으로 순진하고 거짓된 진부한 인식(힌두교의 마야와 같이)임을 발견하고 더 깊은 차원에서는 분화되지 않은 전체라는 것을 깨닫기 위해서는 양자-상대 물리학, 화이트헤드 철학, 또는 홀로트로픽 의식 상태가 필요하다.

광학 홀로그래피는 신비주의적 세계관의 어떤 중요한 측면을 설명하는 데 왜 유용한 모델일까? 우선 헤르메스 트리스메기스토스의 에메랄드 석판부터 탄트라, 카발라, 영지주의Gnosticism에 이르기까지 많은 신비주의적 가르침의 기본 원칙은 각 개인은 전체 대우주를 포함하는 소우주라는 것이다. 위에서와 같이 아래에서도, 밖에서와 같이 안에서도. 이것은 말이 안 되는 것 같다. 당신은 결정을 내려야 한다. 당신은 부분이 되거나 또는 전체가 되어야 한다. 아리스토텔레스의 논리는 당신이 어떤 것이면서 동시에 그것과 다른 어떤 것일 수는 없다고 주장한다.

그러나 홀로그래피에서는 그렇지 않다. 갈릴레오가 요청한 이래 과학이 해 오고 있는 측정과 저울질에만 관심이 있다고 한다면, 홀로그램의 100분의 1은 그중 하찮은 부분이다. 그러나 만약 우리가 홀로그램의 부분에 대한 측정과 저울질에 관심이 없지만 그것이 제공하는 정보에 관심이 있다면, 홀로그램의 100분의 1은 전체에 대한 적절한 정보를 제공할 수 있다. 마찬가지로 우리 각자는 우주의 미미한 부분이지만, 그 구성요소들 중 어떤 것과도 경험적으로 동일시될 수 있으며 그런 의미에서 우리는 그것에 상응한다. 이러한 경우에 전체에 대한 정보는 각각의 부분에 포함될 수 있다.

우리는 신비주의자들이 하는 또 다른 말을 이와 같은 맥락에서 볼 수 있다. "당신과 내가 서로 분리되어 있다는 것을 안다. 하지만 다른 관점에서 보면 당신과 나는 하나다." 홀로그래픽 모델을 다시 살펴보면, 우리는 이 두 이미지를 분리되지 않고 통일된 더 깊은 체계의 일부로 보는 것이 보다 정교한 관점임을 깨닫게 된다. 그리고 또한 앞의 두 문장이 상호 배타적이지 않고 상호 보완적이라는 것을 알 수 있다.

심혼탐구학은 궁극적으로 물질적인 것에 관한 것이 아니라 정보에 관한 것이다. 예를 들어, 홀로트로픽 상태에서는 우리는 다른 종의 구성원들과 경험적으로 동일시될 수 있다. 만약 내가 코끼리로서 나를 경험한다면, 코끼리가 되는 것이 어떤 느낌인지에 대한 정보를 가질 것이다. 내가 코끼리가 되었다는 것을 매우 실감 나게 느낄 것이며, 이는 코끼리에 대해 배웠던 모든 것을 훨씬 넘어설 것이다. 이것은 내가 저울 위에 올라갔을 때 무게가 3톤이 된다는 것을 의미하지는 않는다. 이것은 우리가 다루고 있는 현상의 물질적 측면과는 아무런 관계가 없다. 우리는 그 현상들에 대한 정보에 대해 이야기하고 있다. 그런 의미에서 당신은 일부이면서 전체일 수 있다. 당신은 분리되었으면서 동시에 하나가 될 수 있다. 당신은 유형과 무형을 동시에 가질 수 있고, 심지어 존재하면서 동시에 존재하지 않을 수 있다. 홀로그래피는 우리가 신비주의 문헌에서 읽었던 역설적이고 모순적으로 보이는 것들 중 몇몇을 해결하는 매우 명쾌한 방법을 제공한다.

우리는 이제 자기탐구, 영적 탐구, 치료적 작업, 예술적 영감, 과학적 호기심, 또는 직관과 초감각적 지각의 함양과 같은 목적을 위해 진지하게 심혼탐구와 홀로트로픽 상태에 빠져드는 모든 사람에게 절대적으로 필수적인 심혼의 확장된 지도 체계를 거쳐 왔다.

이 책의 이후 장에서 보여드리려 함에 따라 앞에서 대략적으로 설명한 확장된 지도 체계는 샤머니즘, 통과의례, 신비주의, 종교, 신화, 초심리학, 근사체험, 심현제 상태와 같은 현상에 대해 진지하게 접근할 때에도 매우 중요하다. 심혼에 대한 이 새로운 모델은 단지 학문적인 홍미의 문제가 아니다. 이는 현재 정신증으로 진단받은 많은 질환을 포함하여 정서 및 정신신체 장애를 이해하는 데 있어서 중요한 혁명적 의미를 가지고 있으며, 새롭고 혁명적인 치료 가능성을 제공한다.

참고문헌

Bateson, G. et al. 1956. Towards a Theory of Schizophrenia. *Behavioral Science 1*(4): 251–254.

Bateson, G. 1972. *Steps to An Ecology of Mind*. San Francisco: Chandler Publications.

Blanck, G., & Blanck, R. 1974. *Ego Psychology I: Theory and Practice*. New York: Columbia University Press.

Blanck, G., & Blanck, R. 1979. *Ego Psychology II: Psychoanalytic Developmental Psychology*. New York: Columbia University Press.

Bohm, D. 1980. *Wholeness and the Implicate Order*. London: Routledge & Kegan Paul.

Campbell, J. 1968. *The Hero with A Thousand Faces*. Princeton: Princeton University Press.

Campbell, J. 1972. *Myths to Live By*. New York: Bantam.

Capra, F. 1975. *The Tao of Physics*. Berkeley, CA: Shambhala Publications.

Chalmers, D. 1996. *The Conscious Mind: In Search of a Fundamental Theory.* Oxford: Oxford University Press.

Crick, F. 1994. *The Astonishing Hypothesis: The Scientific Search for the Soul.* New York: Scribner Publishing.

Foerster, H. von. 1965. *Memory Without A Record. In: The Anatomy of Memory* (D. P. Kimble, ed.). Palo Alto: Science and Behavior Books.

Frank, J. D., & Frank, J. B. 1991. *Persuasion and Healing: A Comparative Study of Psychotherapy.* Baltimore, MD: The Johns Hopkins University Press.

Gormsen, K., & Lumbye, J. 1979. "A Comparative Study of Stanislav Grof's and L. Ron Hubbard's Models of Consciousness." Presented at the Fifth International Transpersonal Conference, Boston, MA, November.

Grof, S. 1975. *Realms of the Human Unconscious.* New York: Viking Press.

Grof, S. 1985. *Beyond the Brain: Birth, Death, and Transcendence in Psychotherapy.* Albany, N.Y.: State University of New York (SUNY) Press.

Grof, S. 1987. Spirituality, Addiction, and Western Science. *Re-Vision J. 10*(2), 5-18.

Grof, S., & Grof, C. (eds) 1989. *Spiritual Emergency: When Personal Transformation Becomes a Crisis.* Los Angeles, CA: J.P. Tarcher.

Grof, C., & Grof, S. 1991. *The Stormy Search for the Self: A Guide to Personal Growth Through Transformational Crises.* Los Angeles, CA: J.P. Tarcher.

Grof, S. 1998. *The Cosmic Game: Explorations of the Frontiers of Human Consciousness.* Albany, NY: State University of New York Press.

Grof, S. 2000. *Psychology of the Future: Lessons from Modern Consciousness Research.* Albany, NY: State University of New York (SUNY) Press.

Grof, S. 2006a. *When the Impossible Happens: Adventures in Non-Ordinary Realities.* Louisville, CO: Sounds True.

Grof, S. 2006b. *The Ultimate Journey: Consciousness and the Mystery of Death.* Santa Cruz, CA: MAPS Publications.

Grosso, M. 1994. The Status of Survival Research: Evidence, Problems, Paradigms. A paper presented at the Institute of Noetic Sciences Symposium. The Survival of Consciousness After Death, Chicago, IL, July.

Hameroff, S. 1987. *Ultimate Computing.* North Holland: Elsevier Publishing.

Hameroff, S. 2012. *Through the Wormhole,* Science Channel, season 2, narrated by Morgan Friedman, October 28.

Hubbard, L. R. 1950. *Dianetics: The Modern Science of Mental Health*. East Grinstead, Sussex, England: Hubbard College of Scientology.

Jung, C. G. 1959. *The Archetypes and the Collective Unconscious. Collected Works,* vol. 9,1. Bollingen Series XX, Princeton, N.J.: Princeton University Press.

Jung, C. G. 1960b. *A Review of the Complex Theory. Collected Works,* vol. 8, Bollingen Series XX. Princeton: Princeton University Press.

Jung, C. G. (Ed.) 1964. *Man and his Symbols.* New York: Doubleday.

Jung, C. G. 2009. *The Red Book.*

Kant, I. 1999. *Critique of Pure Reason.* Cambridge, MA: Cambridge University Press.

Kardec, A. 2011. *The Mediums' Book.* Miami Beach, FL: Edicei of America Spiritist Books, LLC.

Kardec, A. 2012. *The Spirits' Book.* Norwich/Norfolk: Spastic Cat Press.

Kautz, W. 2017. Xenoglossy: Verification of the Speech of An Unlearned Language. Paper presented at the International Transpersonal Conference in Prague, Czech Republic, September 2017.

Kennell, J. H., & Klaus, M. 1988. Bonding: Recent Observations That Alter Perinatal Care. *Pediatrics in Review,* 19, 4-1.

Klaus, M., Kennell, J. H., & Klaus, P. H. 1985. *Bonding: Building the Foundations of Secure Attachment and Independence.* Reading, MA: Addison Wesley.

Korzybski, A. 1973. *Science and Sanity: An Introduction to Non-Aristotelian Systems and General Semantics.* Lakeville, CT: Colonial Press.

Kuhn, T. 1962. *The Structure of Scientific Revolutions.* Chicago, Il.: University of Chicago Press.

Laszlo, E. 1993. *The Creative Cosmos.* Edinburgh: Floris Books.

Laszlo, E. 1995. *The Interconnected Universe: Conceptual Foundations of Transdisciplinary Unified Theory.* Singapore: World Scientific Publishing Company.

Laszlo, E. 2003. *The Connectivity Hypothesis: Foundations of An Integral Science of Quantum, Cosmos, Life, and Consciousness.* Albany, NY: State University of New York (SUNY) Press.

Laszlo, E. 2007. *Science and the Akashic Field: An Integral Theory of Everything.* Rochester, VT: Inner Traditions.

Laszlo, E. 2016. *What is Reality?: The New Map of Cosmos, Consciousness, and Existence.* A New Paradigm Book.

Leuner, H. 1962. *Experimentelle Psychose (Experimental Psychosis).* Berlin: Springer Series #95.

Lommel, P. van 2010. *Consciousness Beyond Life. The Science of the Near-Death Experience.* New York: Harper Collins.

Moody, R. A. 1975. *Life After Life.* New York: Bantam.

Moody, R. A. 1993. *Reunions: Visionary Encounters with Departed Loved Ones.* New York: Villard Books.

Moon, C., Lagercrantz, H., & Kuhl, P. 2010. Phonetic learning in Utero. *The Journal of the Acoustical Society of America, 127,* 3, 2017.

Nevole, S. 1947. *O čtyřrozměrném vidění: Studie z fysiopathologie smyslu prostorového, se zvláštním zřetelem k experimentální otravě mezkalinem (Apropos of Four-Dimesional Vision: Study of Physiopathology of the Spatial Sense with Special Regard to Experimental Intoxication with Mescaline).* Prague: Lekařske knihkupectvi a nakladatelstvi.

Nevole, S. 1949. *O smyslových ilusích a o jejich formální genese (Apropos of Sensory Illusions and Their Formal Genesis).* Prague: Zdravotnicke nakladatelstvi Spolku lekařů a vědeckých pracovniků J. E. Purkyně.

Offray de La Mettrie, J. 1865. *L'Homme Machine (Man the Machine).* Paris: Frederic Henry, Libraire-Editeur.

Penfield, W. 1975. The Mystery of the Mind: A Critical Study of Consciousness and the Human Brain. Princeton, NJ: Princeton University Press.

Pribram, K. 1971. *Languages of the Brain.* Englewood Cliffs, NJ: Prentice Hall.

Pribram, K. 1981. *Non-Locality and Localization: A Review of the Place of the Holographic Hypothesis of Brain Function in Perception and Memory.* Preprint for the Tenth ICUS, November.

Riedlinger, T. 1982. Sartre's Rite of Passage. *Journal of Transpersonal Psychol.* 14: 105.

Ring, K. 1982. *Life at Death: A Scientific Investigation of the Near-Death Experience.* New York: Quill.

Ring, K. 1985. *Heading Toward Omega: In Search of the Meaning of the Near-Death Experience.* New York: Quill.

Ring, K., & Cooper, S. 1999. *Mindsight: Near-Death and Out-of-Body Experiences in the Blind.* Palo Alto, CA: William James Center for Consciousness Studies.

Ring, K., & Valarino, E. E. 1998. *Lessons from the Light: What We Can Learn from the Near-Death Experience.* New York: Plenum Press.

Sabom, Michael. 1982. *Recollections of Death: A Medical Investigation.* New York: Harper & Row.

Satir, V. 1983. *Conjoint family therapy.* Palo Alto, CA: Science and Behavior Books.

Senkowski, E. 1994. Instrumental Transcommunication(ITC). An Institute for Noetic Sciences lecture at the Corte Madera Inn, Corte Madera, CA, July.

Sheldrake, R. 1981. *A New Science of Life.* Los Angeles: J. P. Tarcher.

Sullivan, H. S. 1953. *The Interpersonal Theory of Psychiatry.* New York: Norton.

Tarnas, R. 1995. *Prometheus the Awakener.* Woodstock, CT: Spring Publications.

Tarnas, R. 2006. *Cosmos and Psyche: Intimations of a New World View.* New York: Random House.

Tomatis, A. A. 1991. *The Conscious Ear: My Life of Transformation through Listening.* Barrytown, NY: Station Hill Press.

Verny, T., & Kelly, J. 1981. *The Secret Life of the Unborn Child.* Toronto: Collins Publishers.

Vondráček, V. 1935. *Farmakologie duše (Pharmacology of the Soul).* Prague: Lekařske knihkupectvi a nakladatelstvi.

Vondráček, V. 1968. *Fantastické a magické z hlediska psychiatrie (Fantastic and Magical from the Viewpoint of Psychiatry).* Prague: State Medical Publishing House.

Whitwell, G. E. 1999. Life Before Birth: Prenatal Sound and Music. Internet column reviewing the literature on prenatal effects of sound, http://www.birthpsychology.com.

03

심층심리학의 심혼 지도:

접근법의 통합을 향하여

 모르는 지역을 여행할 때 좋은 지도가 반드시 필요하듯이, 비일상적 현실로의 내면 여정도 예외가 아니다. 안타깝게도 서구 주류 정신과 의사들과 심리학자들이 현재 사용하는 심혼에 대한 지도제작cartography 방식은 극도로 피상적이고 부적절하다. 심층적인 자기탐구를 위한 길잡이가 되기에는 거의 쓸모가 없으며, 실제로 심혼탐구자들psychonauts에게 심각한 문제를 야기하고 있다. 그러한 지도제작 방식은 매우 큰 치료적 가치와 영적 가치가 있음에도 주산기 및 자아초월적 체험을 정신병리학적 과정의 산물로 간주해 버리기 때문이다.

 1960년대에 무수한 자기-실험self-experimentation이 진행되는 동안, 내면 여정을 시작한 젊은 심혼탐구자들에게는 신비한 비일상적 현실로의 모험을 안내해 주는 길잡이가 되는 지침이 부족하였다. 지구의 미지 지역을 여행하면서 신세계를 발견하였던 초기의 탐험가들과 비슷한 처지였다. 초기 탐험가들의 지도에는 그들이 이미 방문하였던 지역이 기록되어 있었고, "HIC SUNT LEONES(여기 사자가 살고 있음)"이라고 글로 표시된 광대한 지역이 포함되어 있기도 했다. 맹수이자 위험한 동물인 사자의 상징을 미탐험 지역에서 만날 수 있는 모든 뜻밖의 시련과 어려움(야만성, 포식성 동물, 독초와 뱀)을 나타내기 위해 사용하였던 것이다. 반대로 친절하고 지지적인 원주민, 유용한 동물 및 식물군, 눈부시게 아름다운 자연 경관들은 '즐거운 놀라움'으로 표시되어 있었다.

 이 장에서는 심층심리학의 역사를 알아보고 인간 심혼의 지도제작을 위한 시도를 검토해 본다. 심리치료 학계는 이 심혼 지도제작 작업과 관련된 기본 문제에 대해 중대한 의견의 불일치를 보이는 다양한 경쟁 학파로 구성되어 있다. "이들 학파는 심혼의 차원은 무엇인가? 동기부여를 해 주는 주요 동력은 무엇인가? 왜 증상들은 악화되는가? 그런 증상의 의미는 무엇인가? 내담자의 인생 체험 중 어떤 측면이 정서 및 정신신체 장애emotional and psychosomatic disorders 유발에 주요한 역할을 하는가? 내담자와 작업하기 위해 어떤 기법을 사용하는가?"와 같은 질문에 있어서 학파 간의 답변 불일치를 드러내고 있다.

이는 매우 다른 선험적a priori, 철학적 입장(예: 행동주의와 정신분석)을 견지하는 학파뿐만 아니라, 원래 같은 뿌리에서 출발한 학파(예: 정신분석학의 이탈자가 만든 접근법)에도 적용된다. 서구 심리학 및 심리치료 학파의 심혼에 대한 이해와 힌두교, 불교, 도교, 또는 수피교와 같은 동양의 위대한 영적 철학 간에는 심지어 더욱 커다란 불일치가 발견된다.

홀로트로픽 의식 상태에서의 작업은 무기력하게 미로처럼 복잡하게 얽혀 있는 서구 심리치료 학파들에게 명확성과 단순성을 제공하고, 앞 장에서 설명한 대로 동방의 영적 전통과의 가교 역할을 담당할 수 있는 심혼에 대한 종합 지도를 만들 수 있도록 해 주었다. 이 모듈에서는 역사적 관점에서 인간 심혼 지도의 개발에 대해 알아본다. 이를 통해 이들 학파의 창시자가 주장한 어떤 이론이 시간이 경과한 후에도 유효하게 남아 있으며, 어떤 이론이 홀로트로픽 연구를 통해 발견한 관찰 결과에 의해 뒷받침되고 있으며, 어떤 이론을 수정하거나 교체해야 하는지에 대해 알아본다.

지그문트 프로이트

오스트리아의 신경과 의사이자 심층심리학의 아버지인 지그문트 프로이트Sigmund Freud 와 함께 인간 심혼 지도를 찾는 이야기를 시작해 보겠다. 정신의학 안내서에 따르면 심층심리학의 뿌리는 보통 파리의 살페트리에르 병원에서 장 마르탱 샤르코Jean Martin Charcot 가 실시한 히스테리 환자 대상 최면 치료와, 낭시Nancy 학파의 이폴리트 베른하임Hippolyte Bernheim과 앙브루아즈 리에보Ambroise Liébault가 수행한 최면 연구로 거슬러 올라간다. 지그문트 프로이트는 프랑스를 여행할 때 이 두 곳을 모두 방문하여 최면 유도 기법을 배웠다. 파리에서 돌아온 다음에는 자신의 환자를 최면을 사용하여 치료하였다.

프로이트의 초기 생각은 그의 친구 요제프 브로이어Joseph Breuer와 공동으로 치료한 한 환자와의 작업에 의해 영감을 받았다. 브로이어는 이 환자의 사례에 대한 신경학적 자문자로서 프로이트를 초청했었다. 프로이트의 글에서 안나 오Anna O. 부인이라고 불렸던 젊은 여성 베르타 파펜하임Bertha Pappenheim은 심각한 히스테리 증상을 겪고 있었다. 치료 회기 중에 그녀는 자기 최면의 가수면 상태에 돌입할 수 있었고, 최면 상태에서 자발적인 홀로트로픽 의식 상태를 체험하였다. 그녀는 어린 시절로 퇴행하여 신경증 장애의

▲ 지그문트 프로이트(1856~1939)는 오스트리아의 신경과 의사이자 정신분석과 심층심리학의 창시자이다.

원인이 되는 다양한 외상 기억을 재현하였다. 이런 재현은 억제된 정서와 차단된 육체적 에너지의 표출인 소산消散, abreaction을 동반하였다. 그녀는 이런 체험이 매우 큰 도움이 되었다고 말하면서 이런 체험을 '굴뚝 청소'라고 불렀다.

하지만 안나 오의 치료는 심각한 문제에 직면하게 되었다. 브로이어에 대한 강한 전이 transference가 일어나면서, 그녀가 반복적으로 브로이어를 안고 입맞춤을 시도하였다. 그녀가 히스테릭한 임신(상상 임신pseudocyesis) 증상을 보이기 시작하면서 브로이어가 그 아이의 아버지라고 주장하였다. 이 상황은 브로이어의 결혼을 위기로 몰아갔고 치료는 중단되었다. 프로이트와 브로이어의 공동 저작인 『히스테리 연구Studies in Hysteria』에서 그들은 히스테리의 기원을 어린 시절의 심리적 외상 상황, 주로 어린이가 정서적으로 그리고 물리적으로 적절히 반응할 수 없었던 시기의 근친상간과 연결시켰다. 이런 상황이 증상에 대한 에너지의 원천이 되는 '꽉 막힌 정서jammed affect'로 이어졌다(Freud & Breuer, 1936).

히스테리에 대한 치료로 프로이트와 브로이어는 최면술에 의한 퇴행을 통해 잠재된 어린 시절의 외상을 재현하고 정서적 및 육체적 소산을 권장하였다. 프로이트와 브로이어는 그런 다음 이론적 및 치료적 문제에 대한 의견 차이로 각자 독자적인 길을 걷게 되

▲ 파리 소르본 대학교의 유명한 대학병원인 살페트리에르 병원. 장 마르탱 샤르코가 이곳에서 히스테리 환자에 대한 실험을 하였다.

▲ 히스테리 환자를 대상으로 최면의 효과를 입증한 프랑스의 신경과 전문의이자 병리해부학 교수인
장 마르탱 샤르코(1825~1893)를 그린 그림이다.

▲ 요제프 브로이어(1842~1925)는 자신의 환자
베르타 파펜하임의 사례에 대한 상담자로
지그문트 프로이트를 초청하였고, 오스트리아의
의사이자 '대화 치료'의 창안자이다.

▲ 베르타 파펜하임(1859~1936)은 요제프 브로이어와
지그문트 프로이트의 환자로서 정신분석 역사에서
중요한 역할을 담당한 안나 오로 알려진 오스트리아의
유대인 여성이자 사교계의 명사였다.

었다. 브로이어는 심리학적 가설들을 추구하였고 계속해서 최면 기법을 사용하였다. 반면, 프로이트는 가설의 사용을 폐기하고 심리학적 기제에 관심을 갖게 되었다. 프로이트의 사고가 성숙되면서 그가 '정신분석'이라고 부른 일단의 새로운 이론과 기법이 개발되었다.

프로이트는 그의 환자들과 가깝게 접촉하는 것에 대해 점점 더 불편함을 느꼈고, 홀로트로픽 상태에서의 직접적인 정서적 체험과 '무의식을 의식화하는 것'에서 벗어난 일상적 의식 상태에서의 자유연상 기법을 사용하는 것으로 옮겨 갔다. 프로이트는 이 방법에 대한 영감을 자신에게 찾아온 내담자의 꿈을 해석하기 위해 연상을 이용하였던 고대 그리스인 아르테미도로스 달디아노스Artemidoros Daldianos로부터 얻었다. 하지만 아르테미도로스는 자신의 자유연상을 이용한 반면, 프로이트는 환자의 연상을 가지고 작업하는 것이 더 타당하다고 결론을 내렸다. 또한 프로이트 자신이 강조하는 바도 무의식적 심리적 외상psychotraumas의 의식적 재현과 정서적 소산emotional abreaction에서 전이 신경증과 전이 분석 작업으로 그리고 실제 외상에서 오이디푸스적 공상Oedipal fantasies으로 이동하였다. 돌이켜 생각해 보면, 이러한 이동이 정신분석과 서구 심리치료를 그 이후 50년 동안의 잘못된 방향으로 몰고 간 불행한 상황의 변화라고 할 수 있다(Ross, 1989).

자유연상법을 사용하여 프로이트는 인간 심혼에 대한 획기적인 연구를 수행하였고, 새로운 분야인 심층심리학을 위한 토대를 마련하였다. 프로이트의 여러 이론은 심혼탐구자들에게 매우 귀중한 가치를 지니고 있다. 즉, 프로이트는 무의식의 존재를 발견하였고, 그 역할을 설명하였으며, 꿈의 해석 기법을 발전시키고, 정신신경증과 정신신체장애의 원인과 관련된 심리적 기제를 탐구하였고, 유아 성욕infantile sexuality에 대해 관심을 가졌으며, 전이와 역전이 현상을 기술하였다. 프로이트는 출생 후 전기와 개인무의식으로 국한되기는 했지만 인간 심혼의 첫 번째 모델과 지도제작을 탄생시켰다.

프로이트는 그 당시까지 서구 과학자들에게 알려져 있지 않았던 심혼의 영역을 단독으로 탐구하였기 때문에, 새로운 문제에 직면할 때마다 프로이트가 개념을 계속해서 수정할 수밖에 없었던 사정은 충분히 이해할 만하다. 하지만 이런 모든 수정과 변화가 진행되는 동안에도 변하지 않고 그대로 유지된 한 가지 요소가 있었다. 그것이 바로 심리학을 과학의 한 분야로 세우고자 하는 프로이트의 욕망이었다. 프로이트는 스승이자 헬름홀츠Helmholtz 의학 학파로 알려진 과학 단체의 창시자인 에른스트 브뤼케Ernst Brücke에게 큰 영향을 받았다.

브뤼케의 의견에 따르면, 모든 생물 유기체는 특히 에너지 보존의 법칙을 중심으로 엄격한 법칙의 지배를 받는 복잡한 원자 체계이다. 헬름홀츠 학파의 주요 목표와 관심은 뉴턴의 과학적 사고를 다른 분야에도 소개하여 다른 각 분야 역시 진정한 과학으로 거듭 날 수 있게 만드는 것이었다. 프로이트는 헬름홀츠 학파 정신에 입각, 뉴턴의 역학에 근거하여 심리적 과정에 대한 자신의 설명을 구축해 갔다. 정신분석학적 접근법의 4대 기본 원칙인 역학적, 경제학적, 지형학적, 결정론적 원칙은 뉴턴 물리학의 기본 개념과 정확하게 상응한다. 따라서 이드, 자아 및 초자아 등은 뉴턴의 물체가 갖는 속성을 갖는다. 즉, 충돌하고, 서로 자리를 바꾸고, 그들 중 하나가 있는 곳에는 다른 것들이 있을 수 없다. 리비도 에너지는 유기체를 통해 흐르며, 어떤 면에서 유압 시스템을 닮아 자주 걸리거나 막히기도 한다.

프로이트의 가장 중요한 구체적인 기여는 세 가지 주제의 범주로 구분할 수 있다. 즉, 본능의 이론, 심혼의 모델 그리고 정신분석치료의 원칙과 기법이다. 프로이트는 개별 인간의 심리적 역사는 출생 후에 시작한다고 믿었으며, 신생아를 백지상태tabula rasa('빈' 또는 '지워진' 도화지)라고 불렀다. 그는 정신역동에서의 중요한 역할을 본능적 추동instinctual drives 때문이라고 보았으며, 본능적 추동을 정신적 영역과 신체적 영역을 연결하는 힘으로 간주하였다. 프로이트의 초기 저작물에서는 인간 심혼을 '리비도'와 '자기보존self-preservation과 관련된 성적이지 않은 자아 본능'이라는 두 개의 경쟁적인 힘이 대립하는 전쟁터로 간주하였다. 프로이트는 이러한 본능 간의 충돌에서 비롯되는 심적 갈등이 정신신경증과 다양한 심리적 현상을 유발한다고 믿었다. 두 개의 본능 중 리비도가 프로이트로부터 훨씬 더 큰 관심을 끌었으며 특별한 대우를 받았다.

프로이트는 성욕이 사춘기에 시작되는 것이 아니라 유아기에 시작된다는 것을 발견하였다. 자신의 임상적 관찰 결과에 근거하여 프로이트는 성발달이론을 만들어 냈다. 프로이트에 따르면 성심리적 활동은 유아의 구강이 성감대로 기능하는 수유 기간에 시작된다(구강기). 배변훈련 기간에는 그 강조점이 먼저 배변과 관련된 감각으로(항문기), 이후에는 소변과 관련된 감각(요도기urethral phase)으로 변한다. 마지막으로 4세 즈음에는 이러한 전성기기의 부분 추동이 남근이나 클리토리스를 포함한 생식기에 대한 관심의 지배를 받으면서 통합된다(남근기).

또한 이는 대개 반대되는 성의 부모를 향한 긍정적 태도와 동일한 성의 부모를 향한 공격적인 태도를 보이는 오이디푸스 또는 엘렉트라 콤플렉스의 발달과도 일치한다. 이 시기에 프로이트는 남근에 대한 과대평가와 거세 콤플렉스가 중요한 역할을 하는 것으로 간주하였다. 남자아이는 자신의 오이디푸스적 경향을 거세 공포 때문에 포기한다. 여자

아이는 '거세된' 어머니에게 실망을 하고 아버지에게서 남근이나 자식을 얻을 수 있다는 희망 때문에 자신의 일차적 애착 대상을 어머니에서 아버지로 바꾼다.

성적 활동의 탐닉 또는 반대로 성적 활동을 방해하는 욕구 불만, 갈등 및 외상은 리비도 발달의 여러 단계에서 고착fixation을 유발할 수 있다. 집착과 오이디푸스적 상황을 해결하지 못하면 정신신경증, 성도착 및 기타 형태의 정신증이 발생할 수 있다. 프로이트와 그의 동료들은 서로 다른 정서적 질환과 심인성 질환을 리비도 발달의 특정한 변화 상황 및 자아의 성숙과 연결하는 상세한 역동적 분류체계를 발전시켰다(Fenichel, 1945). 프로이트는 대인관계에 어려움을 자기애self-love의 특징으로 보이는 유아의 기본적 나르시시즘 단계에서 리비도가 다른 사람을 대상으로 쏠리는 분화된 대상관계로 발전하는 것을 방해하는 요인들에서도 찾았다.

초기 정신분석적 탐구와 사색 단계에서 프로이트는 정신을 지배하는 주요 조절 원리로 쾌락을 찾고 고통을 피하려는 쾌락 원리pleasure principle 또는 타고난 성향에 대해 특별히 강조하였다. 그는 고통과 괴로움을 과도한 신경세포 자극과 쾌락 그리고 긴장의 해소 및 흥분의 감소와 연결시켰다. 쾌락 원리의 상대는 외부 세계의 요구를 반영하고 즉각적 쾌락의 지연을 요구하는 학습된 기능(지연에 의한 욕구 좌절)인 현실 원리 또는 자아 본능이었다. 프로이트의 후기 연구에서 그는 심리적 과정에서 쾌락 원리의 배타적 역할과 임상적 사실을 조화시키는 것이 점점 더 어렵다는 것을 확인하였다.

프로이트는 많은 사례를 통해 공격 충동이 자기보존의 목적에 기여하지 않기에 자아 본능 때문이라고 말해서는 안 된다는 것을 알아차렸다. 이러한 현상은 피학적 성도착자(마조히스트)에게 나타나는 고통을 받아야만 하는 설명할 수 없는 욕구에서, 자살을 포함한 우울한 환자의 자기파괴적 경향에서, 특정한 정서질환에서 발생한 자해auto-mutilations에서, 자기에게 해가 되는 행위와 관련된 반복 강박repetition compulsion에서 아주 분명하게 드러난다. 프로이트는 이런 현상에 대해 '쾌락 원리의 저편beyond the pleasure principle'이라는 용어를 사용하였다.

결과적으로 프로이트는 공격성을 골격근에 뿌리를 두고 있으며, 그 목표가 파괴인 별개의 본능으로 여기기로 결심하였다. 이것이 정신분석에 의해 묘사된 인간 본성에 대한 기본적인 부정적 이미지를 결과적으로 더욱 공고하게 만들었다. 이 견해에 따르면, 심혼은 기본 본능에서 나올 뿐만 아니라 본능적이고 본질적인 심혼의 구성요소로 파괴성을 포함하게 된다. 프로이트의 초기 저작물에서 공격성은 리비도의 충동에 대한 불만과 좌절에 대한 반응으로 간주되었다. 프로이트의 후기 이론에서 프로이트는 두 개의 기본 본능의 존재를 상정하였다. 두 개의 기본 본능이란 생명을 보존해 나가기 위한 목표에 기여하는 성적 본능(에로스)과 죽음에 맞서면서 유기체를 파괴하고 무기물 상태로 돌아가려는 경향을 보이는 죽음 본능(타나토스)을 말한다.

죽음 본능의 역할에 대해 프로이트가 마지막으로 남긴 공식적인 표현은 그가 남긴 최고의 작품인『정신분석 개요An Outline of Psychoanalysis』에 나온다. 그 책에서는 두 개의 강력한 힘, 즉 성적 본능(에로스 또는 리비도)과 죽음 본능(타나토스 또는 파괴본능Destrudo) 간의 기본적인 이분법은 정신 작용mental process과 정신질환에 대해 프로이트가 이해하는 주춧돌이 되었다. 신생아의 경우 에로스가 주요한 역할을 담당하며, 타나토스의 역할은 무시해도 될 정도의 수준으로 거의 없다. 나이가 들면서 타나토스의 힘이 커지고, 인생 말미에 가면 타나토스가 유기체를 파괴하여 무기물 상태로 만든다(Freud, 1964).

타나토스 개념은 프로이트가 가학증의 문제를 수용할 수 있도록 도왔다. 프로이트는 가학증을 희생자가 되는 것이라기보다 타나토스를 또 다른 대상으로 안내하는 시도로 보았다. 하지만 그는 섹스와 공격성 간의 밀접한 관계를 보이는 가학피학증sadomasochism의 문제와 고통을 가하려는 욕구와 고통을 겪으려는 욕구 간의 연결에 대해서는 적당한 답을 찾지 못했다. 두 개의 경쟁적인 힘으로서 에로스와 타나토스가 벌이는 전쟁터와 같은 심혼의 이미지는 말년의 프로이트의 생각을 지배하던 개념이었다.

이러한 정신분석이론의 주요한 변화는 프로이트의 후계자들 사이에서는 거의 논의된 적이 없었다. 브룬Brun이 실시한 통계 연구에 따르면 프로이트 학파 학자의 6%만이 프로이트의 말년 생각을 받아들이고 있는 것으로 나타났다. 정신분석의 이러한 변화는 주류 정신분석적 사고로 완전하게 받아들여지지 않고 있는 것이다(Brun, 1953). 프로이트의 열렬한 추종자들도 말년의 프로이트에 대해 강하게 비판하였다. 그들은 프로이트는 성에 대하여 이야기할 때에 한하여 탁월한 관찰자였다고 말한다. 하지만 그들은 프로이트가 죽음에 대해 쓰기 시작했을 때, 프로이트의 사고는 그 자신의 개인적 문제에 의해 왜곡되었다고 말한다. 프로이트는 너무 많은 친척을 잃었고, 제1차 세계대전에서 죽은 무수한 사람들로 인해 심하게 스트레스를 받고 있었다. 그리고 프로이트는 골거세포종osteoclastoma 때문에 자신의 턱을 절제하는 수술을 받은 후에 16년 동안이나 잘못 장착된 보철 장치를 착용하고 있어 엄청난 고통을 받았다. 프로이트의 생이 끝나갈 때 프로이트는 설암舌癌에 걸렸고 의사에게 모르핀 과다투여를 통한 안락사를 요구하는 등 고통스럽게 삶을 마감했다고 이들은 말한다.

20세기 초반,『꿈의 해석The Interpretation of Dreams』(Freud, 1953)에 기술되어 있는 심혼에

대한 프로이트의 초기 지형적 모델은 그의 꿈 분석과 신경증 증상 그리고 일상생활의 정신병리학에서 나왔다. 그 모델은 의식과의 관계에 따라 인간의 심혼을 무의식의 영역, 전의식前意識의 영역, 의식의 영역이라는 세 영역으로 구분하였다.

무의식의 영역에는 한때 의식의 영역에 있었지만 받아들일 수 없어 의식의 영역에서 추방되어 억눌려 있는 본능적 추동의 심적 표상이 포함되어 있다. 무의식의 모든 활동은 쾌락 원리를 추구한다. 즉, 욕망의 방출과 욕망의 실현을 추구한다. 이를 위해 무의식에서는 논리적 연결을 무시하는 일차 과정 사고를 사용하고, 시간에 대한 이해가 없으며, 부정적 측면에 대해 알지 못하고, 모순되는 것도 언제든지 함께 존재할 수 있다. 무의식은 응축condensation, 치환displacement 및 상징화symbolization와 같은 기제에 의해 목표에 도달하려고 한다.

결국 프로이트는 의식 체계와 무의식 체계의 개념을 이드, 자아 및 초자아라는 세 개의 별도 구조 간의 역동적 상호작용이라고 상정한 자신의 유명한 정신 구조 모델로 교체하였다. 이드는 자아-이양적ego-alien이며 일차 과정에 지배를 받는 본능적 에너지의 원초적 저수지를 나타낸다. 자아는 의식과 관련이 있으며, 외부 현실에 대한 인식과 그에 대한 반응을 지배한다. 초자아는 정신의 구조적 요소 중 가장 나중에 나온다. 오이디푸스 콤플렉스의 해소로 초자아가 탄생한다. 초자아가 드러나는 양상 중 하나는 거세 콤플렉스에 의해 뒷받침되는 무의식적으로 받아들인 금기와 부모의 금지령이다. 이것이 바로 양심 또는 내면의 '악마'이다. 초자아의 다른 양상은 부모나 부모 대리인과의 긍정적 동일시를 나타내는 프로이트가 자아 이상이라고 부른 것이다.

또한 프로이트는 초자아의 특정한 양상은 야만적이고 잔인하다는 것과, 이것이 초자아가 이드에 분명하게 뿌리를 두고 있음을 드러내는 것임을 알아차렸다. 그는 특정 정신질환자에서 관찰되는 극단적인 자기체벌과 자기파괴적 성향에 초자아와 관계된 것으로 여겼다. 프로이트 이론에 대해 제시된 최근 의견들은 초자아가 발달하는 과정인 오이디푸스 기간에 형성된 추동과 대상 애착의 역할에 대해 강조하고 있다. 이러한 초자아의 전성기기적 전구 증상pregenital precursors은 아동이 자체적으로 가지고 있는 가학적 추동에 대한 투사와 복수에 기반한 원시적 정의의 개념을 반영한다. 아동의 정신이 갖는 이러한 특징은 치료 도구로 모래 놀이를 이용했던 멜라니 클라인Melanie Klein에 의해 확인되었다 (Klein, 1960). 하지만 연구에서는 클라인이 어린이의 놀이에서 관찰한 폭력적인 충동도 우리가 모두 확인하게 될 주산기 기원perinatal origins을 가질 수도 있음을 시사하고 있다.

일반적으로 정신분석치료 작업은 정신과 육체 간의 데카르트적 이분법Cartesian dichotomy

을 반영한다. 이는 정신 작용에 전적으로 집중함으로써 정신분석적 작업에서 표현된다. 어떤 직접적인 육체적 개입도 관련되지 않는다. 실제 환자와의 모든 물리적 접촉에 대한 강력한 금기가 존재한다. 일부 정신분석가들은 환자와 악수하는 것조차도 강력하게 반대한다. 전이/역전이 역동 때문에 잠재적으로 매우 위험할 수 있기 때문이다. 강력한 정서 표현과 신체적 활동은 '행동화하는acting out' 것으로 언급되며 치료 과정의 장애물로 간주된다.

정통 정신분석의 기본 개념들과 이러한 개념의 이론적이고 실천적인 변천에 대한 이 같은 개괄적인 정보들은, 홀로트로픽 의식 상태와 관련된 깊은 경험적 심리치료에서 관찰한 내용에 비추어 볼 때, 프로이트 이론을 다시 숙고해 볼 만한 이유와 근거가 된다. 보통 회기가 무의식의 전기적 수준에 집중하기만 한다면 정신분석이 적절한 개념적 틀인 것처럼 보인다고 말할 수 있다. 프로이트가 설명한 대로 심리성적 역동과 인간 심혼의 근본적 갈등은 정신분석을 한 번도 받은 적이 없고, 정신분석 서적을 읽은 적도 없으며, 다른 모든 형태의 암시적 또는 명시적인 주입에 노출된 적도 없는 순수한 참가자들이 참여한 회기에서조차 신기하게도 명확하고 생생하게 드러났다.

회기 참가자들은 어린 시절, 심지어 초기 영아 시절로의 퇴행을 체험하였고, 유아 성욕과 관련된 다양한 심리성적 외상과 복잡한 정서를 재현하였으며, 다양한 리비도 구역에서의 활동과 관련된 갈등에 직면하기도 하였다. 참가자들은 오이디푸스 콤플렉스 또는 엘렉트라 콤플렉스, 이유離乳 외상, 거세 불안, 남근 선망 및 배변훈련을 둘러싼 갈등과 같이 정신분석에서 기술하는 기본적인 심리적 문제에 직면하고 이런 문제를 체험하였다. 홀로트로픽 상태의 작업은 신경증과 정신신체 질환의 전기적傳記的 원인에 대해 프로이트가 관찰한 내용과 여러 성감대와 자아 발달 단계와의 구체적인 관련성도 확인해 주었다.

하지만 무의식이 보이는 전기적 수준의 중요한 특정 양상을 설명하기 위해 프로이트의 개념적 틀에 두 가지 주요한 수정이 이루어져야 했다. 이들 중 첫 번째는 본 저자가 COEX(응축경험) 체계라는 용어를 만든 정서적으로 관련된 기억을 구조적으로 정리하는 역동적 지배 체계dynamic governing systems의 개념이다. 두 번째 변경은 프로이트 학파 정신분석이 인식하지 않고 고려하지 않았던 수술, 질환, 부상, 또는 익사 직전 체험과 같은 육체적 외상의 가장 중요한 심리외상적 충격과 관련이 있다. 이러한 기억들은 다양한 정서적 증상과 정신신체적 증상의 발생에 중요한 역할을 담당하며 주산기 수준과 일치하는 체험으로 연결되는 가교를 제공한다. 우리는 앞선 장에서 이러한 차이에 대해 논의하였다.

그렇지만 이러한 문제는 쉽게 수정이 가능한 경미한 문제이다. 정신분석의 근본적인 오류는 출생 후 전기적 사건postnatal biographical events과 개인무의식에 대한 배타적인 강조이다. 정신분석은 하나의 표면적이고 좁은 영역의 의식과 분명하게 관련이 있는 정신분석의 결과물을 다른 수준의 의식과 인간 심혼의 전체성으로 일반화하려고 한다. 따라서 정신분석의 최대 단점은 정신분석이 주산기와 자아초월적 수준의 무의식에 대해 제대로 인식하지 못하고 있다는 것이다. 이러한 점 때문에 심현제 치료, 홀로트로픽 숨치료 및 영적 위기 상황을 겪는 개인을 지원하는 것과 같은 홀로트로픽 의식 상태에서 작업하기 위한 개념적 틀로서의 정신분석은 근본적으로 쓸모가 없어지게 된다. 이러한 홀로트로픽 의식 상태를 탐색할 수 있으려면 심혼의 주산기 및 자아초월적 영역을 알아야 할 필요가 있다.

출생 후 전기에 국한된 정신분석은 정신병리학에 대한 피상적이고 부적절한 이해를 제공한다. 프로이트에 따르면 정서장애의 원인론과 역동은 출생 후 사건으로 거의 전적으로 그 설명이 가능하다. 앞서 논의했듯이, 경험적 치료들은 어린 시절의 외상이 정서 및 정신신체 장애에 대한 일차적인 발병 원인을 나타내지 않는다는 압도적으로 많은 증거를 제시하고 있다. 어린 시절의 외상은 정서와 육체적 에너지 그리고 심혼의 심층적 수준의 내용에 대해 덧붙인 피상적인 층을 나타낸다. 정서 및 정신신체 장애 증상은 복잡한 다층적이고 다차원적인 역동적 구조(응축경험 체계)를 갖는다. 전기적 층은 단지 이러한 복잡한 네트워크의 한 요소만을 나타낸다. 즉, 관련 문제의 중요한 원인은 거의 언제나 주산기 및 자아초월적 수준에서 확인될 수 있다.

주산기 수준을 무의식의 지도제작으로 통합하는 것은 정신분석적 이론에 매우 커다란 영향을 주고 있다. 즉, 많은 문제를 명확하게 만들고, 그러한 문제를 다양한 관점에서 볼 수 있게 만들어 준다. 성적 오르가슴의 패턴과 생물학적 출생의 오르가슴 간의 깊은 체험적 유사성과 출산 중에 모든 성감대(구강, 항문, 요도 및 남근)의 동시적 활성화와 확대를 감안할 때, 전기적으로 확인된 성적인 역동성에서 기본 주산기 모형의 역동성으로의 강조점의 변화는 정신분석학의 대부분의 이론을 부인하지 않고서도 가능하다.

주산기 역동성에 대해 인식하고 이를 무의식의 지도제작으로 통합하는 과정에서 프로이트와 그의 제자들의 이론적 고찰에 대한 핵심적인 난점이 드러나면서 많은 현상에 대한 단순하면서 명쾌하고 강력한 설명적 모델이 제공될 수 있었다. 정신병리학의 영역 내에서 정신분석은 가학피학증, 자해, 가학적 살인 및 자살과 같은 현상에 대해 만족스러운 설명을 제공하지 못했다. 정신분석은 이드에서 파생된 것처럼 보이는 초자아의 야만적 부분이 갖는 수수께끼를 적절히 풀지 못했다.

　프로이트가 개괄적으로 설명한 여성적 섹슈얼리티와 일반적인 여성성에 관한 개념은 의심의 여지없이 정신분석의 가장 약한 측면을 나타내며, 기이하고 터무니없는 것에 아주 가깝다. 정신분석은 여성적 심혼에 대한 진정한 이해가 부족하다. 임신이나 출산과 같은 여성의 삶의 중요한 요소를 무시하였으며, 기본적으로 여성을 거세된 남성으로 간주하였다. 정신분석은 정신질환을 앓고 있는 환자에서 발생하는 전체 범위의 다른 현상들에 대해 피상적이고 설득력이 없는 해석만을 제공한다.

　프로이트는 주산기 역동성의 중요성을 인식할 수 없었으며, 초월적 체험을 기본적인 전기적 사실로 축소함으로써 초월적 체험을 잘못 해석하였다. 이런 이유로 인해 프로이트는 샤머니즘, 토테미즘, 통과의례, 고대에 있었던 죽음과 재탄생의 신비한 이야기, 세계의 위대한 종교 그리고 그런 종교의 신비적 전통과 같은 인간의 의례적이고 영적인 삶에서 발생하는 수많은 현상을 이해하기 위한 합리적인 근거를 제공하지 못했다.

　프로이트는 종교를 인간의 강박신경증으로 정의하는 것과 강박신경증을 인간이 개인적으로 가장 중요하게 여기는 것이라고 정의하였다. 이러한 정의는 종교의 문제를 의례로 국한함으로써 핵심에서 완전히 벗어나 버렸다(Freud, 1907). 모든 종교의 기원은 창시자, 예언자, 또는 초기 추종자들의 자아초월적 체험이다. 환영을 본 체험과 연결되지 않는 의례는 공허하고 의미가 없을 수 있다. 마찬가지로 종교를 원시적 무리의 지배자인 독재적 남성으로서의 아버지를 집단으로 공격하여 죽이고 잡아먹은 젊은 남성들의 죄책감의 결과로 설명하려는 프로이트의 시도도 문제가 된다(Freud, 1989). 영성과 종교에 대한 프로이트의 잘못된 이해는 정신분석이 왜 영적 탐구가 핵심적 역할을 수행하는 심혼탐구학 분야에서는 거의 가치가 없는지를 설명해 주는 주요 근거 중 하나이다.

　정신분석을 사용하여 사회정치적 사건을 설명하려는 프로이트의 시도는 전쟁, 대량학살 및 유혈 혁명과 같은 현상에 대한 그럴듯한 통찰력을 제공해 주기에도 부족하다. 이 책의 후반부에서 살펴보게 될 것인데, 이러한 현상들 중 어떤 것도 심혼의 주산기 및 초월적 수준을 고려하지 않고서는 적절하게 이해할 수 없다. 치료 수단으로서 정신분석의 효과가 전반적으로 떨어진다는 사실 또한 이 흥미로운 사고의 체계인 정신분석의 중대한 결점 중 하나로 언급해야 한다.

　하지만 많은 상황에서 프로이트의 천재성은 무의식의 주산기 수준의 발견에 상당히 근접했다는 것이다. 명확하지는 않지만 그가 남긴 많은 표현이 출생 및 죽음과 재탄생 과정과 밀접하게 관련된 문제들을 다루고 있기 때문이다. 프로이트는 산도를 통해 나오는 동안 체험한 필수적인 불안이 모든 미래의 불안의 가장 깊은 원인과 원형이 나타나는 것일 수 있다는 생각을 처음으로 제기한 인물이다. 하지만 몇 가지 이유 때문에 이 흥미로운 생각을 좀 더 발전시키지 않았으며, 이 생각을 정신분석에 통합하려고 시도하지도 않았다.

나중에 프로이트는 인간에게 근본적인 사건인 출생 외상이 갖는 최고의 중요성을 강조하는 정신분석의 급격한 변경을 발표한 그의 제자인 오토 랭크의 이론에 반대하였다(Rank, 1929). 프로이트와 그의 제자들의 저작물에는 출생 전, 주산기 및 출생 후 사건의 해석과 평가가 놀랍도록 명확하게 구분되고 있다. 통상 실제 사건의 기억을 반영하고 있는 것으로 간주되는 출생 후 시간에서 발생한 소재와는 대조적으로, 출생 또는 자궁 속 존재와 관련된 자유연상이나 꿈에서 발생한 소재는 일관되게 '환상'으로 취급되었다. 이러한 흐름에 예외를 보인 학자들은 오토 랭크Otto Rank, 낸더 포더Nandor Fodor 및 리테르트 피어볼트Lietaert Peerbolte였으며, 이들은 주산기 및 출생 전 역동의 진정한 가치를 알고 이해하였다(Fodor, 1949; Peerbolte, 1975; Rank, 1929).

죽음의 심리학적 중요성에 대한 프로이트의 이론 진전도 매우 흥미로웠다. 프로이트의 초기 글들과 주류 정통 정신분석에서 나온 죽음에서는 어떤 식으로도 무의식이 드러나지 않았다. 죽음에 대한 두려움은 거세 공포, 통제력 상실에 대한 두려움, 압도적인 성적 오르가슴에 대한 두려움, 또는 엄격한 초자아에 의해 어떤 대상을 향해 이루어지는 죽음 소망으로 해석되었다. 프로이트는 무의식이나 이드가 죽음을 알지 못한다는 자신의 논지에 그다지 만족하지는 않았다. 그럼에도 심리학과 정신병리학을 이유로 죽음의 관련성을 부정하기가 점점 더 어렵다는 사실을 알고는 있었다.

'쾌락 원리의 저편'에 놓여 있는 현상의 존재와 중요성에 대해 인식한 후에 말년의 프로이트는 몇 가지 표현을 통해 자신의 이론에 죽음 본능이나 타나토스의 개념을 도입하였다. 그는 죽음 본능이나 타나토스를 에로스 또는 리비도와 적어도 동등한 대상으로 간주하였다. 하지만 프로이트의 죽음에 대한 이해는 주산기 역동에서의 역할을 정확하게 묘사하지는 않았다. 프로이트는 죽음-재탄생 과정의 상황에서 출생, 섹스 및 죽음이 불가분의 삼각 축을 형성하고 있으며, 이 세 가지가 모두 자아초월의 관문으로 작용한다는 통찰력을 얻는 것까지는 나가지 못했다. 하지만 죽음에 대한 심리학적 중요성을 프로이트가 이해한 것만으로도 상당히 주목할 만하다. 이처럼 다른 많은 분야와 마찬가지로 프로이트는 그의 제자들보다 확실하게 한참 앞서 나갔던 것만은 사실이다.

주산기 역동을 포함한 이 모형의 이점은 심대한 영향을 미쳤다. 이 모형은 많은 정서 및 정신신체 장애와 이들의 역동적 연관성에 대한 더 적절하고 종합적인 해석을 제공했을 뿐만 아니라 이런 장애를 출산 과정의 해부학적, 생리학적 및 생화학적 측면과 논리적으로 연결하였다. 가학피학증의 현상을 성적 흥분, 통증 및 공격성 간의 내밀한 관계를 통해 BPM III의 체험으로 쉽게 설명할 수 있었다.

3단계 주산기 모형의 또 다른 중요한 특성인 성욕, 공격성, 불안 및 분변음욕증scatology의 혼합은 기타 성적 장애, 일탈 및 도착에 대해 이해할 수 있는 자연스러운 맥락을 제공하였다. 이 수준에서 성욕과 불안은 동일한 작용의 두 측면이며, 이 중 어떤 것도 다른 상대가 원인이 될 수 없다. 이는 불안을 리비도적 느낌의 억압에서 원인을 찾아 설명하려는 프로이트의 좌절된 시도에 새로운 관점을 제시하게 되었으며, 그에 따라 불안이 억압을 유발하는 부정적 정서들 사이에서 중요한 역할을 하는 것으로 설명할 수도 있게 되었다.

BPM III은 극단적으로 야만스럽고 생명을 위협하고 고통스러운 상황이 벌어지는 가운데 자궁 수축으로 인해 모든 종류의 외부 운동 신경의 발현이 동시에 차단되면서 공격적이고 성적인 충동이 과도하게 생성되는 것을 특징으로 한다. 이는 잔인하고 원시적인 프로이트 학파의 야만적인 초자아의 가장 깊은 원인을 밝히는 자연스러운 근거가 될 수 있는 것처럼 보인다. 따라서 이러한 야만적 초자아를 고통, 피학증, 자해, 폭력 및 자살(자아 죽음)과 쉽게 연결할 수 있다는 것이 이해될 수 있으며, 그러한 연결이 산도의 무자비한 충격의 내사introjection로 확인되더라도 결코 신비한 일로 간주되지 않는다.

주산기 역동의 맥락에서 죽이거나 살릴 수 있는 **이빨 달린 질膣, vagina dentata**의 개념은 프로이트에 의해 원시적인 유아기 공상의 산물로 간주되었으나, 이는 출산 기억에 기반한 실제적인 평가를 상징적으로 나타내고 있는 것이다. 분만 과정에서 이 잠재적으로 위험한 기관에 의해 무수한 아이들이 죽거나 거의 죽음 직전에 이르거나 심각하게 부상을 입는다. 이빨 달린 질을 거세 공포와 연결시키는 것은 탯줄을 자를 때의 기억과 같은 실제적인 사례로 거슬러 올라가 보면 더욱 분명해진다.

이것은 남성과 여성의 두 성에서 모두 '거세 공포'가 발생하는 역설을 명확하게 설명해 줄 뿐만 아니라, 정신분석의 내담자들이 자유연상에서 거세를 죽음, 이별, 중요한 관계의 상실, 질식 및 소멸과 동일시한다는 사실을 명확하게 보여 준다. 따라서 이빨 달린 질의 이미지는 이 기관(여성의 성기)에 대한 인식의 부적절한 일반화를 상징적으로 나타낸다. 일상생활에서 보다 출산과 같은 특정한 상황에서 적용될 때는 이런 일반화가 옳을 수도 있다. 그러한 인식 자체가 아니라 그러한 일반화가 잘못된 것이다.

주산기 수준의 무의식을 인정하게 되면, 정신분석가들의 지적인 예리함에도 불구하고 설명하기 어려운 정신분석적 사고의 심각한 논리적 비약을 제거할 수 있다. 프로이트와 그의 제자들과 프로이트에 영감을 받은 많은 이론가에 따르면, 유아의 구강기에 발생한 초기의 사건이 성장 과정의 심리적 발달에 심대한 영향을 미칠 수 있다고 한다. 이런 주장은 그 영향을 상대적으로 알기 힘들지라도 일반적으로 인정을 받고 있다.

따라서 해리 스택 설리번Harry Stack Sullivan은 수유 중인 영아는 '선한good 젖꼭지', '악한evil 젖꼭지' 그리고 '잘못된wrong 젖꼭지'와 같이 구강 성감대의 차이를 체험적으로 구별할 수 있다고 말했다. '선한 젖꼭지'는 젖을 주고 어머니는 아이를 사랑스럽게 대하고, '악한 젖꼭지'는 젖을 주지만 어머니가 아이를 거부하거나 불안해한다. 영아의 엄지발가락만한 크기의 '잘못된 젖꼭지'는 아이에게 젖을 줄 수 없다. 아이가 체험한 어떤 종류의 젖꼭지가 아이의 전체 인생에 심대한 영향을 줄 수 있다(Sullivan, 1953). 따라서 이제 젖꼭지 감별사가 된 이 동일한 유기체(영아)가 어떻게 바로 몇 분 또는 몇 시간 전 출산의 극단적인 상황을 체험한 것을 잊어버릴 수 있을까? 생명을 위협하는 산소 결핍, 극단적인 물리적 압력, 고통스러운 통증과 모든 종류의 생명과 관련된 위험에 대한 경고 신호가 쏟아지는 그런 극단적 상황을 어떻게 그냥 놓치고 갈 수 있을까?

심현제 치료에서 관찰한 내용에 따르면 수유하는 행위에서 나타나는 생물학적 그리고 심리학적 미묘한 차이는 매우 중요하다. 하지만 앞의 설명을 통해 예상하는 바와 같이 출생 외상birth trauma의 관련성은 그보다 훨씬 더 크다. 영아는 배고픔이나 추위를 느낄 수 있기 전에 생기를 불어넣는 산소가 적절하게 공급될 것이라는 확신을 가지고 있어야 하며, 어머니가 존재하는지 또는 부재한지를 알아차리거나 수유 체험의 차이를 구별해야 한다.

출생과 죽음은 인생의 모든 다른 체험과 관련하여 메타위치metaposition를 차지하는 근본적으로 중요성이 높은 사건이다. 출생과 죽음은 인간 존재의 알파이자 오메가이다. 출생과 죽음을 통합하지 않은 심리학적 체계는 필연적으로 피상적이고 불완전하고 제한된 관련성만을 가질 수밖에 없다. 또한 정신분석적 모형은 인간의 의례적, 영적 삶과 정신증적 체험의 현상학, 세계 신화 그리고 전쟁과 혁명, 전체주의와 대량 학살과 같은 중대한 사회적 정신병리학에 대해 이해할 수 있는 유용한 단서를 제공하지도 못하고 있다. 이런 모든 현상에 대한 모든 진지한 접근법은 주산기와 자아초월적 역동성과 관련된 지식을 이해할 필요가 있다. 그러한 주제들은 정통 프로이트 분석의 영향력이 미치는 범위를 분명하게 뛰어넘고 있다.

정신분석에 대한 앞의 논의는 정통 프로이트 학파의 개념에 국한되어 있고, 이 분야에서 중요한 최근의 이론적 진전 상황을 고려하지 않고 있다. 따라서 현대의 정신분석가들이 이런 주장에 만족해하지 않을 수 있기 때문에 자아심리학의 이론과 실천에 대해 간단하게 언급하고 가는 것이 적절해 보인다. 이 분야의 기원은 지그문트 프로이트와 안나 프로이트의 저작물에서 확인할 수 있다. 하인츠 하르트만Heinz Hartmann, 에른스트 크리스Ernst Kris, 루돌프 뢰벤슈타인Rudolph Loewenstein, 르네 스피츠Rene Spitz, 마거릿 말러Margaret Mahler, 이디스 제이콥슨Edith Jacobson, 오토 컨버그Otto Kernberg, 하인츠 코헛Heinz Kohut 등이 자아심리학의 기본 개념을 좀 더 이끌어 나가면서 한층 발전시켰다.

정통 정신분석에 대한 기본 이론의 수정에는 대상관계의 개념의 정교한 발전, 인격 발달에서 대상관계의 중심적인 역할에 대한 이해 그리고 인간 적응의 문제에 대한 집중이 포함된다. 자아심리학에서 탐구하는 추가적인 중요한 개념은 심혼에서 비갈등 영역, 타고난 자아 기관ego apparatus 및 평균적으로 기대되는 환경이다.

자아심리학은 정신분석적 관심의 영역을 한편으로는 정상적인 인간 발달과 다른 한편으로 심각한 정신병리학(자폐적 및 공생적 유아 정신증, 자기애성 성격장애 및 경계선 인격장애)을 포함하여 크게 확대하고 있다. 이러한 이론상의 변화는 치료 기법의 변화를 수반한다. 즉, 자아 구축, 추동 감소 및 정신구조 왜곡의 수정과 같은 혁신적 치료 기법을 통해 자아 강도가 불안정하거나 경계선적 성격장애 징후를 보이는 환자를 대상으로도 심리치료 작업을 시도하는 것을 가능하게 만들고 있다.

이러한 이론 변화는 정신분석에 대해 똑같이 중요하였다. 하지만 그들은 정통 프로이트 학파가 가진 사고의 좁은 전기적 지향이라는 중대한 한계를 그대로 유지해 나갔다. 심혼의 주산기 및 자아초월적 수준을 인식하지 못했기 때문에 그들은 이해하기에 충분하지 않은 심혼의 층과 관련된 개념을 올바르게 수정하지 않은 상태를 그대로 유지해 가고 있다. 많은 경계선 및 정신증적 상태가 주산기 모형의 부정적 양상 또는 초월적 영역에 주로 기반을 두고 있다.

똑같은 이유로, 자아심리학은 심혼의 개인초월적transindividual 영역에 대한 체험적 접근을 통해 이용 가능한 강력한 치유 및 인격 변환 방식을 인지하여 활용할 수 없다. 이 책에 제시된 치료 방식을 감안할 때, 핵심 문제는 정교한 언어적 책략verbal maneuvers을 통해 자아를 보호하고 구축하는 것이 아니라, 체험적으로 초월 가능한 지지적 체계를 만들어 나가는 것이다. 공생적-생물학적이고 초월적인 성질을 갖는 자아 죽음ego death의 체험과 뒤이어 일어나는 합일적 체험은 새로운 힘과 개인적 정체성의 원천이 된다. 이런 종류의 개념과 기제를 이해하고 이를 치료에 활용하는 것은 고전적 프로이트 정신분석에서 그랬던 것과 마찬가지로 자아심리학을 뛰어넘어 확대하는 것이다.

유명한 이탈자

알프레트 아들러

신경증의 역동에서 알프레트 아들러Alfred Adler의 개인심리학은 일부 신체 기관 또는 이들 기관 계통의 '부적절감feelings of inadequacy'과 '체질적 열등감constitutional inferiority' 그리고 이러한 정서를 극복하려는 경향에 대해 주로 강조한다. 우월성superiority과 성공을 찾아 노력하는 것은 한 인간의 인생 환경, 특히 타고난 생물학적 자질과 유아기의 환경을 반영하는 엄격한 주관적 패턴을 따른다(Adler, 1932). 그럼에도 아들러의 열등감에 대한 개념은 다른 여러 요소 중에서 불안정insecurity과 불안을 포함하고 있어 언뜻 보이는 것에 비해 광범위하다. 마찬가지로 우월성을 찾는 노력은 완벽함과 완전성을 찾는 과정이지만, 인생의 의미를 찾는 것을 의미하기도 한다.

열등감 콤플렉스 뒤에 잠재된 더 깊은 차원은 유아 무력감의 기억이고, 그 밑바닥에는 죽음의 명령dictate이라는 관점에서 볼 때 성적 무능감(발기부전)이 있다. 유아 무력감과 죽음에 대해 이렇게 집중하는 아들러의 사고는 유아 무력감 및 죽음과 같은 것들이 주요 구성요소가 되는 출생 외상의 중요성을 인식하는 것과 유사하다. 열등감 콤플렉스는 과잉 보상의 기제를 통해 우수한 성과로 이어질 수 있고, 극단적인 경우 특별한 재능을 탄생시킬 수 있다. 이러한 예로 아들러가 가장 좋아했던 인물은 작은 목소리에 어깨에 틱 장애가 있었던 말을 더듬던 그리스 소년인 역사상 최고의 웅변가로 칭송받는 데모스테네스Demosthenes였다. 데모스테네스는 파도 소리와 경쟁하기 위해 자신의 혀 밑에 돌을 넣고 해변가에서 웅변 연습을 했다. 틱 장애가 나타날 때마다 나무에 매단 칼이 그의 어깨 위를 베도록 만들었다. 물론 비슷한 노력에도 운이 따르지 않은 경우 이와 동일한 방식이 신경증을 만들어 낼 수 있다.

알프레트 아들러의 개인심리학은 프로이트의 정신분석과 마찬가지로 인간의 전기적 수준(출생 이후의 기억 가능한 삶)에 국한되어 있지만, 집중점은 달랐다. 프로이트의 결정론적인 강조와는 대조적으로 아들러의 접근법은 분명하게 목적론적teleological이고 궁극

▲ 알프레트 아들러(1870~1937)는 오스트리아의 의사이자
심리치료사 겸 개인심리학파의 창시자이다.

원인론적finalistic이었다. 프로이트는 신경증의 발병과 다른 정신 현상의 역사적이고 인과적인 측면을 탐색하였다. 반면, 아들러는 이런 질환의 발병과 심리 현상의 목적인 최종적 목표에 관심을 두었다. 아들러에 따르면 모든 신경증을 유발하는 원리는 '완전한 인간'이 되고자 하는 가상의 목표이다.

아들러에 따르면 프로이트가 강조한 것처럼 다양한 종류의 성 도착을 지향하는 성적 욕망과 경향은 (완전한 인간이 되고자 하는 목표에 따른) 이러한 유발 원리의 부차적인 표출에 지나지 않는다. 신경증 환자의 공상적인 삶에서 드러난 무수한 음란물은 남성적인 목표를 향한 노력을 표현하는 단순한 그들만의 은어이자 하나의 **표현 방식**modus dicendi일 뿐이다. 우월성, 전체성 그리고 완전성에 대한 이러한 욕구는 깊은 열등감과 부적절감을 보상하기 위한 깊은 욕망을 반영한다.

치료 행위에서 아들러는 치료사의 적극적 역할을 강조한다. 그는 환자를 위해 사회를 해석하고, 환자의 삶의 양식과 목표를 분석하고 구체적인 수정사항을 제안하였다. 그는 용기를 북돋워 주고, 희망을 주입하였으며, 환자가 스스로에 대한 믿음을 복원하고 자신의 장점과 능력을 깨달을 수 있도록 도와주었다. 아들러의 심리학에서 치료사의 환자에 대한 이해는 환자의 성공적인 재건에 필수적인 것으로 간주된다. 환자 자신의 동기, 의도 및 목표에 대한 환자의 통찰은 치료적 변화를 위한 전제조건으로 간주되지 않는다. 아들러는 프로이트 학파의 전이 개념에 대해 오류가 있고 오해의 소지가 있는 것으로 판단하였으며, 치료적 발전을 가로막는 불필요한 장애물로 간주하였다. 아들러는 치료사는 '지금 여기 이 자리'에서 따뜻하고 믿음을 주고 신뢰할 만해야 하며 환자의 행복에 관심을 가져야 한다고 강조한다.

LSD 작업과 다른 체험적 접근법을 통한 관찰 내용은 아들러와 프로이트 간의 이론적 충돌과 관련하여 흥미로우면서 새로운 관점과 통찰을 제시한다. 일반적으로 이 논쟁은 심혼의 복잡성이 몇 가지 단순한 기본 원리로 축소될 수 있다는 잘못된 신념에 기반한다. 인간의 심혼은 너무 복잡해서 논리적이고 일관성이 있는 것처럼 보이는 많은 다른 이론을 만들 수 있으며, 관찰한 주요 사실들을 설명할 수는 있지만, 동시에 상호 양립할 수 없거나 실제로 서로 모순될 수도 있다.

좀 더 구체적으로 정신분석과 개인심리학 간의 이러한 차이는 다양한 수준을 갖는 의식의 영역에 대한 인식의 부족을 반영한다. 이런 점에서 두 이론은 배타적으로 전기적 수준에만 집중하고 주산기와 자아초월적 영역을 인정하기 않기 때문에 불완전하고 피상적이다. 따라서 이러한 도외시된 심혼의 영역(주산기/자아초월적 영역)에서 드러난 다양한 요소의 투사가 두 이론에서 왜곡되고 희석화된 형태로 나타난다.

성적 욕망에 대한 강조와 힘, 남성적 저항masculine protest을 향한 의지에 대한 강조 간의 갈등은 심혼에 대한 인간의 지식이 전기적 수준에 국한되어 있는 동안에는 계속해서 중요하며, 양립할 수 없는 것처럼 보인다. 이미 논의하였듯이 강렬한 성적 흥분(구강, 항문, 요도 및 생식기의 성감대의 활성화 포함)과 무력감은 자신의 강점을 동원하여 생존하려는 필사적인 시도들과 번갈아 가며 나타나면서, BPM III 역동의 통합적이고 불가분적인 측면을 드러낸다. 죽음-재탄생 과정에 대하여 일시적으로 주산기 개화perinatal unfolding의 성적 측면과 힘과 관련된 측면에 대해 더 강조하는 경우가 있을 수 있지만, 이 두 가지(성적 흥분과 무기력감)가 불가분적으로 뒤섞여 있다.

하나의 예로 샘 야누스Sam Janus, 바바라 베스Barbara Bess, 캐롤 살투스Carol Saltus가 연구한 『권력을 가진 남성들의 성적 프로파일A Sexual Profile of Men in Power』이 있다. 이 연구는 미국

대서양 연안 출신의 고급 매춘 여성을 대상으로 700시간 이상의 면접 조사에 기반을 두고 진행되었다(Janus, Bess, & Saltus 1977). 많은 다른 연구자와는 달리, 저자들은 매춘부들의 성격에는 덜 관심을 두었다. 대신 이 매춘부들의 내담자들이 선호하는 것과 이들 내담자들의 버릇에 관심을 더 두었다. 이들의 내담자 남성 중에는 미국의 유명한 정치인들도 있었고, 대기업이나 법률 회사의 사장이나 대표도 있었고, 대법원 법관도 있었다.

인터뷰 결과에 따르면 단지 극소수의 내담자만이 단순한 성관계를 추구했다. 대부분의 내담자는 '심한 변태적 성행위'로 칭할 수 있는 다양한 대체적인 성애적erotic 행위에 관심이 있었다. 신체 결박, 채찍질 및 기타 형태의 고문과 비슷한 것들을 요구하는 경우가 매우 흔했다. 일부 내담자들은 복잡한 가학피학성 변태성욕 장면의 사이코드라마 연출을 요구하면서 그에 대해 값비싼 비용을 기꺼이 지불했다. 예를 들면, 내담자 중 한 명은 제2차 세계대전 중 총에 맞아 나치 독일군에 포로로 잡힌 미국인 조종사 역할을 하는 특정 상황을 현실감 있게 연기해 줄 것을 요구하기도 했다. 그는 매춘 여성들에게 긴 장화에 군용 헬멧을 쓰고 짐승 같은 게슈타포 여성의 복장을 입을 것을 요청하였다. 이들 여성이 하는 일은 내담자가 다양한 종류의 기발한 고문을 받게 만드는 것이었다.

빈번하게 요구받고 많은 비용을 받는 행위 중에는 '금색 샤워golden shower'와 '갈색 샤워 brown shower'가 있었다. 즉, 성행위 도중 오줌을 누고 대변을 보는 것을 요구하는 것이다. 매춘 여성들의 이야기에 따르면, 가학피학증적이고 분변음욕적인 체험이 절정에 달해 이들 내담자가 성적 오르가슴에 도달한 후에는, 극단적으로 야망에 차고 영향력 있는 이런 인물들 중 많은 이가 유아기로 퇴행한다고 한다. 그들은 안기기를 원했고, 매춘 여성의 유두를 빨기를 원했으며, 아기처럼 돌봄을 받기를 원했다. 이런 행위는 남성들이 그들의 일상생활에서 자신이 투영하려고 하는 공공의 이미지와는 완전히 상반된 모습이라고 할 수 있다.

이 책에서 소개된 이러한 연구 결과에 대한 해석은 본질적으로 엄격할 정도로 전기적이고 프로이트적이었다. 저자들은 그러한 고문 같은 행위를 부모의 체벌에, 금색 샤워와 갈색 샤워를 배변훈련과 관련된 문제에, 가슴을 빨려는 욕구는 좌절된 수유와 의존성 욕구anaclitic needs와 모성 고착 등에 연결시켰다. 하지만 좀 더 자세히 들여다보면 이들 내담자들은 실제 출생 후 어린 시절의 사건이 아니라 전형적인 주산기 장면을 연기한 것을 알 수 있다. 육체적 구속, 고통 및 고문, 성적 흥분, 분변적 몰두 그리고 이어지는 퇴행적 구강기 행동은 BPM III 및 BPM IV가 활성화된 것으로 볼 수 있는 분명한 표시이다.

야누스, 베스 그리고 살투스의 결론은 특히 주목할 만하다. 저자들은 미국 국민에게 정치인들이나 다른 유명 인사들이 성적 행위에 있어서도 모범이 될 것으로 기대하지 말라고 호소하였다. 그들의 연구를 고려할 때 이러한 기대는 정말로 비현실적인 것이다. 그들의 연구 결과는 오늘날과 같은 사회에서 성공적인 유명 인사가 되기 위해 필요한 높은 수준의 욕망과 야망은 과도한 성욕과 도착적 성생활 경향성과 불가분적으로 연결되어 있음을 보여 준다.

따라서 영국 의회를 뒤흔들고 보수당 정권에 타격을 주었던 크리스틴 킬러Christine Keeler와 존 프러퓨모 국방장관John Profumo과의 염문, 대통령이 될 가능성을 날려 버린 테드 케네디Ted Kennedy의 연애 행각, 국가 안보를 위협했던 존 케네디John Kennedy의 벌거벗은 수영 파티와 사소한 성 관련 실수들, 앤서니 위너Anthony Weiner의 복수의 섹스 스캔들과 외설적인 섹스팅[1], 그리고 여러 달 동안 미국 정부를 마비시켰던 빌 클린턴Bill Clinton의 화려한 성 관련 쇼를 비롯하여 최고위층의 사회 및 정치계에서 발생하는 스캔들에 대해 그리 놀랄 필요가 없다.

크라프트에빙Krafft-Ebing의 성적 사이코패스psychopathia sexualis와 같은 성 병리학의 깊은 근원은 강한 리비도적 흥분이 불안, 고통, 공격성 및 생물학적 소재와의 만남과 관련되는 3단계 주산기 모형에서 확인할 수 있다. 부적절감, 열등감 그리고 낮은 자존감은 영아 시절의 전기적인 영향을 뛰어넘어, 출생이라는 목숨을 위협하는 압도적인 상황에서 나타나는 태아의 무력감까지 거슬러 올라간다. 프로이트와 아들러는 모두 자신들의 접근법이 가진 깊이가 불충분하여 더 깊은 수준에서는 동일한 작용에 대한 두 가지 양상을 나타내는 심리적 힘의 두 범주를 선택적으로 집중하였다.

주산기 과정의 중요한 주제인 죽음에 대한 의식은 프로이트와 아들러 둘 모두에 강력한 영향을 미쳤다. 자신의 마지막 이론적 표현에서 프로이트는 죽음 본능(타나토스)의 존재를 심혼의 중요한 힘으로 상정하였다. 프로이트의 생물학적 강조가 죽음의 심리학적 초월의 가능성을 볼 수 있는 것을 막았으며, 그 결과 인간 존재의 어둡고 염세적인 이미지를 탄생시켰다. 중증의 죽음공포증thanatophobia에 시달렸기 때문에 죽음에 대한 주제는 프로이트 개인의 삶에도 중요한 역할을 했다.

아들러의 삶과 일도 죽음의 문제에 강력하게 영향을 받았다. 그는 죽음을 막고 통제할 수 없는 인간의 무능을 부적절감을 구성하는 핵심으로 보았다. 죽음을 통제하고 정복하려고 하는 직업 중 하나인 의사가 되겠다는 아들러의 결심은 그 자신이 5세 때 체험한 임

---

1) 휴대전화로 성 관련 외설적인 동영상과 문자를 주고받는 행위이다.

사체험에 깊은 영향을 받았다는 사실은 매우 흥미롭다. 이와 동일한 요인이 아들러의 이론적 고찰을 구성하는 프리즘으로 작용했을 가능성도 높다.

심층적인 체험적 치료에서 일어난 관찰 내용에 근거해 볼 때, 단호하게 외부 목표를 찾아 노력하는 것과 성공을 추구하는 것은 그러한 노력의 결과와 관계없이 부적절감과 낮은 자존감을 극복하는 데에는 거의 효과가 없다. 열등감은 자신의 힘을 이용하여 그런 정서에 대해 과잉 보상하는 것으로 해결될 수 없으며, 그러한 열등감에 체험적으로 맞서다가 굴복하는 것으로도 해결될 수 없다. 그러한 열등감이 자아 죽음과 재탄생의 과정에서 소모되면서, 자신의 우주적 정체성에 대해 인식하면 새로운 자기상self-image이 등장하게 된다. 진정한 용기는 내면 변화의 놀라운 과정을 기꺼이 체험하려는 의지에 있지, 용감무쌍하고 열정적으로 외부 목표를 추구하는 것에 있지 않다. 어떤 개인도 자신 내면의 진정한 정체성을 찾는 것에 성공하지 못하면, 아무리 외부적 성과를 찾는 노력에 의해 자기 삶의 의미를 부여하려는 어떤 시도도 헛된 시도로 끝이 날 것이고, 결국에는 자멸적이며 돈키호테식 싸움에 그치게 될 것이다.

빌헬름 라이히

정신분석이론의 또 다른 중요한 이탈자는 오스트리아의 정신과 의사이자 정치 활동가였던 빌헬름 라이히Wilhelm Reich이다. 신경증의 원인론에서 성적 요인의 절대적 중요성에 대한 프로이트의 기본 논지를 유지하면서, 그는 '성 경제학'(에너지 충전과 방전 간의 균형 또는 성적 흥분과 성적 해소 간의 균형)을 강조함으로써 프로이트의 개념을 실질적으로 수정하였다. 라이히에 따르면 성욕을 억압하면 그러한 억압에 동반되는 기질적인 태도와 함께 신경증이 발생하며, 임상적 증상은 단지 신경증이 겉으로 분명하게 발현되는 것일 뿐이라고 한다.

정서적 외상과 성욕은 만성적인 근육 긴장의 복잡한 패턴, 즉 '성격 갑옷character armor'에 의해 억압된 상태로 유지된다. '갑옷'이라는 용어는 개인을 외부와 내면에서 고통스럽고 위협적인 체험으로부터 보호하는 기능을 뜻하는 말이다. 라이히에게 불완전한 성적 오르가슴과 생체 에너지의 막힘에 기여하는 중요한 요인은 사회의 억압적 분위기였다. 신경증에 걸린 개인은 자신의 과도한 에너지를 근육 긴장으로 묶어 성적 흥분을 제한함으로써 균형을 유지한다. 건강한 개인은 그러한 제한을 받지 않는다. 즉, 에너지가 근육 방호에 구속받지 않고 자유롭게 흐를 수 있다.

◀ 빌헬름 라이히(1897~1957)는 오스트리아의
의사 및 정신분석가이며, 정신분석 역사에서
가장 급진적인 인물 중 한 명이다.

라이히의 치료에 대한 기여는 매우 중요하고 그 가치는 영구적이다. 정신분석 방법에 대한 라이히의 불만족이 그를 '성격 분석character analysis' 및 이후 '성격 분석적 생장生長 치료 character analytic vegetotherapy'로 불리는 새로운 분야를 개척하게 만들었다(Reich, 1949). 이 분야는 생물물리학적 견지에서 신경증의 치료와 관련된 심리적 요소에 집중하기 때문에 정통 프로이트식 치료 기법에서 보면 급진적인 이탈이었다. 라이히는 과호흡hyperventilation, 다양한 신체 조정(신체 교정 요법)body manipulations 및 직접적인 육체적 접촉을 사용해 꽉 막힌 에너지를 가동시키고 봉쇄된 지점을 제거하였다. 라이히의 치료적 실험은 1960년대의 혁명적인 체험적이고 신체적인 치료에 영감을 제공했으며, 이렇게 탄생한 치료는 신라이히neo-Reichian 치료로 불린다. 알렉산더 로웬Alexander Lowen의 생체에너지론bioenergetics, 존 피에라코스John Pierrakos의 핵심 에너지론Core Energetics, 찰스 켈리Charles Kelly의 라딕스 치료Radix Therapy, 스탠리 켈맨Stanley Keleman의 형성심리학Formative Psychology, 아서 야노프Arthur Janov의 원초치료Primal Therapy 등이 이 치료에 포함된다.

라이히에 따르면 치료 목표는 환자가 호흡 과정과 정상적으로 관련된 몸의 동시적이고 비자발적인 움직임에 전적으로 몸을 내맡길 수 있도록 보장하는 것이었다고 한다. 이런 환경을 보장할 수 있으면 호흡 파동이 물결 모양으로 올라왔다 내려가는 몸의 움직임을 만들어 낸다. 라이히는 이를 '오르가슴 반사운동'이라고 불렀다. 그는 치료에서 이를 달성한 환자들은 성관계 상황에 전적으로 따를 수 있어 완전한 만족의 상태에 도달할 수 있게 된다고 믿었다. 완전한 오르가슴은 유기체의 모든 과도한 에너지를 방출해 버리게 만들고, 그에 따라 환자의 증상은 사라지게 된다(Reich, 1961).

이론을 개발하고 자신의 생각을 실현해 가려고 노력하는 중에 라이히는 점점 더 논쟁적 상황의 중심이 될 수밖에 없었다. 정서장애를 유발하는 가장 큰 요인 중의 하나로 사회의 억압적인 역할을 목격하면서, 라이히는 심리치료 분야에서 찾은 자신의 혁신적인 작업을 공산당 당원으로서 급진적인 정치 활동과 결합시켰다. 이는 결국 정신분석계와 공산당 운동을 모두 그만두어야 하는 활동 중단으로 이어졌다. 프로이트와의 갈등 이후에 라이히의 이름은 국제정신분석학회의 회원 명단에서 삭제되었다. 성적 억압이 원인으로 작용한 사회적 병리로서 나치 운동을 설명한 정치적 폭발력이 있던 『파시즘의 대중심리Mass Psychology of Fascism』(Reich, 1970)가 출간되면서 공산당에서도 제명당했다.

그 이후에 라이히는 복잡한 분화 과정을 통해 발생하는 세 가지 거대한 존재 영역(역학mechanical 에너지, 무기물질 그리고 살아 있는 물질)의 근원인 원시적primordial 우주 에너지의 존재에 대해 점점 더 확신을 갖게 되었다. 라이히가 오르곤orgone이라고 부른 이 에너지는 시각적으로, 열에 의해, 검전기에 의해 그리고 가이거 계수기에 의해 입증될 수 있었다. 이 에너지는 전자기 에너지와는 달랐으며, 주요 속성 중 하나가 맥동脈動, pulsation이었다.

라이히에 따르면 오르곤의 역동과 '질량이 없는 오르곤 에너지'와 '물질이 된 오르곤 에너지' 간의 관계는 우주, 자연, 인간 정신을 실제로 기능적으로 이해하기 위해 매우 중요하다고 한다. 오르곤의 흐름과 오르곤의 역동적인 중첩은 아원자 입자의 탄생, 토네이도, 북극광 및 은하의 형성과 같은 다양한 현상뿐만 아니라 생명체의 기원, 성장, 운동능력, 성적 활동 및 생식 과정 그리고 심리 현상도 설명할 수 있다.

라이히는 치료적 용도를 위해 오르곤을 수집하고 농축해 놓은 박스인 특수한 오르곤 누산기累算器를 제작하였다. 그는 그 장치 중 하나를 알베르트 아인슈타인에게 보냈다. 아인슈타인은 5년간 오르곤을 연구한 끝에 오르곤 이론이 착각이라고 선언하면서 라이히가 오르곤 연구를 밀고 나가지 못하도록 설득하려고 했다. 오르곤 이론은 몸과 정신은 모두 심리적이고 신체적 기능의 공통된 근원으로서 맥동하는 쾌락 시스템pulsating pleasure system(혈액 및 생장 기구blood and vegetative apparatus)에 생체에너지적으로 뿌리를 내리고 있다는 가정에 기반하고 있다.

원래 매우 혁신적인 치료적 실험으로 시작된 빌헬름 라이히의 작업은 점차 물리학, 생물학, 세포 생체치료cellular biopathy, 자연발생론, 기상학, 천문학, 외계인의 방문, 철학적 사유와 같이 점점 더 먼 영역으로 뻗어 나갔다. 하지만 폭풍 같은 그의 과학적 경력의 끝은 비극이었다. 그는 FDA에 의해 고발된 오르곤 생성기를 사용하고 오르곤 생성기의 사용을 옹호하였다는 이유로 미국 정부와 심각한 갈등을 빚게 되었다. 수차례의 괴롭힘을 당하고 두 번이나 투옥되었다가, 결국 심장마비로 감옥에서 생을 마감하였다.

이 책에서 제시된 개념들의 관점에서 보면, 라이히의 주요한 기여는 생체에너지적 과정의 영역에, 정서장애 발생의 심인성 상관관계에, 그리고 치료에 있는 것처럼 보인다. 라이히는 신경증 증상의 기저에 깔린 거대하게 봉쇄된 에너지에 대해, 대화로만 일관하는 치료의 무익함에 대해 완전하게 파악하고 있었다. 또한 신경증에서 성격 갑옷과 근골격의 역할을 파악한 것은 영속적인 가치를 갖는 실로 중요한 기여라 할 수 있다. LSD 작업을 통해 드러난 결과에 비추어 볼 때, 신경증에서 에너지 봉쇄와 근육의 관련성, 생장계통vegetative systems에 대한 라이히의 기본 개념이 사실로 입증되었다.

환자가 자신의 정서적 증상과 체험적으로 대면하게 되면, 보통 강렬한 떨림, 흔들림, 비틀림, 얼굴 일그러짐, 극단적 자세를 장시간 유지하기, 찡그린 표정, 이상한 소리 내기 그리고 때때로 토하기 등이 수반된다. 이를 통해 극적인 생리적 징후와 지각 증상, 정서적 증상이나 관념적인 증상과 같이 생리적 과정에 수반되는 심리적 양상들이 밀접하게 상호 연결되어 있다는 것은 매우 분명하다. 즉, 같은 동전의 양면이 드러나는 것과 같다. 나의 관점과 라이히 이론 간의 기본적인 차이는 이러한 과정을 어떻게 해석할 것인가에 있다.

빌헬름 라이히는 사회적 영향이 완전한 성적 오르가슴을 방해한 결과로 인해 유기체 내에서 성적 에너지가 점진적으로 축적되거나 막히게 된다는 내용을 주로 강조한다. 불완전한 방출이 반복되면서 유기체에서 리비도가 고착되어, 결국 신경증에서 도착 및 가학피학증에 이르기까지 다양한 정신병리적 현상을 통한 리비도의 일탈적 표출 방식에 도달하게 된다. 따라서 치료 효과를 높이려면 억눌린 리비도 에너지를 해소하고 '신체 갑옷'을 녹이고 완전한 오르가슴에 도달하도록 만들 필요가 있다. 홀로트로픽 상태에서의 작업을 통해 관찰한 내용들은 신체 갑옷에 대한 개념을 뒷받침해 주고 있지만, 이 에너지 저장소(신체 갑옷)가 불완전한 오르가슴으로 인해 발생한 만성적인 성적 정체기stasis가 원인이 되는 결과가 아니라는 것을 분명하게 나타낸다.

체험 중심의 심리치료 진행 도중 방출된 다량의 에너지는 산도를 통과할 때 체험한 스트레스, 고통, 두려움 및 질식에 의해 촉발된 여러 시간 동안의 과도한 신경 자극의 결과로 판명되었다. 많은 기질적(성격) 갑옷의 가장 심층적 근거는 출생 과정이 원인이 되어 발생하는 과도한 신경 과잉자극과 산도의 끝없는 구속감 사이에서 무의식적으로 받아들인 역동적 갈등에서 찾을 수 있으며, 이러한 역동적 갈등이 적절한 정서적 및 육체적 반응과 말초적 방출을 가로막는 것처럼 보인다. 갑옷의 소멸은 죽음-재탄생 과정의 완성과 거의 일치한다. 하지만 몇 가지 요소는 초월적 영역에 더 깊은 뿌리를 두고 있다.

주산기 에너지는 BPM III이 상당한 정도의 성적 요소를 가지고 있고 성적 오르가슴과 출생 오르가슴 간의 패턴상 유사성으로 인해 고착된 리비도로 쉽게 착각할 수 있다. 활성화된 주산기 에너지는 말초적 방출peripheral discharge을 모색하며, 생식기는 가장 논리적이고 중요한 경로 중 하나를 나타낸다. 이는 어떤 악순환에 대한 근거를 형성하는 것처럼 보인다. 즉, 3단계 주산기 모형과 관련된 공격성, 공포 및 죄책감은 완전한 오르가슴을 느끼는 능력을 방해하며, 그 반대로 성적 오르가슴의 부재나 미완성이 출생 에너지에 대한 중요한 안전밸브를 차단한다.

따라서 이 상황은 라이히가 상정한 것과 반대가 된다. 완전한 오르가슴을 방해하는 사회적 그리고 심리적 요인들이 성적 에너지의 누적과 정체로 이어지는 것이 아니라, 깊이 자리 잡은 주산기 에너지가 적절한 오르가슴을 방해하며, 동시에 심리적 문제와 대인관계 문제를 야기하는 것이다. 이러한 상황을 바로잡으려면, 이 강력한 에너지를 성과 관련되지 않은 치료적 상황에서 방출시켜서, 환자와 파트너가 성행위를 편안하게 처리할 수 있는 수준까지 줄여야 한다. 가학피학증에서 파시즘의 집단 정신병리까지 라이히가 논의한 많은 현상은 불완전한 오르가슴과 성적 에너지의 고착에서 보다 주산기 역동으로 더 적절하게 설명될 수 있다.

라이히의 사유는 독특하고 때때로 통제할 수 없었다. 하지만 본질적으로 과학의 현대적인 발전 상황과 거의 대부분 양립할 수 있는 내용이었다. 자연에 대한 라이히의 이해는 양자-상대 물리학에서 제시하는 세계관에 가깝다. 즉, 세상의 밑바닥에 깔린 통일을 강조하고, 물질과 견실한 구조보다는 과정과 운동을 강조하며, 관찰자의 능동적 역할을 인정한다. 무기물, 생명, 의식 및 지식의 공동 기원에 대한 라이히의 생각은 때때로 데이비드 봄과 어빈 라슬로의 철학적 사유를 연상시킨다. 엔트로피 원리와 열역학 제2법칙의 우주적 타당성에 맞서는 그의 주장은 일리야 프리고진Ilya Prigogine의 소산구조散逸構造, dissipative structure와 혼돈으로부터의 질서에 대한 신중하고 체계적 연구의 결론과 유사하다.

심리학 분야에서 라이히는 이론적으로나 실천적으로 모두 무의식의 주산기 영역을 거의 발견할 뻔하였다. 근육 갑옷에 대한 그의 작업, 갑작스러운 갑옷 제거의 위험에 대한 논의, 그리고 전체 오르가슴에 대한 그의 개념은 주산기 역동의 중요한 요소들을 분명하게 포함하고 있었다. 하지만 그는 가장 중요한 주산기 역동의 요소인 출생과 죽음의 체험이 갖는 심리적 중요성에 대한 단호한 거부감을 내보였다. 이는 성기편중genitality이라는 성기의 일차적 역할에 대한 그의 열정적인 방어뿐만 아니라 출생 외상에 대한 오토 랭크의 개념, 죽음에 대한 지그문트 프로이트의 사유, 그리고 칼 아브라함Karl Abraham의 처벌에 대한 심리적 욕망의 가정에 대한 거부를 통해서도 명백하게 드러난다.

여러 측면에서 라이히는 신비주의와 자아초월심리학의 경계에서 위치하면서 금방이라도 이들 영역으로 들어올 수 있는 수준에 이르렀다. 그는 우주적 무의식과 신비적 자각의 개념에 가까이 간 것이 분명하며, 오르곤에 대한 그의 사유에서 그와 관련된 표현을 찾아낼 수 있었다. 그에게 있어 종교와도 같이 가장 중요한 것은 우주의 오르곤 에너지의 역동과 갑옷을 입지 않은 대양의 통합이었다. 하지만 영원의 철학과 크게 대조적으로 라이히의 이러한 우주 에너지에 대한 이해는 오르곤이 측정 가능하였고 구체적인 물리적 특성을 지니고 있었다는 점을 고려하면 상당히 구체적이라고 말할 수 있다.

라이히는 세계의 위대한 영적 철학을 실제로 이해하고 공감하는 수준에는 한 번도 도달한 적이 없다. 영성과 종교에 반대하는 그의 열정적이고 비판적인 활동을 살펴보면 그는 신비주의를 주류 종교적 원리들의 피상적이고 왜곡된 특정 견해와 혼동하는 경향을 보였다. 그는 논쟁을 통해 꼬리가 있고 쇠스랑을 들고 있는 악마, 날개가 있는 천사, 형체가 없는 파란색이나 회색 유령, 위험한 괴물, 천국과 지옥에 대한 문자 그대로의 믿음에 대해 반대 논지를 펼쳤다. 그래서 그는 이러한 것들을 비정상적이고 왜곡된 기관 감각의 투사로 치부했으며, 최종 분석에서는 오르곤 에너지의 보편적 흐름을 오인한 것으로 무시하였다. 이와 유사하게 라이히는 융의 신비주의에 대한 관심과 심리학에 영성을 부여하려는 경향에도 강력 반발하였다.

라이히에게 신비주의적 성향은 갑옷(방어)과 오르곤 경제학(성 경제학)의 심각한 왜곡을 나타냈다. 신비주의적 모색은 제대로 인정받지 못한 생물학적 충동으로 환원될 수 있었다. 따라서 죽음과 죽어 감의 공포는 무의식적 오르가슴 불안과 일치하며, 이른바 죽음 본능, 즉 붕괴 또는 무無를 향한 열망은 "긴장의 오르가슴적 해소에 대한 무의식적인 열망이다". 또한 그는 "신은 자연의 생명력과 인간 내부의 생체에너지의 표상이며, 성적 오르가슴에서 만큼 분명하게 신이 표현되는 것도 없다. 따라서 악마는 이러한 생명력의 도착과 왜곡으로 연결되는 갑옷(방어)을 상징한다."라고 말했다. 심현제 치료에서 관찰한 결과와 아주 대조적으로, 라이히는 치료가 그런 갑옷(방어)을 녹이는 데 성공하면 신비주의적 성향은 사라진다고 주장한다. 라이히의 의견에 따르면, "오르가슴의 힘orgastic potency은 신비주의가 오르가슴적인 힘을 가지고 있는 이들에게서 발견되지 않는 것처럼 신비주의에서도 발견되지 않는다"(Reich, 1972).

오토 랭크

오토 랭크Otto Rank와 프로이트의 주요한 이론적 불일치가 드러나는 지점은, 오토 랭크가 성적 역동과 비교하여 출생 외상을 가장 중요하게 강조하고 있다는 것과, 오이디푸스 콤플렉스의 주요한 역할에 대해 부정한다는 것, 그리고 이드의 노예라기보다 의지의 자율적인 대표자로서 자아의 개념을 바라보고 있다는 것에서 찾을 수 있다. 또한 랭크는 그의 이론적인 기여만큼이나 정신분석적 기법에 대한 급진적인 수정 의견도 제시하였다. 그는 심리치료의 언어적 접근법이 제한된 가치만을 가지며, 치료 작업에서 주로 강조하고 집중해야 할 지점은 체험이라는 의견을 제시하였다.

랭크에 따르면 환자가 치료 중에 출생 외상을 재현하는 것이 매우 중요하며, 그러한 재현이 없는 치료는 불완전한 것으로 간주해야 한다고 한다. 그는 실제 자신의 내담자들에

◀ 오토 랭크(1884~1939)는 오스트리아의 정신분석가, 저자, 강연자 및 교사이며, 출생 외상의 심리적 중요성을 발견하였다.

게 정신분석이 끝나게 될 날짜를 알려 주고, 이 날짜가 다가오면 출생과 관련된 무의식적 자료들이 활성화되고 의식의 한계 영역까지 나아가게 될 것이라고 믿었다.

심리학에서 출생 외상의 역할과 관련하여, 실제로 프로이트는 산도를 통과하는 힘든 시간 동안의 '감각과 신경자극 전달'과 관련된 두려움이 모든 미래 불안의 원형이자 근원이 될 수 있는 가능성에 관심을 보인 최초의 인물이다. 이런 생각은 그가 산부인과 간호사들의 의학 시험을 감독할 때 구체화되었다. 시험 문제 중 하나는 "출산 중 언제 그리고 왜 태변이 나타나는가?"였다. 정답은 "태아에게 높은 수준의 질식이 나타났기 때문에"였다. 그 시험에서 한 간호사는 두려움이 항문 괄약근에 미치는 효과에 중심을 두면서, "똥 줄이 빠질 정도로 태아가 몹시 무서웠기 때문에"라고 답했다.

그 간호사는 시험을 통과하지 못했다. 하지만 프로이트는 출생과 관련하여 두려움에 대해 진지하게 찾아보기 시작하였다. 그는 두려움과 라틴어의 *angustiae*(좁은 협곡)과 *anxietas*(두려움) 그리고 독일어의 *eng*(좁은) 및 *Angst*(불안)과 같이 두려움과 좁은 공간에 대한 단어들 간의 몇 가지 언어에서 보이는 언어적 유사성에 대해 생각하였다. 체코어에서 *úzkost*는 문자 그대로 '좁음'과 '불안'을 동시에 의미한다. 또한 전쟁터에서 극단적 공포를 체험한 병사들이 때때로 항문 괄약근에 대한 통제력을 잃고 바지에 변을 누기도 한다는 것은 잘 알려진 사실이다. 프로이트는 이 문제를 그의 저작물에서 수차례 논의했지만 그 이상을 넘어 더 심층적으로 파고들지는 않았다.

오토 랭크는 이 생각에 사로잡혀 은밀하게 『출생 외상The Trauma of Birth』을 썼다(Rank, 1929). 그는 완료된 작업이 처음 인쇄되어 출간된 책을 프로이트에게 생일 선물로 주었다. 프로이트의 공식 전기작가인 어니스트 존스Ernest Jones는 이 책을 읽은 후 프로이트는 정서적 충격을 받았으며, 이 충격이 넉 달간이나 지속되었다고 했다. 프로이트의 반응은 랭크가 쓴 내용에 대한 비판이나 분노의 표현이 아니었다. 실제 그와 정반대였다. 프로이트는 미래의 세대가 랭크의 이론을 자신의 정신분석 발견보다 더 중요하게 여길 수 있음을 두려워했다고 한다.

프로이트는 이 문제에 매우 민감하였다. 왜냐하면 코카인의 마취적 특성과 약물로서의 중요성에 대한 과학적 우선권을 거의 확보할 뻔하다가 놓쳤기 때문이었다. 이에 대한 우선권은 비엔나 시절의 동료 카를 콜러Karl Koller가 가지고 갔다. 랭크의 책에서 받은 충격에서 회복되고 난 다음 프로이트는 그 책에 대한 공정한 평가를 기록으로 남겼다. 프로이트는 그 책을 자신이 발견한 정신분석 다음으로 정신분석이론에 매우 중요한 기여를 했다고 기록하였다. 프로이트는 분석가들은 제왕절개로 태어난 사람을 연구해야 하며, 그렇게 태어난 이들과 정상적으로 태어나고 난산으로 태어난 이들을 비교하여 어떤 차이가 있는지를 확인해야 한다고 의견을 제시하였다.

그 후에 프로이트는 베를린의 영향력 있는 정신분석가인 칼 아브라함을 비롯한 다른 이들의 편지를 받았다. 편지에는 랭크의 책이 정신분석 운동의 동질성을 파괴할 것이라고 프로이트에게 경고하는 내용이 주로 담겨 있었다. 일부 정신분석학회 회원들이 열정적으로 랭크 이론을 수용하고, 다른 이들은 그 이론을 거부하거나 랭크의 극단적인 논지를 받아들이기를 거부하고 있다고 적혀 있었다. 프로이트는 이런 압력에 굴복하였으며, 그로 인해 발생한 프로이트와 랭크 간의 갈등은 랭크의 정신분석학회 회원직 탈퇴로 이어지게 된다.

하지만 프로이트와 랭크가 바라본 출생 외상의 개념 간에는 커다란 차이가 있었다. 홀로트로픽 연구 결과, 프로이트가 출생 외상에 대해 생각했던 짧은 시간 동안 프로이트의 출생에 대한 이해는 실제 랭크가 이해한 것보다 더 정확했던 것으로 드러났다. 프로이트는 산도를 통과하는 것과 관련된 극단적인 생리적 어려움에 대해 강조한 반면, 랭크는 어떤 조건도 없고 힘도 들지 않는 만족감을 주는 천국과 같은 환경으로서 '어머니의 자궁이 주는 안락함의 상실'과 '출생 후 삶의 어려움에 직면해야만 하는 현실'에 대해 강조하였다.

랭크는 출생 외상을 분리라는 가장 고통스럽고 무서운 인간 체험의 원인으로 간주하였다. 랭크에 따르면 성장할 때 발생하는 모든 부분적 욕구의 좌절은 이러한 원초적 외상에서 기인하는 것으로 간주할 수 있다고 한다. 개인이 외상으로 체험한 대부분의 사건은 생물학적 출생과의 유사성에서 파생된다. 어린 시절의 전체 기간은 이 근본적인 외상을 해소하고 심리적으로 통달하려는 일련의 시도가 이루어지는 시간으로 볼 수 있다. 유아 성욕은 자궁으로 돌아가려는 욕망과 이와 관련된 불안, 그리고 자신이 어디서 왔는지에 대한 호기심으로 재해석될 수 있다.

하지만 랭크는 여기서 멈추지 않았다. 그는 인간의 정신적인 삶은 출생 외상에 의해 촉발된 원초적 불안과 원초적 억압에 기원한다고 믿었다. 가장 중요한 인간의 갈등은 자궁으로 복귀하려는 욕망과 그러한 욕망에 대한 두려움으로 구성된다. 그 결과, 기분 좋은 상황에서 불쾌한 상황으로의 어떤 변화도 불안감을 야기한다. 랭크는 꿈에 대한 프로이트적 해석에 대해서도 대안을 제시하였다. 잠은 자궁 내의 생활과 유사한 조건이며, 꿈은 출생 외상을 재현하려는 시도와 출생 전 상태로 돌아가려는 시도로 이해될 수 있다. 잠을 자는 행위 그 자체보다 잠과 꿈은 자궁으로의 심리적 복귀를 상징하는 것이다.

꿈 분석은 출생 외상에 대한 심리적 중요성을 가장 강력하게 뒷받침해 준다.

이와 유사하게 랭크는 출생 외상과 자궁 회귀 소망에 대해 강조함으로써 프로이트 이론의 근간을 이루고 있는 오이디푸스 콤플렉스도 재해석하였다. 랭크에 따르면 오이디푸스 신화의 핵심은 오이디푸스가 어머니의 자궁으로 복귀함으로써 해결하려고 시도한 인간의 기원에 대한 신비이다. 이는(자궁 복귀는) 문자 그대로 어머니와의 결혼과 성적 결합의 행위에서 발생할 뿐만 아니라 오이디푸스의 눈이 멀어지는 것과 금이 간 바위틈을 통해 지하세계로 사라지는 것을 통해서도 상징적으로 이루어진다(Mullahy, 1948).

랭크 심리학에서 출생 외상은 섹슈얼리티와 관련해서도 중요한 역할을 한다. 출생 외상의 중요성이 인간 심혼을 지배하는 자궁 내 존재로 돌아가려는 깊은 욕망에 근거하기 때문이다. 랭크에 따르면 남성과 여성 간의 가장 큰 차이는 여성의 경우 몸으로 생식 과정을 재현할 수 있는 능력과 출산에서 불멸을 알아낼 수 있는 능력에 의해 설명될 수 있다. 반면, 남성의 경우 섹슈얼리티는 필사必死를 상징하며 남성의 힘은 기술, 과학, 미술, 음악, 문학과 같은 섹슈얼리티와 관련되지 않은 창조성에 있다고 한다. 흥미롭게도 심혼의 주산기 층을 탐색한 남성들은 프로이트가 집중하는 '남근 선망'과 아주 대조적으로 때때로 '자궁 선망'의 정서를 일으킨다는 것이다.

인간의 문화를 분석하면서 랭크는 출생 외상이 종교와 예술 그리고 역사의 뒤에 숨겨진 강력한 심리적 힘으로 작용하고 있음을 확인하였다. 근본적으로 모든 형태의 종교는 자궁이 주는 독창적인 구원과 보호적인 상황을 새로운 방식으로 정립하려는 경향성을 갖는다. 예술의 가장 깊은 뿌리는 어머니의 배 속에서 자신의 기원과 성장에 대한 '자가성형적 모방'이다. 현실의 재현이자, 동시에 현실을 부정하는 것인 예술은 원초적 외상에 대처하는 특히 강력한 수단이다. 원시적 은신처를 찾는 곳에서 정교한 건축학적 구조물에 이르기까지 인간 주택의 역사는 따뜻하고 보호적인 자궁에 대한 직관적 기억을 반영하고 있다. 도구와 무기의 사용은 결국 '어머니에게 완전히 침범해 들어가는 만족할 줄 모르는 끝없는 경향성'에 기반하고 있는 것이다.

LSD 심리치료나 이외의 다른 형태의 심층적 체험 작업은 출생 외상의 심리적 중요성에 대한 랭크의 일반적인 논지를 강력하게 뒷받침해 주었다. 하지만 실제 임상적 관찰 결과와의 양립 가능성을 높이기 위해서는 랭크적 접근 방법을 실질적으로 수정할 필요가 있다. 앞에서 언급한 바와 같이 랭크 이론은 출생의 중요한 외상적 측면으로 '어머니와의 분리'와 '자궁 상실'의 문제에 집중한다. 랭크에게 외상은 출생 전 상황이 출생 후 상황에 비해 훨씬 더 호의적이라는 사실이 원인이 된다. 자궁을 벗어난 아기는 불규칙한 음식물 공급, 어머니의 부재, 온도의 변화 및 시끄러운 소음에 직면해야 한다. 그리고 아기는 숨을 쉬어야 하고 음식물을 삼켜야 하고 배설물을 처리해야만 한다.

홀로트로픽 상태에서 작업하면 그런 상황이 훨씬 더 복잡하게 나타난다. 아이가 자궁이라는 낙원과 같은 상황에서 힘든 외부 환경으로 이동하기 때문에 출생이 상처가 되는 것이 아니다. 즉, 산도를 통과하는 일 그 자체가 엄청난 정서적이고 육체적인 스트레스와 고통을 수반하기 때문에 상처가 된다. 이 점은 프로이트의 출생에 대한 최초 사유에서 강조되었다. 하지만 랭크는 이를 거의 전적으로 무시하였다. 어떤 면에서 랭크의 출생 외상에 대한 개념은 정상적인 질 분만이 아니라 제왕절개 수술로 태어난 사람의 상황에 더 가깝게 적용된다고 할 수 있다.

대개 정신병리적 질환은 방해받지 않던 조용한 자궁 내 상태와 외부 세계의 출생 후 존재를 연결하는 산도에서 여러 시간 동안 체험한 어려움을 반영하는 BPM II 및 BPM III의 역동에 뿌리를 두고 있다. 출생이라는 사투를 벌이는 동안 생성된 억눌린 정서와 에너지를 몸 밖으로 내보내고 방출하고자 하는 충동은 다양한 영역의 인간 행동에 커다란 동기를 부여하는 원동력으로 나타난다.

프로이트, 아들러 그리고 라이히와 마찬가지로 랭크도 자아초월적 영역에 대해 진짜로 이해하지는 못했다. 그는 종교적이고 신화적 모티브와 인물을 출생 외상의 파생물로 간주하였다. 예를 들면, 십자가에 못 박힌 예수의 몸은 자궁 내에서 안락하고 편안한 태아의 몸과 완전히 반대되는 것을 상징하며, 헤카테나 메두사와 같은 무서운 여성 신들의 이미지는 출생 중에 체험한 불안에 의해 영감을 받은 것으로 간주하였다. 이러한 결점에도 불구하고 랭크의 출생 외상이 갖는 심리적 중요성에 대한 발견과 그로 인해 파생된 결과들은, LSD 심리치료에서 랭크가 발견한 것을 입증할 때보다 수십 년 앞서 이루어진 성과이기에 정말로 놀라운 업적이라 할 만하다. 그럼에도 1백년 후인 현시점에도 체험적 치료를 통한 압도적인 증거가 쏟아져 나오고 있음에도 주류 정신의학계와 임상의들이 여전히 출생이 주요한 심리적 외상이라는 것을 받아들이지 않고 있다는 사실도 여전히 놀랍다.

랭크 이외의 몇 명의 다른 정신분석가들도 출생 외상이 갖는 다양한 측면의 중요성을 인식하였다는 사실을 거론할 필요가 있다. 낸더 포더는 『사랑하는 사람들을 찾아서The Search For The Beloved』(Fodor, 1949)에서 매우 상세하게 출생 과정의 다양한 측면 간의 관계와 많은 주요 정신병리적 증상이 LSD 치료를 통해 입수한 관찰 내용과 거의 상당 부분 일치한다는 내용을 설명하고 있다. 리테르트 피어볼트는 『출생 전 역동Prenatal Dynamics』

(Peerbolte, 1975)이라는 종합 안내서를 썼는데, 이 책에서 저자는 출생 전 존재의 심리적 관련성과 출생 체험에 대한 독특한 통찰에 대해 논의하였다. 또한 이 주제는 많은 부분이 추측에 기반하고 임상적으로 근거가 부족하긴 해도, 프랭크 레이크Frank Lake의 작업과 프랜시스 모트Francis Mott의 독창적이고 상상력이 풍부한 책에서도 집중적으로 조명되고 있다(Lake, 2007; Mott, 2012).

카를 구스타프 융

유명한 정신분석학계의 이탈자 목록은 카를 구스타프 융Carl Gustav Jung을 빼놓고는 완성될 수 없다. 융은 초기에는 프로이트가 가장 아끼는 후학 중 한 명으로 정신분석의 '황태자'로 지명된 인물이다. 융의 노선 변경은 단연코 가장 급진적이었으며, 융의 기여는 정말로 혁명적이었다. 프로이트의 발견이 동시대를 앞서간 업적인 것처럼, 융의 작업은 정신의학의 수준을 프로이트를 훨씬 뛰어넘게 만들었다고 말해도 과장이 아니다. 융의 분석심리학은 단순히 정신분석의 변형된 일종이나 수정이 아니라, 심층심리학과 심리치료에 완전히 새로운 개념을 제시하였다.

융은 자신이 발견한 내용이 데카르트-뉴턴 사고와 조화를 이룰 수 없을 뿐만 아니라 서구 과학의 가장 기본적이고 철학적인 가정에 대한 급격한 변화를 불가피하게 요구한다는 것을 잘 알고 있었다. 융은 양자-상대 물리학의 혁명적 전개에 커다란 관심을 보였으며, 볼프강 파울리Wolfgang Pauli와 알베르트 아인슈타인Albert Einstein을 포함한 양자-상대 물리학의 몇몇 창시자들과 생산적인 교류를 갖기도 했다. 정신분석의 나머지 이론가들과는 달리, 융은 신비주의적 전통에 대해 실제로 이해하고 있었고 심혼과 인간 존재의 영적 차원에 대해 깊이 존중하기도 하였다. 융은 스스로를 그렇게 부르지는 않았지만 그는 최초의 자아초월심리학자였다.

또한 융은 최초의 현대적 심리학자로도 간주될 수 있다. 프로이트 정신분석과 융의 분석심리학의 차이는 고전적 심리치료와 현대적 심리치료 간의 차이라고도 볼 수 있다. 프로이트와 일부 프로이트의 제자들이 서구 심리학에 상당히 급진적인 수정을 제안했지만, 단지 융만이 심리학의 핵심적이고 철학적인 토대인 바로 그 일원론적 유물론monistic materialism과 데카르트-뉴턴 패러다임에 도전하였다. 준 싱어June Singer가 분명하게 지적했듯이, 융은 "의식보다 무의식의, 알고 있는 것보다 신비한 것의, 과학적인 것보다 신비주의적인 것의, 생산적인 것보다 창조적인 것의, 그리고 신성 모욕적인 것보다 종교적인 것의 중요성"을 강조하였다(Singer, 1994).

▲ 카를 구스타프 융(1875~1961)은 스위스의 정신과 의사 겸 정신분석가. 분석심리학의 창시자이다.

인간 심혼에 대한 융의 개념은 프로이트의 전기적 모델을 뛰어넘은 중대한 확장이었다. 프로이트의 정신분석으로부터 융의 급진적인 이탈은 융이 미국인 작가 프랭크 밀러 Frank Miller의 시와 산문집을 분석할 때부터 시작되었다. 이러한 시집과 산문집은 시어도어 플러노이Theodore Flournoy가 제네바에서 출판했으며 『밀러 판타지Miller Fantasies』로 알려졌다(Miller, 1906). 융은 그녀의 글에 드러난 많은 모티브가 전 세계 여러 국가의 문학뿐만 아니라 서로 다른 역사적 시기의 문학에 나타난 것과 유사하다는 사실을 발견하였다. 이 연구에 의해 영감을 받아서 쓴 『변용의 상징Symbols of Transformation』은 프로이트와의 결별이라는 일대 사건을 초래한 역사적으로 매우 중요한 책이다(Jung, 1956).

이러한 관찰에 따른 새로운 이론들은 융이 현실로 받아들인 자신의 의식적 꿈 세상을 비롯하여 환자의 꿈, 공상 그리고 융의 조현병 환자들의 환각과 망상에 대한 분석을 통해서도 추가로 확인되었다. 이러한 상황은 우리가 거부된 본능적 기질, 억압된 기억, 잠재의식적으로 흡수 동화된 금지 영역인 정신생물학적 폐품처리장인 프로이트 학파의 '개인무의식'뿐만 아니라, 모든 인간, 자연, 전체 우주와 우리를 하나로 묶어 주는 지능적이고 창의적인 우주적 힘의 표출인 '집단무의식'을 가지고 있다고 융에게 확신을 심어 주었다.

융의 집단무의식은 인간의 전체 역사를 포함하고 있는 '역사적 영역'과 항상 존재해 왔던 모든 문화의 신화와 같은 인류의 문화적 유산을 품고 있는 '원형적 영역'을 포괄하고 있다. 홀로트로픽 의식 상태에서는 과거에 이와 관련된 지적인 지식을 접한 적이 전혀 없었어도 이런 신화 속의 인물과 장면에 대한 환영vision을 체험할 수 있었다. 집단무의식을 연구하면서 융은 심혼의 이러한 영역의 역동을 지배하는 우주적 원리를 발견해 낸 것이다. 처음에 융은 이것을 야코프 부르크하르트Jacob Burckhardt에서 차용한 용어를 사용하여 '근원적 심상primordial images'으로 불렀다. 나중에는 '우세한 집단무의식dominants of the collective unconsciousness'으로 부르다가 최종적으로는 '원형archetypes'으로 불렀다. 융 학파의 심리학, 의식 연구 그리고 학문적 신화 연구에 의해 드러난 해석에 따르면, 원형은 물질계 구조의 기저를 이루면서 그 구조에 영향을 주는 영원한 원시 우주적 원리이다(Jung, 1959).

융은 무의식과 무의식의 역동에 대해 강조했지만, 무의식의 개념은 프로이트와 근본적으로 달랐다. 융은 인간을 생물학적 기계로 보지 않았다. 그는 인간이 자아와 개인무의식의 좁은 경계를 초월할 수 있으며, 전체 우주에 상응하는 자기self와 연결할 수 있다는 것을 인식하였다. 융은 심혼을 의식적 요소와 무의식적 요소 간의 상호 보완적인 작용으로 보았다. 그에 따르면 무의식은 역사적인 결정론 하나로만 지배받지 않으며, 투사적이면서 원인론적이고 목적론적인 기능도 가지고 있다고 한다. 자기self는 우리 인간 각자를 위한 구체적인 목표이자 목적이며, 인간의 삶을 안내할 수 있다. 융은 이것을 개성화 과정individuation process이라고 불렀다.

　연상 실험을 통해 무의식의 구체적 역동을 연구하는 과정에서 융은 무의식의 기능 단위를 발견하였고 이를 위해 **콤플렉스**라는 용어를 만들었다. 콤플렉스는 특정 핵심 주제를 둘러싸고 모여 있으며 분명한 느낌과 관련이 있는 생각, 견해, 태도 및 확신을 비롯한 심리적 요소의 집합이다(Jung, 1960b). 융은 전기적으로 분명히 확인된 모티브에서 집단 무의식의 원형에 이르기까지 콤플렉스를 추적할 수 있었다(Jung, 1959).

　초기 작업에서 융은 원형과 동물의 본능 그리고 인간의 뇌에 프로그램화되어 있는 생각 간의 유사성을 확인하였다. 나중에 꿈이나 환영이 외부 세계의 사건들과 이상하게도 일치하는 사례(동시성synchronicities)를 연구하면서, 융은 원형이 어떤 면에서 바로 그 세계의 구조에 영향을 미치고 있음이 틀림없다고 결론을 내렸다(Jung, 1960a). 원형이 물질과 심혼 또는 의식 간의 연결을 나타내고 있는 것으로 보이기 때문에 융은 이를 사이코이드psychoids로 불렀다. 이 용어는 활력론vitalism의 창시자인 한스 드리슈Hans Driesch가 만든 용어이다.

　비교 종교와 세계 신화는 무의식의 집단적 측면에 대한 고유의 정보원으로 간주될 수 있다. 프로이트에 따르면 신화는 어린 시절의 고유한 문제와 갈등의 측면에서 해석될 수 있고 신화의 보편성은 인간 체험의 공통성을 반영한다. 융은 자신의 설명이 받아들여질 수 없음을 알고 있었다. 그래서 이런 종류의 모든 지적인 지식에 대해 전혀 논의해 본 적이 없는 개인들에게서 보편적인 신화 모티브가 발생했다는 것을 반복적으로 관찰하였다. 이러한 관찰 결과는 융에게 무의식적 심혼에 신화를 형성하는 구조적 요소가 있어 개인의 공상적 삶과 꿈, 민족의 신화를 만들어 내고 있음을 시사해 주었다. 따라서 꿈은 개인의 신화로, 신화는 집단의 꿈으로 간주될 수 있다.

　프로이트는 전 생애를 통해 종교와 영성에 대한 깊은 관심을 보였다. 그는 비이성적 과정을 이성적으로 이해할 수 있다고 믿었으며, 종교를 성심리적 발달의 유아 단계에서 해소하지 못한 갈등의 측면에서 해석하는 경향성을 보였다. 프로이트와 달리 융은 비이성적이고 역설적이고 심지어 신비주의적인 것들까지도 기꺼이 받아들였다. 융은 평생 동안 많은 종교적 체험을 했으며, 이러한 종교적 체험이 우주적 계획의 맥락에서 영적 차원의 실재를 확신시켜 주었다. 융의 기본 가정은 영적 요소가 유기적으로 통합된 심혼의 일부라는 것이었다. 진정한 영성은 집단무의식의 측면일 뿐, 어린 시절의 프로그래밍과 개인의 문화적이거나 교육적인 배경과는 무관한 것으로 보았다. 따라서 자기탐색과 자기분석이 충분한 수준의 깊이에 도달하면 영적 요소가 자발적으로 의식으로 드러나게 된다는 것이다.

또한 융은 정신분석의 핵심 개념인 리비도에 대한 이해에 있어서도 프로이트와 의견을 달리하였다. 그는 리비도를 기계적인 방출을 목표로 하는 전적으로 생물학적인 힘으로 간주하지 않았으며, 대신 자연의 창조적 힘 즉 아리스토텔레스의 **생명력**entelechy 또는 앙리 베르그송의 **생의 약동**躍動, élan vital에 필적하는 우주적 원리로 간주하였다. 영성에 대한 융의 진정한 이해와 우주적 힘으로 바라본 리비도에 대한 이해는 상징의 기능에 대한 독특한 개념을 통해 그 표현 방식을 찾았다. 프로이트의 경우 상징은 아직 알려지지 않은 무엇인가에 대한 유사한 표현이자 암시였다. 즉, 상징의 기능은 교통 표지판의 기능과 유사하였다. 정신분석에서는 하나의 이미지가 다른 것을 대신해서 사용된다. 보통 금지된 성적 성질을 대신하는 이미지가 사용된다. 융은 상징이라는 용어를 이렇게 사용하는 것에 동의하지 않았으며, 프로이트 학파의 상징을 기호signs로 불렀다. 융에게 진정한 상징은 그 자체를 뛰어넘어 더 높은 수준의 의식을 가리킨다. 상징은 더 명확하거나 구체적으로 표현할 수 없는 알려지지 않은 무언가인 원형을 의미하는 가능한 최고의 표현이다.

융을 최초의 현대적 심리학자로 불리게 된 이유는 그가 채택한 과학적 방법 때문이다. 프로이트의 접근법은 엄격하게 역사적이고 결정론적이었다. 프로이트는 모든 심혼 현상에 대해 이성적 설명을 찾고 선형적 인과관계의 사슬을 따라 생물학적 뿌리를 추적하는 것에 관심이 있었다. 융은 선형적 인과관계가 자연에서 유일한 필수적인 연결 원리가 아니라는 것을 알고 있었다. 융은 시간 및/또는 공간이 떨어진 곳에서 발생하는 사건의 의미 있는 일치를 나타내는 비인과적 연결 원리인 '동시성의 개념'을 만들어 냈다. 역설적이고 신비주의적이고 말로 표현할 수 없는 영역에 기꺼이 들어가려는 융의 마음은 위대한 동양의 영적 철학을 향한 개방적 태도에서도 드러난다. 융은 주역I Ching, 바르도 퇴돌Bardo Thödol(『티베트 사자의 서』), 태을금화종지太乙金華宗旨, Secret of the Golden Flower 및 쿤달리니의 각성을 연구하고 찬사를 보냈다. 또한 융은 점성술, 영매술 및 기타 심령적 현상과 같은 난해한 영역에도 관심을 쏟았다(Jung, 1958, 1967, 1970, 1996).

심현제 체험과 다른 종류의 홀로트로픽 의식 상태를 통해 관찰한 내용에서 융의 탁월하고 명석한 통찰 내용이 대부분 반복적으로 수차례 입증되었다. 융의 분석심리학이 홀로트로픽 상태에서 발생하는 전체 영역의 현상을 적절하게 설명하고 있는 것은 아니지만, 심층심리학의 모든 학파 중에서 수정하고 변경할 사항이 가장 적은 것도 엄연한 사실이다. 전기적 수준에서 융의 심리적 콤플렉스에 대한 설명은 두 가지 개념이 동일하지 않음에도 응축경험COEX 체계와 일부 유사하다. 융과 그의 제자들은 신화에 등장하는 죽음과 재탄생의 과정의 중요성을 알고, 고대 그리스 신화에서 원주민 문화의 통과의례까지 다양한 형식을 연구하였다. 하지만 융은 이러한 과정과 생물학적 출생 간의 밀접한 관련성을 확인할 수는 없었다.

역사적, 원형적 집단무의식의 광대한 영역을 발견하고 이를 설명했던 융은 출생이 심리적 외상이고 인간 심혼에서 중요한 역할을 한다는 것을 받아들일 수 없었다. 리처드 I. 에반스Richard I. Evans는 지금은 융에 관한 필름이라는 이름으로 이용할 수 있는 한 인터뷰에서 융에게 출생 외상에 심리적 중요성을 부여했던 그의 동료인 오토 랭크의 이론에 대해 어떻게 생각하는지 물었다. 융은 "오, 출생은 외상이 아닙니다. 그건 그냥 사실입니다. 모든 사람은 태어나잖아요."라고 웃으면서 랭크의 주장을 일축하였다(Jung & Evans, 1957).

심리치료에 대한 융의 가장 근본적인 기여는 그가 심혼의 영적 차원을 인식했고, 자아초월적 영역을 발견했다는 것이다. 홀로트로픽 상태를 통해 관찰한 결과는 집단무의식과 원형적 세계의 존재, 융의 리비도의 본질에 대한 이해, 자아와 자기 간의 차이, 무의식의 창조적이고 미래지향적인 기능에 대한 인식, 개성화 과정의 개념에 대해 강력한 근거를 제시해 주었다.

이 모든 요소는 심현제 및 홀로트로픽 숨치료 회기에 관찰된 내용만으로도 독자적으로 확인될 수 있다. 심지어 관련된 교양과 지식이 없는 참가자들에게도 마찬가지로 확인되었다. 이런 종류의 관찰 내용들은 융 학파가 아닌 심리치료사들이 이끌어 가는 회기에서도 자주 드러나며, 심지어 융 심리학에 대한 지식이 없는 이들에게서도 마찬가지로 드러난다. 더 구체적으로 말하면, 분석심리학은 체험 중심의 회기에서 자발적으로 떠오르는 다양한 원형적 이미지와 주제를 이해할 때 매우 유용하다. 심층적인 체험 작업도 마찬가지로 동시성의 중요성에 대한 융의 관찰 내용을 독자적으로 확인해 주었다.

이 책에서 제시된 개념들과 융 이론 간의 차이는 서로에게 커다란 영향을 미치는 상관관계에 비하면 상당히 경미한 수준이다. 응축경험COEX 체계의 개념은 융의 심리적 콤플렉스에 대한 설명과 유사하지만 일치하지 않는다는 것은 앞서 언급한 적이 있다. 융 심리학은 심령적인 죽음-재탄생의 과정을 원형적 주제로 일반적인 방식으로 이해하고는 있지만, 주산기 수준의 무의식과 출생 외상의 중요성은 인식하지 못하고 있다.

출생과 죽음에 대해 강조하는 주산기 현상은 개인의 전기와 자아초월 영역 간의 매우 중요한 연결점을 보여 준다. 이러한 수준의 심혼과 깊게 체험적으로 직면하는 것은 생존에 대한 심각한 위협감과 삶과 죽음의 사투와 일반적으로 연관된다. 죽음-재탄생 체험은 중요한 생물학적 차원을 갖는다. 따라서 이런 체험은 질식할 것 같은 느낌, 신체의 다른 부위의 통증, 떨림, 심혈관 통증, 과다침분비, 땀 흘림, 메스꺼움 및 구토, 그리고 드물게 의도하지 않은 배뇨와 같은 광범위한 영역의 강렬한 생리적 증상을 수반한다.

심현제 치료나 일부 새롭고 강력한 체험적 접근법보다 더욱 특이한 기법을 사용한 융의 분석에서는, 죽음-재탄생 과정의 심리적, 철학적 및 영적 차원을 강조하는 반면, 정신신체적 요소들은 거의 언급되지 않고 있다. 설령 언급되더라도 효과적이지 않은 방식으로 취급되고 있다. 체험 중심의 심리치료에서 참가자는 원형적이고 역사적인 집단무의식에서 비롯되는 생물학적 출생과 관련된 태아 기억들과 이에 수반되는 주제들이 혼합되어 나타나는 것을 어김없이 체험한다. 스위스의 심리학자 아니 민델Arny Mindell과 그의 아내 에이미Amy는 그들이 과정 중심 심리치료process psychotherapy라고 부르는 방법을 개발하여 누락된 신체적 요소를 융의 분석에 도입하였다(Mindell, 2011).

초월적 영역에서 융 심리학은 상당히 자세한 정도로 체험의 특정 범주를 탐색하는 반면, 다른 분야들은 전적으로 방치해 버린 것처럼 보인다. 융과 그 제자들이 발견하고 철저하게 연구한 영역으로는 원형과 집단무의식의 역동, 심혼의 신화 창조적 특성, 특정 유형의 심령적 현상, 심리적 과정과 물질계 간의 동시적 연결을 들 수 있다.

하지만 물질계의 이러한 요소들에 대한 새로운 정보에 접근하는 것을 가능하게 해 주는 다른 사람, 동물, 식물 그리고 비유기적 과정에 대한 진정한 동일시를 포함하는 자아초월적 체험에 대한 언급은 없는 것처럼 보인다. 동양의 영적 철학에 대한 융의 깊은 관심과 학식을 고려할 때, 융이 모든 형태의 심층적 체험 중심의 심리치료에서 가장 중요한 전생 기억에 대해 거의 주의를 기울이지 않은 것처럼 보인다는 사실은 그저 놀라울 뿐이다. 이와 같은 차이점에도 불구하고 융 학파는 개념적 측면에서 전체적으로 홀로트로픽 의식 상태의 현상학을 처리할 수 있는 준비가 가장 잘된 학파로 보인다. 단, 이를 위해서 융 학파의 학자들은 체험에서 나오는 극적인 형식을 이용하는 것에 익숙해지고 편안해질 수 있어야 한다. 융 심리학과 신화학에 대한 지식은 심혼탐구자들의 작업을 더 안전하고 보람되게 만드는 데 매우 중요한 역할과 기여를 하고 있다.

산도르 페렌치

　프로이트의 비엔나 학파의 회원이자 또 다른 저명한 개척자인 산도르 페렌치Sandor Ferenczi 의 업적을 언급하는 것으로 심층심리학 세계에 대한 짧은 여행을 마무리하는 것이 적절할 듯하다. 산도르 페렌치는 보통 정신분석학파의 이탈자 목록에는 들어가지 않지만, 그의 독창적인 사유와 실천은 그를 정통 정신분석을 뛰어넘은 인물로 간주하기에 충분하다. 페렌치는 「성인과 어린이 사이의 언어적 혼란The Confusion of the Tongues Between the Adults and the Child」에서 아이의 근친상간 환상이 아니라 실제 근친상간이 신경증 발병에서 중요한 역할을 한다는 프로이트의 독창적 생각으로 돌아왔다(Ferenczi, 1949).

◀ 산도르 페렌치(1873~ 1933)는 헝가리의 신경과 의사이자 정신과 의사로 프로이트의 비엔나 학파의 회원이다.

정신분석에 대한 페렌치의 또 다른 논쟁적인 기여물은 그가 미국인 환자 엘라자베스 세번Elizabeth Severn과 클라라 톰슨Clara Thompson과 진행한 '상호 분석'의 개념이다. 또한 그는 오토 랭크를 지지하였다. 이는 그가 프로이트에 순응한 고분고분한 제자의 모습과는 한참 거리가 있었음을 여실히 보여 준다.

페렌치의 이론적 기반과 구조를 살펴보면, 그는 주산기 및 출생 후 사건뿐만 아니라 계통발생적 기억(출생 전 기억)을 진지하게 고민했다는 것을 알 수 있다. 타나토스에 대한 개념을 즉각적으로 받아들인 프로이트의 몇 안 되는 제자 중 하나인 페렌치는 죽음에 대한 형이상학적 분석을 그의 개념 체계 안으로 통합하였다. 그의 주목할 만한 에세이인 『탈라사: 생식기 이론Thalassa: A Theory of Genitality』에서 페렌치는 성적 욕구를 모성의 자궁으로 회귀하기 위한 시도와 심지어 자궁을 넘어선 그 어딘가로 뛰어넘으려는 시도로 설명하였다. 그에 따르면, 성관계 시에 상호작용을 하는 유기체들은 생식 세포의 만족을 공유한다고 한다(Ferenczi, 1938).

남성은 직접적으로 자궁으로 회귀할 수 있는 특권을 가진 반면, 여성의 경우 공상적 대체물을 즐기거나 또는 임신했을 때 자신의 아이를 통해 그러한 자궁 회귀 본능이 충족된다. 하지만 페렌치의 '탈라사(바다) 회귀 성향'의 핵심은 심지어 더 이른 상황, 즉 원시적 바다에 사는 본래의 수생적aquatic 존재로 돌아가려고 노력하는 것이다. 페렌치에 따르면, 육상 포유류는 그들이 바다 환경을 떠났을 때 내린 결정을 뒤집고 그들이 원래 왔던 곳으로 돌아가기 위한 깊은 유기체적 갈망을 지니고 있다고 한다. 이러한 바다 회귀 성향은 오늘날 고래나 돌고래의 조상들이 수백만 년 전에 실제로 이미 실행했던 해결책일 수도 있다.

하지만 모든 생명체의 궁극적 목표는 불안이나 흥분이 없는 상태에 도달하는 것이며, 마침내 무생물계의 관성inertia[2]에 이르는 것이다. 따라서 죽음과 죽어 감은 절대적인 것이 아니며, 생명의 생식 세포와 회귀 성향은 무기물질 내부에 숨어 있을 수도 있다. 사람들은 전체 유기물과 무생물계를, 살려는 의지와 죽으려는 의지 사이의 영구적인 진동 체계로 이해할 수 있다. 그런 체계에서는 생명과 죽음 어느 한쪽도 절대적인 지배력을 장악할 수 없다. 따라서 비록 자연과학의 언어로 페렌치의 논지가 표현되고 있음에도 그는 영원의 철학과 신비주의의 개념에 아주 가깝게 도달하고 있는 것이다.

초기 정신분석 운동의 이러한 개념적 불일치에 대한 이 역사적인 검토 결과를 고려할

---

2) 안정적 운동 상태이다.

때, 정신분석의 초기 개척자들은 서구 심리학에서는 아주 새롭게 보일 수 있는 많은 개념을 하나의 형식 또는 다른 형식으로 진지하게 고려하고 정열적으로 논의하였다는 사실을 알 수 있다. 이 검토 작업은 현대 의식 연구를 통해 발견한 내용에 비추어 심층심리학의 여러 학파를 평가할 수 있었으며, 종합적인 심혼 지도제작에 이러한 평가 내용을 통합하여 심혼탐구자의 연구 작업을 안내하는 데 기여할 수 있을 것이다.

참고문헌

Adler, A. 1932. *The Practice and Theory of Individual Psychology.* New York: Harcourt, Brace & Co.

Brun, A. 1953. Ueber Freuds Hypothese vom Todestrieb (Apropos of Freud's Theory of the Death Instinct). *Psyche* 17: 81.

Fenichel, O. 1945. *The Psychoanalytic Theory of Neurosis.* New York: W. W. Norton.

Ferenczi, S. 1938. *Thalassa.* New York: W. W. Norton and Company.

Ferenczi, S. 1949. Confusion of the Tongues Between the Adults and the Child. *The International Journal of Psychoanalysis,* 30: 225–230.

Fodor, N. 1949. *The Search for the Beloved: A Clinical Investigation of the Trauma of Birth and Prenatal Condition.* New Hyde Park, NY: University Books.

Freud, S. 1907. "Obsessive Actions and Religious Practices." *The Standard Edition of the Complete Psychological Works of Sigmund Freud, Vol. 9.* London: The Hogarth Press & The Institute of Psychoanalysis.

Freud, S. 1953. "The Interpretation of Dreams." *The Standard Edition of the Complete Psychological Works of Sigmund Freud. Vol. 4.* London: The Hogarth Press & the Institute of Psychoanalysis.

Freud, S. 1964. "An Outline of Psychoanalysis." *The Standard Edition of the Complete Psychological Works of Sigmund Freud. Vol. 23.* London: The Hogarth Press & The Institute of Psychoanalysis.

Freud, S. 1989. *Totem and Taboo.* London: W.W. Norton.

Freud, S., & Breuer, J. 1936. *Studies in Hysteria.* New York: Nervous and Mental Diseases Publication Company.

Janus, S., Bess, B., & Saltus, C. 1977. *A Sexual Profile of Men in Power.* Englewood Cliffs, NJ: Prentice-Hall.

Jung, C. G. 1956. *Symbols of Transformation. Collected Works, vol. 5, Bollingen Series XX,*

Princeton, NJ: Princeton University Press.

Jung, C. G. 1958. *Psychological Commentary on the Tibetan Book of the Great Liberation. Collected Works, vol. 11. Bollingen Series XX,* Princeton, NJ: Princeton University Press.

Jung, C. G. 1959. *The Archetypes and the Collective Unconscious. Collected Works, vol. 9,1. Bollingen Series XX,* Princeton, NJ: Princeton University Press.

Jung, C. G. 1960a. *Synchronicity: An Acausal Connecting Principle. Collected Works, vol. 8, Bollingen Series XX.* Princeton, NJ: Princeton University Press.

Jung, C. G. 1960b. *A Review of the Complex Theory. Collected Works, vol. 8, Bollingen Series XX.* Princeton, NJ: Princeton University Press.

Jung, C. G. 1967. *The I Ching or Book of Changes (Richard Wilhelm, translator). Collected Works, vol. Bollingen Series XIX,* Princeton, NJ: Princeton University Press.

Jung, C. G. 1970. *Commentary to The Secret of the Golden Flower: A Chinese Book of Life (Richard Wilhelm, translator).* New York: Harcourt, Brace, and Company.

Jung, C. G. 1996. *The Psychology of Kundalini Yoga: Notes on the seminars given in 1932 by C. G. Jung (Soma Shamdasani, ed.). Bollingen Series XCIX.* Princeton, NJ: Princeton University Press.

Jung, C. G., & Evans, R. (1957). Jung on Film. Dir. Segaller, S. IMDbPro.

Klein, M. 1960. *The Psychoanalysis of Children.* New York: Grove Press.

Lake, F. 2007. *Clinical Theology: A Theological and Psychiatric Basis for Clinical Pastoral Care.* Lexington, KY: Emeth Press.

Miller, F. 1906. "Quelques Faits d'Imagination Creatrice." *Archives de psychologie (Geneva)* V 36−51.

Mindell, A. 2001. *Working with the Dreaming Body.* Portland, OR: Lao Tse Press.

Mott, F. J. 2012. *The Nature of the Self.* London: Starwalker Press.

Mullahy, P. 1948. *Oedipus Myth and Complex: A Review of Psychoanalytic Theory.* Trenton, NJ: Hermitage Press.

Peerbolte, L. 1975. *"Prenatal Dynamics" Psychic Energy.* Amsterdam, Holland: Servire Publications.

Rank, O. 1929. *The Trauma of Birth.* New York: Harcourt Brace.

Reich, W. 1949. *Character Analysis.* New York: Noonday Press.

Reich, W. 1961. *The Function of the Orgasm: Sex-Economic Problems of Biological Energy.* New York: Farrar, Strauss & Giroux.

Reich, W. 1970. *The Mass Psychology of Fascism.* New York: Simon & Schuster.

Reich, W. 1972. *Ether, God, and Devil and Cosmic Superimposition.* New York: Farrar, Straus & Giroux.

Ross, C. 1989. *Multiple Personality Disorder.* Indianapolis, IN: Wiley Publications.

Singer, J. 1994. *Boundaries of the Soul: The Practice of Jung's Psychology.* New York: Anchor Books.

Sullivan, H. S. 1953. *The Interpersonal Theory of Psychiatry.* New York: W. W. Norton.

04

정서 및 정신신체 장애의 체계

   정서 및 정신신체 장애를 이해하기 위한 홀로트로픽 상태 연구의 광범위한 내용을 이해하려면 먼저 현재 정신의학에서 사용되는 개념적 틀을 살펴보아야 한다. 정신장애의 본질과 기원을 설명하려는 시도는 크게 생물학적 범주와 심리학적 범주 두 가지로 나뉜다. 일부 정신의학자나 임상의들은 한쪽 범주에 편중되기도 하지만, 대부분 일상적 심리치료에서 정신과 의사들은 양쪽 범주의 요소들에 서로 다른 중요도를 할당하고 다양한 접근을 하며 유연하게 적용한다.

   기질성organically 지향의 정신과 의사들은 정신이 뇌의 물질적 과정의 산물이기 때문에 대부분의 정신의학 문제에 대한 최종적 해답은 신경생리학, 생화학, 유전학, 분자생물학에서 나올 수 있을 것이라고 믿는다. 그들은 이러한 학문들은 언젠가는 해당 분야의 대부분의 문제에 대해 적절한 설명과 실용적인 해결책을 제공할 수 있을 것이라고 설명한다. 이런 경향은 대개 의학 모델을 고수하거나 기질성 소인이 발견되지 않은 것을 포함한 모든 정서장애를 하나의 진단 분류체계 안에 통일시키려는 시도에서 비롯된다.

   대안 지향적 정신의학에서는 유아기, 아동기와 이후의 외상적 영향의 역할 같은 심리적 요인과 함께 갈등의 발병력, 가족역동과 대인관계의 중요성, 사회적 환경의 영향을 강조한다. 극단적인 경우에는 이 사고방식을 신경증과 정신신체장애뿐만 아니라 의학에서 생물학적 설명이 불가능한 기능성functional 정신증이나 내인성endogenous 정신장애에까지 적용하기도 한다.

   이러한 논리로 접근하다 보면 결국 엄격한 진단명을 포함한 이 의학 모델을 생물학적이 아닌 비기질성 장애에 적용하는 것이 맞는지 심각하게 고민하게 된다. 이 관점에서 볼 때 심인성psychogenic 장애는 그 사람의 삶의 과정에서 노출되어 드러난 발달요인들의 복잡성이 반영되기 때문이라고 하는데, 자아초월심리학에서는 이러한 영향의 범위를 전체 심리영적 병력으로까지 확대할 것이다. 그리고 이러한 영향은 사람마다 매우 다르기 때문에 장애라는 결과를 진단이라는 구속복[1]에 밀어 넣으려는 것은 말이 안 된다.

많은 전문가가 생물학과 심리학, 또는 본성과 양육 간의 복잡한 상호작용을 인정하는 유연한 접근법을 옹호하지만, 의학계의 사고와 기본적인 정신과 치료는 생물학적 접근이 지배하고 있다. 복잡한 역사적 발전을 통해 정신의학은 의학의 하위 전문 분야로 구축되어 생물학 쪽으로 강하게 편향되었다. 정신의학의 주류 개념적 사고, 정서장애와 행동문제를 가진 사람들에 대한 접근, 연구전략, 기초교육 및 훈련, 법의학 측정법, 이 모두가 의학 모델에 의해 지배되고 있다.

이러한 상황은 두 가지 중요한 일련의 상황의 결과이다. 그것은 의학이 상대적으로 소규모의 구체적인 기질성 정신이상 군에 대한 병인학病因學을 구축하고 효과적 치료법을 찾아내는 데 성공했다는 것이며, 구체적인 기질성 병인이 발견되지 않은 많은 장애의 증상을 조절하는 능력을 보여 주었기 때문이다. 정신장애의 생물학적 원인들을 밝혀내는 데 있어 이 초기의 성공은 놀라웠지만 정신의학에서 다루는 문제의 일부분에 국한된 고립된 것이었다. 정신의학에 대한 의학적 접근은 정신신경증, 정신신체장애, 조울증, 기능적 정신증 등 절대다수의 환자를 괴롭히는 문제에 대한 구체적인 기질성 병인을 찾는 데 실패하였다.

정신의학의 심리학적 지향은 지그문트 프로이트와 그의 추종자들의 선구적인 연구에서 영감을 받았다. 그중 융, 오토 랭크, 빌헬름 라이히, 알프레트 아들러 등은 조직인 정신분석협회를 떠나거나 추방되어 자신의 학파를 시작하였다. 조직에 남은 사람들도 있었지만 이들은 독자적으로 정신분석이론과 기법을 개발하고 발전시켰다. 이러한 집단적인 노력으로 20세기 한 세기에 걸쳐 인간 심혼에 대한 이해와 정서장애의 특성에 대한 해석뿐만 아니라, 그들이 사용하는 치료기법들에서도 서로 크게 다른 다수의 '심층심리학' 학파와 학교가 생겨났다.

이들 대부분은 정신의학의 주류 사상에 끼친 영향이 미미하며 교과서의 역사적 메모나 주석에 등장할 뿐이다. 프로이트의 초기 저술, 그의 추종자들 중 몇 명의 업적, '자아심리학ego psychology'으로 알려진 정신분석의 현대적 발달만이 정신의학 분야에 중요한 영향을 미쳤다. 프로이트와 동료들은 정서 및 정신신체 장애를 리비도 발달과 자아 진화의 특정 단계에 대한 고착으로 설명하고 등급을 매기는 역동적 분류법을 정립하였다.

프로이트의 주요 공헌 중 하나는 성이 사춘기 때가 아니라 젖먹이 때 시작된다는 발견이었다. 유아의 리비도적 관심은 (수유기의) 구강 영역에서 (배변훈련기의) 항문 및 요도

---

1) 정신질환자의 폭력적인 행동을 제압하기 위해 손발을 사용할 수 없도록 제작된 옷이다.

영역으로, 마침내 (오이디푸스와 엘렉트라 콤플렉스 시기에 음경과 음핵에 집중된) 남근 영역
으로 점점 옮겨 간다. 이 중요한 결정적 시기에 트라우마나 지나친 탐닉이 발생한다면
이 영역들 중 하나에 특정한 고착이 생기며, 이것은 미래에 심각한 어려움에 직면하게
될 때 이러한 고착된 영역으로 심리적 회귀를 유발한다.

프로이트의 리비도 이론에 근거한 정신병리학은 독일 정신분석가인 칼 아브라함이 요약
하고 오토 페니켈이 고전적인 『신경증의 정신분석이론The Psychoanalytic Theory of Neurosis』에서
도표로 보여 주었다(Abraham, 1927; Fenichel, 1945). 아브라함은 초기 리비도 고착에 따라
정신병리학의 주요 형태를 정의하였다. 그는 (젖니가 나기 전의) 수동적 구강기 단계에 대
한 고착은 조현병 성향과 알코올 및 마약 중독을 일으킬 가능성이 크며, (젖니가 난 뒤의)
구강-가학기oral-sadistic stage나 식인기cannibalistic stage에 고착되면 조울증이나 자살행동으로
이어질 수 있다고 하였다.

강박적 신경증과 성격에 대한 주요 고착은 항문기와 관련된다. 항문 고착은 말더듬, 심
인성 틱, 천식과 같은 소위 전성기기前性器期 전환의 기원에도 중요한 역할을 한다. 이러한
장애는 고착-강박적 성격구조가 특징이지만 전환성 히스테리 메커니즘을 사용하여 증상
이 형성된다. 요도 고착은 수치심과 실수에 대한 두려움, 과도한 야망과 완벽주의를 통해
그것을 보상하려는 경향과 연관이 있다. 불안히스테리(다양한 공포)와 전환히스테리(마비,
무감각증, 시력 상실, 음성 상실, 히스테리 발작)는 남근기 고착에서 비롯된다(〈표 4-1〉 참조).

정신병리학의 이러한 측면은 후기 정신분석학의 발달에서 상세하게 기술하였다. 안나
프로이트Anna Freud와 하인즈 하르트만Heinz Hartmann의 획기적인 업적에 영감을 받은 현대
의 자아심리학은 고전적 정신분석학의 개념들을 세련되게 수정하고 다듬었으며 몇 가지
중요한 새로운 차원을 추가했다(Blanck & Blanck, 1974, 1979). 르네 스피츠René Spitz와 마
거릿 말러Margaret Mahler는 유아와 어린이에 대한 직접적인 관찰과 정신분석학 이론에 대
한 깊이 있는 지식을 결합하여, 자아발달과 개인적 정체성 확립에 대한 보다 더 심층적
이해를 위한 토대를 마련하였다. 그들의 작업으로 대상관계의 진화에 대한 중요성 및 정
신병리학의 발달과 연관된 어려움들이 주목을 끌게 되었다.

칼 아브라함의 도식에는 리비도적 고착뿐만 아니라 자기성애autoeroticism 및 일차적 자
기애부터 대상에 대한 사랑의 확립에 이르기까지 자아 진화의 단계에 대한 고착도 고려
하였다. 자아 진화의 3단계(자폐, 공생, 분리-개인화 단계)의 설명과 정의에는 중요한 이론
적, 임상적 의미가 있다(Mahler, 1961, 2008; Spitz, 1965).

마거릿 말러, 오토 컨버그Otto Kernberg, 하인즈 코헛Heinz Kohut 등은 대상관계의 초기 장

〈표 4-1〉칼 아브라함: 신경증의 역동적 분류법

리비도의 고착		정서 및 정신신체 장애	
구강적	수동적	• 조현병 • 알코올리즘 • 중독	
	능동적	• 조울증 • 자살	
항문적		• 강박신경증	• 전성기적 전환 증상 • 말더듬 • 틱 • 천식
요도적		• 실수 공포 • 완벽주의	
남근적		• 전환히스테리 • 불안히스테리	

칼 아브라함의 신경증에 대한 역동적 분류(오토 페니켈의 『신경증의 정신분석이론』에서)

애가 근원인 자폐증 및 공생적 유아정신증, 자기애적 성격장애 및 경계성 성격장애와 같은 여러 가지 장애를 추가하여 칼 아브라함의 도식을 확장시켰다(Kernberg, 1976, 1984; Kohut, 1971; Mahler, 1961). 이러한 자아진화의 역동과 변천에 대한 새로운 이해는 고전적 정신분석방법으로는 도달할 수 없었던 정신증 환자들을 위한 심리치료기술을 개발할 수 있게 해 주었다.

자아심리학자들이 정신병리학에 대한 정신분석학적 해석을 개선, 향상, 확장시킨 것은 의심할 여지가 없다. 그러나 영혼에 대한 해석은 고전적 정신분석과 마찬가지로 출생 후 전기傳記와 개인무의식에 한정되어 좁고 피상적이다. 홀로트로픽 의식 상태 연구에서 관찰한 바에 의하면 현재 정신증으로 진단되는 많은 상태를 포함하여 정서 및 정신신체 장애가 반드시 대상관계 형성에 수반되는 리비도 발달과 발달 중에 일어나는 변천들의 문제와 같은 출생 후 발달장애에서 비롯되었다고 하는 것만으로는 충분히 이해될 수 없다는 것을 보여 주고 있다.

정서 및 정신신체 장애를 이해하려는 프로이트 학파의 시도는 획기적인 것이었으며, 전반적으로 올바른 방향으로 움직이고 있었다. 그러나 그들은 출생 후 전기와 개인무의식에 한정된 편협한 심혼에 관한 모델을 사용하고 있었기 때문에 설명이 피상적이고 설득력이 없었다. 프로이트의 죽음본능Thanatos 이론이나, 오타카 쿠체라Otakar Kučera의 입장처럼 가학피학증은 아기 때 이가 새로 나면서 꽉 물려다가 자해하는 리비도 발달의 활동적 구강기에 대한 고착으로 생기며, 자살은 내사화하여 자기 것으로 받아들인 나쁜 젖가슴을 죽이는 것이라는 무척 의심스러운 설명이나 해석도 있다(Freud, 1964; Kučera, 1959). 미국『정신질환의 진단 및 통계 편람』의 제3-5판(DSM III-V)에서는 병인학적 내용을 완전히 빼고 단순 증상의 묘사로만 바뀌었다(신-크레펠린the neo-kraepelinian 접근).

홀로트로픽 의식 상태 연구에서 나온 광범위하게 확장된 새로운 심혼 모델의 출현은 정신분석 선구자들의 병인학적 탐구를 같은 방향으로 지속할 수 있게 해 주고, 정서 및 정신신체 장애에 대해 훨씬 더 깊고 설득력 있게 이해할 수 있게 해 주며, 치료에 대한 흥미진진한 새로운 시각도 열어 준다. 이 새로운 통찰에 따르면 이러한 정신장애의 조건들은 무의식의 주산기와 자아초월의 수준에 중요한 뿌리를 더하는 다층적이고 다차원적 구조를 가지고 있다.

정서장애의 뿌리가 주산기적, 자아초월적이라고 해서 정신의학과 자아심리학에서 설명하는 생물학적 요인이 중요하지 않다는 것은 아니다. 영유아기와 아동기의 사건들은 분명 전체적 그림에서 지속적으로 중요한 역할을 한다. 그러나 심혼의 더 깊은 수준의 요소들이 출현하게 하는 데는 이러한 장애의 주요 원인보다는 출생 후 전기의 외상적 사건에 대한 기억이 더 중요한 조건으로 작용한다.

신경증적, 정신신체적 및 정신증적 증상에 탁월한 역동적 힘과 구체적인 특정 내용을 제공하는 것은 전기傳記적 층에 국한된 것이 아닌 주산기와 자아초월 영역에 깊이 도달하게 하는 복잡한 응축경험 체계와 같은 배열이다. 프로이트 분석과 자아심리학에서 강조하는 병원성病原性 영향들이 무의식의 더 깊은 수준에서 주제의 내용을 수정하고, 감정적으로 더 충전하여 의식적 지각으로 들어가도록 중재해 준다.

우리는 이미 피터Peter의 사례에서 증상들과 그 기저의 전기적, 주산기적 요소로 구성된 다층 체계 간의 관계를 보았다. 다음은 에살렌 연구소의 5일간 워크숍에 참여한 51세의 심리학자이자 목사인 노버트Norbert의 사례이다.

홀로트로픽 숨치료의 첫 번째 회기에 앞서 그룹 소개 시간에 노버트는 심한 만성적인 어깨와 가슴 통증 때문에 너무 힘들고 인생이 끔찍하다고 불평하였다. 엑스레이를 포함해 반복적으로 병원 검사를 했어도 기질적인 원인을 찾을 수 없었고 어떤 치료를 해 봐도 소용이 없었다. 마취 주사도 연속해서 맞아 보았지만 약효가 지속되는 동안만 일시적으로 완화될 뿐이었다.

홀로트로픽 숨치료 회기가 시작되자 노버트는 음악이 자기를 '죽이는' 것 같다며 참지 못해 충동적으로 방을 나서려고 했다. 우리는 그에게 과정에 남아서 불편함의 원인을 탐구해 보라고 애써 설득하는 데 성공했다. 그는 이후 세 시간 가까이 가슴과 어깨에 심한 통증을 체험했는데, 그 통증이 참을 수 없을 만큼까지 심해졌다. 그는 목숨이 심각하게 위협받는 것처럼 격렬하게 투쟁하고, 숨이 막히고 기침을 하며, 다양한 큰 비명을 질렀다. 이 폭풍우 같은 사건 뒤에 그는 잠잠해졌고 편안하고 평화로워졌다. 놀랍게도 그는 이 체험으로 어깨와 근육의 긴장이 해소되고 고통에서 자유로워졌다는 사실을 깨달았다. 또 체험 후에 기도도 열려 숨쉬기가 훨씬 편해졌다.

과거로 거슬러 가서 노버트는 뚜렷한 세 개 층에 대한 체험을 했는데 모두 어깨의 통증과 질식에 관련이 있었다고 했다. 가장 피상적 수준인 표층에서 그는 자기가 거의 목숨을 잃을 뻔한 어린 시절의 무서운 상황을 재체험했다. 7세 때 그는 친구들과 해변의 모래사장에서 터널을 파고 있었다. 노버트는 완성된 터널을 탐색하려고 기어 들어갔는데, 다른 아이들이 주변에서 팔짝팔짝 뛰는 바람에 터널이 무너져서 생매장되었고, 숨이 막혀 죽기 직전에 구조되었다.

숨치료 체험이 깊어지면서 노버트는 생물학적 출생의 기억으로 돌아가는 격렬하고 무서운 사건을 재체험했다. 그의 어깨가 어머니의 치골 뒤에 오랫동안 끼어 있어서 출산이 매우 힘들었다. 이 사건은 이전의 경험처럼 질식과 어깨의 심한 통증이 결합된 것이다.

회기 마지막 부분에서 체험이 극적으로 바뀌었다. 군복과 말들이 보이기 시작했고 노버트는 전장戰場에 있었다. 크롬웰 시대 영국의 전투 중 하나였다. 한순간 그는 극심한 고통을 느꼈고 창에 어깨가 찔렸다는 것을 알았다. 그는 말에서 떨어졌고, 말들이 그의 몸을 밟고 달려 가슴을 짓이기는 것을 체험하였다.

노버트의 의식은 죽어 가는 몸과 분리되어 전장터 높이 솟아올라 새의 눈으로 그 장면을 보았다. 자신의 전생이었던 군인의 죽음 뒤에 그의 의식은 현재로 돌아와 이제 수년 만에 처음으로 고통에서 자유로워진 그의 몸으로 다시 연결되었다. 이 체험으로 노버트는 고통에서 영원히 해방되었다. 이 기념비적인 회기 이후 20년 이상 지난 뒤 그를 만났는데, 그때까지도 그 고통스러웠던 증상은 재발하지 않았다.

출생의 어떤 측면에 대한 외상적 기억은 모든 종류의 심인성 증상의 중요한 구성요소인 듯하다. 생물학적 출산과 관련된 체험들은 다양한 정신증의 잠재적 근원을 구성하는 힘든 감정들과 신체적 감각들로 무의식에 기록되어 있다. 정서 및 정신신체 장애들이 실제로 발전하는지, 그러면 어떤 형태를 띠는지는 출산 후 역사의 외상적 사건들의 영향으로 재강화되는지, 아니면 이와 반대로 우호적인 전기적 요인들의 영향으로 완화되는지에 달려 있다.

정서적, 정신신체적, 대인관계 문제의 뿌리는 전기적, 주산기적 요소들뿐만 아니라 심혼의 자아초월 영역 깊은 곳까지 이른다. 그것들은 전생 체험의 형태, 또는 원형적 특성 같은 신화적 인물이나 주제의 형태를 띨 수 있다. 그 증상들은 더 깊게는 동물이나 식물의 왕국에서 나온 요소들과 관련되는 경우도 꽤 있다. 이렇게 정서 및 정신신체 장애의 증상은 전기적, 주산기적 그리고 자아초월적 요소들의 복잡한 상호작용의 결과로 나타난다.

응축경험 체계, 그리고 그 전기적 층, 주산기 매트릭스, 자아초월 구성요소 간의 관계가 무슨 요인들 때문에 생겨났는지는 흥미로운 주제이다. 일부 출산 후 외상이 서로 비슷하고 주산기 역동의 특정 측면들과의 유사성은 우연일 수도 있다. BMP II와 유사한 상황, BPM III의 요소가 있는 폭력적이거나 성적인 외상, 통증과 질식 사건, 그 외 주산기 고통과 비슷한 모욕이 인생에 우연히 끼어들어 피해를 입을 수도 있다. 하지만 응축경험 체계가 구축되면 자기복제적 성향을 통해 피터의 사례에서 보여 주듯이 무의식적으로 개인을 몰아붙여서 비슷한 종류의 상황을 재현하여 기억 배열에 새로운 층을 추가할 수 있다.

깊은 자기탐색을 통해 전생 체험과 출생 외상의 관계에 대한 흥미로운 통찰을 한 사람도 많다. 출생 재체험에서는 정서적 특성이나 신체감각의 느낌이 같은 다양한 업보業報적 사건들이 동시적으로 일어나거나 교차하는 경우가 많다. 이 연결은 우리가 출생을 체험하는 방식이 업보에 의해 결정될 수도 있다는 가능성을 시사해 준다. 이는 출생 체험의 일반적 특성뿐만 아니라 특별한 구체적인 부분에까지 적용된다. 예를 들어, 전생 상황에서 교수형을 당하거나 목이 졸리는 것은 출산 중 탯줄이 목을 감아서 질식하는 것으로 해석된다. 업보적 사건에서 날카로운 물체로 가해진 고통은 자궁 수축과 압박으로 인한 고통이 될 수 있으며, 중세의 지하감옥이나 종교재판 고문실이나 수용소에 있는 체험은 BPM II의 탈출구 없는 체험에 연결될 수 있다. 업보적 패턴들도 기저에서 출생 후 전기의 외상적 사건의 밑바탕을 이루고 형상화할 수 있다.

이와 같은 역사를 유념하면, 가장 중요한 정신병리적 형태들에 대한 우리의 심리학적 이해는 홀로트로픽 의식 상태의 관찰을 통해 바뀌게 된다. 그다음 논의에서는 심리학적 요인들이 증상 형성에 어떤 역할을 하는지에 전적으로 초점을 맞출 것이다. 여기에는 종양이나 열이 원인인 장애들처럼 기질성이 확실하고 의학 영역에 속하는 장애들은 포함되지 않는다.

특정 장애들에 대한 새로운 혁명적인 해석을 탐색하기에 앞서 프로이트의 탐구적인 뛰어난 지성에 감사해야 할 것 같다. 그는 많은 질환을 유아기와 아동기의 외상적 체험으로 해석하는 것과 치료도구로서의 자유연상법의 효과에 대해 스스로 만족하지 못했다. 그는 심지어 마지막 책 중 하나인 『정신분석학 개요An Outline of Psychoanalysis』(Freud, 1964)에서 앞으로 올 심현제 시대를 예언하는 듯한 말까지 했다.

> 하지만 여기서 우리가 치료법에 관심을 갖는 이유는 그것이 당분간 유일하게 심리학적 수단에 의해 작동하는 것이기 때문이다. 미래에는 특정 화학물질들을 사용하여 정신 장치의 에너지의 양과 분포에 직접적인 영향력을 행사하는 방법을 알게 될지도 모른다. 아직 치료 가능성에 대해 꿈에도 생각하지 못한 다른 치료방법이 존재할지도 모른다. 하지만 현재로서는 정신분석 기법보다 나은 것이 없기 때문에 한계가 있다고 해서 경멸하면 안 될 것이다.

현대 심리학자들과 임상의들이 심인성 장애에 대한 타당한 설명으로 프로이트와 초기 제자들을 탐구하기를 포기한 것 같아서, 나는 원래 프로이트의 개념을 확장하고 수정하며 심화시킴으로써 새로운 모델의 설명력을 보여 주려고 한다.

프로이트의 고전적 정신신경증

대부분의 정신과 의사는 불안이 특정한 사람이나 동물, 상황에 관련된 공포증 형태든, 또는 다양한 다른 증상과 증상의 기초가 되는 요인이든 간에, 가장 흔하고 기본적인 정신질환 중 하나라는 사실에 동의할 것이다. 불안이란 생존이나 신체의 온전성과 건전성을 위협하는 상황에 대한 반응이기 때문에 실제적으로나 잠재적으로 목숨을 위협하는 상황인 출생 외상이 임상적 불안의 원초적 근원 중 하나라는 말이 이치에 맞는다.

프로이트 자신은 공포를 느끼게 하는 출생 체험이 모든 미래 불안의 원형일 수도 있다는 가능성을 짧게 제시하였다. 앞 장에서 언급한 것처럼 그는 분만 간호사들을 연구하다가 이 아이디어를 얻었다.

불안히스테리(공포증)

고전적 정신분석에서는 공포증은 4세경에 시작되는 것으로서 심리성적 외상으로 인해 리비도 발달의 남근기에 집착하게 된 결과로 보았다. 그러나 홀로트로픽 상태의 작업에서는 공포증의 뿌리가 무의식 깊숙이 주산기 수준까지, 심지어는 더 깊숙이 자아초월 영역까지 이르는 경우도 많다는 것을 보여 주었다. 외상적 출생이 공포감 생성에 미치는 중대한 역할은 **폐쇄공포증**, 폐쇄된 좁은 공간에 대한 두려움에 잘 나와 있다(폐쇄된 공간을 의미하는 라틴어 *claustrum*와 공포를 의미하는 그리스어 *phobos*에서 유래). 폐쇄공포증은 엘리베이터, 전철, 창문 없는 작은 방 등 좁고 막히고 붐비는 상황에서 나타나며, 시급히 밀폐된 공간을 떠나 열린 공간을 찾아야 하는 절박함으로 나타난다.

폐쇄공포증이 있는 사람은 태아에게 자궁이 수축되기 시작하는 BPM II의 개시와 관련된 응축경험 체계의 영향 아래 있다. 폐쇄공포증에 기여하는 출생 후 생애에서 오는 전기적 요인은 익사 직전, 호흡기 질환, 석고 깁스 고정(예를 들어, 습진을 긁거나 자위하는 것을 방지하기 위해), 어두운 곳에 갇히거나 묶이는 등 불편하게 속박되거나 호흡이 제한되는 상황에 대한 기억들이다. 자아초월 입장에서 볼 때 폐쇄공포증은 감금, 함정, 질식에 관련된 업보적 기억이 가장 중요한 요소이다. 폐쇄공포증 환자는 대개 증상이 심해지는 상황을 피하려고 하는 성향이 있지만, 실제로 치료적 변화를 보려면 기저에 있는 근원적인 무의식적 기억들과 보디워크bodywork와 정화작용으로 호흡을 여는 충분한 체험이 있어야 한다.

개방된 장소에 대한 공포나 에워싸인 공간에서 넓게 트인 공간으로 이동하는 데 대한 공포인 **광장공포증**agoraphobia(도시의 중앙 광장을 뜻하는 그리스어 *gora*에서 유래)은 일견 폐쇄공포증의 반대처럼 보인다. 사실 광장공포증 환자는 대개 폐쇄공포증을 보이기도 하며, 에워싸인 장소에서 개방된 큰 공간으로 이동하는 것은 에워싸인 공간 자체에 머물러 있는 것보다 정서적으로 더 큰 도전이다. 광장공포증은 주산기에서 BPM III의 마지막 단계와 관련된다. 여러 시간 동안 극한의 상태로 갇혀 있다가 갑작스럽게 해방되면서, 모든 경계를 잃어버리고 산산조각이 나 폭발하여 존재하지 않는 것에 대한 공포가 동반된다.

개방된 공간에 있을 때 광장공포증 환자는 아이처럼 행동한다. 혼자서 길이나 큰 광장을 건너는 것이 무서워서 어른의 부축을 받거나 손을 잡아야 한다. 그중에는 통제력을 상실한 나머지 옷을 벗고 행인들 앞에 나체를 드러내고 땅바닥에 드러누울까 봐 두려워하는 사람들도 있다. 이것은 방금 출생을 체험하고 성인들에게 검사를 받는 신생아의 상황을 생각나게 한다. 홀로트로픽 치료에서 자아의 죽음ego death과 심리영적 재탄생을 체험하면 상태가 상당히 완화되는 경향이 있다.

죽음에 대한 병적인 두려움인 **죽음공포증**thanatophobia(사망을 뜻하는 그리스어 *thanatos*에서 유래) 환자들은 목숨을 위협하는 심장마비, 발작, 질식이 시작되는 것 같은 극도로 불안한 사건을 체험한다. 죽음공포증은 출생 외상과 관련된 극도의 신체적 불편과 임박한 재앙의식에 깊이 뿌리를 두고 있다. 응축경험 체계는 특히 호흡을 방해하는 수술, 질병, 부상 같이 생명을 위태롭게 하는 상황과 관련되어 있다. 죽음공포증을 근본적으로 해결하려면 기저의 응축경험 체계의 여러 층을 의식적으로 재체험하고 죽음과 대면하는 체험을 해야 한다.

질병에 대한 병적인 두려움인 **질병공포증**nosophobia(질병을 뜻하는 그리스어 *nosos*에서 유래)은 죽음공포증, 심각한 질병에 걸렸다는 근거 없는 망상적 확신인 건강염려증hypochondriasis과 밀접한 관련이 있다. 질병공포증 환자는 이유 없이 몸에 이상한 느낌들을 체험하며 그것을 현재의 신체적 질병에 연결하여 해석하는 경향이 있다. 증상으로는 몸 여러 부분의 통증, 압박, 경련, 메스꺼움, 에너지의 이상한 흐름, 감각 이상, 그 외 특이한 형태의 현상들이 있다. 또한 호흡곤란, 소화불량, 메스꺼움과 구토, 변비와 설사, 근육의 떨림, 전신 권태, 쇠약, 피로 등 다양한 기관의 기능 장애로 나타날 수도 있다.

반복적으로 의학적 검진을 해도 대부분은 주관적인 질환을 설명할 수 있는 기질적 장애가 발견되지 않는데, 이것은 문제가 되는 느낌이나 감정이 현재의 생리적 과정이 아니라 과거의 신체적 외상에 대한 기억과 관계가 있기 때문이다. 이런 문제를 가진 환자는 계속 임상 검사와 실험실 검사를 요구하여 병의원의 골칫거리가 되는 경우가 많다. 그중 많은 사람이 결국 정신과 신세를 지게 되지만 거기서도 마땅한 연민 어린 수용을 받지 못하는 경우가 많다.

정신과 의사들은 이런 기질적 근거 없는 환자의 호소를 심각하게 받아들이지 않을 수 있다. 합당한 실험 결과가 뒷받침되지 않는 신체적 증상은 환자의 상상의 산물이나 심지어 꾀병으로 치부되기 일쑤이며, 그 어떤 것도 진실과 거리가 멀다고 받아들여진다. 의학적으로 음성 결과에도 불구하고 이 환자들의 신체적 호소는 실체가 있는 것이다. 현재의 의학적 문제는 아니더라도 과거의 심각한 생리적 난관들에 대한 기억들이 수면으로 올라온 것이기 때문이다. 그 원천은 다양한 질병, 수술, 부상인데, 특히 출생 외상이다.

질병공포증 중에서 암에 대한 병적인 두려움인 암공포증, 미생물과 감염에 대한 두려움인 세균공포증, 먼지와 오염에 대한 두려움인 결벽증, 이 세 가지는 특별히 주의해야 한다. 이 문제들의 구체적인 형태는 전기적으로 공동 결정되기는 하지만 모두 주산기에 뿌리를 두고 있다. **암공포증**cancerophobia(게를 뜻하는 그리스어 *cancer*에서 유래)에서 중요 요소는 암과 임신이 유사하다는 점이다. 정신의학 문헌에서 악성종양의 성장은 태아 발달과 무의식적으로 같은 것으로 본다. 이것은 몸 안에서 외부 물체가 급격히 성장한다는 명백한 평행적 유사성 말고도 실제 해부학적, 생리학적, 생화학적 자료로 그 연관성이 증명될 수 있다. 많은 점에서 암세포는 실제 태아 발달 초기 단계의 미분화 세포들과 닮았다.

세균공포증bacillophobia과 **결벽증**mysophobia(오염물을 뜻하는 라틴어 *bacillus*와 그리스어 *musos*에서 유래)에서는 생물학적 물질, 체취, 불결함에 대한 병적인 두려움이다. 이 장애들의 전기적 결정요인은 대개 배변훈련기의 기억들이지만 그 뿌리는 더 깊어 주산기 과정의 배설물과 관련된 것에까지 이른다. 이것은 주로 출생 중 어머니의 대변에 접촉했거나 태아 자신의 대변을 들이마신 환자들에게서 발견된다. 이 공포증들을 이해하는 열쇠는 BPM III 내에 죽음, 공격성, 성적 흥분, 여러 형태의 생물학적 물질 사이에 존재하는 연결성이다.

세균공포증과 결벽증 환자들은 자기가 생물학적으로 오염되는 것뿐만 아니라 다른 사람들을 감염시킬까 봐 두려워하는 경우가 많다. 그러므로 생물학적 물질에 대한 공포는 내부와 외부를 향한 공격성과 밀접히 연관되어 있으며, 이는 정확히 출산의 마지막 단계의 특징이다. 좀 더 피상적으로 보면 감염과 세균 증가에 대한 두려움은 무의식적으로 정자와 임신, 따라서 임신과 출산에 관련된다. 이 공포증들과 관련된 가장 중요한 응축 경험 체계는 리비도 발달의 항문-가학기anal-sadistic stage 관련 기억들, 그리고 배변훈련과 청결을 둘러싼 갈등이다. 추가적인 전기적 소재로는 섹스와 임신이 더럽고 위험하다는 기억들이 있다. 모든 정서적 장애가 그렇듯이 이 공포증들에도 자아초월적 구성요소들이 있는 경우가 많다.

또한 생물학적 오염물질과 깊이 얽히고 동일시하는 것은 자기비하와 자기혐오가 수반되는 '똥 같은 자존심'이라는 낮은 자존감의 기반이 된다. 이것은 역겹고 구역질 나는 물질을 없애고 외양을 개선하려는 목적의 의례 행위와 자주 관련된다. 가장 눈에 띄는 의례는 손이나 몸의 부분들을 강박적으로 씻는 것이다. 너무 심하게 씻은 나머지 피부에 심한 상처나 피가 나기도 한다. 그 외 의례로는 흰 장갑 끼기, 깨끗한 손수건을 사용해

문고리 잡기, 식사 전에 칼날류와 접시를 깨끗이 닦는 등 생물학적 오염을 피하거나 중화시키려는 노력이 있다. 이것은 강박신경증 문제와 연결된다.

주산기 사건들의 기억이 표면 가까이 위로 올라오려고 하는 여성은 임신 및 **출산 공포증**을 겪을 수 있다. 출생의 고통의 기억과 연결된 여성에게는 모성이 가해와 고통을 의미하기 때문에 자신의 여성성과 출산 역할을 받아들이기 어려워한다. 임신을 하고 출산의 시련을 겪어야 한다는 생각은 이런 상황에서 끔찍한 공포와 연관될 수 있다.

선단공포증aichmophobia(뾰족한 끝을 뜻하는 그리스어 *aichmē*에서 유래)은 칼, 가위, 연필, 뜨개바늘 같은 뾰족한 물체에 대한 병적인 공포다. 이 정서적 고문 같은 질환은 대개 아기가 태어난 직후 부모에게 시작되며 순수한 공포증이 아니고 강박적 요소들이 수반된다. 그것은 아기에 대한 폭력적 충동과 실제로 아기를 해칠지 모른다는 극심한 공포가 조합된 것으로, 대개 보살핌이나 과잉보호 행동, 아기에게 무슨 일이 일어날지 모른다는 비이성적인 염려와 관련되어 있다. 이 문제의 생물학적 결정요인이 무엇이든 간에 더 깊은 원천은 그 아기의 분만에까지 추적될 수 있다. 이것은 출산의 수동적이고 능동적인 측면이 무의식 속에서 밀접히 연결되어 있다는 사실을 비춰 준다.

어머니와 아기의 생물학적 공생 결합의 상태는 체험적 합일의 상태를 반영해 준다. 자신의 출생을 재체험하는 여성은 대개 동시에 또는 번갈아 자기가 분만하는 것을 체험한다. 마찬가지로 자궁 속 태아였던 기억은 특성상 임신 중인 체험과 관련되며, 젖을 먹는 상황은 젖을 먹이는 상황과 관련된다. 보살펴 주어야 한다는 공포는 자궁이 수축 중이고 자궁 경관은 닫혀 있는 분만의 첫 임상 단계(BPM II)에 뿌리를 둔다. 이때 어머니와 아기는 서로에게 고통을 주는 생물학적인 길항 상태에 갇혀 있다.

이러한 상황에서 자신의 출생에 대한 산모의 기억이 활성화되어 그것과 관련된 공격적 잠재력이 촉발되어 아이에게로 향하게 되는 경향이 있다. 출산을 통해 주산기 역동에 체험적으로 접근하는 길이 열린다는 사실은 치료적으로 중요한 기회이다. 이것은 아기를 막 출산한 여성들이 흔치 않은 깊은 심리적 작업을 할 수 있는 매우 좋은 시간이다. 부정적인 측면으로는 출현하는 감정들이 적절히 처리되지 않으면 산모의 주산기 무의식이 활성화되고 산후 우울증, 신경증, 심지어 정신증이 생길 수도 있다.

출산 후 정신병리는 대부분 호르몬 변화 때문이라고 모호하게 설명하는데, 출산에 대한 여성의 반응이 황홀경에서 정신증에 이르기까지 무척 광범위하다는 것을 고려하면 호르몬 변화는 상당히 표준적인 패턴을 따르는 것이므로 별로 신빙성이 없는 설명이다. 나의 체험상 주산기 기억은 출산 후 정신증뿐만 아니라 임신과 양육 공포증에 중대한 역할을 한다. 이런 장애에 있어서는 출산 외상과 산후 초기에 대한 체험 작업이 최선의 방법인 것 같다.

철도나 전철 여행을 두려워하는 **철도공포증**siderodromophobia(철을 뜻하는 그리스어 *sideron*과 길을 뜻하는 *dromos*에서 유래)은 출생의 체험이 철도나 전철 여행과 유사한 부분에 근거한다. 이 두 상황의 가장 중요한 공통분모는 갇힌 느낌, 그리고 통제 없이 움직이는 거대한 힘과 에너지를 체험하는 것이다. 부가적으로 영향을 주는 요소로는 터널과 지하통로를 통과하는 것, 어둠과 마주치는 것이 있다. 구식 증기기관차의 시대에 위기감을 전달하는 불의 요소와 증기의 압력과 시끄러운 기적소리가 원인을 제공한 요인이었던 것 같다. 이러한 상황에서 공포증이 촉발되려면 강력한 주산기 기억들이 기저에 있는 응축경험 체계의 출생 후 층들의 가교효과로 의식에서 쉽게 사용할 수 있어야 한다.

철도공포증과 밀접히 관련된 공포증은 **비행 공포증**이다. 다른 공포증과 공통점인 갇혔다는 불안감, 이동하는 강력한 에너지에 대한 공포, 그리고 그 상황이나 사건의 진행에 어떠한 영향도 주지 못한다는 무력감이다. 또한 부가적 요인으로는 비행기가 요동칠 때 몸을 그대로 맡기지 못하고 좌석에서 원래의 자세를 그대로 유지해야 한다는 불안한 노력을 한다는 것이다. 여행 관련 공포증에서는 지배력 부족이 무척 중요한 요소인 듯하다. **자동차여행 공포증**의 예를 들면, 자동차는 우리가 쉽게 승객도 되고 기사도 될 수 있는 운송 수단이다. 이 경우는 대개 운전석에 앉아서 마음대로 움직임을 바꾸거나 멈추지 못하고 수동적으로 운전을 받을 때만 공포증이 나타난다.

뱃멀미나 비행기멀미도 주산기 역동과 관련이 많고 죽음-재탄생 과정이 완성되면 사라지는 경향이 있어 흥미롭다. 여기서 필수요소는 상황 통제의 욕구를 기꺼이 포기하는 것과 무슨 일이 일어나든 간에 사건의 흐름에 굴복하는 능력인 것 같다. 끊임없는 동적 가속도를 갖는 과정에 통제력을 행사하려 할 때 어려움이 일어난다. 과도한 상황 통제 욕구는 BPM III 및 관련 응축경험 체계에 강한 영향을 받는 사람의 특징이며, 반면에 사건의 흐름에 굴복하는 능력은 BPM I과 BPM IV의 긍정적인 면과 강하게 연관되어 있다.

높은 곳에 대한 두려움인 **고소공포증**acrophobia(정점이나 정상을 뜻하는 그리스어 *ákron*에서 유래)은 사실 순수한 공포증이 아니다. 고소공포증은 항상 탑, 창문, 절벽, 다리 같은 높은 곳에서 뛰어내리거나 몸을 던지고 싶은 충동과 관련되어 있다. 파괴되는 두려움과 함께 떨어지는 느낌은 BPM III의 마지막 단계에 전형적으로 나타나는 것이다. 이 연관성은 아마도 계통발생적 요소에서 기원한 것 같다. 일부 동물들은 서서 분만하기 때문에 출산 중에 낙하가 있을 수 있고(예를 들면, 기린), 일부 원주민 문화에서는 여성들이 나뭇가지에 웅크리거나 사지로 움켜잡거나 매달려서 분만한다. 마야 부인이 부처를 낳을 때도 서서 나뭇가지를 의지해 낳았다고 한다. 또한 출산의 순간은 떨어뜨려질 가능성이나 실제 떨어뜨려진 기억을 포함해 중력 현상과의 첫 대면을 반영하는 것일 수도 있다.

어쨌든 홀로트로픽 상태에서 BPM III의 영향 아래 있는 사람은 낙하, 곡예의 다이빙, 낙하산 투하 체험을 한다. 극한 스포츠나 낙하가 들어가는 활동(낙하산 투하, 번지점프, 영화 스턴트, 곡예의 플라잉)에 대한 강박적인 흥미는 어느 정도 통제가 되거나(번지점프 줄, 낙하산 줄), 그 외 안전장치가 있는 상황에서 재난이 임박한 느낌을 외재화해 보려는 욕구를 보여 주는 것 같다. 출산 외상의 이 측면이 나타나는 데 책임이 있는 응축경험 체계로는 어릴 때 어른들에 의해 재미로 공중에 던져진 것과 낙하사고에 대한 기억 등이 있다.

고소공포증, 낙하 체험, 출생의 최종 단계 사이의 관계가 다소 수수께끼같이 애매하기 때문에 구체적인 예를 들어 설명하는 것이 좋을 것 같다. 캐나다로 이민 온 독일인 랄프Ralph는 오래전에 브리티시컬럼비아주에서 우리 홀로트로픽 숨치료에 참여했었다. 다른 공포증 관련 사례들은 나의 다른 저서들에서 찾아볼 수 있다(Grof, 1975, 2000).

홀로트로픽 회기에서 랄프는 자기의 심한 고소공포증의 원인이라고 느껴지는 강력한 응축경험 체계를 체험하였다. 이 체계의 가장 피상적인 층에는 전쟁 전 독일의 기억이 들어 있었다. 그 당시는 히틀러가 북유럽 민족의 우월성을 과시하기 위한 목적으로 진행하는 베를린에서 열릴 올림픽 준비와 함께 군비증강의 시기로 매우 정신없던 시기였다.

베를린 올림픽에서의 승리는 히틀러에게 정치적으로 극히 중요한 일이었기 때문에 많은 재능 있는 선수들이 선수촌으로 보내져 엄격한 훈련을 받았다. 이것은 악명 높은 독일 군대인 베어마흐트Wehrmacht로 징집되는 것을 대신하는 것이었다. 군대를 싫어하는 평화주의자인 랄프도 차출되었으며, 이것은 그에게 징집을 피할 반가운 기회였다.

훈련에는 다양한 스포츠 규칙이 있었고 믿을 수 없을 만큼 경쟁이 심했으며, 모든 수행에 대한 점수와 등급을 매겨 최저점자는 군대로 보냈다. 랄프는 뒤처졌고 실력을 증명할 마지막 기회가 남아 있었는데 성공하겠다는 의욕은 넘쳤지만, 그에게 주어진 과제는 평생 처음으로 30피트 높이의 탑에서 수영장으로 머리가 먼저 떨어지도록 다이빙해야 하는 것으로 엄청난 도전을 해야 하는 것이었다.

응축경험 체계의 전기적 층에서 랄프는 낙하하는 다이빙 자체의 감각뿐만 아니라 다이빙과 관련된 엄청난 양가감정과 공포를 재체험했다. 이 체험 후에는 응축경험 체계의 더 깊은 층에서 출생의 마지막 단계에서의 투쟁을 모든 감정과 신체적 감각과 함께한 재체험이었으며, 그다음은 랄프가 확실하다고 결론 내린 전생체험으로 이어졌다.

랄프는 원주민 공동체의 십 대 소년이 되어 또래집단과 위험한 통과의례 중에 있었다. 그들은 나무 장대들을 덩굴손으로 묶어 만든 탑 꼭대기까지 줄줄이 올라갔다. 올라가서는 발목에 긴 칡 줄을 묶고 탑 꼭대기 단 모서리에 반대쪽 끝을 고정시켰다. 가장 긴 칡 줄을 가지고 있고 살해되지 않는 것은 지위의 상징이자 대단한 자부심의 문제였다.

통과의례에서 점프하는 느낌을 체험하며 랄프는 그 느낌이 올림픽 선수촌에서의 다이빙과 출생의 최종 단계에서 마주친 느낌 모두와 매우 비슷하다는 사실을 깨달았다. 이 세 가지 상황은 모두 분명히 동일한 응축경험 체계의 필수적인 부분들이었다.

동물공포증Zoophobia(동물이나 유기체를 뜻하는 그리스어 *zoon*에서 유래)에는 크고 위험한 맹수뿐만 아니라 작고 무해한 생물 등 여러 형태의 생명이 관련될 수 있지만, 특정 동물이 실제로 나타내는 위험과는 관계가 없다. 고전적 정신의학에서 무서운 동물은 거세하는 아버지나 나쁜 어머니를 나타내며 항상 성적 의미가 들어 있다. 홀로트로픽 상태의 작업에서는 동물공포증의 그런 전기적 해석은 부적절하며 이 공포증에 중요한 주산기적, 자아초월적 뿌리들이 있다는 것을 보여 주었다.

공포증의 대상이 큰 동물인 경우 가장 중요한 요소는 삼켜져서 흡수되는 주제(늑대)나 임신과 수유에 관련된 것(암소)인 듯하다. BPM II 시작의 전형적인 상징은 삼켜지고 흡수되는 체험이라고 앞서 언급했다. 삼켜짐에 대한 이 주산기적 공포는 큰 동물, 특히 포식자에 투영된다. 커다란 동물과 출산의 관계에 대한 고전적인 예는 "빨간 모자" 이야기로 삼켜지는 주산기적 상징이 들어 있다.

또한 출산 과정과 특별한 상징적 연관성을 가진 동물이 있다. 타란툴라는 BPM II의 초기에 게걸스러운 여성성의 상징으로 자주 나타난다. 이것은 거미들이 자유롭게 날아다니는 곤충들을 거미줄에 잡아서 움직이지 못하게 하고 꽁꽁 감싸서 죽이기 때문인 듯하다. 이 일련의 사건과 생물학적 출산 중 아기의 체험 사이에서 깊은 유사성을 발견하는 것은 어렵지 않은 일이다. 이러한 연관성 때문에 거미를 무서워하는 **거미공포증**arachnophobia(거미를 뜻하는 그리스어 *arachne*에서 유래)이 발전되었을 것이다.

중요한 주산기 요소가 있는 또 다른 동물공포증은 **뱀공포증**ophiophobia, serpentophobia(뱀을 뜻하는 그리스어 *ophis*와 라틴어 *serpens*에서 유래), 즉 뱀에 대한 공포증이다. 좀 더 피상적 수준에서 볼 때 구강기를 함축하는 뱀의 이미지는 흔히 출산과 탄생의 고통, 따라서 무섭게 삼키고 탐닉하는 여성성을 나타내는 일반적인 상징이다. 독이 있는 독사는 임박한 죽음의 위협과 입문 여정의 시작을 나타내며(디오니소스 의례를 나타내는 폼페이의 프레스코를 보라), 반면에 커다란 보아구렁이 형태와 같은 출산 중의 수축기는 탄생과 관련된 밀어 넣음과 목조름, 즉 참사와 교살을 상징한다. 큰 구렁이가 먹이를 삼킨 뒤 임신한 것처럼 보인다는 사실로 주산기적 연합은 더 강화된다.

뱀의 상징은 일반적으로 자아초월 차원 깊숙이까지 확장되는데, 거기서는 이브를 속인 에덴동산의 뱀, 큰 뱀의 힘 쿤달리니Kundalini를 대표하는 뱀, 부처가 비를 맞지 않게 보호한 무칼린다Muchalinda 뱀, 비슈누Vishnu의 끝없는 뱀 아난타Ananta, 메소아메리카(마야)의 깃털 달린 뱀 케찰코아틀Quetzalcoatl, 호주 원주민의 무지개 뱀Aborigines 등 문화마다 의미가 다른 뱀들이 나온다.

곤충을 무서워하는 **곤충공포증**entomophobia(곤충을 뜻하는 그리스어 *entomos*에서 유래)은 주산기 매트릭스의 역동까지 거슬러 올라가는 경우가 많다. 벌은 화분을 전달해 식물을 수정시키는 역할과 사람을 붓게 하는 능력으로 인해 생식과 임신에 관련되어 보인다. 파리는 배설물인 분변과 가깝고 감염을 확산시키는 특성으로 인해 출산의 지저분한 지리학적인 측면과 연관된다. 이미 지적한 것처럼 이것은 더러운 먼지와 미생물에 대한 공포, 강박적인 손 씻기와 밀접한 관계가 있다.

천둥 번개를 병적으로 무서워하는 **뇌우공포증**keraunophobia(천둥을 뜻하는 그리스어 *keraunos*에서 유래)은 정신역동적으로 BPM III에서 BPM IV로의 이행, 따라서 자아 죽음과 관련되어 있다. 번개는 하늘과 땅의 활발한 연결을 나타내며, 전기는 신성한 에너지가 물리적으로 표현된 것이다. 이러한 이유로 심한 뇌우는 죽음–재탄생 과정의 정점에서 신성한 빛과 접촉하는 것을 상징한다. 프라하에서 심현제 회기 중에 몇몇 환자들은 과거에 받았던 전기충격을 다시 체험하였다. 그들은 원래의 상황에서는 전기충격으로 의식을 잃고 쓰러져 무의식 상태였지만 이 회기에서는 체험 내내 의식이 깨어 있었다.

그들이 이와 같은 체험을 한 것은 심리영적 변용의 과정 중 자아 죽음의 지점에 다다랐을 때였다. 전기충격의 치료적 효과에 대한 이론을 설명하던 중에 심리영적 죽음과 재탄생의 체험이 유도된 것은 흥미로운 일이다. 가장 유명한 뇌우공포증 환자는 루트비히 판 베토벤Ludwig van Beethoven이었다. 그는 〈전원 교향곡〉에 뇌우의 장엄한 음악적 표현을 포함시킴으로써 자신의 공포의 주제와 직면하는 것에 성공하였다.

불을 무서워하는 **불공포증**pyrophobia(불을 뜻하는 그리스어 *pyr*에서 유래) 또한 BPM III에서 BPM IV로의 전환기에 깊은 심리적 뿌리를 두고 있다. 우리는 주산기 매트릭스 현상학을 다루면서 대부분 자아의 죽음에 가까워질 때 불의 환상을 본다는 것을 알게 되었다. 또 몸이 타거나 정화하는 불길pyrocatharsis을 통과하는 것 같은 체험들도 많이 한다. 이렇게 불과 연옥은 심리영적 변용의 최종 단계에 수반되는 중요한 모티브다. 이러한 무의식 역동의 양상들이 의식의 문턱에 다다를 때 불의 체험과 임박한 자아의 죽음이 연결되며 불공포증이 생겨난다.

이 과정의 긍정적인 잠재력, 즉 그 최종 결과가 심리영적 죽음과 재탄생이라는 사실을 직감할 수 있는 개인에게는 오히려 정반대의 효과가 나타날 수 있다. 그들은 불의 파괴적 힘을 체험하면 뭔가 굉장한 일이 일어날 것이라고 느낀다. 이러한 기대가 너무 강해서 실제로 불을 지르고 싶은 충동을 참지 못할 수 있다. 실제로 큰불을 내고 나면 일시적으로는 흥분에 싸이지만 곧 실망하게 된다. 하지만 불의 체험이 경이로운 해방을 가져다준다는 느낌이 너무 설득력 있고 흥미진진해서 이런 사람들은 다시 불을 질러 방화범이 되기도 한다. 이렇게 불공포증은 역설적으로 방화광pyromania과 밀접한 관련이 있다(광란을 뜻하는 그리스어 *mania*).

물에 대한 병적 공포인 **공수증**hydrophobia도 주산기 요소가 강하다. 물이 출산과 관련해 중요한 역할을 하기 때문이다. 임신과 출산이 정상적인 코스일 때는 이 연결이 매우 긍정적이다. 그런 경우 물은 아기에게 양수의 편안함과 출생 직후 동안에 대한 편안함을 나타내 주고, 출생 후에 물로 씻김을 받는 것은 탄생 과정의 위험이 끝났음을 보여 주기 때문이다. 그러나 출생 중 양수 흡입이나 출생 후 목욕 사고 등을 겪으면 물을 아주 부정적으로 단죄하게 된다. 공수증 기저에 있는 응축경험 체계에는 대개 전기적 요소(유아기와 아동기에 물을 외상적으로 체험)와 자아초월적 요소(전생에서 난파, 홍수, 혹은 물에 빠짐)가 들어 있다.

전환히스테리

이 정신신경증은 오늘날보다 프로이트의 시대에 훨씬 더 많았으며 정신분석의 역사와 발전에 중요한 역할을 했다. 프로이트의 일부 환자와 그의 추종자들의 많은 환자가 이 진단을 받았다. 처음에는 이것이 여성만 갖는 장애라고 판단하여 그 이름도 자궁을 의미하는 그리스어인 **히스테라**hystera에서 가져왔지만 이 믿음은 나중에 틀린 것으로 입증되었고 버려졌다. **전환히스테리**conversion hysteria는 풍부하고 다채로운 증상학을 가지고 있는데, 베를린 정신의학자 칼 아브라함이 만든 **심인성 질병 분류학**psychogenetic taxonomy에 따르면 전환히스테리는 공포증 집단이나 불안히스테리와 밀접한 관련이 있다.

이것은 전환히스테리에서 주요 고착이 리비도 발달의 구강기에 있으며, 그 기저에 있는 심리성적 외상은 아동이 엘렉트라/오이디푸스 콤플렉스에 강한 영향을 받고 있을 때 발생했다는 의미이다. 전환히스테리의 발생과 관련된 방어기제 중에서 가장 특징적인 것이 전환이다. 이 용어는 무의식적 갈등과 본능적 충동이 신체적 증상으로 상징적인 탈바꿈을 하는 것을 말한다.

운동기능의 신체적 발현으로는 사지마비abasia/astasia, 실성증失聲症, 구토 등이 있다. 감각기관과 기능이 전환의 영향을 받으면 일시적 시력상실, 청력상실, 심인성 무감각증이 생길 수 있다. 또 전환히스테리로 임신을 확실하게 모방하는 증상의 조합이 생길 수도 있다. 이 거짓임신이나 상상임신에는 무월경, 아침에 오는 메스꺼움이나 구역질과 구토, 그리고 장내 가스의 정체로 인한 복부팽만 등이 포함된다. 예수의 상처를 모방한 종교적인 성흔聖痕도 히스테리성 전환으로 해석되는 경우가 많았다.

히스테리성 전환에서는 억눌린 성적 사고와 충동을 신체적 기능의 변화를 통해 대리 표현하며, 영향을 받는 기관은 사실상 '성애화', 즉 상징적으로 성기를 대체한다고 프로이트는 주장하였다. 예를 들어, 다양한 기관의 충혈과 부기는 발기를 상징하며 이 기관들의 비정상적 느낌이나 생리적 변화는 성감, 즉 생식기 감각을 모방한 것일 수 있다.

프로이트는 친한 친구인 이비인후과 의사 빌헬름 플리스Wilhelm Fliess의 이론을 받아들였는데, 플리스는 얼굴을 붉혀 성적 흥분을 대체하고 코를 파서 자위를 대신한다고 믿었다. 프로이트는 심지어 플리스가 추천한 치료법에 따라 자신의 히스테리 환자들을 보내서 수술로 비중격鼻中隔을 부러뜨리게 했다. 또한 프로이트는 외상적 상황에 대해 떠오르는 기억이 당시 체험 중인 신체적 감각으로 이해될 수 있는 경우도 있다고 했다.

히스테리의 가장 복잡하고 뚜렷한 징후는 **중증 히스테리 발작**이라는 정신신체적 증후군이다. 이 질환은 기절(실신), 호흡곤란, 바닥에서 몸을 극도로 뒤로 젖힘(후궁반장), 번갈아 울고 웃고, 마구 몸을 흔들며 휘청거리고, 성교를 닮은 골반의 움직임이 특징인 질환이다. 프로이트에 의하면 히스테리 발작은 잊혀졌던 아동기 사건의 기억과 그 사건을 둘러싼 상상의 이야기를 무언극으로 표현하는 것이다. 이런 발작은 오이디푸스/엘렉트라 콤플렉스 및 그 파생물과 관련된 위장된 성적 주제를 묘사한다. 프로이트는 히스테리 발작 중에 하는 행위가 그 성적 본성을 명백하게 배신한다고 지적하였다. 그는 발작의 절정에서 의식을 잃는 것을 성적 오르가슴 중에 순간적으로 의식을 잃는 것에 비교하였다.

홀로트로픽 상태를 관찰해 보면 전환히스테리는 전기적 결정요인뿐만 아니라 주산기

적, 자아초월적인 뿌리를 갖고 있다. 전환 현상, 특히 히스테리 발작의 기저에는 BPM III
의 역동과 관련된 강력한 생체에너지의 막힘이 깔려 있다. 출생의 최종 단계, 특히 머리
의 특징적 편향과 몸이 뒤로 휘는 것을 재체험할 때의 행동은 히스테리 발작과 닮은 경
우가 많다.

전환히스테리의 발생에 수반되는 전기적 자료의 특성과 타이밍은 기본적으로 프로이
트 이론과 일치한다. 체험 작업에서는 일반적으로 환자가 남근기에 이르러 오이디푸스/
엘렉트라 콤플렉스의 영향을 받고 있던 아동기 때의 심리성적 외상이 드러난다. 히스테
리 발작 시의 동작은 주산기적 요소 이외에도 기저에 있는 아동기 외상의 특정한 구체적
인 측면들을 상징적으로 암시해 준다고 볼 수 있다.

전환히스테리와 연관된 외상적 기억의 성적인 내용을 보면 왜 그 기억들이 BPM III의
성적인 측면도 포함하는 응축경험 체계의 일부인지 설명이 된다. 출생의 기억에 강한 성
적 요소가 있다는 사실을 잘 모른다면, 전환히스테리의 생성에 대한 주산기의 기여를 간
과하고 이 장애를 전적으로 출생 후 영향 탓으로 돌리기 쉽다. 이런 맥락에서 프로이트
자신이 히스테리 발작을 뒷받침하는 주된 주제가 성적 유혹이나 섹스가 아닌 임신과 출
산임을 관찰하고 인정한 점이 흥미롭다.

전환히스테리의 발생에 BPM III이 관련된다는 사실은 정신분석학 문헌에서 자주 언급
되었으면서도 한번도 제대로 설명되지 않았던 이 장애의 중요한 많은 측면을 설명해 준
다. 즉, 히스테리 증상들은 리비도적 충동 및 성적 오르가슴뿐만 아니라 몸 전체로 일반
화된 '발기(출생 오르가슴)' 및 출산과 임신에 분명히 연결되어 있다는 사실이다. 전환히
스테리와 성, 공격성, 죽음 사이에도 이상한 연결이 존재한다. 호흡하려는 몸부림 또한
히스테리 발작과 출생 재체험의 공통된 특성이다. 여기서 히스테리 발작에 대한 최선의
태도와 접근방식은 그것을 체험적 회기로 다루는 것으로 감정과 신체적 감각을 온전히
표현하도록 장려하는 것임을 알 수 있다. 이것이야말로 실제로 그 사람이 갖고 있는 근
본적인 문제를 치료할 수 있는 기회라는 것이 증명될지도 모른다.

전환히스테리의 정신역동적 근거는 초조성 우울증agitated depression과 아주 비슷하다. 이
장애의 가장 놀랍고 극적인 표현인 심한 발작을 보면 명확해진다. 일반적으로 초조성 우
울증은 전환히스테리보다 더 심각한 장애이며, BPM II의 내용과 역학을 훨씬 더 순수한
형태로 보여 준다. 초조성 우울증 환자의 얼굴 표정과 행동을 관찰해 보면 무척 심각한
이유들이 있다는 것을 알 수 있는데, 이들에게 실제로 자살과 결합된 살인사건의 높은
발생률은 이를 뒷받침해 준다.

심한 히스테리 발작 증상은 겉으로 볼 때 초조성 우울증과 유사하지만, 전반적으로 훨씬 덜 심각하고 절망의 깊이도 피상적이고 얕다. 그것은 틀에 박힌 듯 정형화되어 있고, 의도적인 것처럼 부자연스러우며, 성적 함축이 담긴 분명한 연극적 요소들이 있다. 일반적으로 히스테리 발작에는 과도한 긴장, 정신운동의 흥분 및 격정과 동요, 우울증과 공격성의 혼합, 큰 비명소리, 호흡 곤란, 극적인 몸 젖히기 등 BPM III의 기본 특성이 많다. 그러나 기본적인 체험적 틀은 초조성 우울증보다 상당히 경감된 형태로 나타나며 이후의 외상적 사건들에 의해 상당히 수정되고 채색되는 것으로 보인다.

전환히스테리, 초조성 우울증, BPM III이 역동적으로 연결되어 있다는 것은 심도 깊은 체험치료의 과정에서 매우 명백해진다. 처음에는 홀로트로픽 상태에서 히스테리 증상이 촉발되거나 증폭되는 경향이 있고, 내담자는 그 근원을 어린 시절의 구체적인 심리성적 외상에서 발견한다. 그런 다음 출생을 재체험하고 BPM IV와 연결되면 증상이 경감되거나 심지어 소멸되기도 한다. 히스테리성 전환의 뿌리는 자아초월 수준까지 이르며 업보적 기억이나 원형적 모티브의 형태를 띤다.

손과 팔의 히스테리성 마비, 보행불능abasia, 발성이 불가능한 마비성 실성증 및 그 외 전환 증상에도 강한 주산기 요소가 있다. 이런 질환은 운동자극이 부족해서가 아니라 길항적 운동자극들이 충돌하여 서로를 상쇄하기 때문에 발생한다. 이 상황은 아이의 몸이 적절한 방출구 없이 마구 과도하게 발생되는 신경자극에 반응하느라 고통스럽고 스트레스가 많았던 출산 체험에서 비롯된다.

오토 랭크는 히스테리 전환 증상에 대한 비슷한 해석을 『출생 외상The Trauma of Birth』(Rank, 1929)에서 처음으로 제시하였다. 프로이트가 전환을 심리적 갈등을 표현하는 신체언어로 본 반면에, 랭크는 그 진짜 근거가 생리적인 것으로서 출생 중 존재했던 원래의 상황을 반영하는 것으로 보았다. 프로이트에게는 어떻게 1차적으로 심리적인 문제가 신체적 증상으로 해석되는지가 문제였고, 랭크는 반대로 어떻게 1차적으로 신체적인 현상이 2차적 정교화를 통해 심리적 내용과 상징적 의미를 얻게 되는지가 문제였다.

심인성 혼미, 통제불능의 백일몽, 환상을 실제로 착각하는 것(공상허언증)과 같이 정신증에 가까운 심각한 히스테리는 역학적으로 BPM I과 관련해서 나타나는 것 같다. 이들은 자궁 내에서 방해받지 않고 어머니와의 공생적 결합 속에서 더없이 행복했던 정서적 상황을 재정립하려는 깊은 욕구를 반영한다. 이런 정서적, 신체적 만족은 좋은 자궁과 젖가슴 상황을 대신하는 대리물을 통해 얻을 수 있겠지만, 백일몽과 환상의 구체적인 내용에는 각 개인의 아동기, 청소년기, 성인의 삶과 관련된 주제와 요소가 사용된다. 고전

적 전환히스테리는 내가 의학을 공부하고 정신과 의사로 일하던 초기(1950~1960년대)에
는 매우 흔했지만 최근 수십 년 동안은 매우 보기 드문 정신장애가 되었다.

강박신경증

강박장애obsessive-compulsive disorders 환자들은 침범하는 비합리적 사고들을 떨치지 못하고
고통을 받으며, 황당하고 터무니없는 무의미한 반복적인 의례를 행해야만 한다고 느낀
다. 그들은 대부분 자신의 사고 과정과 행위가 비이성적이며 기괴하기까지 하다는 것을
알고 있지만 통제하지 못하고, 이런 이상한 충동에 따르기를 거부하면 걷잡을 수 없는
불안에 압도당하게 된다.

강박적 사고와 행동은 순진한 장난스러운 행동이나 일상의 정신병리학에서부터 평범
한 삶을 불가능하게 하는 파란만장한 시련까지 광범위하다. 휴가를 가려고 짐을 들고 집
을 나서다가 갑자기 중요한 물건을 집에 두고 나왔다거나 불이나 가스를 끄지 않은 것
같은 생각이 들 때가 있다. 집으로 돌아가 확인하면 상황이 종결된다. 그러나 강박증을
앓고 있는 사람은 집에 돌아가고 또 돌아가서 확인한 것을 반복적으로 확인하고 또 확인
하느라 기차나 비행기를 놓쳐 버린다.

나는 프라하에서 태어나 36세까지 그곳에서 살았다. 프라하의 도로는 대부분 작은 검
은색, 회색, 흰색, 빨간색의 화강암 정육면체로 만든 아름다운 무늬 패턴으로 장식되어
있는 인도들이 있었다. 거리를 걷는 많은 사람은 가끔씩 같은 색만 발을 딛거나 특정 방
식으로 거닐거나 특정 기하학적 형태를 피하는 등 특별한 패턴으로 인도를 걷고 싶은 충
동을 느낀다. 그러나 나의 강박증 환자들은 이것을 그만두려고 할 때마다 끔찍한 공포를
체험하기 때문에 떠나지 못하고 몇 시간이고 이 게임에 사로잡혀 있는 경향이 있었다.

예를 들면, 어떤 강박증 환자는 매력적인 여자를 만나는 것같이 강한 감정적 반응을 일
으키는 것과 마주칠 때마다 데카르트 좌표계를 상상해야 하는 문제가 있었다. 그 사람이
나 사건을 위해 도표의 올바른 구간에 X-Y좌표상 적절한 위치를 찾아주려는 고통스러
운 과정을 통과해야 했다. LSD 회기에서 그는 이 힘든 사고과정이 그의 머리가 산도에
걸려 짓눌러서 대칭이 안 맞았던 기억을 반영하는 것임을 깨달았다.

정신분석학 문헌에서는 동성애, 공격성, 생물학적 소재와 관련된 갈등이 강박장애의 정신역동 기초를 형성한다는 것이 정설이다. 그 외에 혼한 특징으로는 성기에 대한 과도한 집착을 억제하는 것과 항문적 특성의 전성기기 욕구를 강조하는 것이 있다. 강박신경증의 이러한 측면은 이 장애에서 강한 주산기적 요소, 특히 BPM III의 배설물 측면이 있음을 가리킨다.

이 강박신경증은 종교와 신에 대한 강한 양가적 감정이 특징이다. 많은 강박증 환자는 신과 종교적 신앙에 대해 끊이지 않는 갈등 속에서 살며, 반역적이고 신성모독적인 생각, 느낌과 충동을 체험하는 경우가 많다. 예를 들어, 그들은 자위나 배변에 신의 형상과 이미지를 연관시키거나, 교회나 장례식장에서 크게 웃거나 음란한 말을 외치거나 방귀를 뀌고 싶은 참을 수 없는 유혹을 느낀다. 이것은 자신의 일탈, 신성모독, 죄를 무효화하기 위해 회개하고 속죄하고 자신을 처벌하려는 것을 간절히 필요로 하는 필사적인 욕구와 번갈아 나타난다.

주산기 매트릭스의 현상학 부분에서 살펴본 것처럼 성적, 공격적, 그리고 지저분한 충동과 신비하고 신성한 요소의 밀접한 연관은 BPM III에서 BPM IV로의 이행에 특징적인 것이다. 압도적 힘에 대한 반란과 복종하려는 소망을 오가는 것도 죽음-재탄생 과정의 최종 단계의 특성이다. 홀로트로픽 상태에서 이 끊임없는 권위적 힘은 원형적 인물상의 형태로 체험될 수 있다.

원형적 인물상은 구약의 야훼Yahweh에 비견되는 엄격하고 처벌하는 잔인한 신, 심지어는 콜럼버스 이전의 피비린내 나는 희생을 요구하는 험악한 신으로 나타날 수 있다. 이런 처벌하는 신과 생물학적으로 상응하는 것은 분만 시 아기가 산도를 통과할 때 자유롭게 움직이지 못하게 하는 자궁 수축의 영향력으로서, 개인에게 생명을 위협하는 극한의 고통을 가하는 동시에 생물학적 출생의 시련으로 작동되는 성적이고 공격적인 본능적 에너지가 외적으로 표현되지 못하게 막는다.

산도의 조이는 힘은 프로이트가 '야만적'이라 부른 초자아의 일부에 대한 생물학적 근거를 나타낸다. 개인을 잔인한 자기처벌, 자상, 심지어 유혈이 낭자한 자살로 몰아넣을 수 있는 것이 영혼의 원초적이고 야만적인 요소이다. 프로이트는 초자아의 이 부분이 특성상 본능에 따른 것으로 이드의 파생물이라고 보았다. 태어난 뒤에 이 규제하고 강제하는 영향력은 훨씬 더 교묘한 형태를 띠는데, 이것들은 부모의 권위, 사법 제도, 종교적 계명에서 나온다. 이 정반대에는 우리가 존경하고 숭배하는 사람과 동일시하고 모방하려는 소망을 나타내는 초자아의 또 다른 측면인 프로이트의 '이상적 자아ideal ego'가 있다.

강박신경증의 중요한 주산기의 근원은 출생의 최종 단계에서 여러 형태의 생물학적 물질과 함께 불쾌하거나 심지어 목숨에 위협이 되게 마주치는 것이다. 강박장애 발생에 관련되는 응축경험 체계에는 엄격한 배변훈련, 고통스러운 관장, 항문강간, 소화기 질병 같이 항문구역과 생물학적 재료에 관련된 외상적 체험(성기 조직에 위협이 되는 포경수술 등)이 있다. 비슷한 주제의 자아초월적 요소들이 이 어려운 질환의 발생에 꽤 정기적으로 중요한 역할을 한다.

의례 행위에 대한 강박, 종교와 성에 대한 갈등, 이런 증상을 거부하고 억제하려고 할 때 일어나는 두려움은 참으로 괴롭고 고통스러울 수 있다. 포르투갈 신경외과 의사 에드거 모니츠Edgar Moniz가 논란이 많은 절단 신경외과 수술법인 전두엽 백질 절제prefrontal lobotomy(대뇌엽을 뜻하는 그리스어 *lobos*와 절제를 뜻하는 *temnein*에서 유래)로 노벨상을 받은 1949년 이후, 중증 강박증 사례들은 (만성 조현병과 함께) 이 야만적인 수술의 조짐이라고 여겨졌다. 긍정적인 측면으로 애리조나 대학교에서 수행한 연구에서 강박장애 환자들에게 실로사이빈(멕시코산 버섯에서 추출하는 환각 유발 물질)을 투여하자 증상이 일시적으로 완화되었다(Moreno et al., 2006).

우울증, 조증 및 자살

조울증의 병인학에 관련해 주류 이론에는 지난 수십 년간 많은 변화가 있었다. 이 주제에 대한 문헌은 방대하였고 추측은 다양하였다. 그 내용들은 굿윈Goodwin과 재미슨Jamison의 백과사전적 책에 잘 요약되어 있다(Goodwin & Jamison, 1990, 2007). 여기에서 나는 주요 개념적 추세만 언급해 보겠다. 1940년대와 1950년대에 주류 전문가들은 대부분 조울증의 정신분석이론에 집중하고 있었다. 고전적 정신분석에서는 강박장애를 활성적인 구강기 집착과 연결했고, 자살은 내사화한 미움의 대상을 향한 공격성으로 보았다(예를 들면, 내사된 나쁜 어머니의 젖가슴을 죽이는 것).

1960년대에는 강조점이 신경전달물질(카테콜아민 아드레날린과 노르아드레날린, 세로토닌, 도파민)의 부족이나 불균형, 신경펩타이드, 신호전달 네트워크, 비정상적 세포의 신진대사가 원인이라는 신경화학적 설명으로 바뀌었다. 후기 연구가들은 조증의 병인이 덜 구체적이고 더 복잡하며, 유전적 및 기타 생물학적 요인, 심리적 영향, 사회/환경적 상황의 조합에 달려 있다는 결론을 내렸다. 가장 최근의 추측으로는 뇌의 조절체계, 진동패턴, 생물학적 리듬을 가진 신경 네트워크의 비정상적인 연결이 정서장애 발생에 중요한 역할을 한다.

조울증에 대한 다양한 생물학적 이론은 조증과 우울증 사례의 경향만 보여 줄 뿐, 왜 그 사례들이 이런저런 형태, 즉 한 가지 혹은 다른 장애의 형태를 띠는지 설명해 주지 못하며, 임상적인 증상론의 구체적 내용을 이해할 수 있는 실마리를 제공해 주지 못한다. 역설적이게도 조증과 우울증은 임상적 그림으로 볼 때 정반대인 것 같지만, 둘 다 스트레스의 생화학적 매개변수를 통해 활동이 증가된 것을 볼 수 있고, 생물학적 리듬의 변동 활동도 살짝 보인다. 하지만 홀로트로픽 연구의 관찰이 이런 논란을 이해하고 해결하는 데 도움을 줄지도 모른다.

초기의 『정신질환의 진단 및 통계 편람』(DSM I과 II)은 병인학 요소들에 주목하여 정신분석적 영향이 강했다. 편람의 이후 설명들에서는 병인학의 생물학적 및 정신역동적 추론을 피하고 증상과 증후군의 서술에만 초점을 맞추는 '신-크레펠린neo-Kraepelinian' 접근법을 선택하였다. 홀로트로픽 연구에서 나온 새로운 통찰을 조울증의 다요인 병인학의 모호한 개념이나 단순한 증상과 증후군 서술에 관련시키는 일은 불가능할 것이다. 그러므로 나는 불완전하지만 올바른 방향을 목표로 했던 정서 및 정신신체 장애에 대한 고전적 정신분석의 원래의 설명들을 수정하고 깊이 있게 심화시키기로 결정하였다.

고전적 정신분석에서 **우울증과 조증**은 수유와 돌봄받지 못함, 감정적 거부와 박탈감, 초기 모자관계의 어려움과 같은 능동적(가학적 또는 식인食人적) 구강기의 심각한 문제들과 관련이 있다. 그래서 자살 성향은 내사된 '나쁜 어머니', 주로 어머니의 젖가슴에 대한 적대적 행동이라고 해석되었다(Fenichel, 1945; 〈표 4-1〉 참조). 홀로트로픽 상태에서 관찰된 것을 볼 때, 이 그림은 수정되고 상당히 심화되어야 한다. 원래의 형태는 믿을 수 없고 설득력이 없으며 우울증에 관한 몇 가지 매우 근본적인 임상적 관찰을 설명하지 않는다.

예를 들면, 우울증은 왜 억제된 유형이나 초조하고 동요된 유형이라는 근본적으로 다른 이 두 가지 형태로 나타나는가? 왜 우울한 사람들은 두통이 자주 생기고 가슴과 어깨에 압박을 느끼며 정신신체적 통증과 수분적체로 예시되듯 생물에너지적으로 막혀 있을까? 왜 그들은 생리적으로 억제되고 식욕부진, 위장 기능장애, 변비, 성욕감퇴, 월경불순을 보일까? 억제된 우울증을 포함해 우울증 환자들은 왜 생화학적 스트레스가 높을까?

왜 그들은 절망을 느끼고 자주 꼼짝 못하는 느낌을 호소할까? 왜 우울증은 자살과 조증에 그렇게 밀접한 관계가 있을까? 왜 조증과 우울증처럼 임상용어에 양극성 장애라고 나올 정도로 양극에 있는 장애들이 둘 다 스트레스 생화학 지표, 그리고 생물학적 리듬의 변동 활동에서 증가를 보일까?

이러한 질문들은 출생 후 전기와 프로이트의 개인무의식에 개념적으로 제한된 심리치료 학파는 대답해 주지 못한다. 조울증을 단순히 유기체의 화학적 일탈의 결과라고 설명하려는 화학적 이론들은 더더욱 설명하지 못한다. 화학적 변화 자체로는 조증과 자살의 밀접한 관계를 포함해 우울증의 임상적 그림의 복잡성을 거의 설명할 수 없다. 그러나 조울증이 주산기와 자아초월에 뿌리를 두고 있음을 깨달으면 상황이 완전히 바뀐다. 앞서 언급된 많은 문제가 전적으로 새로운 빛 속에서 보이고 우울증의 많은 징후가 갑자기 논리적으로 보이기 시작한다.

억제성 우울증inhibited depressions은 일반적으로 두 번째 주산기 매트릭스에 뿌리를 두고 있다. BPM II에 의해 지배되는 회기에서 심각한 우울증의 모든 본질적 특징은 이 매트릭스가 지배함으로 인하여 관련된 것들이 잘 해결되지 못한 부실한 체험 직후에 볼 수 있는 현상학이다. BPM II의 영향 아래 있으면 절망, 체념, 압도적인 죄책감, 무력감 등 심한 정신적, 감정적 고통을 체험하게 된다. 깊은 불안, 자발성 부족, 흥미 상실, 존재를 즐기지 못하는 무력감을 느낀다. 이런 상태에서 인생은 전혀 무의미하고 감정적으로 공허하며 터무니없고 부조리하게 보인다.

인생의 고통스럽고 나쁘고 비극적인 양상들을 선택적으로 의식하고 긍정적인 것에는 눈을 감은 부정적 형판을 통해 세상과 자신의 삶을 본다. 이 상황이 도저히 참기 어렵고 도망칠 수 없고 희망이 없어 보인다. 때로는 색맹이 되기도 하는데, 이때는 온 세계가 흑백 영화로 보인다. 이 상태에서는 극도로 고통스러운데도 소리 내어 울거나 드라마틱한 외적 징후가 나타나지 않으며, 전반적인 운동억제가 그 특징이다.

앞에서 설명한 것처럼 억제성 우울증은 신체 여러 부분의 생체에너지의 막힘과 중요 생리적 기능의 심한 억제와 연관이 있다. 전형적인 신체증상은 압박감, 수축과 속박의 느낌, 숨막히는 느낌, 몸의 여러 부분의 긴장과 압력, 두통이다. 수분적체와 소변정체, 변비, 심장의 고통, 음식과 성에 흥미를 잃고, 다양한 신체증상을 질병과 연관시키는 건강염려증 경향 또한 매우 흔하다.

억제성 우울증을 BPM II가 발현된 것이라고 이해하면 이 모든 증상이 잘 들어맞는다. 생화학적 연구 결과들도 이를 뒷받침해 준다. 억제성 우울증을 앓고 있는 환자는 전형적으로 혈액과 소변에 카테콜아민과 스테로이드 호르몬의 수치가 상승되어 높은 것으로 나타나 스트레스가 많다는 것을 보여 준다. 이러한 생화학적 그림은 외적 행동이나 발현 가능성이 거의 불가능한 스트레스를 많이 받는(겉으로는 앉아 있지만 속에서는 달리고 있는) 내적 상황을 나타내는 BPM II에 잘 들어맞는다.

정신분석이론에서는 우울증을 초기 구강기의 문제들과 정서적 박탈에 연결시킨다. 이러한 연결은 분명히 정확하지만, 고착된 느낌, 출구가 없다는 느낌의 절망감, 생체에너지의 막힘, 그리고 생화학적 연구 결과를 포함한 신체적 징후 등 우울증의 중요한 측면들을 설명해 주지 못한다. 이 모델은 프로이트의 설명이 본질적으로는 옳지만 부분적이라는 것을 보여 준다. 억제성 우울증과 관련하여 정신분석에서 강조하는 생물학적 요소들이 응축경험 체계에 포함되어 있기는 하지만, 보다 더 완전하고 포괄적으로 이해하기 위해서는 BPM II의 역동이 들어가야 한다.

초기의 박탈감과 구강 좌절감은 BPM II와 공통점이 많으며, 이 두 상황은 모두 깊은 체험적 논리에 따라 동일한 응축경험 체계에 포함된다. BPM II에서는 자궁 수축으로 인해 동맥이 압박되어 태아와 산모 유기체 사이의 공생적 연결이 중단된다. 이렇게 생물학적으로나 감정적으로 의미 있는 어머니와의 접촉이 단절되어 끊기고 없어지며 태아에게 산소, 영양, 따뜻함의 공급이 종료된다. 또한 자궁 수축의 부가적인 결과로 태아의 몸에 독성 물질이 일시적으로 축적되는 것으로 인해 불쾌하고 잠재적으로 위험한 상황에 노출되는 것이다.

억제성 우울증(BPM II)과 역동적으로 관련된 응축경험 체계는 대부분 유아기와 초기 아동기 동안에 어머니와의 분리나 어머니의 부재, 뒤이어 외로움, 추위, 배고픔, 두려움, 공포의 감정을 연속적으로 수반한다는 것이 이치에 맞는다. 이 요소들은 어떤 의미로는 출산 중 자궁 수축으로 야기된 보다 심각하고 불안정한 결핍의 '더 높은 강도'로 충격적인 박탈을 나타낸다. 관련 응축경험 체계의 표층에는 아이에게 억압적이고 체벌적이며 반항이나 도망을 허용하지 않는 가정 환경이 있고, 다양한 또래집단에서 희생양이었거나, 고용주에게 학대를 받았거나, 정치적, 사회적 억압을 겪은 기억들도 자주 포함된다. 이 모든 상황은 BPM II의 특징인 출구 없는 곤경 속의 무력한 피해자의 역할을 강화하고 영구화한다.

우울증의 역동에서 중요한 역할을 하는 응축경험 체계의 범주에는 개인이 무력한 피해자로서 신체적 손상이나 생존 또는 몸의 온전함에 위협을 받았던 사건에 대한 기억이 포함된다. 이 관찰은 홀로트로픽 연구가 우울증의 이해에 전적으로 새롭게 공헌한 부분이다. 정신분석가들과 정신역동적 관점을 지향하는 학파의 정신과 의사들은 우울증의 발병에 있어 심리적 요인을 강조하며 신체적 손상에 따른 심리적 외상을 고려하지 않는다.

주류 정신과 의사들은 심각한 질병, 부상, 수술, 고관절의 부적절한 발달로 인한 장기간 깁스 착용, 익사할 뻔한 사건의 심리적 외상의 영향을 간과하고 저평가해 왔는데, 그들이 일반적으로 생물학적 요인을 강조하는 사람들이라는 점에서 무척 놀라운 일이다. 우울증을 리비도 발달의 구강기에 대한 고착의 결과라고 보는 이론가들과 임상의들에게 신체적 외상이 우울증의 발전에 중요한 역할을 한다는 결과는 심각한 개념적 도전이다.

발병 원인이 출생의 정서적–신체적 외상을 포함하는 응축경험 체계에 있다는 이 모델의 맥락은 완벽하게 논리적이다. 이 사실은 정신장애의 발생에 생물학적 요인을 강조하기를 좋아하는 학자와 임상의, 심리학적 설명을 추구하는 학자와 임상의 간의 간극을 메우는 데 도움을 준다. 이렇게 심리적 요인이 신체적 증상을 일으키거나 신체적 요인이 심리적 증상을 일으키는 것이 아니라, 둘 다 출생의 체험에 근원을 두며 동전의 양면을 대표한다.

억제성 우울증과 대조적으로 **초조성 우울증**의 현상학은 정신역동적으로 BPM III과 연관된다. 그 기본 요소들은 세 번째 매트릭스가 지배하는 체험 회기와 회기 후의 휴식기에서 볼 수 있다. 출생에서 억눌린 에너지는 BPM II와 관련된 억제성 우울증처럼 완전히 막혀 있지는 않다. 이 상황에서는 전에 막혀 있던 에너지는 부분적인 출구를 찾아 다양한 파괴적 및 자기파괴적 성향의 형태로 방출된다. 초조성 우울증은 에너지의 막힘과 방출 사이의 역동적인 타협에 의해 나온 것임을 강조할 필요가 있다. 이 에너지가 완전히 방출될 때 이 질환은 종결되고 치유된다.

초조성 우울증은 높은 긴장, 불안, 정신운동 흥분, 차분하지 못하고 안절부절못하는 것이 특징이다. 초조성 우울증을 체험하는 사람은 매우 활동적이며, 바닥에 구르고 마구 움직이고, 머리를 벽에 대고 찧는 경향이 있다. 큰 소리로 울고 소리 질러 정서적 고통을 표현하며 얼굴을 꼬집거나 머리카락과 옷을 뜯기도 한다. 이 질환과 자주 연관되는 신체적 증상은 근육 긴장, 떨림, 고통스러운 경련, 자궁 및 위장 경련이다. 심한 두통, 메스꺼움, 호흡 문제가 임상적으로 나타난다.

이 매트릭스와 관련된 응축경험 체계는 공격성과 폭력, 다양한 종류의 잔인성, 성적 학대와 폭력, 고통스러운 의학치료, 숨막힘과 호흡곤란을 수반하는 질병을 다룬다. BPM II와 관련된 응축경험 체계와 대조적으로 이 상황에 연루된 대상은 수동적인 희생자가 아니며 적극적으로 반격하거나 방어하거나 장애물을 제거하거나 도망치려고 한다. 부모와 같은 인물상이나 형제자매와의 폭력적 만남, 또래들과의 주먹 싸움, 성적 학대와 강간 장면, 전투 사건들에 대한 기억들이 전형적인 예이다.

조증maina에 대한 정신분석적 해석은 우울증에 대한 해석보다 만족스럽지 못하고 설득력이 없다고 많은 분석학자가 인정한다(Fenichel, 1945). 그러나 대부분은 조증이 기저의 우울증에 대한 의식을 피하는 수단으로서, 고통스러운 내적 현실에 대한 부정과 외부 세계로 도피하는 것을 포함한다는 데 동의하는 것 같다. 조증은 초자아에 대한 자아와 이드의 승리, 억제의 급감, 자존감의 증가, 감각적, 공격적 충동이 풍부하게 반영되어 있다.

이 모든 것에도 불구하고 조증은 진정으로 자유롭다는 인상을 주지 않는다. 조울증에 대한 심리학 이론에서는 조증 환자들의 집착적인 양가감정이 극심하고 사랑과 증오라는 동시적 감정이 대인관계 능력에 지장을 준다고 강조한다. 조증의 전형적인 특성인 관심대상objects에 대한 갈구는 강한 구강기 고착이 드러난 것이며, 조증과 우울증의 주기적 출현은 포만감과 배고픔의 순환적인 관계를 나타내는 지표로 간주된다.

조증 삽화의 많은 곤혹스러운 특성은 애매해 보이지만 주산기 매트릭스의 역동과 연결해 보면 쉽게 이해할 수 있다. 조증은 정신발생적으로 BPM III에서 BPM IV로의 체험적 이행과 관련이 있다. 개인이 네 번째 주산기 매트릭스와 부분적으로 접촉하고 있으면서도 여전히 세 번째 주산기의 영향 아래 있음을 가리킨다. 조증에서 전형적으로 발견되는 평화롭고, 먹고, 자는 것 이 세 가지 소망은 출생의 최종 단계와 관련된 충동으로 범람하는 유기체에는 자연스러운 목표이다.

조증인 사람은 생물학적 탄생의 수준까지 퇴행하기 때문에 구강충동은 점진적이며 특성상 자연적으로 퇴행하지는 않는다. 구강충동은 구강수준까지의 퇴행을 나타내기보다는 조증인 사람이 탐닉하고 목표로 하고 있으나 아직 의식적으로 달성하지 못한 상태를 가리킨다. 이완과 구강만족은 생물학적 탄생 다음에 오는 상태의 특징이다.

체험적 심리치료에서는 불완전한 재탄생을 암시하는 일시적 조증 현상이 가끔 나타난다. 이것은 대부분 변용 과정 중에 있는 개인이 죽음-재탄생의 투쟁을 체험하는 최종 단계에 이르러 출생의 고통으로부터 해방감을 맛보았을 때 발생한다. 그러나 동시에 그 개인은 남아 있는 미해결된 BPM III과 관련된 재료들과 대면하기가 두렵고, 내키지 않아 그것들과 마주할 수 없으므로 자아의 죽음을 경험할 수 없게 된다. 이런 내담자가 불안감에 불확실하고 빈약한 승리에 매달리다 보면, 이들은 새로운 긍정적 느낌들을 우스꽝스러울 정도로 과장하게 되는 상태까지 이르게 된다. 이것은 특히 밤에 휘파람 부는 이미지와 딱 들어맞는다.

조증 정서와 행동의 특성은 과장되고 강압적이어서 참된 기쁨과 자유의 표현이 아니라 공포와 공격성에 반응해 형성된 것임을 명백히 보여 준다. 나는 불완전한 재탄생의 상태로 회기를 종결한 LSD 환자들에게서 조증의 모든 전형적인 징후를 관찰한 적이 많다. 그들은 활동 과잉으로 숨 가쁜 속도로 돌아다니고 주변의 모두와 친하게 사귀려 하며, 부적절한 접근을 하고, 본인의 승리감과 행복감, 신나는 느낌, 방금 한 놀라운 체험에 대해 끊임없이 얘기한다.

그들은 LSD 치료의 기적을 격찬하고 모든 인간, 특히 정치가들이 동일한 체험을 할 수 있도록 만들어서 세상을 바꾸겠다는 메시아적이고 거창한 계획을 세울지도 모른다. 초자아의 규제가 붕괴된 결과 유혹, 문란한 성향, 음란한 몸짓과 행동과 말이 나온다. 이들은 자극과 사회적 접촉에 대한 극도의 굶주림으로 인해 오히려 그것들을 극도로 갈구하여 열정과 자기애가 증가되고, 자부심이 팽창되며, 삶의 다양한 측면에 탐닉하게 된다.

조증 환자의 특성인 흥분에 대한 욕구, 드라마와 액션의 추구는 두 가지 목적을 만족시킨다. 한편으로는 활성화된 BPM III의 일부인 충동과 긴장에 출구를 제공한다. 다른 한편으로 내적 혼란의 강도와 질에 필적하는 외부의 격동적인 상황에 관여하면 조증 환자에게 위협적인, 내적 체험과 외부 상황이 일치하지 않는 '정서적-인지적 부조화'를 감소시키는 데 도움이 된다. 물론 내부와 외부의 괴리가 심각하면 실성하게 된다.

오토 페니켈(Otto Fenichel, 1945)은 조증의 많은 중요한 측면이 평소 금지된 충동을 풀 기회를 주는 축제의 심리학과 관련된다고 한다. 이것은 나아가 조증이 BPM III에서 BPM IV로의 역동적인 이동과 깊은 관련이 있음을 확인해 준다. 죽음-재탄생 과정의 최종 단계에서 많은 사람은 다채로운 축제 장면의 환상을 자연스럽게 체험한다. 실제 현실에서 마르디 그라(Mardi Gras, 사순절이 시작되는 '재의 수요일' 전날인 '참회의 화요일'의 행사) 가장행렬에서처럼 활기 넘치는 기념행사의 맥락에서 등장하는 두개골, 해골 등 죽음과 관련된 상징과 모티브의 이미지가 나타날 수 있다. 홀로트로픽 상태에서 이것은 BPM III의 정점에서 죽음과 대면해 승리하고 생존할 수도 있겠다고 느끼기 시작할 때 발생한다.

개인이 이러한 상태를 체험하면서 내면을 돌아보고 미해결된 상태로 남아 있던 어려운 감정들과 직면하여 다루고, (재)탄생 과정을 완료한다는 확신이 들면 그들의 기분과 행동에서 조증 성향이 사라진다. 순수한 형태의 BPM IV의 체험은 빛나는 기쁨, 증가된 열정, 깊은 휴식, 평온, 고요함이 특징이다. 이런 마음 상태에서 사람들은 내적 평화와 완전한 만족의 느낌을 갖는다. 그 개인의 기쁨과 희열도 기괴한 캐리커처처럼 과장되지 않으며, 행동에도 조증 상태 특유의 과다함과 현란함이 사라진다.

응축경험 체계는 조증의 발생과 정신적 발생과 관련된 것으로서, 진실성과 지속성에 대한 불안과 불확실한 상황에서 만족감을 경험했던 상황들에 대한 기억들로 구성된다. 또한 조증 패턴은 그러지 않아도 되는 상황에서 쓸데없이 행복한 행동을 기대하거나 요구할 때 조장되는 것 같다. 조증 환자의 내력을 보면, 부모 중 한 명은 환자에게 혹평하거나 약화시키는 태도를, 다른 한 명은 과대평가, 심리적 팽창, 비현실적인 기대로 자존감에 상반되는 영향을 주는 경우가 많았다. 나의 몇몇 유럽 환자들은 아기를 꽁꽁 싸는 관습에 의해 완전한 제약과 완전한 자유를 번갈아 가며 한 체험이 심리적으로 조증과 연결되었던 것 같다.

우울증과 조증의 복잡한 임상적 이미지를 구체적인 생화학 변화로 설명하기는 어려울 것 같다. LSD 회기야말로 가장 명확하게 화학적으로 정의되는 상황이다. 그러나 촉발시키는 정확한 화학적 구성과 투여 용량에 대한 지식이 체험의 심리적 내용을 설명하는 데 도움이 되는 것은 아니다.

상황에 따라 LSD 피험자는 황홀경을 체험할 수도 있고 우울증, 조증, 편집증적 상태를 체험할 수도 있다. 이와 마찬가지로 우울증이나 조증의 증상학은 단순하게, 심지어는 복잡한 화학 과정으로도 설명될 수 없다. 조울증 환자에게서 화학 변화가 감지된다면 생물학적 요인이 그 변화의 원인인지 아니면 그 증상에 수반되는 것인지가 항상 의문이다. 예를 들어, 조울증에서 생리적, 생화학적 변화는 출생 중인 아기라는 유기체의 상태를 재현하는 것이라고 생각하는 것도 가능하다.

프라하의 초기 심현제 연구에서 우리는 LSD 회기를 하는 동안에 착색법을 사용하여 환자의 손발톱 속 혈액의 산소포화도를 측정하였다. 그들이 출생을 재체험하고 있을 때 혈액 속의 산소 농도가 떨어진다는 것을 발견하였다. 또한 방금 겸자분만을 재체험한 환자들은 기구가 적용되었던 관자놀이 부분에 사각형 멍이 있었고, 목에 탯줄이 감긴 출생을 재체험한 환자들의 목에는 푸르스름한 줄무늬들이 있는 것을 관찰하였다. 이것은 출생의 기억이 세포, 심지어는 생화학 수준까지 확장될 수 있다는 가능성을 보여 준다.

우울증을 기본 주산기 매트릭스BPM의 역동을 포함시켜 새롭게 이해하면, 정신분석 경향의 해석에 대해 심각한 이론적 도전을 하는 **자살 성향과 행동**의 심리학에 대해서도 놀랍고 새로운 통찰을 얻게 된다. 어떤 이론이든 자살심리를 설명하려면 두 가지 중요한 질문에 답해야 한다. 첫째, 왜 특정 개인이 자연스럽게 생명을 진화시키는 강력한 힘인 자기보존 욕구의 의무적인 명령을 명백히 위반하는 행동인 자살을 원하는 것인지에 대한 질문이다. 둘째, 왜 특정한 자살수단을 선택하는 것인가 하는 질문이다. 우울한 사람의 마음 상태와 생각 또는 시도하는 자살의 유형 사이에는 밀접한 연관이 있는 듯하다.

그러므로 자살욕구는 단순히 자신의 생명을 종식시키려는 충동뿐만 아니라 특정 방식으로 그것을 하고자 하는 충동이기도 하다. 수면제나 신경안정제를 과용하는 사람은 아마 절벽에서나 열차 아래로 뛰어들지 않는 것이 당연해 보일지도 모른다. 그러나 반대 방향도 있다. 즉, 피를 내는 자살을 선택한 사람은 쉽게 구할 수 있다고 해도 약을 사용하지 않을 것이다. 홀로트로픽 상태에 대한 심현제 연구나 다른 형태의 깊은 체험적 작업에서 나온 자료들은 자살의 깊은 동기에 대해, 그리고 방법 선택이라는 흥미로운 질문에 대해 새로운 시각으로 비춰 준다.

프라하 정신의학 연구소에는 우리의 동료인 정신의학과의 독성-약물학 교수가 있었는데, 그는 어떤 화학물질에도 쉽게 접근할 수 있었고, 그 효과와 복용량에 대한 모든 것을 다 알고 있었다. 그럼에도 불구하고 그는 주기적인 심한 우울증이 발작하자 사무실에서 목에 면도날을 세 번 깊게 그어 자살하기로 결심하였다. 간호사 한 사람이 아침에 사무실 바닥에 누워 있는 그를 발견하였는데, 그의 흰 가운, 카펫, 책상 위 서류들에 유혈이 낭자하였다. 이런 상황에서는 약물을 과용하는 것이 덜 과격하고 좀 더 받아들일 만한 해결책이었을 것임에도 불구하고 그의 정신 상태가 그를 그렇게 하도록 밀어붙였던 것 같다.

자살 관념과 성향은 홀로트로픽 상태 작업의 모든 단계에서 가끔씩 보이는데, 특히 부정적 주산기 매트릭스와 관련된 무의식 재료들과 대면하고 있을 때 빈번하고 긴급하다. 심현제 및 홀로트로픽 회기나 영적 위기 사건들에서 볼 때 자살 성향은 주산기 과정과 매우 구체적으로 관련된 두 가지 범주에 들어간다는 것을 관찰하였다. 억제성 우울증의 체험은 BPM II와 역동적으로 관련되고, 초조성 우울증은 BPM III에서 파생되는 것을 보았다. 그러므로 다양한 형태의 자살 환상과 성향과 행위는 두 경로를 사용하여 무의식적으로 감당할 수 없는 이런 심리적 상태에서 도피하려는 동기화된 시도라고 이해할 수 있다. 이러한 각각의 대안들은 그 개인의 초기 생물학적 이력을 구체적으로 반영한다.

자살 I(비폭력적 자살)은 출구가 없는 BPM II의 상황 이전에 자궁 속 존재의 체험이 있었다는 무의식적 기억에 근거한다. 억제성 우울증 환자가 상황을 견디지 못해 도망치려고 한다면 가장 쉬운 방법은 출생 전의 미분화된 합일 상태BPM I로 회귀하는 것일 것이다. 그러나 심도 깊은 체험적 자기탐구가 없이는 이 과정에 관여하는 무의식 수준에 접근할 수 없다. 그렇게 되면 필요한 통찰력이 부족하기 때문에 결국 개인은 출생 전 상황과 동일한 요소들을 가진 것 같은 일상의 상황이나 수단에 끌리게 된다.

이 형태의 자살 성향이나 행위에는 BPM II와 연관된 고통스러운 자극과 감정의 강도를 줄여서 결국 제거하려는 무의식적인 의도가 깔려 있다. 최종 목표는 태아적 존재의 특성인 '대양 의식oceanic consciousness'의 분화되지 않은 상태에 도달하는 것이다. 이 자살 아이디어 유형의 온건한 형태는 존재하지 않기를 소망하거나, 깊은 잠에 빠져 모든 것을 잊고 다시는 깨지 않기를 소망하는 것이다. 이 상태의 사람들은 잠자리에 들어가 이불을 뒤집어쓰고 장시간 그대로 있을 것이다. 이런 유형이 실제 자살을 계획하고 시도할 때는 수면제 과용이나 물에 뛰어들거나 물에 걸어 들어가 익사할 것이다.

자궁으로 돌아가려는 이 무의식적 욕구는 추운 겨울이 있는 나라에서는 버려진 비행기나 숲속으로 걸어 들어가 누운 채 한 겹의 눈으로 덮여 있는 형태를 취할 수도 있다. 이러한 상황의 배후에는 얼어붙었던 초기의 불편한 느낌이 사라지고 좋은 자궁 속에 있는 것 같은 포근하고 따뜻한 느낌으로 바뀔 것이라는 환상이 있다. 온수로 가득 채워진 욕조에서 손목을 그어 자살하는 것 또한 이 범주에 속한다. 이렇게 목숨을 끝내는 방식은 고대 로마에서 유행하였고 페트로니우스Petronius와 세네카Seneca 같은 걸출한 사람들도 사용하였다. 이러한 형태의 자살에는 피가 수반되기 때문에 다른 형태와 다른 것처럼 보이지만, 심리학적 초점은 몸의 침해가 아니라 경계가 해체되고 물이 있는 환경과 동화되는 데 있다.

자살 II(폭력적 자살)는 생물학적 출생 중 체험했던 패턴을 무의식적으로 따른다. 초조성 우울증과 밀접히 연관되어 있고 BPM III과 관련된다. 이 매트릭스의 영향 아래 있는 사람이 자궁의 대양 상태로 회귀하려면 BPM II의 출구가 없는 지옥 같은 단계를 통과해야 하므로 이것은 실행 가능한 선택이 아니다. 이것은 완전한 절망감과 무력감이 수반되므로 심리적으로 BPM III보다 훨씬 더 심각하게 나쁠 것이기 때문이다.

그러나 비슷한 상태가 생물학적 출생의 순간에 폭발적 방출과 해방으로 종료되었던 기억을 심리적 도망 경로로 사용할 수 있다. 이 형태의 자살을 이해하려면, 생물학적 출생에서 우리는 해부학적으로 태어났을 뿐 정서적으로나 육체적으로나 이 압도적인 사건을 처리하고 통합한 것은 아니라는 것을 깨닫는 것이 중요하다. 태어난 직후에 볼 수 있는 신생아의 작은 울음소리, 영유아기에 울었던 사건들, 그리고 아동기에 부모가 주된 훈육 수단으로 징계 조치를 사용해 억압하고 잘라 버린 울화통과 짜증 섞인 울음은, 태아가 태어나려고 산도를 통과하는 몇 시간 동안의 고통 속에서 생성된 힘든 감정들을 풀어 주는 수단으로는 지극히 부적절하다. 폭력적 자살을 고민하는 개인은 동화되지 않은 감정과 신체감각이 처리되고 해방되기 위해 의식 안으로 출현하는 제2의 탄생에 대처하기 위한 방안으로 자신의 생물학적 출생에 대한 기억을 사용하고 있다.

비폭력적 자살과 마찬가지로 이 과정에서 개인은 대부분 무의식의 주산기 수준에 체험적으로 접근하지 못한다. 그래서 현재 상황에서 이상적인 전략은 그 과정을 내적으로 완성하는 것이라는 통찰이 부족하다. 즉, 출생의 기억을 재체험하고, 출생 후의 상황과 경험적으로 연결시키는 것에 대한 통찰이 부족한 것이다. 이 옵션을 알지 못하기 때문에 그들은 과정을 외재화하고 생물학적 탄생과 동일한 요소와 체험적 양상을 가진 외부 세계의 상황을 창조하려는 의욕이 넘친다. 폭력적 자살의 기본전략은 분만 중 체험한 패턴, 즉 긴장과 정서적 고통을 임계점까지 강화시켜서 다양한 형태의 생물학적 재료들 속에서 폭발적인 해결책에 도달하는 것이다.

이와 같은 설명은 생물학적 출생과 폭력적 자살에 동일하게 적용된다. 둘 다 과도한 감정적, 신체적 긴장의 급작스러운 종료, 거대한 파괴적 및 자기파괴적 에너지의 즉각적 방출, 광범위한 조직 손상, 피, 대변, 내장 같은 유기재료의 존재가 있다. 생물학적 출생을 보여 주는 사진과 폭력적 자살자의 사진을 같이 놓고 보면 두 상황 사이의 깊은 형식적 평행선, 즉 형식 사이의 유사성을 분명하게 보게 된다. 그러므로 무의식이 이 둘을 혼동하기가 쉽다. 출생 외상의 유형과 자살 선택 간의 연관성은 자살 청소년과의 임상연구를 통해 확인되었다(Jacobson et al., 1987).

이 범주의 자살 환상과 행위는 열차 바퀴에 깔리거나, 수소전기 공장의 터빈이나 자동차에 뛰어들어 죽는 것이다. 목을 긋기, 머리에 총 쏘기, 칼로 자신을 찌르기, 창문이나 탑이나 절벽에서 몸을 던지기도 있다. 목매달아 죽는 것은 목조임, 질식, 강한 성적 흥분의 느낌이 특징인 초기 BPM III에 속하고, 일산화탄소나 가스를 마시고 자살하는 것은 질식을 외재화한 것 같다. 폭력적 자살에는 할복harakiri과 광란적 살인 같은 문화적 기반의 자살 형태도 포함된다.

광란적 살인은 예전에 말레이시아에서만 일어나는 특이한 자살 및 살인 행동으로 생각되었다. 맹렬한 살상욕을 수반하는 정신착란에 걸린 사람이 시장 같은 공공장소에 뛰어들어 가 무작위로 사람들을 칼로 죽이기 시작했고, 결국 죽임을 당하거나 자살을 했다. 말레이시아 사람들은 **사악한 호랑이의 영혼**hantu belian이 그의 몸속에 들어와 광란적 살인을 하게 했다고 믿었다. 최근 몇십 년 동안 가해자의 죽음으로 끝나는 광란적 살인이 미국 및 서양 국가에서 점점 많이 일어나고 있다. 십 대와 심지어 어린 학생들 간에 이런 사건이 증가하고 있다는 사실은 매우 충격적이다.

앞에서 살펴본 것처럼 비폭력적 자살은 고통스러운 감정적, 신체적 자극의 강도를 감소시키려는 경향을 표현한다고 설명하였다. 그러므로 비폭력적 자살을 위한 구체적인 수단은 더 나아가 전기적biographical 또는 자아초월적 요소에 의해 선택되는 것 같다. 폭력적 자살에는 전혀 다른 종류의 메커니즘이 관련된다. 나는 특정 형태의 자살을 생각하는 사람은 자살 시 신체적 감각과 감정을 일상생활에서 이미 자주 경험하고 있었다는 사실을 관찰한 바 있다. 체험 작업에서는 대개 이런 느낌과 감각을 강화하여 빠르게 제거되도록 한다.

그러므로 자기파괴의 환상이나 성향이 열차나 수소전기 터빈에 집중되어 있는 사람은 이미 으깨지거나 갈갈이 찢기는 강렬한 느낌으로 고통받고 있으며, 스스로를 베거나 찌르는 성향의 사람은 정확히 자기가 손상시키려고 의도한 몸 부분에 참을 수 없는 통증을 호소하거나 체험적 심리치료 중 그 부분에 통증을 체험하는 경우가 많다. 또 목매다는 성향은 이미 깊숙이 존재하는 강한 목 조임과 숨 막힘의 느낌에 근거한다. 통증과 목 조임의 감각은 BPM III의 요소다. 치료 상황에서 증상의 강화가 발생하면 촉진자의 적절한 유도와 지도를 통해 그 불편한 감각이 해소되고 치료가 될 수 있을 것이다. 이와 같이 이러한 자기파괴적 성향들은 오해되고 오도된 무의식적인 자기치유의 시도가 표현된 것이라고 볼 수 있다.

폭력적 자살이 이루어지려면 산도 내에서 분투하다가 외부 세계로 갑작스럽게 이동되고 그에 따라 폭발적으로 해방되었던 비교적 명확한 기억을 필요로 한다. 만일 이러한 전환적 이동이 심한 마취로 흐려진 경우 그 개인은 앞으로 심한 스트레스와 불편이 생기면 약물에 취한 상태로 도망가도록 거의 세포 수준에서 프로그램이 되었을 것이다. 이로써 BPM III에 지배되었을 사람에게서 알코올중독과 약물남용의 성향, 심지어 약물과용으로 목숨을 끝는 경향이 생겨날 것이다.

BPM III에 강한 영향을 받는 사람들은 극도의 내적 압박을 체험하며 어느 순간에라도 터질 준비가 되어 있는 시한폭탄 같은 느낌이라고 한다. 이 공격적 느낌은 외부 목표물 파괴와 자기파괴 사이를 왔다 갔다 한다. 외부 목표의 파괴는 산도 내에서 힘들게 숨쉬려고 분투하는 아기의 분노가 구체화된 것이며, 자기파괴는 내사된 자궁 수축의 힘이 구체화된 것이다. 이 상황에서 살인이나 자살 중 하나를 선택할 수도 있고, 어머니가 자신과 아이를 동시에 죽이는 것과 같은 일이 일어날 수도 있다.

자살의 메커니즘을 BPM III에 연결해 보면 칼 메닝거Karl Menninger의 자살론이 흥미로워진다. 프로이트는 자살충동을 느끼는 사람은 죽이고 싶을 만큼 미운 사람이 나타날 때까지는 자살할 힘이 없을 것이라고 했다. 즉, 내사된 대상을 실제로 죽이는 것이 자살이다.

메닝거는 프로이트의 생각을 확장해, 자살이 이루어지려면 죽임 당하고 싶고, 죽이고 싶고, 죽고 싶은 이 세 가지 소망이 동시에 발생해야 한다고 했다. 이러한 모든 힘은 모두 출생의 최종 단계에서 동시에 존재한다. 이 상황에서 죽고 싶다는 소망은 육체적 죽음이 아니라 상징적 죽음인 자아의 죽음과 관련이 있다.

자살충동을 느끼는 사람들이 심현제나 홀로트로픽 숨치료를 통해 죽음-재탄생 과정을 마치면 그들은 자살을 자기이해의 부족에서 기인한 비극적인 실수라고 돌이켜 보게 된다. 보통 사람들은 상징적 죽음과 재탄생을 통해서, 또는 주산기 존재의 상태에 재연결하는 것을 통해서 견딜 수 없는 감정적, 육체적 긴장이 안전하게 해방될 수 있다는 것을 모른다. 그 결과, 비슷한 요소를 가진 물질세계의 상황을 추구하느라 심한 불편과 고통에 쪼들릴 수 있으며, 종종 비극적이고 돌이킬 수 없는 극단적인 결과를 가져온다. 이들의 죽고 싶은 욕구는 사실상 육체를 파괴하려는 것이 아니라 심리영적 죽음과 재탄생을 체험하려는 것이다.

앞에서 BPM I과 BPM IV의 체험에는 생물학적 공생 상태로의 회귀뿐만 아니라 매우 뚜렷한 영적 차원들이 있음을 살펴보았다. BPM I에서 그것은 대양 같은 황홀경과 우주적 합일을 체험하는 것이고, BPM IV에서는 심리영적 재탄생과 신성한 깨달음을 체험하는 것이다. 이러한 관점에서 볼 때, 이 두 유형의 자살 성향은 모두 초월성에 대한 왜곡되고 인식되지 않은 갈망으로써 자살과 자기파괴적 성향을 근본적으로 혼동하고 있음을 나타낸다. 그러므로 이들의 자기파괴적 성향과 자살충동에 대한 최고의 해결책은 자아의 죽음과 재탄생의 체험과 그에 따르는 우주적 합일의 느낌이다.

BPM III에서 BPM IV로의 이행移行이 중요한 영적 요소를 가지고 있다는 사실은 최근 수십 년 동안 세상에서 점점 더 중요한 역할을 하고 있는 현상에 대한 새로운 이해를 제공한다. 종교적 원인의 자살과 살인의 결합을 새롭게 이해할 수 있게 되었다. 자살과 살인의 결합이 BPM III의 징후라는 것은 이미 설명한 바 있고, BPM IV의 신비함은 이 행위에 대한 신성한 보상의 형태로 종교적 차원을 부여해 준다.

제2차 세계대전에서 일본 가미카제 특공대는 특별히 제조하거나 개조한 비행기에 폭탄, 어뢰, 연료탱크를 가득 실은 채 미국 선박들로 돌진하여 충돌하고 폭파시켰다. 그들은 이것이 일본에서 평범한 인간이 아닌 신의 체현으로 추앙받는 히로히토Hirohito 천황을 위한 것이라고 믿었다. 이슬람교도 자살폭탄 테러범들은 자신의 목숨을 희생해 신앙심 없는 자들이나 이교도들을 죽이면 아름다운 정원과 과실나무, 진기한 새, 깨끗한 물과 꿀과 기름의 강이 있는 낙원으로 들어가는 상을 받는다고 믿는다. 기막히게 매혹적인 검은 눈동자를 가진 처녀들의 끝없는 무리가 신실한 자들을 기쁘게 하려고 기다릴 것이며, 그들의 성적 능력은 수백 배로 증가되고, 고객들의 성적 욕구를 만족시켜 준 미녀들은 처녀의 지위를 다시 갖게 될 것이다.

알코올중독과 약물중독

홀로트로픽 의식 상태에서의 관찰은 알코올중독과 마약중독이 조울증이나 자살과 밀접한 관련이 있다고 보는 정신분석이론과 대략적으로 일치한다. 그러나 심리적 메커니즘의 특성과 그 메커니즘이 작동하는 심혼의 수준은 상당히 다르다. 자살충동을 느끼는 개인처럼 중독자도 우울증, 긴장, 불안, 죄책감, 낮은 자존감 같은 감정적 고통을 많이 경험하며, 이런 참을 수 없는 느낌에서 벗어나고 도망치려는 욕구가 강하다. 앞에서 프로이트 정신분석의 구강기 고착으로는 우울증과 자살의 심리학을 해석하기가 어려웠는데, 알코올중독과 약물중독의 경우도 마찬가지이다.

알코올과 약물 중독자의 기본적인 심리적 특성과 중독성 약물을 취하는 동기는 젖가슴으로 회귀하고 싶은 욕구뿐만 아니라 자궁 속에서 방해 없이 더할 나위 없이 행복했던 미분화된 합일 상태를 체험하고 싶은 깊은 열망 때문이다. 앞서 살펴본 것처럼 이 두 가지 공생 상태로의 회귀를 체험하는 데는 내재적인 신성한 종교적 차원들이 있으며, 알코올과 약물 중독은 초월성에 대한 갈망을 제대로 인식하지 못하고 오도되어 진행되는 것이다. 자살과 마찬가지로 자신의 무의식의 역동을 제대로 이해하지 못한 비극적인 실수때문이다.

알코올이나 마약의 남용은 정도가 덜한 자살 행위와 비슷하며 느린 장기적 형태의 자살이라고 묘사되어 왔다. 이 두 중독의 메커니즘은 비폭력적 자살처럼 출생 과정의 불편함을 해소하고, 분만 시작 전에 존재했던 상태의 자궁으로 되돌아가려는 무의식적 욕구를 반영한다. 알코올과 마약은 다양한 고통스러운 감정과 감각을 억제하고 의식을 분산시켜 과거와 현재의 문제에 무관심해지는 상태를 만들어 주는데, 이 상태는 태아의식과 우주적 합일체험과 다소 피상적인 유사성을 지니고 있다.

그러나 표면적으로만 닮았을 뿐 아니라, 알코올이나 마약 중독과 초월적 상태는 근본적으로 다르다. 알코올과 마약은 감각을 무디게 하고, 의식을 흐리며, 지적 기능을 방해하고, 감정적 무감각증을 산출한다. 그러나 초월적 상태에서는 감각의 인지, 평온, 사고의 명료함, 풍부한 철학적, 영적 통찰, 풍부한 감정들이 크게 향상되는 것이 특징이다. 몇 가지 특징은 같아도 알코올과 마약 중독은 신비한 상태를 가엾게 희화화한 것에 불과하다. 그러나 미약하게나마 유사성이 있기 때문에 사람을 자기파괴적 남용으로 유혹하는 데는 충분한 듯하다.

윌리엄 제임스William James는 알코올중독자가 추구하는 것이 초월적 경험이라는 사실을 잘 알고 있었으며,『종교적 체험의 다양성Varieties of Religious Experience』에서 알코올중독자를 위한 최선의 치료는 종교중독이라고 간결하게 표현하였다(James, 1961). 융은 같은 생각을 다른 방식으로 표현하였다. AA(익명의 알코올중독자 모임) 창립자인 빌 윌슨Bill Wilson에게 보내는 편지에서 융은 그의 알코올중독자에 대해 저급한 수준에서 그의 알코올에 대한 갈망은 중세 언어로 신과의 합일이라고 표현된 전체성에 대한 우리 존재의 영적 갈망과 맞먹는 것이라고 했다.

그런 다음 융은 라틴어 스피리투스*spiritus*가 알코올과 영혼spirit을 모두 의미한다고 하였다. 알코올중독을 치료하기 위한 가장 좋은 해독제는 **영적인 힘**Spiritus contra spiritum이라고 제안하였다. 그것은 심도 깊은 영적 체험만이 사람들을 알코올의 유린에서 구할 수 있다는 융의 신념을 표현하고 있다(Wilson & Jung, 1963). 제임스와 융의 통찰력은 미국 원주민 교회가 페요테peyote[2] 의식에서 영적 체험을 불러일으킴으로써 알코올중독 원주민들을 돕는 데 성공한 것을 통해 설명되며, 이후 심현제 임상연구에서 그 결과가 확인되었다(Grof, 2001; Pahnke et al., 1970).

자궁 속 상황을 재창조하려는 시도를 통해 BPM II 및 응축경험 체계와 관련된 고통스러운 감정에서 도피하려는 성향은 알코올중독과 약물중독 기저에 있는 가장 흔한 정신역동 메커니즘인 것 같다. 그러나 BPM III의 영향 아래 증상이 있으면서도 일반적인 약으로 해결해 보려는 중독자들도 있었다. 여기에는 분명 대체 메커니즘이 있고 다른 설명이 필요하다. 내가 얻은 출생 정보를 보면 심한 마취하에서 태어난 사람들도 있었다.

이 설명은 확실히 설득력이 있다. 이미 태아 때 위기가 발생한 경우를 제외하고, 출생은 전형적으로 인생에서 마주치는 최초의 주요한 고통스럽고 스트레스 받는 상황이다. 인생의 초기 사건이 후일의 행동에 미치는 놀라운 영향은 '각인imprinting'이라고 하며, 동

---

2) 선인장에서 추출한 심현제이다.

물의 본능적 행동을 연구하는 생태학자들의 실험에서 누차 입증되어 왔다(Lorenz, 1963; Tinbergen, 1965).

출산을 위한 분만 시의 특성과 그 처리방식은 인생에 강력한 영향을 준다. 분만하는 동안의 길이와 강도가 보통이고 도전이 잘 타결되고 난 뒤 세상에 나온 사람은 인생에서 마주치는 어려움에 대해 낙관적이고 자신감이 있다. 반대로 출산이 오래 걸리고 소모적이었던 사람들 안에는 비관주의와 패배주의가 생성되며, 세상을 살기가 너무 어렵고 자신이 무력하고 무능하다는 인상이 구축된다.

출산과 연관된 고통과 불편이 마취로 완화되거나 종식된다면, 우리의 영혼에는 인생의 어려움을 다루는 길은 약에 취한 상태로 도피하는 것이라는 매우 깊고 설득력 있는 각인이 남는다. 오늘날 미국에 유행하는 마약중독이 미국 산부인과 의사들이 분만 중에 산모의 의지와 상관없이 마취제를 관례적으로 사용한 이후 태어난 세대와 연관된다는 것은 우연의 일치만은 아닐지도 모른다. 체험치료와 태아연구의 결과를 출산에 적용하는 출생 전 및 주산기 심리학회Association of Prenatal and Perinatal Psychology가 설립된 이후 산부인과 의사들은 점점 출산이 신체역동을 넘어 신생아의 미래의 삶에 깊은 영향을 미칠 수 있다는 사실을 알아가고 있다.

출산과 출생 후기를 다루는 방식은 개인의 정서적 측면과 사회적 삶에 깊은 영향을 미치며 우리 사회의 미래에도 중요한 의미가 있다. 그것은 동료들과 사랑스럽고 이타적인 관계를 맺거나 아니면 사회를 향한 불신과 공격적인 태도를 위한 기초를 놓는다(Odent, 1995). 또한 인생의 우여곡절에 건설적인 방식으로 대처할 수 있을지, 아니면 알코올이나 마약을 택해 존재의 도전을 회피할지를 결정하는 중대한 요인이 될 수도 있다.

알코올중독과 마약남용이 초월성에 대한 오도된 추구라는 사실을 알면 대개 '바닥을 치는' 심각한 위기가 갖는 치유력과 변용의 효과를 이해하게 된다. 많은 경우 알코올중독자나 마약중독자는 정서적으로 완전히 파탄과 전멸의 상태에 이를 때 그들의 삶에 전환점을 갖게 된다. 이것은 BPM III에서 BPM IV로의 이행하는 부분에서 자아의 죽음을 체험한다는 의미일 것이다. 이 시점에서 알코올이나 마약은 더 이상 깊은 무의식 재료의 맹공격으로부터 개인을 보호해 주지 못한다. 그리고 나서 주산기 역동의 분출로 정신신체적 죽음과 재탄생 체험을 하게 되는데, 이것은 알코올이나 마약 중독자들의 삶에 긍정적인 전환점이 된다.

모든 정서적 문제와 마찬가지로 알코올중독과 중독도 전기적이고 주산기적일 뿐만 아니라 자아초월적인 뿌리를 갖고 있다. 이 중 가장 중요한 것은 원형적 영역의 영향으로서, 특히 융의 분석심리학을 지향하는 치료사들에 의해 탐구되었다. 중독과 중요한 연관성을 보여 주는 원형들 중에서 다양성을 가진 이카로스Icarus와 디오니소스Dionysus와 함께 영원한 소년의 원형puer aeternus이 중요한 역할을 하는 것 같다(Lavin, 1987). 내 환자 중에도 자기의 중독과 의미심장한 관련이 있는 업보적 재료를 발견한 사람이 많다.

성적 장애와 일탈

고전적 정신분석에서는 성 문제를 프로이트의 몇 가지 기본적인 개념에 근거해 이해한다. 먼저, 유아 성욕infantile sexuality 개념이다. 정신분석이론의 주춧돌 중 하나는 성이 사춘기가 아니라 초기 유아기에 나타난다는 발견이다. 리비도가 구강, 항문, 요도, 남근과 같은 여러 진화 단계를 통해 발달되면서 그중 어느 단계에서든 좌절하거나 탐닉하면 고착이 된다. 성숙한 성에서 주요 초점은 성기에 있고, 전성기기前性器期 요소는 주로 전희의 일부로서 2차적인 역할을 한다. 나중에 특정한 심리적 스트레스는 고착이 생겼던 초기 리비도 발달 단계로 회귀할 수 있다. 이런 충동은 대항하는 방어기제의 강도에 따라 도착(변태)이나 정신신경증을 일으킬 수 있다(Freud, 1953).

성 문제에 대한 중요한 정신분석 개념은 거세 콤플렉스이다. 프로이트는 남녀 모두 남근에 지나친 가치를 부여하고 있으며 이것이 심리학에 최고 중요한 문제라고 생각하였다. 프로이트에 따르면 소년들은 굉장한 가치를 가진 것으로 평가된 남근을 잃어버릴지도 모른다는 과도한 공포를 체험하고, 소녀들은 예전에 남근이 있었는데 왜 잃어버렸는지 궁금해하며 피학증과 죄책감을 갖게 되기 쉽다. 프로이트의 평론가들은 여성이 본질적으로 거세된 남성이라는 묘사는 여성성을 심각하게 왜곡하고 오해한 것이라고 누차 비판하였다. 임신, 출산, 모성애 같이 여성의 인생에 중요한 측면들을 배제하고, 여성의 가장 중요한 문제가 남근의 유무에 달려 있다고 믿는 것은 심각하게 편향된 여성 심리학을 만들어 낼 수밖에 없다.

프로이트의 성 이론의 또 다른 주춧돌은 오이디푸스 콤플렉스, 즉 어머니에 대한 소년의 성적 이끌림과 아버지에 대한 공격성이다. 이것은 어머니에 대한 감정 때문에 아버지에게 거세라는 형태로 벌받는 공포와 관련된다. 오이디푸스 콤플렉스의 상대 개념은 아버지에 대한 소녀의 애착과 어머니에 대한 반감으로서 엘렉트라 콤플렉스라고 한다.

　프로이트의 성의 이해에 대한 논의는 또 다른 중요한 개념인 유명한 이빨 달린 질(바기나 덴타타vagina dentata)을 말하지 않고는 완성될 수 없을 것이다. 이것은 아이들이 여성 성기를 죽이거나 삼키거나 거세할 수 있는 이빨을 가진 위험한 기관으로 본다는 관찰이다. 성적 도착과 정신신경증에 대한 정신분석적 해석에서 불길한 여성 성기에 대한 환상은 오이디푸스와 엘렉트라 콤플렉스와 함께 중대한 역할을 한다.

　프로이트는 소년이 여성 성기를 보면 두 가지 이유로 불안이 일어난다고 했다. 첫째는 남근이 없는 사람들도 있다는 인식을 하고 자기도 그렇게 될까 봐 거세 공포가 생기기 때문이고, 둘째는 오랜 구강 불안으로 인해 여성 성기를 깨물 수 있는 거세도구로 인식하기 때문이다(Fenichel, 1945). 이 두 가지 이유 모두 특별히 흥미롭거나 설득력이 있는 것은 아니다.

　홀로트로픽 상태 관찰에서는 개인무의식에 주산기 영역이 추가됨으로써 성에 대한 프로이트의 이해를 빠르게 확장하고 깊이 있게 한다. 최초의 성적 느낌은 젖가슴이 아니라 산도에서 이미 체험되는 것임을 보여 주기 때문이다. 앞서 논의한 것처럼 BPM III 중의 질식과 고통으로 극도로 강한 성적 흥분이 산출되는데, 이는 성적 느낌과의 최초 대면이 매우 불안정한 환경에서 발생한다는 의미이다.

　출생은 우리 목숨이 위협받고 질식, 고통 등 극심한 신체적, 감정적 불편을 체험하는 상황이다. 우리는 다른 유기체에게 고통을 가하고 그 유기체는 우리에게 고통을 가한다. 또한 다양한 형태의 생물학적 재료, 즉 피, 질 분비물, 양수, 그리고 (도뇨관導尿管과 관장제가 사용되지 않은 경우) 대변이나 소변까지도 접촉한다. 대부분 이런 곤경에 대해 심한 불안과 격노를 섞어 반응하게 되는데, 이렇게 문제가 많이 발생할 수 있게 연결되어 있는 형태에서 근본적 성기능 장애, 일탈, 도착을 이해할 수 있는 자연스러운 근거가 형성된다.

　성에 대한 주산기 역동의 깊은 영향을 인식하면 프로이트의 거세 콤플렉스 개념의 심각한 이론적 문제점들도 해결된다. 이 콤플렉스의 중요 특징들은 남근과 연관시키는 한 의미가 통하지 않는다. 프로이트는 거세 공포의 강도가 죽음에 대한 공포와 맞먹을 정도로 과도하다고 했으며, 거세가 중요한 인간관계의 상실과 심리학적으로 같다고 보고 그런 상실에 의해 실제로 거세가 활성화될 수도 있다고 했다. 거세 콤플렉스와 관련해 질식과 호흡곤란 상황을 다루는 자유연상들도 자주 나타난다. 또 앞서 말한 것처럼 거세 콤플렉스는 남녀 모두에게서 발견된다.

　거세 콤플렉스가 남근 상실에 관한 것뿐이라면 앞에서 설명한 것들은 아무 의미가 없을 것이다. 홀로트로픽 상태를 보면 프로이트가 거세 콤플렉스의 원천이라고 생각한 체험들이 실제로는 탯줄 절단이라는 외상적 기억에 중첩된 응축경험 체계의 표층임을 나타내 준다. 프로이트의 남근 콤플렉스의 특징들은 사실 남근 상실이 아니라 탯줄이 끊어짐으로써 어머니로부터 분리되는 것을 말하는 것임을 깨달을 때 방금 말한 모든 불일치가 사라진다.

거세 환상이나 '고추를 따먹겠다'는 장난스러운 위협, 심지어 포피접착 교정이나 포경수술 같은 남근에 대한 수술과는 달리, 탯줄을 자르는 것은 잠재적으로나 실제적으로 목숨을 위협하는 상황이다. 어머니와의 필수적인 연결을 잘라내는 것이기 때문에 중요한 관계 상실의 원형이 된다. 탯줄은 태아에게 산소의 원천이기 때문에 탯줄을 자르는 것은 당연히 질식과 연관된다. 특히 중요한 것은 그것이 남녀에 공통되는 체험이라는 점이다.

또한 신생아가 의식 있는 존재, 적어도 출생 외상이 기억에 기록된다는 사실을 받아들이면 프로이트가 순진한 유아의 환상이라고 본 이빨 달린 질의 이미지가 새롭게 보인다. 위험한 기관인 여성의 질의 이미지는 아이의 미숙한 영혼이 어리석고 유치하게 조립한 것이 아니라 출산 중 여성 성기와 연관된 위험을 보여 주는 것이다. 단순한 환상이 아니라 목숨을 위협하는 구체적인 상황을 일반화시킨 것이다.

잠재적으로 목숨을 위협하는 출생 외상이 성과 연결됨으로 인해 각종 성적 장애 성향이 생겨나기 때문에 특정 양상의 주산기 기억들이 출생 후 외상에 의해 강화될 때 특정 장애가 생긴다. 일반적으로 이것은 정서 및 정신신체 장애의 경우이기 때문에 정신분석에서 이러한 문제의 1차적 원인으로 보는 외상적 체험들은 실제로 출생 외상의 특정한 측면들을 강화하고 확장하여 의식 안에 출현하도록 한다. 또한 성적 문제는 대개 다른 심인성 장애처럼 다양한 업보적, 원형적, 계통발생적 요소와 연결되는 자아초월적 영역에 더 깊은 뿌리를 두고 있다. 이제 전반적인 소개를 했으니 인간의 여러 가지 구체적인 형태의 성적 체험과 행동에 관해 홀로트로픽 상태에서 얻은 통찰을 간단히 살펴보겠다.

발기나 유지를 못하는 발기부전과 오르가슴에 도달하지 못하는 오르가슴 불능은 정신역동적 근거가 비슷하다. 정치적으로 부정확하고 한물간 불능과 불감증이라는 옛 이름에서 보듯이, 이 문제들은 관습적으로 발기부전을 정력 부족과 성적 취약함으로 보며 '불감증'을 성적 냉담, 성적 민감성 부족으로 해석한다. 내 경험상 사실은 그 반대로, 즉 성애화된 주산기 에너지 과잉이 문제인 경우가 많다.

[그림 4-1] LSD 회기의 주산기 체험을 묘사한 그림
탯줄을 자르는 체험에서 거세 콤플렉스와 그것의 깊은 뿌리에 대한 통찰력을 얻었다.
이것은 몸이 조여지는 듯한 수축의 느낌과 고통스러운 탯줄과 생식기 감각을 결합한다.

　BPM III의 성적 측면에 강한 영향을 받을 때 이런 장애가 생긴다. 그러므로 이 매트릭
스의 모든 다른 요소가 동시에 활성화되지 않으면 성적 흥분을 체험할 수 없게 된다. 그
래서 BPM III과 연관된 성적 욕구, 공격적 충동, 생명 유지와 관련된 불안, 통제력 상실
에 대한 공포 등의 강도에 따라 성적 행위가 억제된다. 두 경우 모두 성적 문제가 응축경
험 체계와 연결되어 있는데, 이 체계에는 주산기 요소 이외에도 전기적 층이 있으며 자
아초월적 뿌리, 즉 성적 학대, 강간, 섹스를 고통이나 위험에 결부시킴 등의 주제에 대한
개인적 및 업보적인 기억이 있다.
　'불능'과 '불감증'에 주산기 역동이 관련된다는 것은 체험적 심리치료에서 경험적으로
뒷받침해 준다. BPM III의 요소들이 의식 안으로 들어와 그것과 연관되는 에너지가 방출
되는 비성적nonsexual인 상황이 만들어지면 발기불능은 일시적으로 음란증satyriasis, 즉 과도
한 성욕과 식욕으로 바뀔 수 있다. 이것은 출생 외상으로 발생된 성적 에너지와 남근 사
이에서 접속이 구축되었기 때문이며, 이제 성적 행위에 사용되고 있는 것은 보통의 리비
도가 아닌 이 주산기 에너지이기 때문이다.
　이 상황에서는 주산기 수준의 과도한 양의 에너지가 발생되기 때문에 끝없는 성욕과
비상한 성 수행능력이 생길 수 있다. 전에는 전혀 발기를 유지할 수 없었던 남성이 이제

는 하룻밤에 몇 번이고 섹스를 할 수 있다. 방출은 대개 완전히 만족스럽지 못하고, 오르가슴에 도달해 사정하자마자 성적 에너지는 다시 축적되기 시작한다. 좀 더 비성적 체험적 작업을 해야 이 에너지를 성적 상황에서 편하게 다룰 수 있는 부위로 가져올 수 있다. 이러한 상태가 치료적 상황을 벗어나서 일상생활에서 발전되면 이것은 지속적인 것이 되고 성중독이 될 수 있다.

마찬가지로 이전에는 오르가슴에 도달하지 못했던 여성이 치료 상황에서 BPM III과 연관된 과도한 에너지를 방출하면 오르가슴에 도달하는 지점까지 도달할 수 있다. 최초의 오르가슴은 매우 격렬해서 본의 아니게 큰 비명을 지르며 몇 분씩 격렬한 떨림이 이어지고, 참지 못해 파트너의 등에 멍이 들게 하거나 할퀼 수도 있다. 이런 상황에서는 여러 번의 오르가슴을 체험하는 것도 드문 일이 아니다.

이런 최초의 해방으로 성욕이 주체할 수 없이 증가될 수 있다. 그러므로 '불감증'이 일시적으로 색정증nymphomania으로 변형될 수 있다. 성욕은 강한데 완전한 방출이 어려운 것이 특징이다. 발기부전에 대해 체험 작업을 하는 남성의 경우와 마찬가지로, 주산기 에너지가 적절한 성생활이 허용되는 수준으로까지 방출되게 하려면 비성적 상황에서의 내적 작업이 추가적으로 필요하다.

주산기에 기원한 성 에너지의 양은 출생 중 질식 기간이 길었던 사람들에게 특히 많은 듯하다. 수년 동안 나는 탯줄에 목이 감긴 채 태어난 많은 사람과 작업을 했었는데, 그들 중 상당수가 삶에서 항상 성적 긴장감이 몹시 심했고 어릴 때부터 과도하게 자위를 했다고 하였다. 허혈성 성행위 또한 과도한 질식 상황에서 산출된 강렬한 성적 충전에서 비롯된 것일 수 있다.

오르가슴 불능이 섹스로 활성화되는 주산기 에너지의 압도적인 특성 때문이 아니라 요실금 때문인 경우가 있다. 여성이 요도가 훨씬 짧고 요로계의 괄약근이 덜 효과적이기 때문에 여성에게만 발생하는 문제인 듯하다. 소변이 저절로 나오지 않을까 하는 공포 때문에 성적 오르가슴을 억제하거나 차단하는 것이다.

이러한 두려움은 심현제를 사용하는 체험 작업이나 홀로트로픽 숨치료에서 문제가 될 수 있다. 여성이 해방 지점까지 오게 될 때마다 그것이 요의로 나타나 화장실에 가느라고 회기가 중단된다. 심현제 작업 초기에는 이런 일이 한 회기에 10~15번 발생해서 치료적 진행이 불가능해지는 경우도 몇 번 있었다. 우리의 해결책은 기저귀나 수술바지를 입혀서 요의를 느껴도 회기를 중단하지 않도록 하는 것이었다. 따뜻한 소변과 접촉하면 대개 자다가 오줌을 싸거나 학교에서 '사고'를 친 것 같은 어릴 적의 본의 아닌 기억을 가져온다. 이것은 대개 부끄러움과 창피함뿐만 아니라 감각적인 쾌락이 혼합된 느낌이다. 이런 종류의 에피소드가 몇 번 있은 뒤에는 성적 해방과 배뇨 간의 연관성이 해결되고 문제는 사라진다.

성의 주산기 차원들을 이해하면 프로이트의 이론적 추측에 만만찮은 도전이었던 질환인 가학피학증sadomasochism에 흥미로운 새로운 빛을 던져 준다. 프로이트는 죽을 때까지 이것과 씨름했으며 한 번도 만족스러운 해결책을 찾지 못했다. 가학피학증 환자들이 적극적으로 고통을 추구하는 것은 프로이트의 초기 매트릭스의 주춧돌 중 하나인 '쾌락욕구 원리'와 모순되었다. 이 개념에 따르면 영혼의 가장 깊은 동력은 쾌락의 추구와 불편감의 회피이기 때문이다. 또한 프로이트는 가학피학증의 본질적 요소, 즉 기본적 본능인 성과 공격성, 이 두 가지의 이상한 융합이 당혹스러웠다.

프로이트가 초기 이론을 버리고 논란이 많은 타나토스thanatos, 즉 죽음본능을 포함하는 완전히 새로운 정신분석 체계를 만들어 낸 것은 쾌락 원리를 넘어서는 가학피학증과 그 외 질환들의 존재 때문이었다(Freud, 1955, 1964). 프로이트는 주산기 수준에서 존재하는 죽음과 출생 사이의 친밀한 연결을 전혀 이해하지 못했지만, 이 후기의 추측에서 가학피학증이 생사가 걸린 문제와 같다는 그의 직관적 통찰을 분명히 볼 수 있다. 또한 실행 가능한 심리학 이론에는 죽음의 문제가 포함되어야 한다는 프로이트의 믿음도 볼 수 있다.

이것은 이드가 영원하기 때문에 죽음이 심리학과 관련이 없다고 생각하고 무상함과 죽음이라는 사실들을 받아들이지 않은 프로이트의 초기 작업에서 근본적으로 벗어나는 것이었다. 이러한 측면에서 프로이트의 생각은 분명 동료들보다 훨씬 앞선 것으로, 동료 중에는 비교적 사소한 전기적 상황에서 가학피학증이 파생되었다는 이론을 수립한 사람들도 있었다. 예를 들면, 체코 정신분석가 오타카 쿠체라Otakar Kučera는 유아가 이가 날 무렵에 무언가를 확 물려다가 자기가 다치는 체험을 가학피학증과 연결시켰다(Kučera, 1959). 이런 종류의 설명은 가학피학 충동의 강도와 깊이에 대한 설명을 시작조차 못한 것이다.

가학피학증과 속박증후군은 BPM III의 맥락에서 성적 흥분, 신체적 구속, 공격성, 고통과 질식 사이의 관련성을 통해 이해할 수 있다. 이것은 가해지거나 체험된 고통과 성이 융합된 것이다. 섹스에 신체적 제한, 지배와 복종, 고통을 가함과 체험함, 목 조임과 숨 막힘 같은 요소를 결합해야 하는 사람들은 출생 중에 체험했던 감각과 감정의 조합을 반복하고 있는 것이다. 이런 활동의 주요 초점은 성적인 것 그 자체가 아니라 주산기적인 것이다. 가학피학적 체험과 환상은 BPM III이 지배적인 회기에서 자주 발생한다.

가학피학적 상황과 무의식적인 체험적 콤플렉스를 만들어 내려는 욕구는 증상을 보여주는 행동일 뿐 아니라 원래의 외상적 각인을 정화하고 통합하려는 심혼의 오도된 불완전한 시도다. 이러한 노력은 무의식 깊이 들어가지 못하고, 그 과정의 특성에 대해 자기성찰과 통찰과 이해가 부족하기 때문에 자기치유를 가져다주지 못한다. 체험적 콤플렉스는 그 무의식의 원천을 인식하거나 깨닫지 못한 상태에서 실연된다.

성적 상황에 대소변을 포함시키려는 강한 욕구가 특징인 대변기호증coprophilia, 식분증 coprophagia(대변을 먹는 증상), 기뇨증urolagnia[3] 같은 성 도착증도 동일하다. 이런 일탈을 보이는 개인들은 보통 역겹다고 생각되는 생물학적 재료와 친밀한 접촉을 추구한다. 그것들이 있어야 성적으로 흥분되기 때문에 성생활에 포함시키는 경향이 있다. 소변이나 대변을 받거나 대변으로 문질러지거나 배설물을 먹거나 소변을 마셔야만 성적 만족에 다다를 수 있는 극단적인 경우도 있다.

성적 흥분과 분변의 조합은 죽음-재탄생 과정의 최종 단계에서 상당히 흔한 체험이다. 이는 도뇨관이나 관장제가 사용되지 않은 출산에서 많은 신생아가 피, 점액, 양수뿐만 아니라 분변과 친밀한 접촉을 체험하기 때문인 듯하다. 이러한 상황이 좀 더 흔했을 고대 로마에서는 이를 "우리는 똥과 오줌 사이에서 태어난다Inter faeces et urinam nascimur."라는 유명한 속담으로 묘사한다. 극단적이고 기괴해 보이는 이 일탈은 생명의 위협 속에 장시간 고통을 받은 뒤 머리가 산도의 조임으로부터 해방되는 그 순간에 분변을 입으로 접촉한 것에 자연적인 근거를 두고 있다. 그러므로 대소변과의 친밀한 접촉이 완전한 오르가슴적 해방의 상징이요 필수조건이 되는 것이다.

정신분석학에서는 유아는 필수적으로 동물적인 본성 때문에 원래 다양한 형태의 생물학적 재료들에 끌리며, 그것들에 대한 혐오감은 부모와 사회의 억압적 조치 때문에 2차적으로 발달되는 것일 뿐이라고 한다. 심현제 연구의 관찰에 따르면 꼭 그렇지는 않다. 생물학적 재료에 대한 태도는 출생 중 이 재료와의 만남의 특성에 따라 크게 결정된다. 어떤 상황이냐에 따라 이 태도가 긍정적이 될 수도, 극히 부정적이 될 수도 있다.

어떤 출산에서는 아이가 어머니의 질 분비물과 대소변을 신체적, 감정적 해방의 분위기의 일부로 만난다. 어떤 출산에서는 이 재료를 흡입해 호흡 경로가 막혀 끔찍한 질식을 일으킨다. 이런 종류의 극단적 상황에서는 기도와 기관지를 깨끗하게 하고 폐렴으로 발전되는 것을 막는 삽관법이나 흡입법을 통해 신생아의 생명을 구해야 한다. 출생 중

---

3) 오줌 또는 배뇨를 보고 흥분을 느끼는 성 도착증이다.

생물학적 재료와의 만남은 이렇게 극단적으로 달라서 긍정적일 수도, 무섭고 외상적일 수도 있다. 호흡이 너무 일찍 촉발되어서 흡입된 생물학적 재료가 목숨을 위협하는 상황은 강렬한 공포를 일으키고 미래의 강박증의 기초가 될 수 있다.

강간, 가학적 살인, 시체성애증 necrophilia 같은 범죄적인 성적 병리학의 극단적인 형태는 분명 주산기적 근간을 배신한다. BPM III의 성적 측면을 체험하는 개인들은 이 단계의 출생 과정에서 강간과 공통된 특징이 많다고 자주 말한다. 이 비교는 강간의 필수적인 체험적 특징들을 생각해 보면 납득이 잘된다. 피해자에게는 심각한 위험, 생명의 염려, 극도의 고통, 신체적 속박, 벗어나려는 몸부림, 숨 막힘, 부과되고 강화된 성적 흥분이 있다. 한편, 강간범의 체험에는 위험을 가함, 위협, 상해, 억제, 목조름, 성적 흥분 강요와 같이 이와 대응되는 활동들이 있다. 피해자의 체험은 산도의 조임 속에서 고통받는 아이의 체험과 공통되는 요소가 많은 반면, 강간범은 내사된 요도수축의 힘을 외재화하고 실행하는 동시에 모성의 대체물에 복수를 하는 것이다.

BPM III의 기억이 의식에 가깝다면 그 요소들을 일상생활에서 재현해야 한다는, 즉 합의에 의한 폭력적인 성행위를 하거나 심지어는 무의식적으로 위험한 성적 상황을 불러일으켜야 한다는 강한 심리적 압박이 생길 수 있다. 이 메커니즘이 모든 성범죄 희생자에게 적용되는 것은 아니지만 어떤 경우에는 중요한 역할을 할 수 있다. 분명 자기파괴적이지만 이런 행동에는 무의식적 치유 충동이 들어 있다. 체험적 치료의 맥락에서 무의식적 원천에 대한 통찰과 함께 대상 자신의 심혼에 의해 비슷한 체험이 출현하면 치유와 심리영적 변용이 일어날 수 있다.

강간 체험과 출생 체험이 이렇게 비슷하기 때문에 강간 피해자는 강간 상황의 고통스러운 영향뿐만 아니라 생물학적 출생의 기억으로부터 자신을 보호해 주는 방어가 붕괴되었다는 심리적 외상에 시달린다. 강간에 자주 뒤따르는 장기적인 정서적 문제는 대개 주산기 감정과 정신신체적 증상이 의식 안에 출현함으로써 일어난다. 치료적으로 해결하려면 출생 외상 작업을 해야 한다. 세 번째 주산기 매트릭스는 강간과 밀접히 관련된 가학적 살인에 분명한 영향을 준다.

가학적 살인의 역동은 유혈이 낭자한 자살의 역학과 밀접한 관련이 있다. 유일한 차이점은 전자에서는 공격자의 역할을, 후자에서는 희생자의 역할을 맡는다는 점이다. 마지막 분석에서 두 역할은 모두 동일한 성격을 가진 별개의 측면을 나타내는데, 공격자의 역할은 산도의 억압적이고 파괴적인 힘을 내사화한 것을 반영하는 반면에, 희생자의 역할은 출산 중 아이의 감정과 감각의 느낌에 대한 기억을 반영한다.

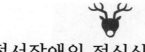

정서장애의 정신신체적 발현

정신신경증, 우울증, 기능적 정신증 같은 정서장애에는 뚜렷한 신체적 징후가 있다. 가장 흔한 것은 두통, 심계항진, 과도한 땀, 경련(틱)과 떨림, 정신신체적 고통, 다양한 피부병이다. 구역질, 식욕부진, 변비, 설사 같은 위장장애도 빈번하다. 정서적 문제에 전형적으로 수반되는 것은 월경불순, 불규칙한 주기, 월경통, 섹스 중 고통스러운 질 경련 등과 같은 다양한 성적 기능장애이다. 앞서 다룬 발기부전과 오르가슴 불능은 다른 신경증적 문제를 동반하거나 독립적인 주요 증상으로 발생할 수 있다.

전환히스테리 같은 몇몇 정신신경증은 신체적 징후가 매우 뚜렷하고 특징적이다. 이것은 고전 정신분석학에서 **전성기기 신경증**pregenital neuroses이라고 부르는 장애에서도 마찬가지로, 다양한 틱과 말더듬, 심인성 천식의 징후가 있다. 이와 같은 질환은 강박신경증과 전환히스테리가 혼합된 것이다. 그 기저에 있는 성격의 구조는 강박적이지만, 주요한 방어와 증상 형성 기제는 히스테리에서처럼 전환이다. 또한 의학적 장애군의 하나로 심리적 요인들의 역할이 너무 커서 전통 의학조차도 그것을 **정신신체 질환**이라고 부른다.

이 범주에는 편두통, 기능성 고혈압, 대장 및 위궤양, 심인성 천식, 건선, 다양한 습진, 특정 형태의 관절염까지 포함된다. 주류 내과 및 정신과 의사들은 이런 장애가 심인성이라는 것은 받아들이지만 관련된 심인성 메커니즘에 대해 그럴듯한 설명은 해 주지 않는다. 이와 관련된 임상 작업, 이론적 추론, 연구의 많은 부분은 정신신체의학의 창시자인 정신분석학자 프란츠 알렉산더Franz Alexander의 개념에 근거한 것이었다. 알렉산더는 정신신체장애의 메커니즘을 설명하는 이론적 모델로서 정신신체적 증상이 심리적 갈등과 외상의 생리학적 부수물에서 비롯된다고 제안하였다. 알렉산더에 의하면 심한 불안, 슬픔, 격노가 있는 동안의 정서적 흥분은 강력한 생리적 반응을 일으켜서 정신신체적 증상과 질병으로 발전된다(Alexander, 1950).

알렉산더는 전환반응과 정신신체장애를 구별하였다. 전환반응의 증상은 상징적 의미를 가지며 불안에 대한 방어로 작용하는데, 이것은 정신신경증의 중요한 특징이다. 정신신체장애 기저에 있는 정서적 상태는 심리적 외상, 신경증적 갈등, 병적 인간관계가 근원인 것으로 추정되지만, 증상 자체는 유용한 기능을 하지 못한다. 증상들은 사실 과도한 정서적 각성에서 개인을 보호하려는 심리적 메커니즘이 실패했음을 보여 준다. 알렉

◀ 프란츠 알렉산더(1891~1964)는 헝가리의
내과 의사이자 정신분석학자였으며,
정신분석적 범죄학 창시자 중의
한 사람이다.

산더는 정서의 이러한 신체화가 건강한 개인이 아니라 원래 그런 성향의 개인에게서만 발생한다고 강조했지만, 그와 그의 계승자들 모두 이 성향의 특성을 정의하지 못했다.

60년 이상이 지났음에도 정신신체의학 분야의 상황은 전반적으로 매우 실망스럽다. 신체적 증상들의 심인성에 수반되는 메커니즘에 대해 근본적으로 의견의 일치가 부족하고, 전적으로 만족스러운 개념의 틀이 없기 때문이다(Kaplan & Kaplan 1967). 명확한 해답이 부족한 이유는 많은 저자가 다중원인의 개념에 동의하기 때문이다. 이 견해에 따르면 심리적 요인이 정신신체장애에 중요한 역할을 하지만, 체질, 유전, 인체장기병리학, 영양상태, 환경, 사회적/문화적 결정요인 등 다양한 다른 요인도 고려해야 한다. 물론 이들은 적절히 구체화될 수 없기 때문에 정신신체장애의 병인학의 문제가 매우 애매모호한 상태로 남겨지게 된다.

심현제 치료와 홀로트로픽 숨치료를 통해 출생 후 심리적 외상만 가지고는 정서장애의 발달을 설명하기에 불충분하다는 분명한 증거가 나왔다. 정신신체적 증상과 장애도 마찬가지이며 정도는 훨씬 더 심하다. 정신분석에서 원인이라고 보는 심리적 갈등, 중요한 관계의 상실, 과도한 의존, 부모의 섹스 목격, 그 외 비슷한 요인으로는 정신신체장애와 관련된 생리적 장애의 특성과 강도를 전혀 설명하지 못한다.

깊은 체험 작업에서 볼 때 정신신체적 질환이 출생 후 전기의 심리적 외상에만 근거한 것이라고 설명하려는 정신분석이론은 피상적이고 설득력이 없다. 이런 장애가 언어로 하는 치료로 효과적으로 치료될 수 있다는 가정 또한 믿기 어렵다. 홀로트로픽 연구는 정신신체장애의 이론과 치료에 중요한 통찰을 제공하였지만, 그중 가장 중요한 것은 정신신체적 증상의 기저에 막혀 있던 막대한 양의 감정적, 신체적 에너지의 발견일 것이다.

심리적인 전기적 외상이 신체 장기에 깊은 기능장애나 심지어 심각한 해부학적 손상을 일으킬 수 있다는 정당한 의심을 해 볼 수도 있지만, 이것은 홀로트로픽 상태에서 무의식의 주산기 층에서 나오는 야만스러운 파괴적 에너지의 경우에는 합리적인 가능성이 있다. 이러한 관찰로 정신의학의 걸출하고 논란이 많은 선구자인 이단아 빌헬름 라이히의 개념들이 사실임이 확인되었다. 치료회기에서의 관찰을 통해 라이히는 정서 및 정신신체 장애는 근육과 내장에 있는 상당한 양의 생체에너지가 엉키고 막혀서 성격 갑옷 character armor을 구성함으로써 생긴다는 결론을 내렸다(Reich, 1949, 1961).

그러나 라이히의 심리학과 홀로트로픽 연구 관찰의 유사성은 이것으로 끝이다. 라이히에 의하면 이 막힌 에너지는 성적인 것으로서, 우리의 생물학적 욕구와 사회의 억압적 영향 간의 근본적인 갈등 때문에 막혀서 완전한 오르가슴 방출과 만족스러운 성생활에 방해가 된다. 표출되지 못하고 남는 성적 에너지는 막혀서 도착이나 신경증적, 정신신체적 증상의 형태로 일탈적으로 표현된다. 홀로트로픽 상태에서의 작업은 근본적으로 다른 설명을 제공한다. 즉, 우리 유기체 내의 억눌린 에너지는 축적되고 표현되지 못한 리비도가 아니라, 응축경험 체계에 묶인 정서적, 신체적 충전이다.

이 에너지의 일부는 유아기와 아동기의 심리적, 신체적 외상의 기억이 담겨 있는 이 체계의 전기적 계층들에 속한다. 그러나 이 에너지 충전의 상당 비율은 주산기가 원천이며, 출생의 기억이 적절히 처리되지 않았다는 사실을 비춰 주고 있다. 그것은 무의식 속에 정서적, 신체적으로 중요하지만 불완전한 형태로 계속 존재한다. 출산 중에는 엄청난 양의 에너지가 뉴런의 과도한 자극으로 산출되고 산도에 갇혀 방출되지 못한다. 라이히가 이 에너지를 막힌 리비도로 오인한 이유는 아마도 BPM III과 관련된 강한 성적 흥분 때문일 것이다.

출생 전 외상이 응축경험 체계의 전반적인 부정적 충전에 크게 일조하고 정신신체적 증상의 발생에 관여하는 경우도 있다. 어떤 사람들은 임산부의 극도의 감정적, 신체적 스트레스, 임박한 유산, 낙태 시도, 불량한 자궁, RH 혈액형 부적합 등이 관련된 매우 힘든 출생 전 역사를 가지고 있다. 정신신체장애의 기저에 있는 에너지의 가장 깊은 근원은 전형적으로 자아초월적 영역, 특히 업보적이고 원형적인 요소들에서까지 추적된다 (앞에 나온 노버트의 이야기를 보라).

모든 정신신체적 징후의 배후에 있는 원동력이 심리적 외상은 아님을 보여 주는 심층적인 체험 작업에서의 관찰은 특히 흥미롭고 중요하다. 그 발생에 결정적인 역할을 하는 것은 아동기 질병, 수술, 부상, 익사할 뻔했던 일과 연관된 불편함에 대한 기억처럼 검증되지 않고 동화되거나 통합되지 않은 신체적 외상이다. 보다 더 깊은 차원에서 그 증상들은 출생 외상, 심지어 전생 기억과 연관된 신체적 외상과도 관련이 있다. 정신신체적 고통의 기저에 있는 소재로는 유아기, 아동기, 이후 인생에서의 사고, 수술이나 질병, 출생 과정 중 체험한 고통, 전생의 부상이나 죽음과 관련된 육체적 고통에 대한 기억이 포함될 수 있다.

이것은 정신신체적 증상의 발생이 주로 심리적 갈등과 외상 때문이라고 보는 대부분의 정신역동학파의 견해와 뚜렷이 대조된다. 그들은 이런 심리적 문제가 상징적인 신체언어로 표현되는, 즉 신체화되는 방식에서 증상이 생긴다고 한다. 예를 들면, 변비나 설사에는 어떤 감정을 붙잡거나 제거하려는 심리적 요인이 깔려 있고, 목과 어깨의 심한 통증은 '어깨에 너무 많은 짐을 지고 있는 사실'을 상징적으로 표현한 것이다.

마찬가지로 위장 문제는 '삼키거나' '넘기지' 못하기 때문에 생기며, 히스테리성 마비는 불쾌한 유아의 성적 행동에 대한 방어에서 온다. 호흡곤란은 자기를 질식시켜 죽이고 있는 어머니 때문에 일어나고, 천식은 소리쳐 울며 어머니를 부르는 것이며, 가슴의 압박감은 비통함이 원인이다. 같은 맥락에서 말더듬은 언어적 공격성과 외설 충동을 억누름이 원인이며, 심한 피부장애는 성적 유혹에 대한 보호이다.

홀로트로픽 상태의 작업에서는 정신신체장애의 역동을 통찰할 기회가 풍부하다. 실제로 심현제 및 홀로트로픽 숨치료 회기에서는 일시적으로 천식발작, 편두통, 다양한 습진, 건선, 피부발진이 출현하는 경우가 드물지 않다. 이것은 보통 그 정신역동적 뿌리에 관한 통찰과 연관이 있다. 긍정적인 측면에서 다양한 정신신체장애가 극적으로 지속적으로 개선되고 향상된다는 보고는 깊은 체험적 기법을 사용하는 치료사나 촉진자에게서 나온다. 이들은 대체로 신체적 외상, 특히 출생 외상의 재체험과 다양한 자아초월 체험이 가장 효과적인 치료 메커니즘이라고 보고하고 있다.

지면이 부족해 구체적인 정신신체장애의 정신역동에 대한 새로운 통찰들을 자세히 묘사하거나 사례를 올릴 수는 없다. 여기에 관심 있는 독자들은 나의 예전 출판물을 보기를 바란다(Grof, 1985, 2001).

자폐 및 공생적 아동 정신증, 자기애적 성격 및 경계선 상태

　자아심리학의 선구자인 마거릿 말러Margaret Mahler, 오토 컨버그Otto Kernberg, 하인츠 코헛Heinz Kohut 등은 대상관계의 초기 장애에 기원을 두는 몇 가지 새로운 진단범주를 추가함으로써 고전적 정신분석 분류법에 기여하였다. 건강한 심리적 발달은 자폐 및 공생 단계의 1차적 자기애에서 시작해 분리와 개성화 과정을 거쳐 변함없는 대상관계를 달성하는 데까지 진행된다. 이 과정에 심각한 개입이나 간섭이 있거나, 초기 단계에서 기본적인 욕구를 충족시키지 못하면 그 역경의 정도와 시기에 따라 자폐 및 공생적 아동 정신증, 자기애적 성격장애 및 경계선 성격장애 등과 같은 심각한 장애가 생길 수 있다.

　이러한 장애의 근간을 이루는 대상관계의 장애에 대한 자아심리학의 분석은 무척 정교하고 세련되었다. 그러나 고전적 정신분석가들처럼 자아심리학자들 역시 출생 후 전기적 사건들만 가지고는 정서장애의 증상학을 적절히 설명할 수 없다는 것을 인식하지 못했다. 홀로트로픽 상태를 관찰해 보면, 유아기의 초기 외상들은 매우 미성숙한 유기체에 발생해서 성격의 바탕에 영향을 줄 뿐 아니라, 출생 외상의 회복에 간섭하여 개인의 심리적 삶에 깊은 영향을 주며, 주산기 무의식으로 통하는 가교와 문을 활짝 열어 둔다.

　자아심리학에서 이 장애들의 출생 후 역동을 설명하는 데 사용되는 용어들에서 그 기저에 있는 태아기와 주산기 차원들이 노출된다. 자아심리학자들이 큰 의미를 부여하는 이 공생적 만족감은 유아기의 모유수유 및 의존 만족의 질뿐만 아니라 태아기 상태의 질에도 적용된다. 공생적 결핍의 유해한 영향도 마찬가지이다. 여기서 공생 단계에 대한 마거릿 말러의 설명을 예로 들어 보겠다. "유아가 자신과 어머니가 하나의 공통 경계 내에서 전지전능한 시스템(이중적 단일성)인 것처럼 행동하고 기능하는 공생 단계(말하자면 공생 막)이다"(Mahler, 1961). 마찬가지로 자폐증 및 객관성이 없는 상태로의 퇴행도 단지 초기 출생 후 상태가 아니라 자궁으로의 심리적 귀환의 특징이 뚜렷하다.

　대상관계 발달 중의 장애로 야기되는 장애들의 다른 중요한 측면들은 주산기 역동을 분명히 가리키고 있다. 경계선 환자들의 특징인, 대상 세계를 선과 악으로 나누는 것은 자아심리학자들이 강조하는 모성의 불일치('좋은 어머니'와 '나쁜 어머니')만을 반영하지는 않는다. 더 깊은 수준에서 그것은 심지어 가장 좋은 상황에서도 어머니가 아이의 인생에서 담당하는 역할이 근본적으로 모호하다는 점에 근거를 두고 있다. 출생 전에 어머니는 생명을 주고, 출생 후에는 생명을 유지해 주는 존재를 대표하는 반면에, 분만 시에는 고통을 가하고 생명을 위협하는 적대자로 변하기 때문이다.

공생적 아동 정신증을 앓는 유아는 자아심리학에서 분리의 공포와 삼킴의 공포 사이에 잡혀 있는 존재로 묘사된다. 이 상황은 분명 1차적 자기애에서 대상관계로의 전환 transition보다는 출생의 외상에 원천을 두고 있다. 앞에서 살펴보았듯이 자궁의 상실과 분만의 시작은 대부분 생명을 위협하는 삼킴으로 체험되며, BPM III에서 BPM IV로의 이행에서 끔찍한 분리를 체험한다. 이 두 가지 체험은 대상관계 형성 중에 체험하는 삼킴이나 분리의 공포와는 비교할 수 없을 정도로 훨씬 더 강력하다. 이 범주의 환자들에게서 관찰되는 격노의 강도가 출생 후 기원으로 보기에는 너무 크며 주산기에서 비롯된 것으로 보인다고 덧붙여야 한다.

성인 정신증 상태의 정신역동

정신의학 연구에 거대한 시간과 에너지와 돈이 투자되었음에도 불구하고 정신장애 과정의 특성은 여전히 수수께끼다. 대규모의 체계적 연구를 통해 광범위한 구조적 및 유전적 요인, 호르몬 및 생화학적 변화, 생물학적 변수, 심리학적 및 사회적 결정요인, 환경적 촉발 영향 등을 탐구해 왔지만, 이 중 기능적 정신증의 원인에 대한 설득력 있는 설명을 제공할 만큼 충분히 일관성 있는 것이 없었다.

그러나 생물학 및 생화학 연구로 정신증적 상태의 발생과 일관성 있는 상관관계를 보여 줄 과정들을 찾아낸다 해도 정신증 체험들의 특성과 내용을 이해하는 데는 도움이 되지 않을 것이다. 나는 이미 이 문제를 앞 장에서 LSD 실험실 연구를 논의하면서 다루었다. 이 실험들에서 우리는 그 체험들을 촉발하는 매개체의 구성과 용량을 정확히 알고 있지만 그렇다고 정신증 문제가 명확해진 것은 아니었다. 사실 오히려 문제가 더 복잡해졌다. 정신증의 원인에 대해 간단한 대답을 가져오는 대신에, 인간 심혼의 비밀, 우주와 존재의 비밀에 대한 대답을 추구하는 원대한 새 프로젝트에 착수하게 된 것이다.

이 연구는 깊은 무의식의 재료가 의식 안에 출현하는 것을 보여 주었을 뿐이다. 그것은 이 체험들을 창조하는 잠재력이 병적 과정의 산물이라기보다는 인간 심혼 자체의 고유자산임을 보여 주었다. 기능적 정신증의 현상학에서는 주산기 및 자아초월 체험들을 때로는 출생 후 전기적 요소들의 혼합물과 다양한 방식으로 결합시킨다.

정신증 에피소드 증후학에는 BPM I의 특징적 체험들의 긍정적 형태와 부정적 형태가 나와 있다. 많은 환자는 태모신Great Mother Goddess과의 더없이 행복한 공생합일과 그녀의 자궁이나 젖가슴에서 영양을 공급받는 느낌이 있는 에피소드들을 체험한다. BPM I은 또한 다른 사람들, 자연, 우주 전체, 신과의 황홀한 합일로 체험될 수 있다. BPM I의 체험적 스펙트럼에는 여러 문화의 신화에 나오는 천국이나 낙원의 환상도 포함된다.

역으로 태아 시기의 장애는 편집증적 지각 및 현실 왜곡이 있는 정신증적 상태와 깊은 관련이 있는 것 같다. 많은 태어나기 전의 태아기 장애가 모체의 화학변화(중독증)와 관련이 있다. 이것은 누가 자기 음식에 독을 탄다든가, 독가스가 집 안으로 주입되고 있다든가, 사악한 과학자가 자기를 위험한 방사선에 노출시키고 있다고 의심하는 편집증 환자가 왜 그렇게 많은지 설명해 주는 것 같다. 이런 적대적 영향을 체험할 때는 다양한 악한 실체와 악마적 원형에 대한 환상이 자주 보인다.

BPM II의 시작 단계는 편집증적 느낌의 또 다른 근원이다. 분만의 시작은 태아인 출생 전 존재의 주요한 불가역적 장애이기 때문에 이것은 놀라운 일이 아니다. 이 두 상황이 태아에게 얼마나 불쾌하고 혼란스러울까 생각해 보면, 출생의 시작이나 심각한 자궁 내 동요에 대한 기억이 성인의 의식 안으로 출현할 때 만연한 불안감과 심각한 위협을 느낄 것이라는 점을 어렵지 않게 이해할 수 있다. 분명한 이유로 인해, 이 위험의 근원은 확인될 수 없고 알려지지 않은 채로 남아 있다. 개인은 이 감정들을 외부 세계의 어떤 위협적인 상황, 즉 비밀 지하조직, 나치, 공산당, 프리메이슨, KKK,[4] 잠재적으로나 실제적으로 위험한 인간집단, 심지어 외계 침입자들에 투사하는 경향이 있다.

분만의 시작을 재체험할 때는 주술적이거나 신화적 지하세계(저승)로 들어가는 체험을 자주하게 된다. 충분히 진행된 형태의 BPM II는 영원한 저주, 절망, 잔혹한 고문과 극악무도한 시련 등의 주제로 정신증 증상에 일조한다. 정신증 진단을 받은 많은 정신증 환자는 지옥의 끝없는 고통이나 기발한 장치에 의해 가해지는 고문 같은 것을 체험한다.

정신분석 연구에서는 많은 정신증 환자가 극심한 고통을 일으킨다고 묘사한 유도기전기誘導起電機가 나쁜 어머니의 몸을 나타낸다고 했다(Tausk, 1933). 그러나 이 저자들은 고

---

4) KKK(Ku Klux Klan)는 사회변화와 흑인의 동등한 권리를 반대하며 폭력을 휘두르는, 미국 남부 주들의 백인 비밀단체이다(옥스퍼드 영한사전).

문하는 위험한 모체가 수유모 아닌 분만모의 몸이라는 점을 알지 못했다. BPM II와 관련된 다른 정신증 주제로는 로봇 같은 사람들의 무의미하고 기이하고 황당한 세계와 괴기한 서커스 사이드 쇼 체험이 있다. 이런 악몽 같은 체험들의 멋진 묘사는 스위스의 환상적 사실주의의 천재 한스 뢰디 기거Hans Ruedi Giger의 생체기계biomechanoid 미술에서 찾아볼 수 있다(Grof, 2015).

BPM III은 정신증 상태에 대한 임상적 그림에 이 복잡한 매트릭스의 다양한 측면을 나타내는 체험들의 풍부한 배열을 더해 준다. 이 거대한 측면은 감당할 수 없는 긴장, 강력한 에너지 흐름, 충돌, 방전의 형태로 나타난다. 이에 상응하는 심상화와 관념화는 전쟁, 혁명, 피비린내 나는 대학살의 폭력적인 장면들과 관련된다. 이런 장면들은 자주 원형적 차원에 도달해 거대한 규모, 즉 선과 악, 어둠과 빛, 악마와 싸우는 천사, 신들에게 도전하는 타이탄, 신화의 괴물들과 싸우는 영웅들 같은 세력 간의 우주적 전투로 묘사되기도 한다. 죽음, 섹스, 공격성, 분변증의 주제와 결합된 악마의 연회나 악마숭배 의식의 원형들도 정신증 환자의 체험에 등장할 수 있다.

BPM III에서 BPM IV로의 이행에서 심리영적 죽음과 재탄생, 세상의 파괴와 재창조에 대한 종말론적 환상, 죽은 자의 심판 또는 마지막 심판의 장면 등 연속적인 사건들은 정신증적 체험의 스펙트럼을 넓혀 준다. 여기서 예수나 죽음과 재탄생을 대표하는 원형적 인물들과 동일시하거나 자아 팽창과 메시아적 느낌이 생길 수 있다. 또 성스러운 결혼hieros gamos, 즉 신의 아이를 기르거나 낳는 환상과 체험도 있다. 신의 공현(출현)의 체험, 태모신의 환상이나 동일시, 빛 속에서 나타나는 천사 같은 존재와 신과의 마주침, 신에 의한 구원과 구속의 느낌도 BPM IV의 특징적인 나타남에 속한다.

내가 처음 정신증 증상의 많은 부분을 주산기 역동으로 이해할 수 있다고 제안했을 당시에는(Grof, 1975) 이 가설을 뒷받침해 주거나 심지어 가능성을 알아보려는 임상연구도 없었다. 연구자들이 정신증과 출생의 외상 간에 있을 수 있는 관계에 거의 주목하지 않았다는 사실은 놀라웠다. 반세기 뒤인 오늘날에는 출생 전 태아기 장애와 출생의 외상이 정신증 발생에 중요한 역할을 한다는 중요한 임상적 증거가 존재한다.

임신 중 부적절한 영양 공급과 세균 감염, 출산 중 오랜 산고와 산소 결핍을 포함한 출산 합병증은 조현병의 위험 요인으로 알려져 있다(Dalman et al., 1999; Kane, 1999; Verdoux & Murray, 1998; Warner, 1999; Wright et al., 1997). 정신분석에서는 생물학적 사고의 영향력이 강하기 때문에 이런 자료를 해석할 때는 출산으로 인하여 현행 진단법으로 탐지가 안 되는 경미한 뇌손상이 일어났다는 추정에 찬성하는 경향이 있다. 주류 이론가들과 임상의들도 여전히 주요 심리 외상으로서의 출산의 가장 중요한 역할을 인정하지 않고 있다.

앞에 묘사된 주산기 체험들에는 출생에 대한 생물학적 기억과 그에 상응하는 주제를 가진 원형적 모티브와 결합된 경우가 많은 반면에, 정신증적 상태의 현상학에는 생물학적 주산기 요소가 혼합되지 않은 순수한 형태의 자아초월적 체험들도 다양하게 들어 있다. 이 중 가장 흔한 것은 전생 기억, 외계인 접촉, 다양한 신과 악귀와 마주치는 체험들이다. 때때로 정신증 진단을 받은 개인들은 신이나, 절대자, 대우주 공간과의 동일시 같은 매우 고양된 영적 체험을 갖기도 한다.

이러한 체험 중 많은 것이 모든 시대의 신비주의자들, 성인들, 예언자들, 영적 교사들로부터 전달받은 것이다. 앞에서 살펴보았듯이 현대 정신의학에서 흔히 그러하듯이 이 모든 체험을 뇌속이나 몸속 다른 곳의 알려지지 않은 어떤 병리학적 과정 때문이라고 전가시키는 것은 불합리한 것이다. 여기서 자연스럽게 정신증과 신비적 체험의 관계 문제가 제기된다. 나는 지금까지 정신의학계에서 흔히 쓰는 정신증과 정신증 환자라는 용어를 사용해 왔다. 다음 장에서 보겠지만 홀로트로픽 상태에서의 관찰과 체험에서 볼 때 정신증의 개념은 완전히 재정의되어야 할 것이다.

출생 후 전기에 국한되지 않고 주산기 및 자아초월 차원을 포함하는 심혼의 큰 지도의 맥락에서 이런 체험들을 보면, 신비주의와 정신장애 사이의 차이점은 그 체험들의 특성과 내용보다는 그 체험들에 대한 태도, 개인의 '체험 스타일', 해석의 방식, 그 체험들을 통합하는 능력에 있다는 것이 명확해진다. 조셉 캠벨Joseph Campbell은 강의에서 이 관계를 포착하는 인용문을 자주 사용하였다. 정신증 환자는 신비주의자가 즐겁게 수영하는 물에 빠져 죽는다. 나 자신은 신비주의자의 체험이 꼭 기쁘기만 한 것이 아니라 어렵고 힘든 경우가 많다는 사실 때문에 이 인용문이 좀 꺼려진다. 그러나 신비주의자는 더 깊은 목적과 바람직한 목표를 가진 영적 여정이라는 더 큰 맥락에서 이런 도전들을 볼 수 있는 역량이 있다.

정신증에 대한 이러한 접근은 이론뿐만 아니라 치료에 있어, 특히 과정과 결과에 있어 심오한 의미가 있다. 체험적 치료의 관찰들은 크게 정신증의 대안적 이해의 선구자인 카를 융(1960), 로베르토 아사지올리(Roberto Assagioli, 1977), 에이브러햄 매슬로(Abraham Maslow, 1964), 존 페리(John W. Perry, 1998)의 혁명적 발상들을 광범위한 방식으로 확인해 준다.

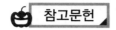

Abraham, K. 1927. *A Short Study of the Development of the Libido. Selected Papers*. London: Institute of Psychoanalysis and Hogarth Press.

Alexander, F. 1950. *Psychosomatic Medicine*. New York: W. W. Norton.

Assagioli, R. 1977. *Self-Realization and Psychological Disturbances. Synthesis 3-4*. Also in: Grof, S. and Grof, C. (Eds.). *Spiritual Emergency: When Personal Transformation Becomes a Crisis*. Los Angeles, CA: J. P. Tarcher.

Blanck, G., & Blanck, R. 1974. *Ego Psychology I: Theory and Practice*. New York: Columbia University Press.

Blanck, G., & Blanck, R. 1979. *Ego Psychology II: Psychoanalytic Developmental Psychology*. New York: Columbia University Press.

Dalman, C. et al. 1999. Obstetric Complications and the Risk of Schizophrenia: A Longitudinal Study of a National Birth Cohort. *Arch.gen. Psychiat.* 56: 234-240.

Fenichel, O. 1945. *The Psychoanalytic Theory of Neurosis*. New York: W. W. Norton.

Freud, S. 1953. *Three Essays on the Theory of Sexuality*. Standard Edition, vol. 7. London: The Hogarth Press & The Institute of Psychoanalysis.

Freud, S. 1955. *Beyond the Pleasure Principle. The Standard Edition of the Complete Works of Sigmund Freud, Vol. 18*. (J.Strachey, ed.), London: The Hogarth Press & The Institute of Psychoanalysis.

Freud, S. 1964. *An Outline of Psychoanalysis*. Standard Edition, vol.23. London: The Hogarth Press & The Institute of Psychoanalysis.

Goodwin, F. K., & Jamison, K. R. 1990. *Manic-Depressive Illness*. Oxford, New York: Oxford University Press.

Goodwin, F. K., & Jamison, K. R. 2007. *Manic-Depressive Illness, Bipolar Disorders and Recurrent Depression*. Oxford, New York: Oxford University Press.

Grof, S. 1975. *Realms of the Human Unconscious*. New York: Viking Press.

Grof, S. 1985. *Beyond the Brain: Birth, Death, and Transcendence in Psychotherapy*. Albany, NY: State University of New York (SUNY) Press.

Grof, S. 2000. *Psychology of the Future*. Albany, New York: State University of New York (SUNY) Press.

Grof, S. 2001. *LSD Psychotherapy*. Santa Cruz, CA: MAPS Publications.

Grof, S. 2015. *Modern Consciousness Research and the Understanding of Art*. Santa Cruz, CA:

MAPS Publications.

Jacobson, B. et al. 1987. Perinatal Origin of Adult Self-Destructive Behavior. *Acta psychiat. Scand.* 76: 364–371.

James, W. 1961. *The Varieties of Religious Experience.* New York: Collier.

Jung, C. G. 1960. *The Psychogenesis of Mental Disease. Collected Works, vol. 3. Bollingen Series XX.* Princeton: Princeton University Press.

Kane, J. M. 1999. Schizophrenia: How Far Have We Come? *Current Opinion in Psychiatry* 12: 17.

Kaplan, H. S., & Kaplan, H. I. 1967. Current Concepts of Psychosomatic Medicine. In: *Comprehensive Textbook of Psychiatry.* Baltimore: The Williams & Wilkins Co.

Kernberg, O. F. 1976. *Object Relations Theory and Clinical Psychoanalysis.* New York: Jason Aronson.

Kernberg, O. F. 1984. *Severe Personality Disorders: Psychotherapeutic Strategies.* New Haven, CT: Yale University Press.

Kohut, H. 1971. *The Analysis of the Self: A Systematic Approach to the Psychoanalytic Treatment of Narcissistic Personality Disorders.* New York: International Universities Press.

Kučera, O. 1959. On Teething. *Dig. Neurol. Psychiat.* 27: 296.

Lavin, T. 1987. Jungian Perspectives on Alcoholism and Addiction. Paper presented at the seminar The Mystical Quest, Attachment, and Addiction. Presentation at a monthlong seminar at the Esalen Institute, Big Sur, CA.

Lorenz, K. 1963. *On Aggression.* New York: Harcourt, Brace and World.

Mahler, M. 1961. On Sadness and Grief in Infancy and Childhood: Loss and Restoration of the Symbiotic Love Object. *The Psychoanalytic Study of the Child.* 16: 332–351.

Mahler, M. 2008. *The Psychological Birth of the Human Infant: Symbiosis and Individuation.* New York: Basic Books.

Maslow, A. 1964. *Religions, Values, and Peak Experiences.* Cleveland, OH: Ohio State University.

Moreno, F. et al. 2006. Safety, Tolerability, and Efficacy of Psilocybin in Nine Patients with Obsessive-Compulsive Disorder. *Journal of Clinical Psychiatry* 67(11): 1735–1740.

Odent, M. 1995. "Prevention of Violence or Genesis of Love? Which Perspective?" Presentation at the Fourteenth International Transpersonal Conference in Santa Clara, California, June.

Pahnke, W. N., Kurland, A. A., Unger, S., & Grof, S. 1970. "The Experimental Useof Psychedelic (LSD) Psychotherapy." *Journal of the American Medical Association (JAMA)* 212: 856.

Perry, J. W. 1998. *Trials of the Visionary Mind: Spiritual Emergency and the Renewal Process.* Albany, NY: State University of New York (SUNY) Press.

342 **04** 정서 및 정신신체 장애의 체계

Rank, O. 1929. *The Trauma of Birth.* New York: Harcourt Brace.

Reich, W. 1949. *Character Analysis.* New York: Noonday Press.

Reich, W.1961. *The Function of the Orgasm: Sex-Economic Problems of Biological Energy.* New York: Farrar, Strauss & Giroux.

Spitz, R. A. 1965. *The First Year of Life: A Psychoanalytic Study of Normal and Deviant Development of Object Relations.* New York: International Universities Press.

Tausk, V. 1933. On the Origin of the Influencing Machine in Schizophrenia. *Psychoanalyt. Quart.* 11.

Tinbergen, N. 1965. *Animal Behavior.* New York: Time-Life.

Verdoux, H., & Murray, R. M. 1998. What Is the Role of Obstetric Complications in Schizophrenia? *Harv. Ment. Health Lett.*

Warner, R. 1999. New Directions for Environmental Intervention in Schizophrenia: I. The Individual and the Domestic Level. *Mental Health Services* #83, pp. 61-70.

Wilson, W., & Jung, C. G. 1963. Letters republished in: Grof, S. (Ed.): Mystical Quest, Attachment, and Addiction. *Special edition of the Re-Vision Journal 10* (2): 1987.

Wright, P. et al. 1997. Maternal Influenza, Obstetric Complications, and Schizophrenia. *Amer. J. Psychiat.* 154: 292.

05

영적 응급:

변용의 위기에 대한 이해와 처치

홀로트로픽 의식 상태에 대한 연구의 가장 중요한 함의 중 하나는, 오늘날 정신병으로 진단받고 억제 약물에 의해 무차별적으로 치료되는 상태에서 자연스럽게 많이 나타나는 에피소드가 실제로는 급진적 인격 변용과 영적 개안opening의 힘든 상태라는 인식이다. 그것들을 정확하게 이해하고 지지한다면, 이러한 심리영적 위기crises는 정서와 정신신체적 치유, 현저한 인격 변용, 그리고 의식 진화를 가져올 수 있다. 또한 그것들은 커다란 귀납적 가능성을 가지고 있다(Grof & Grof, 1989, 1990).

이런 유형의 에피소드는 무속인, 요기, 신비주의자 및 성인의 삶의 이야기에서 찾을 수 있다. 세계의 신비주의 문학은 이러한 위기를 영적 진로의 중요한 상징으로 설명하고 치유와 변용적 잠재성을 확인한다. 주류 정신과 의사는 개념적 틀이 좁기 때문에 복잡하지 않은 신비적 상태에서조차도 심리영적 위기와 심각한 정신질환 간의 차이를 볼 수 없다. 학문적 정신의학은 출생 후 전기와 강한 생물학적 편향으로 제한된 정신 모델을 가지고 있다. 이것들은 정신병 상태의 본질과 내용을 이해하는 데 심각한 장애물이다.

나의 고인이 된 아내 크리스티나와 내가 이러한 상태들에 대해서 만들어 낸 '영적 응급emergency'이라는 용어는 긍정적인 잠재성을 암시한다. 라틴어인 *emergere*는 '출현'을 의미하지만, 위기 상황이 갑자기 발생하면 이를 '응급emergency'이라고 부른다. 따라서 이 이름은 위기를 암시하는 단어 유희지만, 동시에 더 높은 수준의 심리적 기능과 영적 인식으로 발전할 수 있는 '드러나는' 기회이기도 하다. 이런 맥락에서 우리는 영적 응급 상태에 대한 기본 개념을 보여 주는 위기에 대한 중국한자를 참조한다. 이 표의 문자ideogram는 두 개의 이미지로 구성되며, 그중 하나는 위험을, 다른 하나는 기회를 나타낸다.

그러한 에피소드의 성공적인 완성과 통합은 공격성의 현저한 감소, 인종적, 정치적, 종교적 관용의 증가, 생태학적 인식, 그리고 가치와 실존적 우선순위의 위계에 깊은 변화를 가져온다. 자연스러운 과정이 허용되는 심리영적 위기로부터 비롯될 수 있는 이점 중에는 더 나은 심신 건강, 삶에 대한 흥미 증가, 더 보람 있는 삶의 전략, 확장된 세계관,

보편적이며 특정 종교와 관계없는 모든 것을 포괄하는 영성 등이 있다. 잘 통합된 심리 영적 위기가 개인을 더 높은 차원의 의식 진화로 이끈다고 말하는 것은 과언이 아니다.

최근 수십 년 동안 우리는 영적 문제에 대한 관심이 급증해 왔고, 이는 영적 개안을 매개할 수 있는 마인드 확장 기술인 고대, 원주민, 현대의 '신성의 기술technologies of the sacred'에 대한 광범위한 실험으로 이어졌다. 그들 중에는 다양한 샤머니즘 방법, 동양 명상법, 심현제 물질, 강력한 경험적 심리치료법, 그리고 실험적인 정신의학에서 개발한 실험실 방법이 있다. 여론조사에 따르면, 20세기 후반에 영적인 경험을 한 미국인의 수가 상당히 증가하였다. 이것은 정신적인 위기 상황의 병행적 증가를 동반하는 것으로 보인다.

점점 더 많은 사람이 심오한 개인적인 경험을 바탕으로 한 진정한 영성이 삶의 지극히 중요한 차원이라는 것을 깨닫는 듯하다. 서구 기술 문명의 물질주의적 지향으로 인해 야기되는 세계적인 위기가 고조되고 있는 것을 볼 때, 우리가 영성을 부정하고 거부해서 치르는 대가가 크다는 것은 분명해졌다. 우리는 인간의 삶에 영양과 힘을 부여하며 인간 존재에 의미를 부여하는 힘을 금지해 온 것이다.

개인 차원에서 영성을 잃어버림으로써 지불해야 하는 것은 빈곤하고 소외되며 채워지지 않는 삶의 방식과 정서적, 정신적인 장애의 증가라는 것이다. 집단적 차원에서 영적 가치의 부재는 재생 불가능한 자원의 약탈, 자연환경을 오염시키고 생태적 균형을 방해하며, 폭력을 문제해결의 주요 수단으로 사용하는 것과 같은 지구상 생명체의 생존을 위협하는 생존 전략으로 이어진다.

그러므로 영성을 우리의 개인적 삶과 집단적 삶으로 되돌리는 방법을 찾는 것은 우리 모두에게 유익하다. 이것은 영성을 존재의 필수적인 측면으로 이론적으로 인식할 뿐만 아니라 현실의 영적 차원에 대하여 경험적 접근을 중재하는 활동에 대한 지원과 사회적 제재를 포함해야 한다. 이러한 노력의 중요한 부분은 영적 개안의 위기를 겪고 있는 사람들을 위한 적절한 지원 시스템을 개발하는 것인데, 이로 인해 이들 상태의 긍정적이고 변용적인 잠재력을 활용할 수 있게 할 것이다.

1980년, 나의 고인이 된 아내 크리스티나는 심리영적 위기들을 겪고 있는 개인들에게 이러한 상태에 대한 새로운 이해를 가지고 기꺼이 도움을 제공하려 하는 전문가들과 연결시키는 기관인 영적 응급 네트워크Spiritual Emergency Network: SEN를 설립하였다. SEN의 지원支院은 현재 세계의 많은 나라에 존재한다.

◀ 크리스티나 그로프(1940~2014)는
박사, 예술과 요가 선생, 예술가, 작가.
1980년 캘리포니아주의 빅서 에살렌
연구소에 영적 응급 네트워크(SEN)를
만들었다.

영적 응급의 촉발요인

많은 경우에 심리영적 위기를 촉발시키는 상황을 파악하는 것이 가능하다. 그것은 주로 질병, 사고, 또는 수술과 같은 신체적인 상해일 수 있다. 다른 때에는 극도의 신체적 활동이나 장시간 수면 부족이 가장 즉각적인 촉발요인으로 보일 수 있다. 여성들의 경우 출산, 유산, 혹은 낙태가 그것일 수 있다. 또한 우리는 그 과정의 시작이 유달리 강력한 성적 경험과 일치하는 상황을 보아 왔다.

다른 경우에 심리영적 위기는 외상적 정서 경험 직후에 시작된다. 이것은 자녀나 다른 가까운 친척의 죽음, 이혼, 또는 연애의 끝과 같은 중요한 관계의 상실이 될 수 있다. 마찬가지로 일련의 실패, 직업이나 재산의 손실은 영적 응급 사태가 발병하기 직전에 발생할 수 있다. 취약한 개인들의 경우 '결정타'는 심현제 물질에 대한 경험 또는 경험적 심리치료의 회기일 수 있다.

영적 응급의 가장 중요한 촉매 중 하나는 다양한 형태의 명상과 영적 수행과 깊은 관련이 있는 것 같다. 이것은 이 방법들이 영적 경험을 용이하게 하도록 특별히 고안된 것이기 때문에 놀랄 일이 아니다. 우리는 선zen이나 위파사나 불교 명상, 쿤달리니 요가, 수피명상 기도Sufi dhikr, 수도적 관상monastic contemplation 또는 기독교 기도의 실천에 의해 홀로트로픽 상태가 자발적으로 발생하고 진행 중인 사람들과 계속 연락을 받아 왔다. 그러한 영적 수행이 단식, 수면 부족, 오랜 기간의 명상을 포함한다면 이러한 일이 발생할 가능성은 증가한다.

영적 응급의 광범위한 촉발요인은 개인의 내면적 변용에 대한 준비가 외부 자극보다훨씬 더 중요한 역할을 한다는 것을 분명히 암시한다. 우리가 앞에서 설명한 상황의 공통분모 또는 최종 공통 경로를 찾아볼 때, 우리는 그것들이 모두 무의식적인 과정과 의식적인 과정 사이의 균형에서 급격한 변화를 포함한다는 것을 알 수 있다. 심리적 방어를 약화시키거나, 반대로 무의식적 역동들의 에너지 충전을 높이는 것은 무의식적인 (그리고 초의식적인superconscious) 요소들이 의식 속으로 나타나는 것을 가능하게 만든다.

신체적 외상, 피로, 수면 부족, 또는 중독과 같은 다양한 생물학적 스트레스에 의해 심리적 방어가 약화될 수 있음은 잘 알려져 있다. 심리적 외상은 무의식에 대해 힘을 발동할 수 있게 한다. 특히 그것들이 초기 심리적 트라우마를 연상시키는 요소들과 중요한 **응축경험 체계**COEX system의 일부 요소들을 포함한 경우에 그렇다. 심리영적 위기의 촉발요인으로서 분만은 강력한 잠재성을 가졌다. 이것은 출산이 생물학적 약화와 주산기 기억의 특정한 재활성화를 결합시킨다는 것을 반영하는 것으로 보인다.

전문 직업과 개인의 삶에서 실패와 실망은 개인의 겉으로 보이는 동기와 야망을 손상시키고 좌절시킬 수 있다. 이것은 감정적 문제로부터 벗어나 외적 활동을 해내는 것을 더 어렵게 만들고, 심리적 철수 및 내면세계로 관심을 돌리게 한다. 결과적으로, 무의식적인 내용물은 의식에 나타날 수 있고 개인의 일상 경험을 방해할 수도 있으며 심지어 완전히 뒤엎어 버릴 수도 있다.

외적인 지향과 외적인 물질적 목표의 추구, 그리고 내적 과정과 자기성찰에 소비되는 시간 사이에는 역상관이 있어 보인다. 가까운 친척과 친구들의 죽음, 결혼이나 중요한 관계의 단절, 재산이나 직업의 상실, 그리고 일련의 실패 등 긍정적인 시각을 훼손하거나 파괴하는 삶의 여러 분야에서의 균열은 관심을 내면 쪽으로 돌리고 무의식을 활성화시키는 경향이 있다. 현재의 트라우마와 이전 트라우마의 유사성은, 종종 전체 시리즈는, 최근 사건의 영향에 대응하는 응축경험의 감정적인 힘을 더한다. 세계의 암울하고 막연한 상황 및 비전의 상실(예: 아메리칸드림의 죽음)도 유사한 영향을 미칠 수 있다.

영적 응급의 진단

우리가 영적 응급의 실재를 인식해야 함을 강조할 때, 이것이 주류 정신의학의 이론과 관행에 대해 무분별하게 거부하는 것을 의미하지는 않는다. 현재 정신질환으로 진단된 모든 상태가 심리영적 변용의 위기이거나 치유 잠재력이 있는 것은 아니다. 비일상적 의식 상태라는 에피소드는 순수한 영적 경험에서 명백히 생물학적이고 의학적 치료를 필요로 하는 조건에 이르기까지 매우 광범위한 스펙트럼을 포괄한다. 주류 정신과 의사들은 일반적으로 신비한 상태를 병리학적으로 보는 경향이 있는 반면, 정신질환자들을 낭만화하고 미화하거나, 심지어 심각한 의학 문제를 간과하는 반대의 오류도 있다.

영적 응급의 개념을 접하는 많은 정신건강 전문가는 영적 위기와 정신병 사이의 '감별진단'을 할 수 있는 정확한 기준을 알고 싶어 한다. 불행히도, 신체 의학에서 사용되는 기준에 따라 그러한 차별화를 하는 것은 원칙적으로 불가능하다. 신체 의학에 의해 치료되는 질병과는 달리, 본질적으로 명확히 기질적이지 않은 정신병 상태인 '기능적 정신병'은 의학적으로 정의되지 않는다. 그것들을 아예 질병이라고 불러야 할지는 사실 매우 의문스럽다.

기능적 정신병은 확실히 당뇨병, 장티푸스, 또는 악성 빈혈과 같은 의미의 질병이 아니다. 그것들은 진단을 뒷받침하고 생물학적 원인이라는 가정을 정당화하는 특정 임상 또는 실험 결과를 얻지 못한다. 이러한 상태의 진단은 전적으로 인간 심혼에 대한 고통스러울 정도의 피상적인 모델을 가진 현대 정신의학의 적절한 설명이 부족한 비정상적 경험과 행동의 관찰에 근거한다. 의학의 범주화 관행을 잘 아는 사람이라면 이러한 상황에 사용되는 '내인성endogenous' 또는 '기능적'이라는 무의미한 속성이 이러한 무지를 인정하는 것이라는 걸 안다. 현재로서는 이러한 상태를 '정신적 질병'이라고 부를 이유가 없으며, 관련된 경험이 미래 연구에 의해 아직은 발견되지 않은 뇌속 병리학적 과정의 산물이라고 가정할 이유가 없다.

우리가 그것에 대해 좀 더 생각해 본다면, 뇌를 괴롭히는 병리학적 과정이 그 자체로 현재 정신병으로 진단된 상태의 믿을 수 없을 정도로 풍부한 경험적 스펙트럼을 만들어 낼 가능성이 매우 낮다는 것을 깨닫는다. 어떻게 뇌의 비정상적 과정이 문화적으로 특정한 심리영적 죽음과 재탄생, 십자가에 못 박힌 예수와 춤추는 시바Shiva와의 동일시, 또는 프랑스 혁명 동안 파리의 바리케이드에서의 죽음과 관련된 에피소드, 외계인 납치 등과 같은 복잡한 장면의 경험을 만들어 낼 수 있었을까?

유기체의 화학적 변화가 그러한 경험들을 촉진시킬 수는 있지만, 우주의 다양한 측면에 대한 정확한 새로운 정보에 대한 접근을 중재할 수 없고, 그 자체로 복잡한 이미지와 풍부한 철학적, 영적 통찰력을 만들 수 없다. 이것은 알려진 화학적 구조와 그것들이 사용되는 복용량을 가진 향정신성 물질의 효과를 살펴볼 때 명백해진다. LSD와 다른 심현제 및 영신제迎神劑, entheogen의 투여는 깊은 무의식적인 요소가 의식으로 출현하는 것을 설명할 수 있지만 그 본질과 내용을 설명할 수는 없다.

심현제 경험의 현상을 이해하기 위해서는 신체의 비정상적인 생화학적 또는 생물학적 과정에 대한 단순한 언급보다 훨씬 더 정교한 접근이 필요하다. 이것은 초월심리학, 신화, 철학 및 비교 종교를 포함하는 포괄적인 접근이 필요하다. 심리영적 위기에 대해서도 마찬가지이다.

영적 응급에서 분명히 드러나는 경험들은 뇌의 비정상적인 병리생리학적 과정의 인공적 산물이 아니라, 심혼에 속한다. 자연스럽게, 이런 식으로 보기 위해 우리는 주류 정신의학이 제공하는 심혼에 대한 좁은 이해를 넘어서야 하고, 엄청나게 확장적 개념 체계를 이용해야 한다. 이러한 정신세계의 확대된 모델들의 예로는 이 책의 앞부분에서 설명한 로베르토 아사지올리의 정신통합psychosynthesis(Assagioli, 1976), 켄 윌버의 스펙트럼 심리학spectrum psychology(Wilber, 1977), 카를 구스타프 융C. G. Jung의 역사적이고 원형적 집단무의식을 포함하는 세계혼anima mundi 등에 대한 개념(Jung, 1959)을 들 수 있다. 심혼에 대한 그러한 크고 포괄적인 이해는 위대한 동양의 철학과 세계의 신비적mystical 전통의 특징이기도 하다.

기능적 정신병은 의학적으로 정의되는 것이 아니라 심리적으로 정의되기 때문에 다른 형태의 뇌염, 뇌종양, 또는 치매와 마찬가지로 의료 실무에서 행해지는 방식으로 영적 응급과 정신질환 사이에 엄격한 감별 진단을 제공하는 것이 불가능하다. 이러한 사실을 고려해 볼 때, 진단적 결론을 내리는 것이 가능할까? 우리는 어떻게 이 문제에 접근할 수 있고, 영적 응급과 정신질환 사이의 명확하고 모호하지 않은 감별 진단 대신에 우리가 제공할 수 있는 것은 무엇일까?

가능한 대안은 어떤 개인이 강렬한 자발적 홀로트로픽 의식 상태를 경험하는지 결정할 수 있는 기준을 정의하는 것이다. 이 과정은 프로세스를 검증하고 지원하는 치료 전략의 좋은 후보가 될 가능성이 있다. 또한 우리는 어떤 상황에서 대안적 접근법을 사용하는 것이 적절하지 않은지, 그리고 언제 현행의 일상적인 정신약리학적 증상 억제가 바람직한 시기인지를 결정할 수 있다.

이러한 평가에 필요한 전제조건은 본질적으로 기질적이고 생물학적 치료를 필요로 하는 조건의 가능성을 없애 주는 좋은 건강검진이다. 일단 이것이 이루어지면, 다음 중요한 지침은 문제의 비일상적 의식 상태에 대한 현상론이다. 영적 응급은 앞서 설명되었던 전기적, 주산기 및 자아초월 경험의 조합을 포괄한다. 이런 종류의 경험은 심현제 물질에 의해서뿐만 아니라 명상, 샤먼 드럼 연주, 빠른 호흡, 환기시키는 음악,[1] 보디워크, 그리고 다양한 비약물 기술과 같은 간단한 방법들에 의해서 무작위로 선택된 '보통' 사람들의 집단에서 유도될 수 있다.

홀로트로픽 숨치료로 작업하는 우리는 매일 워크숍과 세미나에서 그러한 경험을 보고 치유와 변용 잠재성을 살펴볼 기회가 있다. 이것을 고려할 때, 일상생활 중 자발적으로 일어나는 유사한 경험들을 색다르지만 아직 알려지지 않은 병리 때문이라고 간주하는 것은 어렵다. 홀로트로픽 회기에서 접근하는 것과 같은 방식으로 이러한 경험에 접근하는 것은 탁월한 방법이다. 즉, 사람들을 그 과정에 내맡기도록 격려하고 사용 가능한 무의식적인 재료의 발현과 완전한 표현을 지지하는 것이다.

또 다른 중요한 예후 지표는 과정에 대한 개인의 태도와 경험 스타일이다. 홀로트로픽 경험을 하는 사람들이 그들에게 일어나는 일이 내면적 과정임을 인식하고, 경험에 개방적이며, 그것을 시도하는 것에 흥미가 있을 때는 일반적으로 매우 고무적이다. 자아초월적 전략들은 이러한 기본 통찰력이 부족하거나, 투사 기제를 주로 사용하거나, 박해 망상으로 고통받는 개인에게는 적합하지 않다. 적절한 신뢰를 가지고 좋은 작업 관계를 형성할 수 있는 능력은 위기에 처한 사람들과의 정신치료적 작업을 위해서 절대적으로 필

---

[1] 어떤 것을 환기 또는 연상시킨다고 한다면, 그것은 사람들에게 즐거운 기억, 생각, 감정, 반응을 만들어 내는 것을 의미한다. 환기적 음악(evocative music)이란 그런 의미에서 어떤 기억, 감정, 반응 등을 불러일으키는 음악을 말한다(Reverso dictionary, https://dictionary.reverso.net/english-cobuild/evocative+music+playing).

요한 전제조건이다.

내담자들이 그들의 경험에 대해 말하는 방식에 주의를 기울이는 것도 매우 중요하다. 의사소통 방식은 종종 그 자체로 가망이 있어 보이는 사람들과 부적절하거나 의심스러워 보이는 사람들을 구분한다. 아무리 특이하고 이상한 내용일지라도 사람이 경험을 조리 있고 명확하게 설명할 때 그것은 매우 좋은 예후 지표이다. 어떤 의미에서 이것은 방금 높은 용량의 심현제 회기를 경험한 사람의 이야기를 듣고, 어떤 것이 이상하고 과장된 경험인 것처럼 보이는지 식별력 있게 설명하는 것과 비슷할 것이다.

내담자의 내적 과정과 의사소통 스타일에 대한 태도의 차이는 그들의 상태가 영적 응급으로 간주되어 치료를 받을 수 있는 좋은 후보자 또는 문제 있는 후보자가 되게 하는데, 다음 두 가지 경우를 비교하여 설명할 수 있다.

정신과에 찾아온 첫 번째 환자는 다음과 같이 호소한다. "저는 2주전 딸을 출산한 뒤부터 이상한 경험을 하고 있어요. 전기 방전과 같은 강력한 에너지 흐름이 제 척추를 타고 올라가고 몸을 통제하기 어려운 방식으로 흔들게 만들어요. 불안, 슬픔, 분노, 기쁨 등 갑작스럽게 아무 이유 없이 쏟아지는 강한 감정의 파도를 경험하죠. 때때로 저는 신이나 악마의 형상을 한 빛을 봐요. 환생을 믿지 않지만, 종종 제가 전에 살았던 것처럼 인식했던 다른 시대와 나라들로부터의 기억으로 보이는 순간들을 보죠. 제게 무슨 일이 일어난 거죠? 제가 미쳐 가는 건가요?" 이 사람은 확실히 이상한 경험에 당황하고 혼란스러워하지만, 이 상황을 내면적인 과정으로 보고 조언과 도움을 기꺼이 받아들일 용의가 있다. 이 경우는 그 상황을 영적 응급으로 간주하고 좋은 치료 결과를 약속할 것이다.

두 번째 환자는 매우 다른 그림을 보여 준다. 그 환자는 자신의 증상에 대해 설명하지 않고 정신과 치료를 요청하고 있다. 대신, 그 환자는 자기 적들의 이야기를 들려준다. "이웃이 저를 잡으러 나왔죠, 저를 없애 버리려 해요. 그 사람이 제 침실로 유독 가스를 내뿜고 밤에는 지하실의 터널을 통해 집에 들어가서 냉장고 안의 음식에 독을 넣어요. 저는 제 집에서 사생활이 없어요. 그 사람이 도청 장치와 마이크로 카메라를 사방에 숨겨 두었죠. 모든 정보는 마피아에게 가죠. 제 이웃집 사람은 급여를 받고 있어요. 마피아는 저를 없애려고 많은 돈을 제 이웃에게 지불해요. 왜냐하면 저는 그들의 계획에 방해가 될 만큼 높은 도덕적 원칙을 가지고 있기 때문이죠. 그리고 이 모든 것을 위한 돈은 주로 중동의 석유회사들에서 와요." 이 환자는 분명히 상황이 자신의 심혼과 관련이 있다는 근본적인 통찰력이 부족하다. 이 환자가 자기탐색과 치유의 공동 여정에 합의해 좋은 치료적 관계를 맺을 것 같지는 않다.

영적 응급의 다양성

심리영적 위기를 단계별로 구분하는 것은 감별 진단 문제와 긴밀하게 관계가 있다. 전통적인 정신과 의사가 사용하는 『정신질환의 진단 및 통계 편람(DSM-5)』의 수행 방식으로 특정 유형 또는 범주를 구별하고 정의할 수 있을까? 이 질문에 답하기 전에 본질적으로 명백히 기질적인 것들을 제외하고는 안타깝게도 정신질환을 분류하려는 시도는 성공하지 못했다는 것을 강조할 필요가 있다.

미국 정신의학자나 다른 나라의 정신의학자들 사이에 진단 범주에 대한 일반적인 합의는 없다. DSM은 대개 열띤 논쟁과 이견 끝에 여러 번 수정되고 변경되었지만, 임상의들은 환자의 증상과 공식적인 진단 범주를 맞추는 데 어려움을 겪고 있다고 계속해서 불평하고 있다. 이로써 만족스럽고 유용한 DSM을 만들려는 시도가 실패한 것이 분명해졌다. 미국 정신건강 연구소American National Institute of Mental Health: NIMH는 현재 이 도구를 사용하는 어떤 연구 프로젝트도 허락하지 않는다.

영적 응급도 유사한 문제를 보여 준다. 만약 무엇인가를, 심리영적 위기를 겪고 있는 사람들을 잘 정의한 진단 분류 칸에 할당하는 것은 특히 문제가 된다. 왜냐하면 그들의 현상이 범상치 않게 풍부하고 심혼의 모든 수준을 끌어 올릴 수 있기 때문이다. 개별적 인간 심혼은 내부의 벽이나 경계가 없는 다차원적이고 다층적인 시스템이다. 출생 후 생활로부터 나온 기억과 프로이트식의 개인무의식의 내용은 주산기 경험과 자아초월적 경험을 가진 연속체를 형성한다. 그렇기 때문에 우리는 영적 응급에 대해서 명확하게 정의하고 구분한 어떤 유형을 발견하기가 어렵다.

그러나 정신적 위기에 처한 개인들에 대한 작업, 비슷한 일을 하는 동료들과의 교류, 그리고 문학에 대한 연구를 통해 서로 차별화될 수 있을 만큼 충분한 특징을 가진 어떤 주요 형태의 심리영적 위기의 주요 형태를 개괄하는 것이 가능하고 유용하다는 것을 확신하게 되었다. 당연히 그것들의 경계는 분명하지 않으며, 실제로 우리는 확실히 중첩되는 부분을 보게 될 것이다. 다음 목록은 우리가 관찰한 가장 중요한 다양한 심리영적 위기를 제시한다.

- 샤먼 입문의 위기
- 쿤달리니의 각성
- 합일 의식의 에피소드(매슬로의 '절정경험')
- 중심으로의 회귀를 통한 심리적 갱생(존 페리)
- 심혼 개안의 위기
- 전생 경험
- 영적 안내자 및 '채널링'과의 교신
- 근사체험(NDEs)
- UFO와의 긴밀한 조우 및 외계인 납치 경험
- 빙의 상태
- 알코올 및 약물 중독

샤먼 입문의 위기

많은 샤먼(다른 문화권들에서의 마법적 의사 또는 치료행위를 하는 남성 및 여성)의 이력은 극적인 비자발적 환상 상태로 시작되는데, 인류학자들은 이를 '무병shamanic illness'이라고 부른다. 그런 에피소드 동안 미래의 샤먼은 대개 일상 환경에서 정신적 또는 육체적 철수를 하고 강한 홀로트로픽 경험을 가진다. 그들은 전형적으로 지하세계로의 환상 여행을 하는데, 망자의 세계에서 악마의 공격을 받고 끔찍한 고문과 시련에 노출된다.

이 고통스러운 입문은 죽음과 사지해체dismemberment, 재탄생과 천상 영역으로의 상승으로 이어지는 절정을 이룬다. 이것은 독수리, 매, 뇌조, 또는 콘도르 독수리 등으로의 변형과 우주 태양의 영역으로의 비행하는 것을 포함할지도 모른다. 또한 초보 샤먼은 이 새들에 의해 태양 영역으로 옮겨지는 경험을 할 수 있다. 어떤 문화권에서는 마법 비행의 모티브가 세계 나무world tree, 무지개, 계단 많은 기둥, 활과 화살로 만들어진 사다리 등을 오르고 천상에 도달하는 것으로 대체된다.

이러한 험난한 환상 여행 중에 초보 샤먼은 자연의 힘과 동물─자연적인 형태와 그것들의 원형적 형태인 '동물의 영들' 또는 '힘의 동물'─과의 깊은 접촉을 계발한다. 이러한 환상 여행이 성공적으로 완료되면 그들은 크게 치유될 수 있다. 그 과정에서 초보 샤먼은 종종 정서적, 정신신체적, 때로는 신체적 질병으로부터 자유로워진다. 이런 이유로 인류학자는 샤먼을 '상처 입은 치유자wounded healers'라고 부른다.

많은 경우에서 본의 아닌 입문을 통해 그들은 질병의 강력하고 초자연적인 원인에 대해 깊은 통찰력을 갖게 되고, 다른 사람들뿐만 아니라 자신을 치료하는 방법을 배운다. 입문 위기가 성공적으로 완성되면, 그는 샤먼이 되어 완전히 기능하고 존경받는 지역 사회 일원으로서 그(그녀)의 사람들에게 돌아간다. 그(그녀)는 치유자, 사제, 선견지명이 있는 예술가라고 하는 여러 가지를 합친 역할을 맡는다.

우리의 워크숍과 전문적인 훈련에서 현대 미국인, 유럽인, 호주인 그리고 아시아인들은 종종 그들의 홀로트로픽 숨치료 동안 무속적 위기와 매우 흡사한 에피소드를 경험해 왔다. 육체적이고 정서적인 고문, 죽음, 재탄생의 요소 이외에도 그러한 상태들은 동물, 식물 및 자연의 본질적 힘들과 연결되는 경험들을 포함하였다. 이러한 위기를 경험한 사람들은 다양한 문화의 샤먼들이 만든 것과 비슷한 챈트와 의례를 만들어 내려는 자발적인 경향을 종종 보였다. 어떤 경우, 이러한 경험적 이력을 가진 정신건강 전문가들은 그들의 여행에서 배운 것을 그들의 작업에 사용할 수 있었고, 현대판 주술적 절차를 만들 수 있었다.

무속적 위기에 대한 원주민 문화의 태도는 흔히 기초적인 정신의학적 지식의 부족과 이해되지 않는 모든 경험과 행동을 초자연적인 힘의 탓으로 돌리는 결과 때문이라고 설명되어 왔다. 하지만 이는 진실과는 거리가 멀다. 샤먼을 인정하고 그들에게 큰 존경을 표하는 문화는 그들을 미친 사람이나 아픈 사람과 구별하는 데 어려움이 없다.

샤먼이라고 간주되기 위해서 개인은 변용의 여정과 현실에 발 딛는 것을 성공적으로 완료하고, 도전적인 홀로트로픽 의식 상태의 에피소드들을 통합해야 한다. 그 또는 그녀는 적어도 부족의 다른 구성원들과 마찬가지로 잘 기능해야 한다. 이러한 사회에서 무속적 위기를 접근하고 다루는 방식은 일반적으로 심리영적 위기를 다루는 데 대단히 유용하고 예시적인 모델이다.

쿤달리니의 각성

이러한 형태의 심리영적 위기의 표현은 고대 인도 문학에서 발견되는 **쿤달리니**Kundalini의 각성 또는 **꿈틀거리는 힘**Serpent Power에 대한 묘사와 유사하다. 요기들에 따르면 쿤달리니는 생성하는 우주 에너지, 자연의 여성성으로서 우주의 창조를 담당한다. 잠재된 형태로 그것은 정묘subtle하거나 활기찬 몸체의 인간 척추 밑부분에 있으며, 이는 육체뿐만 아니라 그 주변을 둘러싼permeates 영역이다. 이 잠재된 에너지는 명상에 의해, 뛰어난 영적 스승의 개입에 의해, 특정한 운동에 의해, 출산 또는 알려지지 않은 이유들로 인해 활성화될 수 있다.

활성화된 쿤달리니는 샤크티shakti라고 불리며 나디nadis라고 하는 에너지 통로 또는 정묘체 내의 도관을 통해 상승한다. 그것은 상승하면서 오래된 심리 외상성 흔적을 지우고 차크라chakras라고 불리는 심령psychic 에너지의 중심을 연다. 이것들은 세 개의 주요 나디인 슈슘나sushumna, 이다ida, 핑가라pingala의 교차점에 위치한다. 이 과정은 비록 요기의 전통에서 높이 평가되고 자비롭다고 여겨지지만, 위험이 없지 않으며, 쿤달리니가 완전히 깨어나고 안정화된 구루의 전문적 지도를 필요로 한다. 쿤달리니가 깨어나는 가장 극적인 징후는 크리야kriyas라 불리는 신체적, 심리적 징후들이다.

크리야는 강렬한 떨림, 경련 및 비틀어지는 몸짓과 연관된 척추 위로 흐르는 에너지 및 열감의 격렬한 감각이다. 불안, 분노, 슬픔, 또는 기쁨과 황홀한 환희와 같은, 보기에 동기가 없는 정서들의 강력한 파도가 표면적으로 드러나고 일시적으로 심혼을 지배할 수 있다. 이것은 화려한 빛 또는 갖가지 원형적 존재의 비전과 내면적으로 감지되는 다양한 소리를 수반할 수 있다. 이러한 과정에 들어갔던 많은 사람은 전생에 대한 기억인 것처럼 보이는 강력한 경험을 갖는다. 비자발적이고 종종 통제할 수 없는 행동들로 그 그림을 완성시킨다. 즉, 방언을 말하고, 알려지지 않은 노래들이나 신성한 주문들(만트라mantras)을 단조롭게 되풀이하고, 요가 자세(아사나asanas)와 제스처(무드라mudras)를 취하며, 다양한 동물의 소리와 움직임을 만들어 내는 식이다.

융과 그의 동료들은 이 현상에 관하여 일련의 특별 세미나를 열었다(Jung, 1996). 쿤달리니에 대한 융의 관점은 아마도 그의 경력 전체에서 가장 주목할 만한 오류일 것이다. 그는 쿤달리니의 각성을 오로지 동양에 있는 현상이라고 결론지었고, 심층심리학의 결

◀ 리 사넬라(1916~2003)는 작가,
정신과 의사, 안과 의사.
이전 인도 요가 문학에서만 알려졌던
쿤달리니(꿈틀거리는 힘)를 깨우는
현상을 서구 전문가들에게 소개하여
주목시켰다.

과 때문에 이러한 에너지가 서구에서 움직임으로 나타나기까지 적어도 천 년은 걸릴 것이라고 예측했었다. 그러나 지난 수십 년 동안 쿤달리니 깨어남의 뚜렷한 징후가 수천 명의 서양인에게서 관찰되었다. 이 현상에 대한 관심을 갖게 하는 공로는 캘리포니아의 정신과 의사이자 안과 전문의인 리 사넬라Lee Sannella에게 있다. 그는 몇백 건의 이러한 사례를 손수 연구하고,『쿤달리니 체험: 정신병 또는 초월The Kundalini Experience: Psychosis or Transcendence』(Sannella, 1987)에서 연구 결과를 요약하였다.

합일 의식의 에피소드(절정경험)

미국의 심리학자 에이브러햄 매슬로는 합일적 신비경험unitive mystical experiences을 해 왔던 수많은 사람을 연구하고, 그것에 절정경험peak experiences이라는 새로운 이름을 붙였다(Maslow, 1964). 그는 그러한 신비적 상태mystical states와 정신질환을 혼동하는 서구 정신의

▲ 에이브러햄 매슬로(1908~1970)는 미국 심리학자, '매슬로의 욕구 위계'를 만들었고, 자발적 신비경험('절정경험')을 연구하였으며, 인본주의심리학과 초월심리학을 공동 설립한 것으로 가장 잘 알려져 있다.

학의 경향에 대해 날카롭게 비판하였다. 그에 따르면, 그것들은 비정상적인 현상이 아니라 초자연적인 현상으로 간주되어야 한다. 만약 그들이 방해를 받지 않고 그들의 자연스러운 과정을 밟을 수 있다면, 이러한 상태는 전형적으로 세상에서 더 나은 기능을 하게 되고, 창조적 잠재력을 보다 완전하게 표현할 수 있는 역량과 더 보람 있고 만족하는 삶을 살 수 있는 능력인 '자기현실화self-actualization' 또는 '자기실현self-realization'으로 이어진다.

　정신과 의사이자 의식 연구자인 월터 판케Walter Pahnke는 매슬로와 W. T. 스테이시W. T. Stace의 작업을 기반으로 전형적인 절정경험의 기본 특성 목록을 개발하였다. 그는 이러한 마음의 상태를 묘사하기 위해 다음 기준을 사용하였다(Pahnke & Richards, 1966).

- 합일Unity[2](내면 및 외면inner and outer)
- 강한 긍정적 정서Strong positive Emotion
- 시간과 공간의 초월성Transcendence of time and space
- 신성감Sense of sacredness(거룩함numinosity의 경험)
- 역설적 본성Paradoxical nature
- 통찰의 객관성과 현실성Objectivity and reality of the insights

---

2) unity를 통일성, 일체감, 조화, 합일 등으로 볼 수 있으나 여기서는 합일이라 번역하였다.

- 말로 표현할 수 없음Ineffability
- 긍정적인 후속작용Positive aftereffects

이 목록에서 알 수 있듯이 절정경험을 할 때 우리는 마음과 몸의 일반적인 분열을 극복하고 통일되고 완전한 상태에 도달했다고 느낀다. 또한 우리는 주체와 객체 사이의 평범한 구별을 초월하고 인류, 자연, 우주 및 신과의 황홀한 합일을 경험한다. 이것은 기쁨, 행복, 평온 및 내면의 평화에 대한 강렬한 느낌과 연관이 있다. 이 유형의 신비경험에서 우리는 3차원 공간과 선형적 시간의 평범한 현실을 떠나는 감각을 갖는다. 우리는 이 범주가 더 이상 적용되지 않는 형이상학적, 초월적인 영역으로 들어간다. 이 상태에서 무한과 영원은 경험적인 현실이 된다. 이 상태의 거룩함의 질은 이전의 종교적 신념과는 아무런 관련이 없다. 그것은 현실의 신성한 본질에 대한 직접적인 이해를 나타낸다.

절정경험에 대한 설명은 일반적으로 역설로 가득하다. 그 경험은 '콘텐츠가 없지만 모든 것이 포함된' 것으로 묘사될 수 있다. 그것은 구체적인 내용은 없지만, 잠재적인 형태로 모든 것을 포함하고 있는 것처럼 보인다. 우리는 모든 것인 동시에 아무것도 아닌 느낌을 가질 수 있다. 우리는 개인적인 정체성과 제한된 자아는 사라졌지만, 우리의 존재가 우주 전체를 포괄할 정도까지 확장했다고 느낀다. 유사하게, 모든 형상forms을 공empty한 것으로, 또는 공한 것을 형상들이 꽉 찬 것으로 인식하는 것이 가능하다. 우리는 심지어 세계가 존재하고 동시에 존재하지 않는다는 것을 보는 상태에 도달할 수도 있다.

절정경험은 『우파니샤드Upanishads』에서 "모든 것을 아는 지식, 모든 것에 대한 지식을 제공하는 지식"이라고 묘사하는 우주 관련된 문제에 있어서 궁극적인 지혜와 지식으로 보이는 것을 전달할 수 있다. 이 계시는 물질주의 과학에 의해 연구된 세계의 다양한 측면에 대한 지식이 아니라, 현실의 가장 깊은 본질과 우리 자신의 본성에 대한 지식을 포함한다. 불교에서 유사한 유형의 지식은 초월적 지혜prajñāpāramitā라고 불린다. 그것은 존재의 가장 근본적인 측면avidyā에 대한 우리의 무지를 없애 준다.

우리가 이 경험에서 배운 것은 말로 표현되지 않는다. 우리 언어의 어휘는 물질세계에서 사물과 사건에 대해 의사소통하도록 고안되어 있다. 따라서 이 목적을 위해서는 적합하지 않다. 그러나 그 경험은 가치관과 존재 전략 체계에 대단한 영향을 미칠 수 있다. 동양의 영적 철학에 정통한 사람들은 종종 인도, 티베트, 중국, 일본 등 수 세기 동안 홀로트로픽 의식 상태를 탐구한 경험이 있는 나라들에서 발달된 특정 용어들에 의존한다.

일반적으로 절정경험의 자애로운 본성과 탁월한 치유 및 변용 가능성 때문에 이것은 영적 응급의 범주로서 가장 최소한의 문제가 된다. 절정경험은 본질적으로 일시적이며 자기제한적이다. 정신질환의 징후로 보고 다루어져야 할 이유가 전혀 없다. 그럼에도 여전히, 우리 문화의 무지와 영적인 문제에 대한 정신과 전문가들의 오해로 인해, 그런 경험을 가진 많은 사람이 병리학적인 라벨이 붙여지고 병원에 입원하게 되며, 그들의 치료 과정은 억제적인 약물치료에 의해 제한되어 버린다.

중심으로의 회귀를 통한 심리적 갱생

또 다른 중요한 유형의 자아초월적 위기는 캘리포니아 정신과 의사이자 융 학파 분석가인 존 페리John Weir Perry에 의해 묘사되었는데, 그는 그것을 '갱생 과정renewal process'(Perry, 1974, 1976, 1998)이라고 불렀다. 그것의 깊이와 강도 때문에 이것은 심각한 정신질환으로 진단될 가능성이 가장 높은 심리영적 위기의 유형이다. 갱생 과정에 관련된 사람들의 경험은 너무 이상하고 엄청나며 일상 현실과는 거리가 멀기 때문에, 어떤 심각한 병리적 과정이 뇌의 기능에 영향을 미치고 있는 것이 분명한 것처럼 보인다. 그러나 앞으로 살펴보겠지만, 이러한 유형의 심리영적 위기야말로 홀로트로픽 상태가 뇌를 괴롭히는 병리적 과정의 산물이라는 주장에 반대되는 가장 설득력 있는 증거를 제공한다.

이런 종류의 위기에 처한 사람들은 그들의 심혼을 선과 악의 세력, 또는 빛과 어둠의 세력 사이에서 우주적 전투가 벌어지는 거대한 전쟁터로 경험한다. 그들은 죽음－의례적인 행위로서의 살해ritual killing, 제물로서의 희생, 순교, 내세－에 사로잡혀 있다. 대립의 문제는 그들을 매료시키는데, 특히 성별 간의 차이와 관련된 이슈가 그렇다. 그들은 자신들을 우주와 관련이 있고 세계의 미래를 위해 중요한 환상적인 사건의 중심지로 경험한다. 그들의 비전visionary 상태는 그들 자신의 역사와 인류의 역사를 통해, 세계의 창조와 낙원의 원래 이상적인 상태에 이르기까지 그들을 점점 더 멀리 데려가는 경향이 있다. 이 과정에서 그들은 과거에 잘못되었던 것을 바로잡으려고 노력하면서 완벽을 추구하는 것처럼 보인다.

혼란과 혼동의 시간이 지나면 경험은 점점 더 유쾌해지고 해결책을 향해 나아간다. 이

◀ 존 페리(1914~1988)는 융 학파 정신과 의사, 정신증에 대한
대안적 이해의 선구자, 두 군데(캘리포니아주 샌프란시스코의
다이아베이시스와 샌디에이고의 크리설리스)의 실험적 거주 시설
설립자이다.

　과정은 종종 히에로스 가모스hieros gamos, ἱερὸς γάμος[3] 또는 '신성한 결혼'의 경험에서 절정을 이룬다. 이 신성한 결혼에서 그는 빛나는, 심지어 신의 지위로 승격되는 동등하게 고귀한 파트너와의 합일이 이루어진다. 이것은 인격의 남성적 측면과 여성적 측면이 새로운 균형에 도달하고 있다는 것을 나타낸다. 신성한 합일은 상상 속의 원형적 인물로 경험될 수도 있고, 그 사람은 업연의 동반자 또는 영혼의 짝인 것처럼 보이는 인생에서 이상화된 사람에게 투사될 수도 있다.

　이때, 융 심리학이 해석하는 바와 같이 우리의 가장 심오하고 참된 본성을 반영하는 자아초월적 중심인 자기Self를 나타내는 상징들로 묘사한 경험도 할 수 있다. 그것은 힌두교 개념인 아트만-브라만Atman-Brahman, 내면의 신성the Divine Within과 관련이 있지만, 완전히 동일하지는 않다. 비전 상태에서 그것은 초자연적인 아름다움, 빛나는 구, 귀한 돌, 정교한 보석, 진주들 및 다른 유사한 상징적 표현인 빛의 근원 형태로 나타날 수 있다. 고통스럽고 도전적인 경험에서부터 신성의 발견에 이르는 이러한 발전 사례는 존 페리의

---

3) 남신과 여신의 성교를 흉내 내는 종교의식이다. 상징적이거나 신화적인 맥락에서 남성과 여성의
신성의 연합을 상징한다. 특히 연금술과 융 심리학에서 사용되는 개념이다(위키백과).

저서(Perry, 1953, 1974, 1976, 1998)와 영적 응급에 관한 『자신을 향한 파란만장한 탐색The Stormy Search for the Self』(Grof & Grof, 1990)에서 찾아볼 수 있다.

이 단계의 과정에서 이러한 영광스러운 경험은 개인적인 신격화apotheosis로 해석되는데, 이는 자신의 경험을 대단히 숭고한 인간 지위 또는 인간 이상의 상태, 즉 위대한 지도자, 세계 구세주, 심지어 우주의 제왕으로까지 끌어올리는 의례적 축전ritual celebration이다. 이것은 흔히 이전의 죽음과 관련된 선입관preoccupation을 영적 재탄생이라는 심오한 감각으로 대체하는 것과 관련된다. 그 과정이 완성 및 통합에 가까워짐에 따라, 그것은 보통 이상적인 미래, 즉 모든 질병과 악의 극복된, 사랑과 정의에 의해 지배되는 새로운 세상에 대한 환상을 가져온다. 그 과정의 강도가 약해지면서, 그 사람은 전체 드라마가 내면의 심리적 변용이었으며 외면적 실체를 포함하지 않았음을 깨닫는다.

존 페리에 따르면, 갱생 과정은 융이 '개성화individuation'라고 불렀던 방향, 즉 한 사람의 깊은 잠재력의 완전한 실현과 표현으로 그 개인을 움직인다. 페리 연구의 한 측면은 특별한 주의를 기울일 가치가 있는데, 그 이유는 정신병에 대한 단순한 생물학적 이해에 반대되는 가장 설득력 있는 증거를 만들어 냈기 때문이다. 페리는 갱생 과정에 관련된 경험이 새해 첫날 많은 고대 문화에서 공연된 훌륭한 연극의 주요 주제와 정확히 일치한다는 것을 보여 주었다.

이 모든 문화에서 페리가 '육화 신화의 고대 시대the archaic era of incarnated myth'라고 불렀던 시기 중 새해의 도래를 기념하는 그런 의식적 연극들이 공연되었다. 이때는 통치자들이 보통 인간이 아니라 육화된 신(성육신成肉身)으로 여겨졌던 문화사의 시대였다. 그러한 신-왕의 예로는 이집트의 파라오, 페루 잉카, 히브리와 히타이트의 왕들, 중국과 일본의 황제들이 있다(Perry, 1966). 갱생 과정의 긍정적 잠재력과 원형적 상징주의, 의식意識의 진화 및 특정 인류 역사와의 깊은 연관성은 이러한 경험이 병든 뇌의 혼란스러운 병리적 산물이라는 이론에 반대되는 매우 감탄할 만한 논증이다.

심혼 개안의 위기

직관적인 능력의 증가와 심령적 또는 초자연적인 현상의 발생은 모든 종류의 영적 응급 동안 매우 흔하다. 그러나 어떤 경우 예지, 텔레파시, 투시와 같은 비범한 근원으로부터의 정보 유입이 너무 압도적이고 혼란스러워서 그것이 전체 상황을 지배하고 그 자체로 주요 문제를 만든다.

심혼 개안의 가장 극적 드러남은 유체이탈경험이다. 일상생활 가운데, 그리고 종종 주목할 만한 계기 없이도 의식은 신체에서 분리되어 주변이나 여러 먼 곳에서 일어나는 일을 목격하는 것처럼 보인다. 이 에피소드 동안 초능력 지각에 의해 획득된 정보는 종종 입증할 수 있는 현실과 일치하는 것으로 나타난다. 유체이탈경험은 근사체험 상황에서 빈번히 발생하는데, 이 '원격관측remote viewing'의 정확성은 체계적 연구(Ring, 1982, 1985; Ring & Valarino, 1998)에 의해 확립되었다.

강한 심혼 개안의 경험을 하는 사람들은 타인들의 내면적 과정에 너무 많이 접촉하여 놀라운 텔레파시 능력을 발휘할 수 있다. 그들은 이 개인들이 숨기려고 하는 다양한 문제에 관해 다른 사람들의 마음에 대한 정확하고 예리한 통찰력을 구두로 표현할 수 있다. 이것은 다른 사람들을 두렵고 짜증 나며 소외되게 할 수 있으므로 불필요한 입원이나 극단적인 치료 절차를 갖게 하는 의미 있는 요소가 된다. 마찬가지로 미래 상황에 대한 정확한 예지력과 투시력, 특히 인상적인 집단에서 반복적으로 발생하는 투시력은 현실에 대한 개념을 훼손하기 때문에 위기를 겪는 사람들뿐만 아니라 주변 사람들까지 심각하게 방해할 수 있다.

'영매적mediumistic'이라 불릴 수 있는 경험에서 어떤 이는 자신의 정체성을 잃고 다른 사람의 정체성을 취하는 느낌을 갖는다. 이것은 상대방의 신체 이미지, 제스처, 얼굴 표정, 감정, 느낌 및 사고과정을 추측하는 것을 포함할 수 있다. 노련한 무속인, 심령술사 그리고 영적 치료사는 이러한 경험을 통제적이고 생산적인 방식으로 사용할 수 있다. 영적 응급에 처한 사람들과는 달리, 그들은 의지대로 다른 사람들의 정체성을 취하고 그 기간의 임무를 완수한 후에는 그들 고유의 구별된 정체성을 회복할 수 있다. 심혼 개안의 위기 동안 갑작스럽고 예측할 수 없으며 통제할 수 없는 개인의 일상적 정체성을 상실한다는 것은 매우 두려울 수 있다.

영적 위기에 처한 사람들은 흔히 꿈이나 환상 상태와 같은 내면적 현실의 세계를 일상생활에서 일어나는 일들과 연결시키는 묘한 일치를 경험한다. 이 현상은 융에 의해 처음으로 인식되고 기술되었으며, 융은 **동시성**synchronicity이라는 이름을 부여하고 특별한 에세이(Jung, 1960)에서 그것을 탐구하였다. 융의 동시성 사건에 대한 연구는 원형이라는 것들이 심혼 내부 영역에 국한된 원리가 아니라는 것을 깨닫게 했다. 그것들은 융이 '사이코이드psychoid'[4]라고 부르는 속성을 가지고 있다는 것이 분명해졌다. 그것은 그들이 심혼 뿐만 아니라 일치하는 현실의 세계에서 일어나는 일들을 지배한다는 것을 의미한다. 이 흥미로운 주제를 나의 다른 저술(Grof, 2000, 2006)에서 탐구하였고, 이 책의 뒷부분에서 다시 다루겠다.

융 학파의 동시성은 믿을 만한 현상을 나타내며 우연의 일치라고 무시되거나 깎아내 릴 수 없다. 또한 현실의 병리적 왜곡, 현실에서는 아무런 의미가 없는 관계라는 인식으로 무분별하게 무시되어서는 안 된다. 이것은 의미 있는 우연에 대한 어떤 암시도 자동적으로 '관계망상delusion of reference'으로 진단되는 현대 정신의학에서 흔히 볼 수 있는 관행이다. 진정한 동시성의 경우, 모든 관련 정보에 접근할 수 있는 열린 마음의 목격자는 관련된 우연의 일치가 어떤 합리적인 통계적 확률도 넘어선다는 것을 안다. 비상하게 특별한 동시성은 여러 가지 형태의 영적 응급을 수반하지만, 심혼 개안의 위기에서 특히 흔하다.

전생 경험

홀로트로픽 상태에서 일어나는 가장 극적이고 화려한 자아초월적 경험 중에는 이전 생애incarnations의 기억으로 보인다. 이것들은 다른 역사적 시기와 나라에서 일어난 장면들이며, 대개 강력한 감정과 육체적 감각을 함께 보인다. 이것들은 종종 인물, 상황 및 역사적 배경을 매우 상세하게 묘사한다. 가장 주목할 만한 것은 그 사람이 과거에 이미 보았거나(데자뷔déjà vu) 경험했던(데자베쿠déjà vecu) 것을 기억하고 되살려 경험하는 설득력

---

4) 심령적 양상이나 행동을 수행하는 타고난 자극으로서 무의식적 정신 과정이나 현상을 나타내는 용어이다. 분석심리학에서 영혼과 같이 융이 집단무의식에 적용되는 용어로 사용하였다. 지각 가능한 정신적 현상과는 대조적으로 '지각적으로 표현되거나 표현할 수 없는 본성'을 의미한다. 그리스어 '정신, 혼＋-oid' 어원을 가졌고, 형상이나 형태를 나타내는 형용사이다(https://www.oxfordreference.com 참조).

있는 감각이다. 이러한 경험들은 카르마karma[5]와 환생reincarnation[6]의 믿음에 대해 매혹적인 통찰력을 제공하며, 세계 각지의 많은 종교 및 문화 단체가 독자적으로 개발하고 유지하여 왔다.

카르마와 환생의 개념은 힌두교, 불교, 자이나교Jainism,[7] 시크교Sikhism,[8] 조로아스터교Zoroastrianism,[9] 티베트 바즈라야나 불교Tibetan Vajrayana Buddhism,[10] 도교의 초석을 대표한다. 비슷한 사상들이 다양한 아프리카 부족들, 아메리카 인디언, 컬럼비아 이전의 문화들,

---

5) 원어는 산스크리트어로 '업(業)' 또는 '업보(業報)'로 한역된다. 업과 업보를 구별하자면 '업'은 생각·말·행동으로 지은 것, '업보'는 그에 따라 받는 결과이다. 카르마는 인과(因果)의 연쇄관계에 놓이는 것이며 단독으로 존재하지 않는다. 현재의 행위는 그 이전의 행위의 결과로 생기는 것이며, 그것은 또한 미래의 행위에 대한 원인으로 작용한다. 거기에는 과거·현재·미래와 같이 잠재적으로 지속하는 일종의 초월적인 힘이 감득(感得)되어 있다. 오늘날에 이르기까지 인도의 종교와 철학에 있어 윤회와 더불어 핵심이 되는 사상이다. 인과율과도 이어지니 불교의 대들보와 같은 사상이다. 윤회사상과 함께 깊이 결합하여 "현세의 행위가 사후에 재생하는 세계를 결정한다."는 이 사상은 『우파니샤드』이래 처음 설해진 당시부터 현재까지 모든 인도인은 물론 상좌부 불교를 계승한 남방 불교도들 모두에게 절대적인 인생관이 되어 있다(나무위키, 위키백과).

6) 다시 육체를 부여한다는 의미로, 화신(化身), 재생, 영혼 재래설(再來說)에 기반한다. 불교에서는 윤회라는 말과 함께 자주 쓰이고 일부의 다른 종교에서도 종교적 내용을 언급할 때 함께 쓰인다(나무위키, 위키백과).

7) 고대 인도에서 제사 중심의 베다 브라마니즘에 대한 반동이자 개혁으로 발생하여 지금까지 존속하고 있는 종교이자 철학이다. 자이나교는 영혼의 해탈을 목표로 한다. 해탈은 윤회의 사슬로부터 벗어나는 것이며, 영혼이 완전지를 성취함으로써 이루어진다. 해탈의 성취는 무지와 격정이라는 원인을 제거할 수 있는 바른 믿음, 바른 지식, 바른 행동이라는 세 가지 보물에 의해 이루어진다(위키백과).

8) 15세기 후부터 18세기 초에 걸쳐 인도의 펀자브 지방에서 발전한 종교이다. 모든 사람 안에 자리하고 있는 하나뿐인 신의 메시지, 모든 인류의 평등함과 하나됨을 전파하기 위해 대륙과 대륙을 오간 구루 나나크에게서부터 시작되었다. 시크교의 목표는 신과 하나가 되는 것이다. 깨달음을 얻기 위해 명상을 하는데, 명상이 인간 의식의 무한과 유한 사이의 소통을 가능하게 한다(위키백과).

9) 마즈다교 혹은 배화교(拜火教)라 한다. 기원전 1800년에서 기원전 640년경으로 창시되었다고 본다. 중동의 박트리아 지방에서 자라수슈트라가 세웠다. 선과 악의 이분법으로 세계를 구분한 특징이 있다. 인간의 영혼은 발전을 통해 신에게 이른다는 윤회사상의 근간을 가지고 있다(위키백과).

10) 탄트라불교, 비전불교, 금강승 등으로 알려져 있다. 바즈라야나의 경전을 『탄트라(Tantra)』라 한다. 바즈라야나의 가장 큰 특징은 정형화된 '의례와 의식'이며, 각종 진언이나 다라니가 매우 풍부하다. 윤회와 업의 사상을 가지고 있으며, 대표적 환생자로 달라이 라마가 있다(위키백과).

하와이 카후나kahuna,[11] 브라질 움반다umbanda,[12] 갈리아족Gauls,[13] 드루이드Druids[14]의 의료인들과 같은 지리적, 역사적, 문화적으로 다양한 그룹에서 발생하였다. 고대 그리스에서는 피타고라스 학파, 오르픽 학파, 플라톤 학파들을 포함하여 여러 주요 사상 학파들이 이 개념을 지지하였다. 에세네스, 바리새인, 카라이트 그리고 다른 유대인과 반유대인 그룹들도 카르마와 환생의 개념을 채택하였으며, 그것은 중세 유대교의 카발리즘 신학의 중요한 부분을 형성하였다. 신플라톤 학파와 영지주의자들을 포함한 다른 그룹들도 이러한 믿음을 고수하였다.

이러한 '전생의 기억'이 제공하는 풍부하고 정확한 정보는 치유 잠재력뿐만 아니라 그 것을 진지하게 받아들이도록 우리를 자극한다. 업보와 관련된 경험 내용이 완전히 의식에 떠오를 때, 그것은 갑자기 다른 방법으로는 이해할 수 없는 일상생활의 많은 측면에 대한 설명을 제공할 수 있다. 특정인들과의 관계에서 이상한 어려움, 근거 없는 두려움, 독특한 특이성과 매력, 그리고 이해할 수 없는 감정과 정신신체 증상들은 갑작스럽게 전생에서 온 카르마 이월로 보는 것이 맞을 것 같다. 이런 문제들은 일반적으로 문제의 카르마 패턴이 완전히, 의식적으로 경험될 때 사라진다.

전생past life 경험은 여러 다른 방식으로 삶을 복잡하게 만들 수 있다. 그것들의 내용이 완전히 의식으로 나타나고 스스로를 드러내기 전에, 사람들은 그것들이 어디서 왔는지, 무엇을 뜻하는지 알지 못한 채 이상한 감정, 신체적 감각 및 환영에 의해 일상생활에서 시달릴 수 있다. 맥락을 벗어나 경험하는 이러한 것은 이해하기 어렵고 비합리적으로 보인다. 상황을 복잡하게 하는 또 다른 문제는 각별히 강한 카르마 경험이 일상 활동 중에

---

11) 서구 사회가 하와이에 들어가기 전 하와이는 계급 사회였는데, 그중 승려 계급인 카후나는 전통 샤먼으로서 심령수술을 행하기도 하였다.

12) 아프리카 전통과 로마 카톨릭교, 영매술, 원주민의 신념을 혼합한 동북 아프리카–브라질 종교다. 최고의 창조자 신을 믿는다. 사망한 사람들의 영혼과 접촉하기 위한 영매를 이용하며, 많은 육체적 존재를 통한 환생과 영적 진화를 믿고, 자선의 실천을 강조한다.

13) 철기시대부터 북부 이탈리아, 네덜란드 및 독일의 일부를 포함하는 지역에 거주했던 셀틱부족을 말한다. 호수, 개울, 산 및 기타 자연 지형에 인간의 특성과 신성한 지위를 부여하는 일종의 애니미즘을 실천했다. 모든 갈리아인이 숭배하는 특정 신들과 씨족과 가계 신이 있었다. 많은 주요 신은 그리스 신과 관련이 있었다.

14) 고대 켈트족 사이에서 배운 사람들로 사제, 교사 및 판사로 활동했던 사람들이다. 고대 구절, 자연철학, 천문학 및 신들의 지식을 연구했다. 드루이드의 주요 교리는 영혼이 불멸하고 죽을 때 한 사람에서 다른 사람으로 전달된다고 여겼다.

의식에 떠오르기 시작하고 정상적인 기능을 방해할 때 발생한다.

또한 카르마 패턴이 완전히 경험되고 이해되거나 완성되기 전에 카르마 패턴의 요소 중 일부를 행동해야 한다고 느낄 수도 있다. 예를 들어, 갑자기 현재의 삶에서 특정한 한 사람이 이전의 생애에서 중요한 역할을 한 것처럼 보일 수 있는 기억이 의식으로 떠오른다. 이런 일이 발생하면, 카르마에 의한 전생의 '영혼의 짝'으로 보이는 사람과 정서적 접촉을 시도하려 하거나 또는 반대로 다른 전생의 적과 대항이나 대결을 시도하려 할 수 있다. 이러한 종류의 활동은 불쾌한 혼란을 유발할 수 있다. 왜냐하면 근거 없이 추정된 카르마 파트너는 보통 이러한 행동을 이해할 만한 그 자신의 경험 근거가 없기 때문이다.

비록 당혹스러운 행동의 위험을 피할 수 있다고 하더라도, 문제가 끝난 것은 아니다. 과거의 기억이 의식으로 완전히 떠오르고, 그 내용과 함축하는 바가 경험자에게 밝혀진 후에, 한 가지 더 큰 도전이 남게 된다. 이 경험을 서구 문명의 전통적인 신념 및 가치와 조화시켜야 한다. 윤회의 가능성을 부정하는 것은 기독교 교회와 물질주의 과학 사이에 완전히 합의한 드문 경우이다. 따라서 서구 문화에서 전생 기억에 대한 수용과 지적 통합은 무신론자나 전통적으로 성장한 기독교인에게는 어려운 과제이다.

전생의 경험을 자신의 신념체계로 동화시키는 것은 기독교나 유물론적 세계관에 대해 강한 헌신이 없는 사람에게는 상대적으로 쉬운 일이 될 수 있다. 그 경험들은 대개 너무 설득력이 있어서, 사람들은 단순히 그들의 메시지를 받아들이고 심지어 이 새로운 발견에 흥분할 수도 있다. 그러나 근본주의 기독교인이나 합리성 및 전통적인 과학적 관점에 대한 강한 신념을 가진 사람들은 자신의 신념체계에 도전하는 것처럼 보이는 개인적인 경험들을 이해하는 데 혼란을 겪을 수 있다.

혼령 안내자와의 소통 및 채널링

때로는 홀로트로픽 경험 중에 개인적인 관계에 관심을 보이면서 교사, 안내자, 보호자의 지위를 가졌거나, 단순히 연관된 정보원으로 보이는 존재와 마주칠 수 있다. 그러한 존재들은 대개 형체가 없는 인간, 초인간적 존재, 또는 의식의 상위층에 존재하고 특별한 지혜가 부여된 신성한 존재로 인식된다. 때로는 시리우스Sirius나 플레이아데스Pleiades

와 같은 먼 별들로부터 온 외계 생명체로 자신을 소개한다. 때때로 그들은 사람의 형태를 취한다. 다른 때에는 빛의 밝은 원천으로 나타나서 그들의 존재를 감지하게 한다. 그들의 메시지는 대개 직접적인 생각 전달의 형태나 다른 초감각적인 방법을 통해 수신된다. 어떤 경우에는 의사소통이 언어 메시지의 형태를 취할 수 있다.

이 범주에서 특히 흥미로운 현상은 최근 수십 년 동안 대중과 대중 매체로부터 많은 관심을 받은 **채널링**이다. '채널링'을 하는 사람은 자신의 의식 외부에서 받은 메시지를 다른 사람에게 전달한다. 그것은 트랜스 상태에서 말하기, 자동쓰기, 또는 텔레파시로 수신된 생각을 기록함으로써 생겨난다. 채널링은 인류의 역사에서 중요한 역할을 해 왔다. 채널링된 영적 가르침 중에는 고대 인도 베다, 코란, 몰몬경과 같이 엄청난 문화적 영향을 준 다양한 경전이 있다. 채널 텍스트의 주목할 만한 현대적 예시는 심리학자 헬렌 슈크만Helen Schucman과 윌리엄 테트포드William Thetford에 의해 기록된 『기적수업A Course in Miracles』이다(Anonymous, 1975).

채널링의 경험은 심각한 심리적, 영적 위기를 촉발할 수 있다. 한 가지 가능성은 채널링과 관련된 개인이 그 경험을 정신이상의 시작 징후로 해석할 수 있다는 것이다. 이것은 특히 채널링이 편집성 정신분열증의 잘 알려진 증상인 음성 듣기와 관련이 있다면 더욱 그 가능성이 높다. 채널링된 자료의 질은 사소하고 의심스러운 수다에서부터 엄청난 정보에 이르기까지 다양하다. 때때로 채널링이 수신자가 이전에 전혀 노출되지 않았던 주제에 대해 일관된 정확한 데이터를 제공할 수 있다. 이 사실은 초자연적인 영향의 개입에 대한 설득력 있는 증거로 인정될 수 있으며, 무신론자 또는 물질주의적 세계관을 가진 과학자에게 심각한 철학적 혼란을 줄 수 있다.

혼령 안내자는 대개 높은 수준의 의식 진화 상태에 있는 진보된 영적 존재로 인식되며, 이들은 우수한 지능과 뛰어나고 완전무

▲ 헬렌 슈크만(1909~1981). 뉴욕시 컬럼비아대학교의 임상 및 연구 심리학자. 『기적수업』을 채널링으로 기록했다.

결한 도덕성을 타고난다. 이것은 특별한 임무를 위해 선택되었다고 느끼고 그것이 자신의 우월성을 증명하는 것이라 보는 채널러에게 매우 문제가 많은 자아 팽창ego inflation을 하도록 이끌 수도 있다.

근사체험

세계 신화, 민속학, 영적 문학은 죽음이나 임종과 관련된 경험에 대한 생생하고 자세한 기술들로 가득하다. 특별한 신성 문구들은 영혼의 사후 여정을 기술하고 토론하는 데 전적으로 집중한다. 『티베트 사자의 서Tibetan Book of the Dead』, 『이집트 사자의 서Egyptian Book of the Dead』, 그리고 이것과 대응하여 유럽의 『죽음의 미학The Art of Dying』과 같은 것이 있다. 케찰코아틀Quetzalcoatl[15](깃털 달린 뱀Plumed Serpent)의 죽음과 부활을 묘사하고 있는 나와틀 (아즈텍)Nahuatl(Aztec) 『보르자 고문서Codex Borgia』[16]와 마야 『포폴 부Popol Vuh』[17]에 포함된 영웅적 쌍둥이 운 우나푸Hunahupú와 스발란케Xbalanqué의 죽음과 부활에 대한 서사시는 스페인이 중남미를 정복하기 이전에 쓰인 종말론적 글의 예시이다(Grof, 1994).

과거에 이 종말론적 신화는 서구의 학자들에 의해 평가절하되었다. 즉, 영원하지 못하고 그들 자신이 죽을 운명임을 직면할 수 없는 원시인들의 환상적이고 희망적인 생각의 산물이라고 보았다. 이 상황은 레이먼드 무디Raymond Moody의 세계적인 베스트셀러 『삶 이후의 삶Life After Life』이 출판된 이후 극적으로 변했는데, 이 책은 이러한 설명에 대한 과학적 확인을 가져왔고 '죽음과의 조우'가 의식 내 환상적인 모험이 될 수 있다는 것을 보여 주었다. 무디의 책은 죽음에 직면한 경험을 했거나, 실제 임상적으로 사망 선고를 받았다가 의식을 되찾은 뒤 그들의 이야기를 하기 위해 살았던 150명의 보고를 토대로 했다(Moody, 1975).

---

15) 깃털 달린 뱀, 깃털이 하얀 악마. 아즈텍 문화 또는 마야 문화에서 '하늘과 땅 사이의 경계 메이커' 였다. 깃털 뱀(용), 비행 파충류이며, 그것은 본질적으로 인류의 창조에 기여한 창조신이었다.
16) 미술사의 후고전기(약 1250년에서 1521년까지 계속)에 만들어진 아즈텍 고문서로서, 유럽 식민지 이전의 예술과 인문학이 그려지고 쓰여졌다. 훌륭한 예술적 아름다움의 스크린 폴드 원고이다.
17) '마야성경'이라고 불리는 것으로, 오늘날 과테말라로 알려진 국가의 창조 이야기이다.

무디는 근사체험자들NDEs이 불과 몇 초의 시간 동안 발생하는 다채롭고 엄청나게 응축된 형태로 그들의 전 생애에 대한 회고를 자주 목격했다고 보고하였다. 의식은 종종 몸에서 떨어져 자유롭게 장場 위로 떠다니며 호기심과 초연한 재미로 그것을 관찰하거나 먼 곳으로 여행을 했다고 한다. 많은 사람은 어두운 터널이나 통로를 통과하여 초자연적인 광채와 아름다움의 신성한 빛을 향해 지나가는 것을 묘사하였다.

이 빛은 본질적으로 물리적인 것이 아니고, 분명히 개인적인 특징을 가지고 있었다. 그것은 모든 것을 포용하는 사랑, 용서, 수용을 포괄하는 무한한 빛의 존재였다. 종종 신과 함께하는 '듣는 자'로서 여겨지는 개인적 교류에서 이 사람들은 존재와 우주법에 관한 교훈을 얻었고 이러한 새로운 기준으로 그들의 과거를 평가할 기회를 가졌다. 그런 다음, 평범한 현실로 돌아가 그들이 배운 원칙과 일치하는 새로운 방식으로 그들의 삶을 살기로 결정하였다. 무디의 책이 출판된 이후, 그의 연구 결과는 다른 연구자들에 의해 반복적으로 확인되었다.

근사체험near-death experiences에서 빠져나온 대부분의 생존자는 크게 변하였다. 그들은 보편적이고 모든 것을 포괄하는 실체에 대한 영적 비전, 새로운 가치 체계 및 근본적으로 다른 일반적인 삶의 전략을 가지고 있다. 그들은 살아 있다는 것에 대해 깊은 감사를 하고, 모든 살아 있는 존재와 친밀감을 느끼며, 또한 인류와 행성의 미래에 대한 관심을 갖는다. 그렇지만 죽음과의 만남이 커다란 긍정적 잠재력을 가지고 있다는 사실이 이러한 변용이 쉽다는 것을 의미하지는 않는다.

근사체험은 매우 빈번히 영적 응급으로 이어진다. 강력한 근사체험은 관련자들의 세계관을 근본적으로 손상시킬 수 있다. 왜냐하면 그것이 갑작스럽게 예고도 없이 일상생활과는 완전히 다른 현실로 그들을 급습하기 때문이다. 어떤 사람이 혼잡한 시간대의 교통사고나 조깅 중 심장마비를 일으키면 그는 몇 초 안에 이상한 환상체험에 빠지게 되고, 그것은 그 사람의 평범한 현실을 조각조각 낼 수 있다. 근사체험 이후, 사람들은 이러한 비범한 경험을 그들의 일상생활에 통합할 수 있도록 특별한 상담과 지원이 필요할 수도 있다.

UFO와의 근접 조우 및 외계인 납치 경험

외계 우주선과 우주 비행사들과의 만남, 그리고 외계 생명체에 의한 납치 경험은 종종 영적 응급과 많은 공통점을 가지고 있는 심각한 정서적, 지적 위기를 촉발시킬 수 있다. 대부분의 사람은 다음 네 가지 경우로만 잘못 생각하기 때문에 설명을 필요로 한다. 네 가지 경우라는 것은 다음과 같다. UFO를 외계인 우주선에 의한 실제 방문, 날조捏造, 자연 현상과 지구에서 보낸 기구들에 대한 잘못된 지각, 정신병적 환각이다. 엘빈 로슨Alvin Lawson은 UFO 납치 경험을 나의 기본적 주산기 모형 개념을 사용하여 출생 트라우마에 대한 잘못된 해석으로 설명하려고 시도하였다(Lawson, 1984). 그의 결론은 설득력이 없었고, 이 복잡하고 흥미로운 현상에 대한 정의를 내리기에는 부족하였다.

UFO 목격에 대한 설명은 전형적으로 이상하고 초자연적인 특성을 가진 빛을 언급한다. 이 빛들은 많은 환상 상태의 보고들에서 언급된 것과 공통점이 있다. '비행접시'나 '하늘에 보이는 것들'의 문제에 대한 특별 연구에 전념했던 융은 이러한 현상이 정신 착란이나 외계인의 실제 방문이 아니라 집단적 인간 의식에서 비롯되는 원형적 환상일 수 있다고 제안하였다(Jung, 1964). 그는 수 세기 동안 전해져 온 비행접시에 관한 이야기와 때때로 위기와 집단 공포를 야기했던 신비한 불가사의 현상들에 대한 보고들을 세심하게 분석함으로써 그의 논제를 지지하였다.

이러한 조우에 관련된 외계 생명체는 세계 신화와 종교, 집단무의식에 뿌리를 둔 체계에서 중요한 유사점을 가지고 있다는 것도 지적되었다. 기구에 납치되었거나 초대된 사람들이 묘사한 외계 우주선과 우주 비행은 베다 신 인드라의 전차, 성서에 실린 에제키엘의 타오르는 비행체 또는 그리스 태양신 헬리오스의 찬란하게 불타는 탈것을 묘사한 것과 유사하다. 이 여행 중에 방문하는 굉장히 멋진 풍경과 도시는 낙원, 천국, 빛의 도시와 같은 환상적인 경험들과 유사하다.

피납자들은 종종 외계인들이 자신을 실험실로 데려갔고 다양한 색다른 도구를 사용하여 신체검사와 이상한 실험을 했다고 보고한다. 이것은 종종 생식기에 특별 중점을 두고 그들 몸의 구멍에 탐침을 넣어 특성검사를 하는 것을 포함했다. 또한 피납자들은 혼혈 자손을 만들어 내기 위한 유전자 실험들로 보이는 것을 자주 묘사한다. 이러한 개입은 보통 매우 고통스럽고 때로는 고문에 가깝다. 이것은 피납자들의 경험을 샤먼의 입문 위기와 원주민의 통과의례에서 겪는 신참자들의 고된 고통에 가깝게 만든다.

UFO 경험이 영적 응급을 촉발할 수 있는 추가 이유가 있다. 그것은 앞서 영혼 안내 및 채널링과 관련해 논의했던 문제와 유사하다. 외계인 방문객은 종종 기술적으로뿐만 아니라 지적, 도덕적, 영적으로 우리보다 비교할 수 없을 정도로 진보된 문명의 대표자로 간주된다. 이러한 접촉은 종종 매우 강력한 신비주의적 잠재성을 가지며 우주적 관련성에 대한 통찰력과 관련이 있다. 따라서 그러한 특별한 관심을 받는 사람들은 그것을 그들 자신의 독특함을 나타내는 것으로 해석하기가 쉽다.

납치된 사람들은 그들 자신이 어떤 면에서는 예외적이며, 특히 특별한 목적에 적합하기 때문에 선진 문명을 가진 우월한 존재들로부터 관심을 끌어왔다고 생각할 수 있다. 융 심리학에서는 개인이 자신을 원형적 세계의 영광스러운 존재luster라고 주장하는 상황을 '자아 팽창ego inflation'이라 부른다. 이러한 이유 때문에 '근접 조우'의 경험은 심각한 자아초월적 위기를 초래할 수 있다.

UFO 조우와 외계인 납치의 이상한 세계를 경험한 사람들은 원형심리학에 대한 일반적인 지식이 있고 UFO 현상의 특정한 특징에도 익숙한 누군가의 전문적인 도움이 필요하다. 하버드 대학교의 정신과 의사 존 맥John Mack과 같은 숙련된 연구자들은 외계인 납치 경험이 서구 정신의학 및 유물론 과학에 대한 심각한 개념적 도전을 대표한다고 하였다. 그리고 그러한 경험들을 정신질환의 징후로 보거나 모두 폐기해 버리는 것은 순진하고 옹호할 수 없다는 것을 충분한 증거를 들어 제시하였다. 그는 이러한 경험이 현재의 과학적 세계관에 심각하게 도전하는 '이례적 현상'에 포함된다고 결론지었다(Mack, 1994, 1999). 존 맥은 이러한 연구 경험에 영감을 받아 1993년 특별 체험 연구 프로그램Program for Extraordinary Experience Research: PEER을 시작하였다.

수년에 걸쳐 나는 심현제 회기, 홀로트로픽 숨치료, 그리고 영적 응급에서 외계인 납치를 경험한 많은 사람과 함께 작업해 왔다. 거의 예외 없이, 이러한 에피소드들은 극도로 격렬하고 경험적으로 설득력이 있었다. 때때로 그것들은 뚜렷한 정신병적 특징을 가지고 있었다. 내 관찰에 따르면, 이러한 경험들이 그것 자체로 독특한 성격을 가지는 현상을 나타내며 진지하게 연구할 가치가 있다고 확신한다. 즉, 주류 정신과 의사들의 입장은 이례적 현상이라는 것들이 뇌에서의 알려지지 않은 병리적 과정의 산물이라고 보는 것인데, 이것은 분명 지나치게 단순하고 믿기 어렵다.

UFO가 다른 천체에서 온 외계인의 실제 방문이라고 생각하는 대안도 마찬가지로 믿기 어렵다. 지구에 우주선을 보낼 수 있는 외계 문명은 우리가 거의 상상할 수 없는 기

◀ 존 맥(1929~2004)은 정신분석가, 초심리학자, 퓰리처상을 받은 작가이자 외계인 납치와 UFO 현상에 대한 선구적 연구자이다.

술적 수단을 가지고 있어야 할 것이다. 우리는 태양계 행성들에 대한 충분한 정보를 가지고 있어서, 행성들이 그러한 탐험 원천이 될 가능성이 낮다는 것을 알고 있다. 태양계와 가장 가까운 별 사이의 거리는 몇 광년에 이른다. 그러한 거리를 협상하려면 초공간 hyperspace[18]을 통한 빛 또는 차원 간 이동 속도에 근접하는 속도가 필요할 것이다. 그러한 성과를 이룰 수 있는 문명은 환각과 현실을 구별하는 것을 불가능하게 만드는 기술을 가지고 있을 가능성이 매우 높다. 더 신뢰할 수 있는 정보를 얻을 수 있을 때까지 UFO 경험을 집단무의식으로부터의 원형적 요소가 발현한 것으로 보는 것이 가장 그럴듯해 보인다.

빙의 상태

이러한 유형의 자아초월적 위기에 처한 사람들은 그들의 정신과 몸이 침범당했다는 것과 특정 개인적 특성을 지닌 사악한 존재나 에너지에 의해 통제되고 있다는 독특한 느낌을 갖는다. 그들은 그것이 자신들의 인격 밖에서 오는 것이며 적대적이고 혼란스럽다고 인식한다. 그것은 혼란스러운 무형의 실체, 악마적 원형 존재, 또는 흑마술과 마법 절

---

18) 고차원 유클리드 공간, 4차원(이상의) 공간이다.

차를 수단으로 하여 그들을 침범하는 사악한 존재의 의식consciousness으로 보일 수 있다.

그러한 조건의 유형과 정도는 다양하다. 어떤 경우에는 이 장애의 진정한 본질이 숨겨져 있다. 이 문제는 반사회적, 심지어 범죄 행위, 자살 우울증, 살인적인 공격성이나 자기파괴적 행동, 난잡하고 일탈적인 성적 충동 및 행동, 또는 술과 마약의 과도한 사용과 같은 심각한 정신병리로 나타난다. 그러한 사람이 경험적 심리치료를 시작하고 나서야 '빙의possession'가 이러한 문제들의 기저 조건으로 확인되는 경우가 종종 있다.

경험적 회기가 진행되는 동안 빙의된 사람의 얼굴이 비틀림이 일어나고 '악마의 가면' 형태를 띠며, 눈은 야생적 표정을 지을 수 있다. 손과 몸은 이상한 뒤틀림을 보이고, 목소리는 바뀌어 딴 세상의 음색을 띠게 될 수도 있다. 이런 상황이 전개되도록 하면, 그 회기는 가톨릭 교회의 구마의식exorcisms이나 다양한 원주민 문화에서의 퇴마의식exorcist rituals과 두드러진 유사성을 가질 수 있다. 해결은 종종 질식, 터져 나오는 구토, 광란의 신체 움직임, 혹은 일시적인 통제 불능의 극적 에피소드 후에 발생한다. 이런 종류의 순차적인 것을 적절하게 다루면, 그들은 현저히 치유되고 변용이 일어날 수 있으며 종종 그것을 겪고 있는 사람의 깊은 영적 변용으로 귀결된다. 평생 전문 경력 동안 내가 관찰한 이런 종류의 가장 극적인 에피소드에 대한 자세한 설명은 『환각과 우연을 넘어서When the Impossible Happens("악마와의 인터뷰: 플로라의 사례Interview with the Devil: The Case of Flora")』(Grof, 2006)[19]에서 찾을 수 있다.

또 어떤 경우, 그 빙의된 사람은 '악의 실재evil entity가 존재한다는 것을 인식하고 그것에 맞서 싸우고 그 영향력을 제어하기 위해 많은 노력을 한다. 빙의 상태의 극단적 버전에서는 문제가 있는 에너지가 자발적으로 나타나서 일상생활의 중심에서 그 사람을 지배할 수 있다. 이 상황은 앞서 경험적 회기에 관해 설명했던 상황과 유사하지만, 이 경우의 개인은 치료적 맥락에 의해 제공되는 지원과 보호가 부족하다. 그런 상황에서 그들은 극도로 겁에 질리고 절망적으로 외로움을 느낄 수 있다. 친척, 친구, 치료사들조차도 '빙의된' 사람을 멀리하고 난해한 두려움과 거부감이라고 하는 혼합된 이상한 반응을 하는 경향이 있다. 종종 그 사람을 불길하다고 딱지를 붙이고 더 이상의 접촉을 꺼린다.

이러한 조건은 부정적인 에너지를 포함하고 많은 불쾌한 행동 형태와 관련되어 있다는 사실에도 불구하고 명확히 '영적 응급' 범주에 속한다. 악마적 원형은 본질적으로 자아초월적인데, 그것이 신성에 대한 부정적인 거울 이미지를 상징하기 때문이다. 그것은

---

19) 우리나라에서는 『환각과 우연을 넘어서』(유기천 역, 정신세계사)라는 제목으로 출간되었다.

종종 '게이트웨이gateway 현상'[20]으로 보이는데, 이는 동양 사원의 문을 두드리는 무시무시한 수호신들과 견줄 만하다. 그것은 빙의 상태가 성공적으로 해결된 후 나타나는 심오한 영적 경험에 대한 접근을 숨긴다. 그 기괴한 본성을 두려워하지 않고 그것의 완전한 의식적 발현을 장려할 수 있는 누군가의 도움으로, 이 에너지는 소멸될 수 있으며 놀랄 만한 치유가 일어난다.

영적 응급으로서의 알코올중독과 약물중독

　중독이 그 외부 징후가 더 명백한 유형의 심리영적 위기들과 다르다는 사실에도 불구하고, 중독을 영적 응급의 한 형태로 묘사하는 것이 이치에 맞다. 이 경우에 빙의 상태와 마찬가지로 영적 차원이라는 것은 장애의 파멸적이고 자기파괴적인 성격에 의해 가려진다. 다른 형태의 영적 응급을 겪는 사람들이 신비적 경험에 대처하기 어려워하는 문제에 부딪히지만, 중독에서 문제의 근원은 강한 영적 갈망이며 신비적 차원과 접촉이 이루어지지 않았다는 사실이다.

　마약이나 알코올에 대한 갈망 뒤에는 초월이나 온전함에 대한 인식되지 않은 갈망이 있다는 충분한 증거가 있다. 회복 중인 많은 사람은 삶에서 알 수 없는 잃어버린 요소나 차원을 쉼 없이 추구하는 것에 대해 이야기하고, 이 갈망을 충족시키기 위한 끊임없는 노력을 반영하는 물질, 음식, 관계, 소유물, 또는 권력에 대한 그들의 충족되지 않고 좌절스러운 추구를 묘사한다(Grof, 1993). 우리는 이미 앞서 신비적 상태와 알코올이나 약물에 의한 중독 사이에 존재하는 특정 표면적 유사성에 대해 논의하였다. 이 두 가지 조건은 개인적 경계의 소실, 혼란한 감정들의 소멸, 평범한 문제의 초월성을 공유한다. 알코올이나 약물에 취하면 평온함, 신성함, 철학적 통찰력의 풍부함 등 신비한 상태의 중요한 특성이 많이 부족하기는 하지만, 그 경험적인 중첩은 알코올이나 약물 중독자들로 하여금 남용으로 빠지도록 유혹하기에 충분하다.

---

20) '관문', '출입구'라는 의미로 다양한 분야에서 사용되는 용어로, 현재의 네트워크에서 다른 네트워크로 이동하기 위해 반드시 거쳐야 하는 거점 현상이다. 변환해 주는 변환기 역할을 한다(위키백과).

윌리엄 제임스는 이 연관성을 깨닫고 『종교 경험의 다양성Varieties of Religious Experience』에서 다음과 같이 썼다. "알코올이 인간을 동요시키는 것은 의심할 여지없이 인간 본성의 신비한 능력들을 자극하는 힘 때문인데, 대개 술에 취하지 않은 시간에는 냉정한 사실과 비판에 의해 짓밟혀 있다. 절주 때는 감소하고 구별하며 '아니다'라고 말한다. 그러나 취기 때는 확장되고 연합되며 '그렇다'라고 말한다"(James, 1961). 또한 그는 성공적인 치료를 위한 진정한 초월적 경험의 의미에 주목하였다.

이와 관련하여 융의 독자적인 통찰은 12단계 프로그램Twelve Step Programs[21]의 전 세계적 네트워크 개발에 중요한 역할을 했다. 융이 '익명의 알코올중독자Alcoholics Anonymous: AA'의 역사에서 매우 중요한 역할을 했다는 사실은 일반적으로 알려져 있지 않다. 융의 잘 알려지지 않은 연구 부분에 대한 정보는 AA의 공동 설립자 빌 윌슨Bill Wilson이 1961년 융에게 쓴 편지에서 찾을 수 있다(Wilson & Jung, 1963).

융에게는 로랜드Roland라는 환자가 있었는데, 그는 알코올중독을 치료하기 위해 온갖 다른 방법들을 써 본 후에 융에게 왔었다. 그는 융과의 1년간의 치료 후 일시적으로 호

---

21) 빌 윌슨(Bill Wilson)에 의해 알코올중독에 대한 경험과 비전을 통해 발전해 온 아이디어를 가지고 1938년에 12단계 모델에 대한 아이디어가 시작되었다. 옥스포드 그룹(Oxford Group)이라는 조직이 후원하는 6단계 프로그램을 포함하여 그가 경험한 몇 가지 다른 가르침의 개념을 종합하여 개발되었다. 12단계는 동일한 중독 투쟁으로 고통받는 동료들뿐만 아니라 더 큰 힘을 통해 도움을 구한 그리스도인 영감에서 비롯되었다. 12단계는 다음과 같다.

① 우리는 알코올에 대한 힘이 없다는 것을 인정했다. 우리의 삶은 관리할 수 없게 되었다.

② 우리보다 더 큰 힘이 우리를 정신건강으로 회복시킬 수 있다고 믿었다.

③ 우리가 그분을 이해하면서 우리의 뜻과 삶을 하느님의 보살핌으로 넘기기로 결정했다.

④ 우리 자신의 두려움 없는 정신적 목록을 찾고 만들었다.

⑤ 하느님께, 우리 자신에게 그리고 다른 사람에게 우리 잘못의 정확한 본성을 인정했다.

⑥ 하느님께서 이 모든 품성의 결함을 제거하도록 완전히 준비하셨다.

⑦ 겸손하게 우리의 결점을 제거해 달라고 간구한다.

⑧ 우리가 해친 모든 사람의 목록을 작성하고 그들 모두를 기꺼이 수정한다.

⑨ 그러한 사람들에게 피해를 입히지 않는 한 가능하면 그러한 사람들에게 직접 사과한다.

⑩ 계속해서 개인 인벤토리를 가져오고, 우리가 잘못이 있을 때마다 즉시 그것을 시인한다.

⑪ 우리가 하느님을 이해하면서 하느님과의 의식적인 접촉을 개선하기 위해 기도와 명상을 통해 추구했으며, 우리를 위한 그분의 뜻에 대한 지식과 그것을 수행할 수 있는 힘을 주시도록 기도했다.

⑫ 이 단계의 결과로 영적으로 깨어났을 때, 우리는 이 메시지를 알코올중독자에게 전달하고 모든 일에서 이러한 원리를 실천하려고 노력했다.

전된 데 이어 재발의 고통을 겪었다. 융은 그의 경우 희망이 없다고 말하며 유일한 가능성은 종교 공동체에 가입해 심오한 영적 경험을 바라는 것뿐이라고 말했다. 로랜드는 자기관찰, 고백, 봉사를 강조하는 복음주의 운동인 옥스포드 그룹Oxford Group에 가입하였다. 그곳에서 그는 자신을 알코올중독에서 해방시킨 종교적인 회심conversion을 경험하였다. 그리고 나서 그는 뉴욕으로 돌아와 그곳의 옥스포드 그룹에서 매우 활동적이 되었다. 그는 빌 윌슨의 친구 에드윈Edwin T.을 도울 수 있었고, 다시 빌 윌슨을 그의 개인적인 위기에서 도왔다. 그의 강력한 영적 경험에서 빌 윌슨은 서로를 돕는 전 세계적인 네트워크 형태의 알코올중독자협회에 대한 비전을 가지고 있었다.

몇 년 후, 윌슨은 융에게 편지를 썼는데, 그는 융이 AA의 역사에서 한 중요한 역할을 주목하였다. 융은 알코올중독을 치료하기 위한 기본 전략을 이해하고 윌슨에 대한 답신에서 '영적 경험으로 술에 대응함Spiritus contra spiritum'[22]이라고 표현하였다. 깊은 영적 경험은 알코올중독에 대한 해독제이다. 제임스와 융의 통찰은 이후 알코올중독자와 마약중독자에게 심현제 치료를 사용하는 임상연구 프로그램에 의해 확인되었다(Grof, 2001; Pahnke et al., 1970).

영적 응급의 처치

영적 위기를 겪고 있는 사람들을 위한 심리치료 전략은 앞서 이 책에서 논의한 원칙들을 반영한다. 치료 전략이라는 것은 이러한 상태들이 알려지지 않은 병리과정의 징후가 아니라 치유와 변용 가능성을 가진 심혼의 자발적 움직임의 결과라는 깨달음에 바탕을 둔다. 영적 응급 상황에 대한 이해와 적절한 치료는 주산기 및 자아초월적인 차원을 포함하는 심혼의 매우 확장된 모델을 필요로 한다.

필요한 치료적 조력의 성격과 정도는 관련된 심리영적 과정의 강도에 달려 있다. 가벼

---

22) 라틴어의 spiritus는 술과 영성 모두를 뜻한다. '알코올중독에 대적하기 위한 영적 경험'을 의미한다. 융이 빌 윌슨에게 보낸 편지에서 가장 높은 형태의 종교적 경험은 가장 타락한 독, 즉 낮은 정신(술)에 대해 높은 정신이 맞서게 된다는 의미이다. 알코올중독자들은 그들의 삶에 영적 차원이 필요하다. 이것이 융이 윌슨에게 얘기한 처방이다(위키피디아).

운 영적 응급 상황에 처한 사람은 보통 일상생활의 과정에서 홀로트로픽 경험에 대처할 수 있다. 그들에게 필요한 모든 것은 자아초월적 지향의 치료사와 그 과정을 논의할 수 있는 기회이다. 그 치료사는 건설적인 피드백을 제공하고, 내담자가 그 경험들을 일상생활에 통합하는 데 도움이 된다.

이 과정이 더 활발하다면, 무의식적 재료의 출현 및 감정과 막힌 물리적 에너지의 완전한 표현을 촉진하기 위해 정기적인 경험적 치료 회기들이 필요할 것이다. 이 접근법의 일반적인 전략은 홀로트로픽 숨치료 회기에서 사용한 것과 동일하다. 그 경험이 매우 격렬할 때, 우리는 단지 내담자가 그 과정에 승복하도록surrender 격려하기만 하면 된다. 만약 우리가 강한 심리적 저항에 직면한다면, 때때로 숨치료 회기들의 끝나는 시점에서와 같이 더 빠른 호흡과 풀어 주는 보디워크를 사용할 수 있다. 이러한 홀로트로픽 숨치료는 과정의 자연스러운 전개가 난관에 도달할 경우에만 필요하다.

이러한 강렬한 경험적 회기들은 게슈탈트 실습, 도라 칼프Dora Kalff의 융 학파 모래놀이, 또는 심리학적으로 경험이 풍부한 전문가와 함께하는 보디워크로 보완될 수 있다. 다양한 보조 기법도 이러한 상황에서 매우 유용할 수 있다. 그중에는 일기 쓰기, 만다라 그리기, 표현적 춤추기, 조깅, 수영, 또는 다른 스포츠 활동들이 있다. 만약 내담자가 독서, 초월심리학적 지향의 책, 특히 심리영적 위기의 문제나 자신의 내적 경험의 특정 측면에 초점을 맞춘 책에 집중할 수 있다면, 그것은 매우 도움이 될 수 있다.

경험이 너무 강렬하고 극적이어서 외래환자로 다룰 수 없는 사람들은 특별한 문제를 나타낸다. 일상적이고 억압적인 정신 약물학적 개입을 사용하지 않고 24시간 감독을 제공하는 시설은 사실상 존재하지 않는다. 그러한 대안적 센터의 창설은 미래의 영적 응급에 대한 효과적 치료를 위해 필요한 전제조건이다.

캘리포니아에 있던 몇몇 실험적인 과거 시설은 오래가지 못했다. 예를 들어, 샌프란시스코에 있던 존 페리의 다이아베이시스Diabasis, 샌디에이고에 있던 크리설리스Chrysalis, 가이저빌에 있던 바바라 휜데이슨Barbara Findeisen의 포켓 랜치Pocket Ranch 등이 있었다. 이 프로그램의 비용은 전통적 정신과 치료의 약 3분의 1이었지만 이러한 실험적 시설은 재정적으로 지속 가능하지 않았다. 보험 회사들이 대체 치료의 비용 지불을 거부했기 때문에 그 비용은 환자 또는 가족이 부담해야 했다. 이러한 간헐적 지원은 상황을 상쇄할 만큼 충분하지도 믿을 만하지도 않았다.

어떤 지역에서는 도우미들이 에피소드 동안에 내담자의 집에서 교대 근무를 하는 훈련된 조수 팀을 만들어 이러한 부족을 극복하려고 노력해 왔다. 강렬한 급성 영적 응급의 관리는 그것이 특별한 시설에서 발생하든, 아니면 개인 가정에서 발생하든, 몇몇 특별한 조치가 필요하다. 이런 종류의 장기화된 에피소드는 며칠 또는 몇 주 동안 지속될 수 있으며, 많은 신체적 움직임, 강렬한 감정, 식욕 상실, 불면증과 연관될 수 있다. 이것은 탈수, 비타민과 미네랄의 부족, 그리고 탈진 위험을 초래한다. 불충분한 음식 공급은 저혈당증을 초래할 수 있는데, 이것은 심리적인 방어력을 약화시키고 무의식으로부터 추가적인 요소를 가져오는 것으로 알려져 있다. 이것은 급성 상황을 영속시키는 악순환으로 이어질 수 있다. 꿀, 바나나, 또는 포도당을 함유한 다른 음식을 곁들인 차는 이러한 순환을 깨고 그 과정을 바로잡는 데 큰 도움이 될 수 있다.

강렬한 심리영적 위기에 처한 사람은 대개 음식, 음료, 기본위생 등을 잊을 정도의 깊은 경험을 한다. 따라서 내담자의 기본적 요구를 돌보는 것은 조력자에게 달려 있다. 영적 응급의 가장 급성의 형태를 겪고 있는 사람들을 돌보는 일이 몹시 힘들기 때문에 조력자들은 자신의 정신적, 육체적 건강을 보호하기 위해 적절한 교대 기간을 가져야 한다. 이런 상황에서 종합적이고 통합적인 진료를 보장하기 위해서는 일지쓰기를 유지하고 음식, 마실 것, 비타민 섭취량을 꼼꼼히 기록하는 것이 필요하다.

수면 부족은 단식처럼 방어력을 약화시키고 의식 속으로 무의식적인 요소들이 유입되는 것을 촉진하는 경향이 있다. 또한 이것은 중단되어야 할 악순환을 초래할 수 있다. 따라서 간혹 내담자에게 수면 확보를 위해 경미한 신경안정제나 수면제를 주어야 할 수 있다. 이런 맥락에서 약물은 순수하게 진정시키는 수단으로 여겨지고 치료수단으로는 고려되지 않는데, 이러한 진정제 처치는 주류 정신의학에서 종종 나타나는 방법이다. 경미한 신경안정제나 수면제의 투여는 악순환을 끊고, 내담자에게 필요한 휴식과 다음 날에 무의식이 드러나는 과정을 계속하기 위해 필요한 휴식과 에너지를 준다.

영적 응급의 후기 단계에서 그 과정의 강도가 가라앉을 때, 그 사람은 더 이상 지속적인 감독을 요구하지 않는다. 자신의 기본적 개인 관리에 대한 책임을 재개하고, 점차 일상의 활동과 의무로 돌아간다. 보호 환경에 있는 전체 기간은 그 과정의 안정 및 통합 정도에 따라 결정된다. 필요한 경우, 우리는 때때로 경험적 회기를 계획할 수 있으며, 선택된 보완적이고 보조적인 접근방식의 사용을 권할 수 있다. 에피소드 시간으로부터 얻은 경험과 통찰에 대한 정기적 토론은 에피소드를 통합하는 데 큰 도움이 될 수 있다.

알코올중독과 약물중독에 대한 치료는 몇몇 특정한 문제를 제시하며, 다른 영적 응급들과는 별도로 논의되어야 한다. 보다 구체적으로 말하면, 생리적 중독의 요소와 특별한 조치가 필요한 장애의 진행성 성격progressive nature에 대한 것이다. 중독의 근간이 되는 심리적 문제를 다루기 전에, 물질의 사용을 영속시키는 화학적 순환을 깨는 것이 필수적이다. 개인은 특별한 주거시설에서 물질 투여 중지와 해독의 기간을 거쳐야 한다.

이것이 이루어지면, 초점은 심리영적 장애의 근원적인 뿌리로 바뀔 수 있다. 우리가 보아 왔듯이, 알코올중독과 약물중독은 초월에 대한 잘못된 길잡이이다. 이러한 이유 때문에 치료 프로그램이 성공하기 위해서는 문제의 영적 차원을 강조하는 것을 필수 요소로 포함시켜야 한다. 역사적으로 가장 성공적이었던 중독 퇴치는 알코올중독자 익명모임Alcoholics Anonymous: AA 및 마약중독자 익명모임Narcotics Anonymous: NA 프로그램이 있다. 이것들은 빌 윌슨이 설명한 12단계 철학에 기초한 포괄적 접근 방식을 제공하는 친목 공동체이다.

알코올중독자나 기타 중독자들은 프로그램을 단계적으로 따라 하면서 자신이 그동안 삶에 대한 통제력을 잃고 무력해졌음을 인식하고 인정한다. 그들은 승복하고 자신이 정의한 더 높은 힘을 이어 가도록 격려받는다. 그들의 개인사에 대한 고통스러운 검토는 자신의 잘못을 다시 생각하게 한다. 이것이 중독으로 인해 상처받은 모든 사람을 교정할 수 있는 근거를 제공한다. 절주에 이르렀고 회복 중인 사람들은 다른 중독자들에게 그 메시지를 전하고 그들의 습관을 극복하도록 도와야 한다.

12단계 프로그램은 절주와 회복기간 동안 치료의 시작부터 알코올중독자 및 중독자를 위한 지원과 지침을 제공하는 데 매우 중요하다. 이 책의 초점은 홀로트로픽 상태의 치유 잠재력이기 때문에 우리는 이제 홀로트로픽한 상태들이 중독 치료에 유용할 수 있는지 여부와 방법을 탐색할 것이다. 이 질문은 열한 번째 단계와 밀접한 관련이 있는데, "기도와 묵상을 통해 하느님을 이해함에 따라 하느님과의 의식적인 접촉을 향상시켜야 할 필요성"을 강조한다. 홀로트로픽 상태는 신비체험을 촉진할 수 있기 때문에 분명히 이 범주에 들어맞는다.

수년 동안, 나는 알코올중독과 기타 중독들을 치료하는 데 홀로트로픽 상태를 사용하는 것뿐만 아니라, 절주의 질을 향상하기 위해 그것을 사용하여 회복한 사람들과 작업하는 것에도 폭넓은 경험을 해 왔다. 나는 볼티모어에 있는 메릴랜드 정신의학 연구소Maryland Psychiatric Research Center의 팀에 참여했는데, 그 팀은 알코올중독자와 약물중독자에 대한 심현제 치료에 대해 큰 규모의 통제된 연구를 수행하였다(Grof, 2001). 또한 나는 우리의 훈련을 통해 회복하는 많은 사람이 정기적 홀로트로픽 숨치료 회기가 효과가 있음을 지켜볼 수 있었다. 먼저 이 작업에서 나 자신의 관찰과 경험을 공유하고, 12단계 운동의 더 큰 맥락에 관련된 문제들을 논의할 것이다.

내 경험에 따르면, 홀로트로픽 숨치료나 심현제 치료가 알코올중독자와 기타 중독자들이 적극적으로 알코올이나 약물들을 사용 중일 때에는 도움이 될 가능성이 거의 없다. 깊고 의미 있는 경험조차도 연관된 화학적 순환을 깨는 힘이 있는 것 같지 않다. 홀로트로픽 상태를 갖는 치료 작업은 알코올중독자 및 기타 중독자가 해독을 받고, 금단 증상을 극복하고, 절주한 상태에 도달한 이후에만 도입되어야 한다. 그래야만 그들은 홀로트로픽 경험으로부터 유익함을 얻을 수 있고, 중독의 근간을 이루는 심리적 문제에 대해 좀 더 깊이 작업할 수 있다. 이 시점에서 홀로트로픽 상태는 그들이 외상적 기억에 대해 직면하고, 그것들과 관련된 힘든 감정을 처리하며, 그들의 학대의 심리적 뿌리에 대한 귀중한 통찰을 얻는 데 매우 유용할 수 있다.

홀로트로픽 경험은 심리영적 죽음과 재탄생의 과정을 중재할 수 있는데, 이는 '바닥을 치는 것'으로 알려진 것으로, 많은 알코올중독자와 기타 중독자의 삶에서 결정적 전환점이 된다. 자아 죽음ego death 경험은, 특별히 '자아죽이기egocide'와 자살 사이의 혼돈의 위험성과 함께, 만약 내담자의 자연스러운 환경에서 자연 발생적으로 일어났을 경우 위험한 신체적, 대인관계적, 사회적 결과가 없는 보호되는 상황에서 발생한다. 홀로트로픽 상태는 알코올중독자나 기타 중독자들이 갈망하는 진정한 동기인 심오한 영적 경험에 대한 경험적 접근을 중재할 수 있고, 따라서 그들이 알코올이나 마약 등에서 불행한 대용물을 찾을 가능성이 적다.

메릴랜드 정신의학 연구소에서 시행된 알코올중독자와 기타 중독자에 대한 심현제 치료 프로그램은 프로토콜이 심현제 치료 횟수를 최대 3회로 제한했음에도 불구하고 매우 성공적이었다. 6개월간의 후속 조치에서 만성 알코올중독자의 50퍼센트 이상과 이 프로그램에 참여하는 마약성 약물중독자의 3분의 1이 여전히 절주, 절제되어 있었고, 독립적인 평가팀에 의해 '본질적으로 재활한' 것으로 간주되었다(Grof, 2001; Pahnke et al., 1970; Savage & McCabe, 1971). 우리의 훈련과 워크숍에서 거의 예외 없이 회복하는 사람들은 홀로트로픽 숨치료가 그들의 절주의 질을 향상시키고 심리영적 성장을 촉진시키는 방법이라고 본다.

그들이 보여 준 효과에도 불구하고, 12단계 운동의 일부 보수 회원들은 사람들을 회복시킬 때 홀로트로픽 상태를 사용하는 것을 강하게 반대하였다. 이 사람들은 어떤 형태로든 '기분의 고양 상태high'를 추구하는 알코올중독자와 마약중독자들이 '재발relapse'을 경험하고 있다고 주장한다. 그들은 홀로트로픽 상태가 심현제 물질의 사용을 포함할 때뿐만 아니라, 원래 열한 번째 단계에서 명시적으로 권장된 접근법인 심리치료의 경험적 형태와 심지어 명상에도 이를 확장시켜 이 판단을 적용시킨다.

이러한 극단주의적 태도는 AA의 공동 설립자인 빌 윌슨과 그의 LSD에서의 경험(Lattin, 2012)에 관련된 AA의 역사에 뿌리가 있을 것이다. 20년간의 절주 끝에 빌 윌슨은 LSD에 관심을 갖게 되었고, 로스앤젤레스 심현제의 선구자인 시드니 코헨Sidney Cohen과 베티 아이스너Betty Eisner의 감독하에 올더스 헉슬리Aldous Huxley와 제럴드 허드Gerald Heard와의 일련의 회기를 가졌다. 빌 윌슨은 이 물질의 효과에 대해 매우 매료되었다. 그는 그 회기가 그의 만성적인 우울증에 대해 크게 도움이 되었고, 그에게 세계에 대한 영적인 인식에 눈뜨게 했다고 느꼈다. 그는 자신의 70번째 생일이 가까워졌을 때, LSD를 전국 AA 회의에 배포하는 계획을 세웠다.

빌 윌슨의 LSD 사용과 그의 제안은 AA 내부에서 상당한 논란을 일으켰다. 당시 AA 이사회 의장이었던 잭 노리스Jack Norris 박사를 포함한 그의 많은 측근은 빌 윌슨의 심현제 사용과 AA의 미래에 대한 아이디어를 매우 걱정스러워했다. 그 계획은 결국 좀 더 이성적인 목소리에 의해 진압되었고, 빌 윌슨은 LSD에 대한 그의 실험을 중단하라는 요청을 받았다. 1958년, 그는 긴 편지에서 그의 약물 사용을 변호하였지만, 곧 자유로운 실험을 실행하기 위해 AA의 통치 기구에서 탈퇴하였다.

우리는 홀로트로픽 의식 상태와 중독 사이의 관계에 대해 상반되는 두 가지 관점에 직면해 있다. 그것들 중 하나는 정상적 의식 상태에서 벗어나려는 어떤 노력도 중독된 사람들에게는 수용되지 않고 다시 재발하는 것으로 본다. 이런 태도는 어떤 대가를 치르든지 절주, 절제를 요구한다. 비록 그것이 '강렬한 긴장을 유발하는 상황'을 의미한다 해도 말이다. 이러한 태도를 대변하는 AA 회원들은 AA 회의에서 일반적으로 소비되는 커피의 엄청난 양과 그곳에서 평상시 피운 담배의 수에서 어떤 문제도 발견하지 못하는 것 같다. 반대의 견해는 영적 상태를 추구하는 것이 인간 본성의 정당하고 자연스러운 경향이며, 초월을 위해 노력하는 것이 심혼에서 가장 강력한 동기부여의 힘이라는 생각에 근거한다(Weil, 1972). 중독은 이러한 노력의 잘못되고 왜곡된 형태이며, 그것에 대한 가장 효과적인 치료책은 진정한 영적 경험에 대한 접근을 용이하게 하는 것이다.

미래에는 전문가들과 회복 공동체에 의해 이 두 가지 접근법 중 어떤 것이 채택될 것인지를 결정할 것이다. 내 생각에 알코올중독과 약물남용 치료에서 가장 유망한 발전은 알코올중독과 여타 중독 치료의 가장 효과적인 방법인 12단계 프로그램과 영적 근거에 견고한 이론적 근거를 제공할 수 있는 자아초월심리학의 결합이 될 것이다. 홀로트로픽 의식 상태에 대한 책임 있는 작업이 그러한 포괄적인 접근방식의 매우 논리적이고 필수적

◀ 로널드 레잉R.D. Laing(1927~1989)은
스코틀랜드의 정신과 의사,
아내 유타Jutta와 함께 정신병의
대체적 이해와 치료의 선구자이다.

인 부분이 될 것이다.

나와 고인이 된 아내 크리스티나는 1990년대에 오리건주의 유진과 조지아주 애틀랜타에서 "비전 탐구Mystical Quest, 애착Attachment, 중독Addiction"이라는 제목의 국제자아초월협회International Transpersonal Association: ITA 회의를 두 차례 개최했다. 이 회의는 12단계 프로그램과 자아초월심리학을 결합하는 것에 대한 타당성과 유용성을 입증하였다. 그러한 융합에 대한 경험적, 이론적 정당성은 여러 간행물에서 논의되었다(Grof, 1987; Grof, 1993).

'영적 응급'이라는 개념은 새로운 것이며, 의심할 여지없이 앞으로 보완되고 세련되어질 것이다. 그러나 우리는 크리스티나와 나 자신이 정의하는 현재의 형태에서도 그것이 변용의 위기에 처한 많은 개인에게 큰 도움이 되었다는 것을 되풀이하여 보아 왔다. 우리는 이러한 조건들이 존중받고 적절한 지원을 받을 때, 그것들이 주목할 만한 치유, 깊은 긍정적인 변화, 그리고 일상생활에서 더 높은 수준의 기능을 할 수 있다는 것을 관찰했다. 이것은 현재 상황에서 심리영적 위기의 사람들을 치료하기 위한 조건들이 이상적인 것과는 거리가 먼 데도 불구하고 종종 일어났다.

앞으로 영적 응급 상황에서 개인을 도울 수 있는 사람들이 외래환자 기준의 치료로는 안 되는 강렬한 경험을 한 사람들을 위해 24시간 센터의 네트워크를 가질 수 있다면, 이러한 노력의 성공은 상당히 증가할 수 있다. 현재에 있어서 그러한 시설들의 부재와 비전통적 접근법에 대한 보험 회사의 지원 부족이 새로운 치료 전략의 효과적 적용에 가장 심각한 장애물이 된다.

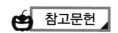
참고문헌

Anonymous. 1975. *A Course in Miracles*. New York: Foundation for Inner Peace.

Assagioli, R. 1976. *Psychosynthesis*. New York: Penguin Books.

Grof, C. 1993. *The Thirst For Wholeness: Attachment, Addiction, and the Spiritual Path*. San Francisco, CA: Harper.

Grof, C., & Grof, S. 1990. *The Stormy Search for the Self: A Guide to Personal Growth through Transformational Crisis*. Los Angeles, CA: J. P. Tarcher.

Grof, S. 1987. Spirituality, Addiction, and Western Science. *Re-Vision Journal 10*: 5–18.

Grof, S. 1994. *Books of the Dead: Manuals for Living and Dying*. London: Thames and Hudson.

Grof, S. 2000. *Psychology of the Future: Lessons from Modern Consciousness Research*. Albany, NY: State University of New York (SUNY) Press.

Grof, S. 2001. *LSD Psychotherapy*. Santa Cruz, CA: MAPS Publications.

Grof, S. 2006. *When the Impossible Happens: Adventures in Non-Ordinary Realities*. Louisville, CO: Sounds True.

Grof, S., & Grof, C. (Eds.) 1989. *Spiritual Emergency: When Personal Transformation Becomes a Crisis*. Los Angeles, CA: J. P. Tarcher.

James, W. 1961. *The Varieties of Religious Experience*. New York: Collier.

Jung, C. G. 1959. *The Archetypes and the Collective Unconscious*. Collected Works, vol. 9,1. Bollingen Series XX, Princeton, N.J.: Princeton University Press.

Jung, C. G. 1960. *Synchronicity: An Acausal Connecting Principle*. Collected Works, vol. 8, Bollingen Series XX. Princeton: Princeton University Press.

Jung, C. G. 1964. *Flying Saucers: A Modern Myth of Things Seen in the Skies*. In: Collected Works, vol. 10. Bollingen Series XX. Princeton: Princeton University Press.

Jung, C. G. 1996. *The Psychology of Kundalini Yoga: Notes on the seminars given in 1932 by C. G. Jung* (Soma Shamdasani, ed.). Bollingen Series XCIX. Princeton: Princeton University Press.

Lattin, D. 2012. *Distilled Spirits*. Oakland, CA: University of California Press.

Lawson, A. 1984. Perinatal Imagery In UFO Abduction Reports. *Journal of Psychohistory* 12: 211.

Mack, J. 1994. *Abductions: Human Encounters with Aliens*. New York: Charles Scribner Sons.

Mack, J. 1999. *Passport to the Cosmos: Human Transformation and Alien Encounters*. New York: Crown Publishers.

Maslow, A. 1964. *Religions, Values, and Peak Experiences*. Cleveland, OH: Ohio State University.

Moody, R. A. 1975. *Life After Life*. New York: Bantam.

Pahnke, W. N., & Richards, W. E. 1966. Implications of LSD and Experimental Mysticism. *Journal of Religion and Health.* 5: 175.

Pahnke, W. N., Kurland, A. A., Unger, S., Savage, C., & Grof, S. 1970. The Experimental Use of Psychedelic (LSD) Psychotherapy. *J. Amer. Med. Assoc.* 212: 1856.

Perry, J. W. 1953. *The Self in the Psychotic Process.* Dallas, TX: Spring Publications.

Perry, J. W. 1966. *Lord of the Four Quarters.* New York: Braziller.

Perry, J. W. 1974. *The Far Side of Madness.* Englewood Cliffs, NJ: Prentice Hall.

Perry, J. W. 1976. *Roots of Renewal in Myth and Madness.* San Francisco, CA: Jossey-Bass Publications.

Perry, J. W. 1998. *Trials of the Visionary Mind: Spiritual Emergency and the Renewal Process.* Albany, NY: State University of New York (SUNY) Press.

Ring, K. 1982. *Life at Death: A Scientific Investigation of the Near-Death Experience.* New York: Quill.

Ring, K. 1985. *Heading Toward Omega: In Search of the Meaning of the Near-Death Experience.* New York: Quill.

Ring, K., & Valarino, E. E. 1998. *Lessons from the Light: What We Can Learn from the Near-Death Experience.* New York: Plenum Press.

Sannella, L. 1987. *The Kundalini Experience: Psychosis or Transcendence?* Lower Lake, CA: Integral Publishing.

Savage, C., & McCabe, O. L. 1971. Psychedelic (LSD) Therapy of Drug Addiction. In: *The Drug Abuse Controversy* (Brown, C. C. & Savage, C., Eds.) Baltimore, MD.: Friends of Medical Science Research Center.

Weil, A. 1972. *The Natural Mind.* Boston: Houghton Mifflin.

Wilber, K. 1977. *The Spectrum of Consciousness.* Wheaton, IL: Theosophical Publishing House.

Wilson, W., & Jung, C. G. 1963. Letters republished in: Grof, S. (Ed.). Mystical Quest, Attachment, and Addiction. *Special edition of the Re-Vision Journal 10* (2), 1987.

06

홀로트로픽 숨치료:

심리치료와 자기탐색에 대한 새로운 접근

　홀로트로픽 숨치료는 1970년대 중반 캘리포니아주 빅서의 에살렌 연구소에서 아내인 크리스티나와 함께 개발한 자기탐색과 심리치료에 대한 경험적 방법이다. 이 접근법은 매우 단순한 방법들, 예를 들어 호흡을 빠르게 하거나 환기적evocative[1] 음악 듣기, 몸에 남아 있는 생체에너지와 정서적 막힘을 해제하는 데 도움이 되는 보디워크 등의 조합을 통해 깊은 홀로트로픽 의식 상태를 유도한다.

　일반적으로 회기는 그룹으로 진행되는데, 참가자들은 짝을 지어서 번갈아 '브리더breather'와 '시터sitter'의 역할을 한다. 이는 특별한 개입이 필요한 참가자들에게 도움을 제공할 수 있는 훈련된 촉진자들의 감독하에 진행된다. 호흡 회기 후 참가자들은 만다라를 그리고 소규모 집단으로 내면 여정의 이야기를 나눔으로써 자신의 경험을 표현한다. 숨치료 경험을 마무리하고 통합을 촉진하기 위해 필요하다면 후속 인터뷰를 비롯한 다양한 보충적 수단이 사용되기도 한다.

　홀로트로픽 숨치료는 이론은 물론이고 실제에 있어서도 현대 의식 연구, 심층심리학, 자아초월심리학, 동양의 영성 철학, 그리고 자연치유에 기반한 다양한 요소를 연결하여 통합시킨다. 이는 언어를 주된 수단으로 사용하는 전통적인 형태의 심리치료, 예를 들어 정신분석을 비롯한 다양한 학파의 심층심리학과는 확연한 차이가 있다. 홀로트로픽 숨치료는 즉각적인 정서 표현과 신체 작업을 강조한다는 점에서 게슈탈트 치료나 신라이히 접근법the neo-Reichian approaches과 같은 인본주의심리학의 경험적 치료법과 유사한 특성이 있다. 그러나 홀로트로픽 숨치료는 홀로트로픽 의식 상태의 치료적 잠재력을 활용한다는 점에서 차별성이 있다.

　고대와 원주민 문화는 수 세기, 혹은 수천 년 동안 그들의 의례적, 영적, 치유의 관행에 있어 홀로트로픽 상태를 사용하였다. 이 상태의 비일상적인 치유력은 20세기 후반에 실

---

1) 강한 이미지, 기억, 또는 감정을 마음속에 가져다주는.

시된 현대 의식 연구에 의해 확인되었다. 연구 결과에 따르면 이러한 상태에서 발생하는 현상이 정신의학 및 심리학계뿐만 아니라 가장 기본적인 형이상학적 가설로서 현재 사용되는 개념적 틀에 대한 심각한 도전을 나타낸다. 홀로트로픽 숨치료는 건강한 상태의 의식과 인간 정신은 물론이고 건강하지 않은 상태의 의식과 인간 정신에 대해서도 새로운 이해를 필요로 한다. 이 새로운 심리학의 기본 원칙은 이 책의 두 번째 장뿐만 아니라 다른 글(Grof, 2000)에서도 논의된 바 있다.

홀로트로픽 숨치료의 필수 구성요소

홀로트로픽 숨치료는 호흡을 빠르게 하며 환기적인 음악을 듣고 신체를 이완시킴으로써 치유와 변용의 힘이 두드러지는 강력한 홀로트로픽 의식 상태를 유도한다. 이 방법은 무의식의 전기적, 주산기적 그리고 자아초월적 영역으로의 접근을 가능하게 하여 정서적이고 심리적인 장애의 깊은 정신적 뿌리에 접촉하게 한다. 또한 이러한 수준까지의 정신에 작용함으로써 치유 및 성격 변용 기제 활용이 가능하다. 홀로트로픽 숨치료에서의 자기탐색 및 치료 과정은 자발적이고 자율적이다. 이는 지시와 지침에 의해 진행되는 특정 학파의 심리치료와 달리 내담자 내면의 치유 지성healing intelligence에 의해 주도되기 때문이다.

홀로트로픽 숨치료의 기반이 되는 의식과 인간 심혼에 관한 최근 혁신적인 발견의 대부분은 현대 정신의학과 심리학 분야에서만 새로울 뿐이다. 이는 많은 고대와 원주민 문화에서 그 치유 과정은 물론 의식적, 영적 삶의 중요한 일부로서 오랜 역사를 갖고 있다. 홀로트로픽 숨치료의 기본 원칙은 인류 역사의 여명으로까지 추적될 수도 있는 고대 지혜와 절차를 재발견하고 그 유효성을 확인하며 현대적으로 재구성하는 것이다. 홀로트로픽 숨치료의 주된 구성요소인 호흡하기, 악기 연주와 챈팅, 보디워크, 그리고 만다라 그리기나 다른 예술적 표현들도 산업사회 이전 인간 집단의 치유 의식과 제의적 의식에 수백 년, 수천 년 동안 사용되어 왔다.

호흡의 치유력

고대와 산업화 이전 사회에서 호흡은 의식적이고 영적인 행위였으며 우주론, 신화 및 철학에서도 매우 중요한 역할을 수행하였다. 까마득한 옛날부터 종교와 치유의 목적으로 다양한 호흡기법이 사용되어 왔다. 태고 이래로 인간 본성을 이해하고자 한 사실상 모든 주요 심리영적 체계는 호흡을 자연, 인간의 몸, 심혼 그리고 영성의 결정적인 연결고리로 간주하였다.

고대 인도 문학에서 'prāna'는 물리적인 호흡과 공기는 물론 생명의 신성한 본질을 의미한다. 유사하게는 중국 전통 의학에서도 'chi'라는 단어는 우리가 폐로 호흡하는 공기인 동시에 우주의 본질과 생명의 에너지를 뜻한다. 일본어 'ki'는 일본의 영적 행위와 무술에서 매우 중요한 역할을 한다. 고대 그리스에서 'pneuma'는 공기, 호흡인 동시에 영혼, 또는 삶의 본질을 의미하였다. 또한 그리스인들은 호흡이 심혼과 밀접한 관련이 있는 것으로 보았다. 'phren'이라는 용어는 호흡과 관련된 가장 큰 근육인 횡경막이기도 하고 마음으로 사용되기도 했다(분열된 마음split mind을 문자 그대로 나타내는 정신분열증 schizophrenia이라는 용어가 그 예이다).

고대 히브리 전통에서는 'ruach'가 숨쉬기와 창의적인 영혼을 나타내며 동일한 것으로 간주되었다. 창세기에서의 다음과 같은 인용문은 신과 호흡과 삶이 밀접한 관계임을 보여 준다. "그러고 나서 신은 땅의 먼지로 사람[히브리어 '아담']을 만드셨다. 콧구멍에 삶의 호흡을 불어넣자 그는 생명이 되었다." 라틴어에서는 'spiritus'가 호흡과 영이 같은 단어이며, 슬라브어에서 영혼과 호흡은 같은 언어적 뿌리를 갖는다.

하와이 원주민 전통과 의학kanaka maoli lapa'au에서 'ha'라는 단어는 신성한 영혼, 바람, 공기 및 호흡을 의미한다. 인기 있는 하와이의 'aloha'라는 단어에도 'ha'가 쓰이는데 이는 다양한 문맥에서 여러 가지로 사용된다. 일반적으로는 신성한 호흡ha이 존재alo한다고 번역된다. 반대로 'ha'ole'은 호흡이 없거나 삶이 없다는 것을 의미하는데, 하와이 원주민은 1778년 악명 높은 영국의 선장 제임스 쿡James Cook의 도착 이래로 하얀 피부의 외국인들을 'ha'ole'라고 불렀다. 하와이 '비밀 지식의 수호자Keepers of Secret Knowledge'인 카후나스 the kahunas는 영적 에너지mana를 생성하기 위해 호흡법을 사용하였다.

호흡과 관련된 기술을 통해 의식에 영향을 미칠 수 있다는 것은 수 세기 전부터 알려져

왔다. 이 목적을 위해 다양한 고대와 산업화 이전의 문화권에서 이용한 절차들은 호흡을
극단적으로 방해하는 것에서부터 다양한 영적 전통의 정교하고 미세한 훈련에 이르기까
지 광범위하다. 예를 들어, 에세네파the Essenes에 의해 행해진 원래 형태의 세례는 세례 받
는 사람을 오랜 시간 동안 물속에 강제로 잠기도록 하였고 그로 인해 강렬한 죽음과 재
탄생의 경험이 가능했다. 몇몇 다른 집단에서는 연기나 목졸림, 혹은 경동맥 압박을 통
해 신참자를 반쯤 질식시켰다.

호흡 속도에 있어 과호흡을 하거나 장시간 호흡을 억제하는 양극단의 형태는 물론
이 두 극단을 번갈아 사용하는 호흡 방법은 의식의 엄청난 변화를 유도할 수 있다. 이
런 종류의 매우 정교하고 진보된 방법은 고대 인도의 호흡학, 혹은 프라나야마prāṇāyāma에
서 찾아볼 수 있다. 세기말(1890~1900년대) 영적 철학운동에 영향을 끼쳤던 미국인 작
가 윌리엄 워커 앳킨슨William Walker Atkinson은 힌두교의 호흡학에 대해 요기 라마차라카
(Ramacharaka, 1903)라는 필명으로 포괄적인 논문을 썼다.

강렬하게 호흡하거나 호흡을 억제하는 구체적인 기술은 또한 쿤달리니 요가Kundalini
Yoga, 싯다 요가Siddha Yoga, 티베트 밀교the Tibetan Vajrayana, 수피Sufi, 버마 불교도Burmese
Buddhist, 도교 명상Taoist meditation의 여러 다양한 수련의 한 부분이다. 직접적이지는 않더
라도 호흡의 깊이와 리듬은 의식의 예술적 수행에 심오하게 영향받을 수 있으며 발리 원
숭이 챈팅the Balinese monkey chant이나 케챠크Ketjak, 이누이트 에스키모족의 목악the Inuit Eskimo
throat music, 티베트와 몽골의 다성多聲 챈팅the Tibetan and Mongolian multivocal chanting, 그리고 키
르탄kirtans, 바쟌bhajans, 수피 챈팅Sufi chants 등이 그러하다.

불교에서는 호흡 역학의 변화보다는 호흡과 관련하여 특별한 자각을 강조하는 더 절
묘한 기법이 두드러진 위치를 차지하고 있다. 아나파나사티Anāpānasati는 부처가 가르치는
기본적인 형태의 명상으로, 말 그대로 '호흡 알아차림mindfulness of breathing'을 의미한다(팔
리어Pali anāpāna는 들이마심과 내쉼을 의미하며, sati는 마음을 의미함). 부처의 호흡anāpāna에 대
한 가르침은 깨달음을 얻기 위한 수단으로 그것을 사용한 자신의 경험에 바탕을 두고 있
었다. 그는 호흡뿐만 아니라 그 호흡을 통해 자신의 몸 전체와 모든 경험을 자각하는 것
의 중요성을 강조하였다. 『Anāpānasati Sutta』라는 경전Stura에 따르면, 이런 종류의 명상
을 하는 것은 모든 더러움kilesa을 제거하게 한다. 부처는 아나파나사티의 체계적인 실천
이 마지막 해방(nirvāna 혹은 nibbāna)을 이끌어 낼 것이라고 가르쳤다.

아나파나사티는 위파사나Vipassana(통찰 명상)와 선 명상shikantaza(只管打坐, 한결같이 좌선하
다)과 관련하여 행해진다. 불교, 특히 테라바다 학파the Theravada school의 핵심 명상 관행으

로서의 아나파나사티의 본질은 자연스럽고 무의식적으로 호흡하는 과정을 수동적으로 관찰하는 것이다. 이것은 호흡의 엄격한 제어를 목표로 하는 호흡법을 사용하는 프라나야마 요가호흡 수련the yogic prāṇāyāma practices과는 뚜렷한 대조를 이룬다. 그러나 아나파나사티는 유일한 불교식 호흡 명상은 아니며 티베트, 몽골, 일본에서 사용되는 불교적 영적 관행에서 호흡 조절은 중요한 역할을 한다. 또한 호흡에 대한 특별한 주의 함양은 특정한 도교 학파와 기독교 관행의 필수적인 부분이기도 하다.

물질과학의 발달하에서 호흡은 그 신성한 의미를 잃었고 심혼과 영성과의 관계성을 박탈당했다. 서양 의학은 호흡을 주요 생리적 기능으로 한정시켰다. 여러 가지 호흡기 동작에 수반되는 신체적, 심리적 징후는 모두 병리적으로 간주되었다. 더 빠른 호흡에 대한 심신 반응, 이른바 **과다 호흡 증후군**은 병적인 상태로 여겨지는데, 실제로 그것은 엄청난 치유 잠재력을 지닌 과정이다. 일반적으로 과호흡이 발생하면 진정제를 투여하거나, 정맥 칼슘 주사를 맞는다. 그리고 종이봉투를 씌워 호흡하게 함으로써 이산화탄소의 농도를 증가시키고 빠른 호흡으로 인한 알칼리증the alkalosis에 대항하도록 한다.

20세기 후반 서양 치료사들은 호흡의 치유 가능성을 재발견하고 이를 활용하는 기술을 개발하였다. 우리는 캘리포니아주 빅서에 있는 에살렌 연구소에서 이러한 맥락의 호흡과 관련된 다양한 접근법에 대한 실험 세미나를 한 달 동안 진행하였다. 여기에는 인도와 티베트인 교사들의 지도하에 고대 영적 전통에서 이어진 호흡 연습뿐만 아니라 서양 치료사가 개발한 기법이 모두 포함되었다. 이 두 가지 접근법은 각각 특정한 강조점을 가지고 있으며, 호흡을 다른 방식으로 사용한다. 우리는 효과적인 방법을 찾아가면서 가능한 한 이 과정을 단순화하려고 노력하였다.

이를 통해 우리는 내면의 과정에 온전히 집중하면서 평소보다 빠르고 효과적으로 호흡하는 것으로 충분하다는 결론에 도달하였다. 호흡의 특정한 기술을 강조하는 대신, 홀로트로픽 작업의 일반적인 전략을 수행한다. 즉, 신체의 내재적 지혜를 신뢰하고 내면의 단서를 따르는 것이다. 홀로트로픽 숨치료에서는 참가자들이 호흡을 더 빠르고 다소 더 깊게 하여 들숨과 날숨이 지속적인 호흡의 순환으로 회기가 시작하도록 권장한다. 일단 그 과정을 거치면 그들은 자신만의 리듬과 호흡 방법을 발견한다.

우리는 심리적 저항과 방어가 호흡 제한과 관련이 있다는 빌헬름 라이히의 관찰을 반복적으로 확인할 수 있었다(Reich, 1949, 1961). 호흡은 자율적인 기능이지만, 의지의 영향을 받을 수도 있다. 고의적으로 호흡을 증가시키는 것은 전형적으로 심리적 방어를 풀어 주고 무의식(그리고 초의식) 자료의 방출과 출현으로 이어진다. 이 과정을 직접 목격하거나 경험하지 않는 한, 이론적 근거만으로 이 기술의 힘과 효용에 대해 믿기란 쉽지 않을 것이다.

음악의 치료적 잠재성

홀로트로픽 숨치료에서 호흡의 의식 확장 효과는 환기적 음악과 연관이 있다. 호흡과 마찬가지로 음악 및 다른 형태의 음향 기술은 의식과 영적 실천에 있어 강력한 도구로 수천 년 동안 사용되어 왔다. 단조로운 북소리, 덜컹거리는 소리, 챈팅, 기악 및 기타 형태의 음향 제작 기술은 언제나 세계 여러 지역 주술사들의 주요 수단 중 하나였다. 산업화 이전의 꽤 많은 문화에서 개별적으로 북소리 리듬을 발전시켜 왔는데, 이는 실험실에서 뇌에 전기 자극을 가하는 것과 같은 현저한 효과가 있다(Goldman, 1952; Jilek, 1974, 1982; Neher, 1961, 1962).

문화 인류학자들의 기록에는 기악, 챈팅, 춤이 결합된 강력한 트랜스trance 유도 방법의 수많은 예가 있다. 많은 문화권에서 음향 기술은 복잡한 의식의 맥락에서 치유 목적으로 특별하게 사용되어 왔다. 잘 훈련된 가수들의 나바호족Navajo 치유 의식은 바그너 오페라에 비견될 놀라운 복잡성을 가지고 있다. 아프리카 칼라하리 사막의 쿵 부시맨the !Kung Bushmen의 무아지경 트랜스 춤과 확장된 북소리는 많은 인류학 연구와 영화에서 기록된 것처럼 엄청난 치유력을 가지고 있다(Katz, 1976; Lee & DeVore, 1976).

서양의 전통적인 의료 훈련을 받은 카리브해 섬과 남미의 많은 전문가는 쿠바의 산테리아 신앙the Cuban Santeria이나 브라질의 움반다Brazilian umbanda와 같은 통합적 종교 의식의 치유 가능성에 대해 인정한다. 뱀 조련사the Snake Handlers(성령인Holy Ghost People), 신앙부흥운동가the revivalists, 혹은 펜테코스트 교회the Pentecostal Church의 회원들과 같은 음악, 노래, 춤을 사용하는 기독교 단체들의 모임에서 정서 및 정신신체적 치유의 주목할 만한 사례들이 나타나기도 한다.

일부 영적 전통은 단순히 트랜스 상태를 유도하는 것이 아니라 의식과 인간 심혼과 신체에 구체적인 영향을 미치는 음향 기술을 개발하였다. 인도의 가르침에 따르면 특정 음향 주파수와 인체의 개별 차크라chakras 또는 미묘한 에너지 중심 간에 특별한 연결성이 있다. 이러한 지식을 체계적으로 사용함으로써 예측 가능하고 바람직한 방법으로 의식 상태에 영향을 미칠 수 있다. 나다 요가nada yoga 혹은 소리를 통한 합일의 방법라고 불리는 고대 인도 전통은 정서적, 정신신체적, 육체적 건강과 안녕을 유지하고 개선하고 복원하는 것으로 알려져 있다.

의식이나 영적, 치유적 목적으로 사용되는 특별한 성악 공연으로는 몽골과 투바의 주술사the Mongolian and Tuva shamans는 물론 티베트 교소the Tibetan Gyotso 승려들의 다성多聲 챈팅과 힌두교 바잔과 키르탄, 아야와스카[2] 의식ayahuasca ceremonies에 사용되는 산토 다이메 챈팅the Santo Daime chants(이카로스icaros), 이누이트 에스키모족the Inuit Eskimo people의 목젖음악, 다양한 수피 관례various Sufi orders의 성스러운 성가(디크르dhikrs) 등이 있다. 이는 치유, 의식 및 영적 목적을 위한 악기 음악과 챈팅의 광범위한 사용의 몇 가지 예에 해당한다.

우리는 메릴랜드주 볼티모어에 있는 메릴랜드 정신의학 연구소에서 심현제 치료 프로그램에 음악을 체계적으로 사용하였으며, 심리치료에 대한 특별한 가능성에 대해 많은 것을 알게 되었다. 신중하게 선별된 음악은 여러 중요한 기능이 가능한 홀로트로픽 의식 상태에서 특별한 가치가 있는 것으로 보인다. 그것은 억압된 기억과 관련된 감정을 움직여 수면으로 떠올린 후 표현하도록 촉진한다. 또한 무의식으로의 문을 열고 치료 과정을 강화하여 심화시키는 데 도움이 되며, 경험에 의미 있는 맥락을 제공한다. 음악의 지속적인 흐름은 반송파carrier wave를 만들어 내어 어려운 경험과 교착 상태를 통과해 심리적 방어를 극복하고 수용하고 흘려보낼 수 있도록 돕는다. 집단으로 진행되는 일반적인 홀로트로픽 숨치료 회기에서 음악은 참가자들이 만들어 내는 소음들을 가리고 그것들조차 역동적이면서도 심미적인 게슈탈트로 연결시키는 추가적인 기능이 있다.

깊은 자기탐색과 체험적 작업의 촉매제로 음악을 활용하기 위해서는 우리 문화와는 다른 방식으로 음악을 듣고 연계하는 새로운 방법을 배워야 한다. 서양에서는 음악이 정서적으로 거의 관련이 없는 음향적 배경으로 자주 활용되고 있다. 칵테일 파티에서 대중 음악을 사용하거나 쇼핑 지역과 작업장에서 영업용 배경음악(무작muzak[3])으로 사용하는 것이 그 전형적인 예이다. 세련된 청중이 음악에 접근하는 또 다른 방법은 극장과 콘서트홀에서 음악을 경청하고 주의 깊게 듣는 것이다. 홀로트로픽 숨치료에서의 음악 활용과 더 가까운 것은 록 콘서트에서 음악이 사용되는 역동적이고 근원적인 방식이다. 그러

---

2) 심현제 식물의 상징이라 할 수 있으며, 주로 남미 아마존에서 서식한다. 원주민들은 이를 영적인 목적으로만 음용하며 신성한 존재로 다룬다. '영혼의 덩굴'로 알려져 있다.
3) 영업용 배경 음악. 라디오 · 전화선을 통해 계약점에 송신한다.

나 록 콘서트에 참여한 사람들의 관심은 대개 외향적이며, 여기에서의 경험은 홀로트로 픽 숨치료 또는 자기탐구에 필수적인 요소인 지속적이고 집중적인 자아성찰이 결여되 어 있다.

　홀로트로픽 숨치료에서는 음악의 흐름에 완전히 몸을 맡기고, 몸 전체에 공명하게 하며, 자발적이고 본질적인 방식으로 반응하는 것이 필수적이다. 여기에는 울거나 기침하는 것이 방해로 간주되어 짜증과 당혹감을 유발하는 콘서트홀에서는 생각조차 할 수 없는 표현들이 포함된다. 홀로트로픽 숨치료에서는 크게 비명을 지르거나, 웃거나, 아기처럼 얘기하거나, 동물의 소리를 내거나, 주술적인 챈팅을 하거나, 말을 하는 등 음악이 불러오는 것은 어떠한 것이든 간에 최대한 표현을 해야 한다. 기괴한 찡그림, 골반의 감각적 움직임, 폭력적인 떨림, 또는 몸 전체의 강렬한 뒤틀림과 같은 신체적 충동을 제어하지 않는 것도 중요하다. 물론 이 규칙에도 자기 자신과 타인, 물리적 환경을 향한 파괴적인 행동은 허용되지 않는다는 예외는 있다.

　또한 참가자들에게 그 음악의 작곡가나 배경이 되는 문화를 추측하는 것과 같은 지적 활동을 중단하도록 권장한다. 음악의 정서적 영향을 피하려는 다른 방법은 전문적인 지식을 끌어들이는 것이다. 오케스트라의 연주를 평가하고, 어떤 악기를 연주하고 있는지 추측하고, 녹음 상태 또는 실내 음악 장비의 기술적 품질을 비판한다. 이러한 함정을 피하면 음악은 홀로트로픽 의식 상태를 유도하고 지원하는 매우 강력한 도구가 될 수 있다. 이를 위해 음악은 기술적으로 우수한 품질이어야 하며, 경험을 이끌어 낼 수 있을 정도의 충분한 볼륨으로 연주되어야 한다. 음악과 빠른 호흡의 결합은 마음을 표현하고 의식을 확장시키는 강력한 힘을 가지고 있다.

　음악의 구체적인 선택에 관해서는 일반적인 원리에 대해서만 언급하고 우리의 경험을 바탕으로 몇 가지 제안을 하고자 한다. 일정 시간이 경과한 후, 각 치료사 또는 치료 팀은 회기의 다양한 단계에서 선호하는 곡 목록을 만들어 낸다. 기본 규칙은 짜여진 프로그램을 시도하기보다는 참가자들의 경험의 단계, 강도 및 내용에 민감하게 반응하는 것이다. 이것은 홀로트로픽 숨치료의 전반적인 철학, 특히 자기치유적 지성의 지혜, 집단 무의식, 치유 과정의 자율성과 자발성에 대한 깊은 존중과 일치한다. 일반적으로는 강력하고 환기적이며 긍정적인 경험에 도움이 되는 음악을 사용하는 것이 중요하다. 우리는 거슬리거나 불협화음이거나 불안을 불러일으키는 선택을 피하려고 노력한다. 특히 널리 알려지지 않고 구체적인 내용이 거의 없는 수준 높은 예술적 음악을 선호한다.

　참가자들에게 친숙한 음악 연주와 성악곡들은 특정 메시지를 전달하거나 주제들을 제안할 수 있으므로 피해야 한다. 성악곡을 사용할 때는 그것이 외국어로 되어 있어야만 인간의 목소리가 단지 다른 악기로 인식될 수 있다. 같은 이유로, 리하르트 바그너의 작품들이나 멘델스존 바르톨디의 〈결혼식 행진〉과 비제의 〈카르멘 서곡〉이나 베르디의 〈아이다〉 등 특정한 지적 연관성을 불러일으키고, 회기의 내용을 프로그램화하는 경향이 있는 작품들은 피하는 것이 바람직하다.

회기는 일반적으로 촉진적인 음악으로 시작되는데, 이는 역동적이고 유동적이면서 정서적으로 고양되는 동시에 편안하다. 회기가 계속됨에 따라 음악은 점차 강도가 높아지고 다양한 토착 문화의 의례와 영적 전통에서 파생된 강력한 리듬의 음악으로 이어진다. 이러한 진행의 많은 부분이 심미적으로 즐거울 수 있지만 이를 개발한 사람들의 주된 목적은 여흥이 아니라 홀로트로픽 경험으로 유도하기 위함이다. 훌륭한 발레 공연으로 칭송받기 위해서가 아니라 신의 경험으로 사람들을 이끌기 위해 고안된 아름다운 음악과 챈팅이 동반된 소용돌이 더비시[4] 춤the dance of the whirling dervishes이 그 예이다.

홀로트로픽 숨치료 회기가 한 시간 반 정도 지나 그 경험이 일반적으로 절정에 달했을 때, 우리가 **돌파 음악**breakthrough music이라고 일컫는 음악을 내보낸다. 이 시기의 선택 곡들은 미사곡, 성악, 진혼곡 그리고 여러 강렬한 관현악곡과 같은 성스러운 음악에서부터 극적인 영화 사운드트랙까지 그 범위가 다양하다. 회기 후반에는 음악의 강도가 점차 약해지고 사랑스럽고 정서적인 곡(서정적 음악heart music)을 가져온다. 마지막으로 회기 종료 즈음에는 위로되고 유연하며 시간을 의식할 수 없는 명상적인 특성의 음악이 적합하다.

대부분의 홀로트로픽 숨치료 촉진자는 녹음된 음악들을 수집하고 회기의 연속적인 다섯 국면에 다음과 같이 자신이 선호하는 흐름을 만들어 낸다. ① **시작 음악**opening music,[5] ② **트랜스 유도 음악**trance-inducing music, ③ **돌파 음악**breakthrough music, ④ **서정적 음악**heart music, ⑤ **명상 음악**meditative music.

어떤 사람들은 전 회기에 걸쳐 사전에 녹음된 음악 프로그램을 사용한다. 이는 촉진자가 그룹에 더 많이 신경 쓸 수 있도록 해 주지만 집단의 에너지에 따른 음악 선택 조율이 불가능하다. 특별한 경우에는 라이브 음악을 사용하는 사치를 누릴 수도 있는데, 이는 토착 문화 의례에서 흔히 볼 수 있는 관행으로 음악가와 참가자가 서로 상호작용을 하고 창의적으로 서로의 에너지를 주고받을 수 있게 한다.

---

4) 이슬람교 금욕파 수도사이다.
5) 이것은 활성화(activation) 단계라고도 불린다.

발산을 위한 보디워크

홀로트로픽 숨치료에 대한 신체적, 정서적 반응은 사람마다 그리고 회기마다 상당히 다양하다. 더 빨라진 호흡의 가장 일반적인 첫 경험은 다소 극적인 정신신체 증상으로 나타난다. 호흡 생리학 교과서는 가속 호흡에 대한 이러한 반응을 '과다 호흡 증후군 hyperventilation syndrome'이라고 부른다. 책에서는 손과 발의 긴장('근육강직성 경련tetany' 또는 '수족 경련carpopedal spasms')으로 나타나는 생리적 반응의 전형적 패턴이라고 설명한다. 우리는 4만 건 이상의 홀로트로픽 숨치료를 시행하였으며, 그 결과 빠른 호흡의 영향에 대한 현대 의학적 견해가 틀리다는 것을 발견하였다.

많은 사람의 경우 몇 시간 동안 빠른 호흡이 고전적인 과다 호흡 증후군으로 이어지지 않고 점진적인 이완, 강렬한 성적 감정, 또는 신비한 경험으로 이어진다. 다른 사람들도 신체의 여러 부분에서 긴장감을 일으키지만 수족 경련의 징후를 보이지는 않는다. 더욱이 긴장감을 느끼는 사람들에게도 호흡이 계속 빨라지더라도 긴장감이 점진적으로 증가하지는 않으며 자기 제한적인 경향이 있다. 일반적으로 최고조의 절정에 도달하면 깊은 휴식이 뒤따른다. 이 패턴은 성적 오르가슴의 흐름과 어느 정도 유사성이 있다.

홀로트로픽 회기가 반복되면서 긴장이 증가되고 그에 따라 이완하는 과정은 신체의 한 부분에서 다른 부분으로 이동하는 경향이 있는데, 이는 사람에 따라 다르게 나타난다. 근육 긴장과 강렬한 감정의 대략적인 정도는 회기의 진행에 따라 전반적으로 감소한다. 오랜 시간 지속된 더 빠른 호흡이 사람의 화학 작용을 변화시켜 다양한 외상성 기억과 연관되며 차단된 신체적, 정서적 에너지의 말초적 배출과 처리가 가능해진다. 이 과정에서 이전에 억압된 기억의 내용이 의식으로 나타나게 되어 통합된다.

이는 의학적 치료에서 흔히 볼 수 있듯이 억제되어야 하는 병리적 과정이 아니라 장려되고 지지되어야 하는 치유 과정이다. 다양한 신체 부위에서 호흡 중에 발생하는 물리적 발현은 단순한 생리적 반응이 아니다. 이 과정은 복잡한 정신신체 구조를 보이고, 대개 관련된 개인에게 특정한 심리적 의미를 갖는다. 때로는 감정적 및 육체적 스트레스, 피로, 질병으로 인한 약화, 알코올이나 마리화나 사용의 영향에 의해 나타나는 만성 증상과 같이 일상생활에서의 긴장과 고통이 강화된 양상으로 나타난다. 다른 경우에는 유아기, 어린 시절, 사춘기, 또는 다른 시기에 경험한 오래된 잠재 증상이 재활성화된 것으로 인식되기도 한다.

우리 몸의 긴장은 두 가지 다른 방식으로 해소될 수 있다. 첫 번째는 떨림, 경련, 격렬한 몸 움직임, 기침, 구토를 통해 억제된 물리적 에너지를 방출하는 소산반응abreaction과 정화catharsis이다. 소산반응과 정화 모두 일반적으로 울음, 비명, 또는 다른 방식의 발성 표현을 통해 차단된 감정의 방출을 나타낸다. 우리는 정서적, 신체적인 방전이 특정한 외상성 기억의 출현과 연결될 때 소산반응에 대해 이야기한다. 아리스토텔레스의 용어인 정화는 특정 출처와 내용 없이 일반적으로 방출된 정서와 신체적 에너지를 정화하는 것을 설명하기 위해 사용된다. 이는 프로이트와 브로이어가 히스테리에 관한 연구를 발표한 이후 전통적 정신의학에서 널리 알려진 기제이다(Freud & Breuer, 1936).

외상성 정서 신경증traumatic emotional neuroses의 치료를 위해 전통적 정신의학에서 다양한 소산반응 기술을 사용하였다. 소산반응은 신라이히 작업, 게슈탈트 치료Gestalt practice 및 원초치료primal therapy와 같은 새로운 경험적 심리치료의 필수적인 부분이다. 억압된 신체적, 정서적 긴장의 방출을 중재할 수 있는 두 번째 기제는 홀로트로픽 숨치료는 물론, 재탄생 및 호흡기술을 이용하는 기타 형태의 치료에서 중요한 역할을 한다. 이는 정신의학과 심리치료의 새로운 발전을 나타내며 경우에 따라서는 소산반응보다 훨씬 효과적일 수 있다.

깊은 긴장은 다양한 지속시간(근육강직성 경련tetany)의 딱딱한 근육 수축의 형태로 표면화된다. 장기간 이러한 근육 긴장을 유지함으로써 신체는 이전에 억눌린 에너지를 엄청나게 소비하고 그것을 처분함으로써 기능을 단순화한다. 오래된 긴장이 일시적으로 강화되거나 또는 이전에 잠복한 긴장의 출현에 이어서 깊은 이완이 나타나는 것이 전형적이며, 이 과정에서 치유의 본성을 알 수 있다.

이러한 기제는 등장성等張性, isotonic과 등축성等軸性, isometric의 두 가지 다른 방법을 통해 일을 하고 근육을 훈련하는 것으로 널리 알려진 스포츠 생리학에서 그 유사성을 찾을 수 있다. 용어에서 알 수 있듯이, 등장성 운동 중에 근육의 긴장은 일정하게 유지되며 그동안 근육의 길이는 진동한다. 등축성 운동 동안 근육의 긴장은 변하지만 그 길이는 전체 시간 동안 동일하게 유지된다. 등장성 운동의 좋은 예는 권투이며, 역도 또는 벤치 프레싱은 명확한 등축성 운동이다.

이 두 기제는 모두 깊이 위치한 만성 근육 긴장을 방출하고 해결하는 데 매우 효과적이다. 이들은 표면적인 차이에도 불구하고, 유사성이 많으며, 홀로트로픽 숨치료에서는 각각 서로를 매우 효과적으로 보완한다. 많은 경우 홀로트로픽 숨치료 회기 동안 무의식에서 출현한 힘들었던 기억, 정서, 육체적 감각이 자발적으로 해결되고 브리더는 깊게 이완된 명상 상태로 마무리한다. 이 경우 외부 개입은 필요하지 않으며, 브리더는 일상의 의식 상태로 돌아올 때까지 이 상태에 머문다.

숨치료가 좋은 마무리로 이어지지 않고 긴장감이 남아 있거나 미해결 감정이 있다면 회기를 더 잘 마무리하기 위해 촉진자는 참가자들에게 특정한 형태의 보디워크를 제안해야 한다. 이 작업의 일반적인 전략은 브리더에게 긴장이 남아 있는 신체 부위에 주의를 집중시키고 신체 감각의 느낌을 더 강렬하게 하는 데 필요한 모든 것을 하도록 요청하는 것이다. 촉진자는 적절한 외부 개입을 통해 이러한 감정들을 더욱 증폭하도록 돕는다. 브리더는 에너지가 몰려 있는 특정 부위에 집중하면서도 이 상황에 대해 자발적인 반응을 하도록 격려 받는다.

이 반응은 브리더의 의식적인 선택에 의해서가 아니라 무의식적인 과정에 의해 전적으로 결정되어야 한다. 동물과 같은 발성, 모국어나 외국어로 이야기하는 것, 특정 문화에서 유래된 주술적 챈팅, 횡설수설하거나 아기가 말하는 것처럼 전혀 예상할 수 없는 놀라운 형태로 종종 나타난다. 광포한 떨림, 급격한 충격, 기침, 구토와 같은 예측하기 힘든 신체적 반응과 기어오르려 하거나, 날아보려 하거나, 땅을 파려거나, 엉금엉금 기거나, 미끄러지는 등의 다양한 동물 움직임의 특징적인 모습도 빈번하게 나타난다. 중요한 것은 촉진자가 특정 치료 학파의 기술을 적용하려 하기보다는 브리더에게서 자발적으로 나타나는 것이 무엇이든 그것을 장려하고 지원하는 것이다.

작업은 촉진자와 브리더가 회기가 잘 마무리되었다는 상호 동의에 이를 때까지 지속되어야 한다. 브리더는 편안하고 이완된 상태에서 회기가 종료되어야 한다. 이 단계에서 브리더는 반복해서 "제 삶에서 이렇게 이완되어 본 것은 처음이에요." 혹은 "제가 진짜 제 몸에 속해 있다는 것을 생애 처음으로 느껴요."라고 말한다. 촉진자로부터 회기의 마무리를 확인받은 브리더는 만다라를 그리기 위해 미술실로 이동한다.

지지적이고 양육적인 신체접촉

홀로트로픽 숨치료에서는 심층적 언어 이전 수준a deep preverbal level을 지원하기 위해 다른 형태의 물리적 개입을 사용한다. 이것은 근본적으로 다른 두 가지 형태의 외상이 존재한다는 관찰에 기초하며, 이는 정반대의 다른 접근법이 필요한데 이러한 구분은 최근 주류 심리치료사들에 의해 인정받고 있지는 않다. 영국 법에서 용어를 빌리자면 이러한 외상 중 첫 번째는 **외부적 무력에 의한 외상**trauma by commission이다. 이러한 형태의 외상은 신체적, 정서적, 또는 성적 학대, 무서운 상황, 파괴적인 비판, 굴욕, 조롱과 같은 개인의 미래 발전을 저해하는 외부 침입의 결과이다. 이러한 외상은 무의식에 존재하는 이질적인 요소들이 의식으로 나타나기도 하고 활발하게 방출되거나 해결될 수 있다.

전통적 심리치료에서 인정되지 않지만, 두 번째 형태의 **결핍에 의한 외상**trauma by omission은 그 본질에 있어 극단적으로 다르며 상이한 접근이 필요하다. 그것은 실제로 건강한 정서 발달에 필수적인 긍정적 경험의 결여와 같은 정반대의 문제를 안고 있다. 유아는 물론 소아 역시 소아과 의사와 아동 정신과 의사가 **의존성**anaclitic(기대는 것을 의미하는 그리스어 *anaklinein*에서 유래)이라고 부르는 본능적 만족과 안전에 대한 원시적 욕구가 강하다. 여기에는 안기고 살을 맞대는 경험, 어루만져지고, 돌봄을 받고, 같이 놀고 인간적 관심의 대상이 되어 보는 욕구가 포함된다. 이러한 욕구가 충족되지 않으면 개인의 미래에 심각한 부정적인 결과가 초래된다.

많은 사람이 영유아기에 정서적 박탈, 유기, 방치의 경험을 가지고 있으며 이는 결과적으로 의존 욕구의 심각한 좌절을 초래하였다. 어떤 사람들은 조산되어 친밀한 인간적 접촉 없이 인큐베이터에서 생애 첫 몇 달을 보냈다. 이런 유형의 외상을 치료하는 유일한 방법은 홀로트로픽 의식 상태에서 지지적인 신체접촉의 형태로 교정 경험을 제공하는 것이다. 이 접근법이 효과적이기 위해서는 개인이 유아기 발달 단계로 깊이 퇴행해야 하며, 그렇지 않으면 치료적 교정을 위한 시도가 외상이 발생한 발달 수준에 도달하지 못한다.

상황에 따라, 사전 합의에 따라 이 신체적 지지는 단순한 손잡기나 이마를 만지는 것에서부터 전신 접촉에 이르기까지 다양할 수 있다. 양육적 신체적인 접촉은 초기 정서적 외상을 치료하는 매우 효과적인 방법이지만, 그것을 사용하는 것은 엄격한 윤리적 규칙을 따라야 한다. 우리는 이 기법을 사용하는 근거를 회기 전에 브리더와 시터들에게 설명하고 그것의 사용을 승인받아야 한다. 어떤 상황에서도 이 방식은 사전 동의 없이 실행되어서는 안 되며, 허가를 얻기 위해 어떠한 압력도 사용할 수 없다. 성적 학대 경험이 있는 많은 사람에게 신체접촉은 매우 민감하며 심각한 주제이다.

치유 접촉이 매우 필요한 사람들이 그에 대해 강한 저항을 하는 경우도 매우 빈번하다. 어떤 사람은 촉진자와 집단에 대한 충분한 신뢰를 형성하여 이러한 접근법을 받아들이고 그로부터 도움을 받기까지 적당한 시간과 여러 번의 회기가 필요하기도 하다. 지지적인 신체접촉은 시터나 촉진자의 필요에 의해서가 아니라 브리더의 욕구를 충족시키기 위해서만 사용해야 한다. 나는 성적 욕구나 친밀감에 대한 욕구만을 말하려는 것은 아니다. 물론 이것들은 가장 명백한 쟁점이기는 하다. 유사하게 시터도 존중받고 싶고 사랑받거나 인정받고자 하는 충족되지 못한 모성적 욕구와 그 외 덜 극단적인 형태의 정서적 바람과 욕망이 있다.

캘리포니아주 빅서에 있는 에살렌 연구소에서 진행된 워크숍에서 발생한 좋은 예가 있다. 5일간의 세미나가 시작될 무렵, 참가자 중 한 명인 폐경기 후 여성은 그녀가 항상 아이를 갖고 싶어 했던 것과 그렇지 않았기 때문에 경험한 큰 고통을 집단에서 공유하였다. 홀로트로픽 숨치료 회기 도중, 젊은 남자의 시터였던 그녀는 갑자기 파트너의 상반신을 끌어당겨 무릎 위에 올려놓고 흔들며 그를 위로하기 시작하였다. 나중에 집단 나눔에서 알게 되었는데, 그녀의 타이밍은 최악인 것으로 판명되었다. 그때 그는 군사 원정에 나선 강력한 바이킹 전사였던 전생을 경험하던 중이었다. 그는 뛰어난 유머 감각으로 처음에는 바다에 떠 있는 보트의 움직임으로 그녀의 흔들림을 경험하려고 시도한 방법을 설명하였다. 그러나 그녀가 위로하려는 듯 아기 소리를 더했을 때, 그는 지속할 수 없었고 결국 일상적인 현실로 되돌아왔다. 홀로트로픽 숨치료 워크숍에서 그녀의 강한 모성적 욕구는 그들을 압도하였고, 이는 그녀로 하여금 상황을 객관적으로 파악하고 적절하게 행동하지 못하게 했다.

브리더가 초기 영유아기로 퇴행했을 때를 인식하기는 어렵지 않다. 깊은 연령 퇴행의 순간에는 얼굴의 주름이 사라지고 실제로 영유아처럼 보이며 그렇게 행동한다. 여기에는 다양한 영유아 자세와 몸짓뿐만 아니라 많은 타액 분비와 엄지손가락 빨기를 포함한다. 다른 경우 신체접촉의 적절성은 브리더가 생물학적으로 막 태어난 상태에서 길을 잃고 버려진 것처럼 보일 때와 같이 맥락상 명백하다.

집단으로 진행된 상황에서는 이 방법에 대해 어떠한 문제도 없었다. 우리는 참가자들에게 이 접근법의 근거를 설명하였고, 모든 사람이 이해하였다. 모든 것은 공개적으로 진행되었고 누구나 무슨 일이 일어나는지 보았다. 이 치료 전략을 내밀한 개인치료에 도입하여 닫힌 문 뒤에 일대일 상황에서 진행하는 것은 경계에 관한 특별한 주의가 필요하다. 실제로 이 방법을 상담실에서 개인적으로 활용한 치료사들은 심각한 윤리적 문제에 직면하기도 했다.

　포기, 거부, 정서적 박탈로 인한 외상을 치료하기 위해 홀로트로픽 상태에서의 양육적, 신체적 접촉의 사용은 런던의 두 정신분석가 폴린 맥크리크Pauline McCririck과 조이스 마틴 Joyce Martin에 의해 개발되었다. 그들은 이 방법을 '융합fusion치료'라고 부르며 LSD 환자에게 사용하였다. 상담을 하는 동안 내담자들은 깊은 연령 퇴행의 상태에서 몇 시간을 보냈고, 소파에 누워 이불을 덮었다. 조이스와 폴린은 그들의 옆에 누워 좋은 어머니가 아이를 달랠 때처럼 그들을 꼭 안아 주었다(Martin, 1965).

　그들의 혁명적인 방법은 LSD 치료사들을 치명적으로 분열시키고 양극화시켰다. 어떤 치료사들은 이것이 정서적 박탈과 좋은 모성 부족으로 인한 정서적 문제에서 기인된 '결핍에 의한 외상'을 치유하는 매우 강력하고 논리적인 방법이라는 것을 깨달았다. 다른 치료사들은 이 과격한 '의존anaclitic치료'에 경악하였다. 그들은 비일상적 의식 상태에서 치료사와 내담자 사이의 긴밀한 신체접촉은 전이/역전이 관계에 돌이킬 수 없는 손상을 초래할 것이라고 경고하였다.

　1965년 5월 뉴욕 아미티빌에서 열린 심리치료에서의 LSD 사용에 관한 제2차 국제회의에서 조이스와 폴린은 심현제 치료에서 융합기법의 사용에 관한 그들의 매혹적인 영상을 보여 주었다. 이후 대부분의 질문은 전이/역전이 주제를 중심으로 열띤 토론이 진행되었다. 폴린은 이 접근법이 왜 정통 프로이트 접근법보다 문제가 더 적은지에 대해 매우 흥미롭고 설득력 있는 설명을 제시하였다. 그녀는 치료에 오는 대부분의 환자가 영유아기와 같은 어린 시절에 부모로부터의 애정결핍을 경험했다고 지적하였다. 프로이트를 따르는 분석가의 냉담한 태도는 이들의 정서적 상처를 다시 활성화시키고 충족되지 못했던 관심과 만족을 얻기 위한 필사적인 시도를 촉발할 수 있다(Martin, 1965).

　폴린에 따르면 융합치료는 이와 대조적으로, 오래된 의존에의 갈망을 만족시킴으로써 교정적인 경험을 제공하였다. 정서적 상처를 치유함으로써 환자들은 치료사가 적절한 성적 대상이 아님을 인식하고 치료 관계 밖에서 적절한 파트너를 찾을 수 있다. 폴린은 이것이 대상관계의 초기 발달 상황과 유사하다고 설명하였다. 영유아기 시절에 적절한 모성적 돌봄을 받은 사람은 부모로부터 정서적으로 분리되어 성숙한 관계를 찾을 수 있다. 이와 달리 정서적 박탈을 경험한 사람들은 병적으로 고착되어 본능적인 영유아적 욕구의 만족을 추구하고 갈망하며 살아간다. 우리는 메릴랜드 정신의학 연구소의 심현제 연구 프로그램 중, 특히 말기 암 환자들의 치료에서 융합치료를 사용하고는 했다(Grof, 2006).

　1970년대 중반 홀로트로픽 숨치료를 개발했을 당시, 워크숍과 훈련에서 의존성을 다루는 치료는 필수적인 부분이 되었다. 보디워크에 대한 주제를 마무리하기 전에, 홀로트로픽 워크숍이나 강의에 대한 실제 작업에서 종종 제기되는 "외상적 기억을 재경험하는 것이 왜 재외상retraumatization이 되는 것이 아니라 치료적이라는 것인가?"라는 질문을 다루고자 한다. 이에 대한 최선의 답은 아일랜드의 의사 아이버 브라운Ivor Browne의『경험되지 않은 경험Unexperienced Experience』(Browne, 1990)에서 찾을 수 있다. 그는 치료 과정에서 우리는 원래의 외상적 상황을 정확히 재현하거나 반복하는 게 아니라 그 상황에 적절한 정서적, 신체적 반응을 최초로 온전히 경험한다고 단언한다. 즉, 외상적 사건은 발생하였던 당시 이를 경험한 사람에게 기록되지만, 그것을 온전히 의식적으로 경험하고 처리하여 통합되지는 않는다는 것이다.

　또한 이전의 억압된 외상적 기억과 대면한 사람들은 더 이상 그 상황에 처해 있던 무기력하고 심각하게 의존적인 영유아가 아니라 어엿한 성인이다. 그러므로 심리치료의 강력한 경험적 형태로 유도된 홀로트로픽 상태에서 개인은 두 개의 다른 시공간 좌표로 동시에 존재하고 작동할 수 있다. 연령 퇴행full age regression은 아이의 관점에서 초기 외상적 상황의 모든 정서와 신체적 감각을 경험할 수 있게 하는 동시에 치료적 상황의 성숙한 성인의 관점에서 그 기억을 분석하고 평가할 수 있게 한다.

　이러한 통찰은 심각한 외상적 경험을 되살린 브리더들의 보고에 의해 뒷받침된다. 관찰자의 시점에서 그들은 많은 통증과 엄청난 고통을 경험하고 있는 것처럼 보였다. 그러나 회기가 끝난 후 그들은 이 과정에 대해 실제 개인적으로 긍정적 느낌을 가지고 있다고 말했다. 그들은 자신의 몸에서 통증이 사라지고 고통보다는 안도감을 느꼈다.

예술적 표현으로서의 만다라 그리기

　만다라는 '원'이나 '완성'을 뜻하는 산스크리트어이다. 가장 일반적인 의미에서 이 용어는 거미줄, 꽃이나 꽃봉오리의 꽃잎 배열, 조개(예: 연잎성게류a sand dollar), 만화경의 이미지, 고딕 성당의 스테인드글라스 창, 혹은 미로迷路 디자인과 같은 복잡한 기하학적 대칭을 보여 주는 어떤 디자인에도 사용될 수 있다. 만다라는 눈으로 쉽게 파악할 수 있는 시각적 구성물이다. 이는 시각적 지각 기관의 구조에 상응하며 눈의 동공 자체도 간결한 형태의 만다라이다.

의식과 영적 관습에서 '만다라'라는 용어는 그리거나 색칠하거나 조형을 만들거나 춤을 추는 것을 의미한다. 힌두교, 불교, 바즈라야나Vajrayana, 자이나교의 밀교 일파the Tantric branches에서 이 단어는 기본적인 기하학적 형태(점, 선, 삼각형, 사각형, 원)로 구성된 정교한 코스모그램cosmograms, 연꽃과 복잡한 원형적 형상과 장면을 일컫는다. 만다라는 수행자들이 자신의 내면에 주의를 집중하고 특정 의식 상태로 인도되도록 돕는 주요 명상 보조 수단으로 사용된다.

힌두교, 불교 및 자이나교의 밀교 일파에서의 만다라 사용이 특히나 세련되고 정교하지만 영적 수행의 일환으로서의 만다라 그리기의 기법은 다른 많은 문화에서도 나타난다. 특히 아름다운 만다라의 예로는 의식을 위한 페요테peyote 섭취로 유도된 비전을 묘사하는 중부 멕시코 후이촐족 인디언들의 원시 그림인 니에리카스nierikas가 있다. 이 외에 나바호족 사람들이 치유와 다른 의식 행위에 사용한 정교한 모래 그림과 호주 원주민의 나무 껍질 그림에도 만다라 패턴이 많이 포함되어 있다.

연금술을 비롯한 다양한 문화의 영적, 종교적 수행에서 만다라를 사용하는 것은 융C. G. Jung의 관심을 끌었다. 융은 특정 심리영적psychospiritual 단계의 환자들의 그림에서 유사한 패턴이 나타난다는 것을 발견하였다. 그에 따르면 만다라는 "자기 전체성의 심리적 표현psychological expression of the totality of the self이며, 이러한 원형 이미지로 나타나는 의미심장한 패턴은 모든 것이 연결된 중심점을 구축함으로써 의식 상태의 무질서와 혼란을 보상한다"(Jung, 1959).

홀로트로픽 작업에서 만다라 그림의 사용은 미술치료사인 조안 켈로그Joan Kellogg의 작업에서 영감을 얻었다. 그녀는 메릴랜드주 볼티모어에 있는 메릴랜드 정신의학 연구소의 팀원으로서 심현제 치료를 실시하였다. 뉴저지주 와이코프와 패터슨의 정신과 병원에서 미술치료사로 일하던 조안은 수백 명의 환자에게 원이 그려진 종이 한 장과 그림 용품을 주고 마음속에 떠오르는 것은 무엇이든 그리도록 했다. 그녀는 환자들의 심리적 문제와 임상적 진단 사이에 뚜렷한 상관관계가 있음을 발견하였다. 또한 환자들이 색을 선택하거나, 날카로운 모양이나 둥근 모양을 선호하는 것, 동심원 사용, 만다라의 구역을 나누는 것, 그리고 원의 경계를 의식하는지 등에 대한 구체적인 특성들을 알게 되었다.

메릴랜드 정신의학 연구소에서 조안은 실험 대상자들이 심현제 치료 회기 전후에 그린 만다라를 비교하면서 만다라의 기본 특징, 심현제 경험의 내용, 치료 결과 사이의 중요한 상관관계를 찾아냈다. 그리고 그녀의 방법은 홀로트로픽 숨치료에 매우 유용하다는 것이 발견되었다. 조안은 만다라 그림을 심리 테스트psychological test로 보고 만다라의 다양한 특징에 대한 해석 기준을 여러 논문에 기술하였다(Kellogg, 1977, 1978). 그러나 홀로트로픽 숨치료에서는 만다라를 해석하지 않으며 집단 나눔에서 브리더 경험에 대한 정보 자료로만 사용된다.

만다라 그리기를 대체할 수 있는 흥미로운 방법은 시나 비 프로스트Seena B. Frost가 개발한 '소울콜라주SoulCollage'이다(Frost, 2001). 홀로트로픽 워크숍, 트레이닝, 그리고 치료에 참여하는 많은 참가자가 그리거나 색칠하는 과제에 직면했을 때 심리적인 차단block을 경험한다. 일반적으로는 어린 시절 미술 수업에서 교사나 또래 친구들 사이에서의 외상성 경험이나 전반적으로 낮은 자존감에서 기인하는데, 이는 자신의 능력에 의문을 갖게 하여 수행력을 마비시킨다.

소울콜라주는 이들의 정서적 차단과 저항을 극복하는 데 도움이 된다. 이는 이미 존재하는 그림이나 사진을 사용하기 때문에 거의 모든 사람이 할 수 있는 창조적인 과정이다. 참가자들은 그리거나 색칠하는 용품들 대신 삽화가 많은 잡지, 카탈로그, 달력, 인사 카드 및 엽서 등을 풍부하게 제공받는다. 또한 참가자들은 가족 앨범이나 그들이 직접 찍은 사람들, 동물, 풍경 등의 개인적인 사진들을 가져올 수도 있다. 그들은 자신의 경험을 묘사하기에 적합한 그림이나 조각을 가위를 사용하여 잘라내고 사전에 준비된 보드카드에 조각들을 조합하여 풀로 접착한다. 지속적으로 참여한 참가자들은 개인적으로 의미 있는 여러 장의 카드와 함께 집단을 마무리하게 된다. 그들은 이 카드를 친구의 집에 가져가갈 수도 있고 개인 치료나 지지 집단 회기에도 가져갈 수 있으며 집을 장식하는 데도 사용할 수 있다.

홀로트로픽 회기의 과정

홀로트로픽 회기의 성격과 과정은 회기마다 다르고 사람에 따라 개인차도 상당하다.

어떤 사람들은 온전히 침묵하고 거의 움직이지 않는다. 그들은 매우 심오한 경험을 하고 있을 수도 있지만 아무것도 경험하지 않거나 자고 있는 것 같아 보이기도 한다. 그런가 하면 어떤 사람들은 격정적이고 광란적으로 보일 정도로 활발한 움직임을 보여 준다. 격렬하게 몸을 떨거나, 복잡하게 몸을 꼬고 구르거나, 팔 등을 휘두르며, 태아 같은 자세를 취하거나, 힘들게 산도를 뚫고 나오는 아기 같이 보이기도 하며, 갓 태어난 신생아처럼 보이거나 행동하기도 한다. 또한 기어 다니거나, 미끄러지거나, 수영하는 것 같거나, 무엇을 파내는 것처럼 보이거나, 기어오르는 것처럼 보이는 움직임도 꽤 흔하게 관찰된다.

때때로 움직임과 몸짓은 극도로 절제되고 복잡하거나 상당히 구체적이며 차별화되어 보이기도 한다. 뱀, 새, 또는 고양이과 포식자들과 같은 이상한 동물의 움직임을 따라 하거나 이에 상응하는 소리를 낼 수도 있다. 가끔 브리더들은 일상적 의식 상태에서는 익숙하지 않은 다양한 요가 자세와 의례의 몸짓(아사나asana와 무드라mudra)을 자연스럽게 취한다. 드문 경우지만 자기도 모르게 다양한 문화의 의례나 극적인 공연에서나 볼 법한 주술적 챈팅, 자바 춤, 발리 원숭이 챈팅(케챠크ketjak), 일본 가부키, 또는 오순절 성령강림 Pentecostal meetings을 연상시키는 방언과 같은 움직임이나 소리를 내기도 한다.

홀로트로픽 회기에서 관찰되는 정서적 특징은 매우 광범위한 범위에 걸쳐 있다. 한편으로 참가자들은 극상의 행복, 심오한 평화, 고요, 평온, 환희, 우주적 합일, 또는 황홀한 무아지경의 감정을 경험한다. 다른 한편에서는 설명할 수 없는 공포, 모든 것을 소진하는 죄책감, 살인적인 공격성, 또는 영원한 파멸의 경험이 있다. 이 감정의 강도는 의식의 일상적 상태에서 경험하거나 상상할 수 있는 모든 것을 넘어선다. 그러므로 이 극단적 감정 상태는 대개 본질적으로 주산기 또는 초월적인 경험과 관련이 있다.

홀로트로픽 숨치료에서 관찰되는 다양한 경험의 범주 한가운데에는 분노, 불안, 슬픔, 절망감, 실패, 열등감, 수치심, 죄책감, 또는 혐오감과 같은 일상생활에서 우리가 알고 있으며 덜 극단적인 정서적 특징이 있다. 이는 전형적으로 전기기억과 관련이 있는데 그 근원은 영유아기, 어린 시절 및 이후 삶의 외상적 경험이다. 그에 대한 긍정적인 대응 정서로는 행복감, 성취감, 기쁨, 성적 만족감, 그리고 열정과 활력의 전반적인 증가이다.

가끔은 빠른 호흡이 신체적 긴장이나 불편한 감정의 유도 없이 바로 긴장을 완화시키고 팽창감과 행복감을 느끼게 하며 빛의 이미지로 인도한다. 브리더는 타인, 자연, 우주 전체 및 신에 대한 사랑의 감정과 신비로운 연결감으로 충만하다. 그러나 대개 이러한 긍정적 정서 상태는 힘들고 험한 과정을 경험한 후 홀로트로픽 회기가 끝날 때 자주 발생한다. 간혹 긍정적이거나 심지어 황홀한 감정이 전체 회기로 확장되기도 한다.

놀랍게도 현대를 살아가는 많은 사람은 강력한 개신교의 윤리나 기타 다른 이유로 인해 고통과 수난을 경험한 이후가 아니고서는 황홀한 경험을 받아들이기 어려워하며 이에 대해 종종 죄책감을 갖거나 받을 자격이 없다고 반응한다. 특히 정신건강 전문가에게 있어서는 긍정적인 경험이 '반동형성reaction formations'[6]으로서 현저하게 고통스럽고 불쾌하고 받아들이기 어려운 것들을 숨기고 가려 준다는 불신과 의혹이 일반적이다. 이 경우, 브리더들에게 긍정적 경험이 극도로 치유적이라는 것을 확신시키고 이를 예상치 못한 은혜라며 주저하지 않고 받아들이도록 격려하는 것이 매우 중요하다.

적절하게 통합된 홀로트로픽 숨치료 회기는 결과적으로 격심한 정서적 해방, 신체적 이완 및 웰빙 감각을 초래한다. 일련의 숨치료는 스트레스 감소의 매우 강력하고 효과적인 방법이며 괄목할 만한 정서 및 정신신체적 치유를 가져온다. 이 작업에서 빈번하게 나타나는 또 다른 결과는 자신의 심혼과 일반 존재의 신비로운 차원과의 연결이다. 일부 훈련된 촉진자는 홀로트로픽 숨치료의 깊은 이완 효과를 이용하여 '스트레스 감소'라는 이름하에 다양한 회사에 이 프로그램을 제공하였다. 또한 다른 사람들은 홀로트로픽 숨치료 워크숍의 유대감 형성 효과를 '팀빌딩team building'을 위한 방법으로 이용하였다.

호흡의 치유 잠재력은 명상 수행(바스트리카bhastrika) 과정에서 더 **빠른** 호흡이 사용되거나 크리야kriyas 라고 알려진 감정적이고 육체적인 징후의 일부로 자발적으로 발생하는 사례로서 쿤달리니 요가에서 강하게 강조된다. 이는 과다 **호흡** 증후군으로 진단되는 정신과 환자에게서 발생하는 **빠른** 호흡과 유사한 우연적인 사례가 자기치유를 위한 시도라는 내 경험과 일치한다. 따라서 **빠른** 호흡은 일반적인 의료 관행으로서 일상적으로 억압하기보다는 격려와 지지를 받아야 한다.

홀로트로픽 숨치료 회기의 지속 시간은 개인마다 회기마다 다르다. 경험을 최대한 통합하기 위해 촉진자와 시터는 브리더가 그 과정에 있는 동안 가능한 한 함께 머물러 있어야 한다. 회기의 마무리 단계에서의 적절한 보디워크는 정서적, 신체적인 해소를 두드러지게 촉진할 수 있다. 또한 자연과의 친밀한 접촉은 매우 평온하게 현실로 되돌아오는 효과를 제공하며 경험의 통합에 도움이 된다. 특히 온수 욕조에 몸을 담그거나 수영장, 호수, 바다에서 수영하는 것과 같이 물과 접촉하는 것은 매우 효과적이다.

---

6) 전형적인 방어기제의 일종으로, 실제의 느낌과는 정반대의 반응을 무의식적으로 함으로써 억압된 깊은 충동이나 정서로부터 회피하려는 전략이다.

만다라 그리기와 집단 공유

회기가 마무리되고 브리더가 평범한 의식 상태로 돌아오면 시터는 브리더와 만다라 방으로 동행한다. 그 방에는 파스텔, 매직 마커 및 수채화 용품, 대형 드로잉 패드와 같은 다양한 예술용품이 준비되어 있다. 이 패드 위의 종이에는 디너 접시 크기의 원이 연필로 그려져 있다. 브리더들은 앉아서 그들의 경험을 성찰한 후, 이 도구들을 사용하여 회기 동안 일어난 일을 표현하는 방법을 찾도록 요청받는다.

만다라 그림에 대한 구체적인 지침은 없다. 어떤 사람들은 단순히 색을 조합하고, 다른 사람들은 기하학적인 만다라를 그려 내며, 조형적인 그림을 스케치하거나 색을 채워 넣는다. 후자는 회기 중에 경험한 비전이나 별개의 시퀀스가 있는 여러 그림 여행기를 표현하기도 한다. 종종 브리더는 한 회기의 다양한 측면이나 단계들을 반영하는 여러 개의 만다라로 표현하기도 한다. 드물게는 자신이 무엇을 그리는지 전혀 모르고 저절로 그림을 그리는 브리더도 있다.

우리는 만다라가 바로 직전의 회기를 설명하지 않았지만 실제로 그다음에 이어지는 회기를 예측했을 때의 사례를 경험하였다. 이것은 의식의 산물은 이전의 역사적 사건으로 완전하게 설명될 수 없다는 융의 생각과 일치한다. 많은 경우, 그것들은 과거로 거슬러 갈 뿐 아니라 미래(목적론적 혹은 궁극적)의 측면도 가지고 있다. 따라서 어떤 만다라는 융이 개성화 과정이라고 일컫는 의식의 움직임을 반영하여 앞으로 나아갈 단계를 드러낸다. 만다라 그리기의 대안으로는 점토를 조각하는 것이 있다. 우리는 만다라를 그릴 수 없는 맹인 참가자 집단에서 이 방법을 소개한 적이 있다. 몇몇 참가자는 가능하다면 이러한 매체를 사용하고 싶어 하기도 하며 흥미롭게도 만다라와 3차원 피규어의 조합을 선택하는 것을 선호하기도 한다.

그 이후, 브리더는 만다라를 공유sharing 회기로 가져와서 자신의 경험에 대해 이야기한다. 집단을 이끄는 촉진자의 전략은 경험을 공유하는 데 있어 최대의 개방성과 정직성을 장려하는 것이다. 사적인 다양한 세부 사항을 포함하여 참가자들이 회기에서의 경험을 기꺼이 공개하려는 의지는 집단에 대한 유대감과 신뢰감의 증진에 도움이 된다. 이는 다른 참가자들 또한 정직하게 경험을 공유하도록 장려함으로써 치료 과정을 심화시키고 강화하며 빠르게 진행시킨다.

대부분의 심리치료 학파의 관행과 달리 촉진자는 참가자의 경험 해석을 지양한다. 왜 냐하면 심혼의 기능, 주된 추동력, 증상의 원인과 의미에 관한 기존 학파들 간의 합의가 이루어지지 않았기 때문이다. 이러한 상황에서는 어떤 해석도 명확하지 않으며 자의적 이다. 해석을 지양하는 또 다른 이유는 심리적 내용이 전통적으로 다원적이며 여러 수준 의 의식과 의미 있게 관련될 수 있기 때문이다(Grof, 1975; Grof & Grof, 2010). 결정적인 설명이나 해석을 추정적으로 제시하는 것은 치료 과정을 경직시키거나 방해할 위험을 안고 있다.

보다 생산적인 대안은 자신의 경험에 관한 한 궁극적 전문가인 경험자에게 내담자의 관점에서 추가 정보를 이끌어 내는 데 도움이 되는 질문을 하는 것이다. 인내심을 갖고 전문가적 인상을 공유하고자 하는 유혹을 이겨 낼 때, 참가자들은 종종 자신의 경험에 가장 잘 맞는 자신만의 설명을 찾아낸다. 때로는 유사한 경험에 관한 과거의 관찰 내용 을 공유하거나 집단의 다른 참가자 경험과의 연관성을 일깨우는 것이 매우 도움이 될 수 있다. 이 경험들이 원형적 요소를 포함하고 있을 때는 특정 경험과 다양한 문화의 신화 적 모티브 사이에서의 유사성을 일깨우는 융의 **확충법**amplification을 사용하거나, 좋은 상 징 사전을 참고하는 것이 도움이 될 수 있다.

추수작업과 보완기법의 활용

중요한 정서적 돌파구나 개방을 수반하는 강렬한 회기를 경험한 후에는 다양한 보완 적인 접근법이 경험의 통합을 촉진하는 데 도움이 된다. 이 중에는 숙련된 촉진자와의 회기에 대한 토론, 경험 내용 적어 보기, 추가적으로 만다라 그리기, 명상, 그리고 하타 요가, 태극권, 기공과 같은 운동 명상이 있다. 홀로트로픽 경험이 이전에 억눌린 다량의 신체 에너지에 대한 접근을 자유롭게 한다면 감정적인 표현을 허용하는 보디워크, 조깅, 수영, 그리고 다양한 형태의 신체 운동, 표현적인 춤 역시 매우 유용하다.

도라 칼프Dora Kalff의 융 학파 모래놀이(Kalff & Kalff 2004), 프리츠 펄스Fritz Perls의 게슈탈 트 치료(Perls, 1976), 제이콥 모레노Jacob Moreno의 심리극(Moreno, 1948), 또는 프랑신 샤 피로Francine Shapiro의 안구운동 둔감화 및 재처리eye movement desensitization and reprocessing: EMDR

(Shapiro, 2001)의 회기는 홀로트로픽 경험에 대한 통찰을 정리하고 그 내용을 이해하는 데 큰 도움이 될 수 있다. 많은 홀로트로픽 숨치료 촉진자는 버트 헬링거Bert Hellinger의 가족 세우기 작업을 워크숍에 포함시키는 것이 흥미롭고 유용하다는 것을 발견했는데, 이것은 그가 가톨릭 사제로서 아프리카에서 줄루족과 함께 선교사로 일했을 때 배운 과정을 각색한 것이다(Hellinger, 2003).

홀로트로픽 숨치료의 치유 잠재력

크리스티나와 나는 임상 환경 밖에서 한 달 동안 세미나를 진행하기도 하고 캘리포니아주 빅서의 에살렌 연구소에서 그보다 짧은 워크숍을, 세계 여러 지역의 다양한 숨치료 워크숍과 촉진자를 위한 훈련 프로그램에서의 홀로트로픽 숨치료를 개발하고 실시하였다. 나는 심현제 치료를 시행했을 때와 같은 엄격한 방법으로 이 방법의 치료 효과를 시험할 기회가 없었다. 메릴랜드 정신의학 연구소의 심현제 연구는 심리검사와 체계적이고 전문적으로 수행된 후속 조치를 통해 통제된 임상연구를 포함하고 있다.

그러나 홀로트로픽 숨치료의 치료 결과는 종종 매우 극적이고 의미심장한 방식으로 회기에서의 특정한 경험과 연관되어 있어 이 작업이 치료와 자기탐구의 실행 가능한 형태라는 것을 확신하게 한다. 우리는 워크숍과 훈련의 참가자들이 수년 동안 지속된 우울증에서 벗어나 다양한 공포증을 극복하고 비이성적인 감정의 소모로부터 스스로를 자유롭게 하고 자신감과 자존감을 근본적으로 향상시킬 수 있었던 사례를 오랫동안 관찰했다. 또한 편두통, 심인성 천식의 근본적이고 지속적인 개선, 심지어 완전한 소거를 포함한 여러 심각한 정신신체 통증이 사라지는 것을 목격하였다.

많은 경우, 훈련이나 워크숍에 여러 번 참가한 사람들은 홀로트로픽 회기에서의 성과를 수년간의 언어적 심리치료와 비교하여 긍정적으로 평가하였다. 심현제나 홀로트로픽 숨치료와 같은 강력한 형태의 경험적 심리치료의 효능을 평가할 때, 이러한 접근법과 언어적 형태의 치료 사이의 근본적인 차이를 강조하는 것이 중요하다. 언어 심리치료는 종종 수년에 걸쳐 지속되며, 주요한 획기적인 변화는 평범한 사건이라기보다도 희귀한 예외에 해당하기 때문이다.

언어 심리치료에서 증상의 변화는 오랜 기간을 필요로 하며, 일반적으로 치료나 치료 과정에서의 특정한 계기들과 인과관계를 증명하기 어렵다. 이에 비해 심현제 또는 홀로트로픽 숨치료 회기에서는 몇 시간 동안 강력한 변화가 발생할 수 있으며, 특정 경험과의 연관성을 확신할 수 있다. 홀로트로픽 숨치료에서 관찰된 변화는 전통적으로 정서적, 정신신체적인 것으로 간주되는 상태에 국한되지 않으며, 많은 경우 숨치료 회기는 의료 핸드북에서 기질적 질환으로 묘사되는 신체 상태의 극적인 개선을 가져왔다.

극적인 개선의 예로는 생체에너지의 차단이 해제되어 해당 부위의 혈액순환이 시작되자 만성 감염(동염, 인두염, 기관지염, 방광염)이 사라진 것이다. 또한 골다공증을 앓고 있는 여성의 뼈가 홀로트로픽 훈련 과정에서 단단해졌음이 발견되었는데, 이는 아직까지 원인이 밝혀지지 않았다. 이에 더하여 피부의 이영양성異營養性[7] 변화를 동반하고 손과 발의 냉기를 수반하는 장애인 레이노병Raynaud's disease으로 고통받았던 15명의 사람에게서 완전한 말초 순환의 회복을 보았다.

여러 경우에서 홀로트로픽 숨치료는 관절염의 현저한 개선을 가져왔다. 이 모든 사례에서 치유에 도움이 되는 중요한 요소는 고통스러운 신체 부위에서 과도한 생체에너지 차단이 해제되고 혈관 확장이 수반되는 것으로 보였다. 여기서 가장 놀라운 것은 원인이 알려지지 않았으나 상체의 동맥이 점진적으로 폐쇄되는 다카야수 동맥염Takayasu arteritis의 증상이 극적으로 완화된 것이다. 이는 보통 진행적이고 치료할 수 없으며 잠재적으로 치명적이라고 여겨지는 증상이기 때문이다.

우리가 훈련시켰으며 그들의 작업에서 독립적으로 이 방법을 실시한 사람들의 많은 임상연구 사례에서 홀로트로픽 숨치료의 치유 잠재력이 확인되었다. 촉진자 양성을 위한 홀로트로픽 과정에는 참여하지 않았으나 러시아의 정신과 의사와 심리학자들도 많은 임상연구를 수행하였다. 홀로트로픽 숨치료와 관련된 연구 목록은 홀로트로픽 숨치료에 관한 이 책의 참고목록에 포함되어 있다(Grof & Grof, 2010).

우리는 여러 차례 훈련이나 워크숍에서 홀로트로픽 회기를 경험하고, 수년 후 정서적, 심리적, 신체적 증상이 개선되거나 사라진 사람들에게서 비공식적인 피드백을 받을 수 있는 기회를 얻었다. 이는 홀로트로픽 회기를 통한 개선이 비교적 지속되고 있다는 것을 보여 주었다. 이 흥미롭고도 유망한 자기탐색과 치유 방법의 효능이 향후에 잘 설계된 광범위한 임상연구를 통해 확인되기를 바란다.

---

7) 영양장애로 조직이나 구조에 변화가 생기는

홀로트로픽 숨치료에 관여하는 생물학적 기제

홀로트로픽 숨치료가 의식에 미치는 강력한 효과를 볼 때 관련될 수 있는 생리적, 생화학적 기제를 고려하는 것은 흥미롭다. 많은 사람은 우리가 더 빨리 숨을 쉬면 몸과 뇌에 더 많은 산소를 공급할 수 있다고 믿지만 상황은 훨씬 더 복잡하다. 호흡이 빨라지면 폐에 공기와 산소가 더 많이 유입되는 것이 사실이지만 동시에 이산화탄소CO_2가 제거되어 신체의 특정 부위에서 혈관 수축이 일어난다. 이산화탄소는 산성이므로 혈액에서 그 함량을 감소시키면 혈액의 알칼리도pH가 증가하고 알칼리성 환경에서는 비교적 적은 산소가 조직으로 전달된다. 이것은 차례로 반대 방향으로 작용하는 항상성 기제를 촉발시킴으로써 신장은 이러한 변화를 보상하기 위해 보다 알칼리성 소변을 배설한다.

또한 뇌는 빠른 호흡에 대한 반응으로 혈관을 수축시키는 신체 부위 중 하나이며, 이는 산소의 유입량을 감소시킨다. 게다가 이산화탄소와 산소 교환의 수준은 호흡 속도뿐만 아니라 가스의 교환이 일어나지 않는 '죽은 공간'의 부피를 결정하는 호흡의 깊이에 달려 있다. 따라서 상황은 상당히 복잡하며 특정 실험실상의 테스트 없이 개별 사례에서 전체 상황을 평가하는 것은 쉽지 않다.

그러나 앞의 모든 생리적 기제를 고려한다면, 홀로트로픽 숨치료 중 상황은 산소가 적고 빠른 호흡에 의한 보상으로 CO_2의 수준이 감소되는 높은 산 위의 상태와 유사하다. 진화적 관점에서 뇌의 가장 어린 부분인 대뇌 신피질은 일반적으로 뇌의 오래된 부분보다 다양한 영향(알코올과 무산소증 등)에 더 민감하다. 따라서 이 상황은 대뇌 피질 기능을 억제하고 구뇌의 활동을 강화하여 무의식적 과정을 더 쉽게 이용할 수 있게 한다.

아주 높은 고원지대에서의 모든 문화뿐만 아니라 많은 개인이 높은 수준의 영성으로 유명했다는 것은 흥미로운 사실이다. 히말라야의 요기들, 칭장고원Qingzang high plateau의 티베트 불교도들, 페루 안데스의 고대 잉카와 퀘로스들Q'eros을 이런 맥락에서 생각해 볼 수 있다. 이를 토대로 산소 함량이 낮은 대기에서 초월적 경험에 쉽게 접할 수 있었다는 사실에 귀인시키고 싶으나 높은 고도에서의 장기 체류는 비장에서의 적혈구의 보상적 과다 생산을 포함하여 생리학적 적응으로 이어진다. 따라서 홀로트로픽 숨치료 중 단기 상황은 높은 산에서의 장기 체류와 직접적으로 비교되기는 어렵다.

어쨌든 뇌의 생리적 변화의 기술에서부터 동물과의 진정한 경험적 동일시, 원형적 비전, 또는 전생 기억과 같은 홀로트로픽 숨치료로 유도된 매우 풍부한 현상의 기술까지는 긴 간극이 있다. 이러한 상황은 LSD의 심리적 효과 논란과 유사하다. LSD는 우리가 정확한 복용량으로 투여할 수 있는 화학 구조를 가진 물질이다. 하지만 이 사실이 LSD가 유발하는 경험을 이해하는 데 아무런 단서도 제공하지 않는다. 이러한 두 가지 방법이 모두 외부 감각 채널을 통해 우주에 대한 정확한 새로운 정보에 접근할 수 있는 초월적 경험을 유도할 수 있다는 사실은 그러한 경험이 뇌에 저장되어 있다는 사실을 받아들이기 어렵게 만든다.

올더스 헉슬리Aldous Huxley는 메스칼린과 LSD 회기를 경험한 후, 뇌가 그가 경험하였던 풍부하고 환상적인 현상들의 원천이 될 수 없다는 결론에 도달하였다. 그는 뇌가 무한히 큰 우주적 입력으로부터 우리를 보호하는 감소 밸브와 같은 기능을 더 많이 할 것이라고 제안하였다. '물질적 기질이 없는 기억memory without a material substrate'(Foerster, 1965), 셸드레이크Sheldrake의 '형태발생장morphogenetic fields'(Sheldrake, 1981), 라슬로Laszlo의 '사이 필드 psi-field' '아카식 전체장Akashic holofield'(Laszlo, 2004) 같은 개념은 헉슬리의 생각을 지지하며 더욱 그럴듯하게 만든다.

결론적으로, 크게는 홀로트로픽 의식 상태를 이용한 심리치료이자, 특정하게는 홀로트로픽 숨치료를 이용한 심리치료를 언어치료와 비교하고자 한다. 심리치료의 언어적 방법은 내담자의 인생에서 관련되어 있으나 잊혀지고 억압된 사건들을 기억해 내거나 꿈, 신경증, 치료적 관계의 왜곡(전이) 분석을 통해 간접적으로 재구성할 수 있도록 도움으로써 정서적, 심리적 문제의 뿌리에 간접적으로 도달하려고 시도한다.

대부분의 언어적 심리치료는 산후 전기와 프로이트의 개인무의식에 국한된 심혼 모델을 사용한다. 또한 그들은 치유하고자 하는 장애의 더 깊은 근원이 위치한 의식의 주산기와 초월적 영역에는 도달할 수 없는 기법을 채택한다. 언어치료의 한계는 특히 난산, 익사 직전의 사건, 이물질 흡입으로 인한 질식, 부상, 또는 질병과 같은 강한 신체적 경험이 있는 외상 사건의 기억과 관련하여 명백하다. 이런 종류의 외상은 그것에 대해 이야기하는 것만으로 해결되거나 해소되지 않는다. 이것들은 재경험되어야 하며, 경험과 연결된 정서와 정체된 신체적 에너지가 완전히 표현되어야 한다.

홀로트로픽 숨치료의 다른 장점은 경제적 특성이다. 이는 숨치료 집단의 참가자 수와 필요한 훈련된 촉진자 수 사이의 비율과 관련 있다. 내가 훈련 분석에 참여하던 1960년대에는 고전적 정신분석가가 평생 80여 명의 환자를 치료할 수 있었던 것으로 추정되었다. 프로이트 시대 이후 심리치료계의 모든 변화에도 불구하고 치료가 필요한 내담자 수와 이 업무가 가능한 전문 치료사 수 간의 비율은 여전히 매우 좋지 않다.

전형적인 홀로트로픽 숨치료 집단은 8명에서 10명 사이의 그룹 참가자당 1명의 훈련된 촉진자를 필요로 한다. 전통적 집단 심리치료가 치료사/내담자 비율이 비슷하거나 더 나은 것으로 이의를 제기할 수 있지만, 숨치료 집단에서 각 참가자는 자신의 문제에 초점을 맞춘 개별적인 경험을 한다는 것을 고려하는 것이 중요하다. 홀로트로픽 숨치료는 훨씬 더 강력한 치료 기제를 제공하는 동시에 좋은 시터가 되기 위한 특별한 훈련 없이도 다른 집단 구성원의 치유 잠재력을 활용할 수 있다.

시터 또한 다른 사람을 돕는 것이 얼마나 심오한 경험인지, 타인의 개인적이고 은밀한 과정을 목격하는 것이 얼마나 큰 특권인지, 그리고 그로부터 얼마나 많은 것을 배웠는지에 대해 반복적으로 보고한다. 홀로트로픽 숨치료에 참석한 많은 사람이 이 과정에 매우 관심을 갖게 되었고 촉진자 훈련에 등록하였으며 훈련 과정을 마치고 촉진자로 인증을 받은 세계 여러 나라의 사람들이 최근 2,000명을 넘어섰다. 이들이 모두 실제로 워크숍을 제공하는 것은 아니지만, 홀로트로픽 숨치료의 이러한 '연쇄 반응' 효과는 향후 통제된 임상연구를 위한 매우 희망적인 신호이다.

또한 흥미로운 것은 홀로트로픽 숨치료 훈련에서 참가자들이 습득한 이론적인 지식과 실용적인 기술이 홀로트로픽 의식 상태의 전체 스펙트럼에 유용하고 적용 가능한 경향이라는 것이다. 여기에는 심현제 물질은 물론 영적 수련과 주술적인 방법, 혹은 우연히 발생하는 '영적 응급spiritual emergencies'과 같은 다양한 비약물적인 방식에 의해 유도되는 것들이 포함된다.

현재 전 세계적으로 심현제 연구에 대한 관심의 부흥, 특히 PTSD 환자의 MDMA 3,4-methylenedioxymethamphetamine 치료의 성공과 깊은 불안으로 생명을 위협하는 질병을 앓고 있는 환자의 치료에서 실로사이빈psilocybin과 LSD 보조 심리치료의 성공을 볼 때, 가까운 미래에 이러한 치료 중 일부가 주류가 된다면 상당수의 시터가 필요할 수 있다. 이러한 가능성을 예상하여 캘리포니아 통합학문 연구소California Institute of Integral Studies: CIIS는 최근 심현제 회기에서의 시터들을 위한 공인된 과정을 시작하였으며, 합법적으로 심현제 훈련 회기를 제공할 수 있을 때까지 이 프로그램에서는 후보자들을 훈련시키기 위해 홀로트로픽 숨치료를 사용하기로 결정하였다.

참고문헌

Browne, I. 1990. "Psychological Trauma, or Unexperienced Experience." *Re-Vision Journal 12*(4): 21–34.

Foerster, H. von. 1965. *Memory without a Record. In: The Anatomy of Memory* (D. P. Kimble, Ed.). Palo Alto: Science and Behavior Books.

Freud, S., & Breuer, J. 1936. *Studies in Hysteria.* New York, NY: Penguin Books.

Freud, S. 2010. *The Interpretation of Dreams.* Strachey, James. New York: Basic Books A Member of the Perseus Books Group.

Frost, S. B. 2001. *SoulCollage.* Santa Cruz, CA: Hanford Mead Publications.

Goldman, D. 1952. "The Effect of Rhythmic Auditory Stimulation on the Human Electroencephalogram." *EEG and Clinical Neurophysiology* 4: 370.

Grof, S. 1975. *Realms of the Human Unconscious: Observations from LSD Research.* New York. Viking Press. Republished as *LSD: Gateway to the Numinous.* Rochester, VT: Inner Traditions.

Grof, S. 2000. *Psychology of the Future: Lessons from Modern Consciousness Research.* Albany, NY: State University of New York (SUNY) Press.

Grof, S. 2006. *The Ultimate Journey: Consciousness and the Mystery of Death.* Santa Cruz, CA: MAPS Publications.

Grof, S., & Grof, C. 2010. *Holotropic Breathwork: A New Approach to Self-Exploration and Therapy.* Albany, NY: State University of New York (SUNY) Press.

Hellinger, B. 2003. *Farewell Family Constellations with Descendants of Victims and Perpetrators* (C. Beaumont, translator). Heidelberg, Germany: Carl-Auer-Systeme Verlag.

Jilek, W. J. 1974. *Salish Indian Mental Health and Culture Change: Psychohygienic and Therapeutic Aspects of the Guardian Spirit Ceremonial.* Toronto and Montreal: Holt, Rinehart, and Winston of Canada.

Jilek, W. 1982. "Altered States of Consciousness in North American Indian Ceremonials." *Ethos* 10: 326–343.

Jung, C. G. 1959. *Mandala Symbolism.* Translated by R. F. C. Hull. Bollingen Series. Princeton, NJ: Princeton University Press.

Kalff, D., & Kalff, M. 2004. *Sandplay: A Psychotherapeutic Approach to the Psyche.* Cloverdale, CA: Temenos Press.

Katz, R. 1976. The Painful Ecstasy of Healing. *Psychology Today,* December.

Kellogg, J. 1977. The Use of the Mandala in Psychological Evaluation and Treatment. *Amer. Journal* of Art Therapy 16: 123.

Kellogg, J. 1978. *Mandala: The Path of Beauty*. Baltimore, MD: Mandala Assessment and Research Institute.

Laszlo, E. 2004. *Science and the Akashic Field: An Integral Theory of Everything*. Rochester, VT: Inner Traditions.

Lee, R. B., & DeVore, I. (Eds.) 1976. *Kalahari Hunter-Gatherers: Studies of the !Kung San and Their Neighbors*. Cambridge, MA: Harvard University Press.

Martin, J. 1965. LSD Analysis. Lecture and film presented at the Second International Conference on the Use of LSD in Psychotherapy held at South Oaks Hospital, May 8–12, Amityville, NY. Paper published in: H. A. Abramson (Ed.) *The Use of LSD in Psychotherapy and Alcoholism*. Indianapolis, IN: Bobbs-Merrill. pp. 223–238.

Moreno, J. L. 1948. "Psychodrama and Group Psychotherapy." *Annals of the New York Academy of Sciences 49*(6): 902–903.

Neher, A. 1961. "Auditory Driving Observed with Scalp Electrodes in Normal Subjects." *Electroencephalography and Clinical Neurophysiology* 13: 449–451.

Neher, A. 1962. "A Physiological Explanation of Unusual Behavior Involving Drums." *Human Biology* 14: 151–160.

Perls, F. 1976. *The Gestalt Approach and Eye-Witness to Therapy*. New York, NY: Bantam Books.

Ramacharaka (William Walker Atkinson). 1903. *The Science of Breath*. London: Fowler and Company, Ltd.

Reich, W. 1949. *Character Analysis*. New York, NY: Noonday Press.

Reich, W. 1961. *The Function of the Orgasm: Sex-Economic Problems of Biological Energy*. New York, NY: Farrar, Strauss, and Giroux.

Shapiro, F. 2001. *Eye Movement Desensitization and Reprocessing: Basic Principles, Protocols, and Procedures*. New York, NY: Guilford Press.

Sheldrake, R. 1981. *A New Science of Life: The Hypothesis of Formative Causation*. Los Angeles, CA: J. P. Tarcher.

07

심현제를 이용한 자기탐색 및 치료:

세트 및 환경의 중요성

LSD와 다른 심현제를 치료적 요소로 사용하려고 시도한 역사는 시행착오로 가득하다. 비록 심현제가 다양한 방법으로 사용되었음에도 이러한 노력은 초기 단계의 작은 성과에만 머물렀다. 심현제를 치료적으로 사용하려던 역사의 의미심장한 전환점은 치료적 실험의 성패가 약리학적 요인이 아닌 추가요인에 의존한다는 결정적 발견이었다. 이 요인은 소위 '세트와 환경set and setting'이며 여기에는 누가 약물을 관리하는가, 실험자의 성향, 실험의 의도와 목적, 동료들과의 관계, 물리적 환경, 심지어 실험자들이 속한 집단 점성학적 과도기astrological transits와 개별 점성학적 과도기도 포함된다.

이 혼란의 대부분은 전통적인 치료의 전략과 방법들에 대한 유래 없이 혁명적 대안인 동시에 적절하게 이해되고 사용할 수 있는 어떤 약물이 있을 것이라는 오래된 패러다임으로 인해 야기되었다. LSD가 치료 잠재성을 가지고 있다는 첫 번째 제안은 베르너 스톨 Werner Stoll의 「LSD-25: 에르고 집단의 환상LSD-25: A Fantasticum from the Ergot Group」(Stoll, 1947)에서 발견되었다. 스톨의 논문에서는 이 물질이 치료제로 사용될 수 있다는 제안이 추가적인 설명이 없이 단지 지나가는 말로 언급되었다.

최초의 실제 치료 실험은 2년 후 스위스의 정신과 의사이자 심리치료사인 기온 콘드라우Gion Condrau에 의해 보고되었다. 그는 LSD가 항우울제일 수 있으며, 이 약물의 투여량을 증가시켰다가 감소시키는 방식의 아편 팅크opium tincture[1]에 의한 우울증 치료 공식을 따랐을 가능성을 탐색하였다(Condrau, 1949). 그 결과는 매우 실망스러웠다. 실제 콘드라우는 간혹 증상이 완화되기보다 심화된 것을 묘사했는데, 이는 LSD가 적절히 사용된다면 증상을 일시적으로 강화시키는 동종요법 치료제임을 감안할 때 이해할 만하다.

화학적 항우울제로서의 LSD 효과성 확인을 위해 앞선 접근법을 시도한 연구는 물론 LSD 중간 용량을 단독 투여한 연구 역시 마찬가지로 실망스러웠다. 두 가지 치료 실험

---

1) 알코올에 혼합하여 약제로 쓰는 물질이다.

은 별다른 증상 없이 천천히 진행되는 만성 정신병보다 급성 정신병이 치료에 더 잘 반응한다는 임상적 관찰에 기반을 둔 것이다. 여기서 가설은 LSD를 매개로 사용하여 증상을 활성화한 다음 '실제 치료real therapy'에 이용하는 것이었다. 그러므로 요스트Jost와 비카리Vicari의 LSD 사용 실패는 돌이켜 보면 이 약물로 개별 체험을 한 우리 같은 사람들에게는 끔찍한 범죄와 같다. 이들은 LSD로 환자의 증상을 활성화시키고는 그들의 회기 중간에 전기충격을 실시하였다(Jost, 1957; Jost & Vicari 1958). 샌디슨Sandison과 스펜서Spencer, 화이틀로Whitelaw는 같은 방식을 따랐지만 전기충격 대신에 토라진Thorazine을 투여하였다(Sandison, Spencer, & Whitelaw, 1954).

옛 패러다임하에서 LSD를 극단적으로 이용한 또 다른 예는 전기충격치료나 인슐린 혼수상태insulin comas와 유사하게 어떠한 사전 준비나 심리치료도 없이 '1회에 압도적인 양을 투여'하는 충격요법이었다. 그중에서도 가장 최악의 실험은 1968년 캐나다 온타리오주의 '위험한 정신질환자들'을 위한 최고 보안 병동에서 부감독관이자 임상 책임자인 엘리엇 바커Elliot Barker에 의해 수행되었다. 바커는 남자 범죄자들을 11일 동안 나체 상태로 방에 가두고 대량의 LSD(2,000mcg)를 항간질제와 함께 투여하였다. 그들은 벽에 꽂힌 빨대로 음식을 빨아 먹어야만 했고, 그들의 폭력적인 상상을 날카로운 절규로 표현하도록 장려받았다(Barker 19). 실제로 이 '치료법' 이후 범죄의 재범률은 현저하게 증가하였다. 바커는 해고되었으나 그의 LSD 실험 때문이 아니라 입원환자들의 그에 대한 폭동에 대한 책임 때문이었다. 피실험자들의 증가된 재범률은 해고에 어떠한 영향도 미치지 않았고 후속 관찰은 나중에서야 이루어졌다.

충격요법으로 시작한 프로그램 중 하나는 미국과 캐나다의 많은 치료사에 의해 실제로 '심현제psychedelic'라고 불리는 치료의 형태로 바뀌었다. 이 프로그램은 적은 회기로 진행되었는데 초월적 경험을 유도하기 위해 다량의 심현제를 투여하였다. 유럽 치료사들은 '심혼용해제psycholytic'(심혼psyche의 긴장과 갈등을 해소하는 것, 용해dissolution를 의미하는 그리스의 *lysis*에서 유래)라고 불리는 방식의 접근을 선호하였다. 이는 프로이드 정신분석의 강력한 영향하에 낮은 복용량에서 중간 복용량으로 심현제를 사용하는 장기 회기로 구성되어 있다.

이러한 시도가 진정한 심현제 치료로 진전하게 된 계기는 매우 흥미롭다. 1959년, 디트먼Ditman과 휘틀시Whittlesey는 LSD 경험과 진전섬망delirium tremens 간의 표면적 유사성에 대한 글을 『일반 정신의학 학회지Archives of General Psychiatry』에 출판하였다(Ditman & Whittlesey, 1959). 캐나다 정신과 의사인 아브람 호퍼Abram Hoffer와 험프리 오스몬드Humphrey Osmond는 야간 급행 비행기를 타고 몽롱한 의식 상태에서 밤새 이 글에 대해 이야기를 나누다가 알코올중독의 치료로 LSD의 끔찍할 정도로 불쾌한 경험을 이용해 보자는 생각을 떠올리게 되었다. 이 생각은 진전섬망의 경험이 너무 끔찍한 나머지 술을 끊게 되거나 이 경험이 알코올중독자들의 삶에서 극단적 전환점이 되기도 하는 임상적 관찰을 근거로 했다.

이날의 토론에 영감을 받은 호퍼와 오스몬드는 서스캐처원주 사스카툰에 위치한 그들의 병원에서 진전섬망을 흉내 내도록 알코올중독자들에게 LSD를 투여하여 가능한 한 가장 끔찍한 경험('나쁜 여행bad trips')을 이끌어 내는 프로그램을 시작하였다. 이 이야기가 더욱 흥미로운 것은 심현제의 역사에서 가장 신비롭고 전설적인 존재인 알 허버드Al Hubbard가 난데없이 이 장면에 등장했다는 것이다. 알 허버드에 대해서 적절하게 설명하기란 쉽지 않다. 왜냐하면 그의 전기는 마치 할리우드 액션 영화의 대본을 읽는 것과 같기 때문이다.

1919년, 일설에 따르면 스물이 채 되지 않은 허버드는 초자연적인 힘에 이끌려 허버드 에너지 변압기Hubbard Energy Transformer를 발명하였다. 방사성 광석으로부터 직접적으로 에너지를 충전하는 전지였는데, 당시의 과학으로는 그 기술력을 설명조차 할 수 없었다. 시애틀 포스트 인텔리전서The Seattle Post-Intelligencer는 작은 상자(11×14) 크기의 허버드의 발명이 연락선 크기의 선박이 3일 동안 시애틀의 포르티코Portico항 주위를 쉼 없이 운행할 수 있게 하는 전력이라고 보도하였다. 허버드는 피츠버그의 라듐 주식회사the Radium Corporation of Pittsburg에 특허권의 50% 지분을 75,000달러에 판매하였다. 그가 소속했던 곳들과 직업들의 명단은 놀라울 뿐이다. 주장에 따르면 그는 캐나다 특수부서the Canadian Special Services, 미국 법무부the United States Justice Department, 미국 알코올, 담배, 화기 단속국the United States Bureau of Alcohol, Tobacco, Firearms, and Explosives, 전략사업부the Office of Strategic Services는 물론 CIA에서도 여러 차례 일했다고 한다.

「금주법」이 유효하던 당시 그는 시애틀 택시기사였다. 그는 택시 트렁크에 정교한 선박-해상 통신 시스템을 숨겨 밀주업자들을 도와 미국과 캐나다 해안 경비대를 성공적으로 통과하였다. '북서부 밀주의 왕Bootleg King of the Northwest'으로 유명하던 그는 미국 연방 수사국에 붙잡혀 18개월 동안 수감생활을 했다. 한때 캘리포니아 스탠포드 연구소의 관리인 직책을 잠시 맡기도 했던 그는 백만장자가 되겠다는 평생의 야망을 40대 초반에 실현하였다. 1950년에 그는 밴쿠버의 우라늄 주식회사의 과학이사를 맡았고, 100피트짜리 요트와 밴쿠버 만의 데이먼 섬을 소유하였다.

그의 별명인 '허버드 선장Captain Hubbard'은 그가 소유한 선박인증서와 미국 상선해양연구소의 업무에서 유래하였다. 그의 또 다른 별명은 'LSD의 조니 애플시드Johnny Appleseed[2] of LSD'이다. 이는 그가 과학자, 정치인, 정보관리, 외교관, 그리고 교회 종교인을 포함해 대략 6,000명에게 LSD를 제공했기 때문이다. 친구들에 따르면, 허버드는 120볼트의 피복이 벗겨진 전선을 손으로 잡을 수 있었으며 친구들에게도 해 보기를 격려하였다. 그들이 감전되었을 때 그는 "전기를 이길 수는 없어, 받아들여야 해You cannot fight electricity, you have to go with it."라고 조언하였다. 그는 작고 검은 서류 가방을 들고 나타났다가 사라지기를 반복했으며, 동시에 두 곳에서 나타나기도 한다는 소문이 있었다.

1953년, 알 허버드는 로얄 밴쿠버 요트 클럽에서 험프리 오스몬드를 점심 식사에 초대하여 그를 놀라게 했다. 이야기를 하는 동안, 허버드는 오스몬드와 호퍼가 알코올중독자들을 대상으로 한 LSD 치료 전략에 대해 강하게 비판하였다. 그는 정반대로 접근했어야 했다면서 이 환자들이 필요로 하는 것은 삶을 변화시킬 수 있는 심오한 초월적 경험이라고 주장하였다. 그는 이를 위해 꽃과 보편적인 영적 상징들로 장식하고 영성적인 음악이 연주되는 아름다운 환경에서 회기가 진행되어야 한다고 했다. 호퍼와 오스몬드는 그의 충고를 따랐고 치료 결과는 상당히 향상되었다(Hoffer, 1970). 이 전략은 다소 반복된 듯한 '심현제 치료'라는 이름으로 캐나다와 미국의 알코올중독자와 중독자에 대한 LSD 치료의 표준이 되었다.

1960년대 중반, 스위스 산도즈Sandoz를 제외한 순수 LSD의 유일한 생산자인 체코슬로바키아 제약회사 스포파Spofa가 나에게 인터뷰를 위해 알 허버드를 보냈다. 스포파는 허버드가 밴쿠버의 할리우드 병원에서 사용할 LSD 2g을 구입하기 위해 프라하로 왔을 때 그가 과학계에도 알려진 인물인지 알고 싶어 했다. 사실 그는 「심현제 체험The Psychedelic Experience」(Stolaroff, Harman, & Hubbard, 1964)이라는 논문의 공동 저자였고 마이런 스톨라로프Myron Stolaroff와 윌리스 하먼Willis Harman은 체코 당국에게 그의 합법성에 대한 충분한 증거가 되었다. 그는 당시 100mcg의 앰플이 미화 10센트였던 것을 고려할 때 체코에서는 LSD 2g을 매우 싸게 구입하였다.

이야기하는 동안 허버드는 미국과 캐나다 두 나라 간 국경을 건너는 데 있어 그가 어떠한 물질을 소유해도 허가한다는 정부가 공증한 서류들을 그의 검은 서류가방에서 꺼내 보여 주었다. 또한 LSD 사용에 대해 그가 오스몬드와 호퍼에게 조언한 것을 알게 된 이

---

2) 본명은 John Chapman(1774~1845)이고, 미국의 개척자, 광대한 과수원의 주인이며, 사과씨를 돌아다니면서 나누어 주었다고 한다(한컴사전).

▲ 아브람 호퍼(1917~2009)는 캐나다 정신과 의사이자 정신분열증에 대한
아드레노크롬adrenochrome 가설로 유명한 심현제 치료의 창시자이다.

▲ 험프리 오스몬드(1917~2004)는 '심현제'라는 용어를
만들어 낸 영국계 미국인 정신과 의사이다.

▲ 알 허버드(1901~1982)는 6,000명이 넘는 사람들에게
LSD를 소개한 'LSD의 조니 애플시드'로서 심현제의
역사에 있어 전설적이고 신비로운 인물이다.

래로 갖고 있던 의문인 "어떻게 그 사실을 알고 있었는가?"에 대한 질문을 할 기회가 있었다. 그에 대한 대답은 매혹적이었다. 그는 알베르트 호프만이 LSD의 심현제 효과를 발견하기 10년 전에 이미 천사의 원형과 같은 존재를 비전으로 보았고, 독특한 물질이 스위스에서 발견될 것이며, 어떻게 사용하는지에 대해서도 들었다는 것이다.

1967년 여름, 캘리포니아 팰로앨토에 방문했을 당시 심현제의 선구자인 마이런 스톨라로프는 그의 절친인 허버드를 방문하는 여행에 나를 초대하였고 우리는 4인승의 세스나 비행기로 이동했다. 비행기는 시에라네바다 산맥지대를 지나 바위로 둘러싸인 그의 휴양지가 있는 어니언 계곡Onion Valley으로 날아갔다. 오후에 셋이 산으로 하이킹을 하는 동안 마이런은 계속해서 허버드의 삶과 능력에 대한 믿기지 않는 이야기들을 끊임없이 말했다. 어느 순간이 되자 그는 놀랍게도 허버드를 예수님과 같은 위대한 영적인 존재로 생각하고 있다고 털어놓았다.

LSD를 사용한 초기 치료 실험에서 얻은 전반적인 결론은 이 물질이 그 자체로는 화학치료제가 아니라는 것이다. 효과를 보기 위해서는 특수하게 구조화된 환경에서 심리치료와 공조하여 투약되어야만 한다. 그러나 이 조건에서도 시행착오의 역사는 계속되었다. 일련의 회기가 진행되는 동안 심리치료의 일환으로 LSD를 소량 투여했을 때 치료 과정이 눈에 띄게 나아지지 않았다. 오히려 두드러지게 회기가 연장되었고 실제로 가끔 증상이 악화되기도 했다. 차라리 LSD의 용량을 증가시키고 그 경험의 처리와 통합을 위해 심리치료를 사용하는 방식으로 치료의 중심을 뒤바꾸는 것이 확실히 효과가 나았다.

◀ 마이런 스톨라로프(1920~2013)는 메스칼린을 합성하고 LSD를 연구한 심현제의 선구자이다.

치료가 성공적이지 못했던 또 다른 예는 레빈Levine과 루트비히Ludwig가 시도했던 알코올중독자와 약물중독자를 대상으로 한 최면심현제hypnodelic[3] 치료로 이는 LSD 투여와 최면치료를 결합시킨 것이었다(Levine & Ludwig 1967). 환자들은 최면 훈련을 받았고 심현제 효과의 잠재 시간은 최면 유도용으로 이용되었다. 이 발상은 LSD가 효과를 발휘하는 시점에 환자들은 최면 상태에 빠지리라는 것이었다. 그런 다음, 최면은 환자들에게 모든 것을 흘러가는 대로 두고 경험을 받아들이며 두려움을 극복하여 삶의 특정한 순간으로 나아가도록 격려할 수 있다는 것이다. 이 절차는 복잡하고 시간이 많이 걸리며 내담자들과 실험자들이 모두 최면 훈련을 받아야 했음에도 기대했던 좋은 결과를 가져오지 못했다.

의욕은 있었으나 잘 구상되지는 않았던 최면심현제 치료의 연구 결과는 충격적이었다. 저자들은 176명의 환자들을 다음의 네 집단에 배정하였다.

- LSD 심현제 치료
- 최면심현제 치료
- LSD 중간 용량 단독투여
- 특별히 치료하지 않음(단순 '환경요법milieu therapy')

또 각 집단의 절반은 치료 종료 후 항암제를 처방받았다. 저자들은 치료 결과에 있어 집단 간의 차이를 발견하지 못했고 전반적으로 별다른 차도가 나타나지 않았다. 6개월 후 추후 관찰 결과 70~80%의 환자들이 술을 마시고 있었으며, 1년 후 추후 관찰에서는 그 수치가 80~90%까지 상승하였다(Ludwig, Levine, & Stark 1970). 이 연구의 치료사들은 대부분 인근 거주자로서 별다른 동기 없이 참가했으며 사용한 치료법에 대해서도 충분하게 훈련받지 않았다. 찰스 새비지Charles Savage의 이 연구에 대한 신랄한 비평은 『LSD 심리치료LSD Psychotherapy』(Grof, 2001)에 기술되어 있다.

프로이트와 브로이어(Freud & Breuer, 1936)의 초기 연구에서 영감을 받은 일부 치료사들은 LSD를 소산용 매개체abreactive agent로 사용할 가능성을 탐구했지만, 이것은 LSD 치료의 한 방법으로 인정되지 않았다(Robinson et al., 1963). 소산abreaction 치료는 제2차 세계대전에서 외상성 전쟁 신경증 치료로 매우 유명해졌지만, 신경증 치료에는 효과가 없

---

3) 최면제와 환각제의 혼합된 어원. 최면암시와 심현제 사용을 결합한 치료의 형태와 관련이 있다.

었다(Fenichel, 1945). LSD는 소산을 중요한 치료 기제로 환원시켰지만, 주요 목표나 특정한 치료 양식으로서는 아니었다.

런던의 정신분석가 조이스 마틴Joyce Martin과 폴린 맥크리크Pauline McCririck는 그들이 융합치료fusion therapy라고 부르는 매우 흥미로운 방식을 개발하였다. 이 치료는 유아기 유기와 영아기 정서적 박탈감을 경험한 환자의 치료를 위해 고안된 것이다. 조이스와 폴린은 고객에게 LSD의 중간 복용량을 투여하고 어두운 방의 소파에 담요를 덮고 눕게 했다. 그러고 나서 내담자들과 나란하게 눕고는, 마치 좋은 어머니가 그녀의 아이에게 하는 것처럼 그들을 꼭 껴안았다.

1965년, LSD 심리치료에 대한 아미티빌Amityville 콘퍼런스에서 폴린과 조이스의 강의를 듣고 동영상을 시청한 치료사들의 견해는 명확하게 둘로 나뉘었다. 일부 치료사들은 융합치료가 언어치료의 범위를 벗어난 심각한 임상 문제에 대한 매우 논리적 접근 방식이 될 수 있다고 간주하였다. 그러나 다른 치료사들은 치료사와 내담자 간의 친밀한 신체접촉이 야기할 수 있는 전이/역전이에 대해 강렬한 거부감을 표하였다. 융합치료는 주된 치료 경향이 되지 않았으며, 독특한 성격의 두 여성 치료사가 실시한 독창적인 실험으로 남았다. 특히 남성 치료사들은 개인적 영역인 진료실이 닫힌 문 뒤로 위험한 장소가 될 수도 있는 가능성에 대해 불편해했다.

나는 런던 웰벡가Welbeck Street에 위치한 폴린과 조이스의 클리닉에서 그들과 함께 일주일을 보낼 기회가 있었다. 그때 나는 폴린과 함께 두 번의 융합치료를 경험하였는데, 한번은 런던에서였고 다른 한번은 암스테르담에서였다. 내 경험은 물론이거니와 그들의 환자들과의 면담을 통해 이 방법이 의존성 박탈anaclitic deprivation 외상과 개인적으로 명명한 '결핍에 의한 외상' 치료에 매우 효과적임을 확신하였다. 나는 심현제를 이용한 우리의 연구는 물론 숨치료 워크숍과 훈련에도 융합치료를 도입하였고, 그것이 매우 효과적이고 도움이 된다는 것을 알게 되었다. 폴린과의 경험과 모험은 『불가능한 일이 벌어질 때When the Impossible Happens』[4]의 "죽어 가는 여왕The Dying Queen" 부분에 묘사되어 있다(Grof, 2006).

집단치료에서 LSD를 사용하려는 초기 시도 역시 성공적이지 못했다. 에릭 번Eric Berne의 교류 분석 유형 집단에서 환자들에게 소량을 제공해 보았으나 집단 역동에 있어 유의미한 개선이 나타나는 것 같지 않았다. 용량을 증가시키자 환자들은 자신의 경험에만 초

---

4) 우리말로는 『환각과 우연을 넘어서』 혹은 『초월의식』(정신세계사)으로 번역되었다.

점을 맞추는 경향을 보였으며 집단 작업에는 관심을 잃게 되었고 많은 사람이 자신의 내면세계로 사라졌다. 심현제를 사용한 집단치료는 점차 다음과 같은 두 가지 방향으로 발전하였다.

첫 번째 방법은 **집단 심현제 치료**이다. 다수의 사람이 함께 심현제를 섭취하지만 전체로서의 집단 작업을 위한 노력은 하지 않는다. 이러한 접근 방식은 치료사들이나 촉진자들과 집단 참가자들의 비율 차이를 고려할 때 경제적이라는 장점이 있다. 특히 많은 도움이 필요 없고 다른 참가자들이 내는 소음을 견딜 수 있으며 스스로 자신의 경험을 통합할 수 있는 숙련된 개인들의 그룹에서 유용하다. 이러한 상황에서 두 명의 숙련된 촉진자로 이루어진 팀은 14명에서 16명의 집단과 함께 작업할 수 있다. 게다가 이 집단이 반복적으로 만나고 있고 그 구성원들이 공동체 의식과 상호 신뢰감을 발전시켰다면 더욱 가능하다. 이러한 유형의 집단은 회기 후 집단 나눔과 사후 작업으로 보완하면 효율성이 더욱 향상될 수 있다.

집단 심현제 치료의 극단적인 예로는 멕시코 정신과 의사 살바도르 로케Salvador Roquet가 개발한 마라톤 집단 심리치료 과정인 **정신종합치료**psychosynthesis(이탈리아 심리치료사 로베르토 아사지올리Roberto Assagioli가 만든 동명의 심리영적psychospiritual 시스템과 혼동해서는 안 된다.)가 있었다. 살바도르의 지도 아래, 대규모의 사람들(최대 30명)이 철야 회기(친목회convivials)에서 만났다. 참가자들은 성별, 연령, 임상 상황, 이전 치료 기간, 투여된 심현제 물질 등을 고려하여 집단을 가능한 이질적으로 만들려는 분명한 의도하에 신중하게 선정되었다(Roquet, 1971).

어떤 사람들은 실로사이빈psilocybin을 함유한 버섯들, 페요테 선인장, **다투라 세라토카룸**(흰독말풀)datura ceratocaulum 등 다양한 약용식물을 받았고, LSD, 케타민 등의 심현제를 받은 사람들도 있었다. 선발 과정의 목적은 경험의 범주를 넓힐 수 있고 아버지, 형제자매의 대체상, 그리고 성적 대상에 이르기까지 다양한 투사와 상상적 역할이 가능한 사람들의 구성이었다. 회기 동안 살바도르는 나치 독일의 영상과 성적, 공격적, 가학피학적 장면을 담은 불안하고 감정적으로 환기시키는 영화 이미지를 사용하여 참가자들에게 감각적 과부하를 유도하였다.

살바도르의 목표는 자아의 죽음과 재탄생의 경험을 용이하게 하는 것이었다. 그는 괴팍한 성격으로 동료들 사이에서도 매우 논란이 많은 인물이었다. 그는 멕시코 정신과 의사들과 심리학자들을 이 집에 초대해서 그들이 모르게 심현제 버섯을 곁들인 샌드위치를 대접하였다. 살바도르의 치료 전략은 그의 성격과 밀접하게 연관되어 있으며, 심현제

▲ 1976년 핀란드 이나리Inari에서 열린 제3회 국제 자아초월회의에 참석한 멕시코 심현제 치료의 선구자인
살바도르 로케(1920~1995)와 스타니슬라프 그로프

의 역사에서도 괴짜로 남아 있다.

투사를 장려하고 특정 유형의 경험을 강화하기 위해 외부 자극을 이용하는 것은 자기
성찰에 집중된 피실험자의 주의를 빼앗는 경향이 있으며 심혼의 자발적인 자기치유 지
능을 방해한다. 그것이 치유 과정의 자연스러운 경로이기만 하다면 무의식은 확실하게
우리를 소멸, 죽음, 재탄생 등의 어둡고 깊은 경험으로 데리고 갈 능력이 있다. 그러나
'나쁜 여행'을 하려거나 붕괴를 촉진하려는 시도들은 환자들의 지속적인 치료를 방해할
수 있다. 이 전략은 반대로 그 사람을 아주 황홀하고 치유되는 신비적 경험으로 이끌어
회기의 흐름을 방해할 수도 있다('화성Plutonic' 유형이 아닌 '해왕성Neptunian' 유형의 자아초월
적 경험).

1974년, 살바도르는 마약 밀매와 환자들의 건강을 해친 범죄 혐의로 기소되었으나 무
죄를 주장하였다. 1975년 4월 10일 대법원에서 무죄판결로 기소 취하된 것은 그가 이미
탈옥 불가능으로 악명 높은 멕시코시티의 팔라시오 데 레컴베리Palacio de Lecumberri 지역의
감옥, 검은 궁전Black Palace에서 9개월을 보낸 이후였다.

심현제 물질을 집단으로 활용하는 두 번째 방법은 의례의 형태인데, 이것은 미국 원주민 교회와 후이촐족 인디언들의 페요테 사용법, 마자텍the Mazatecs의 실로사이빈 버섯 사용법, 산토 다이메Santo Daime 성인 종교와 브라질의 우니앙União do Vegetal의 회원인 아야후아스카 샤먼의 아야와스카ayahuasca 사용법, 또는 중앙아프리카의 원주민들에 의한 이보가iboga의 사용법이다. 이러한 의례 행사들은 대개 구조화되어 있다. 특별한 복장, 특정 자세 유지, 규정된 행동 양식, 집단 춤이나 챈팅이 필요하기도 하다.

토착 의식 연구에 일생을 바친 영국의 인류학자 빅터 터너Victor Turner는 홀로트로픽 의식 상태를 수반하는 의식에 참가하는 사람들은 강한 유대감, 즉 '커뮤니타스communitas'(Turner, 1969) 의식이 발달하는 경향이 있다고 결론지었다. 현대 사회의 가장 두드러진 특징 중 하나가 소외이므로 이와 같은 양식은 산업문명에 매우 중요할 수 있다.

우리는 육체로부터, 서로로부터, 자연으로부터, 우주로부터, 신으로부터 소외되어 있다. 심현제나 다양한 형태의 홀로트로픽 상태 등을 이용한 의례는 소외를 극복하는 강력한 방법이 될 수 있다. 의례를 통해 참가자들이 경험하는 홀로트로픽 의식 상태 또한 일상적인 맥락에서의 상황을 해제한다. 그것은 적어도 의식의 순간 동안에는 사회의 계층 구조를 해체하고 평등의식을 만들어 낸다. 토착 집단 의식은 심오한 사회적 역동성을 가지고 있고 인류학적 관점에서 흥미롭다는 것을 지적하는 것은 의미 있다. 하지만 토착 집단 의식의 외향적인 성향 때문에 대개는 깊이 집중하여 자기탐색을 하는 데에는 도움이 되지 않는다.

앞에서 서술한 복잡한 역사의 과정 속에서 개인에 대한 자기탐색 및 심리치료를 위한 LSD의 이용은 심혼용해 치료psycholytic therapy와 심현제 치료의 두 가지 주요 양상으로 나뉘어 발달되었다.

첫째, **심혼용해 치료**는 심혼의 긴장을 완화하고 갈등을 해결하는 치료법으로 영국의 정신과 의사 로널드 샌디슨Ronald Sandison이 명명하였다. 주로 유럽 치료사들(한스칼 로이너Hanscarl Leuner, 빌헬름 아렌덴 하인Wilhelm Arendsen Hein, 존 벅먼John Buckman, 토마스 M. 링Thomas M. Ling, 밀란 하우스너Milan Hausner, 유라Juraj와 소냐 스틱Sonia Styk, 피터 바우만Peter Bauman, 피터 개서Peter Gasser 등)이 주로 사용하였다. 정신분석적 이론에 기반하고는 있으나 실제에 있어 치료사의 위치, 행동화acting out 금지, 질문에 답하지 않는 것, 침묵의 전략적인 사용, 접촉 금지 등 프로이트적인 실행의 제약은 없다.

심혼용해 치료는 LSD-25의 중간 복용량을 1~2주 간격으로 15~100회 회기로 연속하여 이루어진다. 회기 중에 환자에게 제공되는 지원의 종류와 범위는 다양하다. 나 자신도 5~6시간 동안 환자들과 함께 있다가 LSD 훈련을 경험한 내 간호사들에게 환자들을 맡기거나 병동의 다른 환자들에게 맡기기도 했는데, 그들은 모두 연구에 참여하고 있었고 개인적으로 LSD의 경험을 가지고 있었다.

한스칼 로이너의 시스템은 스펙트럼의 반대편에 있었다. 그의 환자들은 주로 혼자 남겨지고 도움이 필요할 때 벨을 이용해서 간호사들을 부를 수 있었다. 내가 개인적으로 알고 있는 나머지 치료사들은 나와 한스칼의 중간쯤에 있었다. 그들은 회기의 일부를 환자들과 보냈고 간호사와 학생들을 시터로 이용하였다.

심혼용해 치료사들 중 많은 이가 환자들에게 계속 말을 걸었다. 치료사들은 환자들로부터 그들의 경험에 대한 보고를 기대하였고, 때때로 의견을 제시하거나 가끔은 해석을 시도하기도 했다. 환자들은 눈을 뜨고 있어도 되고 치료사와 눈을 마주치거나 주위를 둘러보는 것도 허락되었다. 그들이 보고 있는 것과 세계에 대한 그들의 인식이 어떻게 영향을 받고 있는지를 묘사하도록 격려를 받았다. 또한 많은 치료사는 환자들에게 그들의 배우자와 파트너 그리고 원가족의 사진을 회기에 가지고 와서 경험의 후반부에서 그것을 보도록 요청하였다.

▲ 한스칼 로이너(1919~1996)는 독일의 정신과 의사 및 심현제 치료의 선구자이자, 안내된 정서이미지Guided Affective Imagery: GAI라 불리는 심리치료 방법의 창시자이다.

심혼용해 치료 전략은 장점과 약점을 가지고 있었다. 그것은 정신의 역동성을 탐구하는 데는 이상적이었다. 연구의 초기 단계에서 심리치료 전략을 사용했는데도, 나는 순차적으로 무의식의 다른 수준들을 탐험하는 것이 가능했다. 내 환자 중 한 명은 그것을 '화학적 고고학chemoarcheology'이라고 부르고, 또 다른 한 명은 '무의식의 양파 껍질 벗기기onion peeling of the unconscious'이라고 부르는 과정이었다. 또한 내 환자들이 경험하고 있는 착시현상의 논리—왜 그들의 치료 회기와 단계에 따라 시간대별로 나와 주변 환경이 특정한 방식으로 변용되어 보이는지-를 연구하고 이해할 수 있었다.

나는 말 그대로 이 과정의 수백 가지 예를 수집했는데, 그 예들은 LSD 비전과 착시현상의 편향성과 과편향성을 보여 주었다. 그것들에는 본질적으로 프로이트가 꿈 작업을 분석할 때 발견한 것과 같은 기제가 포함되어 있었다. 나는 이러한 변용의 많은 부분을 『인간 무의식의 영역Realms of the Human Unconscious』(Grof, 1975)에서 묘사하고 설명하였다. 이 연구 전략에서 얻은 가장 중요하고 가치 있는 수확은 심혼의 자기치유 지성을 발견한 것이었는데, 이 지성은 치료 과정을 증상의 기저에 있는 가장 중요한 무의식적 기억으로 이끌었다. 회기가 순차적으로 진행되면서 점진적으로 벗겨지는 심혼은 의식의 새로운 지도를 만들고 그것의 역동적인 통치 원리인 응축경험 체계, 기본 주산기 모형, 그리고 집단무의식 속의 원형신화 모형을 발견하는 독특한 기회를 제공하였다.

그러나 낮은 복용량의 사용, 환자가 눈을 뜬 채 회기의 상당 부분을 보내는 것, 그리고 잦은 대화는 긍정적이고 빠른 치료 결과를 얻을 수 있는 가장 효과적인 방법은 아니었다. 나는 호기심과 이러한 매혹적인 통찰력을 위해 지불한 대가가 치료 과정의 둔화라는 것을 깨달았다. 이 전략은 정서적 문제의 원인을 찾는 데 가장 효과적인 방법인 집중적인 수직탐사 과정을 수평탐사로 전환시켰다. 이 방식은 내 환자들뿐만 아니라 나에게도 지적으로 흥미로웠지만, 불행히도 더 깊고 고통스러운 문제에 대한 환자들의 저항과 회피에도 도움이 되었다.

그것을 깨달았을 때, 나는 치료 전략을 바꾸었다. 나는 복용량을 증가시키고 회기에 집중하기 위해 눈가리개를 도입하고, 대화를 제한했으며, 음악의 사용으로 경험을 심화시켰다. 이러한 수정으로 앞서 언급한 캐나다에서 개발된 '심현제 치료'에 가까운 전략이 되었다.

둘째, 심현제 치료의 또 다른 인기 있는 방법은 대량의 LSD 400~600mcg(단회 압도 복용량)을 사용하는 짧은 회기로 구성된다. 눈가리개와 헤드폰을 사용한 경험들은 강렬하게 내면화된다. 치료실에는 아름다운 그림과 꽃으로 장식되어 있고 회기 전반에 걸쳐 고결하고 영적인 음악이 연주된다. 보통 두 명의 촉진자에 의해 관리되며 남자와 여자의 구성이 선호된다.

이 회기를 위한 준비 작업은 몇 시간 동안 약물 없이 면담을 하는 것으로 구성되어 있다. 회기의 목적은 환자들의 삶의 이력과 증상을 알게 되고, 좋은 치료 관계를 발전시키며, 그들이 받을 심현제의 효과를 설명하는 것이다. 회기가 끝난 후, 치료사들은 환자의 경험에 대해 이야기를 나누고 통합을 돕기 위해 약물 없는 면담 일정을 잡는다. 이 접근법은 주로 아브람 호퍼Abram Hoffer, 험프리 오스몬드Humphry Osmond, 로스 맥린Ross MacLean,

던칸 블리윗Duncan Blewett, 랄프 메츠너Ralph Metzner, 리처드 앨퍼트Richard Alpert, 티모시 리어리Timothy Leary, 마이런 스톨라로프Myron Stolaroff, 제임스 패디먼James Fadiman, 로버트 모가Robert Mogar, 윌리스 하먼Willis Harman 등 다른 캐나다와 미국의 치료사들에 의해 실행되어 왔다. 우리도 메릴랜드 정신의학 연구소MPRC의 정신건강 전문가의 LSD 훈련 과정은 물론 신경증 환자, 알코올중독자, 마약중독자 및 암 환자에 대한 치료 프로젝트의 전략으로 사용했다(Grof, 2001; Pahnke, 1970).

이 접근법을 사용하면 매우 인상적인 치료 결과를 얻을 수 있다. 즉, 많은 환자의 삶이 1회에서 3회의 심현제 치료 회기를 경험하며 극적으로 변화되지만, 이 변화의 기제는 여전히 모호하다. 이 상황은 데이빗 로슨David Rosen이 발견한 금문교the Golden Gate Bridge와 샌프란시스코-오클랜드 베이 브리지the San Francisco-Oakland Bay Bridge(Rosen, 1975)에서 자살 점프 생존자들의 변화와 유사하다. 그러나 연속적인 심리치료 회기의 관찰을 통해 이러한 변화의 기저에 있는 기제는 고용량 심현제 치료에 의해 가속되고 강화되어 이와 같은 결과를 산출했다고 상상하는 것은 가능하다.

심현제를 사용하는 두 가지 접근법의 대표자들은 반대 진영에 대해 비판하였다. 심리치료사들은 심현제 치료사들이 중요한 전기적 문제를 피하고 '영적 우회'를 초래한다고 주장하였다. 심현제 치료사들은 심리치료사들이 중요하지도 않은 전기적 문제에 불필요하게 빠져들며 '하찮은 일을 꼬치꼬치 캐느라' 정작 삶을 변화시키는 심현제의 절정경험을 위한 기회를 낭비하고 있다고 비난하였다.

LSD를 사용한 치료 실험의 역사에 대해 짧게 검토했으므로, 이제는 LSD를 사용할 때 얻을 수 있는 이점을 높이고 잠재적 위험을 줄이는 기본 원칙에 대해 논의하고자 한다. 대부분의 원칙은 다른 심현제에도 적용이 가능하다.

LSD 미세투여

논의의 시작은 제임스 패디먼에 의해 추천되고 연구된 미세투여 전략이다. 제임스는 현재 정상적인 기능 향상을 위한 LSD 미세투여에 관한 연구를 진행하고 있다(Fadiman, 2017). LSD의 경우 미세투여(또는 하위 지각 투여)는 10~20mcg인 하위 임곗값 투여량을

◀ 제임스 패디먼은 심현제가 창의성에 미치는 효과와 미세투여의 효과를 전문적으로 연구한 심현제의 선구자이다.

복용하는 것이다. 미세투여의 목적은 비일상적 의식 상태를 경험하는 것이 아니라, 정상적인 인지능력과 수행기능(향정신제向精神劑[5] 효과nootropic effect)을 향상시키는 것이다.

이 연구에서 지원자들은 약 3일마다 약물을 스스로 투여한다. 그런 다음 그들은 일상 업무와 관계에 대한 지각된 효과를 자기 보고한다. 이 연구에 참여하는 지원자들에는 다양한 과학 예술 전문가들과 학생들이 포함되어 있다. 지금까지 보고된 바에 따르면, 일반적으로 피험자는 정상적 기능을 경험하지만 집중, 창의성, 정서적 명료성이 증가하며 신체적 수행이 약간 향상된다고 한다. 알베르트 호프만은 미세투여를 의식하고 있었으며, 이 분야를 '심현제의 영역에서 가장 덜 연구된 분야'라고 일컬었다.

유희를 위한 LSD와 다른 심현제의 사용

LSD 복용에 대한 스스로의 반응을 알고 있는 사람들은 자신이 복용하는 심현제의 질과 그에 대한 반응을 알고 있다는 전제하에 소량(25~75mcg)을 복용함으로써 자연환경

---

5) 정신활동에 작용하는 약물의 총칭이고 정신치료약, 정신이상 발현약, 각성제, 알코올 등이 포함된다(간호학 대사전).

에 대한 지각을 높일 수 있다. 대부분의 사람에게 이 복용량 범위는 운전을 제외한 일반적인 일상적 기능에 방해가 되지 않는다. 이는 하이킹, 강, 호수, 또는 바다에서의 수영 경험을 크게 향상시킬 수 있고, 사랑을 나누는 데 있어서 새로운 차원을 가져오기도 한다. 마음이 맞는 친구와 음악을 듣거나, 좋은 음식을 즐기고, 철학적이고 영적인 문제에 대해 이야기하는 등 이러한 경험을 공유하는 것은 매우 특별한 교류의 기회가 될 수 있다.

그러한 모임의 모델은 마약에 의한 경험의 탐구에 열심인 파리의 단체 하시시 클럽Club des Hashischins 또는 하시시 먹는 사람들의 클럽Club of the Hashish Eaters에서 시작되었다. 그들 중에는 빅토르 위고Victor Hugo, 알렉상드르 뒤마Alexandre Dumas, 샤를 보들레르Charles Baudelaire, 제라르 드 네르발Gérard de Nerval, 외젠 들라크루아Eugène Delacroix, 테오필 고티에Théophile Gautier, 오노레 드 발자크Honoré de Balzac 등 프랑스 지식 엘리트들이 회원이었다. 유희recreation의 목적으로 심현제를 사용하기 전에 개인적으로 선택한 심현제에 대한 우리의 반응을 시험하는 것은 필수적이다. 심현제에 대한 개인의 반응은 매우 다양하며, 어떤 사람들에게는 위에서 언급된 적당한 복용량조차도 의외로 강한 반응이 촉발될 수 있다.

심현제를 이용한 심리치료와 자기탐색

일단 무의식의 심층 수준을 활성화시킬 수 있을 정도로 많은 양을 복용한다면, 가장 생산적이고 안전할 수 있는 회기는 음악을 제외한 외부 세계와의 접촉을 최소화하고 내면화할 수 있을 때이다. 외부 소음에 방해받지 않고 표현해야 할 것은 무엇이든 자유롭게 표현할 수 있는 외진 곳에 있는 것이 중요하다. 안전하고 치유적인 회기를 위해 개인적으로도 심현제의 경험이 있고 그 과정에 대해 친숙한 시터의 존재가 필수적이다.

비록 많은 사람이 자기탐색이나 영성 추구를 위해 다양한 조건하에서 심현제를 복용하지만, 여기서는 심각한 정서적 문제를 가지고 치료를 위해 찾아온 사람들과의 회기가 어떻게 진행되는지 알아보겠다. 이 주의사항 중 일부는 치료 맥락 밖에서 실행되는 회기에도 유용할 것이다. 심현제 또는 홀로트로픽 의식 상태를 포함한 다른 작업에 필요한 전제조건은 적절한 의학적 검사이다.

무엇보다 그 사람의 심혈관 상태가 좋은지 알아야 한다. 심현제가 이끌어 낼 감정이 얼마나 강렬할지는 예측하기 어렵다. 통제되지 않는 고혈압, 심장 부정맥, 뇌졸중이나 심장마비의 이력, 동맥류의 존재는 심각한 위험이 될 수 있다. LSD는 생물학적으로 매우 안전한 물질이지만, MDA, MMDA, MDMA 등과 같은 암페타민과 관련된 심현제의 사용은 심혈관 질환의 위험을 크게 증가시킨다. 복용량은 합리적인 양이어야 하며, 심혈관 질환자는 이 그룹에 속하는 물질을 복용해서는 안 된다. 이러한 주의사항이 지켜지지 않은 경우 사망에 대한 보고가 있었다.

또 다른 고려사항은 심현제를 복용하는 사람의 전반적인 신체 조건이다. 특히 복용량이 많은 회기는 감정적으로나 육체적으로 힘들 수 있다. 질병 후에 최근 심신이 약화되거나 탈진 상태, 최근에 경험한 수술 또는 부상은 억제를 나타낼 수 있으므로 그러한 상황은 개별적으로 평가되어야 한다. 말기 암 환자들을 위한 LSD 치료의 메릴랜드 프로그램에서는 심혈관 질환이 심각한 환자들은 배제했다. 200명 이상의 환자 중 그 회기에서 사망하거나 신체적 응급 상황을 경험한 사람은 한 명도 없었다. 그럼에도 불구하고 환자 중 한 명은 회기 후 4일 만에 죽었다. 피부암에 걸려 온몸으로 전이되었지만 죽음에 대한 공포로 마비되어 필사적으로 목숨에 매달리는 것 같았다. 회기에서 그는 이 공포로부터 해방되는 심리영적 죽음과 재탄생의 강력한 경험을 했다. 그는 4일 후에 평화롭게 죽었다. 몇몇 초기 시도 끝에 우리는 뇌종양을 앓고 있는 환자는 치료하지 않기로 결정하였다. 그들의 경험은 해체되고 혼란스러운 것 같았고 경험을 개념적으로 통합하는 데 어려움을 겪었다.

임신 시에는, 특히 진행되었을 때 상대적인 금기사항이 있다. 자신의 출생을 다시 경험하는 여성들은 분만하는 자신을 경험하는 경우가 많다. 이것은 실제로 자궁의 강한 수축과 관련이 있다. 나와 함께 작업한 여성들 중에는 출생과 분만을 동시에 경험한 회기에서 생리 주기의 중간에 월경을 시작한 여성들이 있었는데, 이러한 수축은 조산을 초래할 수도 있다. 여러 해 동안 나는 많은 임산부에게 홀로트로픽 숨치료를 하도록 허용해 왔지만, 우리는 그 과정이 출생/분만의 형태를 취하기 시작하면 중단하는 것에 합의했다. 심현제 치료에서는 그런 합의를 할 수 없으므로 임신 중인 여자들은 하지 않는 것이 현명하다. 그러나 산후기는 임신과 분만으로 임산부의 주산기 기억을 활성화시켜 보다 유용하게 만들기 때문에 심현제 치료 회기를 갖기에 좋다.

회기를 잘 마무리하기 위해서는 종종 보디워크가 필요하다. 골절 후 또는 수술 후, 척추 디스크 탈출, 목뼈 골절, 골다공증, 횡경막 탈장 또는 탯줄 탈장, 결장조루술 등을 포함하여 신체적 개입의 제한 또는 수정을 필요로 하는 조건들이 있다. 생식기 부근의 막

힘이나 통증은 직접적인 보디워크로 풀어지지 않지만, 홀로트로픽 숨치료에 대해 설명한 장(06장)에서 기술했듯이 다리로 작업함으로써 간접적으로 해소할 수 있다.

또 다른 중요한 고려사항은 심현제 치료 회기나 홀로트로픽 숨치료에 오는 사람의 정서 상태이다. 만약 이 사람이 정신과 입원, 특히 장기 입원 이력이 있다면, 이 장애의 본질은 무엇이었는지, 어떤 이력이 있는지, 그 원인이 되었던 정황들을 알아낼 필요가 있다. 이 평가는 전통적 정신의학은 물론 자아초월심리학에 친숙한 사람이 해야 한다. 많은 경우 정신병적 삽화로 진단받은 상태는 오진된 영적 응급이었다. 그 경우 우리는 그러한 사람을 홀로트로픽 숨치료 워크숍이나 심현제 치료에 받아들이는 것을 주저하지 않았고, 그들은 대개 특별한 문제를 일으키지 않았다.

가장 이상적인 것은 치료사나 시터들이 회기에 참가할 사람의 출생 전 탄생과 죽음의 본질에 대해 정보를 얻는 것이다. 유아기와 유년기에 받았던 돌봄의 질과 그들의 삶에서 중요했던 사건, 그들이 기억하는 외상, 그리고 그들이 인지하고 있는 갈등에 대해서도 아는 것이 좋다. 권위자, 동료, 남성 또는 여성 등과 같은 특정 범주의 사람들과의 관계(대인관계의 응축경험 체계)에서 삶에 반복적인 패턴으로 나타나는 것이 있는지 알아내는 것은 매우 유용하다. 이것들은 회기 중에 활성화되고 반복되어 문제가 될 수 있기 때문이다.

회기 전 인터뷰의 중요한 기능은 좋은 치료관계와 신뢰를 형성하는 것이다. 회기 참가 후보자가 그들이 복용하게 될 물질의 효과와 경험의 본질에 대해 알고 있지 않다면 간단하게라도 정보를 제공해야 한다. 여기에는 회기 유지 기간, 회기를 어떻게 내면화하여 유지할 수 있을지, 어떻게 의사소통할 것인지에 대한 합의, 그리고 직면하게 될 수도 있는 주요 경험의 범주들에 대한 안내가 포함된다. 비록 주산기나 자아초월 경험에 대한 인지적 정보가 그 힘과 영향력을 적절하게 전달하지 못하더라도, 그것들의 존재와 나타날 수 있는 형태에 대해 참가자가 아는 것은 극히 중요하고 유용하다.

무엇이 정상이고 무엇이 '미친crazy' 것인가에 대한 서구 문명과 주류 정신의학의 오해를 바로잡아야 한다. 홀로트로픽 의식 상태의 경험적 범주에서는 자신의 출생이나 출생 전 일화, 조상, 계통발생학, 전생의 기억을 다시 체험하거나, 원형적 존재를 만나고 원형적 영역을 방문하는 것이 지극히 정상적인 측면이다. 그것들을 경험함으로써 세계관은 확장되고 이는 영적 개방과 내적 변용의 과정에서 중요한 요소가 될 수 있다.

당연하게도, 심현제를 사용하는 심혼탐구자들에게서 가장 중요한 것은 사용하고 있는 물질의 본질과 그 질, 복용량이다. 신뢰할 수 있는 순수 화학물질이 공급되지 않는 현재 상황에서 최선의 선택은 약용 식물일 것이다. 일부 주와 국가에서는 마리화나, 실로사이빈, 페요테, 또는 아야와스카를 재배할 수 있다. 왕두꺼비 부포 알바리우스Bufo alvarius의 귀밑샘과 피부분비물은 경험이 많고 진지한 치료사들로부터 얻을 수 있다. 암시장에서 구입한 약물의 거리 샘플을 사용한다는 것은 도박처럼 위험할 수 있다. 물질의 성질, 용량, 질에 대해서 결코 확신할 수 없기 때문이다.

1970년대에 스탠리 크리프너Stanley Krippner는 LSD로 추정되는 거리 샘플을 분석하여 그 결과를 보고하였다. 분석 결과, 암페타민, 합성헤로인angel dust 소량의 중추신경흥분제인 스트리크닌strychnine, 심지어 소변까지 포함한 18개의 오염물질이 존재한다는 것이 밝혀졌다. 불행하게도, 심현제가 기소대상에서 제외되고 순수한 형태로 이용될 때까지 다양한 수준의 불확실성이 심혼탐구자를 계속 괴롭힐 것이다. 심현제에 대한 르네상스적 관심에도 불구하고, 합법적인 심현제 회기는 오직 암, 외상 후 스트레스, 편두통, 불안 상태 등의 환자들과 같은 연구 범주 중 하나에 적합해야 받을 수 있다.

다양한 투여량을 테스트하거나 비교하는 연구 설계를 하지 않는 한, 250~500mcg 정도 LSD의 높은 투여량을 사용하는 것이 바람직하다. 높은 투여량은 다소 더 까다로운 회기 관리를 의미할 수도 있지만, 더 빠르고 더 나은 결과를 가져오는 동시에 더 안전하다. 낮은 복용량은 증상을 활성화시키고 경험을 좋은 해결로 이끌지 못하는 경향이 있는데, 이는 방어기제를 사용하는 것이 더 쉽기 때문이다. 따라서 복용량이 많아지면 보통 더 깔끔한 문제해결을 얻을 수 있다.

더 높은 복용량 수준에서는 회기를 내면화시키는 것이 중요하다. 내면화는 우리가 다루고자 하는 것이 무의식에서 일어나는 것이 무엇인지 목격하고 이해하는 것을 가능하게 한다. 고용량 LSD 회기에서 눈을 뜨고 환경과 상호작용을 하는 것은 위험할 뿐더러 비생산적이다. 이러한 행위는 내면과 외부를 혼동하게 하고 뒤죽박죽 섞이게 만들어서 자기탐색 자체를 불가능하게 한다.

LSD를 수백 번 복용하고도 그 경험이 자신의 무의식과 관련이 있다는 것을 발견하지 못하는 사람들이 있다. 그들에게는 그 경험이 색과 무늬가 보이고, 모든 것이 움직이고, 사람들의 얼굴과 환경이 이상하게 왜곡되며, 강렬하지만 이해할 수 없는 감정의 파도를 경험하는 이상한 영화를 보러 가는 것 같았다. 그러한 LSD의 사용은 위험하며 이는 잘 해결되지 않은 경험, 장기간의 반응, 플래시백을 조장하거나 상황을 더 악화시킨다. 안전한 심혼탐구는 자신의 무의식에서 떠오르는 것들과 정서의 충분한 경험, 그리고 경험의 내용을 처리하는 데에만 관심을 두어야 한다.

필요할 때 내담자가 소리를 지를 수 있고, 남자와 여자가 촉진자 혹은 시터로서 짝duo 으로 존재하여 내담자가 보호받는 환경의 치료 회기가 이상적이다. 눈가리개를 사용함으로써 경험을 내재화시키고, 내담자가 먼저 나서거나 요구하지 않는 한 언어적 상호작용과 간섭을 최소화한다. 만약 브리더가 경험을 방해받아 눈을 뜨면 자기내면으로 돌아가도록 부드럽게 설득한다.

회기 동안 음악을 재생하는 것은 내담자가 경험의 흐름 속에 머물거나 혹시나 있을 교착 상태를 헤쳐 나가는 데 도움이 되며, 깊은 감정을 표면으로 전달하고 활성화시킬 수 있다. 음악의 선택과 사용은 홀로트로픽 숨치료에 관한 장에서 기술한 것과 유사하다. 일반적인 원칙은 특정한 방식으로 경험을 이끌려고 하기보다는 회기에서 일어나고 있는 일을 면밀히 지원하는 것이다. 얼굴 표정, 가끔 하는 말, 그리고 골반의 관능적인 움직임, 주먹과 턱, 편안한 자세와 행복한 미소, 경험이 전개되는 나라 이름 등의 중얼거림과 같은 신체언어를 관찰함으로써 필요한 단서들을 얻을 수 있다.

전반적인 과정, 혹은 LSD 회기의 흐름을 따른다. 음악의 강도는 점차 증가하고 시작한 지 3시간쯤 지나 절정에 도달한 다음, 음악은 더 정서적이고 위안이 되며 부드러워진다. 회기의 마지막 단계에서 음악은 시간을 초월하여 흘러가며 명상적이고 차분해진다. 내담자가 알고 있는 언어로 된 성악곡뿐만 아니라, 잘 알려져 있어 특정한 방법으로 경험을 이끌어 줄 음악은 피한다. 만약 목소리를 녹음한 음악을 사용한다면, 그것들은 악기의 소리처럼 인식되어야 하고 어떤 특정한 언어적 메시지를 전달하는 것은 지양한다.

회기가 약 5시간 동안 진행되면 휴식을 취하고 내담자 경험에 대한 간략한 대화를 나누는 것이 유용하다. 이때는 밖으로 나가기에 좋은 순간이다. 심현제 치료 회기는 산속, 공원 인근, 초원, 숲, 강, 호수, 또는 바다와 같은 아름다운 환경에서 열리는 것이 이상적이다. 심현제 치료 회기가 종료되었을 때 샤워나 목욕을 하거나 물에서 수영을 하는 것은 황홀하고 치유가 되는 경험이 될 수 있다.

이 순간은 태아 상태로 용이하게 퇴행할 수도 있고, 원시 바다에서의 생물의 시작에 대한 경험까지도 할 수 있다. 장소와 시간에 따라 내담자를 일몰, 달, 또는 밤하늘을 볼 수 있는 장소로 데려가고 싶을 수도 있다. 만약 앞서와 같은 여유를 가지고 있지 않더라도 가능한 한 자연적인 환경과 많은 접촉을 할 수 있는 곳을 찾으려고 노력한다. 심현제 경험은 개인을 자연과 연결시키고 그 안에서 개인이 얼마나 깊이 연결되어 자리 잡고 있는지, 산업문명이 이 관계를 얼마나 모호하게 하고 소외시켰는지를 깨닫게 한다.

만약 회기의 마무리가 좋지 않았다면, 정서나 신체적 긴장의 잔여물, 막힘을 해소하기 위해 보디워크를 이용하는 것이 필수적이다. 하지만 실제로 이를 행하는 심현제 치료사는 많지 않다. 원리는 홀로트로픽 호흡에 관한 장(06장)에서 설명한 것과 같다. 어떠한 선입견적 기술 없이, 내담자 심혼의 치유 지성이 인도하도록 한다. 현존하는 증상들을 드러나게 할 수 있는 가장 좋은 방법들을 찾아내고 이것이 초래하는 것이 어떤 것이든 내담자가 충분히 표현하도록 격려한다.

메릴랜드 정신의학 연구소의 치료 및 훈련 프로그램에서는 늦은 시간의 심현제 치료 회기에서 가족 만남을 주선하기도 했다. 내담자들은 이 행사를 위해 파트너, 배우자, 가족, 또는 친구들을 선택해 초대했다. 인근 중식당이나 일식당에서 흥미로운 맛과 식감, 다양한 색이 있는 식사를 주문하고는 조용한 음악을 들으며 저녁을 함께한다. 이때에도 내담자들은 여전히 홀로트로픽 의식 상태에 머물러 있어 감각 지각의 수준이 현저하게 향상되어 있는 상태였다. 올더스 헉슬리Aldous Huxley의 용어를 사용하여 일상의 대상들과 활동들에 '지각의 문doors of perception[6]을 열도록' 안내함으로써 내담자들은 새로운 방식으로 자연을 체험하고, 일몰을 보고, 음식을 맛보고, 음악을 듣고, 사람들과 교류하는 방법을 배웠다.

복잡한 역사에도 불구하고 심현제의 도움을 받은 심리치료는 공포, 우울, 정신신체 장애와 물리적 통증을 치료함에 있어 크나큰 잠재력을 보여 주었다. LSD를 촉매로 하여 이전에는 다루기 어려웠던 알코올중독, 마약중독, 성적 일탈, 범죄 재발자 등의 환자 범주로까지 심리치료의 적용 범위를 확장하는 것이 가능해졌다. 심현제에 대한 현재의 비상한 관심이 40년 동안 드러나지 않았던 모든 임상 경험을 사용할 수 있게 하고, 과거의 실수를 피하여 새로운 출발을 할 수 있게 해 줄 것을 희망한다. 이 새로운 연구는 기존 정신의학의 역사와는 전적으로 다르며, 심현제가 완전히 새로운 종류의 독특한 치료적 매개라는 것을 확인시켜 줄 것이라는 데 의심의 여지가 없다.

참고문헌

Condrau, G. 1949. "Klinische Erfahrungen an Geisteskranken mit LSD-25" (Clinical Experiences in Psychiatric Patients with LSD-25). *Act. Psychiat. Neurol. Scand.* 24: 9.

Ditman, K. S., & Whittlesey, J. R. B. 1959. "Comparison of the LSD Experience and Delirium

---

6) 『지각의 문, 천국과 지옥』 올더스 헉슬리, 권정기 역. 김영사.

Tremens." *Arch. gen. Psychiat.* 1: 47.

Fadiman, F. 2017. "A Researcher Wants to Test the Effects on Microdosing on Cognitive Ability and Productivity." *Futurism* August 10.

Fenichel, O. 1945. *A Psychoanalytic Theory of Neurosis.* New York: W. W. Norton.

Freud, S., & Breuer, J. 1936. *Studies in Hysteria.* New York: Nervous and Mental Diseases Publication Company.

Grof, S. 1975. *Realms of the Human Unconscious: Observations from LSD Research.* New York: Viking Press. Republished in 2009 as *LSD: Gateway to the Numinous.* Rochester, VT: Inner Traditions.

Grof, S. 2001. *LSD Psychotherapy.* Santa Cruz, CA: MAPS Publications.

Grof, S. 2006. *When the Impossible Happens: Adventures in Non-Ordinary Realities.* Louisville, CO: Sounds True.

Hoffer, A. 1970. "Treatment of Alcoholism with Psychedelic Therapy." In: Aaronson, B. S And Osmond, H.: *Psychedelics: The Uses and Implications of Psychedelic Drugs.* New York: Anchor Books.

Jost, F. 1957. "Zur therapeutischen Verwendung des LSD−25 in der klinischen Praxis der Psychiatrie" (Apropos of the Therapeutic Use of LSD−25 in the Clinical Practice of Psychiatry). *Wien. klin. Wschr.* 69: 647.

Jost, F., & Vicari, R. 1958. "Zu den Provokationsverfahren in der Meedizin: LSD als Provokationsmittel" (Apropos of the Provocation Processes in Medicine: LSD As A Provocation Agent). *Medizinsche Nr.* 8: 319.

Krippner, S. 1970. Letter. Drug deceptions. *Science* 168, 654−655.

Levine, J., & Ludwig, A. M. 1967. "The Hypnodelic Treatment Technique." In: H. A. Abramson (Ed.): *The Use of LSD in Psychotherapy and Alcoholism.* New York: The Bobbs-Merill Co. Inc.

Ludwig, A. M., Levine, J., & Stark, L. H. 1970. *LSD and Alcoholism: Clinical Study of Efficacy.* Springfield, IL: Charles C. Thomas.

Martin, A. J. 1957. "LSD Treatment of Chronic Psychoneurotic Patients Under Day-Hospital Conditions." *Internat. J. soc. Psychiat.* 3188.

McCririck, P. 1965. "The Importance of Fusion in Therapy and Maturation." Unpublished mimeographed paper.

Pahnke, W. A. 1970. "The Experimental Use of Psychedelic (LSD) Therapy." *J. Amer. Med. Assoc. (JAMA)* 212: 856.

Robinson, J. T. et al. 1963. "A Controlled Trial of Abreaction with LSD−25." *British J. Psychiat.* 109: 46.

Roquet, S. 1971. *Operación Mazateca: Estudio de hongos y otras plantas hallucinogenas Mexicanas, tratamiento psicoterapeutico psicosintesis (Mazatec Operation: Study of the Mushrooms and Other Mexican Hallucinogenic Plants, Psychotherapeutic Treatment Psychosynthesis)*. Mexico City: Associatión Albert Schweizer.

Rosen, D. 1975. "Suicide Survivors; A Follow-Up Study of Persons Who Survived Jumping from the Golden Gate and San Francisco-Oakland Bay Bridges." *West. J. Med.* 122: 289.

Sandison, R. A., Spencer, A. M., & Whitelaw, J. D. A. 1954. "The Therapeutic Value of LSD in Mental Illness." *J. Ment. Science* 1900: 491.

Stolaroff, M., Harman, W., & Hubbard, A. (1964). Psychedelic Salon 235. StolaroffOsmondHubbard 1964. by Hagerty, L., archive.org.

Stoll, W. A. 1947. "LSD-25: Ein Fantastikum aus der Mutterkorngruppe" (LSD-25: A Fantasticum from the Ergot Group). *Schweiz. Arch. Neurol. Psychiat.* 60: 279.

Turner, V. 1969. *The Ritual Process: Structure and Antistructure.* New York: PAJ Publications.

08

동시성:

카를 융의 비인과적 연결의 원리

　일상이라는 현실은 원인과 결과라는 논리적이고 예측 가능한 일들로 짜여진 복잡한 연결고리 같다. 하지만 많은 사람은 비논리적이고 예측 불가능한 서로 아무런 관련이 없어 보이는 일들로 이루어진 우연의 일치를 경험하며, 그 우연 속에서 특별한 의미를 발견하기도 한다. 이러한 유의미한 우연들은 홀로트로픽 의식 상태의 관점에서 볼 때 상당히 자주 일어나는 것으로 보이는데, 이것은 영적 성장 과정에서 매우 중요한 역할을 하기도 하며 마법, 광기, 우주 예술가적 기교와 같은 요소들을 일상의 현실로 가져오기도 한다.

　그러나 일련의 우연의 일치가 한편으로 삶에서 심각한 문제를 야기하여 위험을 초래하기도 한다. 예를 들어, 어떤 특별한 우연의 일치를 경험함으로써 모든 것에 감사하는 마음이 생기고, 가능성을 발견하고, 모든 것에 동기를 부여하여 자신이 매우 특별한 존재라고 느끼게 될 수도 있다. 하지만 자아가 필요 이상 팽창하게 되면 결국 비이성적 행동을 유발하기도 한다. 그래서 스스로를 선택받은 존재라 인식하여 세상을 위한 성직자, 예언가, 구원자, 영적 스승과 같은 지도자라 믿게 되고, 이러한 인식들로 결국 정신병원에 입원을 해야 하는 상황에 놓일 수도 있다. 또 한편으로는 어떤 우연의 내용이 불길하고 위험한 재앙을 예고하는 것처럼 보이기도 하여 사람들은 두려워지고 망상에 빠져 극단적으로 쉽게 판단하기도 한다.

　주류 정신의학계는 우연의 일치라는 개념을 인정하지 않으며, 이와 같이 주장하는 환자를 관계 망상에 시달리는 것으로 규정한다. 물질과학에 따르면, 이 우주는 고유의 의미가 존재하지 않고, 무작위적이고 환상이 없는 세상이므로 개인적으로 깊은 의미가 있다고 여겨지는 상황은 모두 사람들의 투사로 인해 만들어진 환영이라고 설명한다. 하지만 진보적이며, 어떤 일이 일어났는지 귀담아듣고, 사실관계를 파악하기를 바라는 사람이라면 그러한 우연한 상황들이 그저 환상일 뿐일 가능성은 천문학적으로 낮은 확률임을 인정해야만 한다.

　현실 속에서 선형적 인과관계[1]를 벗어나는 현상은 자주 일어난다. 그래서 우리가 속한 현실의 본질과 세계관에 대해 심각한 의문점이 제기되기도 한다. 질서 정연하고 예측 가능한 세상에서 살고 있다고 믿고 있는 사람들에게는 매우 불편할 수 있으며, 확신과 안전성에 도전하는 경험들은 그들에게 큰 두려움을 줄 수도 있다. 그러므로 유의미한 우연의 현상을 이해하는 것은 예측 불가능한 현실을 나아가기 위한 중요한 나침반이 될 수 있으며, 심현제 물질을 실험하거나 영적 응급 상황을 경험하는 심혼탐구자들에게도 반드시 필요한 것이라고 할 수 있다. 그러한 경험을 잘못된 사람들과 무차별적으로 공유하고 그 영향을 받는 행동은 정신과 진단 및 입원의 이유가 될 수도 있다.

합리적 이성으로 이해되지 않은 유의미한 우연의 일치에 관해 주류 학계에서 주목을 받았던 과학자는 스위스 정신분석학자인 카를 융Carl Jung이었다. 서구 과학 세계관의 초석이 근본적 결정론에 대한 확고하고 변하지 않은 믿음에 근거한다는 사실을 인지하였기 때문에, 융은 그의 연구를 대중에 발표하기 위해 충분한 자료를 확보했다고 판단하기까지 20년이 넘는 시간이 걸렸다. 그의 동료들로부터 강한 불신과 비판을 받을 것이라고 예상했었기 때문에, 융은 그의 이단적인 주장을 뒷받침하기 위해 수백 가지의 많은 사례를 준비하였다.

◀ 카를 융(1875~1961)은 스위스의
정신과 의사이자 심층심리학의 선구자이다.

---

1) 직선적인 인과관계, 즉 하나의 원인에 하나의 결과가 존재하는 것이다.

융은 역사에 남을 그의 실험을 「동시성: 비인과적 연결의 원리Synchronicity: An Acausal Connecting Principle」라는 논문으로 기고하였고, 마지막 에라노스 회의[2]가 열렸던 1951년에 발표하였다. 융이 주요 멤버로 참여하였던 에라노스 회의는 유럽과 미국의 사상가들이 모인 콘퍼런스였으며, 조셉 캠벨Joseph Campbell, 하인리히 짐머Heinrich Zimmer, 칼 케레니Karl Kerenyi, 에리히 노이만Erich Neumann, 올가 프뢰베 캅테인Olga Froebe-Kapteyn, 에르빈 슈뢰딩거Erwin Schrödinger, 볼프강 파울리Wolfgang Pauli, D. T. 스즈키Daisetz Teitaro Suzuki, 폴 틸리히Paul Tillich, 마리 루이제 폰 프란츠Marie-Louise von Franz, 루돌프 오토Rudolf Otto, 리처드 빌헬름Richard Wilhelm, 미르체아 엘리아데Mircea Eliade, 게르숌 숄렘Gershom Scholem을 비롯한 세계적으로 유명한 학자들이 함께하였다.

융은 일상에서 종종 발생하는 보기 드문 우연의 일치에 대한 예를 소개하며 그의 논문을 시작하였다(Jung, 1960). 융은 오스트리아 라마르크 생물학자 파울 캄머러Paul Kammerer에 주목했는데, 캄머러는 아서 쾨슬러Arthur Koestler의 『조산사 두꺼비의 사례The Case of the Midwife Toad』(Koestler, 1971)에서 비극적 삶이 대중화되었다는 사실을 인정하였고, 이러한 현상과 과학적 의미에 대해 연구한 초기 연구자이기도 했다. 그는 우연의 일치에 대해 연구하였는데 그것을 연속성seriality이라고 정의하였다. 그가 언급한 가장 주목할 만한 예 중 하나는 같은 날 같은 번호가 세 번 연속하여 나타난 일이었다. 그의 전차표는 그가 이후에 산 극장표와 같은 번호였으며, 그날 저녁 그가 물어본 전화번호도 그것과 같은 숫자였다.

캄머러는 이러한 현상에 깊은 관심을 보이게 되었다. 그는 많은 시간을 공원과 같은 여러 공공장소에 머물며 그곳을 지나가는 수많은 사람 중 몇 명이 우산, 모자, 개 등을 가지고 있는지 관찰하며 보냈다. 그는 『시리즈의 법칙Law of the Series』에서 우연의 일치에 관한 100개의 놀라운 일화를 소개하였다(Kammerer, 1919). 그의 전기 작가인 아서 쾨슬러는 캄머러의 『조산사 두꺼비의 사례』를 집필할 때, 마치 캄머러의 영혼이 그를 내려다보며 "내가 말했었지!"라고 웃으면서 말하는 듯 소나기가 쏟아지는 우연의 일치를 경험했다고 보고하였다(Koestler, 1971).

---

2) 1933년 이래로 스위스의 몬테베리타(Monte Verita), 콜레지오 파피오(Collegio Papio) 및 모시아(Moscia)에서 매년 자연과학, 인본주의 및 종교연구에 전념하는 지적 토론 그룹이다.

◀ 오스트리아의 생물학자 파울 캄머러(1880~1926)는
유기체는 그들 생애에서 획득한 형질이 다음 세대인
자손의 특성에 영향을 미칠 수 있다는 라마르크주의를
연구했다.

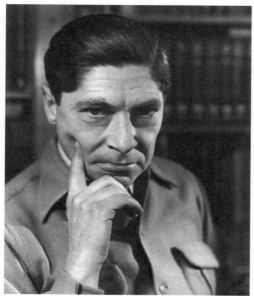

◀ 아서 쾨슬러(1905~1983)는 헝가리인/영국 언론인
겸 작가, 『조산사 두꺼비 사례』의 저자이다.

융은 역시 연속성에 대해 관심이 있었고, 자신의 사례로 동시성을 설명하였다. 어느
날 아침, 그는 반인반어半人半魚 그림이 새겨진 비문을 보았고, 같은 날 점심으로 생선을
먹게 되었고, 누군가 다른 사람에게 '4월의 물고기'라는 스위스 버전의 만우절 장난을 하

는 것을 목격하였다. 그리고 그날 오후에는 예전 환자가 그에게 물고기 그림을 그린 작품을 보여 주었고, 그날 저녁에는 바다 괴물들과 물고기들이 있는 자수刺繡를 보았다. 다음 날에는 한 환자가 그에게 큰 물고기가 나오는 꿈에 대해 이야기했다. 몇 개월 뒤 융이 이 특별한 연속성을 가진 일들에 대해 기록으로 남기고자 물고기에 대한 글을 쓰고 있었을 때의 일이다. 그는 산책하러 가던 중 호수 옆 둑 위에 놓여 있는 긴 물고기 한 마리를 보았다. 그곳을 여러 번 지나간 적이 있었지만, 물고기나 다른 사람을 본 적은 없었다. 융은 이런 현상이 통계적으로도 충분히 설명될 수 있다는 것을 인식하였지만, 여러 번 반복되는 이러한 현상은 자주 일어나는 일이 아니라고 강조하였다.

융은 논문에서 유명한 천문학자 카미유 플라마리옹Camille Flammarion이 프랑스 작가 에밀 데샹Émile Deschamps과 특별한 종류의 자두plum 푸딩에 대한 재미있는 일화를 이야기한 것을 동시성의 예로 설명하였다. 어렸을 때 데샹은 무슈 드 퐁지뷰Monsieur de Fontgibu 어르신으로부터 귀한 푸딩 한 조각을 받았다. 그 후 10년 동안 프랑스 레스토랑의 메뉴에서 같은 푸딩을 보기 전까지 데샹은 이 특별한 푸딩을 맛볼 기회가 없었다. 그는 예전에 맛보았던 푸딩을 종업원에게 주문하려고 했지만, 그 종업원은 이미 다른 손님이 마지막 남은 푸딩을 주문해서 메뉴가 마감되었다고 대답하였다. 그 종업원이 가리킨 곳에는 바로 무슈 드 퐁지뷰 어르신이 앉아 있었고, 디저트로 그 푸딩을 즐기고 있었다.

몇 년 후 데샹은 그 푸딩이 특별 디저트로 제공되는 파티에 초대되었다. 그가 푸딩을 먹는 동안 이 맛있는 푸딩을 처음 소개해 주고, 프랑스 레스토랑에서 이 푸딩을 놓쳐 버리게 했던 무슈 드 퐁지뷰 어르신이 이 자리에 없다는 사실에 허전함을 느꼈다. 그 순간 초인종이 울렸고, 한 노인이 매우 소란스럽게 들어왔다. 주소를 잘못 알고 실수로 파티장에 들어온 사람은 바로 무슈 드 퐁지뷰 어르신이었다.

이 특별한 우연의 일치는 세상을 물질주의 과학에 의해 발달된 것으로 이해하는 관점과 조화를 이루기 어렵다. 그리고 이런 일들이 우연히 일어날 가능성은 매우 희박하기 때문에 논리적으로 설명하며 심각하게 고려할 수도 없다. 그래서 이러한 사건들이 우주적 지성의 장난스러운 창조물이라고 상상하고 이해하는 것이 확실히 더 쉽게 느껴진다. 특히 해학적 요소를 포함하고 있는 경우에는 더욱 그러하다. 이런 종류의 우연의 일치는 그 자체로 매우 흥미롭지만 융의 작업은 이러한 도전적이고 변칙적인 현상에 또 다른 매력적인 차원을 더했다.

캄머러와 플라마리옹의 이야기는 믿을 수 없는 우연이 담겨 있었고, 자두 푸딩에 대한 사건은 확실히 해학적 요소가 부족하지는 않았다. 하지만 두 이야기 모두 현실 세계에서 일어난 일들을 담고 있다. 융의 연구는 도전적이고 이례적인 현상에 또 다른 놀라운 요소를 추가하였다. 그는 동시성의 수많은 예를 묘사하며, 현실 세계에서 일어난 다양한 사건으로부터 온 우연의 일치를 꿈과 비전 같은 정신적 경험과 깊이 있게 연결하였다. 그는 동시성을 "순간의 주관적 상태와 의미 있게 연결되는 하나 혹은 그 이상의 외부 사건으로부터 파생된 심령적 상태의 동시 발생"이라고 정의하였다.

이런 종류의 상황은 우리의 정신이 물질세계처럼 보이는 것과 재미있게 상호작용을 할 수 있다는 것을 보여 준다. 이와 같은 현상이 일어남으로써 우리는 주관적 현실과 객관적 현실 사이의 경계가 희미해진다. 이 현상에 대해 치열하게 연구하며 융은 양자–상대 물리학의 발전과 그들이 가리키는 급진적인 새로운 세계관에 대해 매우 깊은 관심을 가지게 되었다. 그는 처음에는 환자였고 나중에는 친한 동료가 된 양자 물리학의 창시자 중 한 사람인 볼프강 파울리와 많은 지적 교류를 가졌다.

파울리는 와일드 맨Wild Man, 베일을 쓴 여인Veiled Woman, 우로보로스Ouroboros,[3] 세계 시계World Clock,[4] 원적圓積문제Quadrature of the Circle,[5] 페르페투움 모빌레Perpetuum Mobile[6] 같은 중세 시대의 숫자와 전형적인 인물의 조합이 특징인 꿈을 융에게 가지고 왔다. 나중에 친구가 되었을 때 그들은 수학, 물리학, 심리학 사이의 관계에 대하여 다양한 문제를 탐구하였다. 아서 밀러Arthur Miller는 그의 저서에서 융과 파울리의 매우 특별한 관계, 특히 숫자 137에 매료되었던 일에 관한 기록을 남겼다(Miller, 2009). 파울리의 도움으로 융은 결정론적 사고에 대한 논쟁이나 과학적, 선형적 인과관계와 같은 현대 물리학의 혁명적 개념에 익숙해졌다.

동시성은 우주가 '근본적으로 비국소적radically nonlocal'일 수 있다는 가설을 증명할 수 있는 중요한 실험이기 때문에 양자–상대 물리학에서도 이론적으로 매우 중요하다. 양자 물리학에서 동시성 현상을 어떻게 받아들였는지에 대해 알아보기 위해서 이 분야의 역사를 간단히 살펴볼 가치가 있다. 양자 물리학의 발전을 시작한 알베르트 아인슈타인

---

3) 우로보로스(그리스어: ουροβόρος)는 '꼬리를 삼키는 자'라는 뜻이다. 고대의 상징으로 커다란 뱀 또는 용이 자신의 꼬리를 물고 삼키는 형상으로 원형을 이루고 있는 모습으로 주로 나타난다.

4) 세계 각지의 시각을 알 수 있는 시계이다.

5) '주어진 원과 등적(等積)의 정사각형을 만들라'라는 작도 불능 문제이다.

6) 음악 용어로 무궁동(無窮動) 혹은 모토 페르페투오(moto perpetuo)라고도 한다. 기악곡의 한 형식 또는 상동곡(常動曲)이라고도 한다. 32분음표, 16분음표, 8분음표와 같은 짧은 음표의 움직임이 처음부터 끝까지 쉬지 않고 연주되는 형식이다.

◀ 볼프강 파울리(1900~1958)는 오스트리아 출신으로 노벨상을 수상한 스위스와 미국 물리학자이자 양자 물리학의 선구자 중 한 명이다.

Albert Einstein은 일생 동안 자연에서 확률의 근본적인 역할에 대해 강하게 부정하였다. "신은 주사위 놀이를 하지 않는다."라는 유명한 명언을 남기기도 했다. 닐스 보어Niels Bohr의 양자 이론 해석이 틀렸다는 것을 증명하기 위해 아인슈타인은 나중에 아인슈타인-포돌스키-로젠Einstein-Podolsky-Rosen: EPR 실험으로 알려지게 된 사고 실험을 고안하였다. 아이러니하게도 수십 년 후 이 실험은 데카르트 철학 개념이 양자 이론과 양립할 수 없다는 것을 증명한 존 벨John Bell 가설의 기초가 되었다(Bell, 1966; Capra, 1975).

EPR 실험의 단순화된 버전에서 두 개의 전자가 반대 방향으로 회전하게 되므로 총 회전은 0이다. 이 두 전자는 육안으로 보일 때까지 떨어지게 되며, 각 회전은 두 명의 독립적인 관찰자에 의해 측정될 수 있다. 양자 이론은 총 회전수가 0인 두 입자의 시스템에서 모든 축에 대한 회전은 일정하게 반대가 될 것이라고 예측한다. 실제 측정 전에는 회전 경향에 대해서만 설명할 수 있으나, 일단 측정이 이루어지면 이 가설은 증명될 수 있다.

관찰자는 측정 축을 자유롭게 선택할 수 있으며, 이 선택과 동시에 수천 마일 떨어진 다른 입자의 축 역시 결정된다. 상대성 이론에 따르면 어떤 신호도 빛보다 빨리 이동할 수 없기 때문에 원칙적으로 이 조건은 불가능하다. 따라서 아인슈타인의 이론으로는 두 입자의 즉각적이며 비국소적인 인과관계를 설명할 수 없다. 이런 종류의 소통은 기존의 정보 전달 개념을 초월한다. 처음에 아인슈타인의 연구 결과는 양자 이론을 반박하기 위해 고안되었지만, 그 이후 많은 실험은 두 입자가 계속 연결되었다는 사실을 증명하였다. 벨의 원리는 물리학자들로 하여금 불편한 딜레마를 느끼게 한다. 그것은 세상이 근본적으로 비국소적이며 초자연적으로 연결되어 있거나, 객관적으로 현실적이지 않다는 것을 암시한다.

융은 1951년 에라노스Eranos에서 동시성에 대한 논문을 출간하였다. 그것은 볼프강 파울리의 논문과 같은 이슈에 대한 글이었다. 융의 동시성에 관한 연구와 파울리의 요하네스 케플러Johannes Kepler의 작업에서 태양 원형의 영향에 대한 연구는 같은 논문집으로 출판되었다. 파울리의 일생은 끊임없이 반복되는 동시성과 함께했다는 사실이 매우 흥미로운데, 그가 어떤 건물에 있을 때마다 기계들이 자주 고장 나는 현상이 발생하였다. 천문학자 조지 가모브George Gamow는 이 현상을 '파울리 효과Pauli effect'라고 불렀다. 볼프강 파울리가 제대로 작동하는 기계와 같은 공간에 있을 수 없다는 사실을 해학적으로 '2차 파울리 배제 원칙second Pauli exclusion principle'이라고 불렀다. 파울리 본인은 그의 이름을 딴 이 효과가 사실이라고 확신하였다. 그는 독일의 초심리학자인 한스 벤더Hans Bender와 이 현상에 대해 편지를 주고받았고, '파울리 효과'를 동시성 개념의 예로 보았다.

융은 자신의 관찰이 현실에 대한 새로운 이해라는 맥락에서 훨씬 더 타당해 보인다는 것을 알고 있었다. 융의 주장은 다름 아닌 알베르트 아인슈타인으로부터 지지를 받게 되었는데, 아인슈타인은 융이 동시성에 대한 연구를 계속하도록 개인적인 만남을 통해 격려하였다. 왜냐하면 그것은 물리학계의 새로운 발견과 완벽하게 호환되기 때문이다. 융의 동시성 논문 출판 이후, 이 개념은 과학에서 점점 더 중요해지고 있으며, 많은 기사와 책의 주제가 되어 왔다. 타로, 조개 껍데기점, 주역과 같은 분야에서 동시성의 존재는 난해한 점占, divination 시스템을 올바르게 이해하는 데 필수적이라고 볼 수 있다.

마리 루이제 폰 프란츠Marie-Louise von Franz가 『점술과 동시성: 의미 있는 가능성의 심리학On Divination and Synchronicity: The Psychology of Meaningful Chance』에서 "동시성 사고는 고대 중국에서부터의 고전적인 사고방식이었으며, 다른 어느 문명보다 더 발전되고 차별화되었다."(Franz, 2015)고 언급하였다. 이 사고는 선형적 인과관계를 지양하고 현장에서의 접근법을 지향한다. 그들의 질문은 왜 어떤 사건이 일어났는지, 어떤 원인으로 그 결과가 일어났는지에 대한 물음이 아니라, 같은 순간에 어떤 요소들이 어떤 의미 있는 방식으로 함께 일어나는지 탐구하는 과정이었다.

◀ 마리 루이제 폰 프란츠(1915~1998)는 스위스의
분석심리학자이자 융의 추종자이다.

중국 철학자들은 "동시에 어떤 일들이 일어날 때는 어떠한 경향이 있었는가?" 항상 질문하였다. 그래서 그들의 장field 개념의 중심은 특정 사건이 군집으로 모이는 순간에 있다. 중국식 사고방식에서 물리적 과정이 심리적 사건을 일어나게 했는지, 또는 심리적 과정이 물리적 세계에서 어떤 사건을 일으켰는지는 중요하지 않다. 무엇이 함께 일어나는지는 내적, 외적 사실 두 측면의 관점에서 생각해 볼 필요가 있다. 동시성 사고방식을 위해서 신체적, 정신적이라는 현실의 두 영역을 관찰하고, 특정 생각이나 꿈을 꾸는 순간에 신체적, 심리적 사건들이 일어나고 있다는 사실을 인지하는 것이 중요하다. 이 복잡한 사건들을 관찰하기 위해 일관되고도 중요한 사실은 시간의 특정한 순간이다.

동시성의 개념은 선형적 인과성 원칙에 의해 상호작용을 하는 대상들의 집합으로 이루어진 물질적 세계관을 가지고 있다. 우주는 원인과 결과의 사슬로 이루어진 무한의 복잡한 체계로 묘사된다. 신비적 참여participation mystique라는 모든 것이 서로 연결되어 있는 원시 세계관에서 동시성의 개념은 보편적 원칙으로 간주된다. 자연계 전체는 여러 가지 사인과 상징으로 가득하며 다양한 의미가 내포되어 있기 때문에 동시성 현상을 별도의 분리된 개념이라 볼 수 없다.

그 우주를 설명하기 위해 고대 인류는 공감, 조화, 일치 같은 단어들을 사용하였다. 기원전 4세기 에페수스의 고대 그리스 철학자 헤라클레이토스Heraclitus[7]는 모든 것은 서로 관련되어 있다고 보았다. 유사하게도 전설적인 그리스 의사 히포크라테스Hippocrates[8]는 이렇게 말했다. "하나의 큰 흐름은 한 호흡을 하고 있다. 모든 것은 공명하고 있다." 신플라톤파 철학의 창시자이자 『엔네아데스Enneads』[9]의 저자인 로마 철학자 플로티노스Plotinus는 "별들은 하늘의 모든 순간에 자신을 새기는 글자와 같다. 세상 모든 것은 표식으로 가득 차 있다. 모든 사건은 조화롭게 움직인다. 만물은 서로 의존한다. 모든 것은 함께 호흡한다."고 했다. 이 예시들은 분리됨이 허구라는 것을 보여 주는 전형적인 증표이다 (Plotinus, 1950).

원시, 고대, 고전 및 중세 세계관은 더 높은 힘의 형태로 선형적 인과관계에 대한 주요 대안이 존재한다고 가정하였다. 19세기 독일 철학자 빌헬름 고트프리트 라이프니츠Wilhelm Gottfried Leibniz[10] 관점에서도 인과관계는 유일하거나 주된 관점이 아니었다. 우리는 선형적 인과관계에 대한 대안으로 영화 제작과 영화 시청 과정을 설명할 수 있다. 우리가 관찰하는 인과관계는 사실인 것처럼 보이나 실제로 스토리를 전달하는 방법일 뿐이다. 영화 제작자는 장면과 이미지의 순서를 우리가 인지적으로 연결된 것처럼 인식하도록 배열한다.

힌두교도들은 우주를 릴라lila, 즉 신성이 우주적 의식cosmic consciousness으로 창조한 작품이라고 이해하면서 물질세계에도 같은 논리를 적용하였다. 초기 시대의 모든 마법적이고 예언하는 절차는 세상에 대한 비슷한 이해에 기초하였다. 물리 과학의 발달과 함께 이러한 이론들은 완전히 묻혔고, 초기 시대의 마법적인 세계 역시 사라졌다. 그것은 물질적 과학의 초석이 된 선형적 인과관계로 대체되었다.

동시성 기반의 사고방식은 고고학의 정확한 이해를 위해 필수적이다. 융은 그의 논문에서 물질계와 인간의 심혼이 관련된 우주의 다중 동시적 상호 연결을 증명하기 위해 점성학을 활용하였다. 그는 말년에 환자들을 만나기 전에 환자의 천궁도를 살펴보려 했다.

---

7) 고대 그리스의 이른바 전소크라테스 철학자이다(위키백과).

8) 의학의 아버지. 인체를 전체, 즉 하나의 유기체로 간주했다. 그의 의술은 인체의 부분들을 포괄적 개념 속에서 이해하여 분할된 각 부분이 전체적인 구조 안에서 파악되어야 함을 보여 준 연구들의 결과였다.

9) 플로티노스가 남긴 54개의 논문을 제자 포르피리오스가 정리한 것. 엔네아데스란 9를 의미하는 그리스어 엔네아스의 복수(複數)이다.

10) 독일의 수학자이자 사상가. 영국의 뉴턴과 더불어 독자적으로 미적분에 관한 근본 원리를 발견하였다.

특히 그의 딸 그레 바우먼-융Gret Baumann-Jung은 아버지를 위해 환자들의 천궁도를 모아서 점성학을 연구하였고, 1974년 취리히의 심리학 모임에서 아버지의 천궁도가 실린 논문을 발표하였다. 인생이 끝날 무렵까지 융은 동시성이 세상 만물의 이치에 중요한 역할을 한다는 것을 강하게 확신하게 되었고, 그는 동시성을 일상생활의 중요 원칙으로 여겼다.

융의 인생에서 가장 유명했던 동시성에 관한 사례는 그의 환자 중 한 사람의 치료 과정 중에 일어났던 사건이다. 이 환자는 융의 해석과 자아초월의 실제 개념을 기반으로 하는 심리치료에 대해 매우 부정적이었다. 황금 풍뎅이가 나타난 그녀의 꿈 한 가지를 분석하는 동안 치료가 큰 난관에 봉착했을 때, 융은 창유리에 무언가 부딪히는 소리를 들었다. 그는 무슨 일이 일어났는지 확인하러 갔다. 그리고 창문에서 안으로 들어오려고 했던 반짝이는 장미 풍뎅이과 곤충 세토니아 아우라타를 발견하였다. 그것은 매우 희귀한 표본이었고, 그 지역에서 찾을 수 있는 황금 풍뎅이와 가장 유사한 종이었다. 그런 일은 융에게 이전이나 이후에 일어난 적이 없었다. 그는 창문을 열고 딱정벌레를 안으로 들여와서 그의 환자에게 보여 주었다. 이 특별한 동시성은 그 환자의 치료에서 중요한 전환점이 되었다.

▲ 융의 동시성 이야기에 나오는 '스카라브scarab', 세토니아 아우라타Cetonia aureata

동시성에 대한 연구는 융의 생각과 그의 작업, 특히 원형에 대한 이해, 원시 통치primordial governing, 집단무의식의 조직 원리에 대한 이해를 발전시킨 논문에 깊은 영향을 미쳤다. 인간의 정신에 미치는 원형의 연구를 통해 융은 심리학에 많은 공헌을 했다. 융은 대부분의 연구 경력 동안 주관적인 것과 객관적인 것, 내면과 외면을 엄격하게 구분하는 서구 과학의 근본인 데카르트-칸트의 사상에 큰 영향을 받았다. 그 철학에 따라 융은 처음에 원형을 자아초월로 분류하였지만, 이후 근본적으로 생물학적 본능과 비슷한 심혼 내면의 원칙으로 보았다. 그는 원형의 기본 모체들이 뇌로 연결되어 있고, 세대에서 세대로 전해진다고 추정하였다.

융은 동시성 사건들을 경험하면서 원형이 심혼계와 물질계를 초월하여 심혼과 물질에 정보를 주는 독립적인 의미의 패턴이라는 것을 깨닫게 되었다. 융은 원형이 내면과 외면 사이의 다리 역할을 한다고 믿었으며, 물질과 의식 사이에 존재하는 중간 지대에 대해 제안하기도 했다. 이 때문에 융은 원형을 생기론의 창시자인 한스 드리슈Hans Driesch가 정의한 사이코이드psychoid[11]의 특성이라고 부르기 시작하였다(Driesch, 1914). 스테판 호엘러Stephan Hoeller는 시적 언어를 통해 융의 원형에 대한 완전한 해석을 간단히 설명하였다. "문턱 사이에 있는 기이한 존재인 원형이 동시성 현상에서 나타날 때 완전히 기적적이지 않더라도 정말 훌륭하다. 동시에 정신적psychical이며 물질적이 될 수 있고, 마치 두 얼굴의 신 야누스와 비유될 수 있다. 원형의 두 면은 공통된 의미로 결합되어 있다"(Holler, 1982).

정신과 의사들은 종종 그들의 환자들로부터 완벽한 우연의 일치에 대해 듣지만, 이러한 동시성의 놀라운 현상은 주류 심리학이나 정신의학 학계에서 인정받지 못하고 있다. 믿을 수 없는 우연에 대한 사례들은 망상이라는 인식과 판단의 병적 왜곡으로 무시된다. 하지만 불편한 진실을 감당할 수 있는 누구든지 이러한 확률이 천문학적으로 낮다는 것을 인정해야만 한다.

나는 60년 동안 의식 연구를 진행해 왔고, 특히 심현제 치료를 받거나 특별한 영적 응급spiritual emergencies의 경험을 하는 환자들과 홀로트로픽 숨치료Holotropic Breathwork를 경험

---

11) 정신은 의식과 무의식이 결합된 영토를 '엄밀히' 함께 포괄하는 것도 아니며, 자아의 범위에 '꼭 맞게' 한정되는 것도 아니다. 정신과 육체가 함께 모이고 영혼과 세계가 만나는 바로 그 가장자리에, '내부/외부'의 경계선적 음영이 드리워져 있다. 이 회색 지대를 융은 사이코이드라 부른다. 이 영역은 정신처럼 행동하지만, 오로지 정신적인 것은 아니다. 그래서 사이코이드라 한다. 예를 들어, 이 회색 지대에 심신의 수수께끼가 놓여 있는 것이다[『융의 영혼의 지도(Jung's Map of Soul)』, 머리 스타인(Murray W. Stein), 저, 2015].

하였고, 프로그램의 참가자들의 기이한 동시성을 관찰할 수 있었다. 또한 나는 동료 연구원들과 치료사들로부터 동시성에 대한 많은 이야기를 들었고, 개인적으로 수백 번 경험하였다. 나는 몇 가지 실제 사례를 통해 동시성에 대한 논의를 더하고자 한다. 관심 있는 독자들은 『불가능이 일어날 때When the Impossible Happens』[12]에서 동시성의 더 많은 사례를 찾을 수 있다(Grof, 2006).

이 사례들 중 첫 번째는 유명한 신화학자이자 내 말년의 친구이며 스승이었던 조셉 캠벨Joseph Cambell[13]의 이야기이다. 이 이야기는 일어날 확률이 희박한 시간과 장소에서 곤충이 나타났다는 점에서 융이 황금 풍뎅이를 발견한 것과 유사한 사건이다. 캘리포니아주 에살렌 연구소의 한 워크숍에서 조셉 캠벨은 그가 가장 좋아하는 주제인 융에 대해서 그리고 신화와 심리학의 이해에 기여한 그의 연구에 대해서 강연하였다. 이 강의에서 그는 동시성 현상을 잠깐 언급하였다. 이 용어에 익숙하지 않은 참가자 중 한 명은 도중에 동시성이 무엇인지 설명해 달라고 부탁하였다.

이 개념에 대한 융의 짧고 일반적인 정의에 대해 설명한 후, 청중에게 그의 삶에서 일어난 놀라운 동시성 경험을 공유하기로 마음먹었다. 노년에 하와이로 이주하기 전, 조Joe와 그의 아내 장 어드만Jean Erdman은 뉴욕시의 그리니치 마을에서 살았다. 그 부부의 아파트는 웨벌리 플레이스와 6번가에 있는 고층 건물 14층에 있었다. 그 집에는 두 쌍의 창문이 있었는데, 한 쌍은 허드슨강을 향하고 다른 하나는 6번가를 향하고 있었다. 강을 향한 창문들은 아름다운 강을 볼 수 있게 해 주었기 때문에 날씨가 좋을 때는 항상 열려 있었다. 다른 쪽 창문들은 좋은 전망이 아니었기 때문에 거의 열지 않았다. 조에 따르면, 40년 동안 청소할 때를 제외하고 이 창문을 두세 번도 열지 않았을지도 모른다.

그러던 1980년대 초 어느 날, 조는 세계 무속 신화에 대한 백과사전인 『애니멀 파워의 길The Way of the Animal Powers』이라는 그의 대표작 집필에 몰두하고 있었다(Campbell, 1984). 그때 그는 칼라하리 사막에서 거주하는 부족인 아프리카인 쿵 부시맨!Kung Bushmen에 대한 장(chapter)을 쓰고 있었다. 부시맨 신화의 신들 중 가장 중요한 존재는 사기꾼Trickster과 창조의 신 특성을 결합한 사마귀Mantis이다.

조는 그 주제에 관한 기사, 책, 그림들에 둘러싸여 깊이 연구에 몰두하였다. 그는 특히 로렌스 반 데르 포스트Laurens van der Post가 태어난 순간부터 자신을 돌봤던 혼혈 부시맨 보

---

12) 우리나라에서는 『환각과 우연을 넘어서』(유기천 역, 정신세계사)라는 제목으로 출간되었다.
13) 비교신화학에 관한 저서를 통해 다양한 인류 문화 속에서 신화가 갖는 보편적인 기능을 검토하는 한편, 광범위한 문학작품 속에 나타난 신화적 인물을 연구했다.

모 클라라에 대해 쓴 이야기에 감명을 받았다. 반 데르 포스트는 어린 시절 보모 클라라가 기도하는 사마귀Praying Mantis와 대화를 주고받았던 생생한 기억을 가지고 있었다. 클라라가 사마귀에게 특정한 질문을 던지면 다리와 몸의 움직임을 이용해 답변하는 것처럼 보였던 것이었다.

이런 이야기에 대해 글을 쓰고 있던 어느 날, 조는 6번가 맞은편 창문 중 하나를 열고 싶은 것을 억제할 수 없었고 완전히 비이성적인 강한 충동을 느꼈다. 그쪽은 항상 닫혀 있는 전망이 지루한 창문들이었다. 창문을 연 후, 그는 자신의 행동에 대한 이유도 모른 채 무의식적으로 오른쪽을 쳐다보았다. 그 순간 매우 큰 몸집의 사마귀가 맨해튼 아래쪽에서 14층 고층 건물로 천천히 기어오르고 있는 것을 보았다. 물론 맨해튼에서 사마귀를 마주치게 될 것이라고는 결코 기대하지 않았을 것이다. 조에 따르면 사마귀가 그에게 고개를 돌려 의미심장한 표정으로 그를 바라보았다고 한다.

이 만남은 단 몇 초 동안 일어난 일이었지만, 조에게 있어 기묘한 경험이었고 강한 인상을 남겼다. 그는 로렌스 반 데르 포스트의 이야기에서 몇 분 전에 읽은 내용을 확인할 수 있었다고 했다. 이 사마귀의 안면은 사람의 얼굴과 비슷한 부분이 있었다. 하트 모양의 뾰족한 턱, 높은 광대뼈, 노란 피부는 이 사마귀가 부시맨 얼굴처럼 보이게 했다. 맨해튼 한복판에 나타난 사마귀는 그 자체로 아주 드문 일이다. 그러나 사마귀가 등장했을 때 조가 칼라하리 부시맨의 신화에 대해 집중적으로 몰입되었던 상황과 그가 평소에 절대 열지 않았던 창문을 설명할 수 없도록 비이성적인 충동에 이끌려 열었던 순간을 고려한다면 이 사건이 일어날 통계적 확률은 천문학적으로 불가능에 가깝다. 이 상황에서 부시맨이 사마귀를 우주적 책략가로 여긴다는 사실은 매우 설득력 있어 보인다. 거의 종교에 가까운 열망을 가지고 자신의 세계관에 확고한 믿음을 지닌 보수 물질주의자들만이 이런 일이 순전히 우연에 의해 일어났을 수도 있다고 믿을 것이다.

다음 이야기의 사건들은 크리스티나Christina가 에살렌 연구소[14]에서 진행된 세미나에 한 달 동안 참석했을 때 특별한 영적 응급 체험을 경험하던 중에 일어났다. 그녀의 자발적 경험은 매우 강렬하였고 개인무의식과 집단무의식의 다양한 수준이 복합적으로 결합된 풍부한 체험이었다. 어느 날 그녀는 백조와 관련된 특별히 강렬하고 중요한 비전을

---

14) 에살렌 연구소는 "개인과 사회의 변형"이라는 비전으로부터 1962년 1월에 설립하였고, 미국 서부의 인간 잠재력 개발운동의 본산이다. 조지 레너드(George Leonard) 대표는 "세계란 지금 있는 방식대로 존재해야 할 필요는 없다."고 했다.

▲ 하와이 호놀룰루에서 열린 세미나에서 장 어드만, 조셉 캠벨과 함께한 크리스티나와 스타니슬라프 그로프

◀ 조셉 캠벨의 동시성 이야기에 나오는 사마귀

보았다. 다음 날 우리는 유명한 인류학자이자 소중한 친구인 마이클 하너Michael Harner 교수를 집으로 초대하였다. 그는 '비전 인류학자들'이라고 종종 불렸던 모임에 속해 있었는데, 주류 인류학자들과 달리 그들이 연구하는 문화적 의식儀式에 적극적으로 참여하였다. 페요테peyote, 마술버섯magic mushrooms, 아야와스카ayahuasca, 흰독말풀datura, 트랜스 댄스

trance dance 이외에도 다른 여러 비약학적이고 신성한 방법으로 의식意識을 확장하는 요소들이 포함되어 있었다.

마이클에게 있어 샤먼들과 그들의 놀라운 내면세계에 대한 연구는 1960년에 시작되었다. 미국 자연사 박물관이 그를 우카얄리Ucayali강 지역의 코니보 인디언 원주민의 문화 연구를 위해 1년 동안 페루 아마존강을 탐험하도록 초청했을 때였다. 그의 정보 제공자들은 그가 정말 경험하기를 원한다면, 샤먼의 신성한 주스를 마셔야 한다고 말했다. 그들의 조언에 따라 그는 원주민들이 '포도나무의 영혼' 또는 '작은 죽음'이라고 불렀던 열대 밀림의 칡의 일종인 바니스테리오포시스 카피Banisteriopsis caapi와 카와 식물cawa plant을 달인 음료인 아야와스카를 마셨다. 그는 평소에는 볼 수 없었던 존재의 차원을 통해 놀라운 비전을 보았는데, 자신의 죽음을 경험하였고 현실의 본질에 대한 특별한 통찰과 계시를 얻었다.

나중에 마이클은 자신이 본 모든 것이 어떤 코니보Conibo 원로이자 숙련된 샤먼에게는 매우 익숙한 것임을 알게 되었고, 그 경험이 요한계시록의 특정 구절과 유사하다는 사실을 알게 되었을 때, 드러나지 않은 미지의 세계가 있다는 점을 확신하게 되었다. 그리고 그는 샤머니즘에 대해 가능한 모든 것을 배우기로 결심하였다. 3년 뒤 마이클은 1956년과 1957년에 함께 생활하며 연구했던 에콰도르 사냥 부족인 히바로족을 연구하기 위해 남미로 돌아왔다. 그곳에서 그는 또 다른 중요한 첫 경험을 하였는데, 그것은 샤머니즘 연구의 근간이 되는 것이었다. 유명한 히바로족 샤먼인 아카추와 그의 사위는 그를 아마존 정글 깊은 곳에 있는 성스러운 폭포로 데리고 가서 강력한 정신작용을 하는 흰독말풀의 브루그만시아Brugmansia종의 주스인 마이쿠아maikua를 마시게 했다.

이런 경험들로 인해 매우 훌륭한 학문적 배경을 가진 인류학자 마이클은 뛰어난 샤머니즘 전문가이자 스승이 되었다. 또한 그는 그의 아내 산드라와 함께 관심 있는 학생들에게 샤머니즘을 전수하고 대중을 위해 샤머니즘 워크숍을 개최하는 기관인 샤머니즘 연구재단을 시작하였다. 마이클은 『샤머니즘의 길The way of the shaman』을 썼는데, 전 세계의 다양한 샤머니즘 기법을 수록하였고, 실험적 워크숍과 서양인들을 위한 샤머니즘 수련에 이 책을 활용하였다(Harner, 1980).

한 달 동안 에살렌 워크숍에서 마이클은 미국 북서부 살리시Salish족의 스피릿 카누Spirit Canoe라는 기법을 통해 우리를 치유 여행으로 인도하였다. 그는 드럼을 치면서 회기를 시작하였고, 참가자들이 특정 동물과 동일하다고 느낄 때까지 계속 움직이고 춤추게 했다. 그리 오랜 시간이 걸리지 않아 사람들은 웅크리고 네 발로 기어 다니고 뛰어다니며 벽을 타고 땅을 파고 할퀴고 수영하고 나르는 동작을 했다. 에살렌 저택의 큰 방에서는

◀ 마이클 하너(1929~2018)는 유명한 미국 인류학자이자 실제 샤먼이다.

동물들과 새들의 다양한 소리로 가득 찼다.

　모든 사람이 특정한 동물과 연결되었을 때, 마이클은 집단 구성원들에게 가상의 '스피릿 카누'를 불러올 수 있도록 바닥에 방추형으로 길게 앉으라고 요청하였다. 그리고 그는 힐링이 필요한 사람이 있는지 물었는데, 크리스티나가 자원하였다. 마이클은 북을 들고 '보트'에 올라타 크리스티나에게 같이 가자고 손짓하고 바닥에 누우라고 말하였다. 힐링의 항해가 모두 준비되자 마이클은 우리에게 크리스티나의 영혼의 동물을 되찾기 위해 카누를 타고 지하세계로 가는 여행을 함께하는 동물 선원이 된 것으로 상상해 보라고 부탁하였다. 이 가상의 여행을 위해 마이클이 선택한 구체적인 목적지는 따뜻한 물로 채워진 서로 연결된 지하 동굴 시스템인데, 캘리포니아주 대부분 지역에 뻗어 있다고 알려진 곳이었다. 에살렌 온천의 근원지였기 때문에 쉽게 그 입구를 찾을 수 있었다.

　스피릿 보트의 선장으로서 마이클은 그의 북 박자가 노 젓는 속도를 의미한다고 설명하였다. 여행 중 그는 영혼의 동물들을 찾고는 했다. 특정한 힘을 지닌 동물들이 세 번 나타났을 때, 이것이 찾고 있던 동물을 발견하였다는 표시인 것이다. 그때 그는 그 동물을 사로잡고 급히 돌아오라는 북을 재빨리 쳐서 선원들에게 신호를 보냈다. 우리는 전에 마이클과 함께 살리시족 스피릿 카누를 몇 번 해 보았는데, 어린이 연극에는 적합할지 몰라도 성숙한 어른들에게는 유치하게 느껴지는 순수한 장난처럼 보였기 때문에 우리가 처음 경험했을 때는 큰 기대를 하지 않았다.

하지만 가장 먼저 일어난 일은 우리의 마음을 바꾸게 했다. 그 그룹에서 다른 구성원 전체를 적대시했던 젊은 여성이 있었다. 그녀는 과거에 자신이 속해 있었던 거의 모든 그룹에서 같은 일들이 일어났기 때문에 매우 불행하였다. 상상의 보트가 '지하세계'를 여행하고 있을 때, 마이클이 그녀의 영혼의 동물을 발견하고 잡았음을 알리는 신호를 보내는 바로 그 순간 매우 폭력적인 반응을 보였다. 마이클이 빠른 속도로 북을 치며 되돌아오라는 신호를 보냈을 때, 그녀는 갑자기 일어나 토하기 시작하며 여러 번 경련 에피소드를 보였다.

토하고 있을 때, 그녀는 치마 앞부분을 들어 올려 입에서 나오는 것을 막으려고 했고, 치마는 구토로 온통 뒤덮였다. 25분도 채 안 되는 이 사건은 그녀에게 깊은 영향을 끼쳤다. 그녀의 행동 변화는 너무나도 극적이어서 한 달 동안의 워크숍이 끝나기 전에, 그녀는 그룹에서 가장 사랑받고 인기 있는 사람 중 한 명이 되었다. 이 사건과 이후 일어난 비슷한 사건들을 경험하면서 우리는 진지하게 이 과정에 임하게 되었다.

마이클은 북을 치기 시작하였고, 지하세계로의 여정을 시작하였다. 모두 노를 젓고 각자가 정한 동물의 소리를 냈다. 크리스티나는 온몸을 뒤흔드는 심한 경련을 일으켰다. 강한 에너지와 떨림인 크리야kriyas를 느끼는 것이 일반적인 쿤달리니 자각을 경험하고 있는 것이기 때문에 그 자체는 특이한 상황이 아니었다. 10분 후, 마이클은 북의 템포를 매우 빠르게 하여 그가 크리스티나의 영혼의 동물을 찾았다고 우리에게 알렸다. 모두가 중간세계Middle World로 빠르게 돌아가는 것을 상상하며 빠른 리듬으로 노를 젓기 시작하였다. 마이클은 여행이 끝났음을 알리며 북소리를 멈췄다.

그는 북을 내려놓고 크리스티나의 흉골에 입을 대고 그가 지탱할 수 있는 모든 힘을 불어 큰 소리를 냈다. 그리고 그는 그녀의 귀에 속삭였다. "당신의 영혼의 동물은 백조입니다." 그 후 그는 그녀에게 백조 에너지를 드러내며 집단 앞에서 춤을 추라고 부탁하였다. 여기서 주목할 점은 마이클이 크리스티나의 내적 과정에 대한 배경 정보를 몰랐고, 이 새가 그 전날 경험에서 중요하게 작용했다는 사실 역시 인지하지 못했다는 점이다. 그는 이 백조가 크리스티나를 위해 매우 중요한 개인적 상징이었다는 것을 알지 못했다. 그녀는 스와미 묵타난다Swami Muktananda의 열렬한 신봉자였고, 백조가 중요한 브라마의 상징인 싯다 요가Siddha Yoga[15]의 학생이었다.

---

15) 스와미 묵타난다(1908~1982)에 의해 만들어진 영적 수행 전통이다.

다음 날 아침에도 이야기는 계속되었다. 크리스티나와 나는 우편물을 가지러 1번 고속도로에 있는 우편함으로 걸어가고 있었다. 크리스티나는 몇 달 전 워크숍에 참석했던 사람으로부터 편지를 받았다. 편지에는 크리스티나의 정신적 스승 스와미 묵타난다의 사진이 있었는데, 그 사람은 그녀가 이 사진을 갖고 싶어 할 것이라고 생각했던 것 같다. 스와미 묵타난다는 백조처럼 생긴 큰 화분이 근처에 있는 정원에서 그네에 앉아 장난스러운 표정으로 왼쪽 집게손가락으로 백조를 가리키고 있었고, 오른쪽 엄지손가락과 집게손가락을 합쳐 매우 놀랍다는 손동작을 하고 있었다. 마이클이 그녀의 영혼의 동물power amimal로 선택한 백조와 묵타난다의 사진은 크리스티나의 내적 경험과는 인과관계가 없었지만, 융에 의해 정의된 '비인과적 연결의 원리'이자 동시성의 기준을 충족하는 의미 있는 심리학적 패턴을 명확히 보여 준다.

더 놀라운 사건은 훈련 프로그램 중 일어났다. 캘리포니아주 샌프란시스코 북부 힐즈버그Healdsberg 근교의 포켓 랜치Pocket Ranch라는 아름다운 휴양지에서 일어난 일이었다. 이 센터는 사슴, 토끼, 방울뱀, 너구리, 스컹크 그리고 다양한 종류의 야생 동물들로 가득한 자연환경의 산맥에 위치해 있었다. 참가자 중 한 명이 다양한 샤머니즘 주제를 담은 아주 강렬하고 의미가 있는 회기를 경험하였다. 중요한 부분은 그녀와 뿔 달린 부엉이의 만남이었다. 그녀는 그 부엉이가 자기 자신의 영혼의 동물이 되었다고 느꼈다.

회기가 끝난 후, 그녀는 숲으로 산책을 갔고 큰 뿔 달린 부엉이의 뼈들과 깃털들을 가지고 돌아왔다. 이틀 후, 그녀가 훈련을 마치고 집으로 돌아가기 위해 운전하고 있었을 때 도로 옆 도랑에서 무언가가 움직이는 것 같았다. 차를 멈추고 보니 큰 뿔 달린 부엉이가 다친 상태로 길 옆에 있는 것을 발견하였다. 그녀는 부엉이를 태우고 집으로 갔고, 완쾌될 때까지 돌보았다. 그녀의 이러한 일련의 경험들은 확실히 특별한 동시성이라고 볼 수 있다.

앞서 언급한 바와 같이, 융은 동시성을 전적으로 신뢰하고 있었기 때문에 그의 인생의 중요한 가이드라인으로 활용하고 있었다. 나 역시 지난 몇 년 동안 내 인생에서 동시성을 활용하는 것을 배웠지만, 더욱 신중하게 냉철한 지적 판단력을 통해 그것의 강렬한 효과를 조절하고 있었다. 나는 홀로트로픽 의식 상태에 있을 때는 동시성의 영향력하에 행동하지 않는 것이 중요하다는 것을 알았고, 친구, 수련생, 환자들에게도 똑같이 조언하였다. 『불가능이 일어날 때』 중 "신들의 무지개 다리: 북유럽 영웅들의 영역"에서 나는 동시성과 원형 경험을 얼마나 힘들게 배웠는지를 기록하였다(Grof, 2006).

내가 플로리다 인류학자 조안 할리팩스Joan Halifax와 만나기 시작하고 아이슬란드에서

▲ 조안 할리팩스와 스타니슬라프 그로프는 1972년 아이슬란드 비프로스트에서 그들의 바이킹 결혼식을 축하했다.

결혼식을 하게 될 때까지 우리의 결합은 신의 은총이라고 느껴질 만큼 특별한 동시성으로 가득하였다. 결혼식은 1차 국제 자아초월 콘퍼런스에서 74명의 열정적인 참가자가 흥분하며 지켜보는 가운데 진행되었다. 유명한 철학자이자 종교학자이며 『세계의 종교 The World's Religions』의 저자인 휴스턴 스미스Huston Smith도 참석해 주었다(Smith, 1991). 조셉 캠벨과 아이슬란드 신화학자 에이나 팔손Einar Pálsson은 우리를 위해 아이슬란드에서 기독교인들이 도래한 후 행해지지 않았던 고대 바이킹 의례를 다시 거행해 주었다.

이 결혼 의식의 중심적 원형 상징은 바이킹들이 하늘의 아버지와 땅의 어머니의 결합으로 보았던 무지개였다. 북극권 너머의 6월, 경이로운 백야의 시간이었고, 결혼 의례 전 만찬에서 화려한 쌍무지개가 세 번 나타났다 사라졌다. 또한 우리는 결혼식 장소의 이름인 비프로스트Bifrost가 신의 무지개 다리를 의미한다는 것을 알게 되었다. 하지만 실망스럽게도 저자 아서 쾨슬러의 표현을 빌려 '동시성의 별똥별'이라고 예견된 영광스러운 결혼은 결국 실현되지 않았다. 힘든 난관들로 가득했던 3년 간의 결혼 생활이 지나고 우리는 성격이 너무 다르다는 결론을 내리고 이혼하기로 결정하였다.

한편으로는 매우 긍정적인 결과를 가져온 주목할 만한 동시성이 있었고, 국제 자아초월 콘퍼런스와도 연결되어 있었다. 나는 현대 과학과 세계의 영적 전통, 그리고 서양의 실용주의와 고대의 지혜 사이의 격차를 해소하기 위한 단체인 국제자아초월학회ITA를 설립하였다. ITA의 궁극적인 목표는 상호 이해와 협력의 글로벌 네트워크를 구축하는 것이기 때문에 우리는 국제 콘퍼런스에서 철의 장막을 넘어 거주하는 참가자들을 너무 만나고 싶었지만, 당시 그들은 해외 여행을 할 수 없었고, 재정적인 상태로 열악하였다.

러시아의 상황이 달라지고, 미하일 고르바초프Mikhail Gorbachev가 '투명성glasnost'과 '페레스트로이카perestroika'[16]를 선언했을 때, 차기 국제자아초월학회ITA 콘퍼런스가 러시아에서 개최될 가능성이 매우 높아졌다. 크리스티나와 내가 러시아 보건부의 공식 게스트로 모스크바에서 홀로트로픽 숨치료 워크숍을 진행하기 위해 초청받았을 때, 우리는 러시아 개최의 타당성 여부를 확인하는 시간을 가졌다. 그러나 우리의 노력에도 불구하고 정말 열심히 노력했지만 실패로 돌아갔다. 상황은 너무 불안전하고 변덕스러워서 모험을할 수 없었다. 러시아에서 콘퍼런스를 개최하는 일은 마치 깨진 유리 조각 위를 안전하게 걸으려는 것과 같았다.

그러던 1989년 11월 훈련 중 나는 크리스티나로부터 전화를 받았다. 그녀는 나의 조국에서 무슨 일이 일어나고 있는지 알고 있느냐고 물었다. 우리의 훈련은 매우 수준이 높았으며, 하루에 세 번 회기를 진행하였기 때문에 그 과정에 깊이 빠져 있었고, 우리 중누구도 TV를 보거나 뉴스를 챙겨볼 시간이나 관심이 없었다. 크리스티나는 내게 프라하벨벳 혁명[17]이 일어났고, 체코슬로바키아 공산 정권이 붕괴될 가능성이 매우 높다고 말했다. 이는 내가 태어난 프라하에서 다음 국제자아초월학회ITA 콘퍼런스가 열릴 수 있다는 것을 의미하였다.

몇 주 후 체코슬로바키아는 자유 국가가 되었고, 국제자아초월학회ITA 이사회는 체코슬로바키아에서 다음 콘퍼런스를 열기로 결정하였다. 프라하에서 태어났기 때문에 내가체코슬로바키아에 파견되어 콘퍼런스를 개최할 장소를 구하고 준비하는 것은 당연해 보였으나, 고국에서 보낸 시간들 때문에 이사회에서 예상했던 것보다 훨씬 불리하다는 것이 밝혀졌다. 나는 '인간의 얼굴을 가진 사회주의'를 만들기 위한 자유화 운동 당시 체코

---

16) '재건', '개혁'의 뜻을 가진 러시아어로, 미하일 고르바초프가 1985년 3월 소련 공산당 서기장에 취임한 후 실시한 개혁정책을 가리킨다. 소련의 정치뿐만 아니라 세계 정치의 흐름을 크게 바꾸어놓았다(위키백과).

17) 1989년 11월 17일 금요일에 폭동 진압 경찰이 프라하에서 일어난 평화적인 학생 시위를 억압하였다. '벨벳 혁명'이란 말은 국제 사회에서 이 혁명을 지칭하는 표현으로, 체코 내부에서도 이 표현을쓴다. 1993년 체코슬로바키아가 해체되면서, 슬로바키아는 슬로바키아 사람들이 처음부터 쓰던표현인 '신사 혁명'이란 말을 쓴다. 체코에서는 계속 이 사건을 '벨벳 혁명'으로 칭한다(위키백과).

슬로바키아를 떠났다.

1968년, 러시아 탱크들의 체코슬로바키아 침략에 의해 프라하의 봄[18]이 잔인하게 억압당했을 때, 나는 미국 메릴랜드주 볼티모어의 존스홉킨스 대학교에서 장학금을 받고 있었다. 러시아의 침공 이후 체코 정부는 즉시 귀국할 것을 명령하였지만, 나는 따르지 않고 미국에 남기로 결정하였다. 그 결과, 나는 20년 넘게 조국을 방문할 수 없었고, 이 시기 동안 체코슬로바키아의 친구, 동료들과 자유롭게 연락할 수도 없었다. 그들 역시 불법 이민자와 편지나 전화를 주고받는 것은 정치적으로 위험했을 것이다.

오랫동안 돌아오지 못하여 가까운 친척을 제외한 모든 인맥을 잃었고, 새로운 환경에 익숙하지 않았고, 어디서 시작해야 할지 전혀 알 수 없었다. 나는 프라하 공항에서 어머니를 만나 택시를 타고 어머니의 아파트로 갔다. 우리는 함께 시간을 보내며 못 다한 이야기를 나누었고, 어머니는 이웃을 방문하고 몇 가지 용무를 봤다. 나는 혼자 안락의자에 앉아 차 한 잔을 마시며, 나의 목표에 대해 다시 되새기는 시간을 가졌다. 약 10분 동안 생각을 정리했지만, 오래가지는 못했다.

갑자기 초인종이 크게 울려서 나의 일련의 생각들은 끊기게 되었다. 누구인지 확인해 보니, 옛날 나의 친한 친구이자 젊은 정신과 의사 토마스 도스탈Tomáš Dostál인 것을 확인하였다. 내가 미국으로 떠나기 전 LSD 회기에서 토마스와 나는 마주 앉아 홀로트로픽 의식 상태에 대한 탐구를 공유하였다. 아는 사람으로부터 나의 프라하 방문 소식을 듣고 환영하러 온 것이었다.

놀랍게도 토마스가 아파트를 나서려고 했을 때, 그의 집 전화벨 소리가 울렸었다고 한다. 인공지능에 대한 뛰어난 연구가이자 바츨라프 하벨Václav Havel 체코 대통령의 동생인 이반 하벨Ivan Havel로부터 온 것이었다. 그는 공산주의 시대에 서양 과학의 다양한 새로운 길을 탐구하는 비밀 회의를 열었던 진보적 과학자들의 리더였다. 그들은 특히 새로운 패러다임 사고, 의식 연구, 자아초월심리학에 관심이 있었다. 이반 하벨과 토마스는 고등학교 같은 반 친구였고, 그 이후로도 자주 만나며 교류해 왔다.

토마스는 하벨 가족의 단골 손님이었고, 바츨라프도 개인적으로 알고 있었다. 이반 하벨의 그룹은 바실리 나리모프Vasily Nalimov를 초청 강사로 프라하로 초대하여 진행된 강연

---

18) 제2차 세계대전 이후 소비에트 연방이 간섭하던 체코슬로바키아에서 일어난 민주화 시기를 일컫는다. 이 시기는 1968년 1월 5일에 슬로바키아의 개혁파 알렉산데르 둡체크가 집권하면서 시작되었으며, 8월 21일 소비에트 연방과 바르샤바 조약 회원국이 체코슬로바키아를 침공하여 개혁을 중단시키면서 막을 내렸다(위키백과).

에서 내 업적에 대해 들었다. 바실리는 뛰어난 러시아의 과학자이자 수학자이며 철학자였고, 구소련 반체제 인사로 시베리아 노동 캠프에서 18년을 보냈다. 여기서 놀라운 우연은 그의 가장 유명한 책 제목은 『무의식의 영역Realms of the Unconscious』이었고(Nalimov, 1982), 나의 첫 번째 책은 『인간 무의식의 영역Realms of the Human Unconscious』이었다(Grof, 1975).

　바실리는 나의 심현제 연구에 대한 기록 전문을 그의 저서에 포함하였고, 프라하 그룹에게 그의 강연 중 상당한 시간을 할애해 나의 연구에 대해 논의하는 시간을 가졌다. 바실리의 노력으로 프라하 그룹은 나를 초청 강사로 초대하는 것에 관심을 가졌다. 이반 하벨은 토마스와 내가 오래된 친구인 것을 알고, 그에게 전화를 걸어 그가 내 주소나 전화번호를 알고 있는지 물어보고, 프라하 그룹과 나를 연결해 줄 수 있는지 알아보려고 전화한 것이었다. 토마스가 그에게 내가 프라하에 방문해 있고, 나를 보기 위해 아파트에서 막 나가려 하는 참이었다고 말했을 때 그는 놀랐다.

　가능성이 낮은 동시성으로 연속된 사건들은 우리가 모스크바에서 느꼈던 것처럼 '밑빠진 독에 물 붓는 절망'이 아니라, '큰 파도를 타고 순항하는 듯 희망'이 보였다. 이 놀라운 우연의 조합으로 인해 국제자아초월학회ITA 콘퍼런스를 대표하는 특사로 내 역할이 바뀌게 되었다. 몇 년 동안 동경하는 외국 스타 과학자를 프라하에 초청하는 것에 지대한 관심이 있는 유능한 대학 교수진 그룹과 함께 회의를 진행하기로 하고, 필요한 연락처를 받는데 낯선 환경에서 단 10분밖에 걸리지 않았다. 같은 맥락으로 나는 대통령과도 연결될 수 있었고, 그가 자아초월에 대해 관심이 많으며 정신적으로 열려 있고 매우 영적인 사람이라는 사실도 알게 되었다. 모든 것이 순조롭게 진행되어 우리는 콘퍼런스를 개최하려는 사람들이 아니라, 콘퍼런스 개최를 위해 고용된 인원이라는 생각까지 들었다.

　바츨라프 하벨 대통령의 후원으로 콘퍼런스는 1993년 스메타나 홀에서 개최되었다. 하벨 대통령은 ITA 콘퍼런스에 꼭 필요한 귀빈이었다. 그는 지극히 평범한 정치인이 아니라, 광범위하고 영적인 글로벌 비전을 가진 국가 수장으로서 존경받는 정치가로 불렸다. 유명한 극작가였던 그는 수년간의 정치적 권력 투쟁으로 인해 쉽게 대통령이 되지 못했다. 그는 공산당 교도소에서 수년을 보낸 공산주의 정권에 저항하는 반체제 인사였는데, 그를 사랑했던 체코 대중의 간절한 요청에 의해 마지못해 지명을 받아들였다. 취임 후 그가 가장 먼저 한 일 중 하나는 달라이 라마를 티베트의 수장으로 인정하고 그를 3일 동안 국빈 방문으로 초대하는 것이었다. 어디를 가든지 정신적 기반의 민주주의와 국제적 연대를 위한 그의 호소가 청중을 감동시켰다.

◀ 바츨라프 하벨(1936~2011)은 작가, 극작가, 공산주의에 반대 의견을 낸 체코슬로바키아 대통령이다.

동양과 서양의 자아초월 운동의 대표들이 서로 모여 교류할 수 있는 첫 번째 기회였던 프라하 국제자아초월학회 콘퍼런스는 큰 성공을 거두었다. 이 프로그램의 하이라이트는 10명의 아프리카 드러머와 댄서들이 함께 출연한 요루바 가수 바바툰드 올라툰지Babatunde Olatunji의 공연이었다. 놀라운 공연으로 열광적인 기립 박수를 받은 그들은 무대 뒤편으로 물러나지 않고, 홀 중앙을 지나 빌딩 정문으로 나가 프라하 거리에서 계속 춤을 추었다. 많은 관객이 뒤따라 나가 구시가지 광장으로 가는 프라하의 역사적 거리인 첼레트나 거리를 지나며 노래를 부르고, 북을 치고, 춤을 추었다. 그들이 가는 길에 인근에서 온 프라하 시민이 합류했고 바카날리아 광경에 매료되었다. 환호하는 군중은 광장을 가득 채웠고, 새벽까지 아프리카 북과 노랫소리에 맞춰 춤을 추었다. 공산주의 억압적 체제의 40년 후 트위스트 춤도 허락되지 않았던 이곳에서 이 행사는 새롭게 되찾은 자유의 적절한 상징이 되었다.

동시성의 빈도는 자아초월심리학과 연관된 사건을 중심으로 증가하는 것으로 보이며, 우리의 워크숍과 훈련 참가자들에게는 매우 자주 일어난다. 내가 살아오면서 경험한 가장 놀라운 동시성은 처음 중국을 방문했을 때 일어났다. 우리 그룹은 여러 명의 홀로트로픽 숨치료 촉진자Holotropic Breathwork facilitator, 내 동생과 부인 메리, 카메라맨 샐리 리,

나, 그리고 여행에 도움을 주고 지원을 한 빌 멜튼Bill Melton과 메이 슈Mei Xu가 함께하였다. 이번 여행의 목적은 중국에 자아초월심리학transpersonal psychology과 홀로트로픽 숨치료를 소개하는 것이었다.

이 이야기를 꺼내기 전에 알아야 할 중요한 이야기가 한 가지 있다. 1978년 아내 크리스티나와 나는 국제자아초월학회International Transpersonal Association: ITA를 설립하였다. 우리는 이 단체의 로고를 정하기 위해 고민하였고, 마침내 신성한 기하학의 완벽한 예시인 노틸러스 조개[19] 디자인을 사용하기로 결정하였다. 우리는 지난 수십 년 동안, 현재는 20여 개 정도 되는 모든 콘퍼런스, 광고 및 비품에 이 로고를 사용해 왔다.

우리의 첫 번째 홀로트로픽 숨치료 워크숍은 중국의 영적 스승이자 철학자인 공자의 출생지 지난Jinan에서 진행되었다. 저녁 식사 시간 동안 참가자 중 한 명인 멍Meng('꿈'을 의미) 여사가 작고 아름다운 파란색 벨벳 가방을 나에게 가지고 왔다. 그녀의 증조할머니가 꿈에 나타나서 몇 세대에 걸쳐 가족이 보관하고 있었던 매우 특별한 돌을 그로프 박사가 가져가야 한다고 말했다고 나에게 알려 주었다. 그리고 나에게 그것을 건네주었다. 그것은 해양 연체동물인 노틸러스 화석이었고, 에베레스트산 정상에서 발견되어 수집된 것이었다.

나는 에베레스트산 정상에서 발견된 화석 해양 생물의 형태에 대해 들어본 적이 없었기 때문에 히말라야의 지질학적 역사를 연구하기로 결심하였다. 이 산맥은 약 5천만 년 전, 큰 지각판이 충돌하고 일련의 화산 폭발이 시작되어 해층면이 올라가며 형성된 것으로 추정된다는 사실을 알게 되었다. 따라서 에베레스트산 정상에는 해저에서 기원한 것을 포함하여 다양한 층이 있다. 따라서 노틸러스 화석은 히말라야가 만들어지기 전 해저에 있었고 적어도 5천만 년은 된 것이었다.

우리 여행의 목적은 중국에 자아초월심리학을 소개하는 것이었다. 멍 여사의 증조할머니가 꿈에 나타나서 그녀에게 국제자아초월학회의 상징이자, 수천만 년 전에 바다 밑 바닥에서부터 세계에서 가장 높은 산꼭대기까지 화석화된 노틸러스 껍데기를 나에게 가져가라고 한 사실은 매우 기적과도 같은 동시성이었다. 베이징 대학교의 브리핑에서 이것을 간단히 언급했었는데, 내 강연에서 중국 언론매체가 가장 많이 관심을 가진 부분이었다. 하지만 이것은 우리가 여행 도중 맞이한 유일한 동시성이 아니었다. 선형적 인과관계가 더 이상 적용되지 않은 마법의 세계에 도착한 것 같았다.

---

19) 프랙털 패턴을 지니고 있는 앵무조개

◀ 국제자아초월학회의 노틸러스 로고(위)
에베레스트산 꼭대기에서 수집된
노틸러스(암모나이트)

기억에 남는 우연 두 가지만 더 언급하고자 한다. 내 소중한 친구이자 위파사나 불교 철학의 스승인 잭 콘필드Jack Kornfield의 중국 방문 일정을 나의 베이징 대학교 일정과 같은 날로 잡은 사실을 알게 되었다. 이 상황을 인지했을 때, 주최자들은 그로프와 콘필드의 담론이라는 주제로 공동 세션을 만들기로 결정하였다. 잭과 나는 지난 40년 동안 많은 행사를 진행하고 공동 주최한 적도 많았지만, 우리가 사전 약속 없이 만난 적은 없었다. 두 번째 동시성은 우리 통역사 중 한 명과 지난에서 베이징으로 가는 기차에 우리와 함께할 예정이었던 숨치료 촉진자 사이에서 일어났다. 한 명은 북쪽에서, 한 명은 남쪽에서, 그들은 각각 따로 티켓을 구매했지만, 우리와 같은 기차, 같은 객실에 앉아 있었을 뿐만 아니라 서로 옆자리에 앉게 되었다.

나는 일련의 동시성이 우리 그룹에 어떤 마법을 가져다주었는지 목격했기 때문에 체코 출신 프랑스 작가이자 『참을 수 없는 존재의 가벼움The Unbearable Lightness of Being』의 저자인 밀란 쿤데라Milan Kundera가 했던 말을 다시 생각하게 되었다. "신비한 우연의 일치에 매료되어 있는 소설을 책망하는 것은 잘못이지만, 일상생활에서 그런 우연의 일치에 대해 눈이 먼 사람을 꾸짖는 것은 옳은 일이다. 그는 자신의 인생에서 아름다움 차원을 허용

▲ 잭 콘필드(1945~)는 위파사나 불교 교사, 자아초월심리학자, 캘리포니아 우드에이커Woodacre의 스피릿 록 통찰명상 센터Spirit Rock Insight Meditation Center 설립자이다. 중국 베이징 자금성에 그로프와 함께 방문하였다.

하지 않을 것이기 때문이다."

동시성 현상의 지식은 심혼탐구자나 원형 점성학자뿐만 아니라, 물질적 세계관을 믿는 과학자들에게도 필수적이다. 동시성은 일원론적 물질주의 철학의 가장 명백하고 큰 도전 중 하나다. 1955년 헐R. F. C. Hull에게 보낸 편지에서 융은 본인도 확실히 이 점을 인지하고 있다고 기술하였다. "나의 동시성에 대한 최종 견해는 받아들여질 수 없을 것으로 생각한다. 왜냐하면 그것은 과학의 기초와 근간을 뒤흔들기 때문인데, 그런 일은 그것은 내가 원하는 방향이 아니다." 같은 날 그는 마이클 포드햄Michael Fordham에게 과학 철학의 광적인 편파성에 대한 동시성의 영향에 대해 설명하였다.

패러다임을 뒤집을 수 있는 동시성의 가능성을 인지하는 마리 루이제 폰 프란츠는 자신의 생애 후반기에 있었던 한 인터뷰에서 "동시성의 개념을 이해하는 것이 우선순위다."라고 했다. 누가 그 일을 계속할지는 모른다. 분명 존재하겠지만, 어디에 있는지 모른다. 다행히도 동시성이 다루어진 문헌이나 원리에 대한 중요성은 그 이후 기하급수적으로 증가하였으며, 이 개념은 과학의 새로운 패러다임에서 필수불가결한 부분이 되었다.

참고문헌

Bell, J. S. 1966. "On the Problem of Hidden Variables in Quantum Physics." *Review of Modern Physics* 38: 447.

Campbell, J. 1984. *The Way of the Animal Powers: The Historical Atlas of World Mythology.* New York: Harper and Row.

Capra, F. 1975. *The Tao of Physics.* Berkeley: Shambala Publications.

Driesch, H. 1914. *The History and Theory of Vitalism* (translated by C. K. Ogden). London: Macmillan.

Franz, M. von. 2015. *On Divination and Synchronicity: The Psychology of Meaningful Chance.* Toronto, Ontario: Inner City Books.

Grof, S. 1975. *Realms of the Human Unconscious: Observations from LSD Research.* New York: Viking Press.

Grof, S. 2006. *When the Impossible Happens: Adventures in Non-Ordinary Realities.* Louisville, CO: Sounds True.

Harner, M. 1980. *The Way of the Shaman: A Guide to Power and Healing.* New York: Harper & Row.

Holler, S. 1982. *The Gnostic Jung and the Seven Sermons for the Dead.* Athens, Greece: Quest Publications.

Jung, C. G. 1959. *The Archetypes and the Collective Unconscious.* Collected Works, vol. 9,1. Bollingen Series XX, Princeton, NJ: Princeton University Press.

Jung, C. G. 1960. *Synchronicity: An Acausal Connecting Principle.* Collected Works, vol. 8, Bollingen Series XX. Princeton, NJ: Princeton University Press.

Kammerer, P. 1919. *Das Gesetz der Serie (Law of the Series).* Stuttgart/Berlin: Deutsche Verlags-Anstalt.

Koestler, A. 1971. *The Case of the Midwife Toad.* New York: Random House.

Main, R. (Ed.) 1998. *Jung on Synchronicity and the Paranormal.* Princeton, NJ: Princeton University Press.

Miller, A. 2009. *Deciphering the Cosmic Number: The Strange Friendship of Wolfgang Pauli and Carl Jung.* New York: W. W. Norton & Co.

Nalimov, V. V. 1982. *Realms of the Unconscious: The Enchanted Frontier.* Philadelphia, PA: ISI Press.

Plotinus. 1950. *The Philosophy of Plotinus: Representative Books from the Enneads.* Appelton, WI:

Century-Crofts.

Smith, H. 1991. *The World's Religions: Our Great Wisdom Traditions*. San Francisco, CA: Harper One.

09

홀로트로픽 의식 상태와
예술의 이해

　심현제 연구와 그 외 형태의 홀로트로픽 의식 상태 작업은 예술과 예술인을 이해하는데 혁명적인 통찰을 가져왔다. 이 점에서 지그문트 프로이트는 선구적인 역할을 했고, 그의 동료들은 임상 작업에서 관찰한 것을 창조적 과정에 적용하려고 시도하였다.

　그러나 출생 후 전기와 프로이트의 개인무의식에 국한된 심혼 모델을 사용하는 접근법에는 한계가 있다. 주산기와 자아초월 영역을 포함시켜 심혼의 지도를 확장하면 심층심리학의 설명력은 커질 수밖에 없다.

　샌프란시스코의 캘리포니아 통합학문연구소California Institute of Integral Studies: CIIS에서의 수업, 에살렌과 유럽에서의 세미나, 그리고 텔레비전 강좌에서 릭 타나스Rick Tarnas와 나는 심혼의 확장 모델과 원형 점성학을 결합하면 완전히 새로운 차원에서 예술을 이해할 수 있게 된다는 것을 보여 주려고 하였다. 이것은 전에는 상상할 수 없었던 깊이와 명확성을 제공한다. 유감스럽게도 이 전서의 맥락에서는 이 매혹적인 연구의 길을 탐구할 시간이 없다. 관심 있는 분은 이 주제를 다룬 우리의 책에서 좀 더 많은 정보를 찾아보기 바란다(Grof, 2009, 2012; Tarnas, 2006). 보다 더 자세한 출판물이 나오려면 시간이 더 걸릴 것이다.

지그문트 프로이트

　20세기의 새벽에 무의식이 발견되고 심층심리학이 탄생하였다. 이 새로운 분야는 지그문트 프로이트Sigmund Freud가 영감을 받고 선봉에 섰으며 사실상 단독으로 그 기초를 세웠다. 처음에 인간 심혼에 대해서 프로이트는 주로 정신신경증의 원인을 설명하고 치료법을 찾는 임상적인 부분에 관심이 있었다. 그러나 탐구과정에서 그의 시야는 엄청나게 확장되어 예술을 포함한 많은 문화현상까지 포함하게 되었다.

프로이트의 작업으로 예술 및 예술가를 이해하기 위한 새로운 독창적인 접근법이 열리고 예술계가 심오한 영향을 받았다. 프로이트는 환자로부터 관찰한 것을 적용해 성격, 예술적 창조의 동기, 예술의 본질을 이해하고자 했다. 프로이트에 의하면 예술가는 현실에서 환상 속으로 물러난 사람이다. 이런 환상은 주로 강한 죄책감과 결부된 오이디푸스적 소망에서 나온다. 예술가는 이런 금지된 소망을 작품에 나타냄으로써 세상과 사회로 돌아가는 길을 찾게 된다.

대중은 자기가 억압해 온 오이디푸스적 소망을 용기 있게 표현하고 죄책감을 덜어 주는 예술가를 존경한다. 또 대중이 작품을 받아들이는 것은 죄책감을 나눈다는 의미이기 때문에 예술가도 스스로의 죄책감을 덜게 된다. 프로이트에 따르면 예술은 태고부터 기본적인 생물학적 욕구를 문화적으로 포기한 데 대해 대리 만족을 제공하며 인간이 문명을 위해 치른 희생과 화해시켜 준다(Freud, 1911).

프로이트는 정신분석을 사용해 꿈을 이해하는 것과 같은 방식으로 예술 작품의 내용을 이해할 수 있다는 것을 발견하였다. 예술 작품을 해석하려는 프로이트의 시도로는 아테네의 극작가 소포클레스Sophocles가 쓴 고대 그리스 비극 〈오이디푸스 렉스Oedipus Rex〉 분석이 가장 유명하다. 이 연극에서 주인공인 오이디푸스는 라이우스Laius가 자기 아버지인 줄 모르고 죽이고 어머니 이오카스테Jocasta와 결혼함으로써 델피Delphic 사제의 예언을 이루게 된다.

〈오이디푸스 렉스〉에 대한 프로이트의 통찰에서 그 유명한 오이디푸스 콤플렉스가 나왔다. 오이디푸스의 운명이 우리를 감동시키는 이유는 "우리도 같은 운명일 수도 있었을 뿐 아니라 신탁은 우리가 태어나기도 전에 오이디푸스와 동일한 저주를 내렸기 때문이다. 최초의 성적 충동을 어머니에게, 최초의 증오 및 살인의 소망을 아버지에게 향하는 것은 우리 모두의 운명일지도 모른다. 우리의 꿈은 이것이 사실이라는 것을 납득시킬 수 있다."라고 프로이트는 말하였다(Freud, 1953).

셰익스피어Shakespeare의 『햄릿Hamlet』을 이해하려는 프로이트의 시도 또한 흥미롭다. 프로이트는 클라우디우스Claudius 살해를 미루는 햄릿의 '문제'에 대한 해결책을 찾아낸 심리적 탐정으로 기억되고 싶었다. 이 미스터리는 '현대 문학의 스핑크스'로 불려 왔다. 널리 받아들여진 괴테Goethe의 설명에 의하면 햄릿은 지성이 과도하게 발달되어 직접적 행동을 할 힘이 마비된 유형의 인간을 대표한다. 프로이트의 해석은 근본적으로 다르다.

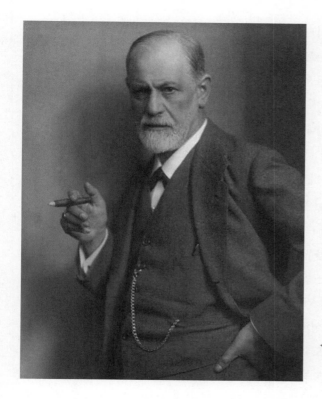

◀ 지그문트 프로이트(1856~1939)는 심층심리학의
창시자인 오스트리아의 신경학자이며
정신분석학의 발견자이다.

즉, 클라우디우스는 햄릿 자신의 억제된 오이디푸스적 환상을 나타내며 그를 죽이는 것은 자신의 일부를 죽이는 것이다(Freud, 1953).

예술 작품을 해석하려는 프로이트의 또 다른 유명한 시도는 레오나르도 다빈치Leonardo da Vinci가 코덱스 아틀란티쿠스Codex Atlanticus[1] 필사본 공책에 거울 필기로 묘사한 유아기 기억에 근거해 레오나르도를 분석한 것이다. 레오나르도는 비행기 제작에 대한 자신의 집착을 설명하면서 아기였을 때 연(nibbio, 작은 종류의 매)이 날아내려와 꼬리를 그의 입에 넣고 깃털로 계속 입술을 때렸다고 했다.

프로이트는 이것이 남근phallic 어머니에게 구강성교fellation와 수유를 받는 것과 연관된 환상이었다고 결론지었다. 프로이트는 어머니가 남근을 가지고 있다는 생각은 어린아이에게 흔한 환상이라고 한다. 그러므로 이 환상은 레오나르도가 흔히 알려진 것처럼 유아

---

1) 『아틀란틱 코덱스』라고도 불리는 이것은 레오나르도 다빈치가 이탈리아어로 쓴 12권의 책이다. 이 이름은 레오나르도 수첩의 원본을 보존하기 위해 사용된 큰 종이를 의미하며, 이 종이는 지도책에서 사용되었다. 1478년부터 1519년까지의 1,119개의 잎 종이로 구성되어 있으며, 내용은 비행에서 무기, 악기, 수학에서 식물학까지 매우 다양한 주제를 다루고 있다.

기를 아버지와 보낸 것이 아니라 어머니와 보냈음을 보여 준다고 하였다(Freud, 1957b).

프로이트에 따르면, 이것은 레오나르도의 성격, 과학적 흥미, 예술 활동에 지대한 영향을 주었다. 레오나르도를 인간과 동물의 해부학, 식물학, 고생물학부터 기계학과 수리학 법칙까지 그 많은 분야에 대한 열렬한 탐구로 이끈 막대한 호기심은 어린 시절에 이 상황으로 인해 유발된 레오나르도의 성에 대한 엄청난 흥미가 승화된 것이었다. 프로이트는 이 끝없는 호기심이 레오나르도의 예술 활동과 창조성에 개입한 것이라고 한다.

레오나르도는 천천히 그림을 그렸기 때문에 작품을 완성하는 데 오랜 시간이 걸렸다. 예를 들어, 〈모나리자Mona Lisa〉는 4년이 걸렸다. 이런 어려움 때문에 밀라노의 산타 마리아 델레 그라치에Santa Maria delle Grazie 성당의 식당에 있는 그의 유명한 〈최후의 만찬Last Supper〉은 수 세기 동안 막대한 손상을 입었다. 레오나르도가 오래가지만 훨씬 빨리 그려야 하는 알 프레스코al fresco 화법보다는 유화라는 느린 과정을 선택했기 때문이다.

프로이트는 성욕의 과도한 승화로 레오나르도의 성생활 역시 억제되었다고 한다. 레오나르도는 매우 수줍음이 많았고 성적으로 위축되고 억제되어 있었다. 레오나르도는 성행위가 역겨웠고, 몇몇 임신 해부도와 이상한 성교 그림 몇 점 외에는 성적 주제를 피했다. 그는 여성과 관계를 하지 않는 듯 했으며 미남의 젊은 남성들을 모델이나 학생으로 삼기를 좋아하였다. 도제徒弟 베로키오Verocchio와는 동성애 관계라는 비난을 받았다. 프로이트는 레오나르도가 어릴 때 어머니에게 남근이 없음을 발견하고 실망해서 동성애 성향이 생긴 것이라고 했다.

또한 프로이트는 공격성과 관련된 레오나르도의 갈등을 지적하였다. 레오나르도는 채식주의자였고 시장에서 새를 사서 놓아 주기로 유명하였다. 그러나 그는 로도비코 스포르자Lodovico Sforza의 엔지니어로서 많은 전쟁기계를 고안하였고 일부는 정말 극악무도한 것이었다. 연구 전체를 통해 프로이트는 레오나르도의 어린 시절 경험 속의 새가 독수리였다는 사실을 크게 강조하였다. 프로이트는 고대 이집트인들의 독수리에는 암컷만 있으며, 독수리가 날 때 바람에 의해 정자가 주입된다고 믿었다고 지적하였다. 이 믿음은 기독교 교부들에 의해 원죄 없는 잉태설의 가능성을 주장하는 데 사용되었다.

루터교 목사이자 아마추어 정신분석가인 오스카 피스터Oskar Pfister는 작품에서 프로이트의 논지를 지지하였다. 즉, 레오나르도의 〈성 안나와 성 모자The Virgin and Child with St. Anne〉 그림에 독수리가 아이의 입 가까이에 꼬리를 둔 모양이 숨겨져 있다는 것이다(Pfister, 1913). 이것은 오히려 곤혹스러운 발견이었는데, 왜냐하면 프로이트가 독수리에 대해 언급한 것에 언어적 실수가 있었기 때문이다. 어린 시절의 기억을 묘사하면서 레오나르도가 사용한 니비오nibbio는 사실 독수리Gyps fulvus가 아닌 연Milvus milvus을 뜻한다. 프로이트는 1919년 2월 9일자 편지에서 루 안드레아스 살로메Lou Andreas-Salomé에게 고백했듯이, 레오나르도 에세이를 자신이 쓴 유일하게 아름다운 것으로 생각했기 때문에 이 실수를 발견하고 매우 낙심하였다.

프로이트에 의하면, 레오나르도와 어머니의 복잡한 관계는 차가우면서도 육감적이며 유혹적이면서도 자제된 〈모나리자〉의 신비하고 모호한 레오나르도적 미소로 표현된다. 레오나르도가 〈모나리자〉를 그리는 데는 무척 긴 시간이 걸려서 4년의 작업 후 그가 프랑스로 가져갈 때까지도 미완성이었다. 이러한 미소는 〈세례 요한〉, 〈바커스〉 등의 그림에서도 두드러진다.

프로이트가 정신분석은 예술 작품의 내용을 이해하는 것에만 국한되며, 천재라는 현상을 이해하는 데는 기여하지 않는다고 인정했다는 점은 중요하다. 예술가와 예술 작품을 분석하려는 프로이트의 시도는 새로운 분야를 개척하는 모험이었지만 본질적으로는 크게 실패하였다. 에리히 노이만Erich Neumann은 『미술과 창조적 무의식: 레오나르도 다 빈치와 어머니 원형Art and the Creative Unconscious: Leonardo da Vinci and the Mother Archetype』이라는 융학파 에세이에서 프로이트의 주장과 글은 몇 가지 중요한 사실적 오류 때문에 관련이 없게 되었다고 지적하며 프로이트의 해석을 강하게 비판하였다(Neumann, 1974). 또한 자아초월적 관점, 즉 융의 집단무의식과 원형적 역동을 도입하면 예술에 대한 이해가 어떻게 바뀌는지를 보여 준다.

노이만은 레오나르도가 할아버지 집에서 아버지와 계모와 살았고 어머니 아닌 할머니에게 양육되었다는 증거를 제시하였다. 이로써 프로이트의 글의 초석, 즉 레오나르도와 어머니의 관계가 그의 호기심과 성적 성향과 미술에 영향을 미쳤다는 추측은 실격되었다. 또한 노이만은 레오나르도의 어린 시절 기억 속 '독수리'에 대한 프로이트의 원대한 추측에도 심각한 언어적 오류가 있었음을 보여 주었다. (레오나르도가 새에 대해 사용한) nibbio는 독수리가 아니라 연을 의미하였다.

그러나 노이만에게 프로이트의 언어적 오류는 별로 중요하지 않았다. 그는 프로이트의 연구 속에서 사실적 오류들을 교정했을 뿐 아니라 더 높은 창조성이라는 요소를 가져와 레오나르도 분석의 초점을 원형 수준으로 전환하였다. 융 심리학자들에게 천재의 영감은 전기적 영역이 아니라 원형적 영역에서 나오는 것이다(제임스 힐먼James Hillman의 『영혼의 코드The Soul's Code』를 보라.; Hillman, 1996).

노이만은 레오나르도의 새가 남성이자 여성인 태모신Great Mother이라는 순환을 상징한다고 보았다. 그것은 여성의 원형, 즉 모든 것을 생성하는 자연의 힘과 무의식의 창조적 근원이다. 수유모는 순환적이며, 젖가슴은 자주 남근으로 묘사되고, 여아뿐만 아니라 남아도 양육하고 수태하고 있다. 노이만은 레오나르도의 엄청난 창조성이 원형 태모신과의 연결에서 나왔다고 했다. 레오나르도의 추진력의 본질은 성적이 아닌 영적인 것이었다.

> 그러므로 태모신은 순환적uroboric이다. 끔찍하고 게걸스러우면서도 자비롭고 창조적이며, 조력자이면서도 매혹적이고 파괴적이며, 미치도록 고혹적이면서도 지혜를 가져다주며, 짐승 같고도 신성하며, 육감적인 매춘부이면서도 범접할 수 없는 처녀이며, 태곳적부터 있었으면서도 영원히 젊다.

엄청난 풍부함과 모호함, 신비함을 가진 〈모나리자〉는 레오나르도의 친모와의 매우 양면적인 관계가 아니라 아니마Anima 인물인 소피아Sophia를 나타낸다. 레오나르도의 그림에 숨겨진 독수리는 장난이었을 수 있다. 모든 세속적, 종교적 권위에 반발하며 장난기 많은 것으로 알려진 레오나르도는 교부들이 유니섹스의 독수리를 사용해 원죄 없는 잉태설을 지지하려는 시도를 조롱하려고 독수리를 사용했을 가능성이 있다.

프로이트는 『도스토옙스키와 아버지 살해Dostoevsky and Parricide』에서 정신분석을 적용해 표도르 미하일로비치 도스토옙스키Fyodor Mikhailovich Dostoevsky를 이해해 보려 했지만 성공하지 못했다. 이 에세이에서 프로이트는 도스토옙스키가 기질성organic 신경질환인 간질이 아니라 정서적 트라우마로 인한 정신신경증인 히스테리를 앓았다고 결론을 내렸다. 그는 도스토옙스키의 아버지가 농노들에게 살해되었다는 소문에 큰 의미를 부여하면서 이 때문에 도스토옙스키가 '간질'을 앓게 되었다고 주장하였다(Freud, 1957a).

프로이트에 따르면, 도스토옙스키는 미워하는 아버지가 죽었다는 소식에 대한 기쁨과 그에 뒤따른 해방감으로 발작 초기에 **황홀경**aura을 체험하였다. 황홀경 다음에는 넘어지고 비명을 지르고 경련을 일으키고 인사불성이 되는 전형적인 **대발작 간질**의 증상들이 따랐다. 마치 큰 범죄를 저지른 것 같은 우울감과 심한 죄책감 때문에 회복은 느리고 혼란스러웠다.

프로이트는 이러한 증상을 도스토옙스키의 초자아, 즉 그의 무의식에 투사된 아버지의 권위가 그에게 부과한 형벌이라고 해석하였다. 프로이트는 '도스토옙스키의 인생 전체'가 아버지-황제 권위자에 대한 그의 이중적인 태도, 즉 관능적인 피학적 복종과 그것에 대한 격분하는 반항에 지배되고 있다고 썼다. 프로이트의 결론은 신경학자뿐만 아니라 역사가들에게도 심하게 비판을 받았다. 도스토옙스키의 병은 히스테리가 아니라 간질이었고, 그의 아버지는 살해되지 않았기 때문이다.

괴테의 『시와 진실Poetry and Truth』, 빌헬름 옌센Wilhelm Jensen의 『그라디바Gradiva』, 셰익스피어의 『베니스의 상인Merchant of Venice』과 『리어 왕King Lear』에 대한 프로이트의 해석에는 이렇다 할 폭로가 없었다. 『시와 진실』에서 프로이트는 '형제간의 경쟁'의 개념을 도입해 어린 괴테가 여동생의 출생에 화가 나서 인형 집을 부쳤다고 설명했지만, 실제 이 두 사건이 동시에 일어났다는 증거를 보여 주지 못했다(Freud, 1917). 『그라디바』에서 프로이트는 화산재로 뒤덮인 폼페이Pompeii의 이미지를 사용해 무의식 속에 묻힌 어린 시절 기억을 극적으로 예시하였다(Freud, 2003). 셰익스피어의 두 희곡에 대한 프로이트의 분석 또한 복잡하고 난해하며 설득력이 없다(Freud, 1913).

마리 보나파르트

정신분석을 예술에 적용하려는 가장 흥미로운 시도는 프로이트의 열렬한 추종자로서 그를 나치 독일에서 안전하게 탈출할 수 있도록 도와준 그리스 공주 마리 보나파르트Marie Bonaparte가 쓴 『에드거 앨런 포의 인생과 작품Life and Works of Edgar Allan Poe』 3부작이다. 스승이자 우상인 프로이트처럼 보나파르트는 기본 설명 원리와 예술적 영감의 원천으로 오이디푸스 콤플렉스를 사용하였다(Bonaparte, 1949). 이것은 보나파르트의 3권짜리 작품의 기본구조에 나타나 있다.

제1권은 포의 전기를 극도로 상세하게 재구성한 것이다. 제2권인 『어머니 이야기』는 보나파르트에 따르면 포가 3세가 되기 전에 결핵으로 죽은 허약한 배우였던 어머니 엘리자베스 아놀드Elizabeth Arnold와 포의 관계에 영감을 받아 쓴 이야기들이 중심이다. 브레니스Berenice, 모렐라Morella, 리제이아Ligeia, 로위나Rowena, 엘레노라Eleonora, 레이디 매덜라인Lady Madeline 등 희한한 고통을 겪으며 중병에 걸려 죽어 가는 여성 애인들과 아내들의 이야기이다. 그 외에 한 여성의 살해를 다루고, 어머니를 풍경으로 묘사하고, 발기부전의 고백을 표현하는 이야기들이 나온다.

제3권 『아버지 이야기』에서는 아버지 존재에 대한 반란, 아버지 살해, 아버지에 대한 피학적 복종, 양심(초자아)과의 투쟁 등 남성 권위자와의 관계를 보여 주는 이야기들을 분석한다. 포의 인생에서 남성상은 여성상과 마찬가지로 문제가 많았다. 그의 아버지 데이비드David는 변덕스럽고 다루기 힘든 알코올중독자로서 결핵도 앓고 있었다. 그는 포가 18개월 되었을 때 뉴욕시에서 사라졌다. 어머니가 죽고 난 뒤 어린 포는 프랜시스 앨런Frances Allan의 가정에 위탁되었다가 한 부부에게 입양되었는데, 그 남편인 존 앨런John Allan은 이 입양에 반대하는 편이었다. 스코틀랜드 상인인 앨런은 엄격한 규율주의자로서 포의 제2의 아버지 존재가 되었다.

마리 보나파르트는 기본적으로 예술 작품에 작가의 심리, 특히 무의식적 역동이 드러난다고 본다. 그녀는 포의 무의식이 '극히 활발하며 공포와 고뇌로 가득하다'고 하면서, 그에게 문학적 천재성이 없었더라면 감옥이나 정신병원에서 인생을 보냈을 것이라고 분명히 말했다. 보나파르트는 포의 몇몇 소설에서 피가 나타나는 것은 그가 결핵의 흔한 증상인 각혈(기침하여 피를 토함)을 목격한 때문이라고 했다. 또한 그녀는 어린 포가 가난한 부모와 제한된 구역에서 살던 시기에 그 유명한 프로이트의 '원초적 장면primal scene', 즉 부모의 성행위를 목격하고 그것을 가학적 행위로 해석했을 것이라는 사실에 큰 의미를 부여하였다.

◀ 마리 보나파르트(1882~1962)는 그리스의 공주, 지그문트 프로이트의 열렬한 제자이다.

보나파르트의 개념적 틀은 출생 후 전기와 프로이트의 개인무의식에 국한되어 있다. 포의 어린 시절이 어렵기는 했지만, 그의 소설에 나오는 유형의 공포의 원인으로 보기에는 설득력이 없다. 보나파르트는 대부분의 정신분석가처럼 출산과 어머니의 자궁을 몇 번 언급하는데, 이 시점에서 그녀의 언어는 '기억'에서 '환상'으로 바뀐다. 프로이트처럼 보나파르트 역시 태내기와 출산이 실제 기억으로 무의식에 기록될 수 있다는 가능성을 거부한다.

그러나 포의 많은 소설, 특히 가장 섬뜩하고 정서적으로 강력한 소설임이 틀림없는 태아기적 요소들이 있다. 예를 들어, 노르웨이인 삼 형제의 오싹한 모험을 그린『소용돌이로의 하강A Descent into the Maelstrom』에서는 대부분 출생의 시작을 재체험할 때 동반되는 삼키는 소용돌이와 매우 흡사한 부분이 나온다(BPM II). 형제들이 낚시 원정 중에 배가 거대한 소용돌이에 빠져 사정없이 가운데로 빨려 들어간다. 형제 중 두 명은 자연의 맹렬한 힘과 절망적으로 싸우다가 목숨을 잃고 만다. 셋째는 기발한 전략을 사용하여 죽기 직전에 운 좋게 탈출해 살아나서 이야기를 들려준다.

◀ 에드거 앨런 포(1809~1849)는 미국 작가.
현대 탐정소설을 창안하고 공포와
무시무시한 이야기를 만들어 냈다.

포의 소설 『구덩이와 추The Pit and the Pendulum』에서는 주인공이 종교재판 감옥의 극악무도한 고문과 조이는 화염벽에서 마지막 순간에 구출되는데, 많은 부분이 출산 중 자궁의 특징을 보여 준다. 포의 동명 소설에서 난쟁이 개구리가 궁정의 고통스러운 환경에서 탈출하는 것 또한 홀로트로픽 숨치료 및 심현제 회기의 재탄생 체험과 비슷하다.

이 책에서 머리 좋은 궁정 광대는 가면무도회를 위해 특별한 오락을 준비해 달라는 부탁을 받자 타르와 아마를 사용해 잔인한 왕과 신하들을 오랑우탄으로 변장시킨 뒤 불에 태운다. 뒤따른 혼란 가운데 그는 밧줄을 타고 천장 속 구멍으로 올라가 여자 친구 트리페타Trippetta와 재회한다. 산 채로 묻히는 체험은 포가 가장 좋아하는 주제로서 『생매장Premature Burial』, 『아몬틸라도의 술통The Cask of Amontillado』, 『호흡 상실Loss of Breath』, 『어셔 가의 몰락The Fall of the House of Usher』 등 그의 많은 소설에 나타나는데, 이는 주산기 회기에 자주 나오는 모티브이다. 포의 가장 길고 기묘하고 혼란스러운 소설인 『낸터킷의 아서 고든 핌의 이야기The Narrative of Arthur Gordon Pym of Nantucket』에서도 태아기 모티브를 많이 찾아볼 수 있다.

마리 보나파르트의 해석적 접근은 프로이트의 모델에 국한되어 있어서 포의 『유레카Eureka』를 분석하기에는 매우 적절하지 않았다. 우주적 창조에 대한 이 장엄한 상상은 포의 이전 작품에서와는 전혀 달랐다. 출판 후 반응은 비판적인 것부터 무척 긍정적인 것까지 다양했는데, 과학자들로부터는 크게 찬사를 받았다. 알베르트 아인슈타인Albert Einstein은 1934년에 쓴 편지에서 『유레카』를 남달리 독자적인 정신의 아름다운 업적이라고 논평하였다.

이 책의 서문에서 포는 물질적이고 영적인 우주의 본질, 기원, 창조, 현재 상황, 운명에 대해 이야기하겠다고 약속한다. 여기서 포는 대부분의 정신증 환자처럼 명사와 형용사의 첫 번째 글자를 대문자로 쓴다(the Material and Spiritual Universe, about its Essence, its Origin, Creation, its Present Condition, and its Destiny). 마리 보나파르트는 이것을 정신증 징후라고 보지만, 사실은 분명히 포가 여기서 깊은 자아초월적 근원을 두드리고 있었음을 나타낸다. 그렇기 때문에 일상 언어로는 신비주의자와 같은 그의 체험이 제대로 전달될 수 없었을 것이다.

포의 우주적 비전은 위대한 동양의 영적 철학, 특히 탄트라류의 세계관과 매우 비슷하다(Mookerjee & Khanna, 1989). 그는 우주 창조를 특이점에서 시작된 연속적인 무수한 분할과 분화의 과정이라고 묘사하였다. 이어서 이것은 반작용, 즉 원래의 합일로 돌아가려는 경향을 낳는다. 또한 우주가 존속하기 위해서는 분리된 부분들의 연합을 막는 제3의 힘, 즉 척력斥力: 밀어내는 힘이 필요하다.

포의 특이점과 (『탄트라』에 묘사된 우주 창조의 근원인) 마하빈두Mahabindu 간의 평행성은 놀랍다. 포의 세 가지 우주적 힘, 즉 탄트라 구나guna; tamas, sattva, rajas의 특색을 가진 창조의 여성적 힘도 마찬가지이다. 완성된 우주가 얻고자 힘쓰는 최종 목표는 신과의 궁극적인 재합일이며, 밀어내는 힘인 척력의 유일한 기능은 그 재합일을 늦추는 것이다. 나는 『코스믹 게임: 인간의식의 개척자들의 탐험The Cosmic Game: Explorations of the Frontiers of Human Consciousness』(Grof, 1998)에서 연구 참가자들의 심현제 회기와 홀로트로픽 숨치료 회기에서 비슷한 우주론이 나왔던 것을 다룬 바 있다.

나의 내담자들의 통찰처럼 포의 우주적 비전도 올더스 헉슬리Aldous Huxley(1945)가 영원의 철학이라 부른 영적 체계의 내용과 무척 유사할 뿐만 아니라 현대과학 이론들, 이 경우에는 천문학적 관측에 근거한 유명 물리학자들의 우주론적 추측과도 매우 비슷하다. 포는 『유레카』가 천문학에 혁명을 일으킬 것이라고 믿었으며, 실제로 과학계에서는 그의 생각이 진지하게 논의되고 있다.

포의 주요 가설 중 하나는 우주가 단일한 고에너지 입자가 폭발한 뒤의 물질로 가득 차 있다는 것인데, 이는 르메트르Lemaitre, 가모프Gamov, 알퍼Alpher가 20세기에 개발한 우주기원 이론과 맞먹는다. 반대자인 프레드 호일Fred Hoyle이 농담처럼 이름 붙여 부른 이 빅뱅 이론은 오늘날까지 가장 중요한 우주 기원 이론 중 하나이다(Alpher & Herman, 2001).

포는 폭발 에너지가 물질을 바깥쪽으로 밀고 있기 때문에 우주는 분명히 팽창하고 있다는 이론을 세웠다. 또한 결국 중력이 모든 입자를 다시 끌어오고 나면 그 과정은 완전히 또다시 시작될 것이라는 결론을 내렸는데, 이 생각은 알렉산더 프리드먼Alexander Friedman의 맥동pulsating 우주론에서 볼 수 있다(Friedman, 1922).

포는 『유레카』에서 천문학자들을 괴롭히는 올베르스Olbers의 어두운 밤하늘의 역설에 대한 해결책을 제의하였다. 정지 상태인 우주에는 무수한 별이 있기 때문에 일부의 별들이 너무 멀어 우리에게 그 빛이 도달하지 못하는 이상 어두울 수가 없다는 것이다. 현대 의식 연구에서는 환상의 상태가 놀라운 종교적 깨달음과 예술적 영감뿐만 아니라, 새로운 분야를 열어 주고 과학적 문제해결을 촉진하는 뛰어난 과학적 통찰력을 제공해 줄 놀라운 잠재력이 있음을 보여 주고 있다.

수많은 이런 종류의 예가 윌리스 하먼Willis Harman이 쓴 『고도의 창조성: 획기적인 통찰을 위한 무의식의 해방Higher Creativity: Liberating the Unconscious for Breakthrough Insights』이라는 놀라운 책에 나와 있다(Harman, 1984). 다음 장에서 이 중요한 주제를 다시 다루어 볼 것이다.

포의 뛰어난 통찰력은 전문 과학자들과 비견될 정도인데, 보나파르트는 노골적으로 『유레카』를 평가절하하는 분석을 했다.

보나파르트에게 포의 신은 그의 육체적 아버지이고, 우주 창조는 생물학적 창조 행위였으며, 우주가 진화해 나온 원 입자는 정자다. 포의 환상에서 우주는 여성의 참여 없이 아버지 인물이 창조했다고 한다. 원래의 합일에 대한 갈망은 아버지에게 돌아가는 것이고 포의 여성성에서의 분리를 반영한다. 다중 우주에 대한 포의 환상에서 그에게 형제자매가 있었음을 볼 수 있다.

보나파르트에 의하면 『유레카』에서 어머니와 여성에 대한 포의 회피가 드러나며, 그래서 우주적인 동성애적 환상으로 그의 문학적 경력을 마감했다고 한다. 나는 예술에 대한 보나파르트의 프로이트식 해석으로의 이 짧은 여행을 통해서 주산기 및 자아초월적 영역을 포함시켜 영혼의 작도가 확장되면, 예술 작품의 내용에 대한 심리학적 분석에 훨씬 더 깊고 풍부하고 설득력 있는 개념적 틀이 제공됨을 보여 주었기를 기대한다.

오토 랭크

오토 랭크Otto Rank는 오이디푸스 콤플렉스가 예술적 영감의 최고 근원이라는 프로이트의 주장에 동의하지 않았다. 랭크에 따르면 예술가의 창조성의 동력은 출산의 트라우마와 연관된 원초적 불안Urangst을 수긍하고 어머니 자궁의 안전함으로 돌아가려는 깊은 욕구라고 한다(Rank, 1989).

탄생의 기억은 영혼의 강력한 동력이기 때문에 엄청나게 중요하다는 랭크의 전반적인 논지는 홀로트로픽 의식 상태 작업으로 설득력 있는 지지를 받았다. 그러나 그로 인해 강조점이 자궁으로 돌아가려는 소망에서 산도를 통과하는 트라우마를 재체험하고 심리영적 죽음과 재탄생을 경험하는 것으로 옮겨졌다. 앞에서 살펴보았듯이 실제 출산의 4단계에 관련된 구체적인 체험 패턴—기본 주산기 모형BPMs—을 확인하고 각 단계의 정신역동적 의미를 설명하는 일이 가능했다.

또한 이 연구는 영혼의 신화적 인물들과 심혼의 영역들은 출생 트라우마에서 파생된 것이 아니라 원형들, 즉 집단무의식의 자율적인 조직원리들이 표현된 것임을 보여 주었다. 그것들은 출생 기억의 산물이라기보다는 출생의 여러 단계에서의 체험들을 형성하고 영향을 미치는 데 중요한 역할을 한다. 그러므로 랭크는 스핑크스와 그 외 헤카테Hekate, 고르고Gorgo, 사이렌Sirens, 하피Harpies 등 악마적 여성상들이 상위의 원형 영역에 속한 인물상들이기보다 출산 중에 있는 불안에 찬 모성을 나타낸다고 보았다.

카를 구스타프 융

다음 부분에서 보겠지만, 이것은 정신분석 움직임의 또 다른 이단아인 카를 융Carl Gustav Jung의 치료 작업에서 나온 관점이다. 융은 금지된 오이디푸스적 환상을 공유하려는 것이 예술적 창조의 동기라는 프로이트의 생각에 동의하지 않는다. 융은 예술적 창조의 비밀과 예술의 효과는 '신비적 참여participation mystique'의 상태, 즉 개인이 아닌 집단적 인간collective Man이 사는 경험 수준으로 돌아가는 것에서 발견된다고 한다. 괴테가 파우스트를 창조한 것이 아니라 파우스트의 원형이 괴테를 창조한 것이다(Jung, 1975).

융과 프로이트는 리비도의 개념에서도 다르다. 융에게 리비도는 생물학적 욕구가 아니라 아리스토텔레스의 생명력entelechy이나 앙리 베르그송Henri Bergson의 생의 약동élan vital과 비슷하다. 예술을 이렇게 이해하면 프로이트가 정신분석에서 주장하는 원리를 사용해서는 설명할 수 없었던 천재성 문제에 대답할 수 있다.

개인심리학으로는 천재성의 현상을 이해할 수 없다. 융에 따르면, 천재성은 세계혼world soul; Anima mundi의 우주적 창조에너지의 통로로 기능한다. 융은 프로이트의 심혼 모델이 출생 후 전기와 개인무의식에 국한되었기 때문에 거부하고, 역사적이고 신화적인 영역을 가진 집단무의식을 포함시켜 그것을 확장하였다(Jung, 1990). 집단무의식과 그 조직 원리인 원형의 개념은 예술 분석에 대해 프로이트 심리학이 제공할 수 없었던 깊이를 가져다주었다.

첫 번째 예술 분석으로 융은 제네바에서 시어도어 플루노이Theodore Flournoy가 출판한 미국 여성 프랭크 밀러Frank Miller의 일부 시적이고 산문적인 『밀러 판타지Miller Fantasies』(Miller, 1906)를 광범위하게 분석해 『변용의 상징Symbols of Transformation』(Jung, 1956)이라는 제목으로 출판하였다. 이 역사적으로 중요한 작품의 출판은 프로이트와 융의 결별이 시작되었다는 표시였다.

융이 밀러의 책을 분석하는 데 사용한 '확충법'은 꿈, 정신병 체험, 예술 등 심혼의 발현을 분석하는 융 접근법의 모델이 되었다. 이것은 여러 문화의 민속, 역사, 문학, 예술, 신화에서 분석된 작품의 모티브와 인물들과 평행한 수평적 대상을 찾아 그 원형적 근원을 드러내는 기법이다.

융은 현대의 작가들과 영화 제작자들에게 심오한 영향을 주었다. 오이디푸스 콤플렉스, 거세 콤플렉스, 이빨 달린 질vagina dentata, 이드, 초자아 등 프로이트의 유명한 개념들처럼 그림자Shadow, 아니마Anima, 아니무스Animus, 사기꾼Trickster, 끔찍한 어머니Terrible Mother, 지혜로운 노인Wise Old Man 등 주요 원형에 대한 융의 묘사도 기존 예술 작품에 대한 통찰뿐만 아니라 수 세대의 신진 예술가들에게 영감을 주었다.

예술의 이해에 대한 심현제 연구의 공헌

알베르트 호프만이 LSD의 강력한 심현제 효과를 우연히 발견한 뒤 이 놀라운 물질의 실험을 통해 무의식, 인간 영혼, 창조과정에 대한 혁명적 발견이 이루어졌다. LSD 실험으로 역사가들과 예술 비평가들은 예술의 심리학과 정신병리학에 대해 비범한 새로운 통찰을 제공받게 되었다.

그들은 한스 프린츠혼Hans Prinzhorn의 고전인『정신질환자의 예술성Artistry of the Mentally Ill』(Prinzhorn, 1995), 발터 모르겐탈러Walter Morgenthaler의『정신이상과 예술Madness and Art』(Morgenthaler, 1992), 로저 카디날Roger Cardinal의『아웃사이더 아트Outsider Art』(Cardinal, 1972)에 나오는 아웃사이더 아트(아르 브뤼Art brut)와 정신병 환자들의 그림이 LSD 환상을 묘사한 정상인들의 그림과 무척 비슷하다는 것을 보았다. 다른 심현제성psychedelic 그림들은 아프리카 가면과 주물fetishes, 세픽강Sepik River의 뉴기니New Guinea 부족의 조각상, 호주 원주민의 나무껍질 그림, 멕시코 후이촐족Huichol 인디언들의 참마 그림, 남부 캘리포니아의 추마시Chumash 동굴 벽화 등 원주민 문화의 유물들과 매우 유사하였다.

LSD 대상자들의 예술은 추상파, 표현주의, 인상파, 입체파, 다다이즘(전위파), 초현실주의, 환상적 사실주의 등 다양한 대표적 현대운동의 예술과도 분명 비슷하다. LSD 연구에 참가한 프로 화가들은 심현제 회기에서 예술적 표현에 급격한 변화를 보였다. 상상력이 훨씬 풍부해지고, 색상은 좀 더 생생해지고, 스타일이 훨씬 자유로워졌다. 한 번도 그림을 그려 보지 않았던 사람들이 뛰어난 소묘나 그림을 그려 내기도 하는데, 회기에서 떠오른 깊은 무의식적 소재의 힘이 과정을 장악하여 예술적 표현의 통로로 참가자를 사용한 것 같다.

하지만 LSD나 그 외 심현제는 실험대상으로 자원한 예술가들의 스타일뿐만 아니라 예술에 훨씬 더 큰 영향을 끼쳤다. 젊은 아방가르드 예술가 세대 전체가 주산기 영역과 집단무의식의 원형 영역에서 깊은 영감을 찾기 위한 도구로 심현제를 받아들였다. 그들은 뛰어난 예술 능력으로 평소 감춰져 있었던 인간 심혼의 깊은 구석에서 발원하는 풍부한 체험들을 묘사하였다(Grof, 2015).

그들은 자기-실험을 통해 위대한 동양의 영적 철학 연구, 강렬한 명상 실행, 무속의례 참여, 여신과 성녀 숭배, 자연 신비주의, 소수에게만 비밀리에 전승되는 다양한 가르침 등 심현제 체험과 밀접하게 관련된 영역에도 진지한 관심을 갖게 되었다. 그중 많은 사람이 자신만의 영적, 철학적 탐구를 자기의 예술에 기록하였다.

정신과 의사와 심리학자들의 심현제 치료와 자기-실험은 예술의 해석과 예술비평에도 기여하였다. 주류 심혼 모델이 부적절하며 급진적인 확장과 수정이 필요하다는 점을 드러낸 것이다. 앞선 장에서 나는 홀로트로픽 상태 연구에서 얻은 경험과 관찰에 근거한 고유한 새로운 모델에 대한 제안을 설명한 바 있다.

이 장을 마치면서 나는 예술 분석에 확장된 영혼의 작도를 사용하려는 최초의 시도 중 하나를 간단히 살펴보려고 한다. 그것은 위대한 프랑스 작가이며 철학자인 장 폴 사르트르Jean Paul Sartre에 대한 뛰어난 연구인 『사르트르의 통과의례Sartre's Rite of Passage』로, 35년 전 톰 리드링거Tom Riedlinger가 쓰고 자아초월심리학 학술지에 게재되었다(Riedlinger, 1982). 여기에는 주산기에 초점을 맞춘 사르트르의 형편없이 관리되었고 미해결되었던 심현제 회기를 통해 그의 저작과 실존철학의 주요한 측면들을 이해할 수 있다는 설득력 있는 증거가 나온다.

1935년 2월에 사르트르는 프랑스 르아브르Le Havre의 상트 안느Sainte-Anne 병원에서 메스칼린mescaline 근육주사를 맞았다. 그는 당시 책도 내지 않은 29세 무명의 철학교수였다. 그는 상상에 대한 책을 쓰고 있었는데, 그 약물로 환상을 유도해서 심혼의 역동성에 대한 통찰을 얻기 바랐다. 그의 소망은 기대 이상으로 충족되었다.

◀ 장 폴 사르트르(1905~1980)는 프랑스 작가, 소설가, 극작가이다. 실존 철학자인 아내와 함께한 모습이다. 사르트르의 아내 시몬 드 보부아르(1908~1986)는 프랑스 작가, 철학자, 정치 운동가였다.

사르트르의 오후 회기에 파트너인 시몬 드 보부아르Simone de Beauvoir가 그를 불렀는데, 사르트르는 문어와 필사적으로 싸우던 중 그녀가 부르는 바람에 구출되었다고 했다. 앞에서 우리는 문어가 BPM II에 자주 나오는 상징으로서 자궁의 수중환경에서 체험하는 자유의 종결을 묘사한다는 것을 보았다. 또한 사르트르는 거대한 착시도 체험하였다. 우산이 독수리가 되고, 구두가 해골이 되며, 사람 얼굴이 괴물처럼 보이는 식으로 환경 속의 물체들이 괴기하게 모양이 바뀌면서 죽음의 상징이 되고 있었다. 그는 자신이 미쳐 가고 있는 것 같아 두려웠다. 이 모든 것은 BPM II의 전형적인 징후이다.

남은 저녁 시간에는 끔찍한 유령들을 보았다. 다음 날 아침 사르트르는 완전히 회복된 것 같았지만 며칠 후 다시 우울증과 불안감의 공격을 받기 시작하였고, 거대한 가재와 게 같은 다양한 수중 괴물에게 쫓기고, 집들은 힐끔거리는 얼굴과 눈과 턱이 있었으며, 시계판은 부엉이로 변하는 것 같았다. 사르트르는 자신이 만성 환각성 정신증을 앓고 있다고 진단하였다.

사르트르는 자기에게 메스칼린을 준 정신과 의사 라가쉐Lagache 때문에 '나쁜 여행'을 했다고 했다. 그는 '오히려 음울했으며', 라가쉐는 회기를 준비하면서 그에게 "이것의 효과가 끔찍했지요!"라고 말했다. 사르트르는 그 약이 자기에게 일어난 일의 주요 원인은 아니라고 주장하였다. 약의 효과는 '부수적'이며 그의 반응의 일차적인 '지대한' 원인은 성장과정에 비롯된 만연한 정체성 위기였다고 생각하였다. 그는 부르주아 사회에서 개인에게 부과되는 사회적 책임을 받아들이기를 꺼려 하였다.

하지만 사르트르의 환상은 그의 정체성 위기와 부르주아 사회에 삼켜지는 것에 대한 두려움보다 더 훨씬 초기에 깊은 뿌리를 둔다. 심연에 사는 해양 괴물들과의 비슷한 대면이 사르트르의 어린 시절에 대한 자서전인 『말Les Mots』에 기록되어 있다(Sartre, 1964a). 그는 8세 때 창의적 글쓰기의 힘을 발견하였다고 한다. 그는 괴로움을 체험하기 시작할 때마다 자기 영웅들을 거친 모험 속으로 데려갔다. 사르트르의 전형적인 어린 시절 영웅들은 거대 문어, 거대 거미, 20톤짜리 갑각류 등 다양한 지하 또는 해저 괴물과 싸우는 지질학자와 심해 잠수부였는데, 이들은 모두 주산기 수준BPM II 위주의 심현제나 홀로트로픽 숨치료 회기에서 중요한 역할을 하는 생물들이다. 이에 대해 사르트르는 "내 펜에서 흘러나오는 어린 괴물인 나 자신이었다. 그것은 삶에 대한 나의 지루함, 죽음에 대한 나의 두려움, 나의 둔함과 괴팍함이었다."라고 했다.

메스칼린 회기로 두 번째 주산기 모형과 연관된 응축경험 체계가 활성화되었고 그 영향은 메스칼린의 약리작용이 진정된 후에도 오래 지속된 것으로 보인다. 이 응축경험 층들은 사르트르의 먼 어린 시절까지 거슬러 갔으며, 그중 가장 중요한 공통분모는 만연해 있는 죽음의 존재감이었다. 그의 아버지는 사르트르가 태어난 지 2년도 안 되어 30세에 죽었다. 그의 어머니는 남편의 병에 신경 쓰느라 수유를 멈추었다. 사르트르는 이유를 시작하기 위한 젖떼기에 강한 반응을 보였고 심한 장염을 앓았다.

그때부터 사르트르의 인생은 '장례식 맛'이 났다. 5세 때 그는 검은 옷을 입은 키가 큰 미친 여자 모습의 죽음을 보았다. 사르트르가 바라보자 죽음은 "저 아이를 내 호주머니에 넣을 거야."라고 중얼거렸다. 어린아이였던 사르트르는 친구의 병과 할머니의 죽음에 강하게 반응하였다. 7세 때 그는 '어디서든 죽음이 그늘진 입을 벌려 덥석 잡아챌지도 모른다'는 공포 상태 속에서 살았다.

사르트르가 거울을 보면 '수족관 유리에 부딪히는 해파리'인 자신이 보였다. 아이들은 사르트르와 놀려고 하지 않았으며 그는 버려지고 혼자라고 느꼈다. 백일몽에서는 내 발기부전의 밑바닥에 있던 '거대한 괴물 같은 우주'가 보이고는 했다. 이에 대해 그는 이 공포는 "내가 발명한 것이 아니라 내 기억 속에서 발견한 것이다."라고 말했다.

사르트르의 문제들과 그의 작업의 많은 측면은 BPM II, 즉 죽음과 정신이상에 대한 두려움, 수중 괴물에 대한 집착, 인생과 그 외 실존주의 철학의 요소들이 부조리하다는 느낌, 외로움, 열등감, 죄의식에 강한 영향을 받은 결과라고 이해할 수 있다. 심지어 그의 유명한 연극은 제목이 "닫힌 방Huit clos"이다(Sartre, 1994). 인생의 중대한 시기에 사르트르는 자신을 매 순간 태어남과 죽음이라는 두 극단 사이에서 긴장감이 한계점에 다다른 상태로 보았다. 죽음과 출생의 이 이상한 체험적 혼합 역시 주산기 역동의 특징이다.

사르트르는 자신의 서른 번째 생일을 몇 달 앞둔 시점에서 이러한 긴장감이 견딜 수 없을 정도에 이르렀다. 사르트르는 어니스트 베커Ernest Becker가 '불멸의 프로젝트'라고 부른(Becker, 1973) 죽음을 부인하는 전략을 사용하여, 사후에 명성을 얻을 것이라는 환상을 갖고 글을 씀으로써 죽음의 가시를 피하려 했다. 하지만 그런 노력은 실패하였고 출판도 못했다. 또한 사르트르는 아버지가 죽었던 나이에 가까워지고 있음을 깨닫고 있었다. 그러므로 사르트르가 메스칼린을 복용하였을 때 죽음을 중심 주제로 하는 그의 응축경험 체계가 표면 가까이에 있었던 것이다.

그의 응축경험 체계는 강화되어 일부가 의식 안으로 출현했지만 해결되지는 않았다. 그 요소들은 메스칼린 회기 때 그가 집필하기 시작한『구토La Nausée』전체에 나타난다(Sartre, 1964b). 이 작업을 통해 사르트르는 그 체험을 통합하는 데 도움을 받은 것으로 보인다. 메스꺼움, 숨막힘, 분변(끈적이는 썩은 오물) 등의 문제가 다루어지며, 바다 괴물들과 기괴한 밤나무(『말』에 묘사된 사르트르의 어린 시절의 죽음의 나무)에 대해서도 언급하고 있다.

나는『현대 의식 연구와 예술의 이해Modern Consciousness Research and the Understanding of Art』(Grof, 2015)에서 예술 작품 분석을 위해 확장된 작도를 제작하는 것의 이점을 좀 더 종합적으로 다루었다. 이 책에서 중요한 부분은 스위스의 천재 환상적 사실주의자 한스 뢰디 기거Hans Ruedi Giger의 그림, 소묘, 조소의 선집이다. 예술을 이해하는 데 무의식의 주산기 영역이 중요하다는 사실을 보여 주는 데 있어서 그의 예술보다 더 명백한 증거는 없다.

참고문헌

Alpher, R. A., & Herman, R. 2001. *Genesis of the Big Bang.* Oxford: Oxford University Press.

Becker, E. 1973. *The Denial of Death.* New York: The Free Press.

Bonaparte, M. 1949. *The Life and Works of Edgar Allan Poe.* London: Imago Publishing Co.

Cardinal, R. 1972. *Outsider Art.* New York: Praeger.

Freud, S. 1911. "Formulations Regarding the Two Principles in Mental Functioning." *Papers on Metapsychology; Papers on Applied Psycho-Analysis.* Vol. 4 of Collected Papers. London: Hogarth Press and the Institute of Psychoanalysis.

Freud, S. 1913. "The Case of the Three Caskets." *The Standard Edition of the Complete Psychological Works of Sigmund Freud, Volume XII* (1911-1913).

▲ 레오나르도 다빈치(1452~1519)는 1512년에 그의 유명한 자화상을 창작했다.

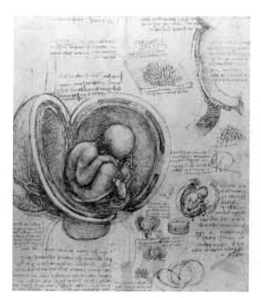

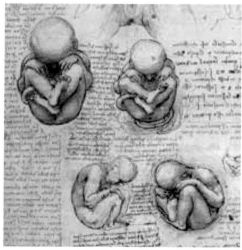

▲ 자궁 속 태아의 스케치들. 성교

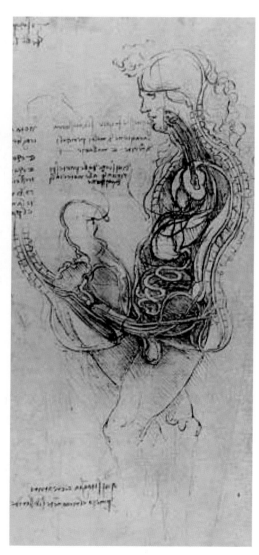

▲ 레오나르도 다빈치가 상상한 성교의 해부도

▲ 레오나르도 다빈치의 〈최후의 만찬〉.
15세기 후반 밀라노의 산타 마리아 델레 그라치에 성당의 식당에 그린 벽화이다.

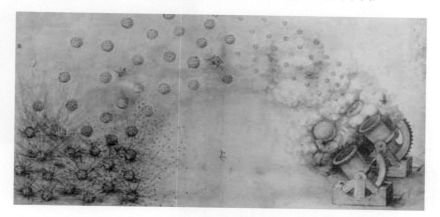

▲ 레오나르도 다빈치가 로도비코 스포르자 공작을 위해 만든 전쟁무기 그림으로, 많은 공으로 폭발되는 대포를 그렸다.

▲ 다가오는 군대의 군인들에게 말들을 모는 회전날들

레오나르도 다빈치의 〈성 안나와 성 모자〉, ▶
1508, 파리 루브르 박물관

◀ (오스카 피스터에 따르면) 레오나르도 다빈치의 선
화線畵 〈성 안나와 성 모자〉에는 숨겨진 독수리의
이미지가 보인다.

▲ 레오나르도 다빈치의 〈모나리자〉, 1519.
　파리 루브르 박물관

레오나르도 다빈치, '레오나르도적 미소'가 있는 ▶
〈세례 요한〉, 1516. 파리 루브르 박물관

▲ 융이 자신의 영적 응급 상황에서의 도전적인 체험을 기록하고 그린 유명한 『레드 북』

▲ 융이 『레드 북』에 수록한 그의 환상 속에 나온 영적 안내자 필레몬Philemon

▲ 탄트라 추상화 원형적 상징인 얀트라Yantra. 960 얀트라가 있으며, 각각 특정 신의 우주 에너지를 대표한다.

▲ 스리 얀트라Sri Yantra는 탄트라에서 가장 신성한 원형적 상징으로서 다른 모든 얀트라가 거기서 파생되었으므로 모든 얀트라의 어머니라고 불린다. 삼차원 형태로, 우주의 중심에 있는 우주적 산인 메루산Mount Meru을 나타낸다고 한다.

▲ 한 주기의 끝과 다른 주기의 시작에 있는 칼리와 시바Kali and Shiva. 갠지스강이 시바의 머리 라자스탄Rajasthan에서 발원한다. 19세기.

▲ 반여신 반남신Shiva Ardhanareshvara. 원형적으로 양성을 상징하며, 우주적 생성의 양극성의 시작 또는 영적 여정의 끝에서의 이원성의 초월을 나타낸다.

▲ 위대한 지혜인 칼리는 자신의 피로 모든 새로운 생명을 먹인다. 난디Nandi 황소는 시바의 동물이고, 호랑이는 칼리와 관련된 동물이다.

▲ 지옥 문, 연옥산의 7개 테라스, 피렌체 옆에서 『신곡Divine Comedy』을 들고 있는 단테 알리기에리Dante Alighieri(1265~ 1321). (마리아 델 피오레 돔에 있는 도메니코 디 미켈리노Domenico di Michelino의 프레스코화)

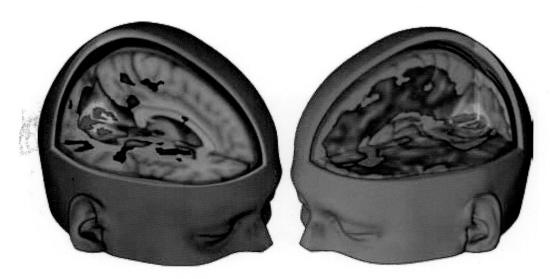

▲ 심현제 사용 뇌영상. 왼쪽은 위약 섭취 후 뇌, 오른쪽은 실로사이빈 섭취 후 뇌 스캔이다(Robin Carhart-Harris, 2016).

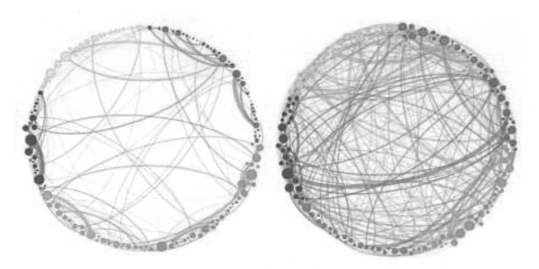

▲ 비非심현제 화합물(왼쪽)과 실로사이빈(오른쪽)이 제공된 사람들의 뇌 네트워크 간 소통(Petri et al., 2014).

▲ 낙원에서 낙타를 탄 미녀들을 만나는 무함마드Mohammed와 대천사 가브리엘Gabriel. 15세기에 터키어 방언으로
쓰인 이슬람 사본 『미라즈 나메Mirâj Nâmeh』에서.

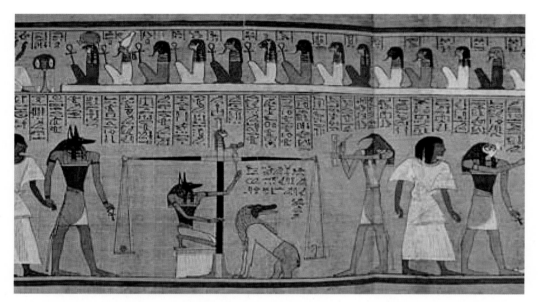

▲ 『이집트 사자의 서』에서 신의 심판 장면이다. 자칼 머리의 신 아누비스Anubis는 죽은 후네페르Hunefer를 심판의 전당으로 데려오고 있다. 거기서 그는 정의의 여신 마트Maat를 상징하는 타조 깃털을 반대쪽에 두고 그의 심장(인격)의 무게를 잰다. 심판을 통과하지 못하면 그는 악어의 머리와 사자의 몸과 하마의 하반신을 한 세 가지 형태의 괴물인 아메메트Amemet, 즉 영혼의 포식자에게 집어삼켜진다. 따오기 머리의 신 토트Thoth는 공정한 판사 역할을 한다(대영박물관, 1300 BC 경 파피루스).

▲ 후네페르가 심판을 통과하자 호루스Horus는 그를 오시리스Osiris와 그의 두 누이인 이시스Isis와 네프티스Nephthys에게 데려가고 있다. 연꽃 위에는 미라의 내장이 담긴 카노푸스의 단지 4개의 화신인 호루스의 세 아들이 서 있다(대영박물관, 1300 BC 경 파피루스).

▲ 센네젬Sennedjem의 무덤. 무덤 상부에는
태양신 라Ra가 앙크ankh(고리십자 모양)를 들고
태양의 배에 앉아서 일출의 순간을 축하하는
개코원숭이 두 마리의 수행을 받고 있다.
아래에는 죽은 센네젬이 아내 이네페르티Iyneferti와
함께 내세를 즐기고 있는 라루Laru 들판이 있다.

◀ 『이집트 사자의 서』에서 승리의 일출 순간. 여신
이시스와 네프티스는 오라비 오시리스의 척추를
상징하는 제드djed 기둥에 앉아 있다. 떠오르는
태양은 저승의 영생의 상징인 의인화된
나일 십자가 앙크의 지지를 받고 있다.
이 사건을 목격하던 새벽의 여섯 영혼은
일출의 순간 개코원숭이로 변한다.

▲ 태모신이자 주술사이며 오시리스의 누이요 아내인 이시스. 오시리스는 이시스가 연 모양을 하고 있을 때
아들 호루스를 잉태했다. 여기서 이시스는 파라오 투탕카멘Tutankhamen의 사당에 수호자로서 긴 날개를 펼친 채
서 있다(18세기 왕조 투탕카멘의 무덤의 양각세공).

이 작품의 원저자는 8세기에 티베트에 불교를 ▶
전한 전설적인 영적 교사
파드마삼바바Padmasambhava이다.
그는 인생의 다양한 장면
가운데 묘사되어 있다.

◀ 영적 해방으로 인도해 줄 수 있는 심오한 지혜는
프라즈냐파라미타Prajñāpāramitā(초월적 지혜)로
알려져 있으며, 여신으로 의인화되기도 한다.

▲ 5인의 초월한 디야니Dhyani 또는 여래Tathagata를 묘사한 『티베트 사자의 서』의 싹트기 시작한 만다라. 중유中有, bardo (티베트 불교의 죽음과 환생 사이의 상태)를 통과하는 여정에서 수많은 평화로운 신과 분노한 신들, 다키니鬼女들, 동물 머리의 신들로 펼쳐진다.

▲ 죽음과 환생 사이에서 만나게 되는 주요 신들이 부처 헤루카Heruka 그림 중앙에 묘사되어 있다. 4인의 다른 무서운 헤루카 주위로 사나운 다키니들과 만다라의 수호신들이 춤을 춘다. 5인의 초월한 여래들이 각기 보살Bodhisattvas들과 함께 귀퉁이에 있는 만다라들에 하나씩 들어 있다(19세기 티베트의 탱화 두루마리에 그린 종교화).

▲ 죽을 때를 대비하기 위해 만들어진, 중유Bardo Thödol에 기반을 둔 평화로운 신들과 분노한 신들의 만다라. 쳄촉 헤루카Chemchok Heruka. 만다라의 윗부분에는 평화로운 신들이 있으며, 주변에는 사나운 수많은 인간과 동물들이 춤을 추고 있다(18세기 탱화).

▲ 프라 안젤리코Fra Angelico. 피렌체의 산타마리아 데글리 안젤리 교회의 최후의 심판The Last Judgment. 그리스도가 천사들, 마리아, 요한, 성도들에게 둘러싸여 흰 보좌에 앉아 있다. 그는 왼손으로는 지옥을, 오른손으로는 천국을 가리키고 있다. 그리스도의 오른쪽에는 낙원이 있어 천사들이 구원받은 자들을 아름다운 동산으로 인도한다. 중앙에는 부활한 자들이 심판을 받기 위해 무덤을 깨고 나와 있다. 그리스도의 왼쪽에서는 귀신들이 저주받은 자들을 악인들이 고통받는 지옥으로 몰아넣는다.

◀ 이 마지막 심판 그림은 기독교의 신들인 하나님 아버지, 그리스도, 성모 마리아를 성도들과 천사들 가운데 하늘의 만돌라 모양 입구에, 사탄을 밑에 있는 지옥에 그렸다(볼로냐 화랑Bologna Pinacotheca).

◀ 히에로니무스 보슈Hieronymus Bosch,
축복받은 자의 승천Ascent of the
Blessed(1505~1515). 천사의 무리가
축복받은 인간 영혼들을 구원받도록
도와준다. 그림의 모든 인물은
터널을 향해 위쪽을 보고 있다
(베네치아 갤러리 델레 아카데미아
Gallerie delle Accademia).

▲ 나와틀(아즈텍) 『보르자 고문서Borgia Codex』의 이 그림은 케찰코아틀Quetzalcoatl(날개 달린 뱀의 모습을 한 고대
아즈텍족의 주신)과 테스카틀리포카Tezcatlipoca, 일명 연기 나는 거울(물질) 간의 역동적인 춤을 보여 줌으로써
양극성과 동시에 영과 물질의 상보성을 아름답게 묘사한다.

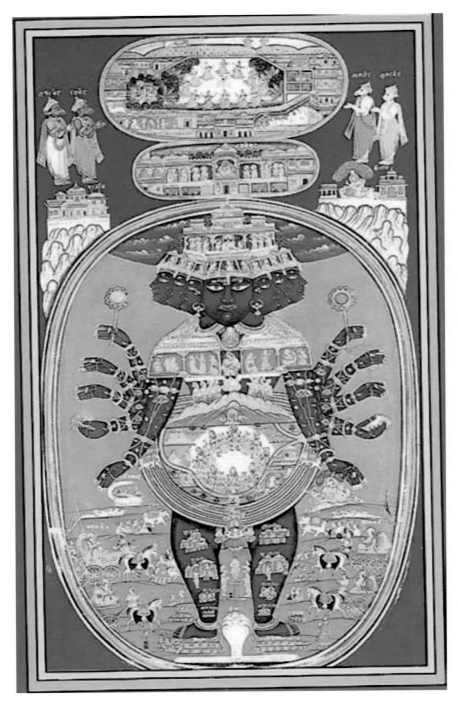

▲ 『바가바드기타』의 한 장면. 아르주나Arjuna는 크리슈나Krishna에게 자신의 신적 존재 전체를 공개해야 한다고
주장했다. 크리슈나는 동의하고 자신을 우주 전체가 들어 있는 거대한 우주 인간으로 나타냈다. 그의 배는
인간계bhurloka로서, 위에는 7개의 상승 영역(lokas), 아래에는 7개의 하강 영역이 있었다.

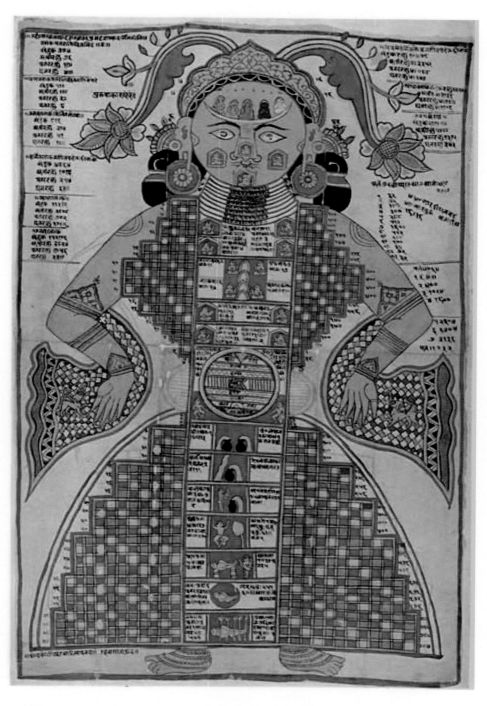

▲ 자인 푸루샤카라 얀트라Jain Purushakara Yantra. 인물의 허리 주위의 작은 원은 인간들이 사는 영역인 지상세계Jambudvipa를 묘사한다. 위와 아래에는 천상과 지옥의 영역이 있다. 이 인물은 전체 대우주를 포함하는 소우주인 인간을 나타낸다(1780년경 인도 라자스탄의 실크 구아슈Gouache).

▲ 원시인 아담 카드몬Adam Kadmon. 대인류Makroanthropos 또는 대우주Makrokosmos. 카발라에서 그는 하나님의 무한한 빛이 수축된 후 첫 영적 세계에 있게 되었다. 그는 하나님이 흙에서 창조한 첫 사람인 육신의 아담이 아니다. 아담 카드몬의 영적 영역은 왕관의 신성에 해당하는 것으로, 후속 창조를 위한 신성한 의지와 프로그램이다.

Freud, S. 1917. "A Childhood Recollection from Dichtung und Wahrheit." *The Standard Edition of the Complete Psychological Works of Sigmund Freud, Volume XVII* (1917–1919).

Freud, S. 1953. *The Interpretation of Dreams*. London: The Hogarth Press and the Institute of Psychoanalysis, Vol. IV.

Freud, S. 1957a. *Dostoevsky and Parricide*. London: The Hogarth Press and the Institute of Psychoanalysis, Vol. XI.

Freud, S. 1957b. *Leonardo da Vinci and A Memory of His Childhood*. London: The Hogarth Press and the Institute of Psychoanalysis, Vol. XI.

Freud, S. 2003. *Delusion and Dreams in Wilhelm Jensen's Gradiva*. Los Angeles, CA: Green Integer.

Friedman, A. 1922. "On the Curvature of Space." *Gen. Rel. Grav.* 31: 1991–2000.

Gamow, G. 1952. *Creation of the Universe*. New York: Viking Press.

Grof, S. 1998. *The Cosmic Game: Explorations of the Frontiers of Human Consciousness*. Albany, NY: State University New York (SUNY) Press.

Grof, S. 2009. Holotropic Research and Archetypal Astrology. Archai: *Journal of Archetypal Astrology* 1: 50–66.

Grof, S. 2012. Two Case Studies: An Archetypal Astrological Analysis of Experiences in Psychedelic Sessions and Spiritual Emergencies. Archai: *Journal of Archetypal Astrology* 4: 11–126.

Grof, S. 2015. *Modern Consciousness Research and the Understanding of Art*. Santa Cruz, CA: MAPS Publications.

Harman, W. 1984. *Higher Creativity: Liberating the Unconscious for Breakthrough Insights*. Los Angeles, CA: J. P. Tarcher.

Hillman, J. 1996. *The Soul's Code: In Search of Character and Calling*. New York: Random House.

Huxley, A. 1945. *Perennial Philosophy*. New York: Harper & Brothers.

Jung, C. G. 1956. *Symbols of Transformation*. Collected Works, vol. 5, Bollingen Series XX. Princeton, NJ: Princeton University Press.

Jung, C. G. 1975. *The Spirit in Man, Art, and Literature*. Collected Works, vol. 15, Bollingen Series XX. Princeton, NJ: Princeton University Press.

Jung, C. G. 1990. *Archetypes and the Collective Unconscious*. Collected Works, vol. 9 (Part 1). Bollingen Series XX. Princeton, NJ: Princeton University Press.

Miller, Miss Frank. 1906. "Quelques Faits d'Imagination Créatrice." *Archives de psychologie (Geneva)* V. 36–51.

Mookerjee, A., & Khanna, M. 1989. *The Tantric Way: Art, Science, Ritual*. London: Thames and Hudson.

Morgenthaler, W. 1992. *Madness and Art (Ein Geisteskranker als Künstler)*. Lincoln, NE: University of Nebraska Press.

Neumann, E. 1974. *Art and the Creative Unconscious: Leonardo da Vinci and the Mother Archetype*. Princeton, NJ: Princeton University Press.

Pfister, O. 1913. "Kryptolalie, Kryptographie und unbewusstes Vexierbild bei Normalen" (Cryptophasia, Cryptography, and the Unconscious Puzzle Picture in Normal People). *Jahrbuch fuer Psychoanalytische und Psychopathologische Forschungen*. 5, 115.

Prinzhorn, H. 1995. *Artistry of the Mentally Ill: A Contribution to the Psychology and Psychopathology of Configuration*. Vienna, New York: Springer Verlag.

Rank, O. 1989. *Art and Artist*. New York: W.W. Norton Company.

Riedlinger, T. 1982. "Sartre's Rite of Passage." *Journal of Transpersonal Psychology* 14: 105.

Sartre, J. P. 1964a. *The Words (Les Mots)*. New York: George Braziller.

Sartre, J. P. 1964b. *Nausea (La Nausée)*. New York: New Directions Publishing Corporation.

Sartre, J. P. 1994. *No Exit (Huit Clos)*. New York: Samuel French.

Tarnas, R. 2006. *Cosmos and Psyche: Intimations of a New World View*. New York: Viking Press.

10

프로메테우스적 충동:

높은 창조성

앞선 장에서 보았던 것과 같이, 주산기와 자아초월 영역을 추가해 심혼의 모델을 확장시키는 것은 예술 작품에 대한 더 깊은 통찰력을 제공한다. 자아초월 차원 안에 있는 집단무의식과 전형적 원동력을 추가하는 것은 프로이트도 할 수 없었던 창작 과정 자체와 천재적인 현상을 이해할 수 있게 만든다.

토마스 쿤Thomas Kuhn은『과학혁명의 구조The Structure of Scientific Revolutions』에서 과학의 역사에서 과학이 선형적으로 진보한다는 신화를 저버리고, 그것을 매우 다른 패러다임에 의해 지배되는 종종 서로 모순되는 불연속적인 일련의 기간들로 대체하였다(Kuhn, 1962). 이제까지 얼마나 자주 가장 위대한 과학적 통찰, 발견, 돌파구나 발명이 그것을 낳은 작자에게 비전, 꿈, 판타지, 무아지경 상태나 번개 섬광의 형태들과 여러 종류의 홀로트로픽 의식 상태로 나타났는지 역사가들은 충분히 인정해 주지 않았다.

윌리스 하먼Willis Harman의『고도의 창조성: 획기적인 통찰을 위한 무의식의 해방Higher Creativity: Liberating the Unconscious for Breakthrough Insights』에서 아이작 뉴턴Isaac Newton, 르네 데카르트René Descartes, 알베르트 아인슈타인Albert Einstein, 니콜라 테슬라Nikola Tesla, 모차르트Mozart, 자코모 푸치니Giacomo Puccini, 리하르트 바그너Richard Wagner, 라이너 마리아 릴케Rainer Maria Rilke, 혹은 프리드리히 니체Friedrich Nietzsche 같은 여러 천재가 홀로트로픽 의식 상태와 우주 창조 에너지(Harman, 1984)로부터 영감을 받았다고 설명하였다.

우리는 보통 과정의 최종 결과물로부터 배우지만 그 과정 중에 있었던 마음 안의 특수한 상태는 거의 듣지 못한다. 역사학자들의 세대는 역사상 가장 중요한 사건들이었을 것을 무시해 왔다. 윌리스 하먼은 저서에서 그가 '영감에 관한 비밀스러운 역사'라고 부른 것에 대해 언급하였다. 이 발견은 다른 분야의 과학자, 수학자, 화가, 작곡가, 작가, 시인, 종교 창시자, 예언자 및 신비주의자에게도 일어났다.

비엔나의 물리학자, 수학자 그리고 철학자인 필립 프랭크Philipp Frank는『과학철학Philosophy of Science』에서 과학적 발견의 원천 또는 그 기본 원리는 종종 원형적인 모티브라고 말하였다. 과학의 역사에서 혁명적인 사상은 종종 정당화되거나 충분히 지지받을 만한 증거가 나오기 오래전에 등장하였다(Frank, 1957). 예를 들어, 소크라테스 이전의 철학자 아낙시만드로스Anaximandros는 모든 생명은 바다에서부터 유래했다는 원시 진화론을 제안하였고, 데모크리토스Demokritos와 레우키포스Leucippus는 기원전 4세기와 5세기에 물질의 기본 구성요소는 원자나 작은 불가분의 입자들이라고 제한하였다. 니콜라스 코페르니쿠스Nicolas Copernicus와 요하네스 케플러Johannes Kepler는 그들의 영감을 태양 원형으로부터 가져왔고, 17세기에 화엄華嚴불교 철학자는 우주 안의 홀로그래픽 원리에 대해 말하였다(Franck, 1976). 윌리스 하먼은 그의 책에 이러한 많은 예시를 나열해 놨다.

신성한 영감에 대한 개념은 바티칸의 시스틴 예배당에 있는 미켈란젤로Michelangelo의 작품에 굉장히 잘 표현되어 있다. 미켈란젤로는 주 선지자와 부 선지자의 이미지를 그렸다. 그들 모두가 곁에 천사를 두고 있지만, 오직 주 선지자들만이 듣고 있는 것으로 묘사된다. 신성한 영감을 받기 위해서는 결국 개방적인 태도와 기꺼이 받아들이는 자세가 필요하다.

니체는 『이 사람을 보라Ecce Homo』[1]에서 높은 창의력이 포함된 신성한 영감의 경험을 풍부한 표현들로 묘사해 놓았다.

> 19세기 말 더 강력한 시대에 사는 시인들이 '영감inspiration'이라는 단어를 어떻게 이해했는지에 대해 명확한 생각을 가진 사람이 있는가? 만약 그렇지 않다면, 나는 그것을 설명하고자 한다. 그것에 남겨진 미신의 여지가 아주 적다면, 사람들은 단지 성육신成肉身, 대변자, 또는 전능한 힘의 매개체라는 생각을 떨쳐 버릴 수 없을 것이다. 무언가를 깊이 교란시키고 산산조각 내는 것이 말할 수 없이 확실하고 정확하게 보이고 들린다는 점에서 계시revelation라는 개념은 단순한 사실이라고 말할 수 있다. 사람은 듣지 않고, 누가 주는지 묻지 않으며, 갑자기 번개처럼 생각이 번뜩이며, 흔들림 없이 온다. 나는 그 문제에 대해 선택의 여지가 없었다(Nietzsche, 1992).

---

1) 에케 호모(라틴어: Ecce homo) 또는 에체 호모는 요한복음서 19장 5절에 나오는 라틴어 어구로, 빌라도가 예수를 채찍질하고 머리에 가시관을 씌운 뒤 성난 무리 앞에서 예수를 가리키면서 말한 것으로 '이 사람을 보라'는 뜻이다.

◀ 프리드리히 니체(1844~1900)는 독일 고전 학자, 철학자, 문화 비평가, 현대 사상에 가장 많은 영향을 준 인물 중 한 명이다.

프리드리히 아우구스트 케쿨레 폰 슈트라도니츠

　높은 창의력의 예로 가장 유명한 것은 19세기 독일 화학자이고 유기화학 구조이론의 창시자인 프리드리히 아우구스트 케쿨레 폰 슈트라도니츠Friedrich August Kekulé von Stradonitz의 이야기이다. 수년간 화합물의 구조에 대해 이해하려고 한 후에 그는 크고 작은 원자들이 다양한 조합으로 결합하고 체인을 형성하는 비전을 보았다. 그에 따르면 이 모습은 갑자기 런던에 있는 말이 끄는 마차의 상갑판에 있다가 그냥 나타나 화학의 복잡한 구조에 대한 통찰력을 준 정말로 기이한 일이었다고 한다.

　벤젠benzene의 구조를 이해하려고 노력했던 케쿨레에게 더 구체적인 통찰력은 나중에 환상으로 찾아왔다. 그것은 우로보로스Ouroboros의 자기 꼬리를 삼키고 있는 원형적인 뱀, 순환성을 나타내는 화학적 기호, 영원한 귀환, 또는 끝없는 창조와 파괴를 나타내는 것으로 최면 상태에서 보듯이 나왔다. 이것은 '과학의 전체 역사에서 가장 빛나는 예측 단서'라고 불리는 벤젠 고리(C_6H_6)의 발견이었다.

◀ 프리드리히 아우구스트 케쿨레 폰
슈트라도니츠(1829~1896)는 독일 유기
화학자로서 유기화학 구조이론의 주 창시자였다.

◀ 우로보로스 원형. 테오도로에스 페레카노스
Theodoroes Pelecanos의 1478년 그림.
영지靈知주의자, 은둔자, 영원한 회귀, 순환,
끝없는 창조와 파괴, 삶과 죽음의 연금술적
상징이다.

드미트리 이바토비치 멘델레예프

문제의 해결점은 결실 없이 애쓰는 나날들 사이에 자주 번개같이 나타난다. 러시아인
화학자 드미트리 이바토비치 멘델레예프Dmitri Ivanovich Mendeleev에게도 그러한 일이 일어

났다. 그는 원자량에 따른 화학 원소를 체계화한 방법을 고안하려고 열심히 노력했지만 성공하지 못하였다. 그러던 어느 날, 피곤했던 그는 잠이 들었는데 꿈에서 모든 원소가 우리가 지금 멘델레예프의 원소 주기율표로 알고 있는 형태로 해결방법이 나타났다. 꿈에서 알려 준 자리들에서 한 자리 빼고는 다 맞았다. 멘델레예프는 1906년에 노벨 화학상 수상자로 지명을 받았지만 바로 일 년 뒤에 그 명예를 얻지 못하고 죽었다.

◀ 드미트리 이바토비치 멘델레예프(1834~1907)는 러시아 화학자로서 원소 주기 분류로 노벨상 지명을 받았다.

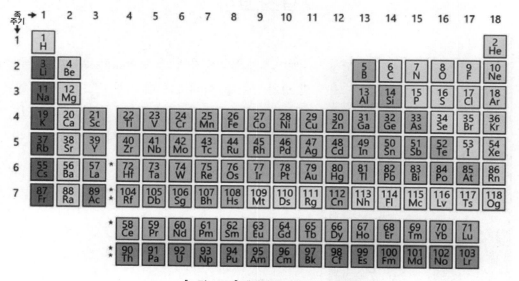

[그림 10-1] 멘델레예프의 원소 주기율표

오토 뢰비

　노벨상이 자신의 꿈 때문이었던 또 다른 과학자는 독일 태생 약리학자이며 정신생물학자인 오토 뢰비Otto Loewi이다. 그의 전문 경력 시작 즈음에 동료와 나누었던 대화에서 뢰비는 신경 충격 전달에는 전류뿐만 아니라 약리학적인 이유가 있을 것이라는 생각이 빠르게 들었다. 그러나 그때는 그의 주장을 증명할 실험을 하는 것에 실패하였다.

　17년 후 어느 날 그는 잠이 들었는데, 예전에 증명해 내지 못한 실험을 어떻게 해낼 수 있는지 꿈에서 선명히 볼 수 있었다. 다음 날 아침에 그는 일어나 빠르게 적었지만 완벽하게 기억해 낼 수가 없었다. 하지만 다음 날 새벽 세 시에 똑같은 꿈을 또 꾸게 되었고, 그는 바로 일어나 연구실로 가서 실험을 바로 실시하였다. 결과는 성공적이었는데, 그는 신경전달물질인 신경자극의 화학적 전달 이론의 기초가 된 아세틸콜린acetylcholine을 발견하였다.

닐스 보어

　덴마크의 물리학자 닐스 보어Niels Bohr는 원자 구조 및 양자 이론을 이해하는 데 가장 큰 기여를 하였으며, 원자에 관한 모델로 행성계에 관한 꿈을 꾸었다. 이 발견은 1922년에 그에게 물리학 노벨상을 가져다 주었다.

▲ 닐스 보어(1885~1962)는 원자에 관한 행성계 모델과
　상보성 원리를 발명했다. 20세기 최고의 물리학자 중 한 사람이다.

뉴턴-데카르트 패러다임에 관한 역설

프리초프 카프라Fritjof Capra는 『현대 물리학과 동양사상The Tao of Physics』[2]에 뉴턴의 데카르트 사상 패러다임을 기계론적 유물론 철학 아래 300년 동안 서양 과학을 이끌어 간 이념이라고 하였다(Capra, 1975). 하지만 뉴턴이나 데카르트 그 누구도 유물론자는 아니었다. 데카르트는 『방법서설Discourse on Method』에 하나님의 존재에 대한 증거를 포함시켰다(Descartes, 1960). 뉴턴은 우주는 기계적 시스템인데, 그것은 하나님이 그렇게 창조하셨기 때문에 그런 형태를 가지고 있는 것이라고 믿었다. 더 나아가 뉴턴과 데카르트 둘 다 역사학자들이 거의 인정하지 않았던 과학 진화의 중요한 측면인 하먼의 '영감에 관한 비밀스러운 역사'라고 부른 것의 주요 대표자일 것이다. 그들의 놀라운 창의력은 홀로트로픽 의식 상태에 도달한 초월적 영역의 근원을 가지고 있었다.

아이작 뉴턴

영국의 왕립학회는 1942년에 아이작 뉴턴Isaac Newton의 300번째 탄생일을 기념하기로 계획했었다. 여기에는 뉴턴의 주요 전기 작가인 존 메이너드 케인스John Maynard Keynes가 기조강연에 초청되었다. 그러나 제2차 세계대전으로 인해 탄생 기념행사를 1946년 7월 전까지 열 수가 없었다. 그리고 안타깝게도 케인스는 행사 세 달 전인 1946년 4월에 죽고 말았고, 그의 강의 "인간 뉴턴Newton, the Man"은 그의 형제 제프리Geoffrey에 의해 전달되었다.

케인스는 1936년까지 베일에 싸여 세상 밖에 전혀 나오지 않았던 뉴턴의 원고 자료를 처음 본 사람이었다. 그는 지난 두 세기 동안 대중에게 숨겨져 있던 뉴턴 성격의 중요한 측면을 보여 주는 이 자료의 난해하지만 종교적인 내용에 매료되었다. 케인스에 의하면

---

2) 이성범, 김용정 역, 범양사 출판부(2006)

뉴턴은 이제까지 비쳐진 모습과는 매우 달랐다고 한다.

18세기 그리고 그 이후로 뉴턴은 냉정하게 타협되지 않는 이성에 부합하는 사고방식을 가르쳐 준 근대 과학자들 중 처음이자 가장 위대한 과학자로 알려졌다. 케인스에 따르면, 1696년 그가 마침내 케임브리지 대학교를 떠날 때 쌓았던 그의 박스 안의 내용물들을 보면 뉴턴은 이성 시대의 첫 번째 위대한 과학자가 아니었다고 한다. 뉴턴은 마술사들 중 마지막이었고, 바빌로니아인들과 수메르인들 중 마지막이었으며, 만 년 전부터 우리의 지적 유산을 쌓기 시작한 사람들과 똑같은 눈으로 세상을 내다본 마지막 위대한 정신을 가진 사람이었다.

케인스는 "1642년 크리스마스에 아버지 없이 태어난 뉴턴은 마기Magi가 진심으로 경의를 표할 수 있는 마지막 경이로운 아이였다."라고 하였다. 뉴턴의 주변에는 그가 매우 신경질적이라는 진실을 감추는 전설이 세워졌지만, 사실 그의 가장 깊은 본능은 신비하고 비의적祕儀的이었다. 그는 자신의 생각, 신념 그리고 발견이 사회의 검열과 비판에 노출되는 것에 대한 두려움에 사로잡힌 채 세상으로부터 멀어지고 있었다. 그는 친구들의 극심한 압력에 의해 출판한 것을 제외하고 그가 쓴 나머지는 출판하지 않았다.

뉴턴은 천문학적인 관찰과 광학실험으로 알려진 뛰어난 실험가였지만 이것이 그의 가장 특별한 재능은 아니었다. 특별한 재능은 그의 마음속에 가지고 있던 문제를 아무리 오랜 시간이 걸려도 그 비밀을 알아낼 때까지 간직할 수 있는 것이었다. 그는 최고의 수학 기술자였기 때문에 이런 문제의 답을 설명의 목적으로 사용할 수 있었지만, 정말로 놀라운 것은 그의 직관이었다.

영국의 19세기 수학자 겸 논리학자 오거스터스 드 모르간Augustus de Morgan은 뉴턴에 대해 "그의 추측들에 대해 그가 증명할 수 있는 어떠한 수단들보다 더 많은 것을 알고 있는 것 같아서 행복해했다."라고 하였다. 수학적인 증거들은 나중에 나왔지만 그것이 발견의 도구는 아니었다. 뉴턴이 영국 천문학자이자 수학자인 에드먼드 핼리Edmond Halley에게 그의 행성 운동에 대한 가장 근본적인 발견 중 하나를 어떻게 알려 주었는지 대한 이야기가 있다. "그래요." 하고 핼리가 대답하였다. "그런데 그걸 어떻게 아십니까? 증명해 보셨습니까?" 뉴턴은 당황했지만 곧바로 "몇 년 동안 이것에 대해 알고 있었죠. 며칠만 준다면 증거를 바로 찾아내겠습니다." 하고 증거를 찾아내는 데 성공하였다. 뉴턴의 실험들은 발견을 위한 수단이 아니라 그가 이미 알고 있는 것들을 확인하기 위한 실험이었다.

뉴턴은 전체 우주와 모든 것이 신이 설정한 암호문이라고 생각하였다. 신은 그 이교적인 형제들을 위해 일종의 철학자 보물찾기 같은 것을 제공해 줄 특정한 단서를 전 세계에 깔아 놓았었다. 그는 이 단서들이 부분적으로 천국의 증거와 원소 구조에서 발견되어야 한다고 믿었다. 그러나 뉴턴은 바빌로니아의 원래 비밀스러운 발견으로 거슬러 올라가 끊기지 않고 이어져 온 형제들에 의해 전해진 특정한 문서와 전통에서 그것들을 발견하였다.

뉴턴의 출간되지 않은 난해하고 신학적인 거의 모든 작업은 수학 연구들과 대표작인 『자연철학의 수학적 원리Philosophiae Naturalis Principia Mathematica』[3]에 대해 연구하는 25년 동안 이루어졌다. 여기에는 삼위일체적 교리를 비판하는 글과 드러난 신은 유일신이었다고 주장하는 글이 많이 포함되어 있다. 이것은 뉴턴이 그의 일생 동안 필사적으로 감추려고 했던 무서운 비밀이었다.

뉴턴이 우주의 비밀스러운 진실들을 배우려고 했던 자료의 많은 부분에는 다양한 종말론에 관한 내용이 있었다. 방대한 부분이 변용을 포함하는 연금술, 현자의 돌,[4] 불로장생 약과 관련되었다. 또한 뉴턴은 난해한 구절의 의미를 찾고 이전 세기의 비밀스러운 의례를 거행했던 조직의 실험들을 모방하려고 노력하였다. 이러한 혼합적이고 비범한 연구들에서 뉴턴은 한 발은 중세시대에, 다른 한 발은 근대 과학의 길에 들여놓고 있었다.

뉴턴의 친구들은 그의 이교적인 문제들의 관여를 염려하여 그를 케임브리지 대학교에서 빼내는데 성공하였고, 뉴턴은 20여 년 동안 유럽의 가장 유명한 인물로 런던에서 군림하였다. 그는 앤Ann 여왕에 의해 기사 작위를 받았고, 거의 24년 동안 왕립협회의 회장으로 활동하였다. 마법은 완전히 잊혔고 그는 이성 시대의 현자이며 군주가 되었다. 하지만 그는 자신의 가슴속에 간직하고 있던 문서들을 버리지 않았다. 그 문서들은 박스 안에 후세대를 놀라게 해 주기 위해 남아 있었다.

뉴턴의 가슴속에 간직하고 있던 문서에 대한 내용을 연구할 기회가 있었던 존 메이너드 케인스는 뉴턴에 대해 흥미로운 논평을 했다. "이 괴상한 수집품들에 대해 곰곰이 생각해 보면, 이 이상한 정신을 이해하기 위해서는 그가 많은 문제를 풀 때 그 자신은 악마로부터 유혹을 받고 있는 것이라고 믿는 게 더 쉬울 정도이다. 결국 그는 코페르니쿠스Copernicus와 파우스투스Faustus가 한몸에 들어 있는 것처럼 순수한 마음의 힘으로 신과 자연에 관한 모든 비밀에 도달할 수 있었다."

---

3) 1687년에 만유인력과 운동의 법칙을 약술하며, 지상과 천계의 모든 운동을 해명한 뉴턴역학의 기본서이다.

4) 중세의 연금술사들이 비금속(卑金屬)을 황금으로 바꿀 수 있는 재료가 있다고 믿고 거기에 붙인 명칭이다.

◀ 아이작 뉴턴(1642~1727)은 영국의 물리학자이며
수학자로서 17세기 과학학명에서 가장 중요한
인물이다.

르네 데카르트

역사학자들이 위대한 철학적, 과학적, 문화적 운동의 시작에 대해 구체적인 날짜를
제시한다는 것은 매우 드문 일이지만 여기 일반적으로 합의하는 하나의 예가 있다. 약
400년 전 1619년 11월 11일, 23세의 프랑스 귀족이자 군인 철학자인 르네 데카르트René
Descartes는 유럽 지식의 전체 구조와 새로운 과학, 철학, 수학 그리고 세계에 대한 새로운
사고방식의 토대를 완전히 바꾸어 버렸다.

놀랍게도 데카르트의 합리주의의 주춧돌이 된 『방법서설』(Descartes, 1960)은 그의 이
성에서 나온 것이 아니라 세 가지 꿈과 꿈속의 또 다른 꿈에서 영감을 받은 것이었다. 나
소Nassau 황태자 소속의 군인으로서 그는 울름Ulm마을에 머물면서 봄부터 전쟁이 재개되
기를 기다리고 있었다. 그가 착수하게 된 지적인 모험에 흥분해 열띤 분위기에 과열된
방에서 노트에 신entheos이 소유하는 '열정'에 대한 그의 생각을 적었다.

그날 밤 그는 세 가지 꿈을 꾸었는데, 돌이켜 보면 그 꿈들은 놀랄 만큼 중요한 것으로

판명되었다. 외부 관찰자에게 있어 그것들은 상대적으로 흥미 없거나 세속적으로 보일 수 있다. 그러나 데카르트에게는 그 꿈의 수수께끼 같은 이미지는 새로운 방식의 혁명적인 지식의 열쇠를 쥐고 있었다. 그중 첫 번째에서 그는 강풍에 영향을 받지 않는 것 같은 사람들을 향해 교회 건물에서 불어오는 바람을 경험하였다. 데카르트는 잠에서 깨어나 이 꿈으로부터 보호받기를 기도하였다. 꿈의 온화한 성품을 볼 때, 그가 왜 보호가 필요하다고 느꼈는지 알 수 없다. 다시 잠에 들고 나서 그는 번갯불에서 천둥 같은 굉음 때문에 공포에 휩싸였다. 깨어난 듯했지만 사실 꿈을 꾸고 있던 그는 방을 가득 채우는 불꽃을 보았다. 마지막 꿈에서 그는 자신이 사전과 몇 개의 논문을 들고 있는 것을 보았는데, 그중 하나 "내 인생에서 어떤 길을 가야 하는가?"라며 시작하는 시를 포함하고 있었다. 낯선 남자가 그에게 한 구절을 건네주었는데 거기서 "존재와 무Est et Non"라는 말이 그의 마음을 사로잡았다.

세 번째 꿈의 마지막 즈음에 더 기이한 상황이 일어났다. 꿈속에서 또 다른 꿈속으로 들어간 것이다. 데카르트는 자기 방에 들어왔던 불꽃들이 꿈이었다는 사실을 깨우치고는 다음에 이전의 꿈들을 해석하는 꿈을 꾸었다. 꿈에서 데카르트는 자신에게 사전은 모든 과학이 하나로 묶인 미래 과학을 나타내는 것이라고 설명하였다. 그 종이 다발은 철학과 지혜의 연계를 나타내 주었다. "존재와 무"는 인간의 성취와 대중 과학에서의 진실과 오류를 의미하였다.

데카르트는 그 꿈을 통해 자신이 지식을 개혁하고 과학을 통일할 운명인 사람이고, 진리를 탐구하는 것이 그의 직업이 되어야 하며, 지식과 방법 그리고 통일 시스템에 대한 그의 이전 달들의 생각이 진리를 찾는 새로운 방법의 기초가 될 것이라는 것을 이해했다. 데카르트는 이러한 꿈들에 큰 의미를 두었고, 이런 비전에 대한 감사의 표시로 베니스에서 로레토의 성모 마리아까지 순례를 했지만, 독일 철학자 고트프리트 빌헬름 라이프니츠Gottfried Wilhelm Leibniz와 네덜란드 수학자 크리스티안 호이겐스Christiaan Huygens를 포함한 많은 과학자는 그의 삶의 이 부분을 그의 생각을 흐리게 하는 질병의 징후로 보았다.

◀ 르네 데카르트(1596~1650)는 프랑스의
수학자, 과학자 및 철학자로서 근대철학의
아버지로 불린다.

알베르트 아인슈타인

알베르트 아인슈타인이 그의 뛰어난 아이디어를 위해 영감을 얻은 활동은 보통 '아인
슈타인의 사고思考 실험Gedankenexperimente'으로 일컬어졌지만, 이 용어는 실제로 정확하지
않다. 심리학자 하워드 가드너Howard Gardner는 아인슈타인의 천재성을 그의 '논리-수학'
정신에서 비롯되었다고 묘사하였다(Gardner, 1993). 그러나 아인슈타인 자신은 자서전적
노트에 이렇게 썼다. "나는 우리의 생각이 대부분 상징을 사용하지 않고, 나아가 대체로
무의식적으로 진행된다는 것에 대해 전혀 의심하지 않는다"(Schilpp, 1949).

그는 자크 아다마르Jacques Hadamard[5]에게 이 주제를 확대하여 이렇게 말했다. "글을 쓰
거나 말할 때 언어의 단어는 내 생각의 메커니즘에서는 어떤 역할도 하지 않는 것 같다.

---

5) 프랑스의 수학자. 해석학과 대수학, 특히 변분법(變分法) · 급수론 · 해석함수론에서의 업적이 두드
러진다.

정신적인 실체는, 이것은 생각의 요소로서 기능하는 것으로 보이는데, '자발적으로' 재생산되거나 혼합되는 특정한 징후나 어느 정도는 명확한 이미지들이다. 이것은 '원래적으로' 복제되고 결합될 수 있다. 앞에 언급된 요소들은 내 경우에 시각적인 것이고 어떤 것은 근육의 형태를 갖는다"(Hadamard, 1945).

아인슈타인은 수학적으로 어려움을 겪었고, 그는 창조적인 과정의 명확한 2차적인 단계에서 모두가 수학자들이었던 협력자들과 함께 일하였다. 그것은 그의 개인적인 직관을 공적인 의사소통 형태로 변환하는 것을 포함한다. "나는 말로 생각하는 일이 거의 없다." 그는 막스 베르트하이머Max Wertheimer에게 썼다. "생각이 먼저 오고, 나는 나중에 그것을 말로 표현하려고 노력할 것이다"(Wertheimer, 1945). 아인슈타인은 이미지와 육체적 감정에서 영감을 받았고, 그러고 나서 동료들의 도움으로 수학적 상징으로 그의 아이디어를 전달하였다.

이제 아인슈타인의 특별한 상대성 이론에 영감을 준 실험들을 시작으로 아인슈타인의 '사고 실험' 몇 가지 예를 살펴보려고 한다.

- 빛의 광선을 쫓는 것. 아인슈타인은 16세 때부터 빛에 대하여 생각하기 시작하였다. 만약에 빛이 우주에서 움직이는 것과 같이 우리가 빛을 따라다니다 보면 무슨 일이 생길까? 만약에 누군가가 빛을 따라잡았다면 우주에서 빛이 얼어붙는 것을 관찰할 수 있을 것이다. 하지만 빛은 빛이 되는 것을 멈출 수는 있어도 우주에서 얼어붙을 수는 없다. 아인슈타인은 마침내 빛은 느려질 수 없으며 항상 빛의 속도로 그에게서 멀어지고 있다는 것을 깨달았다. 그래서 무언가는 바뀌어야 했고, 아인슈타인은 시간이 스스로 변한다는 것을 알아챘다.

- 기차와 번개. 친구가 기차 밖에 서서 지나가는 것을 보고 있는 동안 당신이 열차에 있다고 상상해 보라. 만약 번개가 기차 양쪽 끝에 내리친다면 친구는 번개가 동시에 치는 것을 보게 될 것이지만 기차 안에 있는 당신은 번갯불에 더욱 가까워지고 그 빛은 이동 거리가 더 짧기 때문에 당신은 그 번개를 먼저 볼 것이다. 이 사고는 움직이고 있는 사람과 가만히 있는 사람의 시간이 다르게 간다는 것을 알 수 있었던 실험으로 시간과 공간은 상대적이고 동시에 존재하지 않는다며 아인슈타인의 믿음을 확고히 했다. 이것은 아인슈타인의 특수 상대성 이론의 초석이다.

- 빈 공간 안의 엘리베이터. 아인슈타인은 유명한 시각화 실험들 중 하나에서 중력과 가속도가 같은 현상으로 보인다는 것을 깨달았다. 이 상대성의 기본적인 아이디어는

엘리베이터가 빈 공간 안에 있는 상황을 상상하면서 나타났다. 그 엘리베이터가 갑자기 자유낙하를 하면 어떻게 될지 생각해 보라. 그 사람은 안에서 아무 무게가 나가지 않고 공간에서 떠다닐 것이다. 다음은 이 사람이 지구로부터 멀리 떨어져 있어 움직이지 않는 로켓 안에서 사실상 중력이 0이라고 상상해 보라. 자유낙하를 하는 엘리베이터 안에 있는 것처럼 그 사람은 아무 무게가 나가지 않을 것이다. 이제 로켓을 움직이게 할 것이다. 로켓이 속력을 낼수록, 탑승자의 무게는 증가한다. 그에게는 중력이 그의 발을 바닥에 심은 것 같은 느낌이 들 것이다. 아인슈타인은 중력의 힘은 우리가 시공간을 지날 때 느끼는 가속도일 뿐이라는 것을 깨달았다.

- 시공간에서 태양을 선회하는 것. 만약에 중력이 가속도와 같고, 특수 상대성 이론에 나타나 있는 것처럼 움직임이 시간과 공간의 측정에 영향을 미친다면, 중력도 그렇게 한다. 특히 태양과 같이 어떤 질량의 중력은 그 주위의 공간과 시간을 뒤틀어 버리는 효과를 가지고 있다. 예를 들어, 삼각형의 각도는 더 이상 180도까지 더해지지 않으며, 시계는 태양과 같은 중력 질량에 가까워질수록 더 느리게 똑딱거린다.

만약 우주에 아무것도 없었다면 시공간의 구조가 평평할 것이다. 하지만 만약에 질량을 첨가한다면 움푹 들어가는 부분이 생긴다. 큰 질량에 접근하는 작은 물체는 그 주위의 시공간에 있는 커브를 따라 갈 것이다. 우리와 가장 가까운 행성인 태양은 시공간에 그러한 형태를 형성하였고, 우리의 작은 행성 지구는 태양 주위의 궤도에 머물면서 이 뒤틀린 시공간에서 움직인다. 에너지와 질량이 동등하기에, 이는 빛을 포함한 모든 형태의 에너지에 적용된다. 그것은 빛의 궤도조차도 질량이 존재하면 휘어질 수 있다는 것을 의미한다.

1919년 11월, 40세의 알베르트 아인슈타인은 일식 덕분에 하룻밤 사이에 유명 인사가 되었다. 근일점近日點[6]에 있는 금성의 관측(이것은 궤도가 태양에 가장 가까웠을 때)과 그것의 자리가 그의 중력 이론인 일반 상대성 이론에서 예측한 양에 매우 가까운 태양의 중력에 의해 멀리 떨어진 별에서 나오는 광선의 굴절이 확인되었다. 아인슈타인은 영웅이 되었다. 제1차 세계대전의 잔학 행위에 지치고 역겨워했던 인류는 어떤 위엄과 고귀함의 표시를 간절히 바라고 있었는데, 갑자기 순수한 지적 추구와 진리 탐색에만 관심이 있어 보이는 과학천재가 나타났기 때문이다.

---

6) 태양계의 천체가 태양에 가장 가까워지는 위치이다.

　　일반 상대성 이론은 아마도 역사상 과학적 상상력의 가장 큰 도약일 것이다. 이전의 자연 선택의 원리나 원자의 물리적 존재의 발견과 같은 많은 과학적 발전과는 달리 일반 상대성 이론은 그 시대의 이론이나 실험에 대한 기초가 거의 없었다. 아인슈타인을 제외하고는 그 누구도 중력을 기하학적 현상으로, 그리고 시간과 공간의 굴곡으로 가속도와 동등하게 생각하지 않았다. 비록 알 수는 없지만 아인슈타인과 같은 비일상적 창의력을 가지고 있지 않은 다른 물리학자가 일반 상대성 이론의 개념과 수학을 완성하기까지는 수십 년이 더 걸렸을 것이라고 믿는다.

　▲ 알베르트 아인슈타인(1879~1955)은 독일 출생 이론 물리학자, 노벨상 수상자,
　　특수 및 일반 상대성 이론 발견자이다.

니콜라 테슬라

　니콜라 테슬라Nikola Tesla는 세르비아계 미국인 발명가, 엔지니어 그리고 물리학자였다. 그는 1856년 번개와 태풍이 불던 7월 9일에서 10일 사이인 새벽 즈음에 태어났다. 그의 가족 이야기에 따르면 그가 탄생할 때 산파는 그녀의 손을 비틀며 번개는 나쁜 징조라고 선언하였다. "이 아이는 어둠의 아이가 될 것입니다."라고 했지만 그의 엄마는 "아니요, 이 아이는 빛의 아이가 될 것입니다."라고 하였다. 돌이켜 보니 그의 어머니는 아들의 장래를 이미 예측한 것이었다.

　어린 시절 테슬라는 무서운 악몽에 시달렸다. 그는 무서운 것들을 쫓아내기 위해 즐거운 모습을 생생하게 생각하는 법을 연습하였다. 나중에 이 활동은 삼차원으로 시각화할 수 있는 탁월한 능력으로 발전하였다. 그는 전기 발전기 및 전자 모터와 같은 복잡한 기계의 최종적인 형태와 기능을 시각화할 수 있었다. 수백만 볼트의 전기장에 앉아 있는 시각화를 통해 그의 능력은 더욱 활성화되었다. 또한 그는 가장 좋아하는 애완 비둘기가 있었는데 그 존재가 그의 상상력을 크게 향상시켰다고 느꼈다.

　테슬라는 어머니로부터 물려받은 마치 사진 찍는 것과 같은 기억력을 갖고 있었다. 그는 책과 이미지들을 암기하고 발명에 대한 비전을 머릿속에 저장해 놓을 수 있었다. 그의 놀라운 기억력은 마음속으로 완전한 발명을 고안하고 만들 수 있게 했고, 이 능력은 나중에 테슬라의 아이디어 노트를 보고 싶어 했던 발명가, 엔지니어 그리고 투자자에게 혼란을 주었다.

　테슬라는 가끔 늦잠을 청할지라도 그는 단지 두 시간만의 수면시간이면 족했다. 그는 방 안에 있는 파리지옥 소리를 들을 수 있었고, 수백 마일 떨어진 곳에서 천둥소리를 들을 수 있었다고 한다. 그는 심한 강박장애를 앓았다. 그는 동그란 물건과 보석을 싫어하였고, 진주로 장식한 여자들에게는 말을 걸지 않을 정도로 진주를 보는 것을 참을 수 없어 하였다. 한번은 그의 비서가 진주 보석으로 치장하고 일하러 왔을 때, 그는 그녀를 집으로 보냈다.

　테슬라는 그가 십 대였을 때 치명적인 콜레라로 거의 죽을 지경까지 갔다가 살아났기 때문에 과도한 위생 습관을 가지고 있는 것으로 알려져 있다. 더러운 것을 병적으로 두려워하는 곰팡이 공포증을 앓았고, 흰 장갑을 꼈으며, 모든 식기도구를 사용하기 전에 자신이 닦을 수 있도록 웨이터들에게 18개의 냅킨을 함께 달라고 주문하였다. 또한 그는 음식, 식기, 또는 커피 잔이나 음식을 한 입씩 먹을 때 차지하는 입방 센티미터의 공간을 계산하고, 종종 그의 걸음걸이를 세기도 하였다.

그는 다른 사람의 머리카락을 만지는 것을 극도로 견딜 수 없어 했다. 그는 다른 사람의 머리카락을 만지는 것에 대해 이해하지 못하였고, 캐서린 존슨Katherine Johnson이라는 여성과의 플라토닉한 관계를 가진 것을 제외하고는 결혼도, 오랜 기간의 연애도 하지 않았다. 말년에 테슬라와 가까이 지냈던 전기작가 중 한 명은 그를 '절대 독신주의자'라고 불렀으며, 그가 거의 잠을 자지 않았다고 확신하였다. 자서전에서 그는 자신의 많은 '유체이탈경험'에 대해 언급하였다.

나는 이 장에서 테슬라에게 많은 지면을 할애할 것인데, 그것은 그의 뛰어난 창조성으로 인해 생겨난 엄청난 수와 거대한 범위의 발명품 때문이다. 테슬라는 300개 이상의 특허를 냈는데, 그중 교류AC 발전기 및 전기 모터, 수백만 볼트를 생성해 내는 테슬라의 코일 및 무선 전기전송 등이 있다. 테슬라는 완제품으로 개발해 내지는 못했지만 마르코니Marconi 이전에 이미 라디오 특허도 가지고 있었다. 그의 작업은 레이더, 레이저, x-선, 조명, 로봇공학 그리고 다른 많은 분야의 개발의 기초가 되었다.

어린 시절 크로아티아에 사는 삼촌에게 나이아가라 폭포의 사진을 보며 언젠가 그 에너지를 사용할 것이라고 말했다는 내용을 테슬라의 자서전에서 볼 수 있다. 몇 십 년 후 그는 그것을 '비범한 우연의 일치'라고 부르며 바로 그렇게 했다. 웨스팅하우스 전기회사Westinghouse Electric Corporation는 나이아가라 폭포 안에 거대한 교류 발전기를 건설하기로 테슬라와 계약을 체결했기 때문이다. 그 발전기는 전력을 뉴욕시까지 보내며, 거리의 조명과 차량을 운행하기 위해 26마일 떨어진 버펄로로 15,000마력의 엄청난 전기량을 보내는 역사를 쓰게 되었다. 그렇게 나이아가라 폭포에 테슬라의 흉상이 서 있게 되었다.

테슬라는 1983년 시카고 세계 박람회에서 웨스팅하우스의 교류로 조명하는 잊을 수 없는 그의 작품을 선보였다. 이 전시품은 700에이커가 넘는 면적에 2,500만 달러가 소요되었다. 테슬라를 둘러싼 한 유명한 전설은 그가 실험실의 철제 기둥에 전기기계식 발진기를 부착했을 때 맨해튼에 지진을 일으키고 동네를 거의 무너뜨릴 뻔한 적이 있다는 것이다. 그때의 느낌은 꼭 지진과 같았고, 사람들은 진동과 반향을 수마일 떨어진 곳에서도 느꼈다고 한다. 건물을 수색하던 경찰관은 테슬라가 큰 파란을 일으키게 했던 작은 도구를 대형 해머로 파괴하고 있는 것을 발견하였다. 테슬라는 발전기를 이용하여 브루클린 다리를 몇 분 안에 파괴시킬 수 있다고 리포터에게 말하였다.

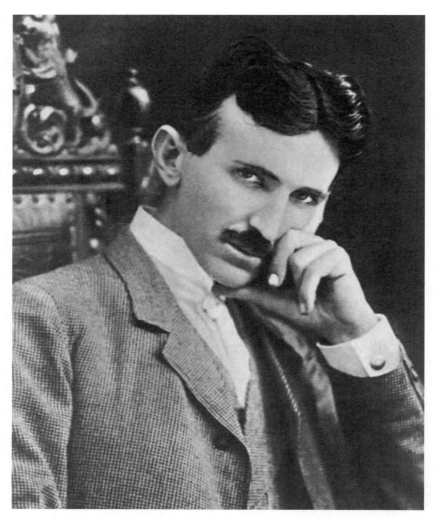

▲ 니콜라 테슬라(1856~1943)는 세르비아계 미국인, 전기 엔지니어, 물리학자, 미래학자,
3백 개 이상의 특허를 소지한 발명가이다.

　테슬라가 콜로라도 스프링스에 머무는 동안 번개를 이용한 위험한 실험을 시도해 그
곳의 전기 발전소를 불에 태우고 도시 전체를 어둠에 빠뜨렸다. 다행히 그는 엔지니어를
보내 일주일 안에 그곳의 피해들을 복구하고 전기를 원상으로 돌려놓았다. 그때 당시 그
의 실험은 그 지역의 날씨도 변화시켰다고 한다.

　그의 삶의 어려운 부분을 말하자면 동료 발명가이자 적이었던 토마스 에디슨Thomas A.
Edison과의 관계였다. 두 남자는 너무 달라 처음 만났을 때부터 서로 좋아하지 않았다. 그
들의 갈등 핵심은 어떤 유형의 전기를 사용해야 하는지에 대한 의견 차이였다. 에디슨은

장거리 전송이 더 어려운 직류를 장려하였다. 왜냐하면 그것은 '펌핑'을 하기 위해 1마일 정도마다 동력원이 필요했기 때문이다. 테슬라는 변압기를 사용하여 교류의 전압을 간단하면서도 직접적으로 증가시킬 수 있었다.

그들의 논쟁은 기괴해지기 시작하였다. 직류 전류의 신봉자인 에디슨이 사람들 앞에서 개와 고양이에게 전기를 흘리며 교류 전류가 실제로 얼마나 위험한지를 보여 주자, 테슬라는 수십만 볼트의 교류 전류가 자신의 몸을 통과할 수 있도록 공개 공연을 하였다. 그의 옷은 시연 시작 몇 시간 후에 불꽃을 내뿜고 후광을 발산했다. 테슬라는 마침내 교류 전기가 직류 전기보다 훨씬 뛰어난 발전 시스템임을 에디슨에게 확신시킬 수 있었다.

전 세계에 불을 밝히고 현대 산업 시대로 들어갈 수 있게 한 니콜라 테슬라는 사업가나 협상가는 절대 되지 못하였다. 거듭된 착취와 속임을 당하고 나서 그는 거지처럼 죽었다. 테슬라의 환상적인 유토피아적 아이디어들 중 일부는 미래에 지구상의 에너지 사용을 근본적으로 변화시킬 프로젝트에 영감을 줄 것이라고 믿는 많은 과학자가 있다.

▲ 니콜라 테슬라의 고압 전기 실험 장면이다.

스리니바사 라마누잔

앞의 예시들은 홀로트로픽 상태를 강화시킬 수 있는 시각적인 상상력을 동원했다. 하지만 높은 창의력은 논리적인 사고가 필요한 복잡한 작업도 수반할 수 있다. 예를 들어, 고등 수학이 그러하다. 가난한 인도 가정 출신의 교육받지 못한 사람이었던 스리니바사 라마누잔Srinivasa Ramanujan은 마을의 여신 나마기리Namagiri가 일련의 꿈에서 그에게 고등 수학적 지식들을 가르쳐 최상의 수학 실력에 도달하였다.

라마누잔은 초등교육 시절 비범한 수학 실력을 보여 주었다. 그가 15세였을 때, 누군가가 그에게 낡은 수학책을 주었는데, 그것을 읽고 몇 개의 기초 수학 지식을 발전시켰다. 하지만 그것은 나마기리 여신이 꿈속에서 그에게 가르친 엄청난 양의 수학 지식에 비하면 아무것도 아니었다.

일반교육이 부족하고 비수학 과목에 대한 무지 때문에 여러 번 정부 대학에 장학금을 받으려고 시도했으나 실패한 후 라마누잔은 인도 수학회의 라마찬드라 라오Ramachandra Rao 장관의 관심을 끌었다. '수학의 연인'으로 불리던 라오는 라마누잔의 수학 지식이 자신보다 뛰어나다는 것을 인지하고 그를 수학의 세계로 이끌어 주었다. 라마누잔은 케임브리지 대학교의 유명한 수학자인 하디G. C. Hardy에게 논문을 보냈고 그와 함께 일을 하기 시작하였다.

라마누잔의 탁월한 수학적 재능에 깊은 인상을 받은 수학자들에 의해 그는 반복적으로 케임브리지 대학교에 초대되었지만 그의 어머니는 나마기리 여신이 꿈에 나타나 그를 방해하지 말라는 명령을 듣기 전까지 그를 가지 못하게 하였다. 그는 결핵이나 간 아메바증을 겪어 33세라는 갑작스러운 죽음을 맞이했음에 불구하고 수학에 무궁한 기여를 하였다.

그는 해결책이 필요하던 복잡한 문제들도 숙고하지 않고 바로 풀어내 많은 케임브리지 대학교의 수학자들을 놀라게 하였다. 그에게 어떻게 풀었는지 물어보면 "그냥 머릿속에서 나왔어요."라고 했다. 때로는 그에게 찾아오는 순간의 생각을 증명하기 위하여 몇 시간이나 몇 달이 소요되었다. 마음 깊은 곳에 그는 항상 수학 실력을 신이 주신 능력이라 믿었다. 그는 "신의 생각을 표현하지 않는 한 나를 위한 방정식은 아무런 의미가 없다."고 말하기도 하였다.

수학자이자 코드 브레이커인 막스 뉴먼Max Newman은 라마누잔에 대해서 "그는 영국에 올 때 현대 수학 지식과 함께 왔으며 종종 그것을 앞질러 가져왔다."라고 하였다. 그렇게 그는 반세기 동안 수학으로 강력하였던 유럽에서 그 누구의 도움도 없이 자신만의 분야를 재창조하는 데 성공하였다. 사유의 역사 속에서 이렇게 놀라운 위업이 이루어졌다는 것은 믿기 힘든 사실이다.

중세의 원형적 원천을 활용한 고도의 창조성에 관한 비범한 사례는 볼프강 파울리Wolfgang Pauli이다. 그는 탁월한 오스트리아–스위스 이론 물리학자이며 노벨상 수상자이다. 그와 융과의 우정과 협력은 앞에서 언급하였다. 파울리는 양자 물리학과 양자 전기역학의 어려운 문제들을 해결할 때 자신의 풍부한 꿈세계에서 본 원형적 이미지와 모티브로부터 영감을 얻었다. 또한 그는 16세기 영국 의사, 신학자 그리고 연금술사 로버트 플러드Robert Fludd[7]의 연금술 텍스트와 그림에서 그의 작업을 위한 중요한 아이디어를 얻었다(Miller, 2009).

◀ 스리니바사 라마누잔(1887~1920).
위대한 인도 수학 천재 중 한 사람이다.

---

7) 로버트 플러드(1574~1637)는 영국의 의사, 작가, 신비주의 철학자. 장미십자회에 헌신하고 신비주의 관점에서 과학적 태도에 반대한 것으로 유명하다.

위대한 종교를 위한 영감

세계의 위대한 종교와 영적 체계는 창시자, 예언자, 성인 그리고 신비주의자의 강력한 홀로트로픽 경험에 의해 영감을 받고 지속되어 왔다. 이런 경험들은 현실의 무수한 차원의 존재를 드러내며 모든 종교 운동의 핵심 원천이 되었다.

고타마 붓다

보드 가야Bodh Gaya의 보리수나무 아래에서 명상을 하던 고타마 붓다Gautama Buddha는 관능적이고 음탕한 세 딸의 성적 유혹에 노출되고, 그에게 군대, 허리케인, 폭우 등으로 공포를 심어 주며, 영적 탐구를 하지 못하도록 시도한 세계 환상의 달인인 카마 마라Kama Mara[8]의 경이로운 환상을 체험하였다. 이러한 유혹들을 성공적으로 물리치고 맹공격을 이겨 낸 후 붓다는 빛과 영적 각성을 경험하였다. 어떤 때에는 전생의 긴 사슬을 떠올리고 풀려났으며 업의 결속으로부터 심오한 해방을 경험하였다. 이러한 경험은 붓다의 가르침에 중요한 영감이 되었다.

무함마드

이슬람 경전인 『미라즈 나메Miraj Nameh』에는 천사 가브리엘이 7개의 무슬림 천국, 낙원 천국, 지옥을 통해 무함마드를 호위하는 강력한 환상의 국가인 '무함마드의 기적 여행'에

---

8) 성애(性愛)와 죽음의 신, 그 두 개의 상(相)이 카마(Kama)와 마라(Mara)이다.

대한 설명을 제공한다. 이 환상의 여정 동안 무함마드Mohammed는 일곱 번째 천국에서 알라신의 알현謁見을 경험하였다. '소멸에 가까운 절정체험'이라고 묘사되는 상태에서 그는 알라신으로부터 직접 말씀을 받았다. 25년 동안의 무함마드의 이러한 경험과 또 다른 신비한 상태는 『코란』 성전의 말씀과 이슬람교 신앙에 대한 영감이 되었다.

성서의 비전

유대인-기독교 전통의 구약성서에서는 시나이산에 불타는 덤불 속에서 모세의 야훼Yahweh에 대한 체험, 아브라함의 천사와의 상호 소통, 구름 속의 야훼에 대한 이스라엘의 집단적 비전, 불타는 전차에 대한 에제키엘Ezekiel의 관찰, 그리고 다른 비전에 대한 체험 등을 인상 깊게 묘사하고 있다. 신약성서에서는 악마의 40일간 유혹에 넘어갈 뻔했던 예수의 사막에서 지내 온 이야기를 그려 낸다. 악마는 그에게 돌을 빵으로 바꾸고 사원의 위에서 아래로 떨어져 하나님의 아들임을 증명할 수 있냐고 물었다. 예수는 하지 않겠다며 거절했고, 세계의 모든 왕국을 주겠다는 악마의 제안도 거절하였다.

또 다른 유명한 일화로 사울Saul이 다마스쿠스Damascus로 가고 있는 도중 예수의 비전과 성 요한이 파트모스Patmos 섬 안에 있는 그의 동굴에서 본 종말에 관한 사례들이 있다. 성경은 하나님과 천사들이 직접적으로 소통하는 여러 가지 예시를 제공해 준다. 아빌라Avila의 성 테레사St. Teresa, 힐데가르트 폰 빙엔Hildegard von Bingen, 성 앤서니St. Anthony의 유혹, 그리고 다른 많은 성도와 사막 교부들의 비전 경험은 기독교 역사에서 훌륭하게 문서화되어 있다.

헬렌 슈크만과 기적수업

주목할 만한 영적 계시나 통찰력은 먼 역사에만 국한되지 않으며 오늘날까지 계속되었다. 그들은 가끔 특정한 근원인 육체가 없는 존재, 영적 가이드, 원형적인 인물, 심지어 신으로부터 이것들을 받는다. 이번에 높은 창조력에 관한 놀라운 예시는 뉴욕시 컬럼비아 의과대학교 임상 및 연구 심리학자이자 종신 부교수였던 헬렌 슈크만Helen Schucman에 관한 것이다.

그녀와 친구들 그리고 상사 빌 테트포드Bill Thetford 사이에서 관계 충돌과 정서적 스트레스들로 고통받을 때, 그녀는 상징적인 꿈과 이미지 그리고 그녀가 그렇게 표현한 '목소리the VOICE'를 체험하였다. 그것은 말로가 아니라 어떤 형태의 텔레파시 전달로 그녀에게 빠른 내면의 받아쓰기를 주는 것과 같았다. 그 목소리는 자신을 예수라고 소개하여 헬렌은 놀라고 경악하지 않을 수 없었다.

유대인이자 무신론 과학자이며 심리학자이고 매우 권위 있는 학문적 환경에서 일하는 헬렌은 처음에 이것이 정신분열의 시작이라며 무서워했다. 하지만 목소리는 그녀에게 전에 읽어 보지 않은 성경의 긴 구절을 정확히 인용하고 이 구절의 다양한 번역에서 발생한 오류에 대해 구체적으로 알려 주었다. 그녀는 이 정보의 정확성을 확인할 수 있었다.

그녀의 상사인 빌의 제안과 격려에 헬렌은 그와 한 모든 소통을 기록하기 시작하였다. 그녀가 빠르게 적으면 다음 날 그녀는 빌에게 읽어 주고 그는 입력을 했다. 그녀는 어느 때라도 그 입력에 개입하고 후에 수정할 수 있었다. 이 장엄한 프로젝트를 착수하기로 결심하고 문장을 받아쓰기로 결심하자 "이것은 기적수업이다."로 시작하여 놀라지 않을 수 없었다. 그녀는 '언젠가 어디서 어떻게든 이것을 완수할 것이라고 동의했던' 특별한 임무라고 느꼈다.

헬렌과 빌이 협력한 결과로 『기적수업A Course in Miracles』이라는 두꺼운 원고가 되었다. 이 책은 독자의 영적 변용을 이루도록 지원하는 자율 학습 커리큘럼을 수록하고 있다 (Anonymous, 1975). 이 작업의 근본적인 주장은 우리가 성취할 수 있는 가장 큰 '기적'은 자신의 삶에서 '사랑의 존재에 대한 완전한 인식'을 얻는 행위라고 하는 것이다. 헬렌은 원고를 출간하고 세계와 공유하고 싶은 강한 욕구를 느꼈지만 미쳤다는 소리를 듣고 학문적 명성이 끝장날까 봐 두려웠다.

드디어 『기적수업』이 출간되자 이 책은 빠르게 베스트셀러가 되었고 자아초월심리학자들뿐만 아니라 일반 대중에게도 큰 반향을 불러일으켰다. 이어서 곧 하루에 하나씩 연습하는 365개의 레슨을 포함한 학생용 워크북이 나왔고, 교사를 위한 매뉴얼이 따라 나왔다. 이 3권의 세트는 30개 이상의 언어로 번역되고 2백만 부 이상 판매가 되었다.

◀ 헬렌 슈크만(1909~1981)은 『기적수업』을
채널링했던 뉴욕시 컬럼비아 의과대학교
임상 및 연구 심리학자이다.

로베르토 아사지올리

영적인 것으로 확인된 원천들은 때때로 심리적인 언어로 의사소통할 수 있다. 로베르
토 아사지올리Roberto Assagioli는 이탈리아의 정신과 의사이자 인본주의 및 자아초월심리
학 개척자이다. 그는 심리학과 영성을 통합한 정신통합psychosynthesis이라고 불리는 심리
학 학파를 만들었다. 나는 로베르토가 죽기 전 플로렌스에 있는 그의 집에서 이틀 동안
을 보내며 아주 즐거워했었다. 내가 앞에서 언급한 것처럼 그는 나에게 아직 공식적으로
쓰거나 말하지 않은 것들에 대해서 말해 주었는데, 자신을 티베트인이라고 부르는 영적
안내자로부터 메시지를 전달함으로써 심리치료 체계에 대한 몇 가지 기본적인 아이디어

◀ 로베르토 아사지올리(1887~1974)는 이탈리아의
심리치료사로서 인본주의 및 자아초월심리학의
선구자이며, 정신통합이라는 심리학파의 창시자이다.

를 받았다고 말했다. 로베르토에 의하면 그 티베트인은 앨리스 베일리Alice Bailey[9]가 방대한 양의 책 시리즈를 저술할 수 있게 한 같은 존재라고 하였다. 로베르토에게는 이러한 메시지들이 심리학적 언어로 다가왔고, 앨리스 베일리는 형이상학적 용어로 말하였다.

카를 구스타프 융

카를 구스타프 융Carl Gustav Jung은 그의 일생에서 비슷한 상황이 있다고 기술하였다. 그의 폭풍과도 같은 '영적 응급' 사태 당시에 그는 의미 있는 토론을 할 수 있었던 여러 환

---

9) 앨리스 베일리(1880~1949)는 신지학(神智學)에 관한 24권의 책을 쓴 저술가로 '뉴에이지'란 용어를 처음 사용하였다.

상의 인물과 연결되었다고 한다. 그들의 가장 중요한 부분은 자신을 필레몬Philemon이라고 부르는 영적 안내자였다. 융은 꿈에서 그를 처음 봤을 때 물총새 날개를 달고 열쇠묶음을 가지고 하늘을 가로질러 날아가는 뿔 달린 황소와 함께 있는 늙은 노인이었다. 융은 이 꿈과 연관된 이상한 동시성에 대해 놀랐었다. 왜냐하면 정원에서 그가 살던 곳에서는 거의 보이지 않던 죽은 물총새를 보았기 때문이었다.

융은 필레몬과 호수를 산책하는 동안 그와 긴 대화를 이끌어 갈 수 있을 정도로 관계를 발전시켰다. 융은 그 영적 안내자가 독립적인 존재이고 자율적이며 그의 지능보다 훨씬 뛰어나다는 것을 발견하였다. 로베르토처럼 융은 필레몬을 가르침의 중요한 아이디어의 원천이라고 생각하였다. 판타지 인물에 대한 그의 경험은 전설적인『레드 북Red Book』[10]에 있다(Jung, 2009).

융은 또 다른 기이한 경험을 하였다. 필레몬과의 토론이 끝나고 그는 숨쉬기 힘들 정도로 집이 정령들로 가득 차 있는 기분이었다. 더욱 흥미로운 것은 그의 가족들도 비슷한 기이한 느낌을 받았다는 것이었다. 첫째 딸은 그녀의 방에서 하얀 물체를 보았고, 둘째 딸은 그녀의 담요가 두 번이나 낚아 채어 갔다고 하였다. 9세 아들도 그날 밤 악몽을 꾸고 아침에 크레용으로 (전에는 한번도 그렇게 하지 않았다) 어부와 천사와 악마가 그를 두고 싸우는 섬뜩한 장면을 스케치하였다.

또한 언제 벨이 울린 적 있는데, 벨이 울리자마자 하녀가 문을 확인해 보았지만 아무도 없었다. 그는 이 모든 것이 무슨 의미인지 물어보기 시작하였다. 이 정령들의 답은 "우리는 예루살렘에서 돌아왔는데, 거기에서 우리가 찾던 것을 찾지 못했다."라는 것이었다. 융이 앉아서 빠르게 글을 쓰기 시작하자마자 모든 기이한 일이 사라졌다.

삼일 안에 그가 이제까지 쓴 것 중 가장 매혹적인『죽은 자를 위한 일곱 가지의 설법 Septem Sermones ad Mortuous』이라고 불리는 에세이를 끝냈다. 그것은 영지주의Gnostic 전통의 기본 신조를 요약한 글이었으며, 알렉산드리아의 영지주의 철학자 바실리데스Basilides[11]가 서명하였다. 강력한 자동기술은 융이 저술가로서 삼년 동안 아무것도 쓰지 못했던 침체기를 무너뜨릴 수 있었다.

---

10)『레드 북』, 김세영, 정명진 역(2020). 부글북스
11) 알렉산드리아 출신의 고대 철학자로, 영지주의의 창시자이다.

▲ 카를 구스타프 융(1875~1961)은 스위스의 정신과 의사이자 심층심리학의 개척자이다.
큐스나흐트에 있는 그의 사무실에서 찍은 것이다.

라이너 마리아 릴케

오스트리아인 보헤미안 시인 라이너 마리아 릴케Rainer Maria Rilke는 오비드Ovid[12]의 소설 『변형Metamorphoses』에서 영감을 얻은 55개의 소네트sonnets 순환인『오르페우스에게 부치는 소네트Sonnets to Orpheus』의 저자로, 3주라는 시간 동안 '잔인한 창조적 폭풍'을 느꼈다고 설명하였다. 단지 며칠 만에 그는 26개의 소네트의 앞부분을 완성하였다. 그 후 며칠 동안 그가 지독한 우울증을 앓으며 몇 년 동안 고군분투했던『두이노의 비가Duino Elegies』에 집중하였다.

그는 마침내 그 일을 끝내고, 그 직후에 소네트로 돌아와, 2주도 채 되지 않아 29개의

---

12) 고대 그리스 극작가이다.

소네트 중 다음 섹션을 완성하였다. 그는 한마디도 바꿀 필요 없이 마지막 형식으로 그것들을 적었다. 그의 전 연인인 루 안드레아스 살로메Lou Andreas-Salomé에게 편지를 쓰면서, 그는 이 3주간의 기간을 다음과 같이 묘사하였다. '경계를 모르는 폭풍, 영혼의 허리케인'과 그것이 그에게 주는 영향에 대해서는 다음과 같이 언급하였다. "내 안에 있는 핏줄과 가죽과 뼈대와 같은 그 무엇이든지 간에, 그것은 모두 금이 가고 구부러졌다. 아무것도 먹고 싶지 않아."

일라이어스 하우

높은 창조는 언제나 노벨상이나 수많은 미래 세대를 매혹시킬 음악 작곡이 아니다. 실제로 유머의 요소가 들어간 비교적 평범한 상황에서도 발생할 수 있다. 박음질 재봉틀의 발명가 일라이어스 하우Elias Howe[13]는 몇 년간 가운데 구멍이 있는 바늘과 씨름을 하였지만 한 번도 성공하지 못하였다.

해결책은 검은 야만인들에게서 잡혀 왕에게 끌려가는 악몽 속에서 나왔다. 왕은 그에게 고함을 쳤다. "이 기계를 한번에 만들어 내지 않으면 죽음과 같은 고통을 주리라." 그는 그 집행을 앞두고 극도의 두려움에 사로잡혔지만, 전사들이 머리에 눈 구멍이 뚫린 창을 가지고 있음을 알아차렸고 그것이 해결책임을 깨달았다. 그는 끄트머리 근처에 눈을 가진 바늘이 필요하였다. 깨어난 후에 그는 성공적으로 눈과 같은 모양의 바늘을 즉시 만들어 프로젝트를 완수하였다.

---

13) 일라이어스 하우(1819~1867)는 미국의 발명가이다. 24세 때부터 재봉기의 고안·제작에 착수하여 실용적인 재봉기를 완성했다.

음악에서 고도의 창의성

음악의 역사는 더욱 높은 창의성을 보여 주는 놀라운 예들이 가득하다. 1713년 어느 날 밤 꿈속에서 베네치아 작곡가 겸 바이올리니스트인 주세페 타르티니Giuseppe Tartini는 그의 영혼이 악마와 계약을 체결했다고 말하였다. 모든 것은 그가 원하는 대로 이루어졌다. 그의 새로운 시종은 모든 욕망을 충족시켜 주었다. 무엇보다도 그는 타르티니가 연주할 수 있을지 확인하기 위해 그에게 바이올린을 주었다. 타르티니는 이 경험에 대해 자신이 가장 대담한 환상적인 연주에서조차 하지 못했던 위대한 예술과 지성을 가지고 연주하는 소나타를 듣고 깜짝 놀랐다고 하였다. 그는 너무 황홀하고 행복한 기분이 든 나머지 숨쉬는 것도 잃어버린 채 깨어났다.

그는 바로 그의 바이올린을 다시 켜보기 위해 잡았고 아름다웠던 소리는 시도조차 할 수 없었다. 그는 그때의 음악을 아직도 작곡한 것 중 최고라고 하며 그것을 '악마의 트릴Devil's Trill'[14]이라고 불렀다. 하지만 꿈에서 들었던 것과 그것의 차이는 너무 커서 바이올린을 망가트리고 연주를 평생 그만두고 싶은 느낌이 들었다. 하지만 그는 음악을 연주하며 그에게 주는 즐거움 없이는 살 수 없다는 것을 깨달았다.

자코모 푸치니Giacomo Puccini는 그의 걸작 『나비부인Madama Butterfly』을 신에게 영광을 돌렸다. 그는 "이것은 내가 쓴 것이 아닌 신이 쓴 것이며 나는 그저 펜을 잡고 있었다."라고 말하였다. 볼프강 아마데우스 모차르트Wolfgang Amadeus Mozart는 심포니 전체가 그의 머리에 최종적인 형태로 나타났다고 말하였고, 그는 단지 옮겨 적었어야만 했다고 하였다. 바그너는 그가 쓰고 있는 음악을 환각으로 보았다고 전해진다. 1880년 엥겔베르트 홈페르딩크Engelbert Humperdinck와의 토론에서 바그너는 다음과 같이 말했다. "무신론적인 양육은 치명적이다. 어떤 무신론자도 위대하고 영속적인 가치를 창조한 적이 없다."

요하네스 브람스Johannes Brahms는 바이올리니스트 요제프 요아힘Joseph Joachim과 대화하면서 같은 주장을 하였다. "나는 몇몇의 작곡가들이 무신론자라고 알고 있어. 그들의 악

---

14) 타르티니는 1770년 세상을 뜰 때까지 많은 다양한 작품을 작곡했다. 이 가운데에서 단연 23세의 타르티니가 작곡한 바이올린 소나타 G단조 〈악마의 트릴〉이 가장 유명하다. 당시로서는 최고 수준의 테크닉을 요구하는(지금 기준으로도 여전히 그러하다) 작품으로, 당시 사람들은 이 작품을 연주하는 타르티니의 왼손 손가락이 여섯 개라고 생각할 정도였다(네이버 지식백과).

보를 읽었고, 장담하건대 요제프, 그들은 영감이 너무 부족하기 때문에 망각의 속도가 빠를 거야. 그들의 작품은 순전히 두뇌에서 나온 것으로 어떤 무신론자도 위대한 작곡가는 되지 않을 거야."라고 하였다. 샤를 프랑수아 구노Charles Francois Gounod는 "당신은 어떻게 그렇게 사랑스러운 멜로디를 내나요?"라고 물어보던 여성 애호가에게 "하느님이요. 마담, 그분이 천사를 통해 제 귀에 달콤한 멜로디를 속삭여 줘요."라고 하였다.

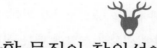

화학 물질이 창의성에 미치는 영향

영국의 낭만주의 시인 새뮤얼 테일러 콜리지Samuel Taylor Coleridge는 그에게 처방된 아편opium(로다늄laudanum[15])을 류머티즘 및 기타 질병에 이완제, 진통제 및 항우울증 치료제로서 자주 사용하는 사람이었다. 그의 시 "도원향桃源鄕, Xanadu"[16]은 아편을 복용한 시각에서 본 징기스칸의 손자 쿠빌라이 칸Kublai Khan의 전설적인 제국 황궁에 대한 것이었다. 아편꿈에서 깨어난 후, 그는 전체 시의 생생한 형태를 마음속에 가지고 있었지만, 그의 노력없이 나오는 자동기술은 어떤 방문객에 의해 중단되어 그 시는 미완성의 조각으로 남아 있었다.

엑토르 베를리오즈Hector Berlioz는 아편의 영향을 받아 〈환상 교향곡Symphonie fantastique〉을 만들었다. 레너드 번스타인Leonard Bernstein은 이 교향곡을 환각적이고 꿈과 같은 느낌 때문에 사이키델릭 아트의 첫 번째 음악적 탐험이라고 묘사하였다. 번스타인에 의하면 "베를리오즈는 마치 그것이 존재하는 것처럼 묘사한다. 당신이 약물을 복용하여 내면의 여행을 하면, 결국 자신의 장례식에서 비명을 지르게 된다."라고 말하였다. 이것은 작곡가가 자신의 교수대를 향한 행진March to the Scaffold을 설명하는 이 교향곡의 악장[17] 대한 언급이었다.

---

15) 아편으로 만든 물질이다.

16) 도연명의 『도화원기』에 나오는 가상의 선경이다.

17) 베를리오즈는 〈환상 교향곡〉에 각 악장마다 긴 주석까지 달았으나 후일 표제만 남기고 삭제하였다고 한다. 4악장의 표제는 '단두대로의 행진'으로 그 내용은 다음과 같다. 자신의 사랑이 거절되었음을 확실히 안 작곡가는 아편으로 음독자살을 기도한다. 그러나 치사량에 이르지 못하여, 그는 무서운 환상을 수반한 깊은 잠에 떨어진다. 그는 애인을 죽이고 사형을 선고받은 후 단두대에 연

심현제와 창의성

환각 물질이 창의성에 미치는 영향은 특별한 주의를 기울일 가치가 있다. 1960년도에 윌리스 하먼Willis Harman, 로버트 매킴Robert McKim, 로버트 모가Robert Mogar, 제임스 패디먼James Fadiman, 그리고 마이런 스톨라로프Myron Stolaroff는 26명의 뛰어난 재능 있는 사람들로 이루어진 그룹에 그들의 영감과 문제해결을 증진시키기 위해, 메스칼린mescaline[18] 투여를 이용하여 심현제가 창조적인 과정에 미치는 영향에 대한 시범적인 연구를 수행하였다. 이들 중에는 물리학자, 수학자, 건축가, 심리학자, 가구 디자이너, 상업 예술가 그리고 영업 매니저 등이 있었으며, 대상자 중 19명은 이전에 심현제에 대한 경험이 없었다(Harman et al., 1966).

각 참가자는 최소 3개월 동안 작업해 온 전문적 문제를 가져와 해결하고자 하는 욕구를 갖도록 했다. 참가자는 억제 및 불안감 감소, 더 큰 맥락에서 문제를 재구성하는 능력, 유창한 아이디어화 능력 및 유연성 향상, 시각적 이미지와 환상의 역량 강화, 집중력 향상, 사람에 대한 공감 능력 향상, 무의식적 데이터 접근성, 완료에 대한 향상된 동기부여 및 완성된 설루션solution을 시각화할 수 있는 능력 등이 향상되는 경험을 하였다.

제임스 패디먼은 현재 정상 기능의 개선을 위해 LSD를 이용한 저용량복용에 대한 연구를 수행하고 있다(Fadiman, 2017). 저용량복용(또는 하위-지각 복용)은 하위 임곗값 복용을 의미하며, LSD의 경우 10~20마이크로그램이다. 미시적 투여의 목적은 비일상적 의식 상태가 아니라 정상적인 인지 및 실행 기능의 강화(누트로픽[19] 영향)이다. 연구에 참여하는 자원봉사자들은 다양한 과학 및 예술 전문가들과 학생들을 포함한다. 초기 연구 결과는 피실험자들이 일반적으로 정상적인 기능을 경험하지만 집중력, 창의성, 정서적 명확성 그리고 신체적인 수행 능력이 약간 향상됨을 시사한다.

행되어 자신의 처형을 보는 꿈을 꾼다. 죽음을 향해 무겁게 행진하는 속에도 한순간 애인의 모습이 나타나지만 전체 합주의 포효 속에 단두대의 일격에 의해 모든 것이 끝나며 곡은 끝난다.

18) 선인장의 일종에서 추출한, 심현제 물질이 들어 있는 약물이다.

19) 인간의 지적 능력을 향상시키는 약물, 영양제, 혹은 다른 어떤 첨가물의 총칭으로, 좁게는 사람의 두뇌를 개선시키는 물질만을 누트로픽(nootropic)으로 하지만, 넓게 보면 음악까지도 누트로픽이라고 하는 경우도 있다. 흔히 다른 말로 스마트 약물(Smart drug)이라고 불리기도 한다.

1993년에 분자 생물학자 및 DNA 화학자인 캐리 멀리스Kary Mullis는 그의 특정 DNA 서열의 증폭시킬 수 있는 생물화학과 분자생물학에서 중추적인 기능을 하는 중합효소 연쇄 반응Polymerase Chain Reaction: PCR의 개발로 노벨상을 받았다. 바젤에서 하는 알베르트 호프만Albert Hofmann의 백 주년을 축하하는 학술 토론회에서 알베르트 호프만은 캐리 멀리스가 그에게 LSD가 그의 중합효소 연쇄 반응을 발견하는 데 도움을 줬다고 말했다. 1994년에 캘리포니아 월간지California Monthly에서 한 인터뷰에서 캐리 멀리스는 1960년대와 1970년대 초반에 그는 'LSD를 다량 섭취'하였으며, "그것은 확실히 내가 수강했던 어떤 수업보다 훨씬 더 중요했다."라고 말했다.

현대 유전학 아버지로 불리는 노벨상 수상자 프랜시스 크릭Francis Crick은 생각의 힘을 증폭시키기 위해 가끔 소량의 LSD를 섭취하였다. 그는 친구 캠프Kemp에게 어느 순간 LSD를 섭취했을 때 DNA 분자의 이중 나선이 보였다고 말하였다. 그것은 DNA의 구조를 푸는 것을 도왔고 이 발견은 그의 손에 노벨상을 쥐게 해 주었다.

『겨울잠쥐[20]가 말한 것: 1960년대 역문화가 어떻게 개인용 컴퓨터 산업을 형성했는가 What the Dormouse Said: How the Sixties Counterculture Shaped the Personal Computer Industry』[21]에서 존 마코프John Markoff는 개인용 컴퓨터의 역사를 설명하였다. 그는 1950년대와 1960년대의 미국의 반문화에서의 심현제 사용과 컴퓨터 산업 발달 사이에 직접적인 연관성이 있다는 것을 보여 주었다(Markoff, 2005). 스티브 잡스Steve Jobs는 LSD 복용이 이제까지 그의 일생에서 제일 중요하였던 두세 가지 중 하나라고 하였다. 그는 주변에 반문화적 근원을 공유하지 않거나 LSD를 복용해 보지 않은 사람들은 그의 생각을 완벽히 이해하고 따를 수 없었다고 한다.

초기 컴퓨터 및 인터넷 선구자이며 컴퓨터 마우스와 '복사, 붙이기' 기능을 개발한 더글러스 엥겔바트Douglas Engelbart는 마이런 스톨라로프로부터 만들어진 국제첨단연구재단 International Foundation for Advanced Study: IFAS에서 LSD와 창의성 향상 간의 연결성에 관한 연구에서 안내된 LSD 회기에 참석하였던 많은 엔지니어 중 한 명이다. 그는 LSD가 어떻게 그의 창조적인 과정을 향상시켰는지 설명하고 LSD가 전체적인 집단의 주요 발전에 영감

---

20) 겨울잠쥐류(dormouse)는 겨울잠쥐과에 속하는 설치류의 총칭이다. 주로 유럽에서 발견되며, 아프리카와 아시아에도 서식한다. 특히 겨울잠을 오래 자는 것으로 유명하다.

21) 이 책은 개인용 컴퓨터의 역사를 상세히 기술하고 있으며, 1960년대 미국의 반문화에 대한 협력과 심현제의 이용과 협력에 대한 제2차 세계대전 시대의 국방연구 공동체의 이념을 밀접하게 결부시키고 있다.

▲ 캐리 멀리스(1944~)는 노벨상 수상의 미국 생화학자로 중합효소 연쇄 반응을 발견하였는데, 이것은 생화학과 분자 생물학에서 중추적인 기술이 되었다. 멀리스는 그의 실험에서의 이 발견을 LSD 공로로 돌렸다(위, 왼쪽). 프랜시스 크릭(1916~2004)은 영국 분자 생물학자이며 신경과학자로, 제임스 왓슨과 함께 DNA의 이중 나선 구조를 발견했다(위, 오른쪽). 더글러스 엥겔바트(1925~2013)는 미국 엔지니어이며 발명가로, 초기 컴퓨터와 인터넷 개척자이며, 컴퓨터 마우스 창시자이다(아래, 왼쪽). 스티븐 잡스(1955~2011)는 미국 발명가, 디자이너, 사업가이며, 애플 컴퓨터 공동창업자이자 회장이다(아래 오른쪽).

을 주었다고 믿었다.

VRML이라고 불리는 가상현실 코딩 언어의 공동 창시자 마크 페스세Mark Pesce는 화학적 정신 확장과 컴퓨터 기술 발전 사이에는 분명한 관계가 있다는 데 동의하였다. 그는 남자와 여자 한 명도 빠짐없이 가상현실 뒤에 있는 사람들은 LSD 상용자였다고 말했다. 초기에 CISCO 시스템에서 일하던 케빈 허버트Kevin Herbert는 LSD를 하며 록 밴드 그레이트풀 데드Grateful Dead의 드럼 솔로곡을 들을 때 그의 가장 어려운 기술적 문제들을 해결했었다고 말하였다. 그는 "내가 LSD를 복용하고 순수한 리듬의 소리를 들으면, 그것은 생각하기를 멈추고 알기 시작하게 해 주는 다른 세계와 다른 뇌로 나를 데려다 준다."라고 하였다. "이것은 내 뇌 안의 소통에 변화를 주는 것임이 틀림없다. 어떠한 내면과정이 있던 간에 이것은 문제를 해결할 수 있게 하거나, 다르게 작동하게 하거나, 뇌의 다른 부분을 사용할 수 있게 하는 것 같다." 케빈 허버트는 특히 다루기 어려운 프로그래밍 문제가 있는 경우나, 자신을 흔들 수 있을 진로에 관한 큰 결심을 해야 할 때 LSD-25를 섭취하였다. 허버트는 CISCO 직원들을 대상으로 약물 검사를 하지 못하도록 하는 데 개입했었다.

심현제 영향을 받은 뇌의 신경영상화

발명과 창의성 분야에 LSD, 실로사이빈 그리고 메스칼린과 같은 심현제 물질의 영향은 심오한 돌파구를 마련해 주었다. 신경영상화의 정교한 기술은 뇌경로 간 소통에서 개방과 증가에 상응하는 기능적 변화를 보여 준다. 뇌의 진동을 측정하는 뇌자도[22]뿐만 아니라 기능적 자기공명영상fMRI을 이용한 대뇌 스캔은 심현제 섭취 결과로 대뇌에 일어나는 과정을 보여 준다. 뇌자도 기능적 자기공명영상은 뇌혈류의 관련된 변화를 측정하여 뇌활동을 측정한다.

위약偽藥 섭취 대 실로사이빈 섭취에서 뇌의 다른 영역 간의 소통경로를 비교할 때 우

---

22) 뇌자도(腦磁圖, Magnetoencephalography, MEG)는 신경 세포들 사이의 전류 흐름으로 유도된 자기장을 측정하는 뇌기능영상법이다.

리는 놀라운 차이를 관찰한다. 위약 섭취 후 뇌에서는 배타적 소집단cliques으로 알려진 가깝게 연결된 신경들의 집단을 형성하면서 신경적 소통은 특정한 집합이나 뇌의 영역에 국한된다. 실로사이빈 섭취 후에 뇌에서의 소통은 비교할 수 없을 정도로 보다 더 개방되고 자유로우며, 관찰된 신경의 배타적 소집단은 훨씬 줄어든다(Carhart-Harris, 2016). 자유롭고 방해받지 않는 뇌의 이러한 소통은 정서적 개념적인 차단을 해결하고 예기치 않은 새로운 생각과 연결을 일으키는 잠재력을 갖는다. 이것은 심현제 섭취 후, 심리치료 과정에서의 심화와 가속을 도울 뿐 아니라, 창조성 영역에서 관찰되는 향상을 설명하는 기제를 제공하는 것 같다. 심현제 섭취에서 보이는 뇌의 변화는 어떤 점에서는 영아의 뇌에서 보는 것과 기능적으로 유사하다. 이들의 뇌에서는 성인 뇌의 지능은 유지하면서도 새로움, 신선함 그리고 호기심의 느낌이 증가한다.

참고문헌

Anonymous 1975. *A Course in Miracles.* New York: Foundation for Inner Peace.

Capra, F. 1975. *The Tao of Physics.* Chicago, IL: University of Chicago Press.

Carhart-Harris, R. 2016. "Psychedelics: Lifting the Veil." San Raphael, CA: TEDxWarwic.

Carhart-Harris, R. et al. 2016. "Neural correlates of the LSD experience revealed by multimodal neuroimaging." *Proceedings of the National Academy of Sciences* 113.17: 4853–4858.

Descartes, R. 1960. *Discourse on Method and Meditations.* New York: The Liberal Arts Press.

Fadiman, F. 2017. A Researcher Wants to Test the Effects of Microdosing on Cognitive Ability and Productivity. *Futurism* August 10.

Franck, F. 1976. *Book of Angelus Silesius.* New York: Random House.

Frank, P. 1957. *Philosophy of Science.* Englewood-Cliffs, NJ: Prentice Hall.

Gardner, H. E. 1993. *Creating Minds: An Anatomy of Creativity Seen Through the Lives of Freud, Einstein, Picasso, Stravinsky, Eliot, Graham and Gandhi.* New York: Basic Books.

Hadamard, J. 1945. *An Essay on the Psychology of Invention in the Mathematical Field.* Princeton NJ: Princeton University Press.

Harman, W. et al. 1966. "Psychedelic Agents in Creative Problem-Solving: A Pilot Study." *Psychological Reports* 1966 Aug, 19(1), 211–212.

Harman, W. 1984. *Higher Creativity: Liberating the Unconscious for Breakthrough Insights.* Los Angeles, CA: J. P. Tarcher.

Jung, C. G. 2009. *The Red Book: Liber Novus.* New York/London: W. W. Norton & Co.

Keynes, J. M. 1946. *Newton, the Man.* http://www-history.mcs.st-and. ac.uk/Extras/Keynes_Newton.html

Kuhn, T. 1962. *The Structure of Scientific Revolutions.* Chicago, IL: University of Chicago Press.

Markoff, J. 2005. *What the Dormouse Said: How the Sixties Counterculture Shaped the Personal Computer Industry.* New York: Viking Press, Penguin Group (USA) Inc.

Miller, A. 2009. *Deciphering the Cosmic Number: The Strange Friendship of Wolfgang Pauli and Carl Jung.* New York: W. W. Norton & Co.

Nietzsche, F. 1992. *Ecce Homo.* New York: Penguin Classics.

Petri, Giovanni, et al. 2014. "Homological scaffolds of brain functional networks." *Journal of The Royal Society Interface* 11.101: 20140873.

Schilpp, P. (Ed). 1949. *Albert Einstein: Philosopher-Scientist.* Evanston IL: Library of Living Philosophers.

Wertheimer, M. 1945. *Productive Thinking.* New York: Harper.

11

원형:

심혼과 코스모스의 지도 원리

원형archetypes은 우주의 근본적 패턴이며 지배 원리이다. 이것은 물질세계의 세부사항들에 대한 주형templates으로 기능하는 보편적 특성이다. 융 학파 심리학자인 제임스 힐먼 James Hillman은 『다시 꿈꾸는 심리학Re-Visioning Psychology』에서 원형이라는 용어가 넓은 범위의 사물, 과정, 상황에 적용될 수 있다고 지적하였다(Hillman, 1977). 원형은 구조들의 무형적 잠재성이 될 수 있는데, 용액에서 형체화할 수 있는 보이지 않는 형태의 결정과 같다. 예를 들어, 창문에 형성되는 눈송이나 얼음의 패턴, 동물들의 본능적 행동, 문학의 장르와 토포이topoi[1), 정신의학의 기본 증후군, 과학의 패러다임적 사고 모델, 인류학의 세계적 인물, 의식 및 관계 등이 그것들이다.

　원형을 설명하는 많은 은유가 있다. 제임스 힐먼은 "신들이 없는 곳이 없고, 신들이 관장하지 않는 활동은 없다. 모든 환상, 모든 경험은 그 원형적 이유를 가지고 있다. 신에게 속하지 않는 것은 없다."라고 말했다. 이 장에서는 내적 여정 중에 있는 심혼탐구자들

◀ 제임스 힐먼(1926~2011)은
미국 융 학파 심리학자,
원형심리학의 설립자이다.

---

1) 문학의 전통적인 주제 · 사상을 의미하는 관련 용어이다.

psychonauts[2]과 홀로트로픽holotropic[3] 의식 상태를 다루는 실무자들에게 가장 관련성 있는 원형의 측면을 탐구할 것이다.

그리스어 ἀρχέτυπος는 '첫 번째 주형first-molded'을 의미한다(여기서 ἀρχή는 '시작'이나 '기원'을 의미하고, τύπος는 '패턴'이나 '모델' 또는 '유형'을 의미한다). 원형은 추상적이고 보편적인 매트릭스로 그 자체가 경이롭지만, 그것은 다채로운 방식으로 다양한 수준에서 나타날 수 있다. 리처드 타나스Richard Tarnas는『우주와 심혼: 새로운 세계관의 시사Cosmos and Psyche: Intimations of a New World View』에서 원형이라고 볼 수 있는 것으로부터 세 가지 중요한 관점을 묘사하였다(Tarnas, 2006).

- **신화적 원리로**(호머, 그리스 비극, 세계 신화)
- **철학적 원리로**(소크라테스, 플라톤, 아리스토텔레스의 철학)
- **심리학적 원리로**(융의 심리학)

원형의 신화적 발현은 인류 역사의 새벽으로까지 먼 시간을 거슬러 올라간다. 그것들은 무속적 지식의 전승, 그리고 원주민 및 고대 문화의 의례와 영적 삶에서 중요하다. 샤먼의 모습은 많은 인류 집단과 여러 나라, 여러 시대에 걸쳐 나타나고 있는 원형이다. 샤먼shaman[4]의 보편적인 이미지는 3~4만 년 전인 구석기 시대로 거슬러 올라가며 많은 변형과 굴곡 속에 존재해 왔다.

심혼탐구자의 역사에 관한 장에서 우리는 프랑스 남부 동굴 벽에 나타난 구석기 시대 샤먼들의 이미지, 즉 레 트루아 프레르Les Trois Frères의 마법사와 야수 마스터, 라스코Lascaux 동굴에서 사냥하고 있는 샤먼, 가비유Le Gabillou의 댄서에 대해 논한 바 있다. 구석기 시대의 또 다른 원형 이미지는 기타의 것들처럼 비너스 형상과 여성의 다산을 상징하는 조각품들이 있다. 빌렌도르프의 비너스Venus of Willendorf, 돌니 베스토니체의 비너스Venus of Dolní Věstonice, 로셀의 비너스Venus of Laussel, 홀레펠스의 비너스Venus of Hohlefels, 비너스의 외설

---

2) '심혼+항해자'의 의미로 여기서는 '심혼탐구자'로 번역하였다.

3) 홀로트로픽은 'oriented or moving towards wholeness'라는 의미로서 국어로 번역한다면 '전향적'이라고 할 수 있다.

4) 한국의 재래 전통 종교에서는 무당(巫堂) 또는 무속인(巫俗人)이라 한다. 샤먼은 이상심리상태에서 신령이나 정령 등 초자연적 존재와 직접 교류하고, 이 사이에 예언, 탁선, 복점, 치병, 제의 등을 행하여 샤머니즘(무속) 신앙의 중심이 된다.

Vénus impudique[5] 및 기타 많은 것이 있다.

　다양한 문화에서 초보 샤먼들의 입문 위기는 특유의 원형적 순서가 있다. 즉, 샤먼들은 지하세계로의 여행, 악령들에 의한 공격, 심각한 정서 및 육체적 시련, 영적 소멸 및 분쇄의 경험, 심리영적인 죽음과 재탄생의 경험, 그리고 태양계로의 마법적 여행을 순차적으로 겪는다. 많은 문화권에는 영혼의 사후 여행, 저승의 거처(파라다이스, 하늘, 지옥)와 저승 재판의 장면 등 풍부한 종말론적 표상이 있다. 특히 고대 사자의 서(티베트 『바르도 퇴돌Bardo Thödol』, 『이집트 사자의 서Pert em Hru』, 마야 『망자의 서Ceramic Book of the Dead』, 아즈텍 『보르자 고문서Codex Borgia』, 유럽 『죽음의 기술Ars Moriendi』)에는 원형적 도상圖像, iconography[6]이 풍부하다(Grof, 1994, 2006b). 인도는 굉장한 원형적인 조소, 부조, 조각 및 이러한 종류의 그림들로 가득하다.

　고고학적 상징주의의 예술성과 정교함은 인도 3대 종교인 힌두교, 불교, 자이나교[7]의 탄트릭tantric[8] 전통에서 정점에 도달하였다. 복잡한 은유적 그림과 조각상은 꿈틀거리는 힘의 역동들(쿤달리니), 정묘체와 그 에너지의 중심 위치들(차크라), 탄트라의 두 주요 신들(시바와 마하칼리)의 다른 측면들 그리고 우주 진화와 영적 여정의 다양한 단계들을 나타낸다(Mookerjee & Khanna, 1977).

　복잡한 탄트라의 추상적 상징주의는 다양한 신과 영적 주제를 얀트라yantras,[9] 점, 선, 삼각형, 사각형, 나선, 양식화된 연꽃으로 구성된 추상적 이미지로 묘사할 수 있게 한다. 바즈라야나Vajrayana(티베트 대승 불교)에는 명상 보조기구 및 교육 장치로 사용되는 탱화thangkas라는 두루마리 그림이 있다. 이 만다라mandalas의 특징은 풍부한 상징적 원형 도상학과 기하학적 상징성을 결합한 복잡한 이미지들이다. 그들 중 다수는 인간의 모습을 취

---

5) 'impudique'는 프랑스어 형용사로서 정숙치 못한, 추잡한, 외설적인(=obscène)이라는 뜻이다.
6) 의미기호로서 시각적 아름다움이 아니라 형상을 통해 어떤 말씀, 즉 메시지를 전달하는 예술. 아이콘을 의미한다.
7) 고대 인도에서 제사 중심의 베다 브라마니즘에 대한 반동이자 개혁으로 발생하여 지금까지 존속하고 있는 종교이자 철학이다. 실질적으로는 불교의 교조인 고타마 붓다와 동시대인이었던 바르다마나(Vardhamana)의 가르침에서 연유하였다. 자이나교는 영혼의 해탈을 목표로 한다. 해탈은 윤회의 사슬로부터 벗어나는 것이다. 자이나교에 따르면, 해탈은 영혼이 완전지를 성취함으로써 이루어진다. 카르마의 차단과 제거의 완성, 즉 해탈의 성취는 무지와 격정이라는 원인을 제거할 수 있는 바른 믿음, 바른 지식, 바른 행동이라는 세 가지 보물에 의해 이루어진다(위키백과).
8) 힌두교나 불교 탄트라의 교리나 원칙, 특히 만트라, 명상, 요가, 의식의 사용과 관련된다.
9) 명상할 때 쓰는 기하학적 도형이다.

하는 것化身의 중간 상태인 바르도bardos의 장면을 묘사한다. 중국과 일본 불교에서도 이 비슷한 풍부한 도상학을 찾을 수 있다. 이것들은 평화롭거나 분노한 신들, 하늘과 지옥, 부처님의 삶과 그의 이전 화신incarnations, jatakas에서의 에피소드 및 다양한 주제를 묘사한다.

원형적 인물, 영역, 이야기의 풍부한 판테온pantheons[10]이 이집트, 바빌로니아, 아시리아, 북아메리카와 히스패닉 이전의 아메리카, 아프리카 왕국과 부족, 호주 원주민, 다른 고대 토착문화에서도 존재하였다. 호메릭 에픽스와 그리스 드라마에서의 원형들은 신archai, 반신반인demigods, 그리고 제우스, 헤라, 포세이돈, 하데스, 아폴로, 아프로디테, 헤르메스, 헤라클레스, 제이슨, 테세우스 또는 켄타우로스 같은 전설적인 영웅들의 형태를 취한다. 또한 그리스 신화는 복잡한 원형 장면들, 즉 올림푸스에 대한 신들의 향연, 지하세계 타르타로스Tartaros와 낙원의 엘리시안 벌판Elysian Fields에서의 장면, 올림피아 신들과 타이탄들의 전투, 헤라클레스의 노동 등도 제공한다. 이 풍부한 원형 세계는 그리스 조각가들과 화가들, 그리고 이탈리아 르네상스의 예술가들에게 영감을 주었다.

그리스 문화는 원형에 대한 또 다른 주요 관점을 매우 상세하게 표현하였다. 원형적 원리로 세계를 해석하는 경향은 그리스 철학과 문화의 가장 두드러진 특징 중 하나였다. 고전적인 원형의 관점은 플라톤에 의해 공식화되었다. 그는 소크라테스 이전 철학(헤라클레이토스Heraclitus, 탈레스Thales, 아낙시메네스Anaximenes, 아낙시만드로스Anaximander)으로부터 내려온 최초의 보편 원리에 대한 초기 철학적 논의를 바탕으로 하고 있었다. 그들은 이러한 원리들이 불인지, 물인지, 공기인지, 아니면 무한한 물질(아페이론apeiron[11])인지를 토론했다. 또한 플라톤은 초월적인 수학적 형태에 대한 피타고라스의 가르침, 특히 그의 스승인 소크라테스의 지혜에 대해서도 얘기했었다.

플라톤에게 원형은 특정 세계보다 상위인 보편적 원리였다. 그것들은 물질세계를 형성하고 정보를 주었다. 플라톤의 용어에서 원형은 그리스어 에이도스eidos에서 나온 어떤 본질에서 유래한 이데아Ideas 또는 형상Forms[12]이라고 불렸다. 즉, 이는 패턴, 필수적인 특

---

10) 고대의 반구형(半球形) 지붕의 건축물이다.

11) 고대 그리스의 아낙시만드로스가 이름 붙인 철학상의 개념으로, 세계의 근원을 이루는 물질. 불사불멸(不死不滅)의 영원한 운동을 하는 것으로 본다.

12) 질료 또는 내용(실질)에 대립되는 말로, 일반적으로는 가령 나무라는 질료로 만든 책상의 형상(형식)이라는 식으로 쓰인다. 철학에서는 내용을 통일·통관하는 본질적인 것을 형식, 형상이라고 본다. 플라톤의 이데아론에서 '이데아'의 번역으로도 쓰인다(위키백과).

질, 또는 어떤 것의 본질을 의미한다. 그것은 서구 세계에서 이해되는 이데아—개별적인 인간 정신의 산물—를 의미하지 않았다. 원형은 일반적인 인간의 감각으로는 접근할 수 없는 '천국 너머의 영역'에 그들 자신의 독립적인 존재를 가지고 있었다. 그것들은 고대 신비들로의 접속과 아폴로 신전들 안에서 신전 배양temple incubation[13]의 입문에 의한 홀로트로픽 의식 상태에서 (직접적으로) 경험되거나, 또는 깨달은 지성에 의해 파악될 수 있었다(순수이성Verstand이 아닌 독일 순수이성German Vernunft).

플라톤에 따르면, 단지 실제 지식만이 형상들에 대한 지식이었다고 한다. 그는 『티마이오스Timaeus』에서 이 이유를 다음과 같이 제시한다. 형상은 "자신의 형상을 변함없이 유지하고, 그것이 존재로 되지도 파괴되지도 않는다"(Plato, 1988). 예를 들어, 어떤 것은 아름다움의 원형이 그 안에 존재하는 정도나 그것이 아름다움의 원형에 참여하는 정도까지 아름답다. 그러나 아름다움의 원형은 그 자체로 영원하며 더해지거나 덜어질 수 없다.

원형의 개념(형상, 이데아)은 추상적인 특질에만 적용되는 것이 아니라 물질적인 물체, 동물, 사람에게도 적용된다. 열쇠를 열쇠로 삼는 것은 열쇠 자체Keyness 원형이 들어 있고, 개는 개 자체Dogness 원형에 참여한 정도만큼 개라는 것이다. 또한 우리는 인류의 원형—우주인Cosmic Man인 안트로포스Anthropos[14]에 대해서도 말할 수 있다. 각 원형은 다양한 특정 변곡과 변용뿐만 아니라 별다른 특징이 없는 일반적인 형태를 가지고 있다. 알렉스 그레이Alex Grey의 놀라운 이미지 컬렉션 신성한 거울Sacred Mirrors은 인종, 성별, 나이, 골격, 근육, 신경, 순환계 그리고 정묘체(나디nadis, 차크라chakras, 경맥meridians, 오라auras)를 보여 준다. 생물학에서 우리는 척추동물들의 골격의 원형에 대해 이야기할 수 있고, 그 부분이 다른 종에서 취할 수 있는 구체적인 상사기관analogs에 대해 이야기할 수 있다. 예를 들어, 인간이나 유인원 팔뚝과 손의 상사기관들은 새나 박쥐의 날개가 될 것이고, 고양이의 앞다리와 고래, 돌고래, 바다사자, 펭귄의 물갈퀴가 될 것이다.

원형적인 영역의 훌륭한 예는 수학과 기하학이다. 피타고라스처럼 플라톤은 숫자를

---

13) 그리스 등에서 제사장이 거룩한 신전 또는 사원에서 잠을 자면서 꿈을 통해 신의 계시를 얻기 위해 하던 종교적 행위 의식이 있었다. 인큐베이션은 신성한 영감을 받는 꿈이나 치료법을 경험하고 유도하기 위해 성스러운 지역에서 잠자는 의식적 수면 행위였고, 종교적 실천, 주요 황홀경 명상의 실천, 연습이었다.

14) 고대 그리스인들은 인간을 'Anthropos'라고 불렀다. 안트로포스는 '위쪽'이라는 의미의 '아나'와 '얼굴/가면'을 의미하는 '프로소포스'의 합성어이다. 즉, 안트로포스는 '얼굴을 위로 하고 하늘을 쳐다보는 존재'를 말한다.

물질적 대상을 주문하고 계산하기 위해 인간의 마음이 발명한 것으로 보지 않고, 존재의 구조에 짜여진 초월적 신적 원리로 보았다. 아테네 플라톤 아카데미의 문 위에는 "기하학에 무지한 사람은 아무도 여기에 들어오지 못하게 하라"라는 비문이 새겨져 있었다.

헝가리계 미국인 물리학자이자 수학자, 노벨상 수상자인 유진 위그너Eugene Wigner는 『자연과학에서 수학의 비합리적 효과성Unreasonable Effectiveness of Mathematics in Natural Sciences』 이라는 제목의 에세이를 발표하였다. 그는 이 에세이에서 인간 마음의 산물이라고 알려진 수학이 물질세계에서 현상을 모델링하고 예측할 수 있다는 것에 놀랐다고 말하였다. 그는 다음과 같이 썼다. "자연과학에서 수학의 엄청난 유용성은 불가사의한 것에 접해 있으며 그것에 대한 합리적인 설명은 없다"(Wigner, 1960).

융 학파 심리학자인 마리 루이제 폰 프란츠Marie-Louise von Franz는 첫 네 자리 숫자(정수) 의 원형적인 의미에 관한 『수와 시간Number and Time』을 썼다. 그녀는 심리학과 어려운 과학을 모두 끌어들여 많은 구체적인 예를 제시했으며, 다음과 같이 결론지었다. "자연수 는 에너지의 물리적, 정신적 발현의 일반적인 질서 요소이며, 결과적으로 정신과 물질을 함께 끌어들이는 요소이다"(von Franz, 1974).

폰 프란츠, 파울리, 융은 이것을 물질과 심혼으로 나뉨을 넘어서는 정신물리학적 현실 인 하나의 세계Unus mundus[15]의 존재를 암시하는 것으로 보았는데, 그것은 원인 없는 새로운 창조물이 생겨날 수 있는 잠재적 세계였다. 관찰자와 관찰된 현상은 같은 근원에서 나온다. 동시성의 사건들은 이러한 잠재적 세계가 실체로 구현되는 순간을 보여 준다.

기하학적 형태, 예를 들어 삼각형, 사각형, 원, 직사각형, 오각형, 육각형 별, 나선형 및 이중 나선형, 플라토닉 고형(사면체, 정육면체, 팔면체, 십이면체, 이십면체), 구, 피라미드, 원뿔 같은 것들은 플라톤 철학에서 초월적 이데아로 볼 수 있을 것이다. 신성한 기하학 의 추가적인 예로는 π(파이), 황금 분할, 대수 나선형 조개 모형chambered nautilus shape, 또 는 피보나치 일련수Fibonacci series가 있다. 보다 최근의 예로는 프랙털fractals, 나무, 양치류, 채소, 해조류 및 해양 해안의 모양을 모방하는 비선형 방정식의 컴퓨터 생성 그래픽 표 현이 있다. 스위스 연구자인 한스 제니Hans Jenny는 다양한 주파수 판에서 리코포듐 분말 로 덮인 플레이트를 진동시켜 원형적인 모양을 만들 수 있었다.[16] 그는 자신의 실험을

---

15) 'Unus mundus'은 '하나의 세계(one world)'를 뜻하는 라틴어로서, 모든 것이 나타나고 모든 것이 되돌아오는 근본적인 통일 현실의 개념이다(위키백과).

16) 제니는 발진기에 연결된 금속판에 모래, 먼지 및 액체를 뿌려 넓은 주파수 스펙트럼을 생성할 수 있었다. 모래 또는 다른 물질은 발진기에 의해 방출된 진동에 의해 주파수의 전형적 기하학 형태

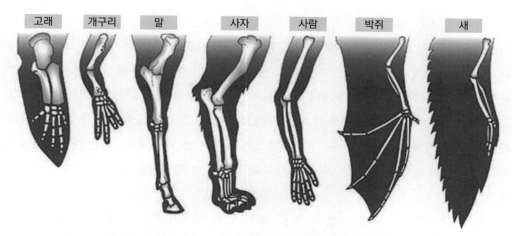

| 고래 | 개구리 | 말 | 사자 | 사람 | 박쥐 | 새 |

[그림 11-1] 척추동물의 골격은 다른 종에서 이러한 보편적 패턴의 변화로 나타나는 원형이다. 예를 들어, 고래, 돌고래, 물개에는 지느러미가 있다. 이것의 상사기관은 개구리의 물갈퀴가 달린 팔, 말과 사자의 앞다리, 유인원과 인간의 팔, 박쥐의 날개가 있다.

『사이메틱 소리퍼짐Cymatic Soundscapes』(Jenny, 1992)에서 기술하였다.

이데아라는 개념은 존재의 상태being, 되어짐becoming과 밀접한 관련이 있다. 특정 세계는 변덕스럽고 끊임없는 변화를 겪으며 그 무엇도 그대로 남아 있지 않다. 이것이 부처가 인간 고통의 원천으로서 물질적인 것에 대한 애착을 경고한 이유이다. 이데아의 세계는 물질세계와 비교했을 때 상위의 것이다. 그것은 실재하고 영원하며 신뢰할 수 있고 항상 동일하게 유지된다. 이데아라는 것은 영속적이어서 신과 유사하다. 그래서 플라톤은 유일한 실제 지식은 형상에 대한 지식이라고 믿었던 것이다.

플라톤의 제자이자 후계자인 아리스토텔레스는 보편적 형상의 개념에 경험주의적 접근을 가져왔는데, 이는 영적 깨달음보다는 세속적이고 논리적인 분석에 기초한 합리주의에 의해 지지되었다. 아리스토텔레스의 관점에서 보면 형상은 신성의 힘numinosity을 잃었지만 경험적 세계와 삶의 과정에서 그들의 구체화된 역동적이고 목적론적 특성에 대

를 특징으로 하는 상이한 구조로 조직되었다. 제니에 따르면, 만다라를 연상시키는 다른 구조들과 자연에서 되풀이되는 다른 형태들은 그것을 생성한 진동 에너지의 보이지 않는 힘의 장(場)을 나타낼 것이다. 그는 옴의 고대 산스크리트어에서 발성을 내는 리코디움 파우더가 옴이 대표되는 방식 중 하나인 중심점을 가진 원을 형성한다는 관찰에 특히 감동했다. 실제로 중심(경계, 또는 적어도 중심 대칭을 갖는 점들의 집합)에 놓여 있는 원형 판의 경우, 노드 진동 모드는 모두 중심 대칭을 가지므로 제니의 관찰은 전적으로 잘 알려진 수학적 특성이다.

한 새로운 인식을 얻었다.

아리스토텔레스에게 있어서 보편적 형상은 기본적으로 사물에 존재하며, 그것들은 위나 너머에는 존재하지 않는다. 더욱이 그것은 구체적인 특정한 것에게 형상과 본질적인 특성을 부여할 뿐만 아니라 잠재력에서 실재성, 성숙성에 이르기까지 그것을 역동적으로 변환시킨다. 아리스토텔레스의 원형은 도토리가 떡갈나무로, 애벌레가 나비로, 배아가 성숙한 유기체로, 어린아이가 성인으로 발달하는 것을 안내할 것이다. 형상의 본질적 특성이 완전히 실현된 후, 형상은 점차적으로 '그것들의 영향력을 상실함'에 따라 쇠퇴가 발생한다.

생물학에서 문제는 모기, 앵무새, 고래, 또는 인간 등 다양한 유기체에 최종 형상을 부여하는 것뿐만 아니라 수정란에서부터 성숙한 형상에 이르기까지 모든 배아생식 단계에서 수백만 개의 세포분열을 통해 그들의 발달을 이끌 수 있는 힘의 본질이 무엇인가 하는 것이다. 다양한 형상의 생명체의 배아생식과 유해한 실험개입을 보상하는 그들의 능력에 대한 연구는 한스 드리슈Hans Driesch가 자연 내 지성적인 힘(생명력entelechy)의 존재를 가정하고 생기론vitalism을 발견하게 된 계기가 되었다(Driesch, 1914).

보편성의 문제, 더 구체적으로 플라톤과 아리스토텔레스의 원형개념은 중세 스콜라철학자의 논쟁에서 중심 주제 중 하나였다. 그들은 세 개의 그룹으로 나뉘었다. 실재론자the Realists는 원형이 우주 바깥에 있는 영역에서 독립적으로 존재한다는 플라톤의 독창적인 생각을 옹호하였다. 유명론자the Nominalists는 보편성이 단순히 이름들, 우리가 물질세계에서 보는 것으로부터의 추상화라고 주장하였다. 개념주의자the Conceptualists는 우주가 존재하지만, 오직 마음에만 존재하는 것이며, 그것들은 외부적이거나 실질적인 현실을 가지고 있지 않다고 주장하였다.

원형적인 또는 보편적인 것에 대한 아이디어는 후기 고전, 중세 및 르네상스 시대에 중요한 발전을 거쳤다. 사실주의는 전성기 르네상스의 철학과 예술에서 절정에 달했다. 다음 세기 동안 경험주의 과학의 발전과 함께 원형의 개념은 급진적으로 유명론적 철학쪽으로 옮겨 갔다. 원형적 관점은 예술, 고전 및 신화 연구, 낭만주의에서 여전히 중요했다. 원형적인 시각은 이성에 대한 강조가 커짐에 따라 거의 소멸된 것처럼 보였다.

이마누엘 칸트Immanuel Kant가 인간의 모든 지식과 경험이 질서와 조건에 따라 결정된다는 선험적 범주와 형상의 인간정신에 대해 발견하고, 그에 따른 철학 혁명이 일자 원형적 관점이 다시 등장하게 되었다(Kant, 1999). 그것은 지식의 대상으로부터 현대 사상의 거의 모든 분야에 영향을 미치는 지식의 주체로 급진적인 전환을 일으켰다. 20세기에 원형의 개념은 예상치 못한 부흥을 겪었다. 그것은 프리드리히 니체의『비극의 탄생The Birth of Tragedy』과 인간 문화를 형성하는 디오니소스주의와 아폴로니아의 원리에 대한 그의 논의에 의해 예시되었고(Nietzsche, 1967), 심층심리학의 발달과 함께 기하급수적으로 증가하였다.

지그문트 프로이트는 신화에 대단한 관심을 가졌었고 열정적인 고대 유물 수집가였다. 비엔나의 베르가세에 있는 그의 예전 아파트와 사무실은 개인 소장품에서 나온 그리스, 로마 및 이집트 유물로 가득 찬 박물관이다. 프로이트의 용어 오이디푸스 콤플렉스는 그리스 극작가 소포클레스의 비극 〈오이디푸스 렉스Oedipus Rex〉에서 영감을 얻었다. 정신분석학을 조직화한 프로이트는 인간 심혼 안에서 경쟁하는 두 가지 동기에 대해 에로스Eros와 타나토스Thanatos라고 하는 신화적 이름을 선택했다. 그러나 프로이트는 신화적 이야기를 핵가족에서 아이들이 가지는 문제와 갈등의 반영이라고 보았다. 그는 초월적 영역과 원형에 대한 진정한 이해를 달성하지는 못했다.

융은 원형을 심리학적 원리로 규정하고 현실적인 관점에 대해 뒷받침하는 증거를 가져오면서 원형의 역사에 중요한 새 장을 더하였다. 융의 사상은 칸트의 비판적 인식론과 프로이트의 본능 이론에 영향을 받았지만, 결국 그는 두 가지 모두를 초월하였다. 인간 정신에 대한 그의 이해는 프로이트의 전기적 모델biographical model을 넘어서는 주요한 확장을 대표하였다. 프로이트처럼 융은 무의식과 그 역학을 크게 강조했지만, 그것에 대한 그의 개념은 프로이트와는 근본적으로 달랐다.

융이 프로이트의 정신분석학에서 획기적으로 벗어난 것은 그가 미국 작가 프랭크 밀러Frank Miller의 시와 산문집『밀러 판타지Miller Fantasies』(Miller, 1906)를 분석하던 중 시작되었다. 이 작업에서 그는 그녀가 쓴 글의 많은 모티브가 온 세계 여러 나라와 다른 역사적 시기의 문학에서 유사점을 가지고 있다는 것을 발견하였다. 그는 환자들의 꿈과 환상, 정신분열증 환자들의 망상, 그리고 자신의 꿈을 분석할 때도 같은 현상을 발견할 수 있었다.

그는 우리가 프로이트 학설의 개인적 무의식, 즉 거부된 본능적 경향의 정신생리학적 폐기장, 억압된 기억, 무의식적으로 동화된assimilated 금지뿐만 아니라 집단무의식도 가지고 있다고 결론지었다. 그는 이 광대한 영역을 심혼psyche 내 지적이고 창조적인 우주힘cosmic force의 발현으로 보았고, 이것은 우리를 모든 인류, 자연, 그리고 우주 전체에 묶는다고 보았다.

집단무의식은 인류의 역사 전체를 담고 있는 역사적 영역을 가지고 있는 반면, 원형적 영역은 인류의 문화적 유산, 즉 존재하였던 모든 문화의 신화를 담고 있다. 홀로트로픽 의식 상태에서는 이러한 문화로부터 어떠한 지적 지식을 얻지 못하더라도 신화적 모티브를 경험할 수 있다. 융은 집단무의식을 탐구하면서 그것의 역동성을 지배하는 보편적 원칙 또는 원형을 발견하였다.

그는 처음에 그것들을 야코프 부카르트Jacob Burkhardt에게서 차용한 용어를 사용해 '원초적 이미지'라고 불렀다. 후에 그는 그것들을 '집단무의식의 지배자'라고 불렀고, 최종적으로 '원형archetypes'이라고 했다. 융의 심리학, 학술적 신화 연구, 현대 의식 연구에서 나타난 이해에 따르면, 원형은 물질세계의 구조를 기초하고 알리고 형성하는 영원한 원초적 우주 원리이다(Jung, 1959).

융은 처음에 원형은 개인적인 것이 아니라, 뇌에 고정된 심혼내부의 패턴이라고 생각했는데, 이것은 동물의 본능에 비교한 것이다. 원형들을 이해하는 그의 주요한 단계는 동시성synchronicity의 발견이었다. 그 결과, 융은 원형을 모든 인간이 공유하는 집단무의식의 표현일 뿐만 아니라 물리적 세계와 인간의 심혼 모두를 알려 주고 포괄하는 존재와 의미의 더 큰 매트릭스의 표현으로 간주하게 되었다.

포스트모던 시대에 원형은 융 학파 이후의 심리학뿐만 아니라 인류학, 신화, 종교 연구, 과학 철학, 과정 철학, 점성학 등 다른 분야에서도 점점 더 영향력을 가지게 되었다. 원형의 유동성, 진화성, 다가치성 및 참여적 성격에 대한 인식이 높아짐에 따라 원형의 개념은 정교하고 세련되어지며 풍부하게 되었다(Tarnas, 2006).

정신의학과 심리학에서의 원형

현대 의식 연구는 홀로트로픽 상태에서는 원형이 직접 경험될 수 있고, 알려지지 않은 세계 신화에 대한 새로운 정보를 가져올 수 있다는 것을 보여 주었다. 나는 책들에서 내담자들이 원형적 인물들을 경험하거나 심지어 체화된embodied 신화의 연속적 장면들을 목격한 많은 상황의 예를 들었다(Grof, 2006a, 2006b). 융은 정신의학과 폐쇄 병동에서 회진 동안 창밖을 매우 열심히 응시하고 있는 만성 정신병 환자를 주목하게 되었던 것을 기술하였다. 그는 그 환자에게 무엇을 보고 있는지 물었다. 환자는 "선생님은 안 보이세요? 태양이 남근을 가지고 있고, 앞뒤로 움직여 바람을 일으키고 있어요." 융은 나중에 이 환자가 경험한 것이 미트라 신화Mithraic mythology의 모티브라는 것을 발견하고 크게 놀라워했다.

원형은 정신의학, 심리학, 심리치료에 뿌리 깊은 이론적, 실제적 함의를 가지고 있다. 그것들은 응축경험 체계의 일부로서 정서적 및 심인성 신체 증상의 발생에 중요한 역할을 한다. 원형적 역동에 대한 이해는 치유와 변용에 필수적이다. 이는 심혼의 내면적 자기치유 지성(융의 개성화 과정)과 고대 및 토착 문화가 신성시 여기는 원형적 인물이나 우주 에너지의 치유 잠재력과 밀접한 관련이 있다.

이것의 예로는 그리스 신전 배양temple incubation에서 아폴로의 원형, 카리브해와 남미의 혼합 종교의 신들(부두Voodoo[17]의 로아loa[18] 또는 움반다Umbanda[19]와 산테리아Santeria[20]의 오리사orishas[21]) 그리고 인도 경전에 묘사된 뱀처럼 꿈틀거리는 힘(쿤달리니)을 예로 들 수 있다. 신성한 식물을 실험하는 많은 심혼탐구자는 그들의 회기 중에 이 식물의 영혼, 예를 들어 페요테peyote의 메스칼리토Mescalito 또는 아야후아스카ayahuasea의 위대한 어머니 여신 파차마마Pachamama로부터 안내를 경험한다.

이와 관련하여 특히 흥미로운 것은 '영웅의 여정'이라고 알려진 복잡한 원형적 연속이다. 그것은 정신의학과 심리치료뿐만 아니라 인류의 의식과 영적 역사에 핵심적인 역할을 하기 때문에 비교 종교에서도 매우 중요하다. 그것은 무속, 통과의례, 죽음과 재탄생의 고대 신비, 그리고 세계의 위대한 종교를 이해하는 데 필수적인 원형적 패턴이다. 영웅의 여정에 대한 개념은 20세기의 가장 위대한 신화학자 조셉 캠벨의 연구로부터 나왔다. 그는 1947년 그의 고전인 『천의 얼굴을 가진 영웅The Hero with a Thousand Faces』(Campbell, 1947)에서 이 모티브를 처음으로 묘사하였다. 그는 역사적, 지리적 경계를 초월하는 보편적이고 동시에 도처에 있는ubiquitous 본성 때문에 그것을 '단일신화monomyth'라고 언급하였다.

---

17) 부두교. 미국 남부 및 서인도 제도의 흑인 사이에 행해지는 원시 종교. 로마 카톨릭의 제의적 요소와 아프리카의 주술적 요소가 혼합되어 있고, 로아라고 하는 정령을 믿는다.

18) 부두교의 정령으로서 최고 창조자인 본제(Bondye, '좋은 신'을 뜻함)와 인류 사이의 중개자이다. 독특한 신성한 리듬, 노래, 춤, 의식의 상징, 특별한 봉사 방식을 가진 독특한 존재이다. 로아는 그 자체로는 신이 아니다.

19) 아프리카 전통과 로마 카톨릭교의 제례의식과 영매술, 원주민, 원주민의 신념을 혼합한 동북 아프리카-브라질 종교로서 오리샤(Orisha)와 요루바어(Yorùbá) 요소에 대한 예배를 포함한다.

20) 아프리카 기원의 쿠바 종교, 가톨릭적인 요소를 포함한다.

21) 남미 종교에서의 정령이다.

캠벨은 후에 캘리포니아주 빅서에 있는 에살렌 연구소의 프로그램 지도자들(존 페리, 샘 킨, 콩리앙 알 후앙, 그로프 부부)과 공동 세미나에서 이 원형적 전후관계sequence가 샤먼 입문 위기, 통과의례, 죽음과 재탄생의 고대 신비, 단테 알리기에리Dante Alighieri의 『신곡 Divine Comedy』, 성인과 신비주의자의 삶, 사회정치적 사건, 영적 응급을 포함한 광범위한 현상을 이해하는 데 어떻게 필수적인지 시연하였다.

홀로트로픽 상태에 대한 연구는 원형적 경험이라는 것이 알려지지 않은 뇌병리에 인한 엉뚱한 산물이 아니라('내인성 정신병endogenous psychoses'), 개인 의식에 나타나는 세계 혼Anima mundi의 창조물이라는 것을 의심의 여지없이 보여 주었다(Grof & Grof, 1991; Grof, 2000). 내가 보아온 이러한 사실에 대한 가장 강력한 증거가 있다. 행성의 이동planetary transits과 홀로트로픽 의식 상태의 타이밍과 내용 간에 체계적인 상관관계가 있음을 발견한 것이다.

또 다른 중요한 증거는 존 페리의 갱생 과정Renewal Process의 현상이다. 이 현상은 '화신化身 신화의 고대 시대archaic era of incarnated myth' 동안 고대 문화에서 행해진 장엄한 새해 드라마의 주제를 모방한 것 같은 일종의 영적 응급이다(Perry, 1998). 또한 홀로트로픽 상태에 대한 연구는 태아 단계와 원형적 요소들의 독특한 혼합을 포함하는 무의식의 주산기 영역이 존재한다는 것을 밝혀냈다.

원형과 자연과학

현대 유물론적 과학은 수 세기 동안 지속되어 온 유명론자와 실재론자 사이의 철학적 논쟁에 합류했고, 단호하게 유명론자에게 유리하게 결정되었다. 현실의 숨겨진 보이지 않는 차원의 존재에 대한 관념은 물질주의 과학에 이질적인 견해이다. 그것들이 본질적으로 물질적인 것이 아니고 현미경이나 망원경 또는 다양한 전자기 복사 띠를 감지하는 센서 등 우리의 감각 범위를 확장하는 장치를 사용하여 접근할 수 있는 경우가 아니라면 말이다.

▲ 조셉 캠벨(1904~1987)은 미국의 비교신화와 종교학 교수이고, 가장 잘 알려진 저서는 『천의 얼굴을 가진 영웅』이다.

　학문적, 임상적 정신의학자들은 매우 좁은 개념의 틀을 사용하는데, 이 개념 틀은 인간의 심혼을 출생 후 전기로 제한하고 프로이트식의 개인무의식으로 한정 짓는다. 그들에 따르면, 원형적인 존재와 영역은 존재론적으로 실재가 아니고 인간 상상력의 허구이거나 약물로 진정시켜 치료해야 하는 뇌의 병리학적 산물이다.

　홀로트로픽 의식 상태에서 원형적 형상과 영역은 물질세계에 대한 우리의 경험만큼이나 설득력 있거나 더 설득력 있는 방식으로 경험될 수 있다. 또한 그것들은 합의된 검증을 받을 수도 있다. 이 영역의 깊은 개인적 경험은 고대 및 토착 문화에서 발견되는 세계관이라는 것이 무지, 미신, 원시적인 '마법적 사고' 또는 정신병적 환상에 바탕을 둔 것이 아니라, 대체 현실alternate realities[22]의 진정한 경험에 바탕을 둔 것임을 인식하게 해 준다.

---

22) 종종 '평행 우주', '병렬치수', '대체우주'의 동의어 역할을 한다. 대체 현실(代替現實)이란 말 그대로 현실을 대신하거나 다른 것으로 바꾸는 것을 뜻한다(위키피디아, 네이버지식사전).

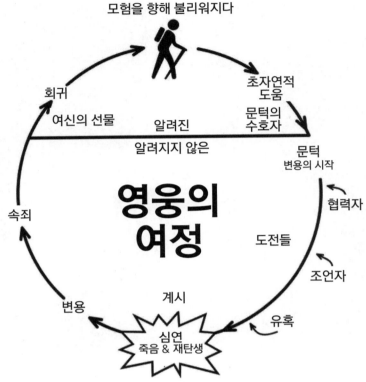

[그림 11-2] 조셉 캠벨의 '영웅의 여정' 도표는 모든 역사적 시대와 세계 곳곳에서 다양한 변곡으로 존재하는 원형적인 '단일신화monomyth' 이야기이다.

　원형적 인물들은 세 가지로 구분된다. 첫 번째는 다양한 보편적 역할과 원리를 구현하는 인물이다. 그중 가장 유명한 것은 위대한 어머니 여신, 끔찍한 어머니 여신, 현명한 노인, 영원한 청년, 연인들, 죽음, 사기꾼 등이다. 융은 남자들이 무의식 속에 여성적 원리의 일반적인 표현을 품고 있다는 것을 발견하였는데, 이것을 아니마Anima라고 불렀다. 그녀의 대응된 대상으로, 여성의 무의식에서 남성적 원리의 일반적인 표현으로서 아니무스Animus라는 용어를 사용하였다. 인간 성격의 어둡고 파괴적인 측면에 대한 무의식적 표현은 융 심리학에서 그림자Shadow라는 이름을 가지고 있다.

　두 번째 범주의 원형 인물은 특정 문화, 지리적 영역 및 역사적 시기와 관련된 신과 악마들을 나타낸다. 예를 들어, 위대한 어머니 여신의 일반화된 보편적인 이미지 대신, 우리는 기독교 성모 마리아Virgin Mary, 수메르의 이나나Inanna, 이집트의 이시스Isis, 그리스의 헤라Hera, 힌두의 락슈미Lakshmi 또는 파르바티Parvati, 그밖의 많은 그녀의 특정 문화와 연관된 형태들 중 하나를 경험할 수 있다.

마찬가지로 끔찍한 어머니 여신의 구체적인 예로는 인도 칼리Indian Kali, 콜럼버스가 미 대륙을 발견하기 이전 아메리카의 뱀 머리를 한 코아틀리쿠에Coatlicue, 그리스 메두사 Greek Medusa, 헤카테Hekate, 발리 랑다Balinese Rangda, 하와이 펠레Hawaiian Pele가 있다. 홀로트 로픽 상태에서 의식에 떠오르는 이미지는 인류 역사상 어떤 문화의 신화에서도 그려질 수 있다는 점을 강조하는 것이 중요하다. 그것들은 우리 자신의 인종과 문화유산에 국한 될 필요가 없다.

세 번째 집단의 원형 인물은 나이, 성별, 인종, 문화, 역할, 직업 등을 대표하는 홀로트로 픽 응집체agglomerates로, 병사, 아이, 어머니, 유대인, 정복자, 폭군, 순교자 등이 있다. 이러 한 이미지들은 이 범주들의 서로 다른 집단적 경험에서 비롯된 것이다. 모든 역사적 시대의 유태인들, 세계의 전쟁터에서 싸운 모든 병사, 세상의 모든 어머니나 아이들 등이다. 마 찬가지로 늑대의 원형과 늑대 떼의 의식 경험을 경험적으로 구분하는 것이 가능하다.

여러 해 동안 나는 내담자들, 워크숍 참가자들, 그리고 심현제心顯劑, psychedelic[23])와 홀 로트로픽 숨치료 회기의 수련생들이 거의 알려지지 않은 문화로부터의 원형적인 인물 과 모티브를 모호하게 경험하는 것을 여러 번 관찰해 왔고, 나중에 그것을 확인할 수 있 었다. 나는 자주 그것을 '세계 신화의 걸어 다니는 백과사전'이었던 친한 친구 조셉 캠벨 의 도움으로 식별할 수 있었다. 내가 기억하는 이런 종류의 가장 주목할 만한 예는 뉴기 니의 말렉쿨란Malekulan 문화의 신화와 이누이트 에스키모 신화『궁극의 여행The Ultimate Journey』(Grof, 2006b)에 있는 오토Otto와 알렉스Alex의 사례 경험이었다.

원형은 과학 이론의 기원과 과학적 발견에서 중요한 역할을 한다. 필립 프랭크Philipp Frank 가『과학철학: 과학과 철학의 연결Philosophy of Science: The Link between Science and Philosophy』에서 보여 주듯이, 과학 이론의 기본 공리의 원천이나 과학적 발견으로 연결되는 아이디어는 종종 원형적인 모티브이다. 과학의 역사에서 혁명적 아이디어는 자주 그 아이디어를 정 당화하거나 지지할 충분한 증거가 있기 오래전에 나타난다(Frank, 1957).

---

23) 1957년 험프리 오스몬드(Humphrey Osmond)는 환각제라는 뜻의 'hallucinogen'이라는 용어가 정 신장애를 연상시켜, 'psychedelic'이라는 용어를 만들어 내었는데, 이것은 고대 그리스어의 '정신' 과 '드러냄(현재, 顯在)'의 합성어로, 우리 내면의 깊은 정신을 드러내 보여 준다는 의미가 있다. 하지만 일반적으로 환각제로 번역하여 부정적인 의미로 사용되어 왔기 때문에 환각제로 번역하는 것은 적절하지 않다고 본다. 따라서 이 책에서는 원어의 의미를 살려서 심현제(心顯劑)로 번역하 였다.

이리하여 이오니아 철학자 아낙시만드로스Anaximander는 기원전 6세기에 모든 생명이 바다에서 비롯되었음을 시사하는 원생 진화론proto-evolutionary theory을 제안하였다. 그리스 철학자 데모크리토스Demokritos(BC 4세기)와 레우키포스Leucippus(BC 5세기)는 물질의 원자론atomic theory을 공식화하여 물질세계가 더 이상 쪼갤 수 없는 작은 입자(a-tomos, 더 이상 자를 수 없는 것을 의미한다.)로 구성되어 있음을 시사하였다. 니콜라스 코페르니쿠스Nicolaus Copernicus와 요하네스 케플러Johannes Kepler는 태양 원형에서 천문학 이론에 영감을 얻었고, 독일의 화학자 프리드리히 아우구스트 케클레 폰 슈트라도니츠Friedrich August Kekulé von Stradonitz는 우리가 본 자신의 꼬리를 집어삼키는 뱀 우로보로스Ouroboros의 원형에 대한 비전에 의해 벤젠 고리benzene ring를 발견하는 영감을 얻었다.

또한 다양한 과학 학계에서 원형 패턴의 중요성에 대한 인식이 높아지고 있다. 요한 볼프강 폰 괴테Johan Wolfgang von Goethe는 식물의 창조 계획에 매료되었고, 특히 꽃의 기관을 변형된 잎으로 간주하는 원형적 잎 개념에 매료되었다. 괴테는 식물의 원형 형태가 잎에서 발견되는 식물 변성 이론을 공식화하였다. 그는 다음과 같이 썼다. "식물은 위에서 아래까지 모두 잎이며, 미래의 싹 틔움과 분리할 수 없이 연결되어 있어서 하나는 다른 하나 없이 상상될 수 없다." 괴테의 연구는 현대 식물 생물학의 많은 영역을 위한 토대를 만들었다.

영국 및 미국 인류학자, 생물학자, 철학자 그레고리 베이트슨Gregory Bateson은 자연과 진화론에서 '연결되는 패턴'에 매료되었다. 그는 이 패턴이 살아 있는 유기체를 무기물 개체와 구별하는 주요 특징이라고 생각하였다(Bateson, 1980). 영국의 식물 생리학자 겸 초심리학자인 루퍼트 셸드레이크Rupert Sheldrake는 자연에서 형태소의 존재를 설명하기 위해 형태생성장 이론과 형태공명 이론을 공식화하였다(Sheldrake, 1981).

형태생성장의 본질에 대한 그의 토론에서 셸드레이크는 원형에 대한 언급을 했다. 그는 형태생성장이 '완벽함의 수학적 세계'에서 발견되는 불변의 플라톤적 형상들Platonic forms의 특성을 가지고 있다고 지적하였다. 앞에서 보았듯이, 이러한 형상들은 시간 밖의 존재이다. 그러나 셸드레이크는 형태적 인과관계를 수반하는 또 다른 가설을 가지고 있는데, 이 가설은 아리스토텔레스적 특징을 가지고 있다. 여기서 자연은 진화적 창의성을 활용하여 형태를 생산할 수 있다.

원형, 종교 그리고 영성

원형 세계가 존재론적으로 실재한다는 발견은 영적 세계관, 영적 탐구 및 직접적인 경험을 포함하는 종교 활동에 정당성을 부여한다. 그것은 종교의 독단주의, 의례주의, 도덕주의 및 세속적 야망이 따라다니는 믿음에 바탕을 둔 조직화된 종교를 수도회적이고 신비주의적인 종교 분파와 영적 실천과 직접적인 체험을 강조하는 집단에서 발견되는 진정한 영성과 구별할 수 있게 한다.

영성은 평범하지 않은 측면과 현실의 차원에 대한 개인적인 경험에 기초한다. 그것은 특별한 장소나 공식적으로 지명된 사람이 신성과 접촉하는 것을 필요로 하지 않는다. 신비주의자들은 교회나 사원이 필요하지 않다. 그들이 자신의 신성을 포함한 현실의 신성한 차원을 경험하는 맥락은 그들의 몸, 심혼, 본성이다. 사제들이 주례하는 대신, 동료 구도자들의 지지 모임이나 자기 자신보다 내면의 여정에 더 앞선 선생의 지도가 필요하다.

그에 비해 조직화된 종교는 성소, 교회, 사원과 같은 지정된 장소에서 특정한 시간에 일어나는 제도화된 집단 활동이며, 영적 현실에 대한 개인적인 경험을 가졌을 수도 있고 갖지 않았을 수도 있는 임명된 관리들의 시스템을 포함한다. 일단 종교가 조직화되면, 그것은 영적 원천과의 연관성을 완전히 상실하고 그들을 만족시키지 못하며 인간의 영

◀ 요한 볼프강 폰 괴테(1728~1749)는 독일의 중요 작가, 정치가, 자연과학자이다.

◀ 그레고리 베이트슨(1904~1980)은 영미 인류학자, 생물학자, 인공두뇌학자 및 철학자로서, 그는 삶의 현상 또는 '연결의 패턴'을 정의하는 원형에 매료되었다.

적 욕구를 부당하게 이용하는 세속적 기관이 되는 경우가 많다.

조직화된 종교는 권력, 통제, 정치, 돈, 소유 그리고 다른 세속적인 관심사를 추구하는 것에 초점을 맞춘 계층 체계를 만드는 경향이 있다. 이러한 상황에서 종교적인 위계질서는 그 구성원들의 직접적인 영적 경험을 싫어하고 좌절시킨다. 왜냐하면 그것들은 독립을 조장하고 효과적으로 통제할 수 없기 때문이다. 이런 경우에 진정한 영적 삶은 주로 관련된 종교의 수도원적 질서, 신비적 분파, 황홀경 종파 속에서 계속된다. 역사적으로 신비주의자는 잔 다르크와 종교재판의 많은 희생자의 운명이나 수피 할라즈의 순교와 이슬람 국가에서 수피족의 박해 이야기가 예시하듯이 같은 신조의 조직화된 종교와 쉬운 관계를 맺지 않았다.

1937년 예일 대학교 드와이트 해링턴 테리Dwight Harrington Terry 강연에서 융은 청중에게 효능을 상실한 전통 종교 의식이 기성 종교의 경계를 넘어서 나아가고, 무의식과 직접적인 경험적 만남을 실천하는 것을 고려해야 한다고 제안하였다. 이를 적절하게 따랐을 때 심혼 내 의식ritual은 '즉각적인 종교적 경험'을 가져다주며 고도로 개인화된 영적 온전성wholeness의 출현으로 이어질 수 있다(Jung, 1937).

융이 1937년에 염두에 두었던 것은 개인 정신의 신성한 테두리 안에서 벌어지는 의식이었다. 그의 동시성 발견은 이 의식ritual에 대한 초기 개념을 극적으로 바꾸어 놓았다. '즉각적인 종교적 경험'이라는 개념은 이제 전체로서의 자연의 신성함 테두리 안에서 제정되어야 할 의식을 가리키는 것으로 이해될 수 있을 것이다. 융의 진정한 종교에 대한 정의는 '공간과 시간의 경계를 초월한 진정한 영적 추구자들의 네트워크'였다.

새로운 행성 신화를 찾아

아널드 토인비Arnold Toynbee, 조셉 캠벨Joseph Campbell과 같은 학자들은 모든 과거 문화는 근본적인 신화나 신화들의 조합에 의해 지배된다는 것을 발견하였다. 조셉 캠벨은 종종 "서양 문명을 이끄는 신화는 무엇인가?"라는 질문을 했다. 그는 서양 사회를 특징짓는 개인주의와 관련하여 성배를 찾는 신화의 중요성을 강조하였다. 아서왕의 기사들은 성배를 무리지어 찾는 것이 아니라 숲속에서 각자의 개별적인 길을 선택하기로 결정하였다. 우리는 리처드 타나스Richard Tarnas가 『서양 정신의 열정: 실낙원 vs 인간 상승The Passion of the Western Mind: Paradise Lost vs. The Ascent of Man』에서 탐구한 현대 시대의 두 가지 주요 신화를 생각할 수 있다(Tarnas, 1991). 심리영적 죽음/재탄생, 여성성의 납치와 강간, 파우스트, 마법사의 견습생, 프랑켄슈타인, 탕자 등을 포함한 다양한 주제가 똑같이 적절한 모티브인 것으로 보인다.

또한 조셉 캠벨은 "미래 신화는 무엇이 될 것인가?"라고 자주 물었고, 그는 파편화를 극복하고 행성 문명을 만들어 사람들이 다른 사람 및 자연과 조화를 이루며 살 수 있으면서도, 과학과 기술의 놀라운 발견으로부터 이익을 얻지만, 깊고 영적인 이해에서 오는 지혜(호프만Hoffman의 『새로운 아틀란티스New Atlantis』)와 함께 그것들을 사용하는 행성 문명을 창조하는 것을 포함시키기를 희망하였다. 이 목표를 달성하기 위해서는 심리영적인 재탄생과 여성성에 대한 해방과 귀환을 포함할 것이다. 우리가 행성 문명에 대해 이야기하고 있기 때문에 나는 특별히 관련 있어 보이는 매우 흥미로운 관찰을 언급하고 싶다.

▶ 리처드 타나스(1950~)는 심층심리학자,
문화 역사가, 철학자, 원형적 점성가이다.

 심현제와 홀로트로픽 숨치료를 연구한 내 연구에서 가장 놀라운 발견 중 하나는 홀로
트로픽 의식 상태인 내담자, 수련자, 워크숍 참가자들이 역사적, 지리적 경계를 초월하
고 인류 역사의 많은 문화에서의 원형적 인물, 주제, 영역을 경험하는 것이 용이하다는
것이었다. 마이클Michael과 산드라 하너Sandra Harner는 주술적 북소리에 노출된 1,500명의
서양인들에서 유사한 광범위한 교차 문화 경험을 관찰하였다(Harner, 2012).

 수년에 걸쳐 나 자신의 심현제 회기 동안 힌두교, 불교, 티베트 불교, 이슬람교, 기독
교, 고대 이집트교, 신토Shinto,[24] 호주 원주민, 아메리카 원주민, 남미인 등 세계의 다양한
신화 및 종교에서 나오는 에피소드를 경험해 왔다. 이것은 새로운 현상임에 틀림없는데,
왜냐하면 많은 문화가 환각 식물을 포함한 강력한 정신확장 기술을 갖고 사용하였기 때
문이다. 만일 집단무의식이 전체적으로 현대적 주제처럼 그들에게 쉽게 접근할 수 있었
다면, 우리는 뚜렷한 문화 특유의 신화들을 갖지 못했을 것이다. 예를 들어, 우리는 티베
트인들은 주로 티베트 신들Tibetan deities을, 후이촐 인디언[25]들은 주로 멕시코 후이촐 신들

---

24) 일본의 민속 신앙 체계로, 일본 고유의 다신교 종교이다.

25) 멕시코의 후이촐 종족은 인디안 종족으로 인구는 약 51,000명이며, 멕시코의 시에라마드레 산맥
  에 거주한다. 이 지역은 멕시코에서도 가장 험한 지형 가운데 속한다. 대다수는 애니미즘 신앙을
  갖고 있고, 인간이 아닌 사물에도 영혼이 있다는 믿음을 갖고 있으며, 불, 태양, 비와 같은 자연에

을 경험하였다고 가정해야 한다. 『바르도 퇴돌Bardo Thödol』에는 사슴령Deer Spirit[26]이나 할아버지 불Grandfather Fire[27]에 대한 묘사가 없고, 후이촐 민간전승Huichol lore에는 다야니 불상에 대한 묘사가 없다. 우리는 동일한 원형의 다른 변곡들inflections을 발견할 수 있었지만, 다른 문화 집단과 관련된 문화적 특정 형태들은 발견할 수 없다.

이렇게 집단무의식 속에서 다양한 영역의 접근성이 증가한 것은 지구상의 물질세계에서 일어나고 있는 것과 유사해 보인다. 15세기 말까지 유럽인들은 신세계와 그 주민들에 대해 아무것도 몰랐고 그 반대도 마찬가지였다. 세계의 외딴 지역에 있는 많은 인간 집단은 현대 시대까지 세계의 나머지 사람들에게 알려지지 않았다. 티베트는 1949년 중국의 침략 전까지 상대적으로 고립되어 있었다. 오늘날 전화, 단파 라디오, 텔레비전, 비행기 여행, 그리고 더 최근에 인터넷은 많은 오래된 경계를 해체하였다. 내면과 외면 세계에서 일어나고 있는 일들이 우리가 진정으로 세계 문명을 향해 나아가고 있는 징후이기를 바란다.

심혼탐구자에 대한 원형의 위험요소

원형 세계의 경험과 관련된 가장 흔한 위험은 융이 '자아 팽창'이라고 부른 것이다. 그것은 원형 세계의 신성과 빛남을 자신의 것인 양 하는 것이고 자신의 몸/자아에 부여하는 것을 의미한다. 조셉 캠벨은 칼프리드 그라프 두르크하임Karlfried Graf Durckheim의 말을 인용하여 다음과 같이 말한다. "쓸모 있는 신神(원형적 표상)은 초월자에게 투명해야 한다." 그것은 절대적인 것을 가리키는 것이어야만 하고, 오인되어서는 안 된다. 원형을 불투명하게 만들고 숭배하는 것은 영적 여정에 또 다른 중요한 위험과 함정이다.

이것은 그들의 특정 방식으로 기꺼이 믿고 숭배할 용의가 있는 반경 안의 사람들을 하

존재한다고 믿는 영혼과 신령들을 달래고자 한다. 후이촐 종족은 주술사가 신과 인간 사이를 중재할 수 있다고 믿는다(https://u3psprayer.tistory.com/679).

26) 아메리카 원주민 부족은 사슴을 메신저로 간주했고, 사슴을 힘 있는 동물, 온유와 평화의 존재로 보았다. 그것의 토템은 온유, 직감 및 감도를 나타낸다. 사슴 정령은 그러한 성격을 갖는 정령이다.

27) 멕시코 문화의 다양성과 우리 어머니 지구, 원소와 자연에 뿌리를 둔 사람들의 결합에 관한 것이다.

나로 묶는 종교를 초래하지만, 다른 모든 사람과 분리시켜 세계를 경쟁 집단으로 나누는 결과를 낳는다. 예를 들어, 기독교인/이교도, 무슬림/비신앙인, 유대인/비유대인 등으로 나눈다. 심지어 같은 종교의 기본적 신조를 해석하는 데 있어서 차이조차도 수 세기 동안 카톨릭과 개신교 신자들과 수니파와 시아파 사이의 잔학 행위에서 볼 수 있듯이, 동일 조직 내에서 벌어지는 투쟁을 맞닥뜨리고 수 세기 동안 유혈사태를 초래할 수 있다. 모든 종교의 근원인 절대자에 대한 원형을 관통하거나 또는 그 너머를 볼 수 있는 능력은 그 결과가 신비주의적인 세계관이 될 것인지 아니면 우상숭배가 될 것인지를 결정한다.

원형 세계의 존재론적 현실의 실현은 무속, 통과의례, 죽음과 재탄생의 신비, 동서양의 위대한 종교와 영적 철학 등 산업화 이전의 문화의 의식과 영적 삶을 검증한다. 이 중 통과의례는 현대 사회에서 특히 중요하다. 마가렛 미드Margaret Mead와 미르체아 엘리아데Mircea Eliade와 같은 학자들에 따르면 통과의례를 잃어버렸다는 사실은 현대 사회, 특히 젊은 세대의 성적 행위, 약물 남용, 폭력에 크게 영향을 미친다.

1973년, 당시 신혼부부였던 조안 할리팩스Joan Halifax와 나는 인류학자 마가렛 미드와 그녀의 딸 캐서린 베이트슨Catherine Bateson으로부터 "의례: 변화 안에서의 조화"라는 제목의 소규모 실무 회의에 초대받았다. 이 회의는 뉴욕시 로어 맨해튼에 위치한 소규모 인류학 협회인 베너-그렌 재단Wenner-Gren Foundation의 후원으로 오스트리아의 부르그 바르트엔스타인Burg Wartenstein에서 열렸다. 이 회의에 18명의 참가자가 있었고, 마가렛은 형식적 강의를 싫어했기 때문에 우리 모두는 사전 인쇄물을 써야 했다. 회의는 6일 동안 계속되었고 우리는 브레인스토밍 회기를 위해서 성城의 거대한 원탁 주위에서 하루에 두 번 만났다. 회의의 주제는 앞서 언급한 바대로 마가렛의 아이디어, 즉 우리가 가진 십 대들의 문제는 산업문명이 통과의례를 잃어버렸다는 사실에 기인한다는 것이었다.

그 토론의 과제는 인위적으로 통과의례를 재현할 수 있는지, 부족이나 문화의 역사에서 유기적으로 출현해야 하는지 여부를 결정하는 것이었다. 우리 모두는 통과의례의 중요성을 인식하고, 밧줄 코스, 외부 한계/생존 방식, 황야에 머무르기, 불 걷기 등 이미 이용 가능한 몇 가지 기법의 조합을 사용하여 통과의례를 되살릴 가능성에 관심이 있었다.

정치적 풍토 때문에 여러 세기 동안 원주민 문화에서 경험해 왔다는 것을 고려해 논리적 선택이 될 수 있는 심현제 식물과 물질을 이러한 목적으로 사용할 것을 생각한다는 것은 현실적이지 않다는 것이 분명하였다. 회의의 결론은 비약리-생태적인 경험적 치료non-pharma-cological experiential therapies가 합리적인 임시 대체물이 될 것이라는 것이었다. 그런데 불행히도 마가렛은 행정상의 문제를 극복하고 이 흥미로운 아이디어를 실행해 낼

◀ 마가렛 미드(1901~1978)는
미국 문화인류학자. 남태평양과
동남아시아의 전통 문화에서
성sexuality과 아이를 낳고 양육하는
것에 초점을 맞춘 연구로 유명했다.
그레고리 베이트슨과 결혼했고
뉴기니와 발리에서 함께
연구를 했다.

수는 없었다. 통과의례를 다시 세우려는 노력은 오늘날까지 계속되었다.

원형의 존재론적 실재에 대한 추가적인 검증은 심현제, 영신제entheogens[28] 및 강력한 비약물적 실험기법을 이용한 비공식적 실험기법에서 비롯되었다(Grof, 2000, 2006a; Metzner, 2013). 원형 세계와 관련된 많은 경험 중 나 자신의 심현제 회기에서 경험한 것 중 가장 흥미로운 것은(사샤 슐긴Sasha Shulgin과 레오 제프Leo Zeff가 수행한 시범 연구에서) 다량의 MDMA[29]을 복용한 회기에서 일어났다.

회기가 시작된 지 약 50분 후, 나는 몸 아래쪽에서 강한 활성화를 경험하기 시작하였다. 내 골반은 진동하면서 황홀한 떨림 속에서 강력한 에너지 흐름을 발산하고 있었다.

---

28) 종교적 또는 영적 방식으로 영감을 받거나 영감을 느끼게 하는 정신활성 물질의 약물이다.

29) 메틸렌디옥시메스암페타민(methylenedioxymethamphetamine) 또는 일명 엑스터시(Ecstasy)로 더 잘 알려져 있는 향정신성 물질이다. 뇌 속에 세로토닌·도파민·노르에피네프린의 분비를 촉진시켜 환각을 일으킨다. 복용 후 30분에서 1시간 사이 서서히 작용하며 6~10시간 지속된다.

어느 순간, 이 폭발하는 에너지가 나를 사로잡아서, 창조와 파괴의 소용돌이치는 우주적 소용돌이 속으로 빠져들었다. 이 거대한 허리케인의 중심에는 궁극의 우주 전투 기병 춤 saber dance으로 보이는 것을 공연하고 있는 힘이 엄청난 네 명의 헤라클레스 원형 인물들이 있었다. 그들은 광대뼈가 튀어나온 강한 몽고적 용모, 삐쭉한 눈매, 그리고 각각 큼직하게 땋은 조랑말 꼬리처럼 뒤로 땋아내린 머리로 장식한 빡빡 밀어 버린 머리를 가지고 있었다.

광란의 춤 열풍 속에서 빙글빙글 돌면서, 그들은 낫이나 L자 모양의 초승달 모양의 칼 scimitars [30]처럼 보이는 큰 무기를 휘두르고 있었다. 이 네 가지는 모두 합쳐져 빠르게 회전하는 스와스티카卍字, swastika [31]를 형성하였다. 나는 이 기념비적인 원형 장면이 창조 과정의 시작과 동시에 영적 여정의 마지막 단계와 관련이 있다는 것을 직관적으로 이해하였다. 우주발생적 과정(원초적 단일성에서 다원성의 세계로 이동으로)에서 초승달 모양 칼의 날은 우주 의식과 창조적 에너지의 통일된 장을 수많은 개별 단위로 쪼개고 분할하는 힘을 나타내었다.

영적 여정과 관련하여 그들은 구도자의 의식이 분리와 극성을 초월하고 원래 구분되지 않았던 단일성의 상태에 도달하는 단계를 대표하는 것 같았다. 여기서 초승달 모양의 칼들scimitars은 각각의 쪼개진 개개의 것들을 형태 없는 곤죽으로 혼합하는 블렌더 같은 기능을 수행하였다. 이 과정의 방향은 도구 날(평화로움과 불길함 버전의 스와스티카卍字로 대표되는)의 시계 방향과 반시계 방향 회전과 관련이 있는 것으로 보였다. 물질세계로 투영된 이 원형 모티브는 성장과 발달(수정된 난자나 씨앗이 분열되어 유기체가 되는 것)이나 형태 파괴(전쟁, 자연재해, 부패)와 관련이 있는 것으로 보였다. 그런 다음 그 경험은 상상할 수 없는 파괴 장면의 파노라마들로 전개되었다.

이러한 비전에서 화산 폭발, 지진, 충돌 유성, 산불, 홍수, 파도와 같은 자연재해는 공습과 로켓 화재에 의해 공격당한 불타는 도시, 붕괴되는 고층 건물의 전체 블록, 대량 죽음, 전쟁의 공포 등 인간이 만든 황량함의 이미지와 결합되었다. 이 전멸의 파동을 이끌고 있는 것은 세계 종말을 상징하는 무시무시한 기사들의 네 가지 전형적 이미지였다. 나는 이들이 화려한 말들을 탄 종말Apocalypse의 네 기사(전염병, 전쟁, 기근, 죽음)라는 것을 깨달았다. 내 골반의 지속적인 진동과 움직임이 계속되면서 이 불길한 승마의 움직임과

---

30) 시미타르(scimitar)는 튀르키예, 아랍 등의 초승달 모양의 날을 가진 칼, 언월도(偃月刀)이다.

31) 십자가의 변형, (옛 독일 나치당의) 어금꺾쇠 십자표지이다.

하나가 되어 동시에 일어났고, 나 자신의 정체성을 떠나 그중 하나가 되거나, 또는 어쩌면 동시에 네 명 모두가 되어 춤에 합류하였다.

갑자기 풍경이 급변하여 나는 플라톤 공화국의 동굴에 대한 비전을 갖게 되었다. 이 작품에서 플라톤은 동굴에서 자신의 모든 삶을 사슬로 매고 빈 벽을 마주 보고 사는 한 무리의 사람들을 묘사한다. 그들은 동굴 입구 앞을 지나가는 물체들에 의해 벽에 투영된 그림자를 본다. 플라톤에 따르면, 그림자는 죄수들이 현실을 보는 것만큼 가까이 있다. 깨달은 철학자는 이 환상에서 해방된 죄수와 같으며, 죄수들이 보는 단순한 그림자보다는 현실의 진정한 형태를 인식할 수 있기 때문에 벽의 그림자가 환상이라는 것을 이해하게 된다. 그 후 우리 일상의 물질세계는 물질stuff로 만들어진 것이 아니라, 무한히 복잡하고 정교한 경험의 결집orchestration을 통해 우주 의식에 의해 창조되는 가상현실이라는 심오하고 설득력 있는 깨달음이 뒤따랐다. 그것은 힌두교도들이 우주 환상 마야maya에 의해 창조된 릴라lila라고 부르는 하나의 신성한 연극이다.

회기의 마지막 주요 장면은 복잡한 상호작용을 통해 경이로운 세계의 환상을 만드는 우주 배우였던 의인화된 우주적 원칙 또는 원형의 퍼레이드를 특징으로 하는 웅장하고 화려한 극장 무대였다. 내가 관찰했던 것처럼 그것들은 매우 복잡한 홀로그래픽 상호침투 방식으로 형태를 계속 변화시키는 많은 면, 차원, 의미의 차원을 가진 변화무쌍한 인물들이었다. 각각의 요소들은 물질세계에서 이 요소의 모든 구체적인 표현뿐만 아니라 그 또는 그녀의 기능의 본질을 동시에 나타내는 것처럼 보였다.

세계 환상을 상징하는 신비한 심령적ethereal 원리인 마야Maya, 영원한 여성을 형상화한 아니마Anima, 전쟁과 침략에 대한 화성 같은 의인화, 시대를 통틀어 모든 성적 드라마와 로맨스를 대표하는 연인들Lovers, 통치자의 왕실 인물, 물러난 은둔자, 교묘히 빠져나가는 사기꾼 등이 있었다. 그들은 무대를 가로질러 지나가면서 마치 우주의 신적 놀이에서 눈부신 활약에 대한 감사를 기대한 듯 내 쪽으로 고개를 숙였다.

이 경험은 종말론의 원형적 주제의 의미를 깊이 이해하게 했다. 종말론을 물질세계의 물리적 파괴만으로 전적으로 관련지어 보는 것은 완전히 잘못된 것 같았다. 그 종말이 실제로 행성의 규모로 일어날 가능성은 분명히 있다. 모든 원형의 잠재적인 역사적 사건으로서 말이다. 원형적 주제와 에너지가 보통 원형적 영역과 물질세계를 구분하고 역사를 형상화하는 경계를 통과한 상황의 예는 많다. 6천5백만 년 전 공룡을 죽였던 거대한 소행성, 모든 시대의 전쟁, 예수의 십자가, 중세 마녀들의 연회와 죽음의 춤, 나치 수용소의 지옥, 그리고 히로시마의 불교적 뜨거운 지옥은 몇 가지 두드러진 예에 불과하다.

▲ 요한묵시록에 나오는 종말의 네 기사.
알브레히트 뒤러Albrecht Dürer(1498).

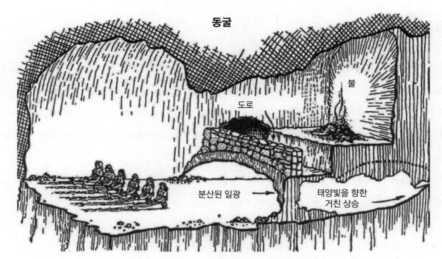

▲ 플라톤이 소크라테스와의 대화 형식으로 쓴 『공화국』의 동굴 비유. 기원전 380년경.

　종말론의 원형이 갖는 가장 중요한 점은 그것이 영적 여정의 중요한 이정표로서 기능한다는 것이다. 그것은 구도자가 물질세계가 환영이라는 것을 알아차릴 때 그의 의식 속으로 떠오른다. 우주가 의식의 우주적 놀이로서 가상현실로서의 진정한 실재를 밝힐 때, 물질세계는 개인의 심혼 안에서 소멸된다.

　그것은 마야의 예언에서 언급된 '세상의 종말'의 의미이기도 하다는 생각이 들었다. 이경우, 그것은 태양이 은하의 축을 넘어 이동하는 기간 동안 인류가 겪을 급진적인 내적 변용과 관련이 있을 것이다(적어도 72년 동안 지속되며, 그 기간 동안 태양의 몸체가 은하축과 접촉하게 될 것이다). 따라서 우리는 지금 이 시기의 중간에 있을 것이다. 그의 변용의 크기magnitude라는 것은 네안데르탈인의 시대에서 크로마뇽의 시대(약 2만 6천 년 전, 즉 '플라토닉 년年, Platonic Year'[32]의 1년 전이라고 하는, 이런 종류의 이전 천체 통과기간 동안)로의 인류의 변천이나 수렵 및 채집의 시대에서 도시 건설의 시대(약 1만 3천 년 전, 즉 '플라토닉 월月, Platonic Months'[33]의 절반 정도 전, 은하 반대편에 태양의 이동이 진행되기 전)에 비교할 만할 것이다. [34]

---

32) 〔天〕 플라톤년(年), 세차(歲差) 운행이 한 바퀴 돈다고 상상되는 25,800년.

33) 플라토닉 월의 길이는 2160.4년과 같다. 이 용어는 카를 구스타프 융에 의해 처음 만들어진 것으로 보인다(위키피디아).

34) 플라토닉 년과 플라토닉 월의 개념으로 볼 때, 뉴 에이지 이론의 많은 지지자는 현재 우리가 물고기 자리의 발신 연령과 다가오는 물병 자리 사이의 과도기 단계를 경험하고 있다고 믿고 있다(위키피디아).

참고문헌

Bateson, G. 1980. *Mind in Nature: A Necessary Unity.* New York: E. P. Dutton.

Campbell, J. 1947. *The Hero with A Thousand Faces.* Princeton, NJ: Princeton University Press.

Driesch, H. 1914. *The History and Theory of Vitalism* (C. K. Ogden transl.). London: Macmillan.

Frank, P. 1957. *Philosophy of Science: The Link between Science and Philosophy.* Englewood Cliffs, NJ: Prentice-Hall.

Franz, M. L. von. 1974. *Number and Time: Reflections Leading Toward a Unification of Depth Psychology and Physics.* Stuttgart: Ernst Klett Verlag.

Grof, C., & Grof, S. 1991. *The Stormy Search for the Self: A Guide to Personal Growth through Transformational Crises.* Los Angeles, CA: J. P. Tarcher.

Grof, S. 1994. *Books of the Dead: Manuals for Living and Dying.* London: Thames and Hudson.

Grof, S. 2000. *Psychology of the Future: Lessons from Modern Consciousness Research.* Albany, NY: State University of New York (SUNY) Press.

Grof, S. 2006a. *When the Impossible Happens.* Louisville, CO: Sounds True.

Grof, S. 2006b. *The Ultimate Journey: Consciousness and the Mystery of Death.* Santa Cruz, CA: MAPS Publications.

Grof, S., & Grof, C. 2011. *Holotropic Breathwork: A New Approach to Self-Exploration and Therapy.* Albany, NY: State University of New York (SUNY) Press.

Harner, M. 2012. *Cave and Cosmos: Shamanic Encounters with Another Reality.* Berkeley: North Atlantic Books.

Hillman, J. 1977. *Re-Visioning Psychology.* New York: Harper Collins.

Jenny, H. 1992. *Cymatic Soundscapes.* Epping, NH: MACROmedia.

Jung, C. G. 1937. *Religion and Psychology.* Dwight Harrington Terry lecture at Yale University during Jung's visit to United States.

Jung, C. G. 1959. *Archetypes and the Collective Unconscious.* Collected Works, vol. 9,1. Bollingen Series XX, Princeton, NJ: Princeton University Press.

Kant, I. 1999. *Critique of Pure Reason.* Cambridge, MA: Cambridge University Press.

Metzner, R. 2013. *The Toad and the Jaguar. A Field Report of Underground Research on a Visionary Medicine.* Berkeley, CA: Regent Press.

Miller, Miss Frank. 1906. "Quelques Faits d'Imagination Créatrice." *Archives de psychologie (Geneva)* V. 36–51.

Mookerjee, A., & Khanna, M. 1977. *The Tantric Way.* London: Thames and Hudson.

Nietzsche, F. 1967. *The Birth of Tragedy and the Case of Wagner* (translated by Walter Kaufmann). Visalia, CA: Vintage Press.

Perry, J. W. 1998. *Trials of the Visionary Mind: Spiritual Emergency and the Renewal Process.* Albany, NY: State University of New York (SUNY) Press.

Plato. 1986. *Symposium.* Chicago, IL: University of Chicago Press.

Plato. 1988. *Timaeus.* Salem, NH: Ayers Co. Publishers.

Sheldrake, R. 1981. *A New Science of Life.* Los Angeles, CA: J. P. Tarcher.

Tarnas, R. 1991. *The Passion of the Western Mind.* New York: Harmony Books.

Tarnas, R. 2006. *Cosmos and Psyche: Intimations of a New Worldview.* New York: Viking Press.

Wigner, E. 1960. "Unreasonable Effectiveness of Mathematics in Natural Sciences." In: *Communications in Pure and Applied.*

12

폭력과 탐욕의 뿌리:

의식 연구와 인간의 생존

태곳적부터 억제되지 않는 폭력성과 만족할 수 없는 탐욕의 성향은 인류의 역사를 이끄는 기본적인 두 가지 힘이었다. 수 세기 동안 세계 여러 나라에서 벌어진 많은 가혹행위들은 신의 이름을 걸고 일어났는데, 그 행위의 수와 본질은 정말로 놀랍고 충격적이다. 수백만 명의 병사와 민간인들이 전쟁과 혁명에서 죽어 나갔거나 또 다른 유혈사태가 일어났었다. 과거에 이러한 폭력적인 일들은 개인이나 가족에게 비극적인 결과를 안겨주었다. 그러나 그들은 인종 전체의 미래를 위협하거나 지상의 생태계와 생물권에 위험을 가하지는 않았다. 또한 사냥, 수집 그리고 농사는 사람들의 지속가능한 활동이었다. 심지어 가장 난폭했던 전쟁 후에도 자연은 모든 전쟁의 여파를 다시 활용할 수 있었고 수십 년 이내에 완전히 회복했었다. 이러한 상황은 20세기에 들어서서 빠른 기계공학적 진전과 기하급수적 산업생산과 공해 증가, 폭발적인 인구 증가, 특히 원자폭탄과 수소폭탄의 발달, 화학 및 생물학을 이용한 전투 또는 다른 무기들을 이용한 대량 살상으로 인해 굉장히 빠르게 뒤바뀌었다.

우리는 전례 없는 규모로 세계적인 위험에 직면하고 있으며, 우리 스스로를 말살시키고, 이 행성의 생명의 진화 과정을 위협할 수 있는 능력을 가진 역사 최초의 종이라는 명예롭지 않은 특권을 가졌다. 외교적 협상, 행정 및 법률적 조치, 경제 및 사회적 제재, 군사 개입, 그리고 다른 유사한 노력들은 미미한 성공을 가져왔지만, 사실상 이 노력들은 해결한 것보다 더 많은 문제를 일으키고는 했다. 그들이 실패해야만 했던 이유는 분명하다. 이 위기를 완화하기 위해 사용된 전략은 애초에 그것을 만든 것과 같은 이념에 뿌리를 두고 있기 때문이다. 또한 알베르트 아인슈타인이 지적한 것처럼 이러한 것들을 창조한 것과 같은 수준의 사고로 문제를 해결한다는 것은 불가능하다.

우리가 직면하고 있는 위험은 인간의 의식 진화 수준을 반영하고 있고, 성공적인 해결 방법이나 최소한의 완화를 위해서는 인류의 급진적인 내면의 변용을 대규모로 가져와야만 한다는 것이 더욱 분명해졌다. 홀로트로픽 의식 상태에 관한 연구에서 나온 발견은 인간의 공격성과 탐욕의 본질과 근원에 대한 새로운 통찰을 제공하고, 인간 종의 파괴적이고 자기파괴적인 경향을 완화시키기 위해 효과적인 전략을 알려 줄 수 있다.

인간 파괴성에 관한 해부

인간 공격성에 대한 과학적 이해는 19세기 중반에 다윈의 종의 진화에 관한 획기적인 책(Darwin, 1952)으로부터 시작하였다. 동물 기원으로부터 인간의 공격성을 설명하기 위한 시도들은 데스몬드 모리스Desmond Morris의 『벌거벗은 원숭이naked ape』(Morris, 1967)에서 보는 이미지, 로버트 아드리Robert Ardrey의 『영토명령territorial imperative』(Ardrey, 1961), 폴 맥린Paul MacLean의 『삼중뇌triune brain』(MacLean, 1973), 그리고 공격성을 『이기적 유전자selfish gene』(Dawkins, 1976)라는 유전적 책략으로 해석하려는 리처드 도킨스Richard Dawkins의 사회생물학적 설명들을 만들어 냈다.

행동 모델은 노벨상 수상자 콘라트 로렌츠Konrad Lorenz(Lorenz, 1963)와 니콜라스 틴베르헌Nikolaas Tinbergen(Tinbergen, 1965) 같은 인류학의 개척자에 의해 의례 및 동기와 관련된 요소의 연구를 통한 본능의 기계적 강조를 보완해 더 세련되게 개발되었다. 그러나 에리히 프롬Erich Fromm이 『인간 파괴성에 관한 해부Anatomy of Human Destructiveness』(Fromm, 1973)에서 설명한 것과 같이, 그 어떠한 이론들로 폭력에 대한 인간의 폭력적 성향이 단순히 우리의 동물 기원을 반영하는 것이라고 주장하는 것은 부적절하고 확신을 주지 못한다. 동물들은 배고플 때, 짝을 두고 경쟁할 때, 아니면 그들의 영토를 지키려고 할 때 폭력성을 나타낸다. 격렬한 침팬지 집단이 때때로 이웃 집단을 습격할 때 같은 드문 예외는 있으나(Wrangham & Peterson, 1996) 동물들은 같은 종을 먹이로 두지는 않는다. 인간의 폭력성의 본질과 범위는—에리히 프롬의 '악의적인 공격성'에서—동물의 세계와는 일치하지 않는다.

인간의 폭력성을 계통발생적 진화의 결과로 보는 시각은 충분히 설명될 수 없다는 인식은 인간 폭력성의 상당 부분은 학습된 행동이라고 보는 정신역동 및 심리사회 이론을 낳았다. 이 추세는 1930년대 후반에 시작되고 달라드Dollard와 밀러Miller의 연구(Dollard et al., 1939)에 의해 추진되었다. 정신역동이론의 저자들은 인간의 폭력성은, 특히 인간의 영유아나 어린이에게 의존성이 더 필요한 시기에 다양한 심리외상적 상황에 대한 반작용으로 구체적으로 설명하기 위해 여러 시도를 했다. 그 상황은 육체적, 정서적 및 성적 학대, 불충분한 사랑과 기본적인 생물학적 요구의 부적절한 충족, 정서적 박탈, 유기 및 거부 등이다.

그러나 이런 종류의 설명은 보스턴 교살범Boston Strangler이나 제프리 다머Geoffrey Dahmer 의 연쇄 살인 사건과 같은 극단적인 형태의 개인폭력에 대한 설명으로는 턱없이 부족하다. 공공장소에서 무차별 다중 살인에 이어 가해자 자살(혹은 살해)에 이르기까지 '미쳐 날뛰는 행동'에 대한 그럴듯한 설명도 없다. '미쳐 날뛰는 행동'은 말레이시아라는 이국적인 문화에 국한된 증후군으로 오랫동안 여겨졌다. 지난 수십 년 동안 학교 캠퍼스에서 십 대들의 집단 학살을 포함하여 서부 산업국가들에서 반복적으로 관찰되어 왔다.

종교적으로 동기부여가 된 폭력과 자살의 조합에 대해서는 그럴듯한 정신역동적인 설명조차도 없다. 제2차 세계대전 때 일본의 가미카제 신풍神風, 전사들은 미국 전함을 파괴하는 자살 임무를 수행하였고, 그들이 신이라고 여겼던 천황을 위해 목숨을 바쳤다. 최근 수십 년 동안 이슬람 근본주의자들은 그들의 행동에 대한 상으로 이슬람 천국에서 지복이 가득한 삶을 기대하며 대량 살인을 저지르고 있다.

찰스 맨슨Charles Manson 무리의 샤론 테이트Sharon Tate 살인 사건, 미군이 500명 이상의 비무장 베트남 마을 주민들을 학살한 사건, 아부 그라이브 교도소에서의 고문과 학대, 그리고 교도소 폭동 중에 일어나는 잔학 행위들 등 모든 집단에 의해 저질러진 잔학 행위에 관한 한 현재의 정신역동 및 심리사회 이론은 훨씬 설득력이 떨어진다.

전체 국가를 포함하는 대규모 사회적 현상, 즉 나치즘, 공산주의, 유혈전쟁과 혁명, 대량 학살, 그리고 강제수용소 등에 대해서 그들은 도저히 완전히 설명할 수가 없었다. 히틀러의 유대인 대학살, 스탈린의 굴라크 군도Gulag Archipelago[1])의 수백만의 우크라이나와 아르메니아의 농민 학살, 중국 마오Mao의 문화혁명, 티베트의 대량 학살 등에 대해서 정신분석적 이론들은 설명하지 않는다.

---

1) 구 소련의 교정(矯正) 노동 수용소 관리국이다.

폭력의 주산기 뿌리

　　어린 시절 및 유아기의 외상적 경험들과 기본적 욕구들의 충돌이 공격성의 중요한 원천이라는 것에 대해서는 의심의 여지가 없다. 하지만 심현제 연구와 깊은 체험적 심리치료는 출생 후 전기를 넘어선 또는 그 아래에 놓여 있는 인간 심혼의 깊은 굴곡에서 폭력의 추가적이고 더욱 중대한 근원들을 드러냈다. 따라서 산도産道를 통과하는 여러 시간 동안 경험하는 치명적인 위협, 고통, 질식의 느낌은 유기체에 억압되고 저장된 엄청난 양의 살인적인 공격성을 불러일으킨다.

　　프로이트는『애도와 멜랑콜리아Mourning and Melancholia』에서 억압된 공격성은 우울과 자기파괴적인 억압들로 변한다고 말하였다(Freud, 1917). 주산기 에너지와 정서는 그 본질상 살인과 자살 추동의 혼합을 드러낸다. 체험적 심리치료에서 보이는 다양한 형태의 출생 재현은 처음 세상으로 나올 때 느낀 감정들과 육체적 감각 경험들이 상상조차 하기 힘든 폭력 장면을 보여 주는 집단무의식을 전형적으로 수반한다.

　　이 중에는 전쟁, 혁명, 인종 폭동, 강제수용소, 전체주의, 대량 학살을 묘사하는 강력한 목록이 있다. 출생의 재현과 관련된 이 이미지의 자발적인 출현은 주산기 수준이 실제로 극단적인 형태의 인간 폭력의 중요한 원천이 될 수 있다는 것을 시사한다. 당연히 전쟁과 혁명은 역사, 경제, 정치, 종교 그리고 다른 차원을 가진 극도로 복잡한 현상이다. 여기서 나의 의도는 다른 모든 원인을 대체하는 환원적인 설명을 제공하는 것이 아니라, 초기 이론에서 무시되거나 단지 피상적인 관심만을 받아 왔던 이러한 형태의 사회 정신병리학에 대한 심리적, 영적 차원에 대한 새로운 통찰력을 추가하는 것이다.

　　생물학적 탄생의 재현에 수반되는 폭력적인 사회정치적 사건들의 이미지는 출생 과정의 연속적인 단계의 재현과 관련된 네 가지 기본적 주산기 매트릭스와 매우 특정하게 연관되어 나타나는 경향이 있다.

▲ 거대한 소용돌이에 의해 집어삼켜지는 체험으로, 고용량 LSD 회기에서 분만 초기(BPM Ⅱ)의 재현을 보여 주는 그림. 해골이 누워 있는 작은 보트는 임박한 죽음과의 조우를 시사한다.

◀ 전문화가인 해리엣트 프랜시스Harriette Francis의 고용량 LSD 회기에서 체험되는 집어삼키는 소용돌이의 그림. 두개골과 갈비뼈로 만들어진 만다라는 위의 그림에서 해골이 누워 있는 보트와 같이 임박한 죽음과의 조우를 예고한다.

◀ 경제적 · 정치적 위기는
종종 만화에서 익사되거나
물속에 휘말리는 것으로
묘사된다.

◀ 대지에 의해 붕괴되고
침몰하는 백악관의 위기를
묘사하였다.

◀ 시리아 갈등과 관여된 모든
나라를 집어삼키는 엄청난
주산기 소용돌이로
중동아시아의 국제적
위기를 묘사하였다.

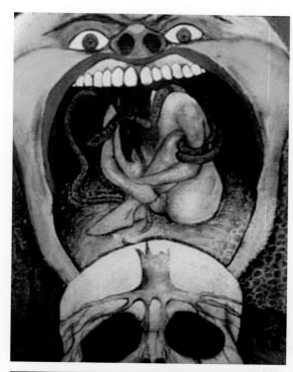

◀ 홀로트로픽 숨치료에서 BPM Ⅱ의 시작과
관련 있는 집어삼켜지는 체험
뱀들은 흔히 등장하는 주산기 상징이며.
두개골은 임박한 죽음을. 나무는 태반과
원형적 세계 나무를 암시한다.

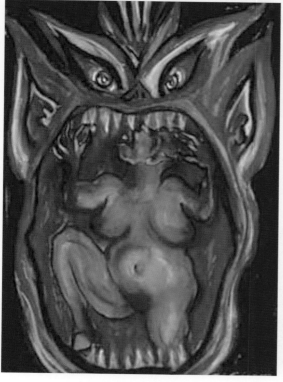

◀ 출생 과정의 시작에서 집어삼켜지는 체험을
묘사하는 LSD 회기의 그림.
구강적 공격의 적대적인 에너지는 자궁의
수축으로 맹공격을 받는 것을 나타낸다.
통증과 질식으로 야기되는 고통은 희생자를
악마와 같은 존재로 바꾸어 놓고 있다.

◀ 행진하는 군인들은 거대한
해골 속으로 삼켜지고 지하세계로
사라진다. 레바논에서 미군의 위기를
묘사한 그림이다.

◀ OPEC(석유수출국기구)이 석유의
가격을 황당하게 인상한 후 미국식
생활방식을 상실한 것을 상징하기
위하여 미국의 고급차를 삼켜버리고
있는 아랍 괴물이다.

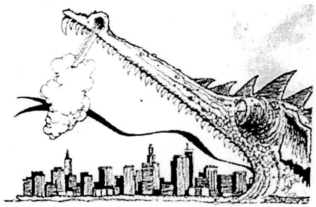

◀ 대영제국이 홍콩을 중국에 잃게 되는
것을 거대한 중국 용이 도시를 삼키는
것을 통해 보여 주려는
정치 풍자만화이다.

▲ 이라크에서 버락 오바마Barack Obama가 군사적으로 곤경에 처해 있는 것을 풍자하기 위하여 그가 거대한 용이나 악어에 의해 잡아먹히는 정치 풍자만화로 묘사하였다.

◀ 실패하고 가망이 없어 보이는 상황을 묘사하려는 만화는 종종 지하세계의 미궁을 향하는 여행이라는 주산기적 상징을 사용한다. 이 만화에서는 미국 정부를 상징하는 엉클 샘Uncle Sam이 자신이 고래 배 속에 갇혀 있는 것을 놀라서 발견하는 것을 보여 줌으로써 미국의 재정적 위기를 상징하고 있다.

◀ 괴물같이 집어삼키는 엄마 거미가 끔찍한 고문을 가하여 무력해진 태아를 묘사하였다.

◀ 서유럽에 위험한 핵무기를 가져오는
거미의 다리가 미사일 로켓으로 묘사된
미국을 비난하는 소련의 신문이다.

▲ 홀로트로픽 숨치료 수련 회기에서 본 비전으로, BPM Ⅱ단계에서 거대 거미에 의해 지배되고 있는 장면이다.

▲ 사담 후세인Saddam Hussein이 이라크 국민들을 위협하는 그림이다.

▲ 고용량 LSD 회기에서 BPM II 단계 초기의 삽화. 거대한 낙지 같은 괴물에 의해 공격받으며 경험되는 자궁 수축을 묘사하였다.

▲ 유럽을 위협하는 거대한 문어에 의한 러시아의 독재를 풍자한 정치 만화이다.

◀ 네덜란드령의 인도네시아를 침공하는
일본을 거대한 촉수로 섬들을
움켜쥐는 거대한 문어로 묘사하였다.

◀ 슬로보단 밀로셰비치
Slobodan Milošević 세르비아
대통령을 유고슬라비아를
잡아먹으려는 악독하고
거대한 문어로 묘사하였다.

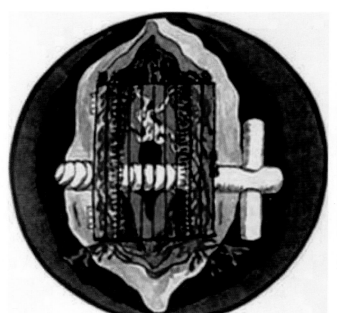

◀ BPM Ⅱ 단계와 관련된 고용량 LSD
  회기의 그림. 여성의 생식기관이
  거대한 압착기, 감옥, 그리고 고문실이
  뒤섞여 고통을 주는 것으로 체험된다.

◀ 고용량 LSD 회기에서 해리엣트
  프랜시스의 출생 경험에 관한
  삽화에서 그녀는 어머니의 얼굴이
  거대한 암석이 되어 그녀를
  짓누르는 체험을 한다.

▲ 스위스 천재 환상적 사실주의 화가 한스 뢰디 기거Hans Ruedi Giger의 자화상으로 그의 전시회 포스터이다. 기거는 그의 출생에 관한 기억에서 영감을 받아 이 그림을 그렸다.

▲ 경제적 위기로 인해 짓눌린 압박을 주산기 언어와 이미지를 활용하여 묘사하였다.

▲ 지미 카터Jimmy Carter의 재정적 곤경을 주산기 위기로 묘사하였다.

◀ 경제적 위기를 출생 외상에 비유하여 묘사하였다.

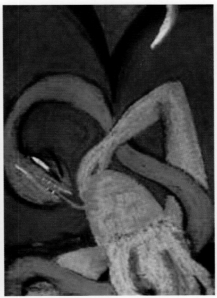

▲ 고용량 LSD 회기의 BPM II 단계에서 자궁 내부를
뱀 구덩이로 묘사하였다.

◀ LSD 회기에서 산도
안에서의 투쟁을
온몸을 옥죄는 뱀과
처절하게 싸우는 것
으로 묘사하였다.

홀로트로픽 숨치료 회기의 BPM II 단계를 거대한 ▶
보아뱀이 온몸을 칭칭 감고 질식시키는 것으로 묘사하였다.

▲ 시어도어 루스벨트Theodore Roosevelt 미국 대통령과
그의 정적과의 투쟁을 묘사한 그림이다.
여신 헤라Hera가 그를 죽이려고 보낸 거대한 뱀을 죽이는
아기 헤라클레스Hercules로 묘사하고 있다.

▲ 나치Nazi당이 사악한 독사임을 보여 주는
제2차 세계대전 이전의 독일 공산주의를 보여 주는
정치 풍자만화이다.

◀ 미국의 상징인
엉클 샘이 뱀 구덩이에
갇혀 있는 장면을 통해
중동에서의 미군의
문제점을 묘사하는
정치 풍자만화이다.

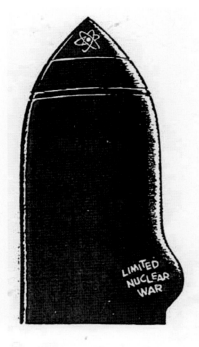

◀ 임신과 비교함으로써
'핵전쟁 제한'에 관한
개념을 조롱하는
정치 풍자만화이다.

◀ 원자폭탄과 임신 간의 무의식적 연상을 보여
주는 정치 풍자만화로, 사담 후세인이
원자폭탄을 임신하고 있다.

◀ 미국을 터널 밖으로 구해 낼 수
있는 지도자를 요구하는 정치
풍자만화이다.

◀ 빌 클린턴Bill Clinton의 승리를
재탄생으로 묘사한 정치
풍자만화이다.

◀ 홀로트로픽 숨치료 회기에서
경험되는 산도로부터의 재탄생과
승리의 출현을 묘사하였다.

방해받지 않는 자궁 안의 존재BPM I의 삽화들을 재현하면서, 우리는 주로 이상적인 사회 구조를 가진 인간 사회, 자연과 완벽한 하모니를 이루는 문화 그리고 미래의 모든 갈등이 없어지는 유토피아 사회의 이미지들을 경험하였다. 유독한 자궁, 산모와 태아 사이의 RH 양립불가능성, 임박했던 유산, 낙태 시도와 같은 자궁 내의 방해받던 기억들은 자연이 오염되고 훼손된 산업 지역이나 교활한 사회 질서와 만연된 공포증이 있는 사회에 살고 있는 인간 집단의 이미지를 동반한다.

자궁이 주기적으로 수축하지만 자궁 경부가 아직 열리지 않는 기간 동안 출생의 첫 임상 단계BPM II와 관련된 경험들은 완전히 다른 그림들을 보여 준다. 그들은 국경을 폐쇄하고, 그곳 사람들을 희생시키며, 개인의 자유를 '제압하는' 억압적이고 학대적인 전체주의 사회를 묘사한다. 마치 러시아의 독재주의, 스탈린Stalin의 굴라크 군도, 히틀러의 제3제국, 동유럽의 소련 위성, 중국의 마오쩌둥Mao Tse-tung, 남미 군사 독재 또는 아프리카인에 대한 인종차별주의자들처럼. 이러한 장면들을 보면 우리는 감정적이고 육체적인 고통을 느낀다. 우리는 오로지 희생자들과 동일시하고 학대받는 사람들과 약자들에게 깊은 동정을 느낀다. 이 악몽 같은 상황이 끝나지 않을 것 같다고 생각한다.

자궁 경부가 확장되고 계속 수축하며 태아가 좁은 통로를 통해 세상 밖으로 나오게 되는 두 번째 임상 분만 단계BPM III를 재현하는 경험들은 피투성이가 가득한 전쟁과 혁명, 사람과 동물의 대량 학살, 수족 절단, 성적 학대, 살인 같은 폭력으로 얼룩진 수많은 장면을 연상하게 한다. 이 장면들은 종종 악마적인 요소들과 혐오스러운 모티브들을 포함하고 있다. BPM III의 또 다른 자주 수반되는 이미지들은 불타는 도시, 로켓 발사, 핵폭탄이 터지는 장면 등이다. 우리는 희생자들의 역할에만 제한되지 않고 희생자, 가해자, 걱정스럽게 지켜보는 관찰자가 될 수도 있다.

실제 탄생 순간이자 부모로부터 분리되는 출산의 세 번째 임상 단계BPM IV는 전쟁과 혁명에서의 승리, 수감자들의 자유, 집단적 노력의 성공, 애국심이나 민족주의 운동 같은 이미지를 불러일으킨다. 이때 즈음에는 승리의 축하와 퍼레이드 혹은 흥미진진한 전후의 재건과 관련된 이미지들을 경험할 수 있다.

1975년, 나는 『인간 무의식의 영역Realms of the Human Unconscious』(Grof, 1975)에서 사회정치적 현상을 생물학적 출생의 단계와 연결하여 이러한 관찰을 설명하였다. 출간 얼마 후에 나는 뉴욕 정신분석학자, 언론인 그리고 심층심리학의 연구 결과를 역사와 정치학의 연구에 응용하는 학문인 심리사학psychohistory의 창시자 중 한 사람인 로이드 드 마우스에게서 열성적인 편지를 받았다. 심리사학자들은 정치지도자의 어린 시절과 그들의 가치 체

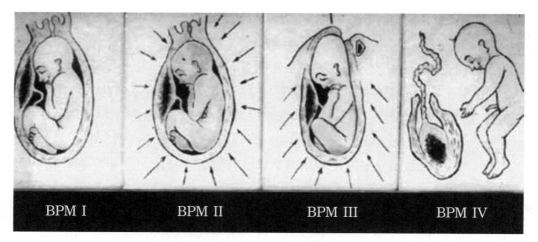

[그림 12-1] 스타니슬라프 그로프의 네 개의 기본 주산기 매트릭스에 관한 표

출생 외상의 중요성에 관한 그의 첫 강의를 위해 그린 것이다(LSD 심리치료에 관한 학술회의, 암스테르담, 1966).

◀ 로이드 드 마우스(1931~)는 미국의 정신분석가,
언론인, 정치학자, 심리역사 저널의 창간자이다.

계나 의사결정 과정 간의 관계, 또는 자녀양육 관행이 그 특정한 역사적 시기의 혁명의 본질에 미치는 영향 등에 대해 탐구한다.

로이드 드 마우스Lloyd de Mause는 출생 외상에 관한 나의 연구 결과와 그것의 가능한 사회정치적 함의에 대해 무척 관심이 많았다. 왜냐하면 이러한 함의가 그의 연구를 독자적으로 지원했기 때문이다. 한동안 드 마우스는 전쟁과 혁명 바로 전 시대의 정신역동을 연구해 왔다. 그는 어떻게 군대 지도자들이 평화로웠던 민간인들을 동원하여 그들을 살인 무기로 바꿀 수 있는지 관심이 있었다. 이 질문에 대한 그의 접근은 매우 독창적이고 창의적이었다. 전통적인 역사적 출처 분석 이외에 그는 만화, 농담, 꿈, 자신의 가상적인 이미지, 말실수, 화자의 의견, 심지어 정치 문서 초안의 가장자리에 그려진 낙서 등에서 심리적으로 중요한 데이터를 이끌어 냈다.

나에게 연락이 닿았을 때 그는 이런 방식으로 전쟁과 혁명의 격변이 일어나기 전의 17가지 상황을 분석했는데, 그것은 고대부터 가장 최근까지 수 세기에 걸쳐 있었다. 그는 이 자료들에서 발견한 생물학적 출생과 관련된 비유적 표현, 은유 및 이미지에 매우 충격을 받았다. 위급한 상황을 묘사하거나 전쟁을 선포하는 모든 시대의 군 지도자와 정치인들은 일반적으로 주산기 고통에 동일하게 적용되는 용어들을 사용하였다(de Mause, 1975).

그들은 적을 질식시키고 사람들을 교살하고 마지막 숨통까지 쥐어 짜내고 그들을 압박하며 살기에 충분한 공간을 주지 않았다고 비난하였다(히틀러의 "Wir haben nicht genug Lebensraum"는 "우리는 충분히 살 만한 공간을 갖고 있지 않다."를 의미한다). 또한 어두운 동굴, 터널, 혼란스러운 미로, 사람이 밀릴 수도 있고 모래나 무서운 소용돌이에 의해 집어삼켜질 수 있는 지내기 힘든 위험천만한 상황에서 살게 하는 암시들이 빈번하게 나타난다.

위기 해결을 위한 제안도 출산 전후에 체험하는 이미지와 유사한 형태를 띤다. 지도자는 터널 반대편에 있는 빛으로 국민을 인도하고, 침략자와 억압자로부터 벗어나 숨을 쉴 수 있게 해 주며, 불길한 미로에 있는 국민을 구하겠다고 약속하였다. 로이드 드 마우스가 예시한 역사적으로 유명한 인물들은 알렉산더 대왕, 나폴레옹, 새뮤얼 애덤스, 카이저 빌헬름 2세, 아돌프 히틀러, 니키타 후르시초프, 그리고 존 F. 케네디이다.

새뮤얼 애덤스는 미국 혁명에 대해 "지금은 출산을 위해 고군분투하고 있는 독립적인 아이"라고 언급하였다. 1914년에 카이저 빌헬름은 "군주제는 목구멍이 막혀 교살당하게 놔두는 것과 공격으로부터 자신을 방어하기 위해 최대한 노력하는 것 중 하나를 선택해야 하는 것이다."라고 말하였다. 쿠바 미사일 위기 때, 후르시초프는 케네디에게 편지를 보내 "두 나라가 터널에서 죽을 때까지 싸우는 맹목적인 두더지처럼 싸우지 말자." 하고 간청하였다.

더욱더 분명한 것은 일본 대사 쿠루수가 도쿄에 전화를 걸어 루스벨트와 한 협상이 이루어지지 못해 진주만에다 폭격을 해도 된다는 코드 메시지를 보낸 것이었다. 그는 "아이의 출산이 임박했다."라며 발표를 하고 "아이가 태어날 것 같은가?"라고 말하며 일본의 상황에 대해 물어보았다. 답변은 "맞다, 아이가 곧 태어날 것 같다."라고 돌아왔다. 흥미롭게도 듣고 있던 미국 정보기관은 '전쟁을 탄생'으로 바꿔 말한 코드를 인지했었다.

더 최근의 예를 오사마 빈라덴의 미국을 숨막히는 지옥으로 바꾸겠다는 협박 영상과 콘돌리자 라이스 미국 국무장관의 레바논의 심각한 위기를 '중동의 새로운 진통'이라고 부른 연설에서 찾을 수 있다. 제일 소름이 끼쳤던 것은 히로시마 원자폭탄의 폭발을 주 산기 언어로 말했던 것이다. 비행기의 이름은 조종사의 어머니 이름 에놀라 게이Enola Gay[2]라고 부르고 그 비행기에 있던 폭탄의 이름을 마치 자식의 느낌으로 '어린 소년'이라고 지었다. 그리고 성공적인 폭발의 신호로 워싱턴에 "아기가 태어났다."는 메시지를 보냈다. 나가사키 원자폭탄Fat Man이라는 닉네임 뒤에 갓난아이의 이미지가 있다 해도 과언이 아닐 것이다. 나가사키 원자폭탄의 별명인 '뚱뚱한 남자' 뒤에 신생아의 이미지를 떠올리는 것이 그리 억지스러운 일은 아닐 것이다.

우리가 서신 왕래를 할 때부터 로이드 드 마우스는 많은 추가적인 역사적 일화를 수집하였고, 출생 외상의 기억이 악랄한 사회활동에 대한 동기부여의 원천으로서 중요한 역할을 한다는 그의 논지를 다듬어 갔다. 핵전쟁과 출산 사이의 관계는 매우 관련성이 있어서 나는 캐롤 콘Carol Cohn의 매력적인 논문인 「국방 지식인들의 이성적인 세계에서 성과 죽음Sex and Death in the Rational World of the Defense Intellectuals」(Cohn, 1987)을 통해 이것을 더 탐구하고 싶다.

국방 지식인(DIs)은 정부 안팎을 오가며 행정관리, 컨설턴트, 때로는 대학교나 싱크탱크에서 일하기도 하는 민간인이다. 그들은 미국의 핵전략 관행을 알리고 합법화하는 이론을 만들어 낸다. 즉, 핵 미사일을 어디에 배치할 것인가, 군비 경쟁을 어떻게 관리할 것인가, 핵 억제력이 실패할 경우 어떻게 핵전쟁을 할 것인가, 첫 번째 타격 전략은 무엇인가, 그리고 핵 없이 사는 것이 왜 안전하지 않은지를 어떻게 설명할 것인가 등이다.

1971년에 폭발적인 인기를 끈 『미 국방부 문서The Pentagon Papers』(Ellsberg, 1971)를 쓴 활

---

2) 1945년 8월 6일 최초의 원폭을 투하한 미국 B-29의 애칭이다.

동가 다니엘 엘스버그Daniel Ellsberg는 최근 속편인 『지구 종말의 무기The Doomsday Machine』에서 인류의 마지막 날에 관해 이 사람들이 작성한 파멸 계획과 그 시나리오의 극악무도한 성격과 종말론적 규모를 공개하였다. 이제 나는 다니엘 엘스버그가 우리 모두가 볼 수 있게 한 끔찍하고 유혈이 낭자한 예들을 보여 주려고 한다. 전문가의 측정에 따르면 소련이 받은 첫 번째 핵 공격으로 유럽에서 3억 7천만 명이 사망할 것으로 예상하였다. 덴마크와 스웨덴과 같은 나라들이 살아남을지는 그때 부는 바람의 방향에 달려 있을 것이다. 미국의 국방 지식인들과 같은 생각을 가진 적이 반대편에 있다는 것에는 의심의 여지가 없다. 이것을 읽으면 이것이 우리 종에 대한 이야기라고 믿기 어렵다.

캐롤 콘은 2주간 핵무기, 핵전략 원칙, 무기 통제 등에 관한 여름 세미나에 참석하였다. 그녀는 그곳에서 일어난 것에 매료되어 다가오는 해에 거의 모두가 남성들로 이루어진(비서는 제외) 국방 세계에 몰두하였다. 그녀는 핵전쟁의 주산기 차원을 확인하는 몇 가지의 아주 흥미로운 사실들을 수집하였다. 그녀는 자신만의 용어로 이 자료들이 '남성 탄생'과 '남성 창조'라는 핵전쟁 심리학을 뒷받침하는 중요한 모티브임을 확인하였다.

그녀는 자신의 관점을 설명하기 위해 역사적 예를 사용하였다. 그중 하나는 1942년 어니스트 로런스Ernest Lawrence가 핵폭탄을 개발하는 시카고 물리학자 그룹에게 "당신의 새 부모를 축하합니다. 빨리 보고 싶어 참을 수가 없네요."라고 전보를 보낸 것이다. 또 로스앨러모스Los Alamos에서는 핵폭탄을 '오펜하이머Oppenheimer의 아기'라고 하였다. 리처드 파인먼Richard Feynman은 『아래로부터의 로스앨러모스Los Alamos from Below』에서 아내가 죽은 후 잠시 휴가 중일 때 '아기는 이런저런 날에 출산 예정'이라는 전보를 받았다고 썼다.

로렌스 리버모어Lawrence Livermore 실험실에서는 수소 폭탄을 '텔러Teller의 아기'라고 불렀지만, 에드워드 텔러Edward Teller의 기여를 폄하하려는 사람들은 그가 폭탄의 아버지가 아니라 어머니라고 주장하였다. 그들은 스타니스와프 울람Stanislaw Ulam이 모든 중요한 아이디어를 가지고 있고 그것을 '구상'한 진짜 아버지라고 주장하였다. 텔러는 그 후에야 그것을 '진행'했다. 모성애와 관련된 용어는 미사일을 유지시키는 '양육' 제공에도 사용되었다.

그로브Grove 장군은 포츠담 회담에서 헨리 스팀슨Henry Stimson 국방장관에게 첫 번째 핵실험의 성공 소식을 전하며, "의사는 방금 이 어린 소년이 그의 형처럼 건강하다고 확신하며 매우 열정적이 되어 돌아왔다. 그의 눈에 비친 빛은 여기서부터 고향인 하이홀드Highhold까지 훤히 들여다보였고, 나는 여기서부터 나의 농장까지 그의 비명을 들을 수 있었다." 이에 대해 스팀슨은 처칠에게 "아기들은 만족스럽게 태어났다."라는 메모를 보내 알려 주었다.

최초의 원자폭탄 시험을 목격한 윌리엄 로렌스William L. Laurence는 다음과 같이 썼다. "요란한 소리는 거대한 섬광이 일어나고 약 100초 후에 들려왔다—새롭게 태어난 세계의 첫 울음소리." 에드워드 텔러가 로스앨러모스로 보낸 훌륭한 전보에서 마샬 섬의 에니위톡Eniwetok에서 수소 폭탄 '마이크Mike'의 성공적인 실험을 발표하면서 이렇게 썼다. "그것은 소년이다."

캐롤 콘에 따르면 "남성 과학자들은 여성 자연을 지배하는 궁극적인 힘을 가진 자손을 낳았다." 전쟁 심리학에서 무의식의 주산기 영역의 중추적인 역할에 대한 추가적인 지지는 샘 킨Sam Keen의 『적의 얼굴들The Faces of the Enemy』에서 찾을 수 있다. 킨은 많은 역사적 시대와 국가에 관한 탁월한 전쟁 포스터, 선전 만화 그리고 캐리커처 모음집을 모았다 (Keen, 1998).

그는 전쟁이나 혁명 중에 적을 묘사하는 방식이 단지 최소한의 변화만을 보여 주는 고정관념이며 그 나라와 그 주민의 실제 특징과는 거의 관련이 없다는 것을 보여 주었다. 이 자료는 각 나라의 인구를 전형적으로 특징짓는 다양성과 이질성을 무시하고 "독일, 미국, 일본, 러시아 등은 이렇습니다!"라는 노골적인 일반화를 한다.

킨은 이 이미지들을 몇 가지 전형적인 범주로 나눌 수 있었다. 그는 특별히 무의식의 태아 영역을 언급하지는 않았다. 그러나 그의 사진 자료를 분석하면 BPM II와 BPM III의 특징인 상징적 이미지들이 많다는 것을 알 수 있다. 적은 주로 위험한 문어, 악랄한 용, 머리가 여러 개인 히드라hydra,[3] 독이 있는 거대한 독거미, 또는 집어삼키는 레비아단Leviathan[4]으로 묘사된다. 또 다른 자주 사용되는 상징들은 독사와 불길한 뱀, 특히 살무사나 보아뱀의 수축근이다. 목을 조르거나 짓누르는 장면, 불길한 소용돌이 및 위험한 모래 늪 등의 그림들이 전쟁, 혁명 그리고 정치적 위기 중에 많이 나타난다.

로이드 드 마우스와 샘 킨이 수집한 역사적 그림 기록들과 함께 출생의 재현에 초점을 맞춘 홀로트로픽 상태의 그림들이 나란히 배치된 것은 인간 폭력의 주산기적 근원에 대한 강력한 증거를 나타낸다. 의식 연구의 관찰과 심리학 역사의 발견에 의해 공동으로 제공되는 새로운 통찰에 따르면, 우리는 모두 적절하게 처리되고 동화되지 않은 출생 외상과 관련된 깊은 무의식의 강력한 에너지, 감정 그리고 고통스러운 신체적 감각들을 지

---

3) 머리가 아홉 개 달린 뱀. 하나를 잘라도 금방 다시 생겼다고 하는데, 결국 헤라클레스에 의해 죽었다.
4) 성서에 나오는 바닷속 괴물이다.

니고 다닌다.

우리가 홀로트로픽 숨치료, 원초치료primal therapy나 재탄생rebirthing 치료법과 같은 심리치료 또는 강력한 경험적 심리치료 기술을 사용하여 깊은 자기탐구를 추구하는 것이 아니라면 우리 심혼의 이 측면은 많은 사람에게 완전히 무의식적인 것으로 남는다. 어떤 사람은 자신의 무의식의 주산기 수준에 대해 다양한 정도의 인식을 가질 수 있다. 이러한 것이 활성화되면 무차별적 폭력을 포함하는 심각한 개인 정신병리를 낳을 수 있다.

로이드 드 마우스는 주산기에 대한 인식이 모종의 이유로 인해 많은 사람에게서 내면의 주산기적 원소의 영향이 동시에 크게 증가할 수 있다고 제안하였다. 이것은 일반적인 긴장, 불안 그리고 기대의 분위기를 만든다. 리더는 보통 사람보다 태아기 역동에 더 강한 영향을 받는 사람이다. 또한 그는 받아들일 수 없는 자신의 감정을 부인하고 외부 상황에 그것을 투사하는 능력도 있다(융의 개념으로는 그림자). 집단의 곤란을 적에게 책임을 뒤집어씌우고, 그 결과 군사적 개입이 해결책으로 제시된다.

리처드 타나스는 『우주와 심혼Cosmos and Psyche』에서 드 마우스가 묘사한 전쟁과 혁명의 시작 전에 집단적 긴장이 증가하는 문제에 대한 흥미로운 해답을 던질 수 있는 매력적인 자료를 제시하였다(Tarnas, 2006). 30년 이상 지속된 그의 꼼꼼한 역사 연구에서 타나스는 전쟁과 혁명의 시대가 특정 점성학의 행로transit와 상관관계가 있음을 역사를 통해 보여 줄 수 있었다. 그의 발견은 원형적인 힘이 인류 역사를 형성하는 데 중요한 역할을 한다는 것을 강하게 시사한다.

전쟁과 혁명은 보통 위험한 무의식적인 힘을 견제하는 심리적 방어를 무시하는 기회를 제공한다. 자제력과 문명화된 행동을 요구하는 심리적 힘인 초자아는 프로이트가 '전쟁 초자아'라고 부르는 것으로 대체된다. 우리는 폭력, 살인, 무차별 파괴, 약탈에 대해 칭찬과 훈장을 받는데, 이는 평화 시에는 용납될 수 없고 우리를 감옥에 가거나 더 나쁜 곳에 가두는 것과 같은 행동이다. 비슷하게 성폭력은 전쟁 중 흔한 관행이었고 일반적으로 그냥 인정해 주었다. 사실상 군대 리더들은 그들의 용사들에게 도시를 포위하고 영토를 정복하도록 동기를 부여하기 위해 여성들에게 무제한의 성적 접근을 할 수 있도록 약속했었다.

전쟁이 발발하면 파괴적이고 자멸적인 충동이 자유롭게 행해진다. 우리가 의식 내면의 탐구와 변용(BPM II와 BPM III) 과정의 특정 단계에서 자주 만나게 되는 이 주제는 이제 직접적으로 또는 텔레비전 뉴스의 형태로 우리의 일상이 되었다. 출구 없는 여러 가지 상황, 가학피학성 난잡함, 성적 폭력, 맹수나 악마와도 같은 행동, 엄청난 폭발 에너지의 발산, 그리고 똥을 뒤집어쓰는 장면들은 표준적 주산기 이미지들에 속하는 것으로 전쟁과 혁명에서 모두 범상치 않은 생생함과 힘을 가지고 일어난다.

개인적으로 나타나건 집단적 전쟁과 혁명으로 일어나던 간에 파괴 장면을 목격하고 폭력적인 무의식적 충동으로 행동하는 것이 내면의 치유와 변용을 가져오지는 않는다. 이 경험은 우리의 무의식으로부터 나오는 것이 아니고, 깊은 자기탐구의 요소가 결여되어 있으며, 통찰력을 이끌어 주지 못한다.

상황은 완전히 외부적인 것으로 드러나고 깊은 심혼의 역동과의 연관성도 찾아볼 수 없다. 그리고 당연히 변화나 변혁을 위한 치료적 의도나 동기 같은 것은 있을 수도 없다. 따라서 전쟁이나 혁명이 성공적으로 완수되었다고 하더라도, 그러한 폭력 사건의 가장 깊은 원동력을 나타내는 근본적인 탄생 환상의 목표는 달성되지 않는다. 가장 성공적인 승리는 우리가 기대하고 희망하던 내면의 정서 해방과 심리영적인 재탄생을 가져다주지 않는다.

프라하에서 내가 치료했던 많은 내담자가 나치 점령과 스탈린주의 정권을 경험했기 때문에, 그들과 함께한 일은 주산기적 역동과 강제수용소와 공산주의라는 두 기관 간의 관계에 대한 매혹적인 통찰들을 이끌어 냈다. 우리 모두가 보았듯이 혁명이 승리할 때 초기의 승리감에 도취된 후 처음에는 멀쩡한 정신이지만 나중에는 쓰디쓴 실망을 하게 된다.

그리고 주로 오래된 억압 시스템의 복제가 죽은 꿈의 폐허에서 다시 일어나기 시작하는 것은 그렇게 오래 걸리지 않는다. 파괴적이고 자멸적인 세력이 해결되지 않고 계속해서 관련된 모두의 무의식 속에서 작동하기 때문이다. 이것은 인류 역사에서 반복적으로 일어나는데, 그런 사건은 프랑스 혁명, 러시아의 볼셰비키 혁명, 중국의 공산주의 혁명, 또는 큰 희망이나 기대와 관련된 다른 폭력적인 격변들 중 어느 것이 될 수 있다.

공산주의 이데올로기와 관련된 통찰과 이슈들은 나의 내담자 치료에서 전형적으로 그들이 주산기적 에너지나 감정과 씨름하던 때 나타났다. 곧 혁명가들이 압제자들과 정권에 대해 느끼는 반감은 주산기적 기억이라는 내적 감옥에 대한 그들의 반란으로부터 강력하게 심리적인 강화를 받는다는 것이 명백해졌다.[5]

반대로 다른 사람들을 강요하고 지배하려는 욕구는 자신의 무의식에 압도될 것 같은

---

5) 그로프는 체코슬로바키아의 공산주의 정권하에서 LSD를 활용한 체험적 심리치료를 심도 있게 연구하면서 이러한 통찰들을 얻을 수 있었다.

두려움을 극복하기 위해 외부로 환치시킨 것이다. 압제자와 혁명의 살육적인 얽힘은 세상으로 나오는 산도에서 경험한 상황을 외적으로 재현한 것이다. 비슷한 감정적 얽힘이 범죄자와 경찰 사이에서도 보이는 것 같다.

공산주의 비전은 많은 사람을 납득시키는 심리적 진실의 요소를 포함하고 있다. 고통과 억압을 종식시키고 더 큰 화합의 상황을 조성하기 위해서는 혁명적 본성의 폭력적인 경험이 필요하다는 기본적인 개념은 재탄생 과정과 그에 따른 내적 변혁과 관련된 것으로 이해될 때 정확하다. 그러나 이것이 폭력혁명의 정치이념으로 외부 세계에 투사된다면 위험한 사기극이 된다. 오류는 더 깊은 수준에서 본질적으로 심리영적 죽음과 재탄생의 원형적 패턴이 무신론적이고 영적인 것을 부인하는 프로그램의 형태를 취하고 있다는 사실에 있다.

역설적으로 공산주의는 사람들의 영적 욕구를 충족시키지 못할 뿐만 아니라 진정한 영적 추구를 적극적으로 억압하면서, 영적으로 사람들을 착취한다는 점에서 조직화된 종교와 많은 공통점을 가지고 있다. 공산주의와 조직화된 종교의 유사성은 스탈린이 실제로 아는 것이 없는 분야에서 권위적인 의견을 표명하고 있었음에도 불구하고, 그의 권력의 절정기에 스탈린은 오류가 없다고 선언될 정도였다.

공산주의 혁명은 평화로운 미래의 창조를 약속하는 대신에 파괴하는 것에 매우 성공적이었지만 그들의 성공은 억압, 잔인함 및 불의가 정권을 통치하는 체제를 길렀다. 경제적으로 망하고 정치적으로 부패한 소련이 무너지고 공산주의 세계가 없어진 후에, 온전한 판단력을 가진 모든 사람이 이 거대한 역사의 경험이 수천만의 생명과 상상할 수 없이 많은 사람의 고통과 희생이 치러진 엄청난 실패작이라고 생각하는 것은 당연하다. 만약 이 관찰이 옳다면, 인간의 의식에 심오한 변용을 가져오지 않는 한, 외부의 세력으로 더 좋은 세상을 만들 수는 없을 것이다.

홀로트로픽 상태의 연구에 관한 실험들은 나치즘과 강제수용소의 심리를 이해하는 데 있어서 중요한 단서를 제공한다. 몇 년에 걸쳐 네덜란드의 레이든Leyden에 있는 얀 바스티안Jan Bastiaans 교수는 감금 후 몇 년 동안 수용자들에게 진행되었던 상태인 '강제수용소 증후군'으로 고통받고 있는 사람들에게 LSD 치료를 시도하였다. 바스티안 교수는 이전 유대인 간수들kapos(나치 친위대로부터 다른 재소자들에 대해 권한을 부여받은 강제수용자 재소자들)의 심각한 죄책감과 같은 주제들을 치료해 왔다.

바스티안 교수의 치료를 받은 당시 재소자였던 카-쳇닉Ka-Tzetnik 135633의 『쉬비티

Shivitti」[6]에는 이 치료에 관한 예술적인 설명을 찾아볼 수 있다(Ka-Tzetnik 135633, 1989). 바스티안 교수는 이 치료에 관한 논문인「강제수용소에서의 인간과 인간 내면의 강제수용소Man in the Concentration Camp and the Concentration Camp in Man」를 썼다(Bastiaans, 1955). 이 논문에서 그는 강제수용소가 인간의 무의식 속에 존재하는 특정 영역의 투사라고 지적하였다. "강제수용소에 인간이 있기 전에, 인간 내면에 강제수용소가 있었다."

홀로트로픽 의식 상태에 대한 연구는 바스티안 교수가 말한 심혼의 영역을 식별할 수 있게 해 준다. 무의식의 주산기 영역은 그의 설명에 아주 잘 맞아떨어진다. 나치 강제수용소의 일반적이고 구체적인 조건을 자세히 살펴본 결과, 그들은 생물학적 출생의 재현의 특징인 악몽 같은 분위기를 극악무도하고 현실적으로 재현한 것이었음이 밝혀졌다.

철조망 장벽, 고압전선으로 만든 울타리, 기관총이 있는 감시탑, 지뢰밭, 그리고 떼를 지어 있는 훈련된 개들 등은 확실히 BPM II 단계와 같이 출구 없고 절망적이며 억압적인 지옥의 이미지를 창출한다. 동시에 폭력, 잔악함, 분변음욕증 그리고 강간과 가학적 행위들을 포함하는 여성과 남성의 성적 학대 등은 모두 BPM III 단계의 현상이다.

강제수용소에서의 성폭행은 근무자들에게 '기쁨과 오락거리'를 주는 기관인 '인형의 집'과 같은 맥락뿐만 아닌 개개인의 다른 수준에서도 무작위로 일어났다. 이 지옥에서 벗어날 수 있던 유일한 방법은 총으로, 배고픔으로, 질병으로, 아니면 가스 질식사로 인한 죽음이었다. 카-쳇닉 135633의『인형의 집과 지옥 위의 일출House of Dolls and Sunrise Over Hell』(Ka-Tzetnik 135633, 1955, 1977)에는 강제수용소의 삶에 대한 자세한 설명이 나와 있다. 나치 친위대의 잔악함은 주로 임신한 여성과 어린아이들에게 집중했다는 것으로 알 수 있는데, 이것은 주산기 가설을 더욱 뒷받침한다.

테렌스 데 프레Terrence des Près의『생존자The Survivor』에서 가장 강력한 구절은 의심할 여지 없이 트럭을 가득 채울 정도로 많은 아기를 불에다 태워 버리는 장면이다. 거기서 임신한 여성들은 채찍으로 맞고 구타당하고, 개에게 물리고 찢기고, 머리채를 잡혀 끌려가다가 배를 차이고, 숨이 붙어 있는 상태에서 화장당한다(des Près, 1976).

수용소에서 드러난 비합리적 충동에 대한 주산기적 성격은 나치 친위대의 분변음욕증적scatology 행동[7]에서도 드러난다. 화장실로 그릇을 던진 다음 수용자에게 가져오게 시

---

6) 작가 자신의 아우슈비츠 나치 수용소에서 재소자로서 2년 동안의 경험과 그 이후의 상처 회복의 시도에 대해 서술한다. 여기에는 재소자 생활, 수년간의 고통, 그리고 저자의 집중 수용소 증후군을 마침내 인정했던 정신과 의사로부터 어떻게 도움을 받았는지에 대해 나와 있다.

7) 배설물(분변)을 통해 성적 쾌락을 느끼는 성도착 행동이다.

키고 서로의 입에다 소변을 보도록 강요하는 행동은 잔학성이라는 문제 이외에도 전염병을 초래하는 그들의 관행이었다. 강제수용소가 단순히 정치적 적들의 고립과 값싼 노예 노동력을 제공하는 기관이었다면, 위생 수칙의 유지는 많은 사람을 수용하는 어떤 시설에서도 요구되는 것이기 때문에 수용소의 주요 관심사가 되었을 것이다. 부헨발트 Buchenwald 강제수용소만 해도 이러한 변태적 관행의 결과로 한 달 동안 27명의 수감자들이 배설물에 빠져 익사하였다.

태아기 과정과 관련된 집단 폭력의 모든 경험의 확실한 강도와 깊이는 그것들이 깊은 무의식에서 비롯된다는 것을 암시한다. 우리의 경험적인 자기탐구가 출생 외상의 기억에 도달할 때, 우리는 인간 종에 대한 고통스러운 기억의 거대한 도가니와 연결되어 한때 비슷한 곤경에 처해 있던 다른 사람들의 경험에 접근할 수 있다. 인간의 폭력의 역사를 아주 가깝게 '알고' 있는 우리 무의식의 주산기적 수준이 실제로 전쟁, 혁명, 대량 학살, 그리고 이와 유사한 잔학 행위에 부분적으로 책임이 있다는 것은 상상하기 어렵지 않다.

주산기 경험과 관련된 인간 역사의 잔인성과 본질의 범위는 정말로 놀랍다. 크리스토퍼 베이치Christopher Bache는 관련된 여러 가지 현상을 분석한 뒤에 흥미로운 결과를 얻어 냈다. 그는 인류 역사의 수 세기 동안 쌓여 온 폭력의 기억이 우리의 유년기와 어린 시절의 외상이 개인무의식을 망치는 것처럼 집단무의식의 영역을 오염시켰다고 제시하였다. 그에 따르면 이러한 축적된 기억들을 경험해 내기 시작할 때, 우리의 내적 과정은 개인 심리치료의 틀을 초월하여 인류 종의 의식의 장을 정화하고 치유하는 데 동참하는 것이 어쩌면 가능할지도 모른다고 보았다(Bache, 2000).

출생 외상을 폭력과 자기파괴적인 성향의 원천으로 보는 입장은 임상연구들에 의해 검증되었다. 예를 들어, 난산難産과 범죄 사이에는 중요한 상관관계가 있는 것으로 보인다(Kandel & Mednick, 1991; Litt, 1974; Raine, Brennan, & Mednick, 1995). 비슷하게 내면을 향한 공격성과 특히 자살은 심리유전적으로 난산과 연결되어 있는 것으로 보인다(Appleby, 1998).

스칸디나비아의 연구자 바틸 야콥슨Bertil Jacobson은 특정 형태의 자기파괴적인 행동과 출생 유형 간의 밀접한 관계를 찾아냈다. 질식사는 출생 때 질식했었던 것과 관계가 있고, 폭력적인 자살은 출생 시 출산을 도왔던 기계로 인한 외상이 있고, 마약중독으로 인한 자살은 출생 과정 중에 아편이나 진정제를 투여한 것과 관계가 있었다(Jacobson et al., 1987).

범죄의 자아초월적인 근원

홀로트로픽 상태에 관한 연구는 인류의 폭력성의 근원은 심혼의 주산기 수준보다 더 깊은 곳에 닿아 있다고 밝혀내었다. 공격성에 관한 의미 있는 추가적인 자료는 다음과 같은 초월적인 영역과 거대한 원형적 파괴적인 장면들에서 발견된다. 전자는 전생 경험에서의 고문과 살인 장면, 분노에 찬 신과 악마적 실체의 신화적 인물들이며, 후자는 북유럽의 라그나로크(신들의 종말 또는 황혼), 악마의 무리와 싸우는 대천사 미카엘, 아리만Ahriman[8]의 어둠의 힘에 대항하는 아후라 마즈다Ahura Mazda[9]의 광명의 힘이 등장하는 조로아스트리아Zoroastrian 전투, 또는 신약성서에서 나온 종말론 등이다.

융은 집단무의식의 원형은 개인의 행동뿐만 아니라 인류 역사의 사건에도 강력한 영향을 준다는 것을 보여 주었다(Jung, 1954). 그의 시각에서 보면 모든 국가와 문화 단체는 그들의 행동에 중요한 원형 주제를 연출하고 있는지 모른다는 것이다. 융은 독일 나치 운동의 여러 측면이 '폭풍과 광란의 고대의 신' 보탄Wotan[10]의 원형에 의해 독일 국민이 빙의된 것으로 이해할 수 있다고 보았다(Jung, 1947). 제임스 힐먼James Hillman은 『전쟁광A Terrible Love of War』에서 전쟁은 개인과 국가가 저항할 수 없는 무력을 행사하는 거대한 원형적인 힘이라고 하였다(Hillman, 2004).

군대, 정치 그리고 종교 지도자들의 많은 예를 보면, 그들은 자신의 목표를 성공시키기 위해 주산기뿐만 아니라 원형적 이미지와 영적 상징을 이용한다(Grof, 1985). 중세 십자군들은 무함마드족으로부터 그들의 성지聖地를 되찾기 위해 전쟁에서 예수를 위해 그들의 삶을 희생하라는 요구를 받았다. 아돌프 히틀러Adolf Hitler는 북유럽 인종과 밀레니엄 제국의 패권을 위해 고대 베다Vedic 상징에 있는 만卍자와 태양 독수리를 악용하였다. 아야톨라 호메이니Ayatollah Khomeini와 오사마 빈라덴Osama bin Laden은 지하드jihad[11]와 불신자를

---

8) 조로아스터교의 악의 신이다.
9) 조로아스터교의 창시자이며 최고의 신이다.
10) 보탄은 오딘(Odin)과 같은 말이다. 노르웨이 신화에 나오는 주요한 신 중의 하나로, 그의 특징은 하나로 규정하기가 어렵다. 보탄은 어렸을 때부터 전쟁 신이었고, 영웅문학에 영웅의 수호신으로 등장하며, 전사(戰死)한 전사들도 그와 함께 '전사자(戰死者)'의 큰 집'인 발할라에 있었다.
11) 성전(聖戰) 의식이다.

향한 성전에 대한 언급으로 그들의 마음에 불을 지폈다. 로널드 레이건Ronald Reagan 미국 대통령은 소련을 악마 제국이라고 언급하고, 조지 부시George W. Bush 미국 대통령은 정치 연설에서 악의 축과 아마겟돈Armageddon에 대해서 언급하였다.

캐롤 콘은 논문에서 주산기뿐만 아니라 핵무기 및 그 정책과 관련된 언어, 자아초월적 상징성에 대해서도 논의하였다(Cohn, 1987). 전략적 교리의 저자들은 그들의 구성원을 '핵 사제nuclear priesthood'라고 부른다. 첫 번째 원자 실험은 삼위일체라 불렸다—아버지와 아들 그리고 성령의 합일. 그녀의 페미니스트의 관점에서 콘은 이것을 남성 과학자들이 궁극적인 창조력을 적절히 표현하고 주장하려는 노력으로 보았다. 원자폭탄을 연구하고 실험을 목격한 과학자들은 그것을 다음과 같이 설명하였다. "마치 우리가 창조의 첫날에 서 있는 것 같았다." 그리고 로버트 오펜하이머Robert Oppenheimer는 『바가바드기타Bhagavad Gītā』에 있는 크리슈나Krishna가 아르주나Arjuna에게 한 말을 생각하였다. "나는 세상의 파괴 자인 죽음이 된다."라고 하였다.

탐욕의 생물학적인 결정요소

지그문트 프로이트는 탐욕을 양육 기간 동안 문제와 관련된 현상으로 보았다. 그에 따 르면, 리비도 발달의 구강기 동안 좌절이나 탐닉은 원초적인 유아적 요구가 성인기에 다 양한 다른 대상과 상황으로 승화된 형태로 이행될 정도로 대상을 통합할 필요성을 강화 시킬 수 있다고 한다.

성취욕구가 돈에 초점을 맞추면 정신분석학자들은 그것을 리비도 발달 단계에 고착된 것으로 보았다. 이것은 대변과 금 사이의 상징적 연관성에 대한 프로이트의 발견에 바탕 을 두고 있다. 만족할 줄 모르는 성욕은 남근기 고착으로 간주된다. 많은 다른 끊임없는 인간의 추구는 그러한 남근 본능적 충동의 승화의 맥락에서 해석된다. 현대 의식 연구는 이러한 해석이 피상적이고 부적절하다는 것을 발견하였다. 그것은 무의식의 주산기 및 자아초월적인 수준에서 의미심장한 성취욕과 탐욕에 대한 추가적인 원천을 발견하였다.

주산기적 탐욕의 원천

출행 이후의 삶에 초점을 맞춘 심리치료 과정에서 많은 사람은 그들의 삶이 대인관계의 특정한 영역에서 가식임을 발견한다. 예를 들어, 부모의 권위에 관한 문제는 권위자와의 수치와 관련된 특정한 어려움의 패턴으로 이어질 수 있고, 성관계에서 반복되는 기능장애 패턴은 성행동의 모델인 부모에게로 추적될 수 있고, 강력한 형제간의 경쟁은 미래에 만나게 될 동료관계를 색칠하고 왜곡시킬 수 있다.

체험적 자기탐구의 과정이 주산기 단계에 이르렀을 때, 우리는 일반적으로 그 시점까지의 우리의 삶이 특정한 부분적인 영역만이 아니라 전체적으로도 대부분 가식적이라는 것을 발견한다. 우리는 놀랍게도 전체 삶의 전략이 잘못된 방향을 제시하여 진정한 만족을 제공할 수 없다는 것을 알게 된다. 그 이유는 우리는 죽음에 대한 두려움과 생물학적 탄생과 관련된 무의식적인 힘에 의해 선택과 행동에 동기를 부여받았는데, 우리가 이들을 적절하게 처리하고 통합하지 않았기 때문이다.

다른 말로 하자면, 우리는 생물학적 출생 동안 육체적으로는 그 과정을 완료했지만 정서적으로는 그렇지 못하다. 우리의 의식 영역이 산도에서의 투쟁에 관한 잠재된 기억의 영향을 강하게 받을 때, 그것은 현재 상황에 대한 불편함과 불만감으로 이어진다. 이러한 불만은 불만족스러운 신체적 외모, 부족한 자원과 물질적 소유, 낮은 사회적 위치와 영향력, 불충분한 권력과 명성, 그리고 많은 다른 문제에 초점을 맞출 수 있다. 태아가 산도에 갇혀 있는 것처럼 우리는 미래 어딘가에 놓여 있는 더 나은 상황으로 가고 싶은 추진력을 느낀다.

현재 상황의 현실이 무엇이든 간에 우리는 만족을 찾지 못한다. 우리의 환상은 현재보다 더 만족스러운 미래의 이미지를 계속 만들어 낸다. 우리가 그것에 도달할 때까지 인생은 '우리가 원하고 가지고 있어야 할 그런 인생'이 아니라 단지 더 나은 미래를 위한 준비인 것처럼 보인다. 이것은 체험적 자기탐구를 한 사람들이 '다람쥐 쳇바퀴' 또는 '쥐 경주' 같은 존재로 묘사한 인생 패턴을 초래한다.

실존주의 철학가들은 미래에 대한 '자동투사autoprojecting'에 대해 이야기한다. 이 전략은 우리 삶의 기본적인 오류이다. 어차피 우리가 기대했던 만큼의 만족감을 얻지 못할 것이기 때문에 세워 놨던 목표성취 여부에 상관없이 이것은 본질적으로 패자 전략이다. 우리가 정말로 원하고 필요한 것이 아닌 대체물로부터는 어떤 것도 충분함을 느낄 수 없다.

목표에 도달하지 못하자 계속된 불만은 수정된 목표치에 이르지 못했기 때문으로 돌리게 된다. 우리가 열망하는 목표에 도달하는 데 성공했을 때, 그것은 전형적으로 기본적인 삶의 감정에 큰 영향을 주지 않는다. 그 후 계속되는 불만은 목표의 선택이 정확하지 못했거나 충분히 야심적이지 못했기 때문이라고 비난받는다. 결과는 이전 목표를 다른 목표로 대체하거나 동일한 유형의 야망을 키우는 것이다.

어쨌든 그 실패는 근본적으로 잘못된 삶의 전략의 필연적 결과로서, 원칙적으로 만족을 제공할 수 없는 것으로 올바르게 진단되지 않는다. 대규모로 적용된 이 잘못된 패턴은 세계에 많은 고통과 많은 문제를 초래하는 다양하고 거창한 목표를 무모하게 비이성적으로 추구한 책임이 있다. 이러한 다양한 목표의 충족되지 않는 추구는 진정한 만족을 가져다주지 않기 때문에 어떤 수준의 풍요와 중요성, 그리고 명성에 의해서도 수행될 수 있다. 조셉 캠벨은 이 상황을 "사다리 꼭대기에 올라가 그것이 잘못된 벽에 기대어 있다는 것을 발견한다."고 묘사하였다. 이러한 비합리적인 추동을 크게 줄일 수 있는 유일한 전략은 체계적인 내적 자기탐구 안에서 출생 트라우마를 완전히 의식적으로 되살리고 통합하며, 자양분이 되는 완성된 탄생BPM IV과 좋은 자궁BPM I 그리고 긍정적인 자아초월적 상태에 대한 기억들에 도달하는 것이다.

끝없는 탐욕의 자아초월적 근원

현대 의식 연구와 체험적 심리치료는 우리의 불만족과 완벽을 위해 노력하는 가장 깊은 원천이 궁극적으로 그 본질상 자아초월적이라는 것을 발견하였다. 단테 알리기에리 Dante Alighieri는 "완벽함을 향한 욕망은 모든 즐거움을 항상 불완전하게 보이게 하며, 이 삶에는 우리 영혼의 갈증을 해소할 수 있을 만큼의 큰 기쁨이나 쾌락은 없다."고 말하였다 (Alighieri, 1990).

가장 일반적인 의미에서 만족할 수 없는 탐욕의 가장 깊은 자아초월적인 뿌리는 켄 윌버Ken Wilber의 『아트만 프로젝트Atman Project』12)로 가장 잘 이해될 수 있다(Wilber, 1980). 우리의 진정한 본성은 신성하며—브라만, 부처, 도, 신, 우주 그리스도, 알라 그리고—비록 화신化身 과정이 우리를 근원에서 분리시키고 멀어지게 할지라도 이 사실에 대한 인식은 결코 완전히 사라지지 않는다.

의식 진화의 모든 수준에서 심혼의 가장 깊은 동력은 신성 경험으로 회귀하는 것이다. 그러나 연속적인 발달 단계에서 나타나는 제약조건들은 이러한 경험을 달성하는 데 방해가 된다. 진정한 초월을 위해서는 분리된 자아의 죽음이 요구되며, 배타적인 자율적 주체도 죽어야 한다. 전멸에 대한 두려움과 자아를 집착하는 것 때문에 개인은 각각의 특정 단계에 특정한 아트만 대체물이나 대리인으로 만족해야만 하는데, 이것은 각각의 특별한 단계에 있어서 특정되어 있다.

태아와 신생아에게 이것은 좋은 자궁이나 좋은 젖가슴에서의 만족스러운 경험을 의미한다. 유아에게 이것은 그 연령에 해당하는 생리적 만족과 안정감을 주는 경험이다. 성인들을 위해 가능한 아트만 프로젝트의 범위는 보다 더 넓다. 그것은 음식과 섹스 이외에도 돈, 명성, 권력, 외모, 지식 그리고 다른 많은 것을 포함한다. 우리의 진정한 정체성이 우주 생성의 전체성이고 창조 원리 그 자체라는 우리의 깊은 인식 때문에, 어떤 정도와 범위의 대체물인 아트만 프로젝트는 언제나 불만족스러운 상태로 남아 있을 것이다.

홀로트로픽 의식 상태에서의 신성 경험만이 우리의 가장 깊은 요구를 채워 줄 수 있다. 13세기의 페르시아의 신비주의자이며 시인인 루미Rumi는 그것을 매우 분명하게 묘사하였다.

사람들이 아버지, 어머니, 친구, 하늘, 땅, 궁궐, 학문, 일, 음식, 술 등의 다른 것들에 대해 가지는 희망, 욕망, 사랑, 애정 등 모든 것은 신에 대한 욕망이고, 모든 것은 진실을 가리는 장막이라는 것을 성자는 알고 있다. 인간이 이 세상을 떠나 장막이 없는 왕을 보게 되면, 그들은 모든 것이 장막과 덮개였고, 그들의 욕망의 대상은 실제로는 그 하나One Thing라는 것을 알게 될 것이다(Rumi 1983).

12) 켄 월버의 1996년 저서로, 그는 여기서 유년기부터 성인기 그리고 그 이후까지 신비주의자와 영적 수행자들에 의해 묘사된 의식 상태를 통해 인간의 발달과정을 추적한다. 부처나 예수 같은 비범한 개인들의 영적인 진화는 인간이 초월을 향해 계속 성장해 나갈 방향을 암시한다.

생존의 심리학

　이제 의식 연구와 자아초월심리학에서 얻은 통찰이 현대 세계에서 우리가 직면하고 있는 위기를 완화하는 데 어떻게 실제적으로 사용될 수 있는지 알아보자. 이 연구는 인간 폭력의 뿌리가 전통적 심리학이 상상했던 것보다 훨씬 더 깊고 가공할 것이라는 것을 보여 주었다. 하지만 이 연구는 인간의 좋지 않은 폭력적 성향을 바꾸고 변화시킬 가능성이 있는 매우 효과적인 치료 전략을 발견하였다.

　인류를 변화시키기 위한 노력은 아주 어린 나이에 심리적인 예방으로 시작되어야 할 것이다. 산전 및 산후 심리학 자료를 보면 임신, 분만, 조기 산후조리 등의 조건을 바꾸면 많은 것을 달성할 수 있다는 것을 알 수 있다. 여기에는 임신 중 산모의 정서적 준비 개선, 자연 분만 실천, 심리영적인 정보에 입각한 출산 환경 조성, 산후기에 산모와 아이 간의 정서적 자양분이 넘치는 접촉을 키워 주는 것 등이 포함된다. 출생의 환경은 폭력과 자기파괴적인 경향 또는 반대로 사랑하는 행동과 건강한 대인관계를 위한 기질을 만드는 데 중요한 역할을 한다.

　프랑스 산부인과 의사인 미셸 오당Michel Odent은 출산 과정과 간병 및 모성 행동에 관련된 호르몬이 어떻게 각인 역할을 하는지 보여 주었다. 카테콜아민catecholamines(아드레날린과 노르아드레날린)은 노동의 스트레스에서 중요한 역할을 한다. 그리고 진화 과정에서 호르몬들은 위험한 포식자가 있는 보호되지 않은 자연환경에서 출산이 일어났던 당시 산모의 투쟁/도피 반응의 중재자 역할을 했다.

　옥시토신oxytocin, 프롤락틴prolactin, 엔도르핀endorphins은 동물에게 부모 행동을 유도하고 의존과 애착을 형성하는 것으로 알려져 있다. 요즘 분만하는 어머니들의 환경은 육체적으로는 안전하지만 대부분의 병원이 바쁘고 시끄러우며 혼란스러운 느낌은 불안을 유도하고 불필요하게 카테콜아민 시스템을 발동시킨다. 그것은 잠재적으로 세상은 위험하므로 공격적인 반응이 필요하다고 신생아의 마음에 새기도록 만든다. 이것은 개인의 긍정적인 각인과 유대감의 형성을 방해한다. 그러므로 조용하고 안전한 개인적인 환경을 조성하는 것은 필수적이다(Odent, 1995).

　아이 양육의 중요성과 유아기 및 아동기의 외상적 조건에서의 비참한 감정적 결과에 대한 많은 글이 있다. 이것에는 확실히 지속적인 교육과 안내가 필요한 것이다. 하지만 이론적으로 알던 원리를 사용하기 위해서는 부모가 먼저 정서적으로 안정되고 성숙해야한다. 정서적 문제들이 모든 세대에서 그다음 세대로 저주처럼 전달된다는 것은 잘 알려져 있다.

인본주의 및 자아초월심리학은 자기탐구, 치유 그리고 성격 변용 등에 관한 효과적인 체험적 방법들을 개발해 왔다. 이들 중 일부는 서양의 치료 전통에서 비롯된 것이고, 다른 일부는 현대적으로 적용된 고대 및 토착민의 영적 실천이다. 정서적으로 치유되는 것 이외에 이러한 접근법은 서구 문화의 진정한 체험적 영성을 다시 살려 주고 현대 인류의 소외를 극복할 수 있는 잠재력을 가지고 있다. 이러한 접근법 중 일부는 전문적으로 돕는 이와 내담자 간의 매우 유리한 비율을 가지고 있고, 다른 일부는 집단역동이라는 치유 잠재력을 이용한다.

심현제 및 다른 홀로트로픽 의식 상태와의 체계적이고 책임감 있는 작업은 정서 및 심신 장애의 치유 그 이상을 가져올 수 있다. 그것은 심리영적 변용과 가치관의 변화를 촉진시킬 수 있다. 이것은 동정심의 발달, 내면의 평화, 개선된 자기 이미지, 자기수용과 타인에 대한 수용뿐만 아니라 공격성의 놀라운 감소를 가져온다. 이러한 변화들 중 일부는 에이브러햄 매슬로가 자발적으로 일어나는 신비적 상태('절정체험'), 즉 자아-실현, 자기-깨달음, 진실, 아름다움, 진선미('상위가치')에 대한 진정한 감각, 그리고 자신의 삶에 이러한 덕목들을 통합하려는 경향('상위동기')을 경험했던 사람들에 대해 설명한 것과 동일하다.

진중한 심혼탐구자들은 자연 속에서의 산책, 음악 감상, 다른 사람들과 상호작용을 하는 것, 사랑하는 것, 그리고 음식을 음미하는 것과 같은 삶에서 단순한 것들을 즐길 수 있는 향상된 능력, 증가된 열정, 생명의 기쁨 등을 묘사한다. 무의식의 주산기 수준의 내용이 의식에 나타나고 통합되면서 급진적인 성격 변화를 초래한다. 심리영적 죽음과 재탄생의 경험 그리고 긍정적인 산후나 산전 기억이 의식 밖으로 떠오르면 비합리적인 추동이나 야망들은 감소한다. 이것은 과거와 미래에서 현재로 삶의 주안점을 이동하게 만든다.

이러한 변화들 중 일부는 인간 사회 전반에 중요한 의미를 갖는다. 믿을 만한 심혼탐구자들에게 빈번하게 나타나는 결과 중 하나는 인종적, 성적, 정치적 그리고 종교적 관용의 증가이다. 사람들 사이의 차이는 성별, 인종, 색깔, 언어, 정치적 신념 또는 종교적 신념과 관련이 있는지 여부에 관계없이 위협적이기보다는 흥미롭고 풍요로워 보인다. 다른 잦은 변화는 경쟁이 시너지와 협력으로 대체되는 것이다.

　많은 심혼탐구자는 삶이 야심찬 추동에 의해 지배되지 않고 그 대신에 부드러운 무술이나 서핑과 닮기 시작할 때 도교의 무위(창조적 고요, 존재함에 의해 행함)의 힘과 효능을 발견한다. 삶의 이러한 전략으로 적은 노력으로도 더 많이 성취되고, 그 결과는 개인적으로 만족스러울 뿐만 아니라 더 큰 공동체에 봉사한다. 이는 매우 자주 그에게 적합한 사람, 자원, 정보, 심지어 돈 등이 예기치 않게 출현하는 것과 연결된다.

　영적인 개방과 변용의 과정은 전형적으로 자아초월적인 경험의 결과로 더 깊어진다. 그것을 가진 사람들의 변화는 우주 비행사들이 그들의 우주여행의 결과로 경험했던 것과 닮았다. 우주 공간이 우주 비행사들에게 미친 놀라운 효과는 미키 렘Mickey Lemle의 주목받을 만한 다큐멘터리 〈달의 반대편The Other Side of the Moon〉(Lemle, 1990)에 나오는 8명의 미국 우주 비행사 이야기에서 분명해졌다. 그들은 루이 암스트롱Louis Armstrong, 에드거 미첼Edgar Mitchell, 버즈 올드린Buzz Aldrin, 그리고 러스티 슈바이카트Rusty Schweickart이다. 우주 비행사와 같이 심혼탐구자들도 지구를 거대한 우주의 어두운 밤에 빛나는 아름다운 푸른색 보석과 인류 모두가 공유하는 버크민스터 풀러Buckminster Fuller의 '우주선 지구'로 보기 시작했다. 이것은 우리가 러시아, 체코, 독일, 또는 미국인이기 전에 모두가 세계화 시민이라는 느낌을 준다.

　다른 사람들, 인간 집단의 전체, 동물, 그리고 식물 생활과의 동일시는 자연과 모든 창조물에 대한 경이로움과 사랑을 가져다주는 경향이 있다. 우주의 경계가 임의적이며 우리 각자가 궁극적인 존재의 전체 망과 동일하다는 세포 차원의 자각에 근거한다. 우리가 자연에 얼마나 깊이 속해 있으며, 음식을 기르는 물, 공기나 땅 등을 오염시켜 우리 자신을 다치게 하지 않고, 자연환경을 훼손시킬 수 없다는 것이 명백해졌다. 이러한 자각은 자연을 보호하기 위한 생태적 민감성과 결단력으로 이어진다.

　마지막으로 믿을 만한 심혼탐구자는 깊은 개인적 경험에 바탕을 두고 있기 때문에 매우 진실되고 설득력 있는 비종교적, 비차별적, 보편적, 포괄적, 신비적인 성격의 영성을 깨우는 경향이 있다. 이것은 문자 그대로 종교 경전을 이해하는 데 바탕을 둔 무신론적 유일신-물질주의적 세계관과 경직된 근본주의적 신앙 체계를 약화시키고 대체할 수 있는 힘이 있다.

　앞에서 설명한 내부 변용이, 만일 그것이 충분히 큰 규모로 일어난다면, 우리의 생존 가능성이 높아질 것이 분명하다. 우리와 일했던 많은 사람은 집단 전멸이나 전례 없는 규모의 진화적인 의식 상승에 직면해 있는 중대한 교차로에서 인류를 보았다. 심현제 선구자인 테렌스 맥케나Terence McKenna는 간결하게 말했다. "바보 원숭이의 역사는 어떤 식으로든 끝이 났다." 우리 종은 심오한 내부 변용이나 멸종을 직면할지 모른다.

우리는 인류 역사에서의 극적인 전례 없는 시간 경주에 휘말린 것같이 보인다. 위기에 처한 것은 다름 아닌 미래의 우리 종과 이 지구상의 생명체들이다. 누가 봐도 결말은 굉장한 파괴력을 가져올 오래된 전략을 계속해서 사용한다면 인류가 살아남기는 어려워 보인다. 하지만 충분한 사람의 수가 깊은 내면의 심리영적인 변용 과정을 겪을 수 있다면, 우리는 종족에게 자랑스러운 이름을 지어준 것에 걸맞는 의식 진화의 수준에 도달할 수 있을 것이다. 호모 사피엔스 사피엔스.

참고문헌

Alighieri, D. 1990. *Il Convivio.* (R. H. Lansing, transl.). New York: Garland.

Appleby, L. 1998. 8. "Violent Suicide and Obstetric Complications." *British Medical Journal* 14: 1333–1334.

Ardrey, R. 1961. *African Genesis.* New York: Atheneum.

Bache, C. 2000. *Dark Night, Early Dawn: Steps to a Deep Ecology of Mind.* Albany, NY: State University of New York (SUNY) Press.

Bastiaans, J. 1955. *Man in the Concentration Camp and the Concentration Camp in an.* Unpublished manuscript. Leyden, Holland.

Cohn, C. 1987. Sex and Death in the Rational World of the Defense Intellectuals. *Journal of Women in Culture and Society.* 12, pp. 687–718.

Darwin, C. 1952. *The Origin of Species and the Descent of Man.* Chicago, IL: Encyclopaedia Britannica (originally published in 1859).

Dawkins, R. 1976. *The Selfish Gene.* New York: Oxford University Press.

Dollard, J. et al. 1939. *Frustration and Aggression.* New Haven, CN: Yale University Press.

Ellsberg, D. 1971. *The Pentagon Papers.*

Ellsberg, D. 2018. *The Doomsday Machine: Confessions of a Nuclear War Planner.* New York/London: Bloomsberry Publishing.

Freud, S. 1917. "Mourning and Melancholia." *The Standard Edition of the Complete Psychological Works of Sigmund Freud, Volume XIV (1914-1916).*

Fromm, E. 1973. *The Anatomy of Human Destructiveness.* New York: Holt, Rinehart & Winson.

Grof, S. 1975. *Realms of the Human Unconscious: Observations from LSD Research.* New York:

Viking Press.

Grof, S. 1985. *Beyond the Brain: Birth, Death, and Transcendence in Psychotherapy*. Albany, NY: State University of New York (SUNY) Press.

Grof, S. 2000. *Psychology of the Future: Lessons from Modern Consciousness Research*. Albany, NY: State University of New York (SUNY) Press.

Hillman, J. 2004. *A Terrible Love of War*. New York: The Penguin Press.

Jacobson, B. et al. 1987. Perinatal Origin of Adult Self-Destructive Behavior. Acta psychiat. Scand. 6: 364–371.

Jung, C. G. 1947. *Wotan: Essays on Contemporary Events*. London: Kegan Paul.

Jung, C. G. 1954. *Archetypes of the Collective Unconscious*. Collected Works IX.1. Princeton, NJ: Princeton University Press.

Kandel, E., & Mednik, S. A. 1991. Perinatal Complications Predict Violent Offending. *Criminology* 29(3), 509–519.

Ka-Tzetnik 135633. 1955. *The House of Dolls*. New York: Pyramid Books.

Ka-Tzetnik 135633. 1977. *Sunrise Over Hell*. London: W. A. Allen.

Ka-Tzetnik 135633. 1989. *Shivitti: A Vision*. San Francisco, CA: Harper & Row.

Keen, S. 1998. *Faces of the Enemy: Reflections of the Hostile Imagination*. San Francisco: Harper.

Lemle, M. 1990. *The Other Side of the Moon*. Lemle Pictures, Inc.

Litt, S. 1974. "A Study Of Perinatal Complications As A Factor In Criminal Behavior." *Criminology* 12(1), 125–126.

Lorenz, K. 1963. *On Aggression*. New York, Harcourt: Brace & World, Inc.

MacLean, P. 1973. "A Triune Concept of the Brain and Behavior. Lecture 1. Man's Reptilian and Limbic Inheritance" in: T. J. Boag & D. Campbell (Eds.), *The Hincks Memorial Lectures*. University of Toronto Press, Toronto, Ontario, pp. 6–66.

Mause, L. de. (Ed.). 1975. *The Independence of Psychohistory*. New York: The New Psychohistory.

McKenna, T. 1992. *Food of the Gods: The Search for the Original Tree of Knowledge*. New York: Bantam.

Morris, D. 1967. *The Naked Ape: A Zoologist's Study of the Human Animal*. New York: McGraw-Hill.

Odent, M. 1995. "Prevention of Violence or Genesis of Love? Which Perspective?" Lecture at the Fourteenth International Transpersonal Conference in Santa Clara, CA.

Près, T. Des. 1976. *The Survivor: An Anatomy of Life in the Death Camps*. Oxford: Oxford University Press.

Raine, A., Brennan, P., & Mednick, S. A. 1995. Birth Complications Combined with Early Maternal Rejection at Age 1 Predispose to Violent Crime at Age 18 Years. *Obstetrical and Gynecological Survey 50*(11), 775–776.

Rumi, 1983. Translated by W. Chittick in *Sufi Path of Love*. Albany, NY: State University of New York (SUNY) Press.

Tarnas, R. 2006. *Cosmos and Psyche: Intimations of A New World View*. New York: Viking Press.

Tinbergen, N. 1965. *Animal Behavior*. New York: Time-Life.

Wilber, K. 1980. *The Atman Project: A Transpersonal View of Human Development*. Wheaton, IL Theosophical Publishing House.

Wrangham R., & Peterson, D. 1996. *Demonic Males: Apes and the Origins of Human Violence*. New York: Houghton Mifflin Company.

13

심혼과 죽음 본능:

죽음과 죽어 감의 심리영적 차원

  죽음과 죽어 감이야말로 무엇보다도 모든 인간에게 더 보편적이고 사적으로 관련이 있는 주제이다. 삶을 살면서 모두는 친척, 친구, 선생님, 지인 그리고 공인들을 잃게 되고 스스로의 생물학적 종말을 마주하게 된다. 이 사실로 미루어 볼 때, 서구 산업 문명이 1960년대 후반까지 죽음과 죽어 감이라는 주제에 거의 흥미를 보이지 않았던 것은 상당히 놀라운 일이다.

  보통 사람뿐만 아니라 이 분야에 있는 과학자나 전문가들이 약학, 정신의학, 심리학, 철학, 신학에 흥미를 가져왔었다는 것은 틀림없다. 이 상황에 대한 타당한 설명은 현대 산업문명에 존재하던 죽음에 대한 공포와 부인이다.

  미국의 문화인류학자인 어니스트 베커Ernest Becker는 『죽음의 부인The Denial of Death』에서 근대 사회는 궁극적으로 우리의 필멸에 맞서는 정교하고도 상징적인 방어기제라 하였다. 그는 사람들이 '불멸 프로젝트'를 만듦으로써 죽음의 공포를 극복하려 했다고 이야기한다. '프로젝트'는 사람들로 하여금 그들 사진보다 더 큰 무엇, 혹은 죽음을 이겨 낼 수 있는 무엇의 일부분이 되는 것을 상상하게 했다. 베커는 세상에 있는 대부분의 악—사건 사고, 전쟁, 편견, 학살 그리고 인종차별—의 원인이 각기 다른 사람들 간의 불멸 프로젝트의 충돌이라고 말한다(Becker, 1973).

  죽음에 관한 근대 사회의 무관심은 고대나 산업혁명 이전 시대의 문화와 비교했을 때 더더욱 두드러진다. 그들의 죽음과 죽어 감에 대한 태도는 전혀 다르다. 죽음은 일상생활은 물론 우주론, 철학, 영적 그리고 의례, 종교에 중요한 역할을 했다. 이런 차이의 실질적인 중요성은 우리가 이 두 가지 다른 역사적, 문화적 환경에 놓인 사람이 죽음을 대면하는 상황을 비교할 때 명확해진다.

  서구 산업 사회에서 죽어 가는 일반인은 실용적이고 물질주의적 세계관을 가지고 있거나 혹은 최소한 이 세계관에 노출되어 깊이 영향을 받아 왔다. 주류 서구 학문에서 우주의 역사는 물질 발달의 역사이다. 삶, 의식, 지능은 아마 우연이거나 그다지 중요하지 않은 발달의 부산물이다. 삶, 의식, 지능은 방대한 우주의 매우 작은 부분에서 비활성이고 부동 상태인 물질이 진화한 수억 년 후에야 나타났다. 물질적이고 측량 가능하며 유형의 것만 실재하는 세계 안에서는 어떠한 종류의 영성도 존재하기가 어렵다.

종교적 활동이 일반적으로 행해지고 사회적으로 용인되며 심지어 공식적으로 장려되지만 엄격한 과학적인 관점에서는 영성과 관련된 무엇이든 비이성적이라고 여겨졌으며 교육의 부족, 미신, 원시적이고 마술적인 생각으로의 퇴행에서 기인한 정서적, 지적 미성숙을 의미하였다. 영적 세계를 직접 경험하는 것은 정신병이나 심각한 정신질환의 징후로 진단되었다. 경험적 요소가 전무한 종교는 깊은 영적 원천과의 연결을 잃어버렸고 그로 인해 종교는 공허하고 무의미하며, 점차적으로 일반 서구인들의 삶에 크게 연관이 없는 것으로 전락하였다.

이런 방식으로는 종교가 기술적 업적을 등에 진 물질주의 과학의 설득력에 당해낼 수 없다. 이러한 상황 속에서 종교는 우리의 죽음과 죽어 가는 동안만이 아니라 삶에서도 무력해졌다. 죽음 이후의 삶, 죽음 이후의 영혼의 모험, 천국과 지옥과 같은 '저 너머'의 안식처에 대한 종교의 언급은 어린이 동화의 영역과 정신의학의 안내서 수준으로 떨어졌다. 인류의 모든 의례와 영적 역사는 정신병리로 치부되었다.

세계의 모든 위대한 종교의 시작은 그들의 시조, 예언가, 성인들의 주산기 체험과 자아초월 체험이다. 예를 들어, 우리는 여기서 이러한 것들을 떠올려 볼 수 있다. 부처의 카마 마라와 그의 군대와의 대적, 또는 그의 '카르마 연결 끊기'와 함께 회자되는 윤회 이야기, 구약에서는 불타는 짚 더미 안에서 여호와의 환영을 본 모세를 묘사하고, 신약에서는 예수가 사막에 있을 때 악마로부터 유혹 받는 것, 사울이 '다마스쿠스로 가는 길'에 예수의 눈을 가린 것, 성 요한의 종말체험 등을 이야기한다. 이슬람 성서에서는 무함마드의 대천사 가브리엘과 함께한 7개의 천국, 낙원 그리고 지옥의 여정을 보여 준다. 전통적인 정신의학에 따르면 이 모든 경험은 심각한 정신병리, 개인이 가지고 있는 정신병의 징후로 본다.

정신의학의 문헌들 중 여러 유명한 영적 인물에게 가장 적합한 임상 진단이 무엇인지 이야기하는 책과 글이 매우 많다. 그중에서 부처, 예수, 무함마드, 라마크리슈나, 또는 성 안토니오와 버금가는 위상을 가진 자도 있다. 초월 영역에서 환영을 본 경험은 주로 조현병과 같은 유형의 심각한 정신병이나 무함마드의 경우와 같이 뇌전증에 기인하는 것으로 여겨진다. 십자가의 성 요한은 '유전적 퇴화'로, 성 테레사 수녀는 '히스테리성 정신증 환자'로 분류되었다.

주류 인류학자들은 주술사들이 조현증인지, 경계선인지, 뇌전증인지에 대해 논쟁해 왔다. 심지어 명상에 정신병리학적 기준을 적용한 논문도 있다. 이 논문은 「인위적인 긴 장증인 불교 수행Buddhist Training as Artificial Catatonia」이며, 저자는 유명한 정신분석학자이자 정신신체의학의 창시자인 프란츠 알렉산더Franz Alexander이다(Alexander, 1931).

서구 신경 과학에 의하면, 의식은 물질의 부수적인 현상이고 뇌의 생리학적 과정의 부 산물이기에 신체에 상당 수준 의존한다. 신체의 죽음, 정확하게 말하자면 뇌의 죽음은 일종의 의식 활동의 완전한 종말로 보인다. 죽음의 본질은 모든 합리적인 의심을 넘어 과학적으로 증명되었다. 그렇기에 죽음 이후의 영혼의 여정, 이후의 생, 또는 환생에 대 한 믿음은 죽음의 명백한 생명 유지의 필수 요소를 받아들일 수 없는 사람들이 가진 희 망적인 생각의 산물로 대부분 무시된다. 대부분의 과학자를 포함한 사람들은 의식이 실 제로 뇌에 의해 만들어진다는 증거가 전혀 없다는 것을 깨닫지 못하고 이러한 것이 어떻 게 가능한지 짐작조차 하지 않는다. 그럼에도 불구하고 이 기본적인 형이상학적 가정은 서구 물질주의 과학의 선두에 선 신화들 중 하나로 남아 있으며 우리 사회 전체에 깊은 영향을 미친다.

1960년대 말까지 이 태도는 죽어 가는 환자들의 경험과 죽음에 근접한 상황에서 사람 들의 경험에 대한 과학적인 관심을 효과적으로 억제하였다. 이 주제에 대한 몇 개 안 되 는 보고서는 제스 E. 바이세Jess E. Weisse의 『입문The Vestibule』(Weisse, 1972)과 장 바스티스 델라쿠르Jean-Baptiste Delacour의 『저 너머와의 짧은 접촉Glimpses of the Beyond』(Delacour, 1974) 처럼 책의 형식으로 나오든, 칼리스 오시스Karlis Osis가 만든 의사와 간호사의 임종 관찰 연구와 같은 과학적 연구(Osis, 1961)처럼 출간되어도 거의 주목을 끌지 못했다.

1975년 레이먼드 무디Raymond Moody의 국제적인 베스트셀러 『삶 이후의 삶Life After Life』 의 출판 이후, 엘리자베스 퀴블러 로스Elizabeth Kübler-Ross, 켄 링Ken Ring, 마이클 사봄Michael Sabom, 그리고 다른 죽음학의 선구자들은 유체이탈경험 중 정확한 초감각적 인지부터 잇 따른 극심한 성격의 변화까지 임사체험의 놀라운 특징에 대한 인상 깊은 증거들을 모았 다(Moody, 1975; Ring, 1982; Sabom, 1982).

이 연구들로부터 나온 자료들은 TV 토크쇼에서부터 할리우드 영화에 이르기까지 미디 어에 의해 널리 알려지고 사용되었다. 그러나 의식의 본질에 대한 이해와 의식과 뇌와의 관계에 혁신을 일으킬 수 있는 패러다임을 뒤흔드는 관찰은 여전히 대부분의 전문가에 게 생물학적 위기에 의해 생성된 관계없는 환각으로 치부된다. 또한 이는 환자의 병력의 중요한 부분으로서 정기적으로 기록되지도 검사되지도 않으며, 대부분의 의료시설에서는 이러한 힘든 상황을 통합하도록 도움을 주는 구체적인 심리 지원을 제공하지 않는다.

　게다가 서구 사회에서 죽어 가는 사람들은 보통 그들의 이행移行을 편안하게 할 실질적인 사람의 지지가 부족하다. 우리는 죽음이 초래하는 정서적 불편으로부터 우리 자신을 보호하려고 노력한다. 산업 사회는 병들고 죽어 가는 사람들을 병원과 요양원으로 옮기는 경향이 있다. 인간 환경의 질보다는 주로 적절한 한계를 넘어서는 생명 유지 시스템과 삶의 기계적 연장에 중점을 둔다.

　가족 제도는 붕괴되었고 아이들은 종종 부모나 조부모와 멀리 떨어져 산다. 의료 위기 때의 접촉은 주로 형식적이고 최소한으로 행해진다. 게다가 심리 지원의 세부적인 형태와 다양한 정서적 위기에 대한 상담을 개발한 정신건강 전문가들은 죽어 가는 사람에게 거의 관심을 기울이지 않았다. 사람의 생물학적, 감정적, 대인관계적, 사회적, 철학적, 영적 측면에 동시다발적으로 영향을 미치는 모든 상상 가능한 위기 중에 가장 심오한 문제에 직면하고 있는 사람들만이 유일하게 어떤 도움도 받을 수 없다.

　이 모든 것은 서구 산업 문명의 특징인 일시성과 필멸성에 대한 집단적 부인보다 큰 맥락에서 일어난다. 대부분의 사람은 전문가들이 직접적인 영향을 완화시켜 불쾌한 부분을 제거한 형태의 죽음을 마주한다. 극단적인 예를 들면, 로스앤젤레스의 포레스트 론Forest Lawn 공동묘지, 기념공원과 묘지Memorial Park and Mortuaries[1])에서 전형적으로 볼 수 있듯이 친척들과 친구들에게 보여 주기 전에 사후 이발사와 미용사, 재단사, 화장 전문가, 성형외과 의사들이 시체의 외관을 다양하게 꾸며 준다.

　언론은 전쟁, 혁명, 집단 학살, 자연재해로 죽은 수천 명의 희생자에 대해 사실적인 수단을 통해 보도할 때, 죽음을 공허한 통계로 회석시킴으로써 죽음으로부터 거리를 두도록 돕는다. 영화나 TV쇼는 폭력을 활용해서 죽음을 더욱 경시한다. 그리고 오락의 맥락 안에서 수많은 죽음, 살인, 살인 현장을 시청자에게 노출시키며 이를 통해 그들이 죽음과 관련한 감정에 무디게 만들었다. 또한 살인과 파괴는 수백만 명의 어린이, 청소년, 성인들이 하는 디지털 게임에서 가장 인기 있는 전략이다.

　일반적으로 현대 기술 국가의 삶의 환경에서는 죽음을 앞둔 사람들에게 이념적이거나 심리적인 지원을 충분히 제공하지 않는다. 이는 고대나 산업 사회 이전에 죽어 가는 사람들의 상황과는 극명히 대조된다. 영적이고 의례를 치르는 삶만이 아니라 우주, 철학, 신화는 '죽음은 모든 것의 절대적이고 돌이킬 수 없는 끝이 아니며, 삶이나 존재는 생물

---

1) 로스앤젤레스의 유명한 공동묘지, 할리우드 유명 인사(마이클 잭슨 등)가 안치되어 있다.

학적 소멸 이후에도 어떤 형태로든 지속한다.'는 분명한 메시지를 담고 있다.

죽어 가는 경험의 의미를 부여하는 고대와 산업 혁명 이전 문화의 또 다른 특징은 그들이 죽음을 실존의 필연적인 부분으로 받아들인다는 것이다. 이러한 문화에서 사는 사람들은 일생을 걸쳐 죽어 가는 사람들과 시간을 보내고, 시체를 다루고, 화장을 지켜보고, 그들의 유족들과 살아가는 것에 익숙하다. 이러한 사고방식이 극단적인 방식으로 나타나는 인도의 베나레스, 혹은 그런 장소를 방문하는 것은 서구인에게 엄청난 문화적 충격일 수 있다.

게다가 산업 혁명 이전의 문화에서 죽어 가는 사람들은 일반적으로 대가족, 씨족, 부족 안에서 죽는다. 그로 인해 그들은 친밀한 사람들로부터 의미 있는 감정적인 지지를 받을 수 있다. 또한 『티베트 사자의 서Tibetan Book of the Dead』에 서술된 접근처럼 죽어 가는 과정을 위한 특별한 지침이나 최후로의 이행을 직면하는 사람들을 돕기 위해 고안된, 죽음의 시점에 시행되는 강력한 의례를 언급하는 것이 중요하다.

티베트 불교에서 죽음은 죽음과 재탄생의 순환으로부터 영적 해방을 위한 특별한 기회로 간주되며, 혹은 해방되지 못한 경우 후생을 결정하는 기간으로 여겨진다. 이러한 맥락에서 중유bardo의 상태가 인간으로 존재하는 시기보다 더욱 중요하다고 볼 수 있다. 그렇다면 일생 동안 체계적인 연습을 통해 이 기간을 준비하는 것은 필수적이다.

홀로트로픽 의식 상태에서 죽어 감을 체험한 것은 죽음에 대한 태도와 산업 사회 이전 문화에서 죽어 감의 경험에 영향을 미치는 중요한 요인이다. 우리는 앞서 세계의 위대한 종교들의 맥락 안에서 발전한 '신성의 기술technologies of the sacred' 작업, 샤머니즘, 통과의례, 고대 죽음과 재탄생의 미스터리에서의 이러한 의식 상태의 이용을 논의해 왔다(01장). 이런 모든 상황은 '죽기 전에 죽기' 연습을 제공한다. 통과의례를 처음 체험하는 입문자initiates는 이러한 의식에서 심리영적인 죽음과 재탄생을 경험할 수 있는 기회를 얻는데, 이는 그들을 죽음에 대한 두려움으로부터 자유롭게 하고 죽음에 대한 경험을 완전히 바꿔 놓는다.

다양한 방식의 요가와 불교, 도교, 티베트 밀교, 수피즘, 기독교 신비주의, 카발라 등의 이론과 수행이 여기에 포함된다. 이 시스템들은 깊은 영적 요소와 함께 홀로트로픽 상태에 들어가는 강력한 기술과 기도, 명상, 동작명상, 호흡 연습의 효율적인 방법을 개발하였다. 샤먼, 통과의례의 입문자, 고대 미스터리의 첫 신자들의 경험처럼 이러한 절차들은 일시성과 필멸성을 마주하고, 죽음에 대한 두려움을 초월하며, 존재의 바탕을 근본적으로 변화시킬 가능성을 제공하였다.

산업 혁명 이전의 문화에서 죽어 가는 사람들이 구할 수 있는 자료에 대한 설명은 우리가 보았던 『티베트 사자의 서』, 『이집트 사자의 서』, 아즈텍의 『보르자 고문서Codex Borgia』나 유럽의 『아르스 모리엔디Ars moriendi(선종법/왕생법/죽음의 기술)』 같은 죽음에 대한 책을 제외하고는 말할 수 없다. 서구 학자들이 고서에 주목한 초기에 책은 영혼의 죽음 이후의 여정을 허구적으로 기술한 것과 암울한 죽음의 현실을 받아들이지 못하는 사람들이 희망을 가지며 꾸며 낸 것으로 여겨졌다. 책은—명백히 예술적으로 아름답지만, 실제 현실과는 관련이 없는 사람들의 공상에 의한 가상의 창작물—동화와 같은 범주로 분류되었다.

그러나 이 글에 대한 더욱 심오한 연구에서 문헌이 입문자와 수행자들의 경험을 매우 그럴듯하게 묘사했으며 종교의 불가사의와 영적 수행의 맥락에서 지침으로 사용되었다는 것이 밝혀졌다. 이 새로운 시각에서 『사자의 서』들을 죽어 가는 사람에게 매뉴얼로서 제시하는 것은 그것의 진정한 기능을 가리고 입문하지 않은 사람들로부터 그들의 깊고 심오한 의미와 메시지를 보호하기 위해 사제들이 고안한 기발한 위장처럼 보인다. 하지만 이 상태를 유도하기 위해서는 고대 영적 시스템이 사용했던 절차의 정확한 특성을 발견해야 하는 문제가 남아 있다.

홀로트로픽 상태에 중점을 둔 현대의 연구는 이 분야에 예기치 않은 새로운 통찰을 가져왔다. 심현제 회기에서의 경험, 약물을 사용하지 않는 방식의 강력한 심리치료, 자발적으로 일어나는 심리영적 위기('영적 응급')에 대한 체계적인 연구는 이 모든 상황에서 사람들은 지옥을 지나고, 신의 심판대에 서고, 다시 태어나고, 천상의 영역에 도달하고, 전생의 기억과 마주하고, 끊임없는 고통과 죽음을 포함한 혼치 않은 경험의 모든 범위를 맞닥뜨릴 수 있다는 것을 보여 주었다. 이 상태는 고대와 산업 혁명 이전 문화에서의 종말론의 문헌에서 서술한 것과 매우 유사하다.

특히 죽음과 죽어 감을 연구하는 새로운 과학 분야인 죽음학이 빠진 퍼즐 조각을 채워 넣었다. 레이먼드 무디의 『잠깐 보고 온 사후의 세계Life After Life』(Moody, 1975), 켄 링의 『사후 인생Life at Death』, 『오메가를 향하여Heading Toward Omega』(Ring, 1982, 1985), 핌 반 로멜Pim van Lommel의 『삶을 넘어선 의식Consciousness Beyond Life』(van Lommel, 2010), 마이클 사봄의 『죽음의 기억Recollections of Death』(Sabom, 1982), 브루스 그레이슨Bruce Greyson과 찰스 핀Charles Flynn의 『임사체험The Near Death Experience』(Greyson & Flynn, 1984)과 같은 임사 상태의 죽음학적 연구들은 생명을 위협하는 상황과 관련된 경험이 심현제 회기와 현대 실험적 심리치료에서 피실험자들이 보고한 것만이 아니라 죽은 자에 대한 고대 서적과도 깊은 유사성을 가지고 있음을 보여 주었다.

따라서 고대 종말론의 문헌이 사실 생물학적 죽음과 관련된 상태를 포함한 깊은 홀로트로픽 상태에 들어간 심혼의 내적 영역에 대한 지도라는 것이 분명해졌다. 이러한 상태에 들어간 체험들은 인종과 문화를 초월하며 융이 서술한 집단무의식에서 비롯되는 듯하다. 어떤 사람은 이러한 영역들을 전혀 경험하지 않거나 존재 자체를 깨닫지 못하고 여생을 보낼 수 있다. 그 사람이 생물학적 죽음에 내던져지기 전까지 말이다.

그러나 몇몇 사람들은 일생 동안 다양한 상황 속에서 진지한 영적 수행, 샤먼 의례의 참여, 자발적 심리영적 위기를 통해서든ー심현제 회기, 강력한 방식의 자기탐구를 경험하는 것이 가능해졌다. 이것은 그들만의 방식으로 심혼 세계의 영역을 경험적으로 탐구할 가능성을 열어 주었기 때문에 생물학적 죽음의 시기에 죽음과의 조우가 아주 놀랍게 다가오지는 않는다. 17세기에 살았던 독일의 아우구스틴 수도사 아브라함 산타 클라라 Abraham a Sancta Clara는 죽음을 경험적으로 수행하는 것의 중요성을 이 말로 간결하게 표현하였다. "죽기 전에 이미 죽는 자는, 죽는다고 해도 죽는 것이 아니다."

'죽기 전에 죽기'는 두 가지 중요한 결과를 낳는다. 생물학적 죽음의 시기에 실제 죽는 경험에 영향을 미칠 뿐만 아니라 죽음에 대한 두려움으로부터 해방시키고 죽음에 대한 태도를 변화시킨다. 게다가 죽음에 대한 두려움을 없애는 것은 세상에서 개인이 존재하는 방식을 바꾼다. 이런 이유로 죽음의 준비ㆍ죽음의 수행과 깨달음을 가져오는 영적 수행 사이에는 근본적으로 차이가 없다. 그렇기에 고대 『사자의 서』가 둘 모두에 사용될 수 있었다.

우리가 살펴본 것처럼 서구 기술 문명에 비해 산업 혁명 이전 문화에서의 삶의 많은 측면은 죽어 가는 사람들의 심리적 상황을 편안하게 만든다. 그렇다면 이에 따른 질문이 자연스럽게 떠오른다. 과연 이 부분이 대부분 현실의 본질에 대한 믿을 만한 정보가 부족한 것에 기인한 것일까? 희망에 의한 자기기만에 의한 것일까? 만일 그렇다면 죽음을 맞닥뜨리는 데에 있어 어려움 중 대부분은 우리가 만물의 보편적인 도식에 대한 더 깊은 지식을 얻는 대가로서 지불해야 한다. 그렇다면 우리는 기꺼이 진실을 아는 결과를 감수할지도 모른다. 하지만 기존의 증거에 대한 면밀한 조사가 그렇지 않다는 것을 보여 준다.

서구 산업국가들과 역사 전반의 모든 인류 집단의 세계관 사이의 가장 근본적인 차이를 일으키는 중점 요소는 원시적인 미신보다 물질주의 과학이 우월하다는 것이 아니라 홀로트로픽 의식 상태에 대한 현대 인류의 깊은 무지이다. 서구 과학의 뉴턴-데카르트

[그림 13-1] 세상의 위대한 계단

인간 삶의 치명적인 궤적을 상징적으로 표현한 것이다. 그 단계들은 태어날 때 시작되며, 인생의 전성기에 최고조에 달하고, 노년에 끝난다. 왼쪽의 유아 요람은 거울에 비친 모습처럼 오른쪽의 관과 뚜렷한 대조를 이룬다. 아이작 야스파르드Isaac Jasparde, 1654.

세계관을 유지할 수 있는 유일한 방법은 심리영적 위기('영적 응급')에 있는 사람을 치료하는 치료법이든, 역사·인류학·비교종교학이든, 초심리학, 죽음학, 심현제 치료, 감각 차단, 경험적 심리치료와 같은 현대 연구의 다양한 분야이든 간에 의식 연구에서 발생한 모든 증거를 체계적으로 억제하거나 곡해하는 것이다.

원주민 문화와 고대 문화의 의식적·영적인 삶의 특징인 홀로트로픽 상태의 다양한 방식의 체계적인 수행은 필연적으로 기술 사회의 신념 체계와는 근본적으로 다른 의식과 물질 사이의 관계와 현실의 본질에 대한 이해로 이끈다. 나는 현재까지 홀로트로픽 상태를 포함한 광범위한 내면적인 연구를 하고 나서 의식, 심혼, 인간의 본성에 대한 현대 과학의 이해나 서구 대학에서 가르치는 현실의 본질을 지지하는 사람을 본 적이 없다.

이는 교육 배경, 지능지수 및 사람의 특정한 전문 분야와는 전혀 관련이 없다. 사후 의식의 가능성이 있다고 생각하는 것과 없다고 생각하는 것의 차이는 홀로트로픽 상태에 대한 태도의 차이를 그대로 반영한다. 고대와 산업 혁명 이전의 문화는 홀로트로픽 상태를 높게 평가하고, 사회적으로 인정된 상황에서 정기적으로 수행하며, 이를 유도하는 안전하고 효과적인 기술을 개발하는 데 많은 시간과 에너지를 소비하였다.

이러한 경험들은 신과 악마의 원형적 영역, 자연의 힘, 동물의 영역, 그리고 우주와의 직접적 의사소통 수단이자 그들의 의례적 · 영적인 삶을 위한 주요 수단이었다. 홀로트로픽의 다른 쓰임에는 잃어버린 물체와 사람을 찾고 사냥하는 게임의 움직임을 따르는 것과 같은 실용적인 목적뿐만 아니라 질병을 진단하고 치료하며, 직관과 초감각적 지각을 기르고, 예술적 영감을 얻는 것이 있다. 또한 영국의 인류학자 빅터 터너는 집단에서 홀로트로픽 상태를 공유하는 것은 부족 간의 유대에 이바지하며 깊은 소속감을 형성하는 경향이 있다고 하였다(Turner, 2005).

서구 사회는 모든 방식의 (반복되지 않는 꿈이나 악몽을 제외한) 홀로트로픽 상태를 병리화하고, 이러한 상태가 자연 발생하는 경우에 이를 억제하는 효과적인 방법을 개발하는데 많은 시간을 투자하며, 이와 관련된 수단과 상황을 배제하는 경향이 있다. 서구의 정신의학은 신비 경험과 정신병을 구분하지 않으며 둘 다 정신질환의 징후로 간주한다. 종교를 거부하면서 정신의학은 원시적인 민속신앙이나 근본주의 신자들의 문자 그대로의 성경 해석과, 정교한 신비 전통과 정신의 체계적인 자아성찰적 탐구에 기반한 동양 영성철학을 구분하지 않는다. 이러한 잘못된 접근은 인류의 모든 영적 탐구를 병으로 간주하게 했다.

그러나 다양한 분야의 의식 연구에서 관찰된 것들은 생물학적 죽음이 존재나 어떤 종류의 의식 활동의 최후를 나타낸다는 물질주의적 이해에 도전한다. 이런 종류의 탐험에서는 열린 마음을 유지하고 가능한 관찰된 사실에만 집중하는 것이 중요하다. 이 분야에 주류 과학의 특징을 보여 주는 현존하는 패러다임에 대한 흔들리지 않는 선험적 헌신은 근본주의 신자의 종교에서 찾을 수 있는 태도이다. 이런 종류의 과학만능주의적 사고와는 달리 진정한 의미의 과학은 현존하는 모든 현상에 대한 편견 없는 연구에 열려 있다. 이를 염두하고 우리는 생물학적 죽음에서 살아남은 의식의 가능성을 제시하는 현존하는 증거를 두 가지 범주로 나눌 수 있다.

첫 번째 범주는 의식의 본질과 물질과의 관계에 대한 전통적인 이해에 도전하는 경험과 관찰이다. 홀로트로픽 상태에 관한 연구는 일원론의 물질주의 과학과 뉴턴-데카르트 패러다임에 도전하는 수많은 증거를 만들어 냈다. 대부분 이러한 도전적인 데이터는 자아초월 체험(02장 참조)과 관련이 있다. 이는 의식의 본질, 물질과 뇌의 관계, 뇌와 의식의 관계에 대한 현재의 개념에 철저한 검토가 시급히 필요함을 제시한다. 서구 과학의 물질주의적 패러다임이 죽음의 시점에 일어난 사건을 설명하는 데이터의 모든 객관적인 평가에 주요한 걸림돌이 되어 온 이후로 자아초월 체험에 대한 연구는 죽음학에 간접적으로 연결되어 왔다.

자아초월 체험에서는 신체/자아의 일반적인 한계, 3차원 공간, 선형적 시간을 초월할 수 있다. 공간적 경계의 소실은 다른 사람들, 다른 동물들, 식물, 심지어 무기 물질과 비유기적 과정과의 진정하고 확실하게 하나가 됨을 경험할 수 있게 한다. 또한 시간의 경계를 초월하여 집단, 인종, 전생의 기억뿐만 아니라 인간과 동물 조상들이 삶에서 겪었던 사건들을 경험할 수 있다.

게다가 자아초월 체험은 우리를 집단무의식의 전형적인 영역으로 데려갈 수 있고, 다양한 문화에 존재하는 행복하거나 분노하는 신들과 조우하게 하고, 신화의 영역으로 초대할 수 있다. 이러한 모든 경험 속에서 우리가 평범한 경로를 통해 인생에서 얻은 어떤 정보보다 이를 훨씬 능가하는 완전히 새로운 정보에 접근하는 것이 가능해진다. 윌리엄 롤William Roll의 '세타의식' 또는 이로쿼이족Iroquois의 '롱바디long body'와 같이 육체를 초월할 수 있는 의식 연구는 인간이 가지고 있는 특성 중 의식은 죽음으로부터 살아남을 가능성이 높기 때문에 생존의 이슈에 있어 매우 중요하다.

물질주의적 과학에 의하면 모든 기억은 뇌의 뉴런 네트워크나 유전자의 DNA 분자와 같은 물질적인 기질基質을 필요로 한다. 그러나 앞에서 서술한 바와 같은 다양한 형태의 자아초월 체험을 통해 전달된 정보의 물질적인 수단을 짐작할 수 없다. 이 정보는 명백히 인생에서의 일반적인 수단과 경로, 즉 감각지각을 통해서 습득되지 않는다. 이는 의식 그 자체의 영역에 있거나 우리의 과학적 도구로는 감지할 수 없는 어떤 종류의 영역 속에서 물질과는 관계없이 독립적으로 존재하는 것처럼 보인다.

게다가 다른 방면의 연구에서 나온 증거가 자아초월 체험 연구에서의 관찰을 뒷받침한다. 하인츠 폰 푀르스터Heinz von Foerster, 루퍼트 셸드레이크Rupert Sheldrake, 어빈 라슬로Ervin Laszlo 등의 과학자들은 뉴턴-데카르트 사고의 기본적인 형이상학적 가정에 도전하면서 반양자의 세계인 '아카식 전체장Akashic Holofield'이나 '사이 필드PSI-field'에서의 사건 기록과 '물질적인 기질이 없는 기억memory without a material substrate'이나 '형태발생장morphogenetic fields' 같은 가능성을 진지하게 탐구한다(Laszlo, 1994; Sheldrake, 1981; von Foerster, 1965).

전통 아카데미 과학은 인간을 고도로 발달한 동물 혹은 생물학적인 사고 기계라고 묘사한다. 우리는 일상적 의식 상태에서 경험하고 연구되기 때문에 원자, 분자, 세포, 조직, 장기기관으로 이루어진 뉴턴 학설의 객체로 보이는 듯하다. 그러나 홀로트로픽 상태의 자아초월 체험은 분명 우리 각자가 공간, 시간, 선형적 인과관계를 초월하는 의식 영역의 성격을 드러낼 수 있다고 제시한다.

현대 물리학의 파동 입자 패러독스를 살짝 연상시키는 완전히 새로운 공식은 인간을 상호 보완적인 두 가지 측면을 가진 역설적인 존재로 묘사한다. 인간은 뉴턴 학설의 객체 특성과 의식의 무한한 영역의 특성을 보여 줄 수 있다. 각각의 서술이 타당한지는 이러한 관찰이 이루어지는 의식 상태나 상황에 따라서 달라진다. 물리적인 죽음은 이 의미의 반 정도를 표현하는 반면, 다른 하나는 완전히 표현한다.

두 번째 범주는 사망 후 의식의 생존 가능성과 그와 관련된 경험과 관찰이다.

첫째, 사망 시점의 현상이다. 연구원들은 죽음의 시기에 다양하고 흥미로운 현상이 발생한다고 보고한다. 예를 들어, 방금 사망한 사람의 친척, 친구, 지인들이 수많은 환상을 보았다고 말한다. 그러한 환상은 죽은 사람이 멀리 있더라도 12시간 내에 일어난 죽음과 통계적으로 유의미한 상관관계를 보여 준다(Sidgwick et al., 1889). 또한 시계가 멈추거나 가는 것, 종이 울리거나, 벽의 그림이나 사진이 떨어지는 것과 같이 사망을 알리는 듯한 일과 죽은 당시에 발생한 설명할 수 없는 물리적 사건들이 보고된다(Bozzano, 1948).

죽음에 가까운 사람들은 때때로 다음 세상으로 자신을 맞이하는 것처럼 보이는 죽은 친척들을 만나는 경험을 한다. 이러한 임종의 환상은 매우 진짜 같고 설득력 있다. 환상은 종종 도취 상태로 이어지며 저 세상으로의 과도기transition를 편안하게 해 주는 것처럼 보인다. 그(그녀)가 알지 못하는 사람의 죽음에 대한 환상을 본 많은 사례가 보고된다. 이는 '다리엔의 정상peak in Darien'이라고 부른다.

특히 교통사고, 익사 직전, 심근경색, 수술 중 심장마비 등 다양한 형태의 목숨을 위협하는 상황에 직면한 사람들의 대략 3분의 1이 겪는 임사체험NDEs이 흥미롭다. 레이먼드 무디, 켄 링, 마이클 사봄, 브루스 그레이슨 등은 이 현상에 대한 광범위한 연구를 했다. 그리고 전형적으로 주마등, 어두운 터널의 통과, 일생의 도덕적 평가를 통한 개인적 판결, 빛나는 신적 존재와 조우, 다양한 초월적인 영역의 방문을 포함한 특유의 경험적 패턴을 서술하였다. 고통스럽고 불안을 유발하는—지옥과 같은 형상의 풍경, 소름 끼치는 공허함, 악마적 존재, 크고 시끄러운 울음소리의 무서운 동물들의 경험—임사체험은 드물다(Greyson & Bush, 1996).

볼티모어에 있는 메릴랜드 정신의학 연구소에서 실행된 말기 암 환자들과의 심현제 치료 프로그램에서 우리는 심현제에 의해 유도된 경험과 임사체험과의 유사성에 대한 몇 가지 증거를 얻을 수 있었다. 우리는 먼저 심현제 경험을 하고, 병이 진행되었을 후에 실제 임사체험을 경험한 몇 명의 환자를 관찰했다(예: 수술 중 심박정지). 그들은 이 상황이 굉장히 유사하다고 했으며 심현제 회기가 죽어 감을 위한 매우 유용한 경험적 훈련이라고 말했다(Grof, 2006b).

임사체험의 가장 특이하고 매력적인 측면은 유체이탈경험OBEs─정확한 외부 감각 지각이 있는 상태에서 신체와 의식이 분리되는 경험에 대한 용어─이 '실제로' 발생한다는 지점이다. 죽음학의 연구는 의식 불명이거나 심지어 임상적으로 사망 진단을 받은 사람들이 그들의 몸과 구조 절차를 보거나 먼 곳의 사건을 인지하는 유체이탈경험을 할 수 있다는 것을 여러 차례 확인하였다.

켄 링과 그의 동료들에 의해 진행된 광범위한 연구는 이러한 관찰에 흥미로운 측면을 더했다. 선천적 신체장애로 인해 일생 동안 아무것도 볼 수 없었던 시각장애인이 위급 상황에서 의식이 육체에서 분리되었을 때 그는 주위 환경을 볼 수 있었다. 이러한 많은 비전의 진실성은 합의상 확인을 통해 확정하였다(Ring & Cooper, 1999; Ring & Valarino 1998). 시각장애인 피실험자들의 유체이탈의식을 통해 정밀하게 인지된 모습은 수술실 천장에 있는 전기 기구의 세부적인 것들에서부터 새의 관점에서 본 병원 주위 환경까지 다양하였다.

실제 유체이탈경험은 죽을 고비나 생명이 위급한 상황 및 임상 사망에서만 발생하지 않는다. 이와 같은 경험은 원초치료, 재탄생 또는 홀로트로픽 숨치료과 같은 강력한 경험적 심리치료와 심현제(특히 해리성 마취제인 케타민)에 의해 유도된 경험에서 나타날 수 있다. 또한 개인의 삶에서 심령적 개방이나 다른 종류의 영적 응급의 위기를 일회적으로나 반복적으로 경험하여 자연스럽게 일어날 수 있다. 유체이탈경험의 최고 연구원인 로버트 먼로Robert Monroe는 수년 동안 스스로 유체이탈을 경험하였다(Monroe, 1971, 1985, 1994). 그는 유체이탈경험을 유도하기 위한 전기 실험실 기술을 개발하고, 체계적인 연구를 위해 버지니아주의 페이버시에 특수 기관을 설립하였다.

임사체험의 또 다른 중요한 측면인 주마등은 삶의 전 생애 혹은 별개의 사건을 모자이크처럼 빠르게 다시 보거나 심지어 재경험하는 것이다. 주마등은 엄청난 속도로 진행되며 실제로는 몇 초 이내에 끝날 수 있다. 데이비드 로젠David Rosen의 피실험자들 중 금문교에서 투신자살을 시도하였던 몇몇은 다리 난간에서 수면까지 떨어지는 데 걸리는 3초 동안에 주마등을 완전히 경험하였다(Rosen, 1975).

사건들은 다양한 방향으로 진행된다. 어떤 경우는 출생으로 시작하고, 실제 삶의 과정이 이어지며, 생명을 위협하는 상황에서 끝난다. 다른 경우에는 생명 위협의 상황에서부터 아동기, 유아기, 출산 순서로 시간이 뒤로 되감아지는 것처럼 보인다. 심지어 주마등이 전개되어 사고의 현장에서 벗어나기도 하고 거의 고통받지 않은 경우도 있다. 혹은 삶 전체가 시간선상과 관계없이 '파노라마식 주마등'으로 나타날 수 있다.

유체이탈경험에 대한 고대의 서술은 모든 시대의 영적 문학 및 철학 문헌에서 찾을 수 있다. 현대의 죽음학 연구는 죽은 후에 사람이 시공간의 한계를 초월하고 지구를 자유롭게 여행할 수 있는 '바르도 체bardo body'의 형태를 띤다고 하는 『티베트 사자의 서』에서의 서술이 사실임을 보여 준다. 환경의 확인된 ESP(초감각적 지각)를 가진 유체이탈경험은 신체로부터 독립적으로 작동하는 의식의 가능성을 보여 주기 때문에 사후 의식의 문제에 있어서 특히 중요하다. 환경에 대한 확실한 ESP가 있는 유체이탈경험은 신체로부터 독립적으로 작동하는 의식의 가능성을 보여 주기에 사후 의식에 대한 쟁점에 있어서 특히 중요하다.

서구 물질주의 세계관에 따르면 의식은 뇌의 신경생리학적 과정의 산물이고 의식이 몸에서 벗어나 단독적으로 감각 능력을 유지할 수 있다고 생각하는 것은 터무니없는 일이다. 그러나 이는 바로 충분히 입증된 유체이탈경험의 사례에서 나타난 것이다. 물론 이 경험을 한 사람들은 거의 죽을 뻔했지만 정말 죽은 것은 아니다. 하지만 의식이 일생 동안 신체로부터 독립적으로 작동할 수 있다면 사후에도 그러할 것이라고 추론하는 것은 합리적인 것 같다.

둘째, 과거의 인생 경험이다. 죽은 이후에 의식이 존속하는지에 대한 쟁점과 직접적으로 관련이 있는 자아초월 체험의 범주가 있다. 이 범주는 다른 역사의 시대와 세계 각지에 있는 사건들을 생생히 기억하거나 재경험하는 것을 포함한다. 이러한 경험의 역사적, 지리적 보편성은 이 경험이 매우 중요한 문화적 현상을 나타낸다는 것을 보여 준다. 또한 의식과 인간의 본질에 대한 이해와 정신의학, 심리학, 심리치료의 이론과 실천에 중대한 영향을 미친다.

힌두교도, 불교도와 깨어 있고 숙련된 의식 연구자들에게 환생은 믿음의 문제가 아니라 많은 양의 연구 자료와 증거를 바탕으로 한 실증적인 이슈이다. 크리스토퍼 베이치Christopher Bache는 이 분야의 증거는 너무 풍부하고 비범하기에 환생을 심도 있게 연구할 가치가 없다고 생각하는 과학자들은 '모르거나 멍청하다'라고 하였다(Bache, 1988).

20세기 유대교 학자인 숄럼 아시Sholem Asch는 그가 쓴 글에서 신화의 언어로 환생에 관한 판단을 내리기 전에 익숙해져야 하는 현존하는 증거의 본질에 대해 기술한다.

기억의 힘이 아닌, 그 정반대의 힘, 망각의 힘은, 우리 존재의 필수적인 조건이다. 윤회에 대한 구전 설화가 진실이라면, 이 영혼들은 몸을 바꾸는 사이에 망각의 바다를 건너야 한다.

유대인의 관점에서 우리는 망각의 천사의 절대적인 지배 아래서 변천한다. 하지만 가끔 망각의 천사가 우리의 기억에서 전생의 기록을 지우는 것을 잊어버리는 때가 있다. 그러면 우리의 감각은 다른 생애의 기억의 파편에 의해 사로잡힌다. 기억들은 마음의 계곡과 언덕 위로 갈라진 구름처럼 떠다니며, 현생의 사건들에 그들 자신을 엮어 넣는다(Asch, 1967).

당연히 우리는 고대 신화에 대한 시적 문헌 이상의 것이 필요하다. 이 분야에서 어떤 타당한 결론을 내리려면 축적된 증거에 대한 세심한 연구가 전적으로 필수적이다. 이후에 논의하겠지만 환생 이슈에 대한 믿음은 삶에 윤리적인 영향을 크게 미치며, 현재만이 아닌 미래의 상황과도 관련될 가능성이 있기 때문에 이는 매우 중요하다.

셋째, 아이들의 순간적인 전생 기억이다. 다른 신체, 다른 장소 그리고 다른 사람들과 함께했던 이전 삶을 기억하고 묘사하는 것처럼 보이는 어린아이들에 대한 많은 예시가 있다. 이 기억들은 보통 아이들이 말을 하기 시작한 직후에 자연스럽게 나타난다. 기억은 종종 이 아이들의 삶에서 다양한 문제를 보이게 하며, 공포증, 특정 사람들에 대한 이상한 반응, 또는 다양하고 특이한 성격들과 같이 '전이된 병리'와도 결부시킬 수 있다. 아동 정신과 의사들은 이러한 사례를 설명해 왔다. 이런 기억들에 대한 접촉은 보통 5세에서 8세 사이에 사라진다.

버지니아주 샬러츠빌에 위치한 버지니아 대학교의 심리학 교수인 이안 스티븐슨Ian Stevenson은 3천여 건의 그러한 사건들에 대해 면밀하게 연구하였으며, 이를 『환생을 연상시키는 20가지 사례Twenty Cases Suggestive of Reincarnation』, 『배우지 않은 언어Unlearned Languages』, 그리고 『전생을 기억하는 아이들Children Who Remember Previous Lives』에 실었다(Stevenson, 1966, 1984, 1987). 많은 아이가 그의 높은 평가 기준을 통과하지 못했기 때문에 아이들 중 몇 백 명의 사례만을 발표하였다. 그들 중 일부는 가족이 사회적 명성, 대중의 관심 또는 재정적인 면에서 이득을 봤기 때문에 탈락되었고, 다른 이들은 스티븐슨이 심령적 연결을 한 중개인이 있다는 것을 발견했기 때문이다. 또 다른 이유로는 일관성 없는 증언, 잠복기억, 미심쩍은 인물의 목격, 사기 징후 등이 있기 때문이었다. 오직 확실한 사례들만 포함될 수 있었다.

스티븐슨의 연구 결과는 매우 주목할 만했다. 그는 아이들이 말한 종종 믿기 힘든 세부사항을 포함한 전생의 이야기를 독립적인 조사를 통해 검증할 수 있었다. 그는 발표할 모든 사례에서 아이들이 일상적인 경로를 통해 정보를 얻을 수 있는 가능성이 있는 사례는 제외시켰다. 몇몇 사례의 경우, 그는 아이들이 전생을 통해 기억하는 마을에 아이들을 데리고 갔다. 아이들은 현생에서 그 마을에 가본 적은 없지만 마을의 지형에 익숙했고, 그들이 얘기했던 집을 찾을 수 있었으며, 그들의 '가족'과 마을 사람들을 알아봤고, 그들의 이름을 알고 있었다.

스티븐슨의 자료의 성격을 묘사하기 위해, 나는 그의 초기 출판물에 서술된 20명의 피실험자 중 한 명인 파르모드 샤르마의 이야기를 요약한 버전을 제시한다.

파르모드 샤르마Parmod Sharma는 1944년 10월 11일 인도 비사울리에서 태어났다. 그의 아버지는 근처 대학의 산스크리트어 학과의 반케이비하리 랄 샤르마Bankeybehary Lal Sharma 교수였다. 파르모드가 두 살 하고 반년이 지났을 때 그는 어머니에게 더 이상 밥을 차려주지 않아도 된다고 얘기했다. 왜냐하면 그를 위해 음식을 할 수 있는 아내가 모라다바드에 있기 때문이라고 했다. 모라다바드는 비사울리 북동쪽으로 약 90마일 떨어진 마을이었다. 서너 살이 되었을 때, 그는 그곳에서의 삶에 대해 상세히 말하기 시작하였다. 그는 자신이 소유했고 그의 가족 구성원과 운영했던 여러 가지 사업을 설명하였다. 그는 특히 '모한 형제Mohan Brothers'라 불리는 비스킷과 소다수를 제조하고 파는 가게에 대해 이야기했다. 그는 자신이 모한 형제 중 한 명이며, 모라다바드에서 북쪽으로 약 100마일 떨어진 사하란푸르에서 사업을 했다고 주장하였다.

파르모드는 비사울리의 다른 아이들과 놀려고 하지 않고 전기 배선이 완비된 상점 모델을 만들면서 혼자 노는 것을 선호하였다. 그는 특히 가족에게 차나 소다수와 함께 대접하는 진흙 비스킷을 만드는 것을 좋아하였다. 그동안 그는 델리로의 출장과 같은 활동과 모라다바드의 크기와 위치, 그곳에서 판매된 것과 같은 그의 가게에 대한 많은 세부 사항에 대해 말했다. 그는 심지어 부모님에게 성공한 상인으로 생활했던 것에 비해 그들의 집이 재정적으로 덜 풍족하다고 불평하였다.

파르모드는 커드curd[2]를 강하게 혐오했는데, 이것은 인도 아이들에게 매우 드문 일이었으며, 심지어 한번은 아버지에게 위험하다고 말하면서 먹지 말라고 충고하였다. 파르모드는 그의 전생에 어느 날 커드를 너무 많이 먹은 후 심각한 병에 걸렸었다고 말하였다. 그는 물속에 잠겨 있는 것에도 강한 반감을 가지고 있었는데, 이는 그가 이전에 "욕조에서 죽었다."는 그의 말과 연관이 있는 것 같았다. 파르모드는 결혼을 했고 아들 넷과

---

2) 우유가 산이나 응유효소에 의하여 응고된 것이며 본래 치즈를 제조할 때 사용되는 말이다.

딸 한 명으로 총 다섯 명의 자녀를 두었다고 말하였다. 그는 전생의 가족을 다시 보기를 간절히 원하였고 자주 부모님께 모라다바드에 데려가 달라고 간청했지만 그의 가족은 항상 그 요구를 거절하였다. 어머니는 그를 학교에 다니게 하려고 글을 배웠을 때 모라다바드에 데려가겠다는 거짓 약속을 하였다.

파르모드의 부모는 아들의 주장을 절대 조사하거나 입증하려 하지 않았다. 아마도 전생을 기억하는 아이들은 일찍 죽는다는 인도의 믿음 때문일 것이다. 그러나 파르모드의 진술에 대한 뉴스는 결국 모라다바드의 한 가족에게 도달했는데, 이야기 속 세부사항의 대부분과 일치하는 메흐라 가족이었다. 이 가족의 형제들은 모라다바드에 '모한 형제'라는 이름의 비스킷과 탄산음료 가게를 포함한 몇 개의 상점을 가지고 있었다. 이 가게는 맏형 모한 메흐라의 이름을 따서 지었으며 원래는 '모한과 형제'라고 불렀다. 이것은 나중에 '모한 형제'로 단축되었다. 이 상점은 파르모드가 태어나기 18개월 전인 1943년 5월 9일에 파르마난드와 메흐라에 의해 운영되기 시작하였다.

파르마난드는 결혼 피로연에서 자신이 가장 좋아하는 음식 중 하나인 커드를 매우 많이 먹어서 만성 위장병을 악화시켰고, 이후에 맹장염과 복막염으로 죽었다. 사망 2, 3일 전에 그는 가족의 조언을 듣지 않고, 즐길 수 있는 또 다른 기회가 없을지도 모른다고 말하면서 커드를 더 많이 먹어야 한다고 주장하였다. 파르마난드는 그의 병을 탓했고 커드를 과식한 것으로 인해 죽음에 임박했다. 파르마난드는 맹장염 치료의 일환으로 일련의 자연요법인 목욕 치료를 시도했다. 사실 그는 욕조에서 죽지는 않았지만, 그는 죽기 직전에 목욕을 했다. 파르마난드는 과부와 다섯 자녀—네 아들과 한 명의 딸을 남겨 두고 죽었다.

1949년 여름, 메흐라 가족은 거의 다섯 살이었던 파르모드를 만나기 위해 비사울리로 가기로 결정하였다. 그러나 그들이 도착하였을 때 파르모드는 다른 곳에 있었고 만남은 이루어지지 않았다. 그 후 얼마 되지 않아 파르모드의 아버지는 아들의 놀라운 기억들을 직접 살펴보기 위해 그를 모라다바드로 데리고 갔다. 기차역에서 파르모드를 만난 사람들 중에는 파르마난드와 꽤나 가까웠던 사촌인 스리 카람 차드 메흐라Sri Karam Chand Mehra가 있었다. 파르모드는 울면서 그에게 안겼고, 그를 "형"이라고 부르며 "나는 파르마난드이다."라고 말하였다. 파르모드는 이 만남 이전까지는 파르마난드라는 이름을 사용하지 않았다. 파르마난드와 카람의 경우와 마찬가지로, 만약 관계가 가까운 사이라면 인도인들은 사촌을 '형제'라고 부르는 편이다.

재회가 만들어 낸 감정의 격렬함과 순수함이 그 자체로 외부 사물 및 사건에 대한 정보와 검증만큼이나 중요한 증거인 것처럼 보였다. 그러고 나서 파르모드는 역에서 데려온 마차의 운전자에게 방향을 알려 주면서 '모한 형제' 가게로 가는 길을 스스로 찾아갔다. 가게에 들어가면서 그는 '그의' 특별석이 바뀌었다고 불평했다. 인도에서는 한 사업체의 주인이 손님을 맞이하고 직접 판매할 수 있도록 가게 앞쪽에 자리인 가디gaddi[3]를 두는 것이 관습이다. 파르마난드의 가디 위치는 사실 그가 죽은 뒤 얼마 후에 바뀌었다.

일단 안으로 들어가자, 파르모드는 "누가 제과점과 소다수 공장을 관리하고 있나요?"라고 물었다. 이것은 파르마난드의 담당이었다. 파르모드를 시험하기 위해서 탄산수를 제조하는 복잡한 기계를 몰래 고장을 냈다. 기계를 보았을 때, 파르모드는 기계가 어떻게 작동하는지 정확히 알았다. 그는 아무런 도움 없이 분리된 호스를 찾아냈고 고칠 수 있도록 지침을 주었다.

파르마난드의 어머니가 방에 들어갔을 때, 그는 방에 있었던 다른 누군가가 어떤 말을 하기도 전에 그녀가 바로 '어머니'라는 것을 알아보았다. 또한 그는 그녀 앞에서 다소 당황한 행동을 하는 파르마난드의 부인을 정확하게 알아보았다. 그녀는 성인 여성이고, 그는 성인 남편의 감정 일부를 가지고 있는 듯 보였지만 어쨌든 다섯 살이었다. 단둘이 남겨졌을 때 "내가 올 때까지 아직 빈디bindi를 고치지 않았구나."라고 그는 그녀에게 말했다. 빈디는 힌두교 아내들이 이마에 찍은 빨간 점을 지칭한다. 또한 그는 그녀가 아내들이 입는 색깔이 있는 사리를 입는 대신에 힌두교 미망인이 입는 드레스인 흰색 사리를 입었다고 그녀를 나무랐다.

파르모드는 그가 집에 도착했을 때 파르마난드의 딸과 아들을 정확하게 알아봤다. 학교에 다녔던 파르마난드의 막내 아들이 나중에 나타났을 때, 파르모드는 그의 애칭인 '고르단Gordhan'이라고 부르며 그를 정확하게 알아보았다. 대화하는 동안 파르모드는 연장자인 '고르단'에게 이름으로 부르는 것을 허락하지 않았고 그를 '아버지'라고 부르라고 주장하였다. "나는 작아졌을 뿐이다."라고 그는 말했다. 방문하고 있는 동안 파르모드는 파르마난드의 형제 중 한 명과 조카 한 명을 정확히 알아봤다.

파르모드는 파르마난드의 세계에서의 놀라운 세부적인 지식을 보여 주었다. 파르모드는 모라다바드에 있는 메흐라 형제들이 소유한 빅토리 호텔을 둘러보면서 그 건물에 지어진 새로운 창고에 대해 언급했다. 메흐라 가족은 이것들이 실제로 파르마난드가 죽은 후에 추가되었다는 것을 확인했다. 호텔로 들어가면서 파르모드는 몇 개의 찬장을 가리

---

3) 지배자의 지위, 왕좌, 두툼한 방석을 의미한다.

키며 말했다. "이것들은 내가 처칠 하우스에서 지은 알미라이다." 처칠 하우스는 모라다바드에서 북쪽으로 약 100마일 떨어진 사하란푸르에 있는 메흐라 형제가 소유한 두 번째 호텔의 이름이었다. 파르마난드가 죽은 직후, 그 가족은 실제로 파르마난드가 처칠 하우스를 위해 지은 이 특별한 찬장을 빅토리 호텔로 옮기기로 결정했었다.

아마도 아이들은 '망각을 깨뜨릴 수 있는' 충격을 수반한 죽음에 가까운 상황으로 인해 전생을 기억한다. 가장 생생한/선명한 기억들은 주로 전생으로 이어지는 사건을 포함한다. 대체적으로 아이들은 전생에서 자신이 죽은 후에 일어난 사건들에 대해 전혀 모른다. 이것은 그들이 고인을 아는 사람의 생각을 텔레파시를 통해 읽어 내서 전생의 세부적인 기억을 무의식적으로 재구성하는지, 혹은 순전히 기억을 가지고 있는 것인지의 여부를 결정짓는 중요한 지점이다. 환생 가설을 뒷받침하는 가장 강력한 증거는 전생의 다른 사건들과 부상을 반영하는 신체적인 결함(장애) 혹은 모반birthmark과 같은 흔적일 것이다. 이안 스티븐슨은 『환생과 생물학의 교차지점Where Reincarnation and Biology Intersect』에서 많은 이러한 사건을 서술하고 기록하였다(Stevenson, 1997).

이 증거를 평가할 때, 스티븐슨의 사례가 환생에 대한 선험적 믿음을 가진 '일차적이고 이국적인' 문화의 국가뿐만 아니라 영국과 미국을 포함한 서양 국가들에서도 일어난다는 점을 강조하는 것이 중요하다. 스티븐슨의 연구는 높은 기준을 충족하였고 대단히 존경받았다. 1977년 『신경질병과 정신질환 저널Journal of Nervous and Mental Diseases』은 이 주제에 거의 모든 기사를 할애했고, 그 연구는 JAMA(Stevenson, 1977)에서 검토되었다.

넷째, 어른들의 저절로 떠오르는 전생 기억이다. 전생의 기억을 무의식적으로 생생하게 재경험하는 것은 주로 자연스럽게 일어나는 홀로트로픽 의식 상태(영적 응급) 동안 발생한다. 그러나 일상적인 상황에서의 평범한 의식 상태에서도 다양한 전생 기억이 떠오를 수 있다. 정신의학 학문과 성격에 관한 현재의 이론은 '우연one-timer view'[4]에 기반을 두고 있다. 전통적인 전문가들은 전생 경험의 존재를 알고 있지만, 단지 무차별적으로 심각한 정신증의 징후로 취급한다.

다섯째, 어른들의 유발된 전생 기억이다. 전생 경험은 명상, 최면, 심현제, 감각 고립, 신체 작업, 그리고 다양하고 강력한 경험적 심리치료(원초치료, 환생치료, 혹은 홀로트로픽 숨치료)와 같이 심혼의 심연에 접근할 수 있게 하는 다양한 기술에 의해 이끌어질 수 있다.

---

4) 아이스하키에서 퍽이 공격수의 의도와는 상관없이 우연히 스틱에 부딪혀 그대로 숏으로 연결되는 경우를 뜻한다.

전생을 기억하는 것을 목표로 하지 않았음에도 종종 환생을 믿지 않는 치료사들과의 상담에서 예상치 않게 나타나기도 한다. 또한 전생 기억의 출현은 전생을 기억하게 된 사람이 가지고 있는 철학적, 종교적 신념 체계와 전혀 관련이 없다. 더불어 전생 경험은 정기적으로 신뢰할 수 있다고 검증된 청소년기, 유아기, 출생 및 태아기 기억에서의 정확한 기억으로 이루어진 동일한 연속선상에서 일어난다. 때때로 기억은 공존하거나 번갈아 나타난다(Grof, 1988, 1992, 2006a, 2006b).

전생 경험은 진실된 현상이고, 그의 탐구 가능성과 치료 가능성에 의해 심리학과 심리치료에 중대한 영향을 미칠 것이라 추정되는데, 이에 대한 구체적인 근거를 다음에 서술한다.

- 전생 경험은 매우 현실적이고 진실하며 종종 평범한 경로를 통해 얻을 수 없었던 역사적 시기, 문화 그리고 심지어 역사적 사건과 정확한 정보에 대한 접근을 가능하게 한다.
- 몇몇 경우는 이러한 기억의 정확성을 객관적으로 검증할 수 있고, 때로는 아주 세밀하게 확인할 수도 있다.
- 전생 경험은 주로 다양한 감정적, 정신적, 대인관계적 문제가 내재하는 응축경험 체계의 필수 요소이다.
- 전생 경험은 엄청난 치료 가능성이 있고, 종종 현생에 대한 기억보다 더 강력하다.
- 전생 경험은 종종 놀라운 동시성 원리와 관련이 있다(Grof, 2006a, 2006b).

병원성病原性, pathogenic의 위력이 고대 이집트, 프랑스 혁명, 독일 나치의 사건이나 태생, 개인의 출생, 현재 삶의 유아기, 어린 시절과 관련이 있는지는 심혼에 별로 중요하지 않은 것 같다. 전생 기억을 검증하는 척도는 작년이나 20년 전에 무슨 일이 있었는지 알아낸 것에 대한 척도와 동일하다. 우리는 구체적인 기억을 가능한 한 정확하게 확인해야 하고, 그중 몇몇에서라도 독자적인 증거를 얻어야 한다.

물론 전생의 기억은 더 입증하기가 어렵다. 또한 검증 절차에 제출할 만한 구체적인 정보가 기억 안에 매번 있는 것도 아니다. 증거는 훨씬 오래전의 것이고 종종 외국의 문화를 수반하기에 얻기가 더 어렵다. 현생의 기억들조차 모두 입증될 수 없고, 그중 몇몇만이 가능하다는 것을 아는 것은 중요하다. 대부분의 환기된 기억은 스티븐슨의 자연스럽게 나타난 기억과 같은 정도의 검증이 가능하지 않다. 그러나 나는 독자적인 역사 연구에 의해 후에 검증될 매우 색다른 요소가 있는 몇 가지 주목할 만한 사례를 관찰하고 출판하였다(Grof, 2006a, 2006b).

여기에 칼Karl이 한 관찰의 놀라운 본질을 묘사하는 한 이야기가 있다. 칼은 우리의 캘리포니아주 빅서에 있는 에살렌 연구소에서 한 달간 워크숍에 참여하였던 미국 출신의 젊은 건축가이다. 체험의 초기 단계에서 칼이 주산기의 여러 단계를 경험하고 있을 때, 그는 다른 세기나 외국에서 일어나는 것 같은 극적인 장면들의 일부를 경험하기 시작하였다. 그 장면들은 강한 감정과 신체적인 감정을 불러일으켰고 마치 그의 현생의 다양한 측면과 관련이 있는 것 같아 보였다.

칼은 바닷가가 내려다보이는 바위산 위에 위치한 요새의 터널, 지하창고, 군용 막사, 두꺼운 벽, 성벽 등의 환상을 보았다. 환상은 대체적으로 서로 싸우고 죽이고 있는 군인들의 이미지와 뒤섞여 있었다. 병사들이 스페인 사람처럼 보였지만 풍경은 스코틀랜드나 아일랜드처럼 보였기 때문에 그는 어리둥절했다.

장면이 이어질수록 점점 폭력적이고 피투성이가 되어 갔다. 장면 중 대부분은 격렬한 전투와 유혈이 낭자하는 대량 학살이었다. 그의 환상 속에 있던 사람들은 모두 군인이었지만 칼은 사제였다. 어느 순간 그는 손에 성경과 십자가를 들고 있었고, 그의 넷째손가락에는 인장이 새겨진 반지가 있었다. 환상은 굉장히 선명했기에 그는 반지에 새겨진 이니셜을 알아볼 수 있었다.

재능 있는 예술가이였던 그는 이 이상한 경험을 기록하기로 결심하였다. 그는 음식 저장고와 탄약 저장고, 지하통로, 터널, 침실, 부엌을 포함한 요새의 다양한 부분을 상세하게 묘사하는 일련의 그림을 제작하였다. 그중에는 이니셜이 새겨진 반지에 대한 그림도 있었다. 칼은 아주 강력하고 충동적인 방법인 핑거 페인팅 기법으로 도살 장면들을 그렸다. 또한 자신이 칼에 찔려서 피가 흐르고, 요새의 성벽 너머로 던져지고, 바닷가에서 죽어 가는 장면들도 그렸다.

그의 일생에서 매우 흥미로운 것은 칼이 그의 흉골에 깊은 구멍이 있는데, 이 위치가 바로 칼에게 아마 전생 기억에서 칼에 관통 당했던 가슴의 위치라는 것이다. 이것은 이안 스티븐슨의 『환생과 생물학의 교차지점Where Reincarnation and Biology Intersect』에 나오는 사례와 유사하다. 이는 아이들이 전생에서 치명상을 입었던 것이라는 예시처럼 몸에 모반, 선천적 장애와 같은 다양한 흔적이 나타난다(Stevenson, 1997).

이야기의 조각들을 이어 붙인 후에 칼은 이야기와 현생의 의미 있는 연결을 발견하였다. 그는 그 시기에 경험하였던 강한 감정과 정신신체 증상들이 이 신비로운 사건을 포함한 그의 내적 과정과 관련이 있다는 것을 알아냈다. 칼은 갑작스럽게 서부 아이슬란드에서 휴가를 보내기로 결정하였다. 돌아오고 나서 칼은 가족에게 그가 아이슬란드의 서부 해안에서 찍은 사진들을 보여 주었다. 그 순간 그는 특별히 흥미로워 보이지 않은 곳에서 연속으로 같은 장면을 11번이나 찍었다는 것을 깨달았다.

그는 지도를 가지고 와서 어디에 서서 사진을 찍었는지, 어느 쪽을 바라보고 있었는지 재현하였다. 그는 자신이 흥미를 가졌던 장소가 '뒤나노Dún an Óir' 또는 '델오로 요새Fort del Oro(황금 요새)'라고 불리는 옛 요새의 폐허라는 것을 깨달았다. 칼은 이 장소가 자신의 내적 탐구의 경험과 관련이 있다고 추측하고 뒤나노의 역사를 연구하기로 마음먹었다. 그는 영국-스페인 전쟁 당시인 1580년에 데스몬드 반란군에 있는 아일랜드인들을 돕기 위해서 소규모의 스페인 침략군이 인근 스머윅 항구에 상륙했다는 것을 알아냈다. 그들은 아일랜드 군인들이 합류한 뒤에 거의 600명에 이르렀다. 그들은 그레이 장군이 지휘하는 영국 거대 병력에 의해 포위되고 에워싸이기 전에 뒤나노에 요새 방어를 위해 수비대를 조직하였다.

담배를 신대륙 식민지로부터 영국으로 가져온 것으로 유명한 월터 롤리Walter Raleigh 경은 스페인군에게 그들이 문을 열고 영국군에게 항복한다면 요새에서 안전히 보내줄 것을 약속하며 협상을 시도하였다. 스페인군은 이 조건에 동의했으나 영국군은 약속을 지키지 않았다. 성 안에 들어서자 영국군은 스페인 사람들을 학살하고 성벽 너머로 내던져 바닷가에서 죽게 했다.

오랜 시간을 들여 힘들게 재구성한 놀라운 이야기를 확인했음에도 그는 만족하지 못했다. 그는 뒤나노의 전투에 관한 특별한 문서를 발견할 때까지 도서관에서 연구를 계속했다. 그는 문서에서 한 사제가 스페인 군인들과 동행했었고 함께 살해되었다는 것을 알아냈다. 사제 이름의 이니셜은 칼이 체험에서 본 인장을 새긴 반지와 반지를 묘사했던 그림과 똑같았다.

다른 예시는 내가 LSD 작업 중에 만난 특이한 우연의 일치에 대한 것이다. 체험한 경험이 조상의 기억과 전생이 결합되어 있기 때문에 이러한 사례의 증거는 애매모호하다. 다음은 심각한 암 공포증으로부터 고통받고 있는 환자였던 레나타Renata의 치료 과정 중에 있던 일화이다. 우리는 아주 이례적이며 전례 없는 일련의 사건을 겪었다. 4번의 연속되는 회기는 체코 역사 중에서 오직 특정한 시기에 있던 사건들로만 이루어졌다.

레나타는 이 회기들 동안 17세기 프라하에서 일어난 많은 사건을 경험하였다. 이 시기는 체코인들에게 역사적으로 중요하다. 유럽 '30년 전쟁'의 시작을 알린 1621년 화이트 마운틴의 참혹한 전투 이후 독립국으로서의 보헤미아는 사라지고 300년 동안 존속한 합스부르크 왕조의 권력 아래 편입되었다. 국가에 대한 자부심과 저항 세력을 좌절시키기 위해서 합스부르크는 용병을 보내 국가의 저명한 귀족을 생포하도록 했다. 체코 귀족 중 뛰어난 27명이 체포되고, 프라하로 끌려왔으며, 프라하의 올드타운 광장에 세워진 처형 대에서 공개 처형을 당하였다.

레나타의 경험 중 대부분은 합스부르크에서 처형을 당한 27명 중에 한 젊은 남자 귀족의 삶의 다양한 장면과 관련되어 있었다. 그녀는 특이하게도 일상생활에서 사용되는 도구만이 아니라 그 시기의 의상, 무기, 갑옷, 건축에 대한 다양한 이미지와 통찰을 가지고 있었다. 또한 그녀는 그 시기 왕족과 귀족 사이에 있었던 관계를 설명할 수 있었다. 레나타는 특별히 이 시기에 대해 배운 적이 없었고, 나는 레나타에게 들은 정보를 확인하기 위해서 특수한 책들을 참고해야 했다.

회기 경험의 마지막 부분에서 레나타는 실제 처형을 당할 때 경험한 세세한 세부사항과 그때 느꼈던 괴로움, 비통함과 같은 강한 감정들을 생생하게 느끼며 체험에서 깨어났다. 모든 장면에서 레나타는 이 사람과의 완전한 동일시를 경험했다. 그녀는 현재 이 역사가 어떻게 연관되었는지 잘 알지 못했고, 이것들이 무엇을 의미하는지 알지 못했다. 결과적으로 그녀는 개인적인 믿음과 철학과는 반대되지만 이 경험이 그녀의 조상이 살았던 삶의 기억이라고 결론지었다.

이 감정적인 드라마를 가까이 지켜본 사람으로서 레나타가 느낀 당혹감과 혼란스러운 마음을 나 또한 느꼈다. 이 수수께끼를 해독하기 위해서 나는 두 가지 접근 방식을 선택하였다. 먼저, 나는 레나타가 준 역사의 정보를 검증하기 위해서 상당히 많은 시간을 보냈고 점점 이 정보의 정확성에 감명받았다. 다른 한편으로는, 이 경험을 그녀의 어린 시절 경험이나 현재 상황에 대해서 상징적으로 드러난 것으로 이해할 수 있기를 바라면서 경험 내용에 대한 자유연상 질문을 하면서 정신분석적 접근법을 시도하였다. 아무리 노력해도 일련의 경험은 이치에 맞지 않았다.

나는 결국 레나타의 LSD 경험이 새로운 영역으로 넘어갔을 때 이 문제를 포기했다. 다른 급한 일들에 집중하면서 나는 이 특이한 사건에 대해 생각하는 것을 그만두었다. 2년 뒤 내가 미국에 있을 때 레나타로부터 다음과 같은 이상한 도입부로 시작하는 편지를 받았다. "그로프 박사님, 제가 개인적으로 진행한 탐구의 결과를 말씀드리면 아마 완전히 미쳤다고 생각하실 겁니다." 그다음에는 레나타가 3세 때 이혼하고 헤어졌던 아버지를 어떻게 만나게 되었는지에 대한 내용이 이어졌다. 레나타는 아버지와 짧은 이야기를 나누었는데, 대화 끝에 아버지는 자신의 재혼 가족들과 저녁 식사를 함께하자고 초대하였다.

저녁을 먹은 후 아버지는 그녀가 흥미로워할 것 같고 자신이 가장 좋아하는 취미로 얻은 성과물을 보여 주고 싶다고 했다. 제2차 세계대전 동안 나치는 점령국의 모든 가족이 지난 5세대 안에 유대인이 없다는 것을 보여 주는 가계도를 독일에 제출해야 한다는 특별한 명령을 내렸다. 처음에는 필요에 의해서 그 가계도를 작성하였지만 그녀의 아버지는 이 과정에 완전히 매료되고 말았다.

당국에 제출할 5세대의 가계도를 완성한 후, 개인적인 흥미로 몇 세기 전 계보를 계속 추적하였다. 유럽 교구회관에서 꼼꼼하게 출생 기록을 보관하는 시스템 덕분에 이 일이 가능하였다. 아버지는 거대한 가계도를 가리키면서 자신이 화이트 마운틴 전투 후에 처형된 귀족들 중 한 명의 후손이라는 것에 상당한 자부심을 가지고 말하였다.

편지에는 이 이야기 후에 그녀가 조상들의 기억이 진짜였다는 '직감'에 대해 스스로 확인하면서 경험한 크나큰 기쁨에 대해 적었다. 그녀는 이것이 감정적으로 가득 찬 기억들이 유전 부호(유전자 코드)에 새겨져 수 세기를 걸쳐 다음 세대로 전수될 수 있는 증거라고 생각하였다. 특이한 우연의 일치를 처음 마주했을 때의 놀라움을 극복한 후에 나는 레나타의 주장에서 다소 심각한 논리적 모순을 발견하였다. 그녀가 LSD 회기 중에 경험한 한 가지는 처형을 당하는 동안 귀족의 끝없는 고통의 재현이었다. 그리고 당연히 신체적인 죽음은 생물학적인 유전라인을 파괴하기에 유전자가 후세대에 전달될 가능성은 사라진다.

죽은 사람은 생식을 할 수도 '유전적으로' 그의 끝없는 비통한 기억을 후대로 전달할 수도 없다. 편지에 담긴 정보를 그녀의 경험을 뒷받침하는 증거로 무시하기 전에 몇 가지 사실은 진지하게 고려해 볼 가치가 있다. 환자들의 회기를 총합했을 때 대략 2천 개 이상 정도인 다른 체코 환자들은 이 역사의 시기를 한번도 언급한 적이 없었다. 레나타가 체험한 4번의 LSD 회기는 거의 오롯이 이 시기의 역사적인 사건들로 이루어져 있었다. 이런 것들이 단지 무의미한 우연이라고 현실적으로 논할 수 없다. 그리고 전통적인 서구 과학의 기본적인 가정들을 위배하지 않으면서 이 놀라운 우연의 일치를 그럴듯하게 설명하는 것을 상상하기가 어렵다.

티베트인은 환생 문제에 대해 연습한다. 티베트의 영적 문학은 몇 가지 흥미로운 현상을 묘사하는데, 매우 성장한 영적 지도자는 환생 과정에 대한 광범위한 지식을 얻을 수 있다는 것을 암시한다. 이는 사망하는 시점에 영향을 미칠 수 있는 가능성, 다음 환생 시간과 장소를 예측하거나 심지어 지시할 가능성, 죽음과 다음 환생 사이의 중유bardo 동안 의식을 유지할 가능성을 포함한다.

반대로 뛰어난 티베트 승려들은 꿈, 명상 및 다른 경로를 통해 달라이 라마나 툴쿠tulku[5]의 환생을 찾을 수 있다. 아이는 고인이 소유했던 물건들을 다른 유사한 물체들 사이에서 정확하게 알아보는 시험을 치르게 된다. 이러한 관행은 서구의 기준에서는 다소 엄격한 시험처럼 느껴진다. 만약 이러한 절차가 사실이라면, 여러 물건 중에서 맞는 물건을 알아보는 가능성은 통계학적으로 어마어마하게 낮다.

죽은 자들의 망령 그리고 그들과의 대화

죽은 사람과 직접적으로 접촉하고 소통하는 것은 그 사람들이 죽은 그 당시나 임사체험 중에만 일어나는 것이 아니라, 시간이 경과했거나 지역적으로, 또는 심현제나 경험적 심리치료, 명상에 의해 촉진된 홀로트로픽 상태의 상황에서도 일어난다. 당연히 이 영역에 대한 데이터는, 특히 주의 깊게 그리고 비판적으로 평가해야 한다. 고인에 대한 개인적인 경험의 단순한 사실은 무가치하며 희망에 의한 환상이나 환각으로 무시된다. 그 경험이 흥미로운 연구 자료가 되려면 몇 가지 추가적인 요소들이 있어야 한다. 물론 통찰력이 있는 사람의 강한 요구를 충족하는지 아니면 이러한 종류의 환상에 대한 동기가 없는 사람들의 환상인지를 구별하는 것 또한 매우 중요하다.

몇몇 환상은 매우 흥미롭고 심지어 연구원들이 도전하고 싶게 만드는 특정한 특징들이 있다는 것을 언급하는 것이 중요하다. 목격자에게 알려지지 않은 사람의 유령을 설명하는 많은 사례가 보고되었으며, 이들은 나중에 사진과 구두 설명을 통해 확인된다. 또한 '귀신 들린' 집이나 성과 같이 그런 환상들이 공통적으로 혹은 오랜 기간 동안 많은 사람에게 목격되는 것은 흔한 일이다.

어떤 경우에 환상은 통찰자가 모르는 채로 사망 시각 즈음에 독특한 신체의 흔적을 가지고 있다. 특히 동시성 원리라고 검증될 수 있거나 동시성 원리와 관련 있는 구체적이고 정확한 새로운 정보를 전달하는 사례들이 흥미롭다. 나는 심현제 치료와 홀로트로픽

숨치료에서 두 번째 경우의 놀라운 예시들을 관찰하였다. 그중 하나는 반복적으로 자살 시도를 하던 젊은 우울증 환자인 리처드Richard의 LSD 치료 중에 일어난 사건이다.

한 LSD 회기에서 리처드는 이상하고 묘한 영적 영역에 들어가는 특이한 경험을 했다. 이 영역은 섬뜩할 정도로 빛이 낮으며 무형의 존재들로 가득 차 있었는데, 그들은 리처드와 긴급히 대화를 하고 싶어 했고 요구하는 게 많았다. 그는 그들을 보거나 들을 수는 없었지만 거의 만질 수 있을 정도로 감지하고 텔레파시 메시지를 받고 있었다. 나는 아주 구체적이고 나중에 검증받을 수 있는 메시지 한 개를 받아 적었다. 그 메시지는 리처드에게 모라비안 도시인 크로메리츠의 한 부부에게 연락해서 그들의 아들인 라디슬라프가 잘 지내고 있으며 좋은 보살핌을 받고 있다고 알려 달라는 요청이었다.

그 메시지에는 부부의 이름, 주소 및 전화번호가 있었다. 나와 환자는 이에 대한 모든 정보를 알지 못했다. 이 경험은 매우 혼란스러웠다. 이것은 완전히 문제나 치료와는 무관해 보였으며, 그의 경험에 생소한 소수민족 거주지가 있는 것처럼 보였다. 혼란스러워하다 잠시 망설인 후에 나는 마침내 동료들이 알게 된다면 놀림거리가 될 만한 일을 하기로 결심하였다. 나는 전화기 앞에 서서 크로메리츠의 전화번호를 누르고 라디슬라프와 통화할 수 있냐고 물었다. 놀랍게도 전화를 받은 여자는 울기 시작하였다. 그녀는 진정하고 나서 "우리 아들은 더 이상 함께 있지 않아요. 3주 전에 죽었거든요."라고 갈라지는 목소리로 말하였다.

다른 예시는 친한 친구이자 전 동료였던 월터 판케Walter Pahnke의 일이다. 그는 메릴랜드주 볼티모어에 있는 정신의학 연구소에서 정신질환 연구팀의 일원으로 일하였다. 그는 초심리학, 특히 사후 의식에 관한 문제에 많은 관심을 가지고 있었고 친구인 미국 초심리학 협회장인 에일린 가레트Eileen Garrett를 포함해 많은 심령술사나 영매와 일했다. 또한 그는 암 환자를 위한 LSD 프로그램의 창시자이다.

1971년 여름, 월터는 아내 에바와 아이들과 바닷가 바로 위에 있는 메인주의 별장으로 놀러 갔다. 어느 날 그는 혼자서 스쿠버 다이빙을 하러 갔고 돌아오지 않았다. 해안 경비대와 몇몇 유명한 심령술사들이 참여한 광범위하고 조직적인 수사를 진행하였지만 그의 시신이나 잠수 장비의 조각도 찾지 못했다. 이 상황에서 에바는 그의 죽음을 받아들이기가 너무 힘들었다. 월터에 대한 마지막 기억은 그가 별장을 떠날 때 매우 활기차고 건강했던 모습이었다. 그가 더 이상 그녀의 삶에 존재하지 않는다는 것은 믿기 힘들었고 이전 삶을 마무리하기 전까지 새로운 생활을 시작할 수 없었다.

그녀는 심리학자이기에 우리의 기관에서 제공하는 정신건강 전문가들을 위한 LSD 트레이닝 과정에 참여할 자격이 있었다. 그녀는 이 상황에 대한 통찰을 얻고자 하는 희망으로 심현제 체험을 하기로 결심했고 나에게 시터가 되어 달라고 했다. 과정의 후반에서 그녀는 월터와 이야기하는 환상을 보았고, 그와 의미 있는 대화를 길게 나눴다. 그는 그녀에게 각각 세 명의 아이에 대한 구체적인 지시를 주었고 그를 기억해야 한다는 책임감 때문에 구속받거나 방해받지 않고 그녀만의 새로운 삶을 시작하라고 그녀를 놓아 주었다. 이는 매우 심오하면서도 해방감을 느끼게 하는 경험이었다.

에바가 이 모든 일이 그녀 자신이 희망에 의해서 조작한 것인지 의문스러워할 때 월터가 잠시 나타나 친구에게 빌린 책을 돌려주라고 부탁하였다. 그러고 나서 그는 친구의 이름, 책이 있던 방, 책의 제목, 선반 그리고 이 선반의 어느 위치에 책이 있는지 알려 주었다. 이는 에바에게 그들 사이에 있던 소통의 진실성을 구체적으로 확인하게 하는 월터의 방식이었다. 일생 동안 그는 다른 세계에 있는 영매들과 폭넓게 접촉해 왔고 마술사 해리 하우디니Harry Houdini의 저 너머의 존재를 증명하려는 시도에 매료되었다. 지시에 따라 에바는 그녀가 알지 못했던 책을 실제로 찾았고 돌려주었다.

우리의 3년 전문가 트레이닝 과정에 참여하였던 심리학자 한 명은 홀로트로픽 숨치료 회기 동안 그의 동료들과 그 자신의 다양한 자아초월 경험을 목격하였다. 그러나 그는 이 현상의 진위에 회의적이었으며 이런 경험이 특별한 관심을 받을 만한지에 대해 끊임없이 의문을 품었다. 그러고 나서 한 홀로트로픽 숨치료 회기 중에서 그가 자아초월 경험과 ESP 현상에 대한 그의 접근이 너무 회의적이고 보수적이었을 수 있다는 것을 확신하게 한 특이한 동시성을 경험하였다.

회기가 끝나갈 무렵, 그는 오래전에 돌아가신 그의 할머니를 마주하는 생생한 경험을 했다. 어린 시절에 그는 할머니와 매우 친했고 다시 그녀와 정말로 소통할 수도 있다는 가능성에 깊이 감명받았다. 그 경험에 감정적인 개입에도 그는 할머니와의 만남에 대해 전문가적 의구심을 품은 태도를 유지했다. 그는 할머니가 살아 있는 동안 실제로 많은 교류를 했었으며 그의 정신은 오래된 기억들을 통해서 상상 속의 만남을 쉽게 조작할 수 있다는 것을 알고 있었다.

그러나 돌아가신 할머니와의 만남이 너무 감정적으로 심오하고 확실해서 그는 이것을 환상으로 치부할 수 없었다. 그는 이 경험이 그의 상상이 아니라 진짜라는 증거를 찾기로 결심하였다. 그는 할머니에게 어떤 형태로든 확인을 할 수 있게 해 달라고 부탁했고 이런 메시지를 받았다. "안나 이모에게 가서 잘린 장미를 찾아 보거라." 여전히 회의적이었던 그는 다음 주말에 안나 이모의 집에 방문해 어떤 일이 일어날지 지켜보기로 했다. 이모의 집에 도착하자마자 그는 정원에 있는 잘린 장미를 둘러싼 안나 이모를 발견하였다. 그는 깜짝 놀랐다. 그가 방문을 한 날은 안나 이모가 장미를 다 잘라내기로 결심한 날이었다.

이런 종류의 경험은 분명히 영적 영역의 존재와 무형의 존재에 대한 결정적인 증거라고 할 수 없다. 그러나 이러한 놀라운 동시성은 명백히 이 분야가 의식 연구자들의 깊은 관심을 받을 만하다는 것을 보여 준다. 이 전서의 앞부분에서 조사한 바와 같이, 격론을 부르고 논란이 많은 영역인 심령 교령회spiritistic seances와 정신적mental이거나 트랜스 영매의 능력으로부터 나온 사후 의식의 생존을 암시하는 유사 실험적인 증거가 특히 흥미롭다. 몇몇의 전문 영매들이 가끔 속임수를 쓰다가 적발되었지만 파이퍼 부인, 레러드 부인, 베렐 부인과 같이 많은 영매는 성공적으로 신뢰도 검사를 통과하였다(Grosso, 1994).

이 분야에서 흥미로운 혁신은 레이먼드 무디의 『재통합Reunions』에 서술된 방법이다. 무디는 거울을 응시하는 것을 통한 지각적 모호성을 이용하여 그의 피실험자들에게 사랑했던 고인을 시각적으로 마주치게 유도했다. 일부 영적 문헌들은 전통적인 교육을 받은 과학자뿐만 아니라 평범한 서양인의 사고방식 또한 확장시킨다. 예를 들어, 극단적인 형태의 영적 현상인 '물리적 영매물'은 염력과 물질화(예: 물체와 인체의 공중 부양, 공기 중의 물체 투영, 심령체 형상의 출현, 설명할 수 없는 물체나 글씨의 출현apports)를 포함한다.

브라질 강신술사spiritist의 활동 중에 영매들은 이른바 죽은 영혼의 지도하에 영매의 손이나 칼을 사용하여 심령 수술을 한다. 이 수술들은 어떤 마취제를 필요로 하지 않으며 상처를 봉합하거나 닫아야 할 필요가 없다. 이런 종류의 사건들은 월터 판케, 스탠리 크리프너Stanley Krippner 및 안드리아 푸헤리치Andrija Puharich의 명성이 있는 서구 연구자들에 의해 여러 차례 연구되고 촬영되었다. 현대 전자 기술을 사용하는 '수단적 초월소통ITC'이라고 불리는 접근 방식이 비교적 최근에 죽은 영혼과 소통하기 위해 발전하였다.

이 연구는 1959년 스칸디나비아 영화 제작자 프리드리히 위르겐센Friedrich Jurgensen이 조용한 숲속에서 연작류의 새소리를 녹음하는 동안 죽은 것으로 추정되는 사람들의 목소리가 녹음된 것을 발견하면서 시작되었다. 이것으로 영감을 얻은 라트비아의 초심리학자인 콘스탄틴 로디브Konstantin Raudive는 이 현상에 대한 체계적 연구를 시행하였고, '저 넘어'로부터 메시지를 전달하는 것으로 추정되는 100,000개 이상의 다국어 초자연적 음성을 기록하였다(Raudive, 1971).

근래에는 어니스트 센코브스키Ernst Senkowski, 조지 미크George Meek, 마크 메이시Mark Macy, 스콧 로고Scott Rogo, 레이먼드 베일리스Raymond Bayless 등 전 세계 연구진이 '차원 간 초월소통interdimensional transcommunication: ITC'을 구축하기 위해 집단적으로 노력하고 있다. 그들은 고인으로부터 테이프 녹음기, 전화기, FAX 기계, 컴퓨터, TV 화면을 포함한 전자 매체를 통해 많은 초자연적인 언어 통신과 사진을 받았다고 주장한다. '저 넘어'로부터 소통하는 영혼들 중에는 아마도 이 분야의 전직 연구원들인 위르겐센과 로디브가 있을 것이다 (Senkowski, 1994).

죽음과 죽어 감에 대한 연구의 개인적이고 사회적인 영향

이 장에서 논의된 죽음과 죽어 감의 심리적, 철학적 그리고 영적 측면에 대한 연구는 이론적이고 실질적으로 상당히 영향을 미치고 있다. 내가 탐구한 경험과 관찰은 분명히 사후 의식의 존재, 무형 존재가 살고 있는 영적 세계의 존재, 또는 개인이 가진 의식의 환생과 다른 몸과 삶 속의 육체적 현존의 지속에 대한 명백한 '증거'는 아니다. 인간 의식의 기이하고 놀라운 초자연적 능력이나 우주 창조 원리의 의식에 대한 신의 놀이인 릴라와 같은 힌두교 개념의 우주 같이 동일한 자료를 다른 방식으로 해석할 수도 있다.

그러나 하나는 분명하다. 이 데이터에 대한 세심한 분석에 기초한 어떠한 해석도 서구 물질주의 과학의 뉴턴-데카르트 패러다임과 양립할 수 없다. 체계적 검토와 물질세계에 대한 편견 없는 평가는 반드시 의식의 본질, 사물의 보편적인 구조에 대한 의식의 역할, 물질, 더 구체적으로 뇌와의 관계에 대한 완전히 새로운 이해를 가져올 것이다.

주류 학문 과학은 종종 꽤 위협적이며 권위적으로 인간 의식이 뇌에서 신경생리적 과정의 산물이고 두개골 안에 들어 있다는 기본적인 형이상학적 가정을 옹호해 왔다. 17세기 철학과 과학에서 이어져 온 입장은 지금까지 자아초월심리학과 다양한 분야의 의식 연구부터 양자-상대 물리학에 이르는 현대의 발견에 귀를 기울이지 않았다. 이 전략은 과학에는 있어서는 안 되는 근본주의 종교가 가진 기본적인 전략으로 다양한 학문의 방대한 양의 자료를 체계적으로 억제함으로써 유지할 수 있다.

이론과의 연관성 이외에도, 이 장에서 논의된 이슈들은 실질적으로도 중요하다. 나는 다른 깊이 있는 출판물(Grof, 1985, 2006b)에서 정신의학, 심리학, 심리치료에서의 죽음의 중요성을 탐구하였다. 배아기, 주산기, 출생 이후 동안 경험한 생명의 위협과 같은 형태로의 죽음과의 조우는 우리의 무의식 속에 깊이 각인되어 있다. 게다가 강력한 원형 및 숙명적인 내용과 관련하여 죽음에 대한 주제는 인간 정신의 자아초월 영역에서 중요한 역할을 한다. 죽음과 죽어 감의 주제는 다양하게 정서 및 정신신체 장애의 발달에 상당히 기여한다.

반대로 이 주제와 마주하고 죽음에 대한 두려움을 받아들이는 것은 치유, 긍정적인 성격 변화, 그리고 의식 발달에 도움이 된다. 우리가 죽음과 부활에 대한 고대 불가사의에 관해 논의해 왔듯이 '죽기 전에 죽기'는 삶의 질과 실존의 기초적인 전략에 깊은 영향을 미친다. 이는 비이성적 추동(존재의 '무한 경쟁' 또는 '쳇바퀴')을 줄이고, 현재를 살면서 일상을 즐기는 능력을 향상시킨다. 죽음에 대한 두려움에서 벗어나는 것의 또 다른 중요한 결과는 보편적이고 특정 교파에 소속되지 않는 유형의 영성에 대한 근본적인 개방이다. 이것은 명상, 경험 치료, 심현제 회기, 또는 자연적으로 발생하는 심리영적 위기(영적 응급)와 같은 순수한 심리학적 방법으로나 임사체험에서 실제로 죽음을 경험하는 동안 일어난 죽음과의 조우에서 발생하는 경향이 있다.

결론적으로 나는 이 내용이 가진 가장 광범위한 영향에 대해 간단하게 언급하고자 한다. 우리가 죽음 이후 의식의 생존, 환생, 카르마를 믿든 안 믿든 간에 이들은 우리의 행동에 매우 상당한 영향을 미친다. 불멸에 대한 믿음이 도덕적으로 깊은 영향을 미친다는 생각은 이미 플라톤에서 찾아볼 수 있는데, 플라톤은 **법률**에서 자신의 행위가 사후에 초래할 결과에 무관심한 것은 "악인에게 이익이다."라고 소크라테스를 통해 말하도록 하였다. 앨런 해링턴Alan Harrington과 어니스트 베커Ernest Becker와 같은 현대 작가들은 죽음을 대대적으로 부정하는 것이 인류에게 위험한 결과를 가져오는 사회 병리로 이끈다고 강조하였다(Becker, 1973; Harrington, 1969). 현대 의식 연구는 분명 이 관점을 뒷받침한다(Grof, 1985).

끝없는 탐욕, 악의에 찬 공격, 대량 살상 무기의 존재가 행성에서 있는 인류의 생존과 어쩌면 생명체의 존속을 위협할 때, 우리는 희망을 주는 길이 무엇이든 진지하게 고려해야 한다. 이것이 죽음 이후 의식의 생존을 제안하는 자료를 무비판적으로 수용할 이유가 되기에는 충분하지 않지만, 진정한 과학의 정신과 열린 마음으로 기존의 자료를 검토하는 것을 제안한다. 이것은 죽음의 공포와 마주하고 깊은 긍정적인 성격 변화와 영적 개방을 촉진할 수 있는 홀로트로픽 의식 상태에 들어가는 강력한 체험 기술에도 동일하게 적용된다. 근본적인 내적 변화와 의식의 새로운 층위의 출현은 현재 세계적인 위기 속에서 우리가 가지고 있는 유일하고 진정한 희망일 수 있다.

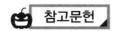

참고문헌

Alexander, F. 1931. "Buddhist Training As Artificial Catatonia." *Psychoanalyt. Review* 18: 129.

Asch, S. 1967. *The Nazarene.* New York: Carroll and Graf.

Bache, C. 1988. *Lifecycles: Reincarnation and the Web of Life.* New York: Paragon House.

Becker, E. 1973. *The Denial of Death.* New York: Simon & Schuster.

Bozzano, E. 1948. *Dei Fenomeni di Telekinesia in Rapporto con Eventi di Morti.* Casa Editrice Europa.

Delacour, J. B. 1974. *Glimpses of the Beyond.* New York: Delacorte Press.

Flynn, C. P. 1986. *After the Beyond: Human Transformation and the Near-Death Experience.* Englewood-Cliffs, NJ: Prentice-Hall.

Foerster, H. von. 1965. "Memory Without A Record." In *The Anatomy of Memory* (D. P. Kimble, ed.). Palo Alto: Science and Behavior Books.

Greyson, B., & Bush, N. E. 1996. Distressing near-death experiences. In L. W. Bailey & J. Yates (Eds.), *The near-death experience: A reader.* New York: Routledge.

Greyson, B., & Flynn, C. P. (Eds.) 1984. *The Near-Death Experience: Problems, Prospects, Perspectives.* Springfield, IL: Charles C. Thomas.

Grof, S. 1985. *Beyond the Brain: Birth, Death, and Transcendence in Psycho therapy.* Albany, NY: State University New York (SUNY) Press.

Grof, S. 1988. *The Adventure of Self-Discovery.* Albany, NY: State University New York (SUNY) Press.

Grof, S. 1992. *The Holotropic Mind.* San Francisco, CA: Harper.

Grof, S. 2006a. *The Ultimate Journey: Consciousness Research and the Mystery of Death.* Santa Cruz, CA: MAPS Publications.

Grof, S. 2006b. *When the Impossible Happens: Adventures in Non-Ordinary Realities.* Louisville, CO: Sounds True.

Grof, S. 1994. *Books of the Dead: Manuals for Living and Dying.* London: Thames and Hudson.

Grof, S., & Grof, C. 1980. *Beyond Death: Gates of Consciousness.* London: Thames & Hudson.

Grosso, M. 1994. "The Status of Survival Research: Evidence, Problems, Paradigms." A paper presented at the Institute of Noetic Sciences Symposium The Survival of Consciousness After Death, Chicago, IL, July.

Harrington, A. 1969. *The Immortalist.* Milbrae, CA: Celestial Arts.

Laszlo, E. 1994. *The Creative Cosmos.* Edinburgh: Floris Books.

Lommel, P. van. 2010. *Consciousness Beyond Life: The Science of the Near-Death Experience.* New York: Harper Collins.

Macy, M. 2005. "The Miraculous Side of Instrumental Transcommunication." A lecture at the Seventh International Conference on Science and Consciousness in La Fonda Hotel, Santa Fe, New Mexico.

Monroe, R. A. 1971. *Journeys Out of the Body.* New York: Doubleday and Co.

Monroe, R. A. 1985. *Far Journeys.* New York: Doubleday and Co.

Monroe, R. A. 1994. *Ultimate Journey.* New York: Doubleday and Co.

Moody, R. A. 1975. *Life After Life.* New York: Bantam Books.

Moody, R. A. 1993. *Reunions.* New York: Villard Books.

Osis, K. 1961. *Deathbed Observations of Physicians and Nurses.* New York: Parapsychology Foundation.

Osis, K., & McCormick, D. 1980. Kinetic Effects at the Ostensible Location of an Out-of-Body Projection During Perceptual Testing. *Journal of the American Society for Psychical Research.* 74: 319-324.

Raudive, K. 1971. *Breakthrough.* New York: Lancer Books.

Ring, K. 1982. *Life at Death A Scientific Investigation of the Near-Death Experience.* New York: Quill.

Ring, K. 1985. *Heading Toward Omega: In Search of the Meaning of the Near-Death Experience.* New York: Quill.

Ring, K., & Cooper, S. 1999. *Mindsight: Near-Death and Out-of-Body Experiences in the Blind.* Palo Alto, CA: William James Center for Consciousness Studies.

Ring, K., & Valarino, E. E. 1998. *Lessons from the Light: What We Can Learn from the Near-Death Experience.* New York: Plenum Press.

Rosen, H. D. Suicide Survivors: A Follow-up Study of Persons Who Survived Jumping from the Golden Gate and San Francisco-Oakland Bay Bridges. West J Med. 1975 Apr; 122(4): 289-294.

Rogo, G. S. 1990. *The Return from Silence: A Study of Near-Death Experiences.* New York: Harper and Row.

Sabom, M. 1982. *Recollections of Death: A Medical Investigation.* New York: Harper & Row.

Senkowski, E. 1994. "Instrumental Transcommunication" (ITC). An Institute for Noetic Sciences lecture at the Corte Madera Inn, Corte Madera, CA, July.

Sheldrake, R. 1981. *A New Science of Life.* Los Angeles, CA: J. P. Tarcher.

Sidgwick, H. et al. 1889. "Report on the Census of Hallucinations." *Proc. S.P.R.,* Vol. 10, 245-251.

Stevenson, I. 1966. *Twenty Cases Suggestive of Reincarnation.* Charlottesville, VA: University of Virginia Press.

Stevenson, I. 1977. The explanatory value of the idea of reincarnation. *The Journal of Nervous and Mental Disease, 01 May 1977, 164*(5): 305–326.

Stevenson, I. 1984. *Unlearned Languages.* Charlottesville, VA: University of Virginia Press.

Stevenson, I. 1987. *Children Who Remember Previous Lives.* Charlottesville, VA: University of Virginia Press.

Stevenson, I. 1997. *Where Reincarnation and Biology Intersect.* Santa Barbara, CA: Praeger Publications.

Turner, V. 2005. "Rituals and Communitas." *Creative Resistance,* November 26.

Weisse, J. E. 1972. *The Vestibule.* Port Washington, NY: Ashley Books.

14

코스믹 게임:

인간 의식의 가장 먼 곳을 향한 탐험

이 책의 앞선 장에서 우리는 정신의학, 심리학, 심리치료에 대한 홀로트로픽 의식 상태에 대한 연구의 영향을 주로 다루었다. 그러나 이 연구는 많은 흥미로운 철학적, 형이상학적 및 영적 통찰을 일으켰다. 홀로트로픽 상태를 통한 체계적인 자기탐구 수련에 참여한 사람의 초기 동기와는 무관하게, 머지않아 일련의 회기에서 깊은 철학과 영적 탐구를 하게 된다. 수많은 경우에서 나는 심현제 회기나 홀로트로픽 숨치료에 대한 흥미가 처음에는 치료, 전문성, 예술성에 있었지만 갑작스럽게 존재에 관한 가장 근본적인 질문을 스스로에게 묻고 대답하기 시작하는 사람들을 보았다. 이런 상황은 그들의 내적 과정이 무의식의 초월 상태나 주산기 상태에 도달했을 때 일어났다.

우리 우주는 어떻게 생겨났을까? 우리가 살고 있는 세계는 단지 무생물, 비활성 그리고 반응성 물질에 의한 역학적 과정의 산물일 뿐인가? 물리적 현실은 오로지 그것의 근본적인 구성요소와 그들의 상호작용을 지배하는 객관적 법칙의 관점에서만 설명될 수 있는가? 우주에 있는 질서와 형태, 의미의 근원은 무엇인가? 우리 우주와 같은 우주의 생성과 그 진화가 우월한 우주적 지적 존재의 참여가 없었다면 일어날 수 있었을까? 그리고 만약 최고 창조 원리가 있다면, 그것과 우리의 관계는 무엇인가?

영원함과 무한함에 반해, 우리가 살고 있는 공간과 시간은 유한하다는 우주의 본질에 대한 딜레마를 어떻게 받아들일 것인가? 삶과 물질 사이의 관계와 의식과 뇌 사이의 관계는 무엇인가? 악의 존재와 사물의 보편적 도식 안에서 압도적인 악이라는 존재는 어떻게 설명할 수 있을까? 우리의 존재는 임신에서 죽음에 이르는 기간에 걸쳐 단 한 번의 생명에 한정되어 있는 것일까, 아니면 우리의 의식이 생물학적 소멸에서 살아남아 연속적인 재탄생을 오랫동안 경험하고 있는 것일까? 그리고 이 질문에 대한 해답이 우리의 일상생활에 미치는 실질적인 영향은 무엇인가? 우리는 누구이고, 어디서 왔으며, 어디로 가는 것일까?

1960년대 후반, 나의 내담자와 동료의 내담자들이 경험한 5천 회가 넘는 심현제 회기에서 얻은 기록을 그들의 형이상학적 경험과 통찰에 중점을 두고 분석하기로 결정하였다. 나의 발견을 『LSD와 코스믹 게임: 심현제 존재론과 우주론의 개요LSD and the Cosmic Game: Outline of Psychedelic Ontology and Cosmology』(Grof, 1972)에 요약해 놓았다. 놀랍게도 나는 내담자들과 수련생들 사이에서 기본적인 형이상학적 이슈에 대한 그들의 통찰에 관한 광범위한 일치를 발견하였다. 이 연구에서 나온 현실에 대한 환상은 우주를 기계적인 뉴턴의 슈퍼머신이 아니라 우월한 우주적 지적 존재, 절대의식, 세계혼Anima mundi, 혹은 우주심Universal Mind에 의해 창조되거나 이들이 스며든 무한히 복잡한 가상현실로 묘사하였다.

심현제 회기에서 나온 형이상학적 통찰과 이 연구가 제공한 기본적인 존재론적이고 우주론적 질문에 대한 대답은 서구 과학의 물질주의 세계관 및 뉴턴-데카르트 패러다임과 첨예하게 충돌하고 있다. 그러나 올더스 헉슬리Aldous Huxley가 영원의 철학(Huxley, 1945)을 사용한 곳에서 볼 수 있듯 이는 세계의 위대한 신비주의 전통과의 광범위한 유사성을 보여 주었다. 또한 주로 뉴 패러다임 또는 대두하는 패러다임이라고 불리는 현대 과학의 혁명적 진보와 놀랍게도 양립할 수 있다(Grof, 1998).

이후에 홀로트로픽 숨치료와 자연스러운 홀로트로픽 상태('영적 응급')에서 일어난 여러 사건의 광범위한 경험이 쌓여 감에 따라, 나는 논문에서 서술한 형이상학적 통찰이 심현제 경험에만 국한되는 것이 아니라 홀로트로픽 상태 전반의 특징이었음을 알게 되었다. 이 장은 홀로트로픽 의식 상태를 체계적으로 작업해 온 사람들에게 자연스럽게 나타났던 현실에 대한 흥미로운 환상의 기본적인 특징들을 간략하게 설명한다. 더 포괄적인 논의는 『코스믹 게임: 인간 의식의 한계에 관한 탐구The Cosmic Game: Explorations of the Frontiers of Human Consciousness』에서 찾아볼 수 있다(Grof, 1998).

나는 일련의 심현제 회기나 홀로트로픽 숨치료 회기를 통해 자기탐구에 참여하였던 내담자와 수련생들로부터 그들이 이 과정을 계속 진행 중인 영적 여정으로 여긴다고 여러 차례 들었다. 이러한 진술들은 나로 하여금 홀로트로픽 의식 상태 속 영적 체험들을 연구하도록 촉진하고 그들이 영적 여정의 목표에 도달하였다고 느끼게 하는 것이 무엇인지 알아내도록 했다. 다시 말해서, 그들이 찾는 것들을 발견하고 얻었을까?

내재된 신성과 혼이 담긴 우주의 경험

만약 홀로트로픽 의식 상태에 있는 동안 우리가 계속 주의를 기울이고 있다면, 이는 일상 현실과는 완전히 다른 자각인 내재된 신성immanent divine을 경험하는 결과를 야기할 수 있다. 이러한 형태의 영적 체험을 하게 된 사람은 주변에 있는 사람들, 동물들 그리고 무생물들을 우주의 창조적인 힘의 빛나는 현상으로 바라보고 이 사물들의 경계는 환상에 불과하며 비현실적이라는 것을 깨닫는다. 이것은 스피노자가 말한 신, 즉 자연 신으로서 자연의 직접적인 경험이다. 또한 우리는 분열된 세계의 근본은 하나가 된, 나눌 수 없는 우주의 창조적인 힘이 펼쳐진 장이라는 것을 발견하였다.

TV로 비유를 하자면, 이 경험은 흑백 화면을 보다가 갑자기 생생하고 살아 있는 컬러 화면으로 바뀌는 것과 비슷하다고 할 수 있다. 두 경우 모두 원래 세계에 있던 수많은 요소가 동일하다. 우리는 여전히 사람이나, 동물, 나무를 알아본다. 그러나 우리가 그것들을 인식하는 방법에 새로운 차원이 추가됨으로써 근본적으로 재정립된다. TV 화면으로 보자면 이 새로운 차원은 색채이고, 내재된 신성 경험으로는 초자연성numinosity, 즉 신성함을 느끼는 것이다. '누미노제numinous'라는 용어는 융이 독일 신학자와 종교학자 루돌프 오토Rudolf Otto로부터 빌려 온 표현이다. 융은 이 용어를 다른 수많은 곳에서 이미 쓰이고 쉽게 오해받을 수 있는 종교적, 신비적, 영적, 신성의, 또는 마법적인 용어들보다는 중립적인 표현으로 쓰이기를 원했다.

전에 봤듯이 홀로트로픽 상태에서 우리는 동물들, 식물들 그리고 심지어 무기물 물질들을 구별하는 사실적이고 확실한 의식의 경험을 할 수 있다. 내재된 신성 경험을 한 후에 우리의 세계를 바라보는 관점은 넓어지고, 우리는 온 우주가 의식이 있고 영혼이 있는 물활론적 문화의 믿음을 이해하게 된다. 그들의 관점에서 동물뿐만 아니라 나무들, 강, 산, 태양, 달 그리고 별들까지도 의식이 있는 존재이다. 이 경험을 하게 되면 모든 측면에서 그 어떤 문화의 세계관을 반드시 받아들이고 체득할 필요가 없고 서구 과학의 모든 발견을 완벽하게 잊고 무시하게 될 것이다.

그러나 우리의 세계관에 중요한 실증적인 사실을 더했다. 우리가 홀로트로픽 의식 상태에서 객체로서 경험한 모든 것은 홀로트로픽 상태에서 주관적인 경험상의 대척점이라는 것이다 . 내재된 신성 경험을 하여 그들 자신을 다른 사람들, 동물들, 그리고 우주의 수많은 요소로서 경험할 수 있다는 것을 알게 된 사람들은 위대한 동양의 영적 철학들의 교리를 이해한다. 우주 안의 모든 것은 우주의식과 우주 창조 원리의 현현顯顯이다. 그들은 그저—브라만, 도, 부처 등—다른 이름으로 불릴 뿐이다.

궁극에 대한 탐색이 진행되는 한, 앞서 언급된 경험을 한 사람들은 자신이 영적 여정에 있어 중요한 발자국을 내딛었다고 느끼지만 그렇다고 그들이 최종 목표에 도달했다고 생각하지는 않는다. 그들은 더 발견해야 할 것이 있다는 것을 알고 있다.

초월적 신성과 원형 세계의 경험

초월적 신성transcendent divine 경험은 사람과 객체의 의식적 환상을 가져오며 세계의 다양한 문화의 신화, 복잡한 원형 순서, 그리고 이러한 전통에서 묘사된 '저 너머'(천국, 극락, 지옥, 또는 이와 같은 신화적 장소들)의 공간을 방문함으로써 마주하게 한다. 이러한 유형의 영적 체험에서 일상의 일부가 아닌 전혀 새로운 세상이 우리가 자각할 수 있는 범위에서 또 다른 충위나 질서로 (데이비드 봄의 용어를 빌리자면) '드러나거나unfold' 혹은 '명백한 explicate' 것처럼 보일 수도 있다(Bohm, 1980). 앞서 언급하였던 TV 예시를 통해 보면, 이것은 마치 우리가 매일 일상에서 보고 경험했던 것과는 현저히 다른 채널이 존재한다는 것과 같은 놀라운 발견일 것이다.

이러한 종류의 경험에서 우리의 심혼이 신화 속 존재들, 즉 모든 신의 신전들과 그들이 살고 있는 영역에 다가갈 수 있음을 알게 되었다. 이 경험들의 진위에 대해, 특히 설득력 있는 증거는 다른 자아초월적 현상과 마찬가지로 이 경험을 통해 그들이 있었던 세계와 존재들에 대한 새롭고 정확한 정보를 가지고 올 수 있다는 사실이다. 이 정보의 본질, 범위 및 성질은 때때로 우리가 전에 가지고 있었던 신화에 관련된 지적인 지식을 까마득히 초월하기도 한다. 이러한 관찰로 융은 프로이트가 이야기한 개인무의식 이외에 인류의 모든 문화적 유산을 연결하는 집단무의식이 있다고 추측하게 되었다. 융은 원형, 태초 보편적인 패턴의 현상이 집단무의식의 본질적인 구성요소에 해당한다고 말하였다(Jung, 1959).

탄생의 여러 단계 기억이 집단무의식의 원형 영역에서 나온 유사한 장면들의 환상을 수반할 때, 많은 사람이 죽음-재탄생 과정과 같은 상황에서 존재의 신적 차원과 처음 마주한다. 그러나 영적 세계와의 완전한 연결은 정신의 자아초월 단계에 들어갔을 때 만들어진다. 그렇게 되면 다양한 영적 체험이 탄생 과정의 순서와는 무관하게 순수한 형태로 나타난다. 몇몇의 경우에는 홀로트로픽 과정이 인생 전반과 출산 전후의 단계를 그냥 지나치고 자아초월의 세계에 곧바로 들어갈 수 있게 하기도 한다.

홀로트로픽 의식 상태는 우주가 기쁨과 분노에 찬 다양한 신에 의해서 구성되고 다스려졌다고 믿었던 고대의 세계관과 원시 문화에 대한 깊은 통찰을 제공한다. 이런 경험들의 이미지는 집단무의식에 의해서 이끌리고 우리가 지적 지식이 없는 시기를 포함한 인류 모든 역사 속 문화의 신화적 존재들과 신화의 주제를 보여 준다. 만약 고대의 세계관과 원시 문화에 대해 인정하고 받아들이는 것이 꺼려진다면, 우리는 성스러운sacred 대신 초자연적인numinous 그리고 신과 악마deities and demons 대신 원형적 존재archetypal figures와 같은 현대 용어를 사용할 수 있다. 그러나 우리는 더 이상 이런 경험들을 그저 하찮은 환영이나 판타지로 무시할 수 없다.

이런 영역에 대한 깊고 사적인 경험들은 우리에게 산업화 이전 사회에서 우주의 이미지가 무지, 미신, 원시적인 '마술적 사고'나 정신병 환자들의 환상이 아니라 대체 현실의 진정한 경험들에 기반을 두었다는 것을 깨닫게 해 준다. 이런 현상들을 객관적 기반이 없는 환영이나 상상의 경험으로부터 구분하기 위해서 융 학파 심리학자들은 이런 초월현상적 현실들을 '심상적imaginal'이라고 부른다.

프랑스 학자이자 철학자이며 상상의 세계mundus imaginalis라는 용어를 처음 사용한 신비주의자 앙리 코르뱅Henri Corbin은 이슬람 신화 문학에 대한 그의 연구로부터 영감을 받았다(Corbin, 2000). 이슬람 신학자들은 심상의 세계를—감각 세계에 존재하는 모든 것은 그 유사체가 있는—상상의 영역alam al mithal[1]이라고 부르거나 혹은 고대 이슬람 지리학에 있는 지역인 '7번째 영역'과 구분하기 위해 '8번째 영역'이라고 부른다. 심상의 세계에 형태나 색채, 시공간적 차원이 있지만 이들은 우리가 물리적인 물체의 성질을 지각하는 방식으로는 지각할 수 없다. 그러나 이 세계의 모든 측면은 우리의 감각 기관으로 지각되고 그 안에서의 경험은 다른 사람들이 대부분 동의함으로써 확인될 수 있는 물질세계만큼이나 충분히 존재론적으로 실재한다.

원형 경험들은 그들만의 3차원 공간과 곧게 펼쳐진 직선상의 시간대가 있다. 그러나

---

1) 생각하는 그대로 현실이 되는 상상의 영역이다.

우리가 물질세계와 비교할 때 시간과 공간의 결합을 놓치고 있다. 예를 들어, 우리는 프라하와 볼티모어 사이의 거리를 잴 수 있고 어디로 가면 프라하를 찾을 수 있는지 알아낼 수 있다. 하지만 이를 시바Shiva의 천국과 오딘Wotan 신이 전쟁 중에 사망한 북유럽 전사들을 위해 만든 안식 공간인 발할라Valhalla에 동일하게 적용할 수는 없다. 비슷하게, 우리는 미국 남북전쟁부터 러시아의 볼셰비키 혁명까지 얼마나 많은 시간이 지났는지 알아낼 수 있다. 만약 올림픽 신들과 타이탄과의 전투와 신들의 황혼이라 불리는 라그나로크Ragnarok(북유럽 신화의 마지막 전투) 사이의 시간 간격을 묻는다면 우리는 같은 질문이지만 답을 할 수 없을 것이다.

원형 존재들은 여러 개의 유형으로 분류된다. 첫 번째 유형은 다양하고 전형적인 역할과 원칙을 구현하는 인격을 포함한다. 여기에 위대한 태모신the Great Mother Goddess, 잔인한 태모신, 현자, 영원한 젊음, 연인, 죽음, 협잡꾼, 아니마와 아니무스, 그리고 그림자가 있다. 두 번째 유형은 특정한 문화, 지정학적인 지역 그리고 역사적 시기와 관련된 신과 악마들을 포함한다. 예를 들어, 우리는 태모신의 일반화된 보편적인 이미지보다 구체적으로 문화와 결합한 형태인 그리스도의 성모 마리아, 수메르의 이난나, 이집트의 이시스, 그리스의 헤라, 힌두의 락슈미 또는 파르바티 등을 경험할 수 있다. 홀로트로픽 상태에서 접촉할 수 있는 원형적 조우의 유형이 그들의 믿음, 지식, 문화적 유산에 의해서 제한되지 않는다는 것을 유념하는 것이 중요하다. 집단무의식에 관한 융의 이론에 대한 실험 증거와 유사하게 이러한 경험들은 인류 역사에 있는 모든 문화의 신화로부터 이끌어졌다.

논의의 목적을 위해 홀로트로픽 의식 상태에서 자연스럽게 나오는 보편적 영성과 종교를 구분하는 것은 중요하다. 영성은 개인과 우주 사이의 특별한 관계를 포함하며, 본질적으로 개인적이고 사적인 일이다. 그에 비해 조직화된 종교는 성역, 사원, 또는 교회 같이 특정한 장소에서 제도화된 집단행동을 포함하며, 영적 실재들을 개인적으로 경험했거나 안 했을지도 모르는 사람에게 직위를 주는 시스템이라는 특징이 있다.

이러한 원형 존재들과 마주한다는 것은 감정적으로 압도적이며 각각의 신화들에 대한 사전 지식만이 아니라 경험한 사람의 인종적, 문화적 그리고 교육적 배경과 무관한 새롭고 상세한 정보를 가져온다. 더없이 자비롭기도 하고 무섭기도 한 신들에 대한 경험은 엄청난 황홀경부터 마비될 정도의 형이상학적인 공포까지 극도로 강렬한 감정들로 이루어져 있다. 이러한 경험을 한 사람들은 대체적으로 원형 존재들을 엄청난 경외심과 존경심을 가지고 바라보고, 이들을 우월한 질서에 속한 존재들로서 비범한 에너지와 힘을 타고나며, 우리의 현실 세계 속 사건들을 바꿀 수 있는 능력이 있는 존재로 여긴다. 그러므로 신과 악마를 경험한 사람들은 신들과 악마들의 존재를 믿었던 산업 혁명 이전 문화의 태도와 같은 태도를 가지고 있다고 볼 수 있다.

그러나 이러한 경험을 한 사람들은 우주 속에 있는 최고 원리와 원형 존재를 혼동하지 않으며, 그들은 존재를 완전히 이해한다고 주장하지 않는다. 그들은 대체적으로 초월하는 우월한 힘의 창조물로서 이러한 신들을 경험한다. 이런 통찰은 조셉 캠벨의 '진정한 신은 초월성 앞에서 투명해져야만 한다.'를 상기시킨다. 그들은 '절대'를 가르치고 그로 향하는 다리로서 기능해야 하지, 그것을 혼동해서는 안 된다. 우리가 체계적인 자아탐색 또는 영적 수행에 들어갈 때, '절대'로 향하는 창구가 아니라 최고의 우주적 힘으로 보게 하고 특정한 신을 불투명하게 하는 함정을 피하는 것이 중요하다.

캠벨은 구체적인 원형 존재의 이미지를 창조의 궁극적 근원이나 근원의 진정한 현신이라고 착각하는 것은 종교의 역사 속에서 널리 퍼져 있는 위험하고 분열을 일으키는 실수인 우상 숭배로 빠질 수 있다고 경고하였다. 이는 같은 믿음을 가지고 특정한 방법으로 숭배하려고 하는 사람들을 결속시키지만 이 집단으로 하여금 신성의 다른 현신을 선택한 다른 집단에 맞서게 한다. 그러면 그들은 다른 사람들을 개종하게 하거나 정복하고 없애려고 시도할 수 있다. 반면, 진정한 종교는 보편적이고 모두를 포괄하며 모두를 아우른다. 종교는 문화권의 구체적인 원형 이미지를 초월하고 모든 형태의 궁극적 근원에 집중해야 한다. 그러므로 종교의 세계에서 가장 중요한 논제는 우주 안에 있는 최고 원리의 본질이다.

최고 우주 원리에 대한 경험

홀로트로픽 의식 상태를 통해서 체계적인 자기탐색을 하는 사람들은 여러 차례 이 과정을 철학적이고 영적인 탐색이라고 말했다. 전에 언급한 바와 같이, 이는 나로 하여금 심현제 회기와 홀로트로픽 숨치료 회기의 기록 또는 영적 응급을 겪고 있던 사람들의 보고에서 어떤 경험이 탐색 목표에 도달하였다는 감각을 주는지를 찾도록 고무시켰다. 나는 그들의 영적 갈망을 완벽하게 충족하는 '절대'와의 경험을 한 사람들이 보통 그 어떤 구체적인 형상이 있는 이미지를 보지 못했다는 것을 알아냈다. 그들이 신비롭고 철학적인 탐색 목표를 달성하였다고 느꼈을 때, 최고 원리에 대한 그들의 묘사는 매우 추상적이었고 현저히 서로 비슷하였다.

그러한 궁극의 계시revelation를 이야기한 사람들은 이 상태의 경험적 특성을 설명하는 데 있어 꽤나 놀라운 일치를 보였다. 그들은 '궁극the Supreme'과의 경험은 모든 분석적 사고방식, 이성적 범주와 일상적 논리의 제약을 초월하는 것을 수반한다고 말했다. 이러한 경험은 우리가 아는 3차원 공간과 선형적 시간의 일반적인 한계에 얽매이지 않는다. 또한 불가분한 혼합물 속에 가능한 모든 극성을 포함하고, 그렇기에 모든 종류의 이원성을 초월한다.

자주 내담자들과 수련생은 상상할 수도 없이 강렬한 빛의 광원을 절대에 비유하였지만, 빛이 우리가 물질세계에서 알고 있는 그 어떤 빛들과는 상당히 다르다는 점을 강조하였다. 절대를 빛으로 묘사하는 것은 어느 정도 그럴듯해 보이지만, 본질적인 특징의 일부를 놓치고 있다. 특히 절대가 무한한 지성과 엄청난 창조성을 지닌 의식의 거대하고 불가해한 영역이라는 사실을 누락시킨다. 자주 언급되었던 다른 속성은 그것이 독특한 개인적인 특징과 정교한 유머감각('우주적 유머')을 지닌다는 점이다.

우리는 최고 우주 원리를 다른 두 가지 방법으로 경험할 수 있다. 때때로 개인적인 경계가 모두 사라지거나 완전히 지워지면서 우리는 완벽하게 신성한 근원과 합쳐지고, 그와 구분할 수 없게 된다. 다른 경우에 우리는 독립적인 정체성의 감각을 유지하면서 존재의 전율하지 않을 수 없는 신비mysterium tremendum를 밖에서 목격하고 있는 깜짝 놀란 관찰자의 역할을 맡는다. 또한 우리는 '신'을 아버지나 어머니로 경험하면서 자식으로서의 태도를 취할 수도 있다. 아빌라의 성녀 테레사, 신에게 헌신하는 박티bhakti 수행자들 또는 13세기 페르시아인이자 초월적인 시인 루미가 묘사한 신비주의자의 예를 보면, 우리는 '신'을 '사랑하는 사람'으로 경험하면서 도취된 연인과의 황홀경을 느낄 수도 있다.

모든 시대의 영적 서적은 '신성'에 대한 두 종류의 경험을 모두 풍부하게 서술한다. 힌두교 현자이자 베단타 철학 불이일원론不二一元論, Advaita[2]의 스승인 스리 라마나 마하르쉬 Sri Ramana Maharshi와 여신 칼리의 열렬한 숭배자인 스리 라마크리슈나Sri Ramakrishna의 대화가 역사상 좋은 예이다. 스리 라마나 마하르쉬는 바다의 깊이를 경험하고 싶어서 수영을

---

2) 주요한 두 베단타(Vedanta) 학파 중의 하나로, 브라만(Brahman)의 존재만을 주장하고 현상계는 무지에 바탕을 둔 환영이라고 주장한다.

하러 갔다가 결국 완전히 녹아 버린 설탕인형의 이야기를 통해서 비이원적인 경험을 보여 주었다. 스리 라마크리슈나는 "나는 설탕을 맛보고 싶지, 내가 설탕이 되기는 싫다!"라고 대응하였다. 현대 의식 연구는 절대를 경험하는 두 가지 방식이 주요한 영적 돌파구에 해당하며, 성격 구축에 있어서 긍정적인 변화와 평온과 안정에 대한 황홀한 감정을 가져오며 더 높은 의미에 대한 접근을 가능하게 한다고 제시한다.

우주적 심연: 초우주적 그리고 메타우주적 공

절대의식과의 조우 또는 그것과의 동일시가 우주나 궁극적인 실체의 최고 창조 원리를 경험하는 유일한 방법은 아니다. 궁극적인 해답을 찾는 사람들을 만족시킬 것 같은 경험의 두 번째 유형은 특히 놀라운데, 왜냐하면 여기에 구체적인 내용이 없기 때문이다. 이는 신비주의 문학에 '공the Void'으로 묘사된 '우주적 텅 빔' 그리고 '무'와의 동일시이다. 우리가 홀로트로픽 상태에서 마주할 수 있는 공허의 경험이 모두 '공'의 자격이 있는 것은 아님을 강조하는 것이 중요하다. 사람들은 꽤나 자주 이 용어를 감정, 자주성, 내용, 의미의 불쾌한 부재를 묘사할 때 사용한다. 하지만 '공'의 자격을 얻으려면 아주 특정한 기준을 충족시켜야 한다.

우리가 '공'을 마주할 때 우주적 비율과 관련성에 있어서 원초적으로 비어 있음을 느낀다. 우리는 절대적인 '무'를 순전히 의식을 통해 자각한다. 그러나 동시에 우리는 이상하고 역설적으로 그것의 본질적인 충만함을 느낀다. 이 우주적 진공은 또한 총체plenum이다. 왜냐하면 누락된 것은 아무것도 없는 것 같기 때문이다. 무엇도 구체적이고 분명한 형태로 이루어져 있지 않은 반면에, 모든 존재가 잠재적으로 내재하는 것 같다. '공'은 시공간의 일반적인 범주를 초월한다. 이는 불변하며 빛과 어둠, 선과 악, 운동과 안정성, 소우주와 대우주, 고통과 황홀, 단수와 복수, 색色, form[3]과 '공', 심지어 존재와 비존재와 같은 모든 극성과 이분법을 넘어서는 곳에 있다.

몇몇은 이를 초우주적Supracosmic 공이나 메타우주적Metacosmic 공이라고 부르는데, 이는

---

3) 형상, 물질이다.

원초적인 공허와 무가 우리가 아는 현상 세계에 내재하는 원리이며, 이것이 현상 세계를 만들어 내고 동시에 포괄함을 나타낸다. 무한한 가능성을 가진 형이상학적 진공은 모든 존재의 요람이자 존재의 궁극적인 근원인 것 같다. 우주의 심연은 우주를 만드는 데 필요한 지성, 창조성과 엄청난 에너지를 가지고 있다. 그다음에 내재하고 있는 잠재력을 자각하고 구체화하는 것을 통해 모든 현상 세계가 창조된다. 존재에 대한 가장 기본적이고 심오한 질문에 대한 이러한 역설적인 답이 얼마나 실제로 설득력 있고 논리적인지를 말로 전하기는 불가능하다. 이 특별한 상태를 완전히 이해하려면 개인이 직접 경험해야 한다.

형가리–이탈리아 출신의 세계적으로 유명한 체계 이론학자이자 과학 철학자인 어빈 라슬로Ervin László는 시공간을 뛰어넘는 이 신비로운 영역을 아카식 전체장Akashic Holofield이라고 불렀다. 라슬로는 『현실이란 무엇인가: 우주, 의식 그리고 존재의 새로운 지평What Is Reality: The New Map of Cosmos, Consciousness, and Existence』에서 다수의 과학 분야와 철학, 형이상학을 통합하여 훌륭한 새 패러다임을 제안하였다(László, 2016). 라슬로의 연결성 가설은 현대 서구 과학의 수많은 학문을 괴롭혔던 많은 역설에 대한 해결책을 제시하고 과학과 영성 사이에 다리를 놓아 주었다(László, 2003).

포함하며 초월하는

홀로트로픽 의식 상태로 들어가는 체계적인 영적 수행에서 우리는 여러 차례 신체–자아의 일반적인 경계를 넘어선다. 또한 이 과정에서 물질세계와 다른 현실의 경계들이 궁극적으로 임의적이고 절충 가능하다는 것을 알아냈다. 합리적인 사고에 의한 한계와 평범한 논리와 상식의 구속을 버림으로써 우리는 많은 경계를 뚫고 지나갈 수 있으며, 의식을 상상 불가능한 영역까지 확장시킬 수 있고, 종내 영적인 문헌으로부터 다양한 이름으로 알려진 모든 존재의 초월적인 원천과의 동일시와 통합을 경험할 수 있다.

절대와의 일치를 경험할 때 우리 존재가 궁극적으로 우주 창조 에너지의 모든 영역과 모든 존재에 상응한다는 것을 인식한다. 깊은 자기탐색의 과정에서 얻을 수 있는 가장 중요한 발견은 우리 스스로의 신적인 특성과 우주 원천과의 동일시이다. 다음은 『우파니샤드Upanishad』에 나오는 우리의 진정한 정체성에 관한 물음에 대한 유명한 대답의 요점이다. "네가 그분이다 Tat tvam asi." 이 문장의 직역은 "당신이 그분이다."이고, 이 말의 의미는 "당신은 신성이다." 혹은 "당신은 하느님이다."이다. 이는 개인의식에 체현된 '피부에 갇힌 에고'나 '이름과 형상'과의 일상적인 동일시가 환상이며, 우리의 진정한 본질은 우주 창조 에너지(진아Atman-절대자Brahman)의 전체 장과 동일하다는 것을 드러낸다.

이 전서의 도입부에서 개인의 신성을 드러내는 것이 모든 위대한 영적 전통의 핵심에 있는 궁극적인 비밀이라는 것을 이야기하였다. 우리는 이를 세계의 위대한 종교들의 많은 구체적인 예시로 묘사해 왔다(01장).

형언할 수 없는 것을 위한 단어

홀로트로픽 의식 상태에서 최고의 우주 원리를 직접 경험할 수 있지만 적절히 묘사하거나 설명하는 것은 어렵다. 일상생활의 일을 소통하는 데 사용하는 언어는 정말로 이 일에 적절하지 않다. 이러한 경험을 했던 사람들은 이것이 형언할 수 없다는 데 동의하는 듯하다. 우리 언어의 단어와 구조는 정말로 그것의 본질과 차원을 묘사하는 데 부적합한 도구이며, 특히 경험하지 않는 사람들에게 그렇다. 중국의 전설적인 도교 철학자인 노자는 『도덕경』에서 이를 간단명료하게 나타냈다. "도라고 할 수 있는 도는 영원한 도가 아니다. 이름 지을 수 있는 이름은 영원한 이름이 아니다."[4]

초월적인 경험을 서술하고자 하는 시도는 일상적인 대화체에 의존해야 하는데, 이것은 일상생활에서의 일반적 의식 상태에서 경험한 대상과 활동을 묘사하기 위해 발전해 왔다. 그 이유로 우리가 다양한 홀로트로픽 의식 상태에서 마주한 통찰과 경험에 대해 이야기하고 싶을 때 이 언어는 부적절하고 부적합하다고 드러났다. 특히 우리의 경험이 -공, 절대의식, 창조와 같은- 존재의 궁극적인 문제들에 주력할 때 그러하다.

동양 영성 철학에 익숙한 사람들은 그들의 영적 체험과 통찰을 서술할 때 다양한 아시아 언어에 있는 단어에 의존하고는 한다. 그들은 산스크리트어, 티베트어, 중국어, 일본어의 용어를 사용한다. 이러한 언어들은 문화 안에서 홀로트로픽 상태와 영적 체험에 관

---

4) 도가도 비상도 명가명 비상명(道可道非常道 名可名非常名)

해서는 매우 정교하게 발전되었다. 서양의 언어와는 다르게 그들은, 특히 신비로운 경험의 뉘앙스와 무상삼매, 유상삼매, 공, 견성, 득도, 도, 열반, 쿤달리니, 기氣와 치chi 에너지, 중유bardo, 무아, 윤회, 환영maya, 무명無明과 같이 관련된 쟁점을 서술하는 전문적인 용어들이 있다. 그러나 결국 이런 용어들은 이에 상응하는 경험을 했던 사람만이 이해할 수 있다.

시는 꽤 불완전한 수단임에도 초월적인 현실에 대해 소통하거나 영적 체험의 정수를 전달하는 데 더 적합하고 적절한 수단인 것 같이 보인다. 이러한 까닭으로 영적 지도자와 위대한 공상가들 중 상당수가 그들의 형이상학적 통찰을 공유할 때 시에 의지했다. 초월적인 상태를 경험한 많은 이가 오마르 카이얌Omar Khayyam, 루미Rumi, 칼릴 지브란Kahlil Gibran, 카비르Kabir, 미라바이Mirabai 공주, 스리 오로빈도Sri Aurobindo, 윌리엄 블레이크William Blake, D. H. 로렌스D. H. Lawrence, 라이너 마리아 릴케Rainer Maria Rilke, 월트 휘트먼Walt Whitman, 혹은 윌리엄 버틀러 예이츠William Butler Yeats와 같은 예지적인 시인들의 작품에서 적절한 구절을 상기하고 인용하였다.

창조의 과정

홀로트로픽 의식 상태에서 우주 창조 원리를 경험한 사람들은 자주 창조의 과정을 상상하고 그 엄청난 스케일과 웅장한 설계에 매혹된다. 그들은 신이 본연의 상태를 버리고 무한한 수로 보이는 현상 세계를 만드는 어마어마한 과제를 착수하게 한 충동의 본성을 이해하고자 노력한다. 그들은 세계가 경험의 세밀한 조정으로 만들어졌고, 물질이라기보다는 가상이라는 데 동의하는 듯하다. 그러나 왜 창조가 일어났는지, 신이 그 자체에서 그리고 그 자체로부터 셀 수 없이 많은 현상 세계를 만들어 내려는 '동기'가 무엇인지에 관한 통찰에는 흥미로운 몇 가지 모순이 있다.

이러한 통찰들 중 중요한 하나의 범주는 환상적인 내적 풍부함과 절대의식의 상상도 할 수 없는 창조의 잠재성을 강조한다. 우주의 원천은 가능성이 너무나 과다하고 흘러넘쳐서 그저 창조 행위로 표현하기만 하면 된다. 또한 다른 범주는 절대의식이 창조의 과정에서 본연의 상태에 없거나 놓친 것을 추구한다는 것을 밝혀냈다. 일반적인 시각에서는 이 두 가지가 서로 모순되는 듯하다. 그러나 홀로트로픽 상태에서는 충돌은 사라지고 겉보기에 상충하는 둘은 틀림없이 공존하며 실은 서로를 보완한다.

예전에 한 생물학자가 우리의 트레이닝 프로그램에 참가하였는데, 그는 LSD 회기에서 경험하였던 창조하려는 신의 충동을 나타냈었다. 그는 이 과정과 수정란을 관찰하였을 때 보았던 것과는 거리가 먼 유사성을 발견하였다. 처음에 수정란의 거대한 창조 가능성은 잠잠하였다. 그러자 원형질의 외적 관성이 충격에 의해 중단되었고, 이 충격은 파문을 만들어 내고 세포 분열과 배생장(배아성장)의 과정을 시작하게 했다. 다른 내담자는 우주 창조로 이어지는 과정을, 영감을 받고 위대한 예술 작업을 잉태하여 그 자체가 생명을 품게 되는 예술가의 마음에 비유하였다.

다른 묘사는 신성의 숨겨진 가능성을 발견하고 탐험하고 경험하고자 하는, 스스로를 알고자 하는 신의 엄청난 욕망을 강조한다. 그리고 이 욕망은 오직 잠재하는 모든 가능성을 구체적인 창조 행위로 구체화하고 구현해야 끝날 수 있다. 이는 객체와 주체, 경험하는 자와 경험되는 것the experienced, 관찰자와 관찰대상의 양극화를 필요로 한다. 중세 히브리 신비철학 성서에서 유사한 발상을 찾아볼 수 있다. 성서에 따르면 신의 창조 동기는 '얼굴을 마주보기 위해서'이거나 '신이 신을 보기 위해서'이다.

자주 강조되는 창조 과정의 또 다른 중요한 측면은 재미, 자기-기쁨, 창조자의 우주적 유머이다. 이는 실재와 우주를 신의 유희나 놀이lila로 서술한 고대 힌두교 문헌이 잘 설명하고 있다. 이에 따르면 창조는 브라만, 하느님이 스스로 안에서 그로부터 만들어 낸 복잡하고 무한하게 엉켜 있는 우주적 게임이다.

창조는 자신의 삶을 탐험과 연구에 헌신한 과학자의 열병과 같은 열정으로, 절대의식의 어마어마한 호기심을 표현한 거대한 실험으로 보일 수 있다. 또한 창조의 '동기'를 향한 통찰을 경험했던 몇몇 사람들은 그것의 미학적 측면에 주목한다. 이 시각에서 우리가 살고 있는 우주와 다른 차원의 모든 경험적 현실은 궁극적인 예술 작품으로 보이며 그것을 창조하려는 충동은 최고의 예술가의 영감과 창조 열정에 비유할 수 있다.

앞에서 언급한 바와 같이 창조의 기저가 되는 힘에 관한 통찰은 때때로 넘치는 풍부함, 풍요로움, 우주 창조 원리의 완성이 아니라 오히려 중요한 것의 부족이나 부재, 결핍, 필요성, 욕구를 나타낸다. 예를 들어, 존재 상태의 완전함이나 방대함에도 불구하고 절대의식은 자신이 홀로 존재함을 깨닫는다는 것을 발견할 수 있다. 이 고독은 파트너십, 소통, 신적 갈망과 같은 사랑을 주고받고 공유하고자 하는 깊은 열망으로 표현된다.

때때로 이 범주에서 전해지는 창조의 과정 배후에 있는 중요한 동기부여의 힘은 물질세계의 특징인 경험의 신적인 원천을 향한 원시적인 갈망이다. 이 통찰에 따르면 영Spirit

은 그 본질로부터 무엇이 반대되고 대조하는지 경험하고자 하는 심오한 욕망을 가지고 있다. 그는 자신의 원래 가지고 있지 않은 모든 자질을 탐구하고 그가 아닌 모든 것이 되고 싶어 한다. 영원하고 무한하며 제한이 없고 초현세적인 그는 단명하고 비영구적이며 일시적인 시공간에 제한되고 유형적이며 물질적이기를 열망한다. 창조 과정의 이러한 측면은 아즈텍족의 『보르자 고문서Codex Borgia』에 아름답게 묘사되어 있다. 그 그림은 영Spirit을 상징하는 케찰코아틀(날개가 있는 뱀)과 물질을 상징하는 테스카틀리포카(연기 나는 거울)라는 두 형체의 역동적인 상호 보완적인 춤을 보여 준다.

때때로 창조의 또 다른 주요한 '동기'는 약간의 단조로움이라고 언급된다. 인간의 관점에서 신적 체험은 엄청나고 장엄하지만 신에게 그것은 항상 똑같으며 단조롭다. 그렇다면 창조는 변화, 활동, 움직임, 극적임, 놀라움에 대한 초월적인 열망을 표현하는 막대한 노력으로 볼 수 있다. 중세 유대 신비교의 성서에서 창조의 동기가 신의 무료함이라는 것을 찾을 수 있다.

창조의 우주 실험실로 향하는 깊은 통찰력을 경험한 운 좋은 모든 사람은 이 현실에 대해 말할 수 있는 무엇도 우리가 목격한 것을 그대로 보여 주는 것이 불가능하다는 데 동의하는 듯하다. 현상 세계를 만드는 데 근원이 된 상상할 수 없는 비율의 엄청난 충동은 우리의 일상적인 감각과 상식에는 모순적이고 역설적임에도 이 모든 요소 그 이상을 함유하고 있는 것처럼 보인다. 창조를 이해하고 묘사하고자 하는 모든 노력에도 불구하고 창조의 법칙과 과정의 본질은 불가해한 수수께끼의 장막 너머에 있다는 점은 명백하다.

또한 우리가 사용하는 언어가 초월 영역에서 경험한 것을 말로 옮기는 데 특별한 문제가 있다는 것을 언급해야 한다. 우리가 할 수 있는 최선은 일상의 삶으로부터 알게 된 감정들 중에서 비슷하고 유사한 단어를 다소 유연하게 사용하는 것이다. 초월 경험을 서술하기 위해 노력한 정신과 환자들이 개발한 유용한 방법은 그들이 선택한 단어들의 첫 글자를 대문자로 표기하는 것인데, 그것으로 단어들의 일상적인 뜻의 진부함을 피하고 묘사하고자 하는 우주의 장엄함에 대한 감정과 상태를 시사한다. 나는 이 장에서 신성한 외로움, 사랑, 열망, 갈망 및 무료함을 말할 때 이 방법을 사용하였다.

창조의 이유나 동기(창조한 '까닭')에 관해 드러내는 것을 제외하고 홀로트로픽 상태의 경험은 자주 창조 과정에 대한 구체적인 원리와 방법(창조한 '방법')에 대한 밝은 통찰을 가져다준다. 이는 서로 다른 감각적인 특징을 가진 경험을 만들어 내고, 이를 체계적이며 조리 있게 조정함으로써 가상현실을 만드는 '의식에 관한 기술'과 관련이 있다. 이런 통찰에 대한 설명은 그것을 묘사하기 위해 사용되는 비유, 언어, 세부적인 내용들이 다양하게 다르지만 그들은 일반적으로 현상계의 창조에 관여한 두 과정을 상호 관련적인 과정과 상호 보완적인 과정으로 구분한다.

그중 첫 번째는 절대의식의 원래 미분화된 통합을 무한히 많은 수의 의식으로 나누는 활동이다. 신성은 분할, 분열, 분화의 복잡한 일련의 창조 작용에 관여한다. 이는 특정한 형태의 의식을 부여받아 자기인식과 자율성을 지닌 수많은 분리된 실체를 포함한 경험 세계를 낳는다. 이에 우주의식의 원래 미분화된 영역이 많은 분열과 세분에 의해 만들어 진 상태가 된 것이라는 데 일반적으로 동의하는 듯하다. 그러므로 신성은 그 바깥이 아 닌, 스스로의 영역 안에서 분열과 변화로 창조한다.

창조 과정에서 중요한 두 번째 요소는 파생된 의식의 실체들이 점차적으로 계속 그들 의 근원과 순수한 본질에 대한 인식을 잃어가는 분할, 분리, 혹은 망각이다. 또한 그들 은 개인의 정체성과 서로로부터의 완전한 분리에 대한 감각을 발달시킨다. 이 과정의 마 지막 단계에서 침투할 수 없는 무형의 장막이 분할된 단위와 미분화된 절대의식, 각각의 그들 사이에 존재한다.

절대의식과 그 부분과의 관계는 독특하고 복잡해서 보통의 생각으로는 이해할 수 없 다. 아리스토텔레스의 논리와 우리의 상식상, 부분은 동시에 전체가 될 수 없으며 부분 의 총합인 전체는 부분이 될 수 없고 전체는 그 어떤 부분보다 커야 한다. 보편적인 사회 구조에서 그들의 개성과 특정한 차이에도 불구하고 의식의 개별적인 단위는 본질적으로 그 각각과 그들의 근원과 그리고 서로 각각 동일한 또 하나의 수준에 머물러 있다. 그들 은 전체이자 동시에 부분이며, 분명히 역설적이다.

"위에 있는 것은 아래에 있는 것이고 아래에 있는 것은 위에 있는 것이며 이는 하나의 기적을 만들어 낸다." 이 헤르메스 트리스메기스투스Hermes Trismegistus의 불가사의한의 에 메랄드 태블릿Emerald Tablet, Tabula Smaragdina의 인용구는 비전秘傳, 연금술, 점성술, 유대 신비 교, 탄트라를 포함한 많은 난해한 학문의 영감이 되었다. "인간은 대우주를 지니고 있는 소우주이다."가 그들의 기본 원칙이다. "위에서처럼, 아래에서도As above, so below" 그리고 "없는 것처럼, 안에서도As without, so within."

불성과 모든 창조물 사이의 관계를 보여 주는 아름다운 예시는 상호 간섭Mutual Interpenetration에 대한 화엄 불교의 가르침에서 찾아볼 수 있다. 기본 사상은 '하나 안의 하 나' '전체 안의 하나' '전체 안의 전체' '하나 안의 전체'의 네 문장으로 간결하게 정리할 수 있다. 이 상황을 설명하기 위해 사용된 유명한 이미지는 인드라의 천국에 있는 목걸이 로, 진주가 각각 다른 진주를 모두 반영하도록 배열되었다. 이야기를 통해 보다 정교하고 생생한 설명이 전해진다.

중국의 우 황후는 화엄 불교의 복잡한 가르침을 이해하는 것을 어려워하였고, 선종사
禪宗師 법장 스님에게 이를 설명해 달라고 부탁하였다. 법장은 그녀를 모든 벽과 천장과
마루가 거울로 뒤덮인 방으로 데려갔다. 그리고 방 한가운데에 걸려 있는 촛불을 켰다.
그러자 그들은 무한한 촛불들에 둘러싸였다. 법장은 다음과 같이 말했다. "이렇게 모든
창조물 안에 하나가 있습니다."

그는 주머니에 손을 넣어 수정구를 꺼냈다. 이제 모든 초는 하나의 수정구 안에 반사되
었다. "그리고 많은 것이 하나에 있는 법입니다. 보세요. 궁극의 현실에서는 무한히 작은
것이 무한히 큰 것을, 무한히 큰 것이 무한히 작은 것을 어떤 장애 없이 포함하고 있습니
다." 그리고 나서 그는 한없이 크고 복잡한 역학 체계 안에서 일어나는 것을 설명하기 위
해 단순한 정지 상태의static 모델을 사용한 데에 사과하였다. 과거 난해한 학문들의 터무
니없고 불가해한 것처럼 여겨졌던 소우주와 대우주 사이의 관계에 대한 기본 사상은 광
학 홀로그래피 발명에 의해 예상치 못하게 과학의 지지를 받았다.

홀로트로픽 의식 상태에 대한 연구로부터 나온 통찰은 존재를 시간, 공간, 선형적 인
과관계, 그리고 모든 종류의 양극성을 초월하는 우주 창조 원리의 놀라운 작용으로 묘사
한다. 이 관점에서 물질세계를 포함한 현상 세계는 경험을 무한히 복잡하게 조정하는 의
식의 기술을 통해 만들어진 '가상현실'로 보인다. 그들은 현실의 다양한 층위에 존재하는
데, 이 현실은 원형 존재의 많은 신으로 구별되지 않는 절대의식부터 물질세계에 존재하
는 수많은 인간, 동물, 식물에 이르기까지 다양하다.

재통합의 방법

점진적으로 분리되고 멀어지는 연속적인 분열의 과정은 오직 우주 주기의 절반만을
나타낸다. 이 과정은 다원성의 세계로부터 경계의 해체를 증진시키며 거대한 전체로 합
쳐지려는, 반대 방향의 움직임을 나타내는 의식 안에서의 사건들로 구성되어 있다. 홀로
트로픽 상태의 통찰은 반복적으로 이 과정의 또 다른 부분을 드러낸다.

이러한 통찰은 여러 영적, 철학 체계에서 묘사한 두 우주 운동에 대한 설명과 논의와

유사하다. 예를 들어, 신플라톤학파의 창시자 플로티노스는 이를 **유출**efflux과 **환류**reflux라고 말했다(Plotinus, 1991). 동양에서는 인도 신비주의자이자 철학자인 오로빈도의 논문에서 의식의 **퇴화**involution와 **진화**evolution라는 이름의 가장 명확한 표현을 유사한 개념으로 찾을 수 있다(Aurobindo, 1977). 우주 과정에서 **하강**descent과 **상승**ascent의 역학에 대한 현대의 논의는 켄 윌버(Wilber, 1980, 1995)의 논문에서 찾아볼 수 있다. 나는 이에 하일로트로픽hylotropic(물질세계를 향해 움직임, 그리스어 *hyle*=물질, *trepo/trepein*=을 향해 움직이는)과 홀로트로픽(전체를 향한 움직임)이라는 용어를 사용해 왔다.

홀로트로픽 상태로부터의 통찰에 따르면 보편적인 과정은 별개의 개인이 될 수 있는 무한한 가능성만이 아니라 경계의 해체와 경험을 통해 근원을 향해 돌아가게 하는 융합에 대한 기발하고 풍부한 기회를 동등하게 제공한다. 이런 통합 경험들은 개인적인 모나드monads[5]에 그들의 소외를 극복하게 하며, 그들을 분리한다는 망상으로부터 벗어나게 하는 사고를 가능하게 한다. 전에는 절대적인 경계로 보였던 것에 대한 초월과 그에 따른 점진적인 합치는 더 큰 경험의 구성 단위를 만들어 낸다. 이 과정은 모든 경계를 허물고 양극성을 초월하며 절대의식을 재결합시킨다. 많은 형태로 다른 층위에서 일어나는 일련의 융합은 코스믹 댄스의 전체 주기를 끝마친다.

◀ 켄 윌버(1949~   )는 미국 저술가, 자아초월심리학과 독자적인 통합 연구. 인류의 모든 지식과 경험의 통합을 제시하는 체계 철학에 대해 저술했다.

---

5) 무엇으로도 나눌 수 없는 궁극적인 실체를 말한다.

자연스러운 통합 경험은 주로 그랜드 캐니언, 열대섬, 북위에서 나타나는 오로라, 또는 태평양 위의 일몰 같은 자연의 경이로움에 노출됨으로써 발생한다. 비범한 미를 가진 뛰어난 예술적 창조물은 그것이 명곡이든, 위대한 그림이나 조각이든, 기념비적인 건축이든 관계없이 비슷한 효과를 낼 수 있다. 또한 통합 경험의 다른 원천들에는 격렬한 운동, 성적 결합 그리고 여성의 임신, 출산 및 돌봄이 있다. 통합 경험의 발생은 이 책의 도입에서 논한 다양한 고대, 원주민 그리고 현대의 '신성의 기술'에 의해 촉진된다.

합일 경험은 긍정적이고 정서적인 상황에서 가장 잘 발생하지만, 이것은 한 개인에게 매우 불편하고 위협적이며 치명적인 상황에서도 일어날 수 있다. 이 경우, 자아의식은 용해되고 초월되기보다는 분산되고 압도된다. 이것은 심각한 급성 혹은 만성 스트레스인 심한 정서 및 신체적 고통을 겪고 있거나, 육체적 안정과 생존이 심각하게 위협받을 때 일어나기도 한다. 많은 사람은 사고, 상해, 위험한 질병, 수술 중에 일어나는 임사체험 중에 신비한 영역을 발견한다.

신비체험의 비상함을 인정하지 않는 전통적 정신과 의사들은 합일 경험을 정신질환, 정신증의 징후로 본다. 인본주의와 자아초월심리학의 창시자인 에이브러햄 매슬로 Abraham Maslow는 이를 심각한 오류라고 입증한 공로가 있다. 그는 수백 명을 대상으로 한 연구에서 이러한 '절정경험'이 비정상정인 현상이라기보다는 초월적이라는 것을 보여 주었다. 순조로운 환경 아래서 절정경험은 정서적, 신체적 건강의 질을 높여 줄 수 있고 매슬로가 말하는 '자기인식' 또는 '자기실현'에 도움이 될 수 있다(Maslow, 1964).

당신이 누구인지 아는 것에 관한 금기

우리의 가장 깊은 본성이 신성하며 우주 창조 원리와 동일하다는 것이 사실이라면, 우리가 스스로를 물질세계에 존재하는 물리적인 육체라고 강하게 확신한다는 점을 어떻게 설명할 것인가? 우리의 진정한 정체성에 대한 이 근본적인 무지의 본질은 무엇일까? 앨런 와츠 Alan Watts가 "당신이 누구인지 아는 것에 관한 금기"라고 불렀던 망각의 신비한 베일은 무엇일까?(Watts, 1973) 영원하고 무한한 영적 존재가—스스로를 그들의 근원과 서로 분리하는 것을 경험한 지각 존재로 채워진—유형적 실재에 대한 가상의 복제를 자기 자신으로부터, 그리고 자신 내부에서 만들어 내는 것이 어떻게 가능한가? 어떻게 드라마 세계의 배우가 그들의 환상에 실재하는 존재라고 착각하게 되는가?

나의 동료로부터 들은 가장 타당한 설명은 우주 창조 원리가 그 자체의 완벽함에 의해서 스스로를 가두어 버린다는 것이다. 신의 유희의 배후에 있는 창조의 의도는 물질세계에 대한 환상을 포함한 의식에서의 모험을 위한 최고의 기회를 제공하는 경험적 현실을 창조하는 것이다. 이 요건을 충족하기 위해서 현실에 있는 모든 세부사항은 설득력 있고 믿을 만해야 한다. 연극이나 영화 같은 예술 작품을 예시로 들 수 있다. 이런 예술 작품은 때때로 우리가 목격하고 있는 사건들이 허황된 것이라는 것을 잊어버리고 마치 그것들이 진짜인 것 마냥 반응하게 할 정도로 완벽하게 재연되고 공연된다. 또한 훌륭한 배우들은 가끔 진정한 정체성을 잃고 일시적으로 묘사하고 있는 캐릭터에 하나로 합쳐진다.

우리가 살고 있는 세계는 순수한 상태의 최고 원리가 없는 다원성, 양극성, 밀도와 물질성, 변화, 불완전성과 같은 많은 특징이 있다. 이런 성질을 가진 물질세계의 복제품을 만들어 내려는 프로젝트는 보편적 정신의 분할된 단위가 전적으로 확실하고, 현실로 착각할 만큼 예술적이고 과학적으로 완벽하게 실행된다. 이 프로젝트의 예술적 기교를 극도로 표현함으로써 신은 실제로 창조에 대한 신의 개입뿐만 아니라 신 그 존재 자체에 대한 논쟁을 불러일으키는 데 성공한다. 이러한 논쟁은 무신론자에 의해 제시된다. 스리 오로빈도는 무신론자를 "혼자서 숨바꼭질을 하고 있는 신"이라고 정의한다.

평범한 물질세계의 환상을 만드는 데 가장 중요한 하나의 방법은 사소하고 추한 것의 실제이다. 만약 우리 모두가 태양으로부터 직접 생명 에너지를 끌어내고 모든 풍경이 히말라야, 그랜드 캐니언, 북극, 북위의 오로라, 깨끗한 태평양 섬과 같은 세상에서 살고 있다면, 우리가 신성한 영역에 살고 있다는 것이 너무 명백할 것이다. 마찬가지로 세계의 모든 건물이 알람브라, 타지마할, 무릉도원Xanadu,[6] 또는 샤르트르에 있는 성당처럼 보이고 미켈란젤로의 조각품들에 둘러싸여 베토벤이나 바흐의 음악을 듣는다면 우리 세계의 신성을 쉽게 알아볼 수 있었을 것이다.

우리가 혐오스러운 내용물로 가득 찬 위장뿐만 아니라 모든 분비물, 배설물, 냄새, 결점, 병이 있는 육체를 가지고 있다는 사실은 분명 효과적으로 신성에 대한 쟁점을 혼란스럽고 모호하게 한다. 최후에 부패되는 신체와 구토, 트림, 가스 배출, 소변 등 다양한 생리적 기능은 상황을 더욱 복잡하게 만든다. 마찬가지로 매력적이지 않은 자연 경관,

---

6) 쿠빌라이 칸(Kublai Khan)이 별궁을 세운 땅 이름에서 비롯되었다.

폐차장, 오염된 산업지역, 음란한 낙서가 있는 냄새 나는 화장실, 빈민가, 그리고 수백만 채의 케케묵은 집들의 존재는 우리의 삶이 신의 놀이라는 것을 깨닫기 매우 어렵게 만든다. 악의 존재와 삶의 본질이 포식성捕食性이라는 사실은 보통 사람이 이를 깨닫는 것을 거의 불가능하게 한다. 교육을 받은 서양인에게 물질주의 과학에 의해 형성된 세계관은 또 다른 심각한 걸림돌이다.

우리가 물질세계에 살고 있는 별개의 개인이라는 망상으로부터 벗어나기 어려운 또 하나의 중요한 이유가 있다. 신의 근원과 재회하는 방법들에는 많은 고난과 위험, 도전으로 가득하다. 신의 놀이는 완전히 닫힌 시스템은 아니다. 신의 놀이는 극의 주인공에게 자신의 우주의 지위를 포함한 진정한 창조의 본질을 발견할 수 있는 가능성을 제공한다. 그러나 자기기만에서 벗어나 원천을 깨닫고 재결합으로 이끄는 방법은 심각한 문제를 야기하며, 창조에 잠재하는 대부분의 허점은 정성스레 숨겨져 있다. 이는 우주 계획의 안정과 균형을 유지하기 위해서 절대적으로 필요하다. 이러한 영적 경로의 변천과 함정은 '우리가 누구인지 아는 것에 반대하는 금기'의 중요한 부분을 나타낸다.

영적 개안의 기회를 제공하는 모든 상황은 일반적으로 다양한 반대 세력과 관련되어 있다. 해방과 깨달음으로 향하는 길을 극히 어렵고 위험하게 만드는 장애물 중 몇몇은 본질상 정신내부적인intrapsychic 것이다. 심리영적인 죽음이나 재탄생과 같은 주요한 돌파구는 악의 무리, 죽음에 대한 공포, 그리고 광기의 망령과의 무서운 조우가 앞에 일어난다. 그러한 경험이 용기와 결단력이 부족한 탐구자를 단념하게 할 수 있다. 이 상황은 일본의 나라에 있는 동대사東大寺[7]에서 매우 생생하게 볼 수 있다. 관람자들은 세계에서 가장 큰 청동불상인 거대하고 웅장한 바이로차나 부처(대불) 조각이 전시되어 있는 대불관에 들어가기 위해서 무서운 사찰 수호자들의 형상[8]이 있는 대문을 통과해야 한다.

훨씬 더 문제가 되는 것은 외부 세계로부터 오는 다양한 간섭과 개입이다. 중세 시대에는 자발적인 신비체험을 했던 많은 사람이 종교재판Holy Inquisition에 의한 고문, 재판, 처형을 감수하였다. 우리 시대에는 정신의학 라벨로 오명을 씌우는 것과 무모한 치료적 조치가 마법, 고문, 아우토다페autos-da-fé[9]에 대한 비난을 대체하였다. 20세기의 물질주의적 과학주의는 아무리 잘 확립되고 정교하더라도 어떠한 영적인 노력도 비웃고 병리적으로 취급했다. 물질주의적 과학이 자신의 기술적 성과로 인해 최근까지 현대 사회에서 갖고

---

7) 일본 나라(奈良)에 있는 일본 불교 화엄종(華嚴宗)의 대본산이다.

8) 사천왕을 말한다.

9) 스페인의 종교재판에 의한 화형을 말한다.

있던 권위와 위신은 신비주의를 진지하게 받아들이고 영적 발견의 길을 추구하기 어렵게 만들었다.

게다가 주류 종교의 활동과 신조는 진정한 영성을 발견할 수 있는 장소가 각자의 정신 안에 있다는 사실을 모호하게 하는 경향이 있다. 최악의 경우, 조직화된 종교는 사람들이 신과 연결할 수 있도록 돕는 기관이 아니라 모든 진지한 영적 탐구에 대한 심각한 장애물일 수 있다. 신도들을 폄하하고 그 안에 죄의식을 주입함으로써 그들이 자신 안에서 신을 찾을 수 있다는 것을 믿기 어렵게 만든다. 또한 신도에게 공식 예배를 정규적으로 참석하는 것, 기도하는 것, 교회에 재정적으로 지원하는 것이 심도 있는 영적 탐구를 일으키는 적절하고 충분한 영적 활동이라는 잘못된 믿음을 함양할 수 있다.

다양한 토착 문화가 발전시킨 종교의 기술은 서구에서 마술적 사고와 교육받지 못한 원주민들의 원시적인 미신의 산물로 치부되어 왔다. 『탄트라Tantra』에서 찾아볼 수 있는 성의 영적 잠재성은 단연코 강력한 동물의 본능으로 성을 위험하게 생각하는 것을 훨씬 능가한다. 초월적 차원을 향한 문을 열 수 있는 능력을 가진 심현제의 등장은 곧이어 화합물[10]의 무책임한 세속적 오용과 환각체험, 플래시백, 정신이상, 염색체 손상 및 법적 제재 등의 위험이 뒤따랐다.

선과 악의 문제

영적 여행을 떠날 때 가장 어려운 일 중 하나는 악의 존재를 받아들이는 것이다. 악에 대한 최종적인 이해와 철학적인 수용은 언제나 악이 우주 과정에서 중요하거나 심지어 필수적이라는 인식을 수반하는 것 같다. 예를 들어, 홀로트로픽 상태에서 가능해지는 궁극적인 실체에 대한 깊은 경험상의 통찰은 무에서의 창조creatio ex nihilo 때부터 우주의 창조는 대칭이어야 함을 보여 준다. 존재하는 모든 것은 그 반대와 균형을 이루어야 한다. 이러한 관점에서 모든 종의 양극의 실재는 경이로운 세계의 창조를 위해 절대적으로 필수불가결한 전제조건이다.

---

10) 환각작용을 일으키는 해로운 화학적 합성물이다.

창조의 동기 중 하나가 자신을 더 알고자 하는 것, 그러므로 "신이 신을 볼 수 있다." 혹은 "얼굴을 마주 볼 수 있다."는 창조 원리의 '욕망'인 것 같다는 점도 앞에서 언급되었다. 신이 그 스스로의 잠재력을 탐구하기 위해 만든 범위까지 모든 잠재력을 표현하지 않은 것은 불완전한 자기이해를 의미할 것이다. 또한 절대의식이 위대한 예술가, 실험가, 탐험자라면 절대의식은 중요한 몇 가지 선택을 빼놓음으로써 창조의 풍부함을 위태롭게 할 것이다. 예술가들은 그들의 주제를 아름답고 윤리적이며 희망을 주는 것으로 한정하지 않는다. 그들은 흥미진진한 이야기를 약속하거나 흥미로운 이미지를 주는 삶의 모든 측면을 묘사한다.

창조의 어두운 측면은 대조됨으로써 밝은 측면을 강화시키고 흔한 이야기에 특별한 깊이와 풍부함을 준다. 모든 분야에서 그리고 존재의 모든 층위에서 선과 악의 갈등은 매혹적인 이야기들에 대한 끝없는 영감의 원천이다. 한 제자가 위대한 인도의 선각자, 성자 및 영적 스승인 스리 라마크리슈나에게 이렇게 물었다. "스승님, 어째서 세상에 악이 존재하나요?" 짧은 숙고 끝에 라마크리슈나는 간결하게 답했다. "이야기를 깊이 있게 만들기 위해서이지." 기아나 각종 질병으로 죽어 가는 수백만의 아이들, 역사 전반에 걸친 전쟁의 광란, 수많은 희생과 고문을 당한 피해자들, 수천 명의 목숨을 앗아가는 자연재해의 황폐한 모습을 통해 구체적으로 드러나는 세상에 있는 고통의 범위와 양상을 고려해 볼 때 이 대답은 다소 냉소적으로 보인다.

그러나 질병이나 폭력과 같이 우리가 나쁘거나 악하다고 여기는 모든 것을 우주에서 제거해 창조물을 정화하려는 실험을 머릿속에 그려 보면, 우리는 예상과 다른 결과를 떠올리게 될 것이다. 질병에서부터 시작해 우리는 그러한 윤리적 살균 행위가 모든 시대의 치유자들, 의학의 역사, 생명을 구하는 약의 발명과 외과수술, 나이팅게일과 테레사 수녀를 포함한 고통을 줄이기 위해 그들의 삶을 헌신하는 좋은 사마리아인들 같이 우리가 굉장히 감사하고 가치 있게 여기는 많은 존재를 세계에서 제거할 것임을 빠르게 깨닫게 된다.

폭력과 전쟁이 없는 세상을 상상해 보면 우리는 폭군, 독재자, 억압적인 정권, 사악한 적들에 대한 승리의 영광과 자유의 전사들의 영웅적 행위, 무기를 만들고 그에 대한 방어와 보호들, 즉 요새, 성, 중세 기사와 사무라이의 갑옷을 만드는 동안 발전한 모든 지성과 기술의 진보, 화려한 군대의 퍼레이드, 선과 악의 충돌과 전쟁으로부터 영감을 받은 모든 책, 영화, 그림 및 조각 등을 없애 버리게 된다. 당연히 전쟁의 황홀한 결말과 내면적인 깊은 자기탐구를 통한 폭력적인 충동을 넘어서고자 하는 노력 또한 제거해 버리게 된다. 우리는 다른 동물이나 인간을 해치는 모든 동물을 없애야 하는가? 지진, 화산 폭발, 폭풍, 쓰나미와 같은 자연의 폭력적인 힘은 어떠한가? 모든 악을 완전히 제거하는 것은 창조로부터 깊이와 풍부함을 빼앗는다. 각본 집필의 매뉴얼은 보통 이 경고문으로 시작한다. "매표소에 실패를 보증하고 싶다면 모든 사람이 행복하고 어떤 나쁜 일도 일어나지 않는 평화로운 마을에 대한 영화를 만들라." 알다시피 악의 현존에 대한 문제는 우주를 긍정하고 받아들이려는 탐색을 하는 데 가장 어려운 과제이다.

선과 악의 문제를 논할 때 중요한 한 가지가 고려되어야 한다. 마지막 분석에서 모든 중생은 같은 창조 원리에서 나타난 것이며, 따라서 코스믹 드라마의 가해자와 피해자라는 모든 역할은 동일한 주역이다. 이는 틱낫한 스님의 시 "나의 진정한 이름으로 나를 불러 주오Call Me by My True Names"에 있는 여러 이미지로 아름답게 묘사된다.

> 내 심장 박동은 곧 뭇 생명의 탄생과 죽음.
> 나는 나뭇잎 뒤 고치 옷 입는 애벌레.
> 또한 나는 봄 오면 때맞춰 애벌레 잡아먹으러 오는 새.
> …… 나는 조각배에 몸 맡기고 고국을 탈출하다 해적에게 강간당하고 바다에 몸 던진 열두 살 소녀.
> 또한 나는 아직 남의 마음 헤아리고 사랑하는 가슴 지니지 못한 해적.
> …… 부디 나의 진정한 이름으로 날 불러주오,
> 내 모든 울음과 웃음 한꺼번에 들을 수 있도록.
> 내 고통과 기쁨이 하나임을 알 수 있도록.

홀로트로픽 상태에서의 개인의 확실한 체험에 바탕을 둔다는 사실에도 불구하고 윤리적인 문제를 바라보는 이러한 방식은 매우 충격적일 수 있다. 그러한 관점이 우리의 삶과 일상에 미치는 현실적인 결과를 생각해 보면 문제는 명백해진다. 언뜻 보기에는 물질 세계를 '가상현실'로 보는 것과 인간 실존을 영화와 비교하는 것은 삶을 경시하고 불행의 깊이를 얕게 만드는 것 같다. 그러한 관점은 인간 고통의 심각성을 부인하며 냉소적인 무관심을 보일 수 있다. 비슷하게 악을 창조의 필수불가결한 부분으로 받아들이는 것과 악의 상대성을 이해하는 것은 윤리적 제한을 유예하고 독선적인 목표에 대한 끊임없는 추구를 정당화하려는 것으로 여겨질 수 있다.

초월에 대한 깊은 통찰이 우리의 행동에 미칠 수 있는 윤리적인 영향을 충분히 이해하기 전에, 우리는 추가적인 요인을 고려해야 한다. 그러한 심오한 통찰을 가능하게 하는 체험적인 탐구는 일반적으로 무의식 내의 폭력과 욕망에 관한 중요한 전기, 주산기 및 자아초월의 원천을 드러낸다. 이 부분에 대한 심리적 작업은 상당한 공격성의 감소와 인내의 증가로 이어진다. 또한 우리는 창조의 다양한 측면을 동일시하는 넓은 범주의 자아초월적 경험을 만난다. 이는 삶에 대한 깊은 존경과 모든 중생과의 동일시를 낳는다. 우리가 형상 안에 있는 공과 윤리의 상대성을 발견하는 과정은 부도덕하고 반사회적인 행동을 행하는 우리의 성향을 줄이고 우리에게 사랑과 연민을 가르친다.

그러면 우리는 처벌의 공포, 계율, 관습적인 규율이 아닌 보편적 질서에 대한 지식과 이해를 바탕으로 한 새로운 가치 체계를 개발할 수 있다. 우리는 창조의 필수불가결한 부분이며, 우리가 다른 사람을 해치는 것은 자신을 해치는 것이라는 점을 깨닫는다. 또한 깊은 자기탐구는 체험을 통해 카르마 법칙과 환생을 발견하게 한다. 이는 사회적 징벌을 피하려는 행동을 포함한 해로운 행동의 심각한 경험적 파장의 가능성을 인식하게 한다.

실제적인 체험은 모든 형상에 숨겨져 있는 공에 대한 인식이 모든 창조물에 대한 진정한 감사와 사랑과 양립할 수 있다는 것을 보여 준다. 실재의 본질을 향한 깊은 형이상학적 통찰로 이끄는 초월 경험은 사실 모든 중생에 대한 경외와 연민을 불러일으키고 삶의 과정에 책임지고 관여하게 한다. 우리의 연민은 물질적인 실체를 가진 대상이 필요하지 않다. 그것은 의식의 단위인 중생들에게 쉽게 드러날 수 있다.

코스믹 게임하기

많은 종교에서 삶의 고난을 다루는 전략은 세속적인 면의 중요성을 경시하고 초월 영역에 초점을 맞추는 것이다. 이러한 지향성을 가진 종교 체계는 물질세계를 불완전하고 불순하며 고통과 불행이 자주 나타나는 하위 영역으로 묘사한다. 그들은 물질세계가 아니라 다른 현실에 집중하고 그것을 강조하도록 권유한다. 그들의 관점에서 물리적 현실은 눈물의 계곡이고 재탄생과 죽음의 수렁이나 저주의 구현으로 간주된다.

이런 교리와 종교인은 그들의 헌신적인 신자들에게 저 너머에 있는 더 바람직한 영역과 만족스러운 의식 상태를 약속한다. 더 원시적인 형태의 민간 신앙에서는 이들은 다양한 형태의 축복받은 곳, 낙원 및 천국이다. 이 장소들은 각각의 신학에서 규정한 필요조건을 충족한 사람들이 죽은 후에 갈 수 있다. 이런 종류보다 더 세련되고 정교한 시스템에서 천국과 낙원은 그저 영적 여정의 무대일 뿐이며, 여정의 최종 목적지는 개인의 경계를 해체하고 신과 결합하며 생명 작용에 의해 오염되지 않은 깨끗한 모나드의 상태에 도달하거나 삶의 불꽃을 사그라뜨리고 무無로 사라지는 것이다.

그러나 다른 영적 지향은 자연과 물질세계를 신성을 포함하고 담고 있는 것으로 받아들인다. 탐구자는 홀로트로픽 상태의 통찰을 통해 이렇게 질문한다. 삶으로부터 벗어나 물질 차원에서 초월적 현실로 도망치는 것으로부터 우리는 무엇을 얻을 수 있는가? 반대로 모든 현실을 전적으로 받아들이는 것의 가치는 무엇인가? 많은 영적 체계가 영적 여정의 목표를 개인적 경계의 해체와 신성과의 결합이라고 규정한다. 그러나 내적 탐구를 통해 절대의식과의 동일시를 경험한 사람들은 영적 여정의 최종적인 목표를 최고 원리와 일체가 되는 경험으로 규정하는 것은 심각한 문제를 불러일으킨다는 것을 알아차린다.

그들은 분화하지 않는 절대의식/공Void이 영적 여정의 끝만이 아니라 근원과 창조의 시작을 나타낸다는 사실을 깨닫는다. 신성은 분리된 것을 재결합하자고 제안하는 원리이지만 동시에 기존의 통합을 분리하고 분할한 원인이다. 만약 이 원리가 그 스스로 원래 완성되어 있고 그에 스스로 만족한다면, 창조할 만한 이유가 없을 것이고 다른 경험적 세계는 존재하지 않을 것이다. 그렇기에 절대의식의 창조하고자 하는 기질은 명백히 근본적인 '필요'를 표현한다. 따라서 다원성의 세계는 신성의 미분화 상태를 보완한다. 카발라식으로 표현한다면 이렇다. "인간은 신을 필요로 하고 신은 인간을 필요로 한다."

코스믹 드라마에 대한 전체 계획은 두 개의 인력 역학에 의한 상호작용을 수반한다. 그중 하나는 창조 원리에 대한 원심력(하일로트로픽 혹은 물질 지향)이고, 다른 하나는 창조 원리에 대한 구심력(홀로트로픽 혹은 일체/전체 지향)이다. 미분화된 우주의식은 무수히 분리된 존재들을 포함한 다원성의 세계를 창조하고자 하는 기본적인 기질을 보여 준다. 우리는 앞에서 홀로트로픽 상태에서 나타나는 가상현실을 만들어 내고자 하는 경향을 납득할 만한 이유와 동기에 대해 논했다. 반대로 의식의 분화된 단위들은 그들의 분리와 소외를 고통스럽게 느끼며 근원으로 돌아가 재결합하고자 하는 강한 욕구를 드러낸다. 체화된 자기와의 동일시는 다른 것들 중에서 감정적이고 신체적인 고통, 시공간적 한계, 불완전성 및 죽음에 대한 문제들로 넘쳐 난다.

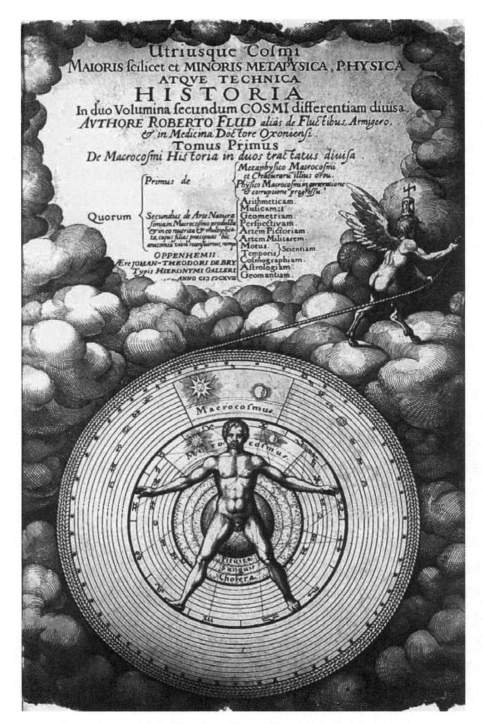

▲ 그노시스주의자. 1617년에 출간된 로베르토 플러드의 『우주의 역사』 첫 번째 권의 표지

만약 우리의 정신이 홀로트로픽과 하일로트로픽의 강한 우주의 힘에 의해 지배받는다면, 그리고 둘 사이에 충돌이 있다면, 우리 존재에게 이러한 상황을 적절히 대처할 수 있는 접근이 있는가? 분화된 존재와 미분화된 통합체 모두 스스로에게, 혹은 스스로 안에서 만족하지 못한다면 그 대안은 무엇일까? 분명히 해결책은 체화된 존재를 열등하고 가치 없다고 거부하지 않고 그것으로부터 도망가지 않는 것이다. 우리는 물질세계를 포함한 현상 세계가 미분화된 상태의 창조 원리에 중요하고 가치 있으며 심지어 전적으로 필수적인 보완물이라는 것을 알았다. 동시에 만약 오직 물질세계의 목표와 목적만을 수반한다면 마음의 평화를 실현하고자 하는 우리의 노력은 필연적으로 실패하며 역효과를 낳을 수도 있다. 그러므로 물리적 차원과 초월적 차원, 무형의 세계와 유형의 세계 모두를 수용해야만 만족스러운 해결책이 될 수 있다.

우리가 알고 있듯이 물질세계는 의식에서의 특별한 모험에 대한 무수한 가능성을 제공한다. 체화된 자기가 되어 우리는 땅 위의 자연의 기적과 수억의 은하들이 있는 하늘의 광경을 볼 수 있다. 오직 물질적인 형태에서 그리고 오직 물질적인 차원에서만 우리는 사랑에 빠질 수 있고, 섹스의 황홀함을 느낄 수 있고, 아이를 가지고, 베토벤의 음악을 듣고, 렘브란트의 그림에 감탄할 수 있다. 미시 세계와 거시 세계를 탐험할 기회는 사실상 무한하다. 현재의 경험 말고도 잃어버린 고대 문명과 태고 시대부터 빅뱅의 첫 마이크로 초에 있던 사건들까지 불가사의한 과거를 탐구하는 모험도 있다.

현상 세계에 참여하고 이런 풍부한 탐험을 경험할 수 있으려면 어느 정도 체화된 자기와 일체가 되고 물질세계를 받아들여야 한다. 그러나 우리의 신체-자아와의 동일시가 완전하고 조각나지 않는 단 하나의 현실로 믿으면, 우리는 창조에 참여하는 것을 충분히 즐기지 못한다. 개인의 의미없음, 덧없음, 그리고 죽음의 망령들은 삶의 긍정적인 부분에 완전히 그늘을 드리우고, 삶의 열정을 훔쳐 갈 수 있다. 또한 우리는 몸과 물질세계의 한계로 인한 제약 안에서 신적 잠재력을 인식하려는 헛된 시도를 반복하면서 좌절할 수 있다.

이러한 딜레마에 대한 해결책을 찾기 위해서 우리는 내면으로, 체계적인 내적 탐색으로 눈을 돌려야 한다. 우리가 계속 자기 자신과 현실 안에 숨겨진 다양한 차원을 발견하고 탐구하면 신체-자아와의 동일시가 점진적으로 느슨해지고 약해질 것이다. 우리는 실용적이기에 '피부에 싸인 자아'와 계속 동일시한다. 그러나 이런 지향성은 점차적으로 잠정적이고 장난처럼 되어 간다. 만약 우리의 진정한 정체성과 우주의 지위를 포함한 존재의 초월적인 차원에 대한 충분한 체험적 지식이 있다면 일상은 더욱 쉬워지고 보람 있게 된다.

내적 탐구를 계속할수록 우리는 조만간 모든 형상 너머에 있는 근본적인 공을 발견한다. 부처의 가르침에서 알 수 있듯이 현상 세계의 가상성假像性에 대한 지식과 그것의 공허함은 우리로 하여금 고통으로부터 자유를 얻을 수 있게 한다. 이는 삶에서 우리 자신을 포함한 어떤 개별적인 자아에 대한 믿음이 결국 환상이라는 것을 포함한다. 불교에서는 모든 형태의 본질적인 공과 개별적인 자아가 없다는 깨달음을 무아, 용어 그대로 '자아 없음no-self'이라고 한다.

우리의 초월 경험에서 발견할 수 있는 신적 본성에 대한 인식과 만물의 본질적인 공허에 대한 인식은 메타-프레임워크의 기반을 형성한다. 메타-프레임워크는 일상 존재의 복잡함에 대처하는 데 상당히 도움이 된다. 우리는 충분히 물질세계의 경험을 받아들일 수 있고 물질세계가 무수히 많이 제공하는 것을 즐길 수 있다. 그러나 우리가 무엇을 하든 간에 삶은 장애물, 도전, 고통스러운 경험 그리고 상실을 가져올 것이다. 상황이 너무 어렵고 힘들 때 우리의 내적 탐구에서 발견한 넓은 우주적 관점을 불러올 수 있다.

고차원적인 현실과 무아에 의한 지식의 해방, 그리고 만물의 비어 있음 간의 연결은 그렇지 않으면 견딜 수 없는 것들을 견딜 수 있게 한다. 초월에 대한 인식의 도움으로 우리는 삶의 모든 범위나 그리스인 조르바가 말한 '대재앙'을 완전히 경험하게 될 수도 있다. 존재의 물질적, 영적 측면 혹은 삶의 홀로트로픽 상태와 하일로트로픽 상태를 성공적으로 조화시키고 통합하는 능력은 신비 전통의 가장 고상한 열망에 속한다.

재미없는 일상적인 의식에 제한되어 있고 현실의 신비하고 초월적인 차원에 경험적으로 접근해 본 적이 없는 사람은 깊이 내재되어 있는 죽음의 공포를 극복하고 삶의 깊은 의미를 찾기가 어렵다. 이러한 상황 속에서 일상적인 행동은 대체로 거짓된 자아의 욕망에 의해서 동기부여가 되고, 삶의 중요한 부분들은 반응적이며 진짜라고 할 수 없다.

이러한 이유로 초월 영역에 경험적으로 접근할 수 있도록 하는 몇몇의 체계적인 영적 실천을 일상생활에 포함시키는 것은 필수적이다. 산업 혁명 이전의 사회에서는 이런 기회가 '신성의 기술'의 형태로 존재하였다. 이는 주술적 의식, 통과의례, 치유 의식, 죽음과 재탄생의 고대 미스터리, 신비주의 학교, 세계의 위대한 종교들의 명상이다. 존재의 이러한 중요한 차원이 물질주의 철학과 실증적인 성향을 가진 산업 혁명과 과학 혁명에 의해 거의 모두 파괴되었다.

최근 수십 년간 서구 사회에서 고대 영적 수행과 원주민의 의식 확장 과정에 대한 관심이 부활하고 있다. 또한 현대 심층심리학과 체험적 심리치료는 영적인 깨어남과 개안을 가능하게 하는 효과적인 새로운 접근을 개발하고 있다. 심리영적인 변혁과 의식 진화에 관심이 있는 사람들은 이러한 방법들을 사용할 수 있다.

　자아초월심리학의 선구자인 융은 그의 글에서 우리 스스로와 존재의 우주적 차원과 세속적 차원 모두를 다루는 전략을 서술한다. 그는 우리가 무엇을 하든 간에 체계적인 자기탐구와 심혼의 깊게 숨겨진 곳에 다다르려는 내적 탐구를 통해 우리의 일상을 보완해야 한다고 제시한다. 이것이 융이 자기Self라고 부르는 우리 자신의 높은 수준과 연결될 수 있게 하고 '개성화'를 향한 지도를 받을 수 있게 한다.

　우리가 융의 조언을 따른다면 삶의 중요한 결정은 물질세계에 대한 실증적 지식과 집단무의식에서 도출한 지혜를 통합한 창의적인 종합에 기반을 두게 될 것이다. 이 위대한 스위스 정신과 의사의 생각은 지난 60년 간 동료들에 의해 보고된 홀로트로픽 의식 상태에서의 관찰 및 통찰과 대체적으로 일치한다.

　존재의 이러한 전략은 개인의 삶의 질을 상당히 향상시킬 뿐만 아니라 충분히 넓은 범주에서 이 행성에 있는 생명의 존속을 위협하는 국제적인 현 위기를 극복할 가능성을 꽤 향상시킬 것이라고 개인적으로 믿고 있다. 이는 개인의 깊은 체험과 삶의 의미, 존재의 중요성에 대한 감각에 기반한 영성을 산업 문명에게 돌려줄 수 있다. 지난 몇 년 동안 나는 수백 명의 사람에게서 그러한 변화를 보았다. 그러나 이것이 충분히 큰 규모로 달성될 수 있는지, 그리고 우리가 충분한 시간을 가지고 있는지는 아직 미결 문제로 남아 있다.

　나는 현재 심현제 연구와 홀로트로픽 의식 상태에 대한 관심의 부흥이 계속되어, 책임감 있는 심혼탐구자들psychonautics이 산업문명에서 살고 있는 인류의 다른 사람들을 이러한 사회 구조에 통합시켜 동참하게 만들기를 바란다. 이는 75년 전에 등장한 새로운 엘레우시스New Eleusis[11]를 향한 알베르트 호프만의 꿈을 실현시킬 것이다. 적어도 심현제를 이미 체험했던 사람이나 흥미진진한 여정을 떠나려는 사람들이 이 전서全書를 당신의 내적 여정에 유용한 동반자로 여긴다면 이 책은 헛되지 않을 것이다. 당신이 안전하고 신나며 결실 있는 여정을 떠나기를 기원한다.

스타니슬라프 그로프 의학 및 철학 박사

그리스 코르푸

2018년 7월

---

11) 고대 그리스의 신비의식의 새로운 재현이다.

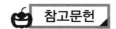 참고문헌

Aurobindo, Sri. 1977. *The Life Divine.* New York: India Library Society.

Bohm, D. 1980. *Wholeness and the Implicate Order.* London: Routledge & Kegan Paul.

Corbin, H. 2000. "Mundus Imaginalis, Or the Imaginary and the Imaginal." In: *Working With Images* (B. Sells, Ed.). Woodstock, CT: Spring Publications.

Grof, S. 1972. LSD and the Cosmic Game: Outline of Psychedelic Cosmology and Ontology. *Journal for the Study of Consciousness* 5: 165, 1972–1973.

Grof, S. 1998. *The Cosmic Game: Explorations of the Frontiers of Human Consciousness.* Albany, NY: State University of New York (SUNY) Press.

Jung, C. G. 1959. *The Archetypes and the Collective Unconscious.* Collected Works, Vol. 9,1. Bollingen Series XX, Princeton, NJ: Princeton University Press.

Huxley, A. 1945. *Perennial Philosophy.* London and New York: Harper and Brothers.

László, E. 2003. *The Connectivity Hypothesis: Foundations of An Integral Science of Quantum, Cosmos, Life, and Consciousness.* Albany, NY: State University of New York (SUNY) Press.

László, E. 2016. *What Is Reality: The New Map of Cosmos, Consciousness, and Existence.* New York: Select Books.

Maslow, A. 1962. *Toward A Psychology of Being.* Princeton, NJ: Van Nostrand.

Maslow, A. 1964. *Religions, Values, and Peak Experiences.* Cleveland, OH: Ohio State University.

Plotinus 1991. *The Enneads.* London: Penguin Books.

Watts, A. 1973. *The Book on the Taboo Against Knowing Who You Are.* London: Sphere Books.

Wilber, K. 1980. *The Atman Project: A Transpersonal View of Human Development.* Wheaton, IL: Theosophical Publishing House.

Wilber, K. 1995. *Sex, Ecology, and Spirituality: The Spirit of Evolution.* Boston, MA: Shambhala Publications.

후기: 심혼과 우주

리처드 타나스Richard Tarnas

다음 글에서 스타니슬라프 그로프의 요청에 따라 우리가 지난 40년 동안 협력한 연구에 대해 개괄적으로 설명하겠다. 그동안 스타니슬라프와 함께 여러 대학원 과정과 공개 세미나를 가르치고 이끌어 오면서 심혼과 그 변용 과정을 이해하게 되었고 그에게 커다란 영향을 받았다. 그럼에도 우리는 이와 관련된 연구에 대한 기본적인 개요를 출간하지 않았다. 하지만 이제 합법화와 함께 심현제를 활용한 치료와 연구가 다시 주목을 받고 있다. 이런 상황을 감안하여 더 많은 사람에게 비일상적 의식 상태와 관련된 심현제와 다른 변용적 방법을 통해 수집된 심리치료와 자기탐색에 대한 증거와 그 잠재적 관련성을 이 책을 빌려 소개하고자 한다.

연구 배경

스타니슬라프는 처음에는 프라하에서, 그다음에는 메릴랜드주에서 LSD와 다른 심현제를 이용한 심리치료를 수년간 진행하였다. 그런 후에 1973년 가을 캘리포니아주 빅서에 소재한 에살렌 연구소로 옮겨 자신의 임상 결과를 요약한 일련의 책을 집필하기 시작하였다. 나는 에살렌 연구소에 도착하고 몇 달 후에 스타니슬라프의 지도하에 LSD 심리치료에 대한 박사학위 과정을 밟기 위해 그의 연구팀에 합류하였다. 에살렌에서의 근무는 나와 스타니슬라프 모두에게 장기적으로 중요한 결정이었다. 1970년대와 1980년대의 대부분의 시간을 스타니슬라프는 에살렌의 상주 학자로 근무하면서 1개월간 지속되는 많은 세미나를 지도하였다. 나는 처음에는 스태프로 합류했다가 그 후에는 에살렌의 프로그램 및 교육 이사로서 다음에 강조해서 설명하게 될 연구와 관련하여 스타니슬라프와 협력 작업을 진행하게 되었다. 1993년에서 1994년 사이에 우리는 샌프란시스코의 캘리포니아 통합학문 연구소의 교수진으로 합류하게 되었으며, 그 후 그곳에서 20년간 교수로 근무하였다.

에살렌에서 함께 연구를 시작할 당시에 심현제를 활용한 작업에서 나타나는 경험의 급진적 가변성에 관심을 가지게 되었다. 그러한 가변성은 흔하게 관찰되고 있었지만 당시로서는 이해하기 어려웠던 현상이었다. 임상 상태가 유사한 두 명의 개인이 동일한 마이크로그램 단위의 양을 동일한 임상 환경에서 동일한 성분을 복용했지만, 이 둘이 전혀 다른 경험을 할 수 있다. 어떤 시험 대상자는 깊은 영적 합일과 극도의 희열을 수반한 신비주의적 초월을 경험할 수 있다. 반면, 동일한 성분과 동일한 용량을 복용한 다른 사람은 형이상학적인 공포 상태가 지속되는 경험이나 결코 해소될 가망성이 없는 무한 절망에 직면하는 것을 경험할 수도 있다. 가변성은 또 다른 형식을 보일 수도 있다. 그러한 다른 형식으로 나타날 경우, 수차례 진행되는 심현제를 활용한 회기에 참가한 개인은 점점 더 진화해 가는 방식으로 자신의 개인적 인생 여정에서 끊임없이 지속되는 특정 주제를 반영하는 여러 관련 경험(특히, 콤플렉스, 감정적으로 격해지도록 만드는 전기적 기억, 주산기 모형, 자아초월적 만남)을 만나게 되는데, 마치 원래부터 손쉽게 이런 경험들을 만날 수 있는 사람들처럼 보였다. 각각의 개인은 종종 동일한 회기 내에서도 의식의 여러 수준에서 긍정적이거나 부정적인 변화를 겪으면서, 시간 경과에 따라 다양한 형식을 취하게 되는 각자 고유의 특성을 지니고 오래 지속되는 주제를 가지고 있는 것처럼 보였다.

프라하와 볼티모어에서 함께 일한 스타니슬라프와 그의 동료들은 심현제를 활용한 회기의 특성과 결과를 예측하기 위해 신뢰할 수 있는 방법을 찾아내기 위해 오랜 시간 동안 노력하였다. 이 과정에서 각 개인이 심현제 치료에 어떻게 반응하는지를 예측하고 치료가 이들 개인에게 도움을 줄 수 있는지 여부를 예측하는 데 유용한 도구를 찾기 위해서도 노력하였다. 하지만 이 수년간 진행된 연구는 성공적이지 못했다. 그 이유는 어떤 표준심리검사(미네소타 다면적 인성검사MMPI, 개인지향검사POI, 주제통각검사TAT, 로르샤흐검사, 웩슬러 성인 지능검사 등)도 이 연구의 목표에 부합하는 예측치를 갖는 것으로 입증하지 못했기 때문이었다. 어떤 면에서 그러한 결과는 서로 다른 시기에 동일한 물질을 흡입한 동일한 사람들과 관련된 가변성의 두 번째 형태에 대해서는 적어도 이해할 만하다. 왜냐하면 표준심리검사로 개인을 다시 검사하면 그 결과가 변하지 않기 때문이다. 어떤 사람이 오늘 검사를 받고 한 달 후에 다시 검사를 받는 경우에도 결과는 크게 바뀌지 않을 것이다. 반면, 시험 대상자가 오늘 LSD를 복용한 다음, 다음 달에 똑같이 LSD를 복용할 경우, 이 대상자가 참여한 회기는 완전히 달라질 수 있다. 하지만 심현제를 활용한 경험의 강도를 감안하면, 어떻게 서로 다른 개인이 그러한 치료에 반응할 것인지, 아마도 동일한 개인이 다른 시기에 어떻게 반응을 보일 것인지를 예측할 수 있는 유용한 방법을 언젠가는 찾을 수 있을 것으로 보인다.

당시에는 완전하게 알 수 없었지만, 그때보다 이미 수십 년 전에 융은 심리적 경험에서 나타나는 이러한 가변성에 대한 또 다른 가능한 접근방법을 제시했었다. 다양한 난해하고 신비적인esoteric 체계에 대한 자신의 오랜 연구에 근거하여 융은 점성학을 시간의 정성적 차원, 특히 출생의 역동을 포함하여 어떤 특정 시점에서 작용하는 원형적 역동을 이해하기 위한 특별한 창을 제공하는 것으로 간주하게 되었다. 그는 시간이 단지 정량적이거나 지속적인 중립성을 띠거나 동질적인 연속체가 아니라, 본질적으로 정성적 차원을 갖는 것으로 받아들였다. 더 놀라운 것은 융이 시간의 정성적 차원이 본질적으로 어떤 확인되지 않은 방식으로 지구를 기준으로 태양, 달 그리고 행성들의 위치에 연결되어 있다고 믿게 되었다는 것이다. 융은 『회상, 꿈, 사상Memories, Dreams, Reflections』[1]에서 "인간의 심혼은 우주의 구조와 일치하도록 만들어졌다. 따라서 대우주에서 발생하는 것이 심혼의 극미하면서 가장 주관적인 범위에서도 발생한다."라고 썼다. 말년의 융은 출생 차트(자신이 태어난 날 태양계 행성들의 배치 상황) 분석을 자신의 환자 분석 작업에서 정기적으로 이용하기 시작했다. 하지만 지금 시대에도 마찬가지이지만, 당시의 지적인 풍토를 감안할 때 융 자신이 점성학을 어느 정도 사용하는지 공개하기를 꺼렸다는 것은 충분히 이해할 만하다. 융은 20세기 지적 담론의 수준을 넘어 이미 자신이 이론적으로 뒷받침할 수 있는 최대 한계에 도달했던 것이다.

스타니슬라프와 내가 근무할 때 에살렌 연구소는 동양과 서양, 고대와 현재, 심리적, 신체적, 철학적, 과학적, 샤머니즘적, 신비주의적, 밀교적인 것들과 관련된 분야에서 매우 다양한 범위의 관점과 변혁적 실천 방법을 탐구했던 교육 기관이었다. 이때 탐구한 모든 관점과 실천 방법 중에서 점성학은 아마도 우리 둘이 진지하게 연구하는 것에 대해 상상해 본 마지막 분야였다. 당대의 지적 풍토에서 점성학은 토론을 하는 중에 상대의 말이 얼마나 터무니없는지를 강조하고 싶을 때, 다른 무엇인가 비교할 때 사용할 정도로 가장 대표적인 종류의 미신이었다. 그럼에도 불구하고 1976년 초에 점성학에 깊게 몰두하고 있던 한 에살렌 세미나 참가자의 제안에 따라 우리는 적어도 가능한 상관관계에 대한 근거 정도는 연구해 보겠다고 결심하였다. 이름이 아네 트레테빅Arne Trettevik이며 예술

---

1) 원주. 카를 융, 『회상, 꿈, 사상』(New York: Pantheon, 1963; Vintage, 1989), p. 335.

가였던 그 참가자는 행성들이 개인의 출생 차트를 기준으로 특정한 기하학적 배열에 따라 이동하고 있기 때문에 매일 그리고 매년 지속되는 행성의 운동인 행성 '행로'를 집중적으로 연구하고 있었다. 그는 행성 행로가 인생을 살아가면서 사람들이 겪는 다양한 종류의 경험과 일치하는 것처럼 보이는 방식을 연구하였다. 예를 들면, 개인적 행복과 실패 또는 사랑에 빠짐, 삶의 새로운 단계에 진입하기 등에 의해 특별하게 표시되는 기간과 행성 행로가 일치하는 것처럼 보인다는 것이다. 스타니슬라프의 강의를 들은 후, 그는 행성 행로가 심현제로 촉진된 사람들이 강력한 의식 상태에서 겪는 그런 종류의 경험 이해와 유사하게 관련이 있을 수 있다고 말했다.

그 얘기를 듣고 스타니슬라프는 그 생각을 나에게 말했고, 이어 트레테빅이 행성 천문력, 시간대가 나온 세계 지도, 그리고 필요한 수학적 표와 같은 필요한 참고자료를 사용하여 출생 차트와 행로를 계산하는 방법을 우리에게 보여 주었다. 이때는 개인용 컴퓨터가 나오기 수십 년 전이었기 때문에 각 출생 차트와 행로 계산은 수기로 해야 했다. 또한 우리는 다양한 행성의 조합과 황도黃道[2]를 따라 황경黃經[3]에서 측정한 대로 이동하는 행성들의 배열(예: 태양과 반대되는 토성, 또는 달과 결합하는 목성)에 대한 고유한 의미를 정리한 몇 가지 표준적인 해석용 참고자료들도 확보하였다.[4] 스타니슬라프와 나는 날짜와 주요 주제를 모두 기록하고 있는 수년 동안 진행한 자체적인 LSD 회기에 대한 자료를 가지고 있었기 때문에, 실제 경험과 동시 행로concurrent transits가 진행되는 동안 발생할 것으로 추정되는 모든 종류의 사건과 경험에 대해 점성학적 언어로 설명한 내용을 우리의 기억을 더듬어 가며 비교해 볼 수 있었다.

---

2) 태양의 시궤도(視軌道). 곧, 지구에서 보아 태양이 지구를 중심으로 운행하는 것처럼 보이는 천구상(天球上)의 대원(大圓). 궤도

3) 황도 좌표의 경도(經度). 춘분점을 기점으로 하여 황도를 따라 측정한 각거리(角距離). 황위(黃緯)

4) 원주. 우리는 라인홀트 에베르틴(Reinhold Ebertin)의 『행로(Transits)』와 프란시스 사코이안(Frances Sakoian)과 루이스 애커(Louis Acker)의 개별 행성들의 행로 소책자를 사용하여 연구를 시작했으며, 그 뒤이어 몇 개월 안에 출간된 로버트 핸드(Robert Hand)의 『운행 중인 행성(Planets in Transit)』에 대해 연구하였으며, 에베르틴의 『천체 효과의 조합(The Combinations of Stellar Influences)』, 찰스 카터(Charles Carter)의 『점성학의 원리(Principles of Astrology)』, 사코이안과 애커의 『점성학 안내서(Handbook of Astrology)』와 데이 러드아르(Dane Rudhyar)의 여러 권의 선구적인 책자들을 연구하였다.

초기 상관관계

비교 결과, 놀랍게도 높은 수준의 상관관계와 일관성이 확인되었고 이에 우리는 크게 감동을 받았다. 그런 행로가 진행되는 동안 있었던 회기에서 우리가 경험했던 것은 점성학 텍스트에서 일반적으로 기술된 보다 더 공통적인 인생 경험이 원형적으로 강화된 버전 같았다. 예를 들면, 관련된 특정 행성과 배열에 근거한 점성학 운세는 특정 행성 행로 기간이 잠재적으로 지적 시야의 확장, 새로운 관점의 학습 또는 먼 나라로의 여행 및 새로운 문화의 발견을 위한 적절한 시간이었음을 나타낼 수도 있다. 잠재적으로 영적 통찰력이 높아지는 시기, 이와 달리 인생에서 긴장과 절망이 높아지는 시기 또는 가족 간 문제가 드러나는 시기를 나타낼 수도 있다. 어떤 행성 행로는 더 커다란 사고 경향성accident proneness과 위험을 수반한 충격과 일치하는 것으로 설명되는 반면, 또 다른 어떤 행성 행로는 긴장이 높아진 분노나 공격성, 우울이나 일반적인 불안에 대한 더 커다란 가능성을 나타내는 분류가 될 수 있다. 더 일반적인 상황과 감정에 대한 이러한 점성학 운세 설명은 근원적인 원형 에너지가 각각의 경우에 작용할 수 있음을 지각하게 되면서 우리에게 유익한 것으로 입증되었다. 실제, 나는 점성학적 패러다임의 근원적인 원형적 성질이 많은 점성학 운세에서도 분명하게 드러나는 방식에 크게 충격을 받았다. 특히 이런 점성학 운세는 융의 어휘를 사용하지 않을 뿐더러 플라톤적 전통 또는 일부 형태에서 원형적 관점이 중심이 되는 더 심층적이고 난해한 의식적 관계를 반영하지도 않고 있었다. 각 행성은 특정한 원형적 원리와의 근원적인 우주적 관련성을 품고 있는 것으로 이해되었으며, 그 특정한 원형적 원리는 삶의 다양한 굴곡inflections과 다른 차원들 속에서 스스로를 다면적으로, 즉 심리적으로, 환경적으로, 대인관계 속에서, 육체적으로 표출되지만, 항상 원형적 콤플렉스의 본성에 분명하게 연결되어 있는 것으로 이해되었다. 상관관계는 구체적으로 예언적이지는 않았지만, 원형적으로 상당히 예언적이었다.

그러한 행성 행로 중에 발생한 우리의 경험 기록물에 근거해 볼 때, LSD 회기는 일반 점성학 운세에 묘사된 인생의 흥망성쇠와 일반적인 상태와 주제를 더 강렬하면서 자주 주산기적이거나 자아초월적인 버전으로 촉진시켰다. 심현제를 활용한 회기 중에 어떤 사람은 현실에 대한 광대한 견해를 갖는 방식으로 의식이 갑작스럽게 열려 다른 문화의 종교나 신화에 대한 깊은 통찰, 신비주의적인 자각, 영적 재탄생을 경험하거나, 이와 반대로 강력한 우주적 고립감, 죽음의 무자비한 불가피성과의 갑작스러운 대결 또는 전쟁에서 전체 국가를 대상으로 발생하는 것과 같은 집단적인 공격성과 공포의 폭발을 경험할 수 있다. 그 상관관계를 예상보다 훨씬 더 쉽게 인식할 수 있도록 만드는 한 요인은 심현제 상태에서 회기가 진행되는 동안 형성된 원형적 특성들이 그러한 특성들의 상대적인 강도 때문에 더 분명하게 드러나는 경향이 있었다는 사실이었다. 예를 들면, 구체적 생활환경에 의해 구속되거나 억압받는 것을 느낄 뿐만 아니라 투옥되거나 노예가 된 모든 사람과의 심층적인 경험적 동일시를 겪는다는 것이다. 그리고 이어서 가장 놀랍게도 그러한 특성들이 그 개인의 출생 차트와 현재의 행로와 이해할 수 있는 정도로 상호연관성을 갖는다는 것이다. 때때로 심현제를 활용한 회기 내에서의 경험적인 강도가 더 일상적인 조건과 집단적인 자아초월 경험의 기저에 깔려 있는 원형적 차원을 직접 경험하게 하는 형식을 취할 수 있었다. 그런 형식을 취할 때는 점성학 전통이 연관되어 있는 특정한 원형적 원리와 관련된 출생 이전 및 운행 중인 행성들이 거의 일치하는 특정한 신화적 인물이나 원형적인 힘을 만나게 되는 상황이 전개된다.

우리 자체 회기에 대한 이런 초기 연구를 진행한 후에, 우리는 관심을 더 다양한 개인들과 그들의 경험으로 옮겼다. 이를 위해 에살렌 커뮤니티에 참여한 50~60명의 장기 회원들에게 자신의 행로를 계산하고 해석하라고 요구하기 시작하였다. 그런 다음 매주 에살렌에 오는 많은 세미나 참가자들까지 포함시켜 이 연구를 확대하였다. 에살렌 연구소는 실제 수천 명의 사람들이 매년 깊은 자기탐색과 잠재적으로 변용적인 경험을 추구할 구체적 의향을 가지고 찾아오는 곳이기 때문에 이 연구를 진행하기 위한 이상적인 실험실이었다. 당시 에살렌은 일종의 심리영적 실험과 의식 연구의 중심지였다. 따라서 우리는 이용 가능한 실질적이고 지속적으로 쌓여 가는 작업용 데이터베이스를 보유할 수 있었다. 그러한 현재의 사례들 이외에도 우리는 과거 스타니슬라프의 많은 환자와 회기 참가자들의 사례 이력, 회기 날짜 및 출생 날짜를 이용할 수 있었다.

증거가 보여 준 놀랄 만한 상관관계에 대한 초기의 강력한 인상에도 불구하고, 그러한 상관관계의 본질에 대한 우리의 이해는, 우리가 최초로 잠정적으로 내린 결론에 대한 대대적인 수정을 야기할 정도로, 중단 단계에 도달하게 되었다는 사실도 말하지 않을 수 없다. 시간이 흐르면서 그러한 인상적인 증거에 대한 우리의 이해가 뚜렷한 변화를 겪게 되었다. 처음에 우리는 매우 일반적인 차이를 알아차렸다. 그 차이에서는 특정 행성 및 배열과 관련된 행로는 더 쉽고 더 부드럽게 해결된 회기와 일치하는 것처럼 보인 반면, 다른 행로는 해결되지 않은 상태로 종결된 더 어려운 회기와 일치하는 것처럼 보였다. 그런 다음 '출구가 없는' 괴로운 상황에 고착되어 버린 다른 사람들과 비교하여 극적인 심리적 및 영적 돌파구를 열어 준 회기에 대해 더 구체적인 관찰내용이 드러났다. 결국 많은 시행착오를 거친 끝에, 이러한 단순한 이진二進 패턴binary pattern이 매우 다양한 형태로 드러난 많은 심현제 경험과 관련이 있었던 복수의 운행 및 출생 요인들의 한층 더 복잡한 상호작용을 가리고 있었음이 분명해졌다.

주산기 경험과의 상관관계

초기 연구에서 특별히 놀라운 발견은 표준 점성학 운세에서 설명된 대로 네 가지 기본 주산기 모형BPMs과 네 가지 외행성 원형 간의 눈에 띄게 견고한 상관관계와 관련된 것이었다. 한편으로, 스타니슬라프는 1960년대 중반에 먼저 심현제 회기 보고서에서 각 BPM의 복잡한 현상학을 끌어냈다. 스타니슬라프는 그 당시 그러한 경험의 네 가지 역동적인 배열과 생물학적 출생의 연속적인 단계 간의 연결성을 인식하게 되었다. 다른 한편으로는, 수 세기 전으로 거슬러 올라가서 완전히 다른 차원의 전통을 갖는 연구와 해석 안에서 작업을 하면서도, 점성가들은 토성(고대인들에게는 가장 멀리 떨어진 행성으로 알려짐)의 의미에 대해 점진적으로 매우 일치하게 되었으며, 지난 두 세기에 걸쳐 목성, 해왕성과 명왕성(현대에 들어와 망원경으로 발견됨)의 의미에 대해서도 강력한 일치에 도달하게 되었다는 사실을 알게 되었다. 이 연구가 시작된 거의 초기에 나는 네 가지 주산기 모형을 반영하는 경험과 네 개의 천천히 이동하는 외행성5)과 관련된 동시에 일어나는 행로 간에 분명하게 드러나는 일대일의 전반적인 상응correspondence을 알아차렸다. 놀랍게도 점성학 운세를 더 주의 깊게 읽어 보았을 때 네 가지 BPM의 모든 단일한 특징이 네 개의 외행성에 대해 널리 받아들여진 점성학적 의미에 상당히 들어맞는 것이 분명해졌다. 상관관계의 주산기 범주는 (나중에 우리가 연구한 더 다양한 심현제 경험을 통해 발견한) 일종의 원형적 상응에 잘 들어맞았기 때문에, 여기서 잠깐 시간을 내서 점성학 책자에서

---

5) 원주. 단순하고 간결한 설명을 위해, 여기서 명왕성을 '행성'에 포함시킬 것이다. 명왕성에 대해 일관되게 관찰한 상관관계는 해왕성, 천왕성, 토성 및 다른 기존의 행성과 관련된 상관관계와 비교했을 때 원형적 중요성에 있어 어떤 눈에 띄는 차이도 반영하는 것처럼 보이지 않았다.

설명하고 있는 표준 행성의 의미를 이용하여 스타니슬라프의 작업에서 제시된 대로 각 모형의 현상학과 비교하면서 관련된 상응을 표시해 보겠다. 내가 패턴을 기록한 첫 번째 주산기 모형인 BPM IV(4단계 주산기 모형)부터 시작해 보겠다.

4단계 주산기 모형은 산도에서의 탈출 및 출생의 순간과 생물학적으로, 원형적으로 모두 관련이 있다. 이 모형은 갑작스럽게 돌파구를 찾은 커다란 진전, 기대치 않은 해방, 속박과 강제적 구속에서 풀려남, 탁월한 비전과 이해력, 인생의 더 깊은 의미와 목적을 느끼는 자각, 오랜 시간의 그리고 위험한 행로 과정 이후 재탄생한 것 같은 느낌 등의 경험들에 반영된다. 부정적인 측면에서 보면 활성화되었지만 완료되지 않았을 때, BPM IV는 미친 듯한 과장, 가만히 있지 못하는 조바심, 전례 없는 개인적 총명함에 따른 기이한 상상, 신나는 일에 대한 채워지지 않는 갈망과 강박적인 과잉행동의 형태를 취할 수 있다.

BPM IV 경험과 천왕성의 주요한 행로 간의 상관관계를 확인한 다음, 현대 점성가들에 의해 일반적으로 천왕성에 기인하는 것으로 받아들여지는 일단의 상징이 갖는 의미들이 전적으로 BPM IV 현상학과 일치하는 방식에 매우 크게 놀랐고 감동을 받았다. 점성학에서 천왕성은 전형적으로 갑작스러운 변화, 뜻밖의 열림과 자각, 창조적 진전과 독창적 발명, 탁월한 영감과 업적, 갑작스러운 깨달음과 순식간에 스쳐 지나가는 통찰의 원리로 설명된다. 또한 자유를 향한 충동, 억압과 현재의 상황에 대한 저항, 기이하거나 변덕스러운 행동을 향한 경향성, 불안정, 가만있지 못하는 예측 불가능성, 신기한 것을 향한 충동, 새로운 것, 예상치 못한 것, 파괴적인 것, 흥분되는 것과 자유롭게 만드는 것들과도 관련이 있다.

대조적으로 2단계 주산기 모형은 자궁 경관이 여전히 닫혀 있을 때의 자궁 수축이라는 힘든 주산기 단계와 관련이 있다. BPM II는 밀실공포증적 수축 경험, 감금과 지옥의 이미지, 육체적이고 감정적인 고통, 무력한 괴로움과 피해, 죽어 가는 공포, 강렬한 수치심과 죄책감을 느끼는 상태, 우울과 절망, 사르트르Sartre가 말하는 '출구 없는' 느낌, 실존주의적 소외와 무의미, 더 깊은 의미나 목적이 없는 환멸을 느끼게 되는 물질세계에서 존재하는 모든 것은 언젠가 죽을 수밖에 없는 생명이라는 관점에 갇히게 되는 것에 대해 경험하는 것으로 표출된다.

이 경우에서 나는 토성이 BPM II 상태와 일치하는 행로와 얼마나 자주 관련되는지를 알아차렸다. 그리고 또 다시, 점성학적 전통에 의해 오래전에 토성에 기인하는 것으로 받아들여진 일단의 상징적 의미들이 BPM II 현상학과 상당히 일치하였음을 알게 되었다. BPM II 현상학은 구속감, 제한, 위축감, 불가피한 일, 견고한 물질성, 시간의 압력, 과

거의 짐, 엄격하거나 억압적인 권위, 노화, 죽음, 어떤 상황의 결말, 판단, 죄책감, 재판, 처벌 그리고 제한하려는 경향, 억제, 부담을 지우는, 분리하는, 부인하고 반대하는 경향이나 어려움, 문제, 거절, 박탈, 패배, 손실을 경험하려는 경향, 삶의 수고, 운명의 작용, 업보, 과거 행동의 결과, 염세주의, 우울이나 어두움, 차가움, 무거움, 복잡함, 건조함, 오래됨, 느림과 관련이 있다.

하지만 세 개의 다른 사례에서 관련된 점성학 원리의 긍정적이고 부정적인 측면이 각 주산기 모형과 관련된 더 많은 잠재적인 경험으로 표출되는 것처럼 보였음에도, BPM II의 사례에서는 토성 원형의 부정적이고 문제적인 특징만이 분명하게 드러났다. 2단계 주산기 모형의 영향을 받는 참가자들은 인생의 어떤 긍정적이거나 보완적인 차원도 허용하지 않는 절대적인 부정적 필터를 통해 모든 것을 경험하는 것처럼 보였다. 회상해 보면, 주산기 과정이 전개되고 적어도 어느 정도까지 해결과 통합이 진행된 후에 BPM II의 경험은 새로운 의미를 갖는 다른 견지에서 보이게 되었다. 그런 다음 수축, 분리, 상실, 고통, 죽음과의 조우 등의 긍정적 차원이, 이제 행복하게 다시 태어나기 때문에 '영광스러운 죽음'의 영역에 합류하는 경험을 통해 생물학적 출생이나 영적 재탄생의 구체적 징후로 분명하게 드러나게 되었다. 현실의 낡은 정체성이나 구조를 완전하게 파괴하는 것이 삶의 양 측면을 모두 알고 있으며 더 깊은 존재 양식을 위해 필요한 고통과 상실을 포용할 수 있는 영속적 지혜를 가능하게 해 주는 것으로 간주된다. 노화와 죽음이라는 현실이 그 자체로 새로운 시각으로 간주되어 전통적으로 토성 원형과 관련이 있는 긍정적 특성이 드러날 수 있게 되었다.

스타니슬라프와 나는 BPM III과 점성학적 명왕성을 상호 관련시키는 이상할 정도로 유사하고 정말로 실제적으로 동일한 일단의 의미들에, 특히 감동을 받았다. 3단계 주산기 모형의 현상학은 대단히 다양한 양상을 보이면서 극단적으로 강렬한 독특한 경험들을 불러 모은다. 생물학적 출생의 단계와 관련하여 3단계 주산기 모형은 자궁 경관이 완전히 열린 상태에서 산도를 통해 아기가 밀려 나오는 것과 관련이 있다. 경험에 따르면 인간은 이 과정에서 화산 분출의 엄청난 자연적 에너지, 성적 리비도와 공격성의 강렬한 자극, 억눌린 에너지의 강렬한 방출, 폭력적 사투와 관련된 극적인 경험, 삶과 죽음의 위협, 피로 얼룩진 생명작용bloody biology, 전쟁, 거대한 파괴의 현장, 지하세계로의 하강, 악령의 폐해demonic evil, 가학피학증, 포르노 성행위, 수모, 타락, 분변음욕증, 오물과 부패, 정화의 불꽃 또는 방화광의 희열pyrocatharsis, 근본적인 변용elemental transformation, 희생제의, 떠들썩한 술잔치orgiastic bacchanalia 및 고통과 황홀감의 역설적 결합을 포함한 경험들이 강력하게 통합되는 것을 확인하게 된다. 일반적으로 BPM III은 죽음과 재탄생의 경험으로 절정에 이르는 정화와 변용의 도가니 안에서 압도적으로 강렬한 광포한 에너지를 나타낸다.

하나의 주산기 모형 안에서 집중적으로 수렴되는 이러한 몇 가지 독특한 주제들을 고려하여 BPM III 경험이 명왕성의 행로와 아주 특별하고 일관되게 일치하는 것을 발견하였다. 이는 다음과 같은 다양한 주제가 똑같이 집중적으로 수렴되는 것을 포함하여 현대 점성가들에 의한 명왕성의 다면적 원리를 설명해 주었다. 그러한 다양한 주제로는 다음과 같다. 때때로 압도적이고 재앙적인 극단에까지 그것이 건드리는 것마다 악을 쫓아내고, 힘을 부여하고, 강렬하게 만드는 근본적인 강도, 깊이와 힘; 더 낮은 차크라에 해당하는 생존, 성 또는 권력 등에 대한 주요한 관심; 동시에 리비도적이며 공격적인, 또한 파괴적이며 재생적인 원초적 본능; 폭발적, 정화적, 제거하는, 변용적, 계속해서 진화하는; 출생, 성 죽음의 생물학적 과정, 죽음과 재탄생의 주기; 와해, 부패 및 수정; 억압된 에너지의 격렬한 제거; 삶과 죽음이라는 극단적 상황, 권력 투쟁, 거대하고, 강력하고, 엄청나게 큰 모든 것, 깊은 지하세계에서 안팎으로 드러나는 자연의 강력한 힘, 많은 의미에서(지질학적, 심리학적, 성적, 도시적, 정치적, 범죄적, 악령적, 신화적) 불같이 타오르는 지하세계와 땅속; '본능이 끓어오르는 가마솥'인 프로이트의 원초적인 이드, 다윈의 계속해서 진화하는 자연과 생존을 위한 생물학적 투쟁들.

다른 주산기 모형과 마찬가지로 참가자들은 종종 해당 모형의 더 심층적인 차원에 도달했을 때 특정한 신화적인 신에 대한 직접적 경험을 했다. BPM III의 사례에서 (경험을 통해) 만난 신화적 인물들은 명왕성 원형의 특성을 설명하는 점성학 운세에서 등장하는 인물들과 동일한 경향이 있었다. 그러한 신적 인물들은 디오니소스, 하데스와 페르세포네, 판, 프리아포스, 메두사, 릴리스, 이난나, 화산의 여신 펠레, 케찰코아틀, 쿤달리니 활성화 및 뱀[6]의 능력Serpent power, 시바, 샥티, 칼리와 같은 파괴와 재생, 하강과 변용, 죽음과 재탄생의 신들이다.

결국 매우 다른 BPM I 경험과 해왕성 행로의 일치를 연구할 때 유사한 점들이 분명하게 드러났다. 1단계 주산기 모형은 출생 과정이 시작되기 바로 전의 출생 전 상황과 관련이 있다. 즉, 양막에 둘러싸인 우주의 경험, 대양에 떠다니는 느낌, 사라지는 경계, 환

---

6) 유혹자의 상징으로 창세기에 인류를 죄로 유혹한 자로 묘사되고 있다. 이브를 유혹해 에덴 낙원에 있는 금단의 열매를 따 먹게 한 유혹자를 뱀으로 표현하고 있다

경과의 허술한 관계, 내부와 외부를 구분하기 어려움, 수생의aquatic, 성간星間의interstellar, 은하의 그리고 우주의 경험과 다차원적으로 뒤섞인 배아 경험과 관련이 있다. 또한 이 단계에서 신화적 합일, 영적 자아초월, 물질적 현실과 분리성 자아의 소멸, 그리고 자궁, 모성, 다른 사람이나 다른 존재, 모든 생명체나 신과 결합되는 느낌, 합의된 현실을 뛰어넘는 다른 존재론적 차원에 대한 접근, 시간과 공간의 초월과 같은 경험들이 발견되었다. 열대의 섬이나 아름다운 초원이나 해변가에서 어린 시절에 놀고 있는 것과 같은 목가적 특성의 경험은 우주적 합일, 대양적 황홀경, 천국의 이미지에 대한 경험으로 통합될 수 있다. 부정적 측면에서 보면 BPM I은 경계의 지향성 상실, 안정적인 정체성이나 현실 구조의 소멸, 망상의 가능성, 보이지 않은 위험과 미묘하게 감염되는 듯한 영향력으로 가득한 협박하는 분위기에 둘러싸인 느낌, 그리고 약물 중독, 심령적 타락 또는 대양 오염의 경험으로 통합되는 유독성 자궁의 경험과 관련이 있다.

놀랍게도, 점성가들은 해왕성을 영적인, 자아초월적인 또는 신비주의적인 특성(감지하기 어렵고 무형의, 통합적이고, 영원하며, 비물질적이고 무한한 성질, 물질, 시간 그리고 구체적으로 경험적 현실의 제한적 세상을 초월하는 모든 것)을 갖는 경험과 상징적으로 연관시키고 있다. 해왕성은 심리적 결합의 상태, 신체적 및 심리적 침투가능성 및 저 너머에 대한 갈망과 연결되어 있다. 해왕성은 물, 바다, 하천 및 강, 박무, 안개와 상징적 관련성을 가지며, 모든 종류의 액체와 소멸과도 상징적 관련성이 있으며, 프로이트가 '대양감'이라고 부른 것과도 상징적으로 관련성이 있다. 부정적 측면에서 해왕성은 환상과 망상, 마야maya, 기만과 자기기만, 해체, 현실도피, 취함, 중독, 지각적 및 인지적 왜곡, 투사, 내면세계를 외부와 구별할 수 없는 무능력, 그리고 유독성 약물 반응, 감염 및 오염에 대한 취약한 경향성으로 나타난다.

4개의 모든 주산기 모형에 대해 우리를 특별히 놀라게 만든 것은 상관관계가 갖는 이중적 특성이었다. 상징 체계에 대한 비교 연구의 차원에서 두 개의 완전히 구분되는 해석적 전통인 심리학과 점성학이 (모형과 원형을 하나씩 비교하는 방식에 근거해 볼 때) 서로 아주 가깝게 일치하는 기본적인 네 가지 특성과 의미 집합을 만들어 낼 수 있었다는 사실은 확실히 그 나름대로 놀라웠다. 하지만 이러한 명백한 의미의 유사성과는 별도로, 심현제 활용 회기에서 각 주산기 모형에 대한 참가자의 경험 시점이 점성학적 특성을 갖는 바로 그 행성과 관련된 행로와 실제로 아주 일관되게 일치한다는 사실이 우리에게 더 큰 놀라움을 선사하였다.

우리의 초기 연구적 관점에 드러난 이러한 주산기 상응은 시간이 경과하면서 크게 복잡해졌다. 우리는 두 개 이상의 행성과 관련된 주요한 기하학적 배열[회합conjunction(0도), 대립각opposition(180도), 직각square(90도)과 같은 주요한 행성의 '방향']이 출생 차트와 행성 행로에서 어떻게 진행되는지에 대해 더 잘 이해할 수 있게 되었다. 예를 들면, 한 개인이 출생한 순간에 있는 태양을 통과하는 해왕성은 달을 통과하는 것과 다르게 진행되는 것으로 보였다. 이 두 사례에서 모두 공통된 '해왕성' 특성이 있었음에도 불구하고 다르게 진행되는 것으로 보였다. 해왕성이 토성을 통과할 때, 동시에 발생하는 경험들은 어떤 면에서는 해왕성이 목성을 통과할 때의 경험과 실제로 반대되는 경험이 되는 경향이 있었다. 하지만 그러한 경험들은 해왕성과 관련된 원형을 다른 방식으로 반영하고 있는 매우 중요한 근원적인 특성을 공통적으로 가지고 있었다. 각 사례의 차이는 행로와 관련된 두 번째 행성과 연관된 원형적 특성과 직접적으로 관련이 있었다.

각 행성의 조합은 각각의 원형이 상대 원형을 통해 구체적 특성을 주입하고 변형하면서, 그리고 각 원형이 다른 상대 원형을 표출하게 만들면서, 두 가지의 살아 있는 복합체를 탄생시키는 가운데, 관련된 두 가지 원형적 원리의 상호작용과 관련이 있는 것처럼 보였다. 게다가 서로 다른 개인들은, 출생 순간의 행성이 출생 차트의 다른 행성을 기준으로 어떻게 위치해 있는지 또는 동시에 다른 어떤 행로가 진행되었는지에 따라, 출생 순간의 행성을 지나는 특정 행성의 동일한 행로를 다르게 경험하는 것처럼 보였다. 진공 속에서는 아무 일도 발생하지 않았다. 전기적 및 상황적, 문화적 및 역사적 또는 원형적인 맥락에 상관없이, 모든 것이 고유한 맥락에 의해 항상 자리를 잡고 있고 형성되어 있었다.

이러한 복잡성의 또 다른 예로, 완전하게 전개된 BPM II 경험들 중, 특히 심현제 회기에서 주산기 수준의 내용은 일반적으로 세 개의 외행성인 명왕성, 해왕성, 천왕성 중의 하나와 일직선을 이루는 토성의 존재와 관련이 있는 것처럼 보였다. 예를 들면, 태양, 달 또는 내행성 중의 하나와 일직선을 이루는 토성 행로는 그 자체적으로 토성 원형과 연관된 다양한 주제를 반영하는 더 일반적인 인생 경험과 일치하는 경향을 보였다. 이와 대조적으로, BPM II 경험은, 각 경험이 관련 원형을 반영하는 2단계 주산기 모형의 특정한 변화를 초래하는 가운데, 명왕성이나 해왕성을 포함한 토성 행로가 진행되는 동안 발생할 가능성이 더 높았다. 예를 들면, 명왕성과 토성의 행로는 해소할 출구가 없는 극단적인 잔인함이나 매우 강렬한 수축에 직면하여 무기력한 고통을 경험하는 것과 일치할 가능성이 높았고, 해왕성과 토성의 행로는 필사의 삶이 갖는 무의미성과 영혼의 어두운 밤, 영적 의미의 상실, 자살에 이르게 할 정도의 절망, 광기에 대한 두려움과 직면하는 사례에서 더 많이 확인되었다. 천왕성과 함께 토성이 관련된 행로는 죽음과의 갑작스러운 대치, 예상치 못한 명예 추락, 또는 어느 것이든 상관없지만 정체성 혹은 현실 그 자체와 같은 안전한 구조의 갑작스러운 붕괴를 포함한 경험과 더 관련이 있었다. 천왕성, 해왕성 그리고 명왕성은 모두 초월적 특성을 가지고 있는 것처럼 보인다. 반면, 토성은 오히려 개인과 자아초월 간, 삶과 죽음 간의 상징적인 경계를 나타낸다.

게다가 운행 중인 앞의 행성들의 모든 조합은 주산기적 깊이를 통해 동일한 원형 원리의 매우 다른 치유 변화로 이동하는 방식으로 전개될 수도 있다. 힘든 감정을 완전히 정서적이고 신체적으로 몰입하여 경험하는 것은 "그러한 감정을 불태워 버리는 화장용 장작더미[7]이다."라는 스타니슬라프의 의견은, 주어진 원형적 콤플렉스가 어떻게 가장 저항적인 형태에서 매우 긍정적인 표현으로 진화될 수 있는지를 이해하는 것과 관련이 있었다. 따라서 지옥과 같은 고통의 BPM II 경험을 포함하여 외상적이거나 다른 문제가 있는 무의식적 요소의 통합 이후에, 토성-명왕성 행로는 출생이라는 엄청나게 힘든 노동에서처럼 더 오래 시간 동안 지속적인 노력과 단호함으로 거대한 에너지를 모으기 위해, 죽음과 위험에 직면해서 위축되지 않는 용기를 위한 새로운 능력과 삶의 가장 중대한 현실을 받아들이고 커다란 부담을 기꺼이 견뎌 내고자 하는 새로운 의지와 관련된 것으로 확인되었다. 이와 유사하게 토성-해왕성 행로가 진행되는 동안 발생하는 경험은, 다른 사람의 고통과 그러한 고통을 경감하기 위한 지속적이고 실천적인 노력, 영적 열망을 위해 개인적 집착을 희생하고 포기할 수 있는 새로운 능력, 또는 영적 이상을 실천적이고 집중적으로 규율이 잡힌 방식으로 구체적으로 표현해 가는 것들을 높이 공감하는 방향으로 전개될 수 있었다.

이러한 복잡성은 지나치게 단순화한 그리드grid가 전달할 수 있었던 것보다 훨씬 더 넓은 범위의 상호 연결된 의미를 전달하는, 원형의 본질적인 다가치성을 반영하였다. 주산기 경험에서 관찰한 그리고 특정 행로와 출생 시점의 행성과 일치하는 원형들은 심혼의 주산기 차원을 기준으로 더 상위의 수준에 존재하는 것처럼 보였다. 이러한 상위 수준의 상태는 주산기적 수준이 종종 두 영역 간의 경험적 관문 역할을 하는 가운데, 무의식의 전기적 수준뿐만 아니라 초월적인 수준에 영향을 주는 응축경험 체계와 관련된 상관관계의 놀라운 범주를 알게 되었을 때 더욱 분명해졌다.

---

7) 원주. 개인 서신, 에살렌 연구소, 1974년 3월

응축경험 체계와의 상관관계

　주산기 모형을 인식하기 전인 1960년대에 저용량 심현제 치료를 활용한 초기 작업을 진행하는 중에, 스타니슬라프는 유사한 정서적이고 신체적인 특성을 공유하는 특정한 감정적으로 고조되는 수많은 역동적인 기억, 즉 응축경험 체계의 존재를 확인했다. 저용량에서 중간 용량의 LSD를 사용한 연속 회기에서 주제가 서로 관련 있는 인생의 다른 기간 중에 있었던 다양한 기억이 표면으로 떠오르고, 결국 이런 기억이 집단적으로 모이면서 강력한 다차원적인 경험으로 응축될 때 점진적으로 응축경험 체계가 드러났다. 회기 초기에는 이렇게 복구된 기억들은 보통 최근 사건이나 경험에 기반하고 있었다. 반면, 회기가 진행되어 뒤로 갈수록 복구되는 기억들은 최근 기억과 주제와 관련된 더 어린 시절이나 유아 시절의 경험이 포함된 무의식 상태에 더 깊게 도달하였다.

　개인마다 유기, 수치심, 밀실공포적인 속박감의 다양한 기억과 같은 부정적 체계와 영향을 비롯하여 풍부한 사랑, 즐거운 승리, 확장된 각성의 다양한 경험과 같은 긍정적 체계가 함께 포함되어 있는 특정한 자신만의 고유 응축경험 체계를 지니는 경향성을 보였다. 사람들의 삶 속에서 있었던 개인의 출생 차트와 행로에 대한 주의 깊은 분석은 이들 응축경험 체계가 놀랍게도 출생 차트에 있는 주요한 행성 배열과 일치한다는 것을 알려 주었다. 이들 행성의 원형적 의미는 드러난 응축경험 체계의 주제와 직접적으로 관련이 있었다. 더 눈길을 사로잡은 것은 부모의 죽음, 신령스러운 어린 시절의 경험이나 낭만적 자각과 같은 인생의 여정 중에 응축경험 체계에 기여한 주요한 사건들이 발생한 시점이, 특정 행성들의 배열을 교차하는 주요한 행로와 일관되게 일치한다는 사실이었다. 이에 따라 심현제를 활용한 회기가 진행되는 동안 관련 출생 배열이 다시 주요한 행로를 겪을 때 그러한 응축경험 체계가 의식으로 드러나 통합되는 일이 발생하는 경향이 있었다. 그러한 증거는 특정한 응축경험 체계 관련 출생 배열의 행로가 무의식적 응축경험 체계의 심층적 확대로(그 결과 심리적 힘은 커지면서), 또는 (부정적인 응축경험 체계의 사례에서) 의식으로 불려와서 원래의 트라우마와 관련된 억눌린 에너지와 아픈 감정을 날려 버리는 기회로 경험될 수 있음을 시사하였다.

　스타니슬라프가 현재의 작업과 다른 여러 작업에서 논의한 대로 다양한 전기적 경험과 관련된 응축경험 체계는 네 개의 주산기 모형(이 모형의 풍부하고 복잡한 현상학이 실제 모든 응축경험 체계의 기본적인 주제를 원형적 형식으로 억누르고 있음) 중 하나에 해당되는 무의식에 더 깊은 뿌리를 두고 있는 것으로 판명되었다. 어린 시절 부모의 비극적 사망, 매우 충격적인 실연, 고통스러운 이혼과 같은 전기적 유기遺棄 경험은 서로 주제적인 측면에서 모두 연결되어 있었으며, 모성 자궁의 원시적 상실에 대한 주산기 경험에도 공통의 뿌리를 두고 있었다. 이와 대조적으로 학업이나 스포츠에서 젊은 시절 갑자기 다가오는 커다란 성취, 성인 시절 직장에서의 주요한 직업적 성공, 더 일반적으로 거대한 장애물을 극복하는 갑작스러운 즐거움과 같은 이후의 경험들은 꽉 조이는 산도에서 성공적으로 갑자기 빠져나온 경험에 더 깊은 뿌리를 두고 있는 것으로 확인되었다.

하지만 시간이 경과하면서 더 심화된 단계의 치료와 자기탐색 과정에서 응축경험 체계는 조상의, 역사적인, 집단적인, 업보적(전생 관련) 그리고 계통발생적 경험과 같이 주산기보다 더 깊은 무의식의 수준에 뿌리를 두고 있는 것으로 입증되었다. 회기 초기에서는 정확하게 개인적인 심리적 문제이거나 개인별 전기적 주제처럼 보일 수 있는 문제나 주제가 여러 세대를 거슬러 올라가는 잠재된 가족력 패턴, 초기 역사 시대, 전체 문화, 또 다른 종의 생명체에 연결된 생생한 경험에 근거하고 있음이 발견되었다. 부정적 응축경험 체계의 사례에서는 이러한 더 심층적인 초월적 수준의 응축경험 체계가 종종 심층적인 치유와 외상적 증후군의 해소를 위해 필요하였다. 긍정적 응축경험 체계의 사례에서는 신성과의 신비적 합일, 생명과 사랑을 나누어 주는 태모신과의 포옹과 같은 깊은 초월적 근원과의 연결이, 특히 강력한 치유 경험을 제공할 수 있다. 그러한 응축경험 체계의 핵심에서 우리는 그 주제적 특성이 응축경험 체계의 전기적, 주산기적 및 초월적 차원들에 영향을 주면서 상호작용을 하는 특정한 원형적 원리 또는 콤플렉스를 지속적으로 발견하였다.

이러한 발견은 모든 심리적 콤플렉스의 핵심을 구성하는 것으로 본 융의 원형에 대한 이해와 매우 유사하였다. 하지만 응축경험 체계에는 역동적 시간적인 차원이 추가되었다. 그러한 역동적 시간적인 차원에서는 서로 다른 시기, 출생 단계, 그리고 다양한 출생 전, 역사적 및 기타 심혼의 초월적 수준에서 발생한 주요 사건과 경험이 비일상적 의식 상태에서 경험적으로 접근할 수 있는 통합된 체계 안으로 축적되고 모일 수 있다. 융학파와 원형심리학에서 개발된 원형 콤플렉스의 개념을 통해 우리는 풍부한 신화적이고 내면적인 의미와 연관성을 갖는 다양한 원형적 원리를 미묘한 수준으로 이해할 수 있었다.[8] 그 결과, 스타니슬라프의 응축경험 체계에 대한 개념은 전기적, 주산기적, 태아의, 조상의, 업보의, 역사적인, 계통발생적 수준에서 그리고 기타 초월적인 수준에 뿌리를

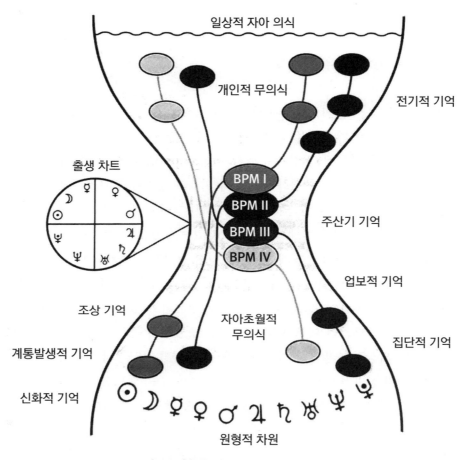

일상적 자아 의식

개인적 무의식

전기적 기억

출생 차트

BPM I
BPM II
BPM III
BPM IV

주산기 기억

업보적 기억

조상 기억

자아초월적
무의식

집단적 기억

계통발생적 기억

신화적 기억

원형적 차원

[그림 1] 응축경험COEX 체계와 의식 수준

두고 있는 깊은 심혼에 박혀 있는 다층적인 역동적 기억들과 사건들에 대한 더 정확하게 설명할 수 있는 관점을 제공하였다. 시간이 흐르면서 이들 응축경험 체계는 마치 경사로에서 눈덩이를 굴릴 때처럼 점점 더 커다란 정신 및 신체적 흥분을 축적해 나가면서, 이

---

8) 원주. 카를 구스타프 융의 작품집[R. F. C. Hull 번역, H. Read, M. Fordham, G. Adler, W. McGuire, 편집. Bollingen, 시리즈 XX(Princeton, N. J.: Princeton University Press, 1953~1979)] 외에도 제임스 힐먼(James Hillman)의 저술과 강연으로 특히 가치가 있는데, 그의 원형심리학 선언문, 리비전 심리학(New York: Harper, 1975)과 그의 주목할 만한 초기 에세이 『세넥스(Senex) 의식에 대하여』[1970년 봄, 초판 발행, 지금은 "Puer and Senex"라는 제목으로 구할 수 있음, 제임스 힐먼 저작의 Uniform Edition, 제3권(Tompaon, Conn; 봄, 2015)]도 포함된다.

런 응축경험 체계가 의식화되고 통합될 때까지 후천적 정신신체 구조와 충동을 확대하는 더 많은 사건과 경험들을 끌어들이는 것 같다. 앞의 그림에서 이러한 종합을 통해 드러난 것들을 전체적으로 보여 주고 있다.

우리가 연구를 통해 발견한 내용이 갖는 두 가지 중요한 함의를 여기서 언급할 수 있으며, 두 가지 모두 앞의 그림에서 시사되고 있다. 그 하나는 세 가지 차원의 의식, 즉 전기적, 주산기적 및 초월적 수준과 관련한 원형의 상위의 역할이다. 그 상위의 역할은 각각의 수준에서 차별화되고 역동적인 경험 집단과 모형에 영향을 미치고, 각 원형 또는 원형의 조합에 의해 다면적 가치를 지니는 의미의 콤플렉스 내에서 주제와 관련하여 이러한 경험들을 통합한다. 원형적 형태는 융 학파와 원형심리학에서 설명하고 있는 대로, 하지만 초월적 의식 연구, 심현제 치료 및 기타 홀로트로픽 경험에서 드러난 정신역동학의 더 차별화된 구조 내에서만 심혼의 일반적인 조직 원리로 역할을 하는 것으로 보인다.

여기서 주목할 만한 가치가 있는 두 번째 함의는 스타니슬라프의 출생에 대한 중대한 심리적 중요성에 대한 발견과 점성학에서 집중하는 출생 시점의 행성 위치 사이의 예상치 못한 일치에 대한 것이다. 누군가는 출생과 출생 차트가 어떤 면에서 모두 원형적이고 초월적 차원에 대한 접근을 가능하게 하는 것이라고 말할 수 있다. 좀 더 구체적으로 말하면, 출생 차트와 죽음과 재탄생의 주산기 경험에서 출생을 재현하는 것에 대한 조심스러운 연구는, 모두 개인이 자신의 삶과 현재의 의식 상태에 영향을 주는 더 깊은 원형적이고 초월적 차원에 더 직접적으로 그리고 의식적으로 접근할 수 있는 강력한 방법을 제공하는 것처럼 보인다. 심혼의 주산기 수준과 점성학의 출생 차트는 모두 의식의 문을 열어 무의식의 깊은 세계로 가는 의식을 개방하는 핵심 통로이자 관문을 나타내는 것 같다.

앞의 그림은 실제 두 방향에서 읽을 수 있다. 위에서 아래로, 아래에서 위로 읽을 수 있다. 체험적 심리치료와 자기탐색을 위한 장기간의 연속 회기에서 나타난 고유한 순서는 개인이 특정한 기본적인 특성을 공유하는 좀 더 최근 경험에서 청년 시절, 어린 시절 그리고 오이디푸스 이전 시기 및 유아 시기의 유사한 감정적 또는 신체적 특성을 포함한 더 일찍 있었던 경험으로 이동해 간다는 것이다. 그런 다음, 주산기 수준과 죽음-재탄생 콤플렉스의 경험으로 더 심층적 수준으로 이동한다는 것이다. 이런 이동은 집단무의식으로 드러나는 광대한 범위의 초월적 경험과 연결되고 그러한 경험이 활짝 열리면서 전개되게 만든다. 어떤 면에서 이 모든 것을 뛰어넘는 것 그리고 이 모든 것을 둘러싸고 이 모든 것에 영향을 주는 것은 원형적 영역으로, 이 영역은 어떤 면에서 광대한 우주와 별이 빛나는 하늘과 연관되어 있다. 플라톤이 동굴 신화에서 포착한 이러한 영역은 20세기 초의 폴란드 작가 브루노 슐츠Bruno Schulz가 남긴 다음 글에서 역력하게 드러나고 있다.

> 어떤 특정한 깊이를 넘어서 탐구를 계속해서 추구해 나갈 때, 우리는 정신적 범주의 분야에서 빠져나와 삶의 근본적인 신비의 영역으로 들어가는 경험을 하게 된다. 우리가 뚫고 들어가려는 영혼의 밑바닥이 부채처럼 펼쳐지면서 별이 빛나는 하늘이 드러난다.[9)]

다른 방향에서 이 그림을 읽어 보면, 이러한 많은 수준에 걸쳐 다양한 영역의 경험들을 경험한 후에, 그 개인은 종종 더 커다란 초월적 영역(조상, 업보, 역사 등)의 다양한 요인이 어떻게 출생 경험의 특정한 강력한 측면으로 변해 간 것처럼 보이는지에 대한 통찰력을 얻게 된다. 여기 이 그림의 벡터는 초월적 무의식에서 개인적 무의식으로 위로 올라가는 것처럼 보일 수 있다. 예를 들면, 전생에서 교수형으로 사망한 경험은 새로 태어난 경우, 이번 생에서는 탯줄이 목 주변을 감싸고 있어 거의 질식 상태를 유발하는 출생으로 바뀌어 나타날 수 있으며, 이어서 유아 시절 디프테리아나 백일해가 발병하여 호흡에 있어 심각한 어려움을 겪거나, 더 나이 많은 형제에 의해서나 싸움 중에 괴롭힘을 받아 아동기에 공격적으로 목이 졸리는 것과 같이 다양한 형태로 전개되는 방식으로 경험할 수 있다. 두 방향에서 모두 주산기는 초월적 무의식과 개인적 무의식이 수렴되는 지점으로 간주될 수 있다.

1980년대, 1990년대 그리고 2000년대 동안 드러난 추가적인 분석과 많은 데이터에 기반한 수년간의 연구를 통해 우리는 치료 및 변화 작업에서 다른 나머지 무의식과 관련하여 주산기의 역할에 대해 다소 다른 방식으로 이해하게 되었다. 심혼으로의 여정 중에 모든 개인이 반드시 통과해야 하는 필수적인 경계가 아니라, 1960년대와 1970년대 초반에 많은 환자와 회기 참가자를 대상으로 스타니슬라프가 관찰한 전기적-주산기적-초월적 순서를 반드시 겪지 않은 상태에서도, 한 개인이 잠재적으로 강력한 초월적 경험(가이아, 전체 지구 커뮤니티와의 깊은 동일시, 또 다른 역사 시대의 사건이나 과거 삶의 기억처럼 보이는 것)을 겪을 수 있다는 사실을 알아내게 된 것이다. 대신, 개인은 언제든지 모든 수준에 접근할 수 있지만, 촉발 방법(심현제 회기, 숨치료, 쿤달리니 요가, 게슈탈트 치료, 영적 응

---

9) 원주. 산문이 포함된 브루노 슐츠의 편지와 그림(편집. J. Ficowski, 번역. W. Arndt 및 V. Nelson. New York: Harper & Row, 1988), 존 업다이크(John Updike)가 『브로호비츠의 선각자(The Visionary of Brohobycz)』(The New York Times Book Review, Oct. 30, 1988)에서 인용하였다.

급 등), 환경, 치료 또는 자기탐색의 단계, 사용된 특정한 심현제 약물 및 투여 용량, 그리고 아마도 다른 잘 알지 못하는 요인(개인의 내면 치유 지성의 자발적 전개, 융 학파 맥락에서 개인화라는 목적, 또는 스타니슬라프의 전일성을 향한 홀로트로픽 운동, 아마도 심지어 업보와 은총)에 따라 달라진다. 하지만 이러한 변수들 중에서 가장 핵심적인 것으로 입증된 것은 그러한 경험의 원형적 특성이었다. 그러한 원형적 특성은 특정한 출생 및 운행하는 행성의 배열과 일관되게 상관관계를 갖는 경향을 보였으며, 전기적, 주산기적 또는 초월적 수준이든 상관없이 모든 수준에서 자체적으로 표현할 수 있었다. 특정 심현제를 활용한 모든 회기, 홀로트로픽 경험, 영적 응급/출현, 또는 치료적 전환점의 주요한 특성은 원형적인 용어로 식별할 수 있었고, 출생 차트 및 행로와 상관관계를 가질 수 있었다.

세계 행로

　지금까지 개인의 출생 차트와 개인적 행로와 관련된 상관관계에 대해 논의하였다. 깊은 자기탐색, 심리치료, 심현제 활용 실험 및 다양한 다른 변용적 수련과 관련된 개인의 삶과 경험에 집중한 초기의 연구를 거친 후에, 나는 주요한 문화와 역사적 인물에 대한 연구에 점점 더 관심을 갖게 되었다. 예를 들면, 프로이트의 말처럼 "꿈의 비밀이 드러났다."라고 했던 그리고 그가 무의식이 상징적으로 그 스스로를 꿈을 통해 표현하는 방식을 이해했던 1895년 7월 24일에 프로이트가 가졌던 행로가 무엇인지, 또는 융이 자신의 무의식으로 강력하게 하강했던 경험을 통해 그의 이후 삶의 연구를 위한 주요한 이미지와 아이디어를 얻을 수 있었던 융의 인생에서 가장 중요했던 1913~1918년 동안 융이 어떤 행로의 수렴을 가졌었는지 궁금하였다. 나는 갈릴레오가 처음 자신의 망원경을 천제로 돌렸던 때인 1609~1610년에 무슨 행로가 발생했는지 궁금해서, 갈릴레오가 근대적 이해의 문을 열 수 있도록 해 준 새로운 코페르니쿠스의 우주도 살펴봤다. 또한 미국의 인권운동을 촉발시켰던 알라바마 몽고메리의 인종차별이 이루어지던 그 버스 안에서 로자 파크스Rosa Parks가 좌석에서 일어나기를 거부했던 1955년 12월에 로자 파크스가 어떤 행로를 가졌었는지가 궁금했다. 영웅 교향곡을 쓰고 고전 유럽 음악에 혁명적 변화를 불러왔을 때 베토벤이 가졌던 행로와는 대조적으로 베토벤이 치유 불가능한 청각 장애자가 되어, 자신의 음악을 들을 수 없게 된 비극적 현실을 처음 알게 되었을 때 베토벤이 가졌던 행로에 대해 궁금했다. 이러한 주요한 전기적이고 문화적인 각각의 전환점과 이와 유사한 수백 가지의 것들을 살펴보면서, 나는 우리가 심리치료 및 심현제 활용 연구에서 발견했던 것들과 동일한 행성 상관관계의 일관성과 원형적 정밀성을 발견하였다.

하지만 점차 또 다른 수준의 이해가 가능해지면서 지금까지 고려된 발견 내용에 대해 새로운 맥락에서 관련성을 찾을 수 있게 되었다. 목성에서 명왕성까지 다섯 개의 더 느리게 이동하는 외행성들이 지구와 더불어 태양의 주변을 돌 때, 이들 행성들은 지속되는 주기에 따라 지구에서 보면 점진적으로 서로 주요한 배열로 들어왔다가 나간다(회합conjunction, 대립각opposition 등). 행성과 관련된 궤도 속도에 따라 일부 이러한 주기적인 배열의 기간은 더 오래 지속되고 거의 발생하지 않는다. 1960년대와 1970년대의 전 기간을 아울렀던 천왕성-명왕성 회합을 이에 대한 예로 들 수 있다. 반면, 다른 배열의 기간은 지속 시간이 더 짧았으며 더 빈번하게 발생하였다. 그 회합과 대립각이 각각 약 14개월간 지속되고 대략 7년마다 발생한 목성-천왕성 주기를 이에 대한 예로 들 수 있다. 이러한 세계 행로가 아우르는 기간들은 많은 국가와 인간 활동 영역에서 발생한 주요한 역사적 사건, 문화적 운동, 대중적 인물들(원형적 특성이 지구의 시간과 그 기간 동안 일치하도록 배치된 행성들과 상응하는 공유된 시대 정신을 반영하는 것들)이 집중적으로 일관되게 표시되었다.

이러한 역사적 패턴들은 더 많은 역사적 증거에서 모두 매우 철저하게 일관성을 보였던 이중적 형식의 원형적 패턴으로 모두 본질적으로 동시적이면서 비동시적이었다. 동시적 패턴은 동일한 행성의 배열과 일치하는 다른 문화와 다른 개인의 삶에서 동시에 발생하는 동일한 원형적 특성을 갖는 많은 사건의 형식을 띤다. 개별 국가와 대륙에서 독자적으로 발생하는 동시적 혁명적 운동 또는 예술적 창조성의 거대한 물결, 완전히 개별 독립적으로 연구하는 서로 다른 과학자들이 동시에 이룩한 다수의 과학적으로 중대한 발견을 이에 대한 예로 들 수 있다. 비동시적 패턴은 하나의 행성 배열이 진행되는 동안 발생하는 사건들은 유사한 원형을 갖는다는 것과, 분명히 구분되는 전개 주기를 보이는 방식으로 동일한 두 행성의 이전 또는 이후 배열이 진행되는 동안 발생한 사건들과 종종 역사적으로 인과적 연관성을 갖는다는 사실을 반영한다. 따라서 관련된 기간들은 동일한 원형적 특성을 공유하기 때문에 한 주기에서 다음 주기까지 순차적 연속성과 전개되는 역사적 및 인과적 연결에 의해서 서로 연결되어 있었다. 연관된 역사적 추세와 문화적 운동은 각각의 연속적인 기간 동안 지속적으로 전개되지만, 주기적으로 '간간이 끼어드는' 나선형 진화로 보이는 것에서 매우 강렬하거나 가속적인 발전을 경험하는 것처럼 보였다.

『우주와 심혼』[10]에 행성 주기와 원형적 패턴 간의 그러한 역사적 상관관계에 대해 폭넓게 이미 설명하고 있기 때문에 여기서는 추가로 논의하지는 않겠다. 단, 그러한 상관관계가 치료적, 심현제 활용 및 홀로트로픽 맥락에서 개인 경험을 이해하기 위해 관련성이 있는 것으로 입증된 경우는 예외적으로 논의하겠다. 수십 년에 걸친 개인의 변화 경험에 대한 나의 분석이 깊어질수록, 세계 행로에서 반영된 대단히 중요한 원형적 역동성이 개별적인 개인의 행로에서 반영된 특정한 원형적 역동성을 아우르고 영향을 미치는 일종의 상위 맥락을 제공하는 것 같은 확신이 깊어지고 있다. 예를 들면, 강렬한 자연적 에너지와 혁명적 변혁의 고유한 특성이 넘쳤던 1960년대와 1970년대 초반의 천왕성-명왕성 회합은 스타니슬라프가 당시에 관찰하고 이론으로 정리한 주산기 경험의 강력한 출현과 원형적 맥락을 함께하는 것 같았다. 모든 집단적인 장이 더 큰 원형적 근원에서 바로 온 것 같이 보이는 방식으로 LSD 회기에서 자체적으로 표현되었던 주산기 강도를 가지고 있었다.

이와 대조적으로 1980년대 중반에서 밀레니엄(2000년) 종료 시까지의 장기간의 천왕성-해왕성 회합은 다른 원형적 맥락을 제공하였다. 그 원형적 맥락은 MDMA 또는 심현제의 광범위한 사용과 같이 원형적으로 관련된 현상들을 통해 드러났다. 이런 현상들은 1980년대 후반에서 시작하여 전 세계적으로 발생한 무수한 광란의 파티들과 같은 집단 환경, 특유의 흥분 상태의 신비한 합일 경험, 원래 시작된 남미 환경에서뿐만 아니라 북미와 유럽 사회에서도 점차 참가자가 늘어난 아야와스카 의례(그 결과, 이 환영을 보여 주는 식물vision plants을 사용하는 성스러운 의례에 사람들이 더 많이 참여할 수 있게 되었다.), 그리고 홀로트로픽과 많은 다른 형태의 숨치료와 심층적 명상 기법의 빠른 보급을 포함한다. 이 시기에 많은 심현제 활용 및 홀로트로픽 경험에 기반한 보고서들은 개인들이 주산기 영역의 거대한 대격변과 중대한 변화를 겪지 않고서도 다양한 초월적 차원에 접근하였다는 것을 분명하게 밝혀 주었다. 세계화와 인터넷이 보급되어 가던 이 시기 동안 원형적 측면에서 이와 유사하게 다른 문화와 종교적 전통들 간의 경계도 점점 더 약화되었다. 이러한 경계의 약화 또는 소멸은 집단적 수준의 다문화적 상호작용과 이로 인한 창

---

10) 원주. 『우주와 심혼: 새로운 세계관에 대한 예고(Cosmos and Psyche: Intimations of a New World View)』(New York: Random House, 2006)

조적인 종교적 혼합주의뿐만 아니라, 개인의 완전히 내면적인 수준에서도 발생하였다. 그 결과, 비일상적 의식 상태의 참가자가 자발적인 종교적 및 신화적 경험을 하고 자신의 이전 지식과 완전히 벗어난 영역의 문화적 전통에서 비롯된 통찰력을 갖게 되는 일이 발생했다. 이는 집단 심혼이 외부 세계에서 발생하는 문자 그대로의 세계화와는 별개로 전대미문의 내적 세계화 과정을 겪게 되었음을 알려 준다.

또한 여러 토성-해왕성 또는 목성-천왕성 배열과 같이 10여 년의 기간 동안 더 짧은 지속 시간을 갖는 다른 주요한 세계 행로는 개인적 경험과 비일상적 의식 상태에서 나타난 다른 주요한 원형적 경향성과도 일치했다. 게다가 세계 행로와 개인 행로와 함께 빠르게 이동하는 내행성 행로는 더 느리게 이동하는 외행성의 더 길고 더 강력한 행로와 연관된 사건과 경험의 특정 시점을 동시적으로 '작동' 또는 촉진시키는 것처럼 보였다. 마지막으로 종종 원형적 특성이 매우 다르고 때때로 실제적으로 본래 특성이 완전히 반대인, 동시에 발생하는 중요한 지속적인 다수의 행로 문제가 있었다. 우리는 심현제와 홀로트로픽 회기에서 그리고 개인적 삶에서 더 일반적으로 표현되는 다수의 행로와 출생 요인의 상대적 중요성을 종합하고 이해하는 방법에 대해 점진적인 방식으로만 알게 되었다.

인과관계의 문제

잠재적인 행성의 상관관계의 증거와의 첫 번째 만남에서 스타니슬라프와 나는 지구에서 멀리 다양한 거리에 떨어져 있는 물리적인 실제 행성들이 어떻게 인간 역사와 전기의 외부 사건들뿐만 아니라 내밀한 인간 경험의 내면 현실에도 영향을 미칠 수 있는지를 상상하는 이론적 어려움에 직면하였다. 관찰된 상관관계의 그럴듯한 근본 원인이나 매개체로 역할을 할 수 있는, 적어도 기존에 이해해 왔던 방식에 기반한 어떤 물리적 요인에 대해 상상해 보는 것이 어려웠다. 연구를 막 시작한 초기에 스타니슬라프는 우리가 목격한 것에 대해 '우주가 대우주와 소우주 간의 매우 의미 있는 일관성 구조로 엮여 있다'고 좀 더 그럴듯하게 설명했다. 전자기 방사선과 같은 일종의 물리적 빛과 관련된 데카르트와 뉴턴의 선형적 인관관계의 형식 대신, 일치(예: 대우주와 소우주 간의 상응)의 특성이 천체의 행성 운동과 인간 경험의 원형적 패턴 간의 본능적인 동시적 편성을 시사하였다.

더 나중에 알게 된 것처럼 효과가 없어야 한다는 현대적 가정에도 불구하고 점성학이 효과가 있는 이유에 대한 가능한 설명으로 융은 동시성의 개념을 실제로 여러 차례 언급하였다.[11]

　이러한 수십 년간의 연구 후에, 나는 행성의 위치와 인간 존재 간의 상응(일치) 범위가 너무도 광대하며 다차원적이고, 물리적으로 측정 가능한 힘이라기보다는 의미의 구조에 의해 분명하게 정리되어 있고, 창조적인 지성을 분명하게 암시하고, 미적 패턴에 의해 크게 영향을 받고, 상징적으로 다면적 가치를 가지며, 경험적으로 복잡하고 차이가 있으며, 마지막으로 특히 인간의 참여적 변화inflection에 반응적이어서 간단한 물리적 요인만으로는 설명할 수 없다고 믿고 있다. 이용 가능한 증거에 대한 더 타당하고 종합적인 설명은 우주에 대한 이해를 창조적 지성에 의해 영향을 받으며 모든 수준으로 확장되는 의미와 질서의 패턴이 스며들어 있는 근본적으로 상호 연결된 전체라고 지적하고 있다. 이는 융이 말했던 것처럼 동시성 원리의 우주적 표현을 나타낸다. 또한 연금술 관련 격언 "위에서와 같이, 아래에서도As above, so below" 이와 유사하다. 이런 관점에서 시계 바늘이 특정 시간을 '초래'하는 것이 아니듯 행성은 특정 사건을 '초래'하지 않는다. 대신, 행성의 위치는 그 시점에서 원형적 역동성의 우주적 상태를 나타내는 것처럼 보인다. 신플라톤주의 철학자인 플로티노스Plotinus는 『엔네아데스Enneads』에서 세계에 대한 인식을 다음과 같은 노래로 표현하였다.

> 별들은 하늘의 모든 순간에 스스로를 각인한 글자들 같아요.
> 세상의 모든 것은 기호로 가득해요.
> 모든 사건은 조율되고요. ……모든 것이 서로를 의지하고요.
> "모든 것이 함께 숨을 쉰다."는 말처럼 말이에요.[12]

　하지만 이 맥락에서는 인과관계가 관련 있는 것으로 보이는 의미가 있다. 이는 아리스토텔레스의 형상인形相因과 목적인目的因의 개념과 유사한 원형적 원인에 따른 의미이다.

---

11) 원주. 『우주와 심혼(Cosmos and Psyche)』(pp. 50-79)에서 더 심층적으로 융의 동시성 개념과 점성학적 상관관계와의 관계에 대해 논의하였다.

12) 원주. 플로티노스(Plotinus), 『엔네아데스』, II, 3, 7, "별들이 원인인가?" (c. 268) 에우제니오 가린(Eugenio Garin)의 『르네상스 시대의 점성술』에서 인용(C. Jackson, J. Allen, rev. & C. Robertson 공역, London: Arkana, 1983, p. 117)

물리적 행성의 운동이 주어진 인간 존재와 기계적이 아니라 동시적 인관관계를 가질 수 있는 반면, 경험은 어떤 면에서 관련된 원형에 의해 (다양하게 영향을 받고 추동되고 이끌리고 패턴화되면서) 형성되고 있다고 말할 수도 있다. 그리고 이런 점에서 예를 들면, (원형으로서) 토성을 특정한 방식으로 '영향력 있는' 것으로, 어떤 종류의 경험을 '지배하는 것'으로 등으로 말하는 것이 적절할 수도 있다. 하지만 원형은 어떤 원인일 수도 있다. 하지만 나는 원형적 요소가 항상 인간 주체와 의식의 수준, 문화적 맥락, 구체적 상황, 개인 간 필드, 유전적 형질, 과거 행동 및 많은 다른 가능한 요인과의 복잡하고 반복적인 관계에서 작용하기 때문에 그것을 원인으로 간주하지 않았다.

원형의 본성

인간 경험과 행성의 상관관계를 보여 주는 근거는 원형의 다차원적 원리를 중심으로 한다. 칸트의 비판 철학과 프로이트의 본능 이론에 모두 영향을 받은 융이 깊은 수준의 인간 심혼을 구조화하는 특정한 보편 상수를 인정하면서 원형이라는 아이디어를 동시대의 담론으로 끌고 왔을 때, 융은 플라톤의 철학적 전통에서 비롯된 용어와 개념을 사용하고 있었다. 특히 똑같이 신비한 플라톤의 형식과 융 학파의 원형이 의인화된 표현인 고대의 신과 여신에 대한 신화적 경험은 모두 융 학파와 플라톤 학파의 관점을 배경으로 하고 있다. 역사 발전의 과정 중에 문화적 집중점은 신화에서 철학으로 그리고 다시 심리학으로 진화되어 간다고 복잡한 역사적 발전을 단순화하면, 플라톤적 전통은 인간 생활에 영향을 주면서 동시에 인간 생활을 초월하는 강력한 본질이나 존재의 원시 신화적 비전에 철학적 명료성을 제공하였다고 말할 수 있다. 결국 플라톤이 초월적 형식 또는 이데아를 혼이 담긴 우주의 기본적인 구조 원리로 이해한 반면, 융은 원형을 인간 심혼의 기본적인 구조 원리로 이해하였던 것이다. 이러한 중요한 차이는 과거 2천5백 년 동안 서구 사상에서 발생한 긴 인식론적 및 우주론적 진화를 반영하고 있으며, 이러한 차이로 인해 심혼과 우주가 점진적으로 구분되기 시작하면서, 세계의 현대적 각성으로 이어졌다. 그 결과, 1세기 전에 심층심리학이 나타나게 된 것이다.

하지만 동시성에 대한 오랜 연구에 기반하여 융은 원형을 인간 주관성 내에서 합당하게 국한할 수는 없지만, 대신 원형은 심혼과 세계에 모두 영향을 주어 근본적인 통합 원리로 작용하는 것처럼 보인다고 결론을 내렸다. 이런 면에서 융의 후기 원형 이론의 전개 양상은 플라톤의 견해에 더 가깝게 접근했다. 하지만 더 큰 심리학적 강조와 원형의 다면적 가치와 그림자 차원에 대한 더 완전한 인식이 이러한 이론적 변화에 수반되었다. 융의 후기 생각은 원형을 심리학적 형식으로, 우주적 원리로, 신화적 존재로 스스로를 유동적으로 표현할 수 있음을 시사하는 심현제 활용 문헌들에 보고된 많은 원형적 경험과도 일치하였다.

탈주술적인 근대적 세계관과는 반대로, 인간 경험의 원형적 패턴과의 체계적인 행성의 상관관계가 보여 주는 이 증거는 우주가 살아 있으며 영원히 진화하는 존재와 의미의 매트릭스이며, 인간 심혼이 창조의 공동 참여자로서 그러한 우주 안에 일부라는 사실을 시사하고 있다. 융 학파의 입장에서 보면, 이 연구는 집단무의식이 어떤 면에서 그 자체적으로 우주의 일부에 포함되어 있어, 그에 따라 행성의 운동은 인간 경험이 전개하는 원형적 역동성을 대우주 수준에서 반영하고 있을 가능성을 가리킨다. 플라톤 학파의 입장에서 보면 그 증거는 인간 정신이 전체의 소우주로 참여하는 우주에 영향을 주는 세계혼anima mundi의 존재를 반영하는 것처럼 보인다. 신화적 입장에서 보면, 그 증거는 종교적이고 사회적인 삶, 점성학적 의견 및 기념비적 건축물에 영감을 주고 이것들을 구조화한 신과 하늘과의 내밀한 관련성에 대해 인식한 상태에서, 고대 메소포타미아와 이집트와 같은 위대한 태고 문명의 세계관의 연속성을 나타낸다.

돌이켜 생각해 보면, 인류의 의식과 세계관의 오랜 진화는 원형적 영역이 인식되고 이론이 되는 방식뿐만 아니라 원형이 결국 무효화되고 새로운 형식으로 다시 발견되는 방식의 진화를 수반하는 것처럼 보인다. 특히 근대적인 탈주술적 단계를 포함하여 그러한 진화의 과정에서 자율적인 자기와 인간의 주체를 강화하는 것에 대한 결정적인 구분이 발생하였다. 추가 변증법적 전개에서 원형 이론과 경험과 관련된 최근의 전개 상황은 원형의 참여적이고 가치 다면적인 본성을 강조하였다. 이러한 새롭게 드러나는 관점은 원형의 잠재된 힘을 인정하면서, 원형의 발현에 있어 더 위대한 공동 창조와 공동 책임의 역할을 인류에게 제공하고 있다. 이는 자율성과 배태성胚胎性, embeddedness의 동시적 존재를 허용하고 심지어 그것들을 즐기는 세계혼에 대한 새로운 형식의 인간적 관계의 가능성으로 이어진다. 하지만 역설적이게도 전체로부터 인간 의식의 보편적이며 급진적인 분리에 대한 각성은, 근대적 의식의 위기를 촉발시키도록 도왔던 소외와 새로운 참여적 방법으로 세계혼을 다시 관련시킬 수 있는 근대적 정체성을 구축하기 위한 전제조건이 될 수 있었다. 1880년대부터 현재까지, 즉 프로이트에서 스타니슬라프까지, 심층심리학에 대한 여정은 이보다 앞선 오랜 기간의 우주론적이고 실존주의적인 진화가 없이는 가능하거나 필요하지도 않았을 것이다.[13]

심현제 활용 경험과 행성의 상관관계로 돌아가서, 다차원적이고 다면적 가치를 갖는 원형의 본질(그럼에도 불구하고 무수한 의미와 가능한 표현을 유발할 수 있는 원형의 형식적 일관성과 일치성)을 완전히 인식했을 때만, 행성의 상관관계의 놀라운 정밀함을 인식할 수 있게 되었다. 어떤 원형의 모든 특정한 징후는 '긍정적'이거나 '부정적', 창조적이거나 파괴적, 감탄할 만하거나 야비한, 심오하거나 사소한 것이 될 수 있다. 특정 행성 배열과 관련된 원형은 구체적 사건의 외부 세계에서와 마찬가지로 정신의 내면적인 삶에서 스스로를 동일하게 표현하는 경향이 있고, 종종 동시에 둘을 모두 표현하는 경향도 있다. 동일한 원형적 콤플렉스에 포함된 매우 밀접하게 연결되었지만 전적으로 반대인 극성들은 동일한 행성들의 배열과 일치하는 방식으로 표현될 수 있다. 특정 행로를 겪고 있는 한 개인은 관련된 원형적 게슈탈트의 행위자 또는 행위 대상자가 될 수 있어, 완전히 다른 결과를 만들어 낼 수 있다. 이러한 많은 관련된 가능성 중에 어떤 방식이 실제 발생할 것인지는 출생 차트나 행성 배열에서는 그 자체로는 식별할 수 없는 것처럼 보인다. 대신, 이러한 상관관계에서 작용하는 원형적 원리는 역동적인 것으로 보이지만, 가치 다면적인 특성을 보이며 근본적으로 가늠할 수 없는 것처럼 보인다. 이러한 원형적 원리가 복잡한 의미의 영속적인 형식이나 본질을 나타내고 분명하게 식별 가능하여, 관찰된 현상의 유동성과 다양성의 기저를 이루고 있음에도, 이러한 원형적 원리들은 많은 관련 상황에 따른 요인들에 의해 형성되며, 인간 의지와 지성을 통해 집단 창조적으로 조절되고 진행된다.

특정 조건과 인간 참여에 대한 역동적인 가치 다면성과 민감성의 결합 때문에, 나는 그러한 점성학을, 전에 언급한 대로, 구체적으로 예언적인 것이 아니라 원형적으로 예언적

---

13) 원주. 『서양 정신의 열정(The Passion of the Western Mind)』(New York: Ballantine, 1991, 1993)은 플라톤과 고대 그리스인들에서 융과 포스트모던까지 원형적 관점의 진화가 중요한 역할을 한 서구적 세계관의 역사를 이야기를 통해 소개하고 있다. 『우주와 심혼(Cosmos and Psyche)』은 원형적 패턴과 역사 주기의 행성 상관관계의 증거에 대한 검토를 시작하기 전에 원형적 관점과 존재론적인 유체, 행성 원형의 다면적 가치를 갖는 본성에 대해 개괄적으로 요약하고 있다. 마지막으로 2002년에 집필한 다음 Archai: The Journal of Archetypal Cosmology, Issues 4, 5, and 6(2012, 2016, 2017)에 3파트로 출간한 『원형적 역동성과 콤플렉스 인과관계에 관한 고찰(Notes on Archetypal Dynamics and Complex Causality)』은 행성 상관관계와 인간 경험에서 관찰한 원형적 역동성의 고유한 특징을 이해하고 설명하기 위한 더 체계적인 노력을 보여 주고 있다.

인 것으로 간주하는 것이 가장 적절하다고 믿는다. 예를 들면, 초기 시대의 점성학이 종종 조직적으로 결합되었던 일부 형식의 직관적인 점술과 비교해 볼 때, 우리가 연구한 증거를 반영하는 원형 점성학의 집중점은 특정 결과의 예측에 있는 것이 아니라, 원형적 역동성과 그에 따른 적절한 시점의 콤플렉스 전개의 정밀한 식별에 있었다. 나는 그러한 이해가 점성학을 둘러싼 오래된 많은 문제(예: 자유 의지 대 운명의 문제, 구체적으로 다르지만 원형적으로 유사한 현상과 일치하는 동일한 행성 배열의 문제, 그리고 대부분의 점성학적 상관계를 알아내기 위한 통계적 시험의 근본적인 부적절성)에 대해 해결의 빛을 비추고 있다고 믿는다.

  행성의 상관관계는 인간 경험에 나타난 원형의 역동적 활동에 대해 독창적으로 귀중한 형식의 통찰을 종종 제공하여 특정 사례에서, 특정 조합으로, 어떤 기간 동안에, 그리고 어떤 더 큰 패턴의 일환으로 어떤 것이 가장 잘 이용될 수 있는지를 나타내 줄 수 있다. 그러한 관점을 제공할 때, 원형 점성학은 근본적으로 의식을 무의식화하고, 의식적 자기가 무의식적 힘(과장된 행동을 취하는 것, 과장된 동일시, 투사, 자기파괴, 운명이라는 억압되었거나 무의식적인 것을 향한 이동 등)의 꼭두각시가 되는 것에서 벗어날 수 있도록 도와주기 위한 심층심리학 프로젝트를 지속시키고 더 심화하는 것으로 간주될 수 있다. '무의식'이 원래 인식된 것에 비해 상당히 더 큰 차원을 암시하는 상황에서 원형 점성학 연구는 의식과 무의식 간의 소통과 협력의 고양된 특성을 (개인적으로 덜 배타적으로, 덜 주관적으로, 더 우주적으로 포함되는 방식으로) 중재할 수 있다. 하지만 원형 점성학은 문자 그대로 구체적인 예측 방법으로 무언가를 상세하게 설명하는 것이 아니라, 그러한 본성과 복잡성(가치 다면성, 불확실성, 콘텍스트와 참여에 대한 민감성 및 외형상 즉흥적인 창조성)과 관련된 원형적 힘과 원리들의 참여적 상호작용을 통해, 인간 주체성에 대해 역동적으로 집단 창의적 역할을 가능하게 하는, 의미의 지성적 패턴을 드러나게 함으로써 이러한 중재를 제공한다.

최종 의견

  심현제를 활용한 연구 영역에서 점성학 연구를 추적한 노력이 제공한 뜻하지 않은 결과는, 후자(심현제 활용 연구)가 다양한 형식으로 일어나는 원형들의 직접적 경험을 포함할 수 있는 심혼과의 심오한 만남을 가능하게 했다. 그러한 만남을 통해 점성학적 요인을 이해할 수 있는 더 생생한 경험적 근거를 확보할 수 있었으며, 그렇게 우리 앞에 공개된 그 만남으로 원형적 원리의 가치 다면적인 특성에 대한 우리의 이해의 폭을 한층 확대해 주었다. 또한 심현제를 활용한 경험과 홀로트로픽 경험은 인식론적 세계관에 깊은 변화(무의식적이고 무목적적이고 그리고 궁극적으로 불가피한 우주에서 진화하고 그러한 우주에 의해 관련성을 갖게 되면서 자체적으로 경험한 근대적 의식의 데카르트-칸트적 이중구속 double-bind의 소멸이라고 부를 수 있는 변화)를 초래하는 경향도 있었다. 이러한 비전의 변화는 우주를 혼이 담겨 있는 것으로 인식하게 만들었고, 그러한 점성학적 관점에 빠져들기 위해 반드시 필요한 영적-도덕적 각성(단순한 이성적 마음의 변화가 아닌 감성적 마음의 변화)을 중재할 수 있도록 도울 수 있었다. 즉, 원숙한 신뢰의 해석학을 강화하여 이미 강력한 포스트모던적 의심의 해석학과 균형을 유지하고 통합할 수 있도록 도움을 줄 수 있었다. 그러한 경험은 우리 자신의 지성과 일관성을 유지하고 지성에 반응을 보이는 우주적 지성의 가능성을 새롭게 열어 주었다.

자체적인 심현제 활용 경험과 다른 사람의 심현제 활용 경험을 면밀히 검토하면서 원형에 대한 점성학적 분석을 사용하여, 우리는 더 커다란 경험적 정밀성을 통해 어떤 점성학적 요인이 이 영역에서 가장 중요하게 되는 경향이 있는지, 그리고 그 안에서 행성의 배열이 원형적으로 작동하는 것처럼 보이는 오브orbs(정확한 배열 이전 및 이후의 각도 범위)가 무엇인지를 평가할 수도 있었다. 우리는 지금까지 이러한 경험들을 이해할 때 가장 중요한 요인들은 행성의 원형들과 출생 차트, 개인적 행로, 세계 행로 시점에 행성들의 주요한 각aspect이었음을 알아냈다. 수평축과 수직축을 기준으로 본 행성의 위치, 상승점-하강점, 중천점-이뭄 코엘리Midheaven-Imum Coeli(차트의 정북쪽)도 마찬가지로 중요한 요인들이었다. 가장 유익하다고 발견한 접근법은 천문학자 요하네스 케플러Johannes Kepler의 접근법이었으며, 그의 접근법은 움직이는 지구를 중심으로 하는 원형적 의미의 펼쳐진 우주 기하학 내에서 주요한 점성학적 지표로서 행성의 각에 대한 피타고라스의 강조를 포함하고 있다.[14]

---

14) 원주. 행성들 간의 주요한 각(aspect)이 이 연구의 가장 중요한 요인이지만, 동시에 행성의 중간점(midpoints), 보조각(minor aspects), 진행(progressions) 및 삭망월(lunations)과 같은 다른 요인들도 종종 커다란 도움이 되었다. 이런 맥락에서 보통 징후, 하우스(house), 자기별자리[주인지위(rulership)] 및 관련된 문제와 같은 전통 점성학에서 주로 집중했던 약간 덜 중요하게 인식되는 많

우리의 증거는 일반적으로 전통 점성학에서 사용되는 것보다 더 큰 오브orbs를 인식하는 것의 중요성에 대해서도 시사했다. 우리는 각을 좁은 오브 내에서 고립되어 켜졌다가 꺼졌다 하는 전등 스위치 같이 행동하는 것이 아니라, 대신 개인 또는 집단적인 장으로 들어가서 그 장에서 점증적으로 작용하는 원형적 역동성의 더 큰 콤플렉스 전체와 상호작용을 하는 원형적 파형을 표시하는 것으로 간주하게 되었다. 이런 각들은 특정한 환경과 논의의 대상인 개인과 커뮤니티의 창의적 반응에 의해 형성되고 변화되며, 구체적인 사건과 경험으로 표현된다.

이런 맥락에서 나는 추가적인 논의가 필요하지만 현시점에서 지면에 한정되어 언급할 수 없는 많은 중요한 문제에 대해 분명하게 의식하고 있다. 그런 문제 중 하나는 물론 이 분야에서 점성학을 사용하는 것과 관련된 잠재적인 오용과 위험의 가능성이다. 일반적으로 우리는 변함없는 인식론적 신념과 자기인식을 유지해 나가, 두려움이나 소망의 투사, 제한된 데이터에 근거한 확정적 결론 도출, 삶에 참여하기보다 삶을 통제하려는 욕망을 피해야만 한다. 실천적인 측면에서 심현제 회기의 실행 시점과 관련된 계획을 수립하는 것은 별도의 출판물에서 다룰 것이다. 다른 형식의 상응(일치; 출생 차트, 개인 행로 및 세계 행로)에 대한 다르게 작동하는 오브orbs, 힘들거나 역동적인 각도(회합, 대립각, 직각)와 부드럽거나 통합적인 각도(트라인trine,[15] 섹스타일sextile[16]) 간의 차이, 모든 주어진 시간에 행로와 관련된 다수의 행성 각각이 원인이 되는 차별적 중요성도 마찬가지로 별도의 출판물에서 다룰 것이다.

지난 몇십 년간 스타니슬라프와 나는 관련된 출생 외상과 행로를 살펴볼 수 있었던 무수하게 많은 수의 개인의 심현제 활용 및 홀로트로픽 경험에 논의해 왔다. 적절한 데이터를 가지고 있는 모든 사례에서 상관관계가 일관되게 입증되는 것을 보는 것은 매우 흥미로우면서 동시에 유익하였다. 심지어 많은 시간이 흐른 지금까지도 정밀한 원형적 상관관계와 무한하게 창조적인 다양성의 조합은 여전히 놀라우면서 매력적이다. 어떤 면

은 요인도 있었다. 명왕성이 출생월(natal Moon)과 회합(0도)하여 운행하였다는 것을 아는 것이, 이 일이 처녀자리(Virgo) 또는 천칭자리(Libra)에서 발생했는지의 여부를 아는 것보다 훨씬 더 중요하였다. 따라서 가장 중요한 것으로 발견한 상관관계는 황도 12궁(zodiacal signs), 또는 2개의 황도대[회귀년(tropical) 및 항성년(sidereal)] 또는 다수의 잠재적인 하우스 체계와 자기별자리(주인 지위) 체계의 배치에 영향을 주는 춘분점 세차(歲差, precession of the equinoxes)와 같은 그러한 문제나 논쟁과는 관련이 없었다.

15) 점성술에서 1/3 대좌
16) 60도 떨어진 위치. 시좌.

에서 그 단순성에 있어 놀랍도록 정밀함에도 불구하고, 원형의 점성학적 관점은 우주의 운동과 심리적 패턴의 복잡한 편성을 드러내 주었다. 이 때문에 우리는 때때로 우주의 상상 불가한 강력한 지성과 창조적인 예술성에 완전히 감탄을 금치 못하면서, 경외심으로 고개를 절레절레 흔들기도 하였다.

스타니슬라프가 자주 언급한 것처럼 심현제를 활용한 경험의 가변성을 이해하기 위해 우리가 진행했던 연구가 갖는 위대한 아이러니는, 마침내 심현제 경험의 특성과 시점을 분명하게 설명할 수 있는 방법을 찾게 되었을 때, 그 방법이 심현제 자체만큼이나 커다란 논쟁을 일으켰다는 것이다. 가장 위대한 보물은 때때로 가장 멸시받고 변변치 않은 곳에 숨겨져 있는 것처럼 보인다. 융은 나중에 주춧돌로 사용될 잠재력이 있지만 당장에 건축업자가 거부한 돌에 대해 자주 얘기했다. 스타니슬라프가 설명한 대로 원형 점성학은 우리가 심혼의 상징적 언어를 우주의 상징적 언어와 연결할 수 있게 해 주는 숨어 있는 일종의 로제타석 같은 보물이 될 것으로 보인다. 심현제 활용 연구를 통해 드러난 확장된 심혼 지도가 의식 영역의 종합적 지도로서 엄청나게 명확해지고 심지어 제약에서 풀려나 자유롭게 되어 가는 것과 마찬가지로, 행성 운동과의 원형적 상관관계가 심리적이고 우주적인 측면에서 더 깊은 영역을 탐구하는 이들에게 정말로 소중한 도움이 되는 방향을 알려 주는 나침반과 상세한 일기예보를 모두 제공하였다는 사실을 알게 되었다.

개인을 위한 유용성 이외에도, 이러한 일련의 증거와 관련하여 아마도 특히 시사하는 바가 크고 시의적절한 점은 우리 지구 공동체가 하나의 전체로서 어떤 자체적인 커다란 주산기 위기에 막 직면하고 있는 현시점에서 우리가 태양계에서 가장 멀리 떨어진 행성들(데인 러디아르Dane Rudhyar은 "은하계의 외교관"이라고 부름)의 원형적 상징이 주산기적 경계와 죽음-재탄생 신비를 향해 생생하고 정밀하게 가리키고 있다는 것도 발견했다는 것이다.

많은 도움과 의견을 주신 스타니슬라프 그로프를 비롯하여 렌 부틀러Renn Butler, 막스 데아몬Max DeArmon, 릴리 팔코너Lilly Falconer, 채드 해리스Chad Harris, 윌리엄 키핀William Keepin, 베카 타나스Becca Tarnas, 이본 스미스 타나스Yvonne Smith Tarnas에게 감사의 말을 전한다.

리처드 타나스 철학박사
2019년 5월
ⓒ 저작권 2019 리처드 타나스

후기

브리기트 그로프Brigitte Grof

이 책에 대한 아이디어는 스타니슬라프와 2017년에 시프트 네트워크Shift Network를 위해 진행했던 일련의 원격 세미나에서 비롯되었다. 스타니슬라프는 원격 강의를 통해 여러 분야의 초월심리학, 무의식 연구, 심현제 활용 경험과 전 세계의 고대 영적 지혜에 대해 강연을 하고 있었다. 스타니슬라프 자신의 내면 여정을 통해 얻은 깊은 지식뿐만 아니라 홀로트로픽 의식 상태에 있는 수천 명의 사람과 함께하면서 얻은 깊은 지식은 전 세계와 공유해야 할 보물이다.

열정적인 심혼탐구자로서 나는 스타니슬라프의 책들을 읽었고 그의 강연을 지난 30년간 수차례 들었다. 나에게 그런 책과 강연은 깊고 진정한 지속되는 앎에 해당한다. 또한 스타니슬라프와 나는 지난 30년간 서로를 알아왔고 함께 작업을 해 왔다. 그와 결혼을 하고 내면세계와 외면 여정을 공유하기 시작했기 때문에 심혼과 우주에 대한 스타니슬라프의 광대하고 심오한 지식을 새롭고 더 깊은 수준으로 이해하고 공감하게 될 수 있었다.

나는 이 경이로운 남자의 사랑을 받는 축복을 누릴 수 있었다. 이 남자는 그가 가진 지혜 이외에도 자유로운 정신, 너무도 특별한 유머 감각과 인류와 모든 존재하는 것에 대한 크고 따뜻하고 사랑스러운 마음과 공감능력을 가진 탁월한 인격의 소유자이다. 끝없는 호기심과 용기로 그는 60여 년 전에 숨어 있었던 심혼의 세계를 연구하기 시작하였다. 당시는 심혼의 많은 것을 심리학에서 제시하지 못했던 시절이었다. 스타니슬라프는 주산기 및 초월적 영역을 무의식의 모형에 추가하였고, 마침내 수천 년 동안 모든 영적 전통을 지닌 신비주의자들에 의해 알려진 깊은 영적 통찰력을 찾아 자신의 위대한 발견을 완료하였다.

신비주의자들의 지혜는 홀로트로픽 상태의 깊고 개인적인 경험에서 비롯되었다. 그것은 단지 이론적인 지식이 아니라, 직접적인 경험적 앎으로 나아가는 경로였다. 이런 종류의 정보는 내면 여정을 시작한 다른 사람들에게 매우 중요하다. 이 전서식 책은 심혼탐구자들에게 중요한 영적 응급, 동시성, 원형, 우주적 게임, 더 높은 창조성, 죽음과 재탄생의 신비 등 많은 주제에 대한 상세한 정보를 제공하고 있다. 이 책은 모험을 떠날 때 스타니슬라프와 같은 노련한 여정 동반자로부터 앞으로 어떤 종류의 내면 여정이 펼쳐지게 될지를 미리 배울 수 있는 소중한 기회이자 멋진 선물이 될 것이다.

스타니슬라프의 연구 결과물들은 심현제 홀로트로픽 숨치료 또는 영적 응급 상황 동안 일어난 내면 탐색을 경험한 수천 명의 사람이 확인하고 검증해 주었다. 그럼에도 주류 심리학과 정신의학계에서는 스타니슬라프의 많은 패러다임을 바꾼 통찰을 심지어 오늘날까지도 인정하지 않고 있다. 나는 이 책이 모든 헌신적인 심혼탐구자들을 위한 지적인 보물 상자가 될 것으로 확신한다. 내면 여정의 과정에서 자신의 경험이 너무 이상하거나 말로 표현할 수 없이 힘들고 어려운 부분과 만나게 될 때, "오, 이게 바로 스타니슬라프가 책에서 의미한 것이구나."라고 알고 있는 것은 정말 유용하고 자신의 내면 여정을 한 단계 더 발전시키는 기회가 될 것이다.

독자 여러분의 안전하고 행복한 내면 여정을 기원한다.

브리기트 그로프
캘리포니아 밀 밸리, 2018년 3월

찾아보기

내용

Stanislav Grof, M.D., Ph.D.

 ## 저자 소개

스타니슬라프 그로프 박사(의학박사, 철학박사)는 60년 이상의 비일상적 의식 상태 연구 경험을 가진 정신과 의사로, 자아초월심리학의 창시자이며 이 분야의 최고 이론가 중 한 명이다. 그는 체코슬로바키아의 프라하에서 태어났고, 그곳에서 찰스 대학교 의과대학에서 석사 학위를, 체코슬로바키아 과학아카데미에서 박사 학위(의학 및 철학박사)를 받았다. 버몬트주 벌링턴에 있는 버몬트 대학교, 캘리포니아주 팰로앨토에 있는 자아초월심리학 연구소, 태국 방콕에 있는 세계 불교 대학으로부터 명예 박사 학위를 받았다. 2018년에는 캘리포니아주 샌프란시스코에 있는 캘리포니아 통합학문 연구소(California Institute of Integral Studies: CIIS)에서 심현제 치료 및 치유예술 분야로 명예 박사 학위를 받았다.

그로프 박사가 초기에 실시한 심현제 물질의 임상적 이용 연구는 프라하 정신의학 연구소에서 이루어졌는데, 그곳에서 LSD와 다른 심현제 물질의 발견적, 치료적 잠재력을 체계적으로 탐구하는 프로그램의 주임 연구원이 되었다. 1967년에는 미국 코네티컷주 뉴헤이븐의 정신의학 연구재단으로부터 연구비를 받았으며, 메릴랜드주 볼티모어의 존스홉킨스 대학교와 스프링 그로브 병원 연구소에 임상 및 선임연구원으로 초빙되었다.

그로프 박사는 1969년 존스홉킨스 대학교 정신의학과 조교수가 되어, 메릴랜드주 케이턴즈빌에 있는 메릴랜드 정신의학 연구소에서 정신의학연구실장으로 연구를 계속하였으며, 1973년에는 현재 고인이 된 부인 크리스티나 그로프(Christina Grof)와 함께 캘리포니아주 빅서의 에살렌 연구소에 상주 학자로 초빙되었다. 그들이 여기서 개발한 홀로트로픽 숨치료는 현재 세계적으로 사용되고 있는 경험적 심리치료의 혁신적인 형태이다.

그로프 박사는 국제자아초월협회(ITA)의 창립자로 수십 년 동안 회장으로 재직하였다. 1993년에는 캘리포니아주 아실로마에서 열린 제25주년 기념 학술대회를 계기로 자아초월심리학협회(ATP)로부터 자아초월심리학 분야에 대한 주요 공헌과 발전에 대한 공로로 명예상을 받았다. 또한 2007년에는 체코슬로바키아 프라하에서 다그마르Dagmar 재단과 바츨라프 하벨(Václav Havel)로부터 권위 있는 VISION 97 평생 공로상을 받았다. 2010년에는 이 분야에서 중추적인 공헌을 한 데 대해 APPPAH[(출산–전기 및 주산기 심리학과 건강을 위한 협회(Association for Pre-and Perinatal Psychology and Health)]로부터 토마스 R. 버니(Thomas R. Verny) 상도 받았다. 그는 메트로 골드윈 메이어 공상과학 영화 〈브레인스톰〉과 20세기 폭스 공상과학 영화 〈밀레니움〉에서 특수효과 컨설턴트로 초빙되었다.

그로프 박사의 출판물 중에는 전문 학술지에 게재된 160개 이상의 논문과 다음과 같은 저서가 있다. 『LSD 심리치료』(1978), 『뇌를 넘어』(1985), 『코스믹 게임』[1](1990), 『죽음이란』[2](1994), 『미래의 심리학』(2000), 『재규어의 부름』(2002), 『궁극의 여정』(2006), 『불가능한 일이 일어날 때』[3](2006), 『LSD: 신성으로 가는 관문』(2009), 『우리의 가장 깊은 상처를 치유하는 것』(2012), 『현대 의식 연구와 예술에 대한 이해』(2015), 『죽음을 넘어』(1980), 『영적 응급』(1989), 『자신을 향한 맹렬한 탐구』(1990), 『홀로트로픽 숨치료』[4](2010)–마지막 네 권은 크리스티나 그로프와의 공저이다.

이 책들은 독일어, 프랑스어, 이탈리아어, 스페인어, 포르투갈어, 네덜란드어, 스웨덴어, 덴마크어, 러시아어, 우크라이나어, 슬로베니아어, 루마니아어, 체코어, 폴란드어, 불가리아어, 헝가리어, 라트비아어, 그리스어, 한국어, 일본어, 중국어의 22개 언어로 번역되었다.

2016년 4월부터 브리기트 그로프(Brigitte Grof)와 행복한 결혼 생활을 하고 있다. 그들은 독일과 캘리포니아에서 함께 살고 있으며, 전 세계적으로 세미나와 홀로트로픽 숨치료 워크숍을 진행하고 의식 내면과 외부 세계를 함께 여행한다.

2020년 5월, 그는 아내 브리기트와 함께 숨치료로 의식의 홀로트로픽 의식 상태를 통해 작업하는 국제 그로프® 레거시 훈련(www.grof-legacy-training.com)을 시작하였다. 그의 웹사이트는 www.stanislavgrof.com이다.

※ 현재 국내 숨치료에 관한 정보는 www.breathwork.kr(www.트숨.kr)이나 한국영성심리상담센터 groupcouns@gmail.com에 문의할 수 있다.

---

1) 『코스믹 게임』 (혹은 『초월의식 2』), 김우종 역, 정신세계사

2) 『죽음이란』, 장석만 역, 평단

3) 『환각과 우연을 넘어서』 (혹은 『초월의식』), 유기천 역, 정신세계사

4) 『홀로트로픽 숨치료』, 김명권 외 공역, 학지사

역자 소개

김명권(Kim Myoungkwon)

Grof®Legacy Training(International Teacher)
Grof®Breathwork/그로프®숨치료 촉진자
EUROTAS(유럽자아초월협회) Professional
상담심리사 1급, 임상심리전문가, 전문상담사 1급
서울불교대학원대학교 자아초월상담학 전공주임 역임
한국집단상담학회 회장 역임
한국트숨센터 공동대표. www.트숨.kr

김진하(Kim Jinha)

KMH 최면트레이너 및 상담사
(사)알렉산더테크닉 코리아 이사
프레즌스인터내셔널 유한회사 이사
서울불교대학원대학교 자아초월상담학 박사 과정
Transpersonal Breathwork 트레이너 과정 수료(독일
　　의식탐구 국제연구소)

문미희(Moon Mihee)

이화여자대학교 상담심리 전공 석사
서울불교대학원대학교 자아초월상담학 박사 수료
임상심리전문가(103호), 정신보건 임상심리사 1급(86호)
한마음 상담연구소 소장 역임
인간발달 복지 연구소 소장 및 이사 역임
Transpersonal Breathwork 트레이너 과정 수료(독일
　　의식탐구 국제연구소)

서숙진(Seo Sookjin)

제주국제대학교 심리상담치료학과 석사
경희대학교 영어영문학과 박사 수료
한국임상모래놀이치료학회, 한국상담심리학회, 한국상담학회
　　정회원
Transpersonal Breathwork 트레이너 과정 수료(독일
　　의식탐구 국제연구소)

신성순(Shin SungSoon)

단국대학교 특수교육대학원 심리치료학 석사
단국대학교 일반대학원 상담학 박사 수료
전문상담사 1급, 상담심리사 2급
심리상담센터 루미 대표, 치유와 성장 연구교육원 원장
Transpersonal Breathwork 트레이너 과정 수료(독일
　　의식탐구 국제연구소)

이난복(Lee Nanbok)

숙명여자대학교 임상음악치료 석사
숙명여자대학교 음악치료학 박사
BCMT, KCMT, BMGIM Primary Trainer(FAMI)
이난복음악치료연구소장
한국음악치료학회 및 전국음악치료사협회 이사
숙명여자대학교 음악치료대학원 겸임교수 및
　　전국음악치료사협회 부회장 역임
Transpersonal Breathwork 트레이너 과정 수료(독일
　　의식탐구 국제연구소)

이선화(Lee Sunhwa)

우리들심리상담센터 대표
한국초월영성상담학회 고문
전문상담사 1급, 상담심리사 1급
Transpersonal Breathwork 트레이너 과정 수료(독일
　　의식탐구 국제연구소)

황성옥(Hwang Sungok)

서울불교대학원대학교 자아초월상담학 석사
Grof®Legacy Training(International Teacher)
Grof®Breathwork/그로프®숨치료 촉진자
EUROTAS(유럽자아초월협회) Professional
상담심리사 1급, 한국중독전문가협회 수련감독
한국트숨센터 공동대표. www.트숨.kr

내면 여정을 위한 그로프 심리학 전서

심혼탐구자의 길

The Way of the Psychonaut
Encyclopedia for Inner Journeys

2022년 9월 20일 1판 1쇄 인쇄
2022년 10월 1일 1판 1쇄 발행

지은이 • Stanislav Grof, M.D., Ph.D.
옮긴이 • 김명권 · 김진하 · 문미희 · 서숙진
　　　　신성순 · 이난복 · 이선화 · 황성옥
펴낸이 • 김진환
펴낸곳 • (주) 학지사
　　　　04031 서울특별시 마포구 양화로 15길 20 마인드월드빌딩
대표전화 • 02)330-5114　　　팩스 • 02)324-2345
등록번호 • 제313-2006-000265호

홈페이지 • http://www.hakjisa.co.kr
페이스북 • https://www.facebook.com/hakjisabook

ISBN 978-89-997-2763-4　93180

정가 34,000원

출판미디어기업 학지사

간호보건의학출판 학지사메디컬 www.hakjisamd.co.kr
심리검사연구소 인싸이트 www.inpsyt.co.kr
학술논문서비스 뉴논문 www.newnonmun.com
교육연수원 카운피아 www.counpia.com